Windows Installer

Small Business Server 2003

Stephanie Knecht-Thurmann
504 Seiten, € 49,95 [D]
ISBN 3-8273-2213-8

Mit diesem Buch kann jeder Administrator sein individu- elles Small Business Server System installieren, konfigu- rieren und betreiben. Eine klare Gliederung in die Themen Betriebssystem, Server und Troubleshooting er- möglichen eine schnelle Orientierung. Ein besonderer Schwerpunkt ist auf die Vermittlung von Hintergrundwis- sen gelegt, denn nur wer weiß, wie und warum etwas funktioniert, ist vor bösen Überraschungen gefeit.

Exchange Server 2003

William Boswell
848 Seiten, € 69,95 [D]
ISBN 3-8273-2227-8

William Boswell beantwortet die drei Schlüsselfragen eines jeden Administrators: Wie funktionieren die Fea- tures tatsächlich? Wie hole ich das meiste aus meinem System heraus? Was mache ich bei Problemen? Dabei legt er ein besonderes Augenmerk auf Systemabhän- gigkeiten und beschreibt z.B., wie Exchange problemlos mit Outlook und anderen E-Mail-Clients zusammen- arbeitet. Außerdem berücksichtigt er zahlreiche nützli- che third-party-tools, die dem Administrator die Arbeit erleichtern und zeigt, dass Exchange 2003 nicht nur ein Mail-Server, sondern ein fester Bestandteil der Kommu- nikations-Infrastruktur des Unternehmens ist.

Stephanie Knecht-Thurmann
Thomas Knecht

Windows Installer

Windows-Software installieren und verwalten

 ADDISON-WESLEY

An imprint of Pearson Education

München • Boston • San Francisco • Harlow, England
Don Mills, Ontario • Sydney • Mexico City
Madrid • Amsterdam

Bibliografische Information Der Deutschen Bibliothek

Die Deutsche Bibliothek verzeichnet diese Publikation in der Deutschen Nationalbibliografie;
detaillierte bibliografische Daten sind im Internet über <http://dnb.ddb.de> abrufbar.

10 9 8 7 6 5 4 3 2 1

07 06 05

ISBN 3-8273-2307-X

© 2005 by Addison-Wesley Verlag,
ein Imprint der Pearson Education Deutschland GmbH,
Martin-Kollar-Straße 10–12, D-81829 München/Germany
Alle Rechte vorbehalten
Einbandgestaltung: atelier für gestaltung, niesner & huber, Wuppertal
Lektorat: Sylvia Hasselbach, shasselbach@pearson.de
Korrektorat: Michelle Kottemann, Bonn
Herstellung: Claudia Bäurle, cbaeurle@pearson.de
Satz: mediaService, Siegen, www.media-service.tv
Druck und Verarbeitung: Bercker, Kevelaer
Printed in Germany

Inhaltsverzeichnis

	Vorwort	**19**
1	**Einführung**	**21**
	1.1 Weshalb wurde die Windows Installer-Technologie entwickelt?	21
	1.2 Entwicklung	22
	1.3 Kernfeatures und Funktion	22
	1.3.1 Der Ablauf einer Windows Installer-basierten Installation	23
	1.3.2 Features der Windows Installer-Technologie	23
	1.4 Die Versionen des Windows Installer	24
	1.4.1 Der Windows Installer 1.x	26
	1.4.2 Der Windows Installer 2.0	26
	1.4.3 Windows Installer 3.0	28
	1.4.4 Windows Installer 3.1	28
	1.4.5 Neue Features ab der Installer-Version 2.0	29
	1.4.6 Der Windows Installer auf 64-Bit-Plattformen	30
	1.4.7 Neustarts nach der Installation der Laufzeitdateien des Windows Installer 1.x	30
2	**Die Features der Windows Installer-Technologie**	**31**
	2.1 Features der Installation	31
	2.1.1 Rollback-Funktion bei Installationsproblemen	31
	2.1.2 Versionskontrolle	31
	2.1.3 Installation bei Bedarf	31
	2.1.4 Selbstreparaturmechanismus	32
	2.1.5 Deinstallation gemeinsam genutzter Komponenten	32
	2.1.6 Anpassungen der Installation durch Transform Files	32
	2.1.7 Installation im administrativen Kontext	32
	2.1.8 Einspielen von Patchdateien	33
	2.1.9 Statuskontrolle über .exe- und .dll-Dateien	33
	2.2 Features der Administration	33
	2.2.1 Netzwerkbasierte Installation	33
	2.2.2 Administrative Installationen	33
	2.2.3 Das Kommandozeilenprogramm MSIEXEC	33
	2.3 Vorteile für Softwareentwickler	34
	2.3.1 Standardisierung des Installationsformats	34
	2.3.2 Über Skripte steuerbare Windows Installer-API	34

2.4	Zusätzliche Features unter Windows XP und Windows Server 2003	34
	2.4.1 Die 64-Bit-Versionen	34
	2.4.2 Systemwiederherstellung	34
	2.4.3 Regeln der Softwareeinschränkung	35

3   Architektur und Inhalt eines Windows Installer-Pakets   **37**

3.1	Einführung in die Windows Installer-Architektur	37
	3.1.1 Der Windows Installer-Client	37
	3.1.2 Der Windows Installer-Dienst	37
	3.1.3 Das Windows Installer-Paket	38
3.2	Inhalt eines .msi-Pakets	38
	3.2.1 Konzept des Windows Installer	39
	3.2.2 Komponenten	39
	3.2.3 Produkt	40
	3.2.4 Feature	41
	3.2.5 API	42
	3.2.6 Installation bei Bedarf von Features	43
	3.2.7 Installation bei Bedarf von Produkten	43
	3.2.8 Ressourcenstabilität zur Laufzeit	44
	3.2.9 Rollback	44
	3.2.10 Installationsquelle	45
	3.2.11 Updates und Patches	45
	3.2.12 Anpassungen über Transform Files	46
	3.2.13 Umgebungen mit eingeschränkten Berechtigungen	46
	3.2.14 Windows Installer und SMS/Active Directory	47
3.3	Unterschiede gegenüber einem Setup-Programm	47
	3.3.1 Anpassungen einer Applikation bei Setup und Windows Installer	48
	3.3.2 Dllcache	49
3.4	Dateierweiterungen des Windows Installer	50

4   Die Installation eines Windows Installer-Pakets   **51**

4.1	Der Windows Installer-Dienst	51
	4.1.1 Windows Installer oder doch Setup?	52
4.2	Der Ablauf der Installation und des Rollbacks	52
	4.2.1 Die Akqusitionsphase	52
	4.2.2 Die Ausführungsphase/Execution	53
	4.2.3 Rollback	54
4.3	Die verschiedenen Installationsarten	55
	4.3.1 Die Installation von CD	55
	4.3.2 Die administrative Installation	55
	4.3.3 Die Maintenance Installation	58
	4.3.4 Update by Reinstall	58
4.4	Die Installationsoptionen der einzelnen Features	59
	4.4.1 Automatische Neustarts	60
	4.4.2 Berechtigungen für die Installation	60

4.5	Das Windows Installer Clean Up Utility	61
	4.5.1 Das Kommandozeilenprogramm msizap.exe	63
4.6	Die Supportinformationen eines installierten Produkts	64
4.7	Die Anwendung msiexec.exe	66
	4.7.1 Die Syntax von msiexec.exe	66
	4.7.2 Lokale Installation	67
	4.7.3 Deinstallation einer Applikation	67
	4.7.4 Administrative Installation	67
	4.7.5 Ankündigen einer Applikation	67
	4.7.6 Aktivieren der Protokollierung	68
	4.7.7 Reparatur einer Installation	69
	4.7.8 Installationsquellen	69
	4.7.9 Anpassen des Einblendungslevel für die Benutzeroberfläche	70
4.8	Anpassen einer Installation mit Hilfe von Eigenschaften	71
	4.8.1 Zielort der administrativen Installation	71
	4.8.2 Optionen der Feature-Installation	72
	4.8.3 Benutzerspezifische oder für alle Benutzer geltende Installationskonfiguration	73
	4.8.4 Liste der Installationsquellen	74
	4.8.5 Neustarts	74
	4.8.6 Transform Files	75
	4.8.7 Benutzerinformationen	76
4.9	Windows Installer und Active Directory	76
5	**Transform Files und Patchdateien**	**79**
5.1	Was sind Transform Files?	79
	5.1.1 Eingebettete (embedded) Transform Files	82
	5.1.2 Nicht eingebettete (unembedded) Transform Files	82
	5.1.3 Gesicherte (secured) Transform Files	83
	5.1.4 Ungesicherte (unsecured) Transform Files	84
	5.1.5 Die Eigenschaft TRANSFORMS	85
	5.1.6 Transform Files und Kommandozeilenparameter für msiexec im Vergleich	89
5.2	Anwenden von Transform Files auf eine .msi-Datei	89
	5.2.1 Die statische Methode der Anwendung	89
	5.2.2 Die dynamische Methode der Anwendung	90
5.3	Transform Files und Gruppenrichtlinien	90
5.4	Erstellen eines Transform Files für MS Office 2003	91
	5.4.1 Der Custom Installation Wizard (CIW)	91
	5.4.2 Der MST File Viewer	109
	5.4.3 Der Custom Maintenance Wizard	110
5.5	Weitere Methoden zum Erstellen von Transform Files	112

	5.6	Patchdateien	113
		5.6.1 Aufbau einer Patchdatei	113
		5.6.2 Bereitstellen und Anwenden von Patchdateien und deren Probleme	115

6 Verteilen von Windows Installer-Paketen — **117**

	6.1	Die Softwareverteilung über Gruppenrichtlinien im Active Directory	117
	6.2	Windows Installer-Richtlinien	118
		6.2.1 Richtlinien der Computerkonfiguration	118
		6.2.2 Richtlinien der Benutzerkonfiguration	128
	6.3	Softwareverwaltung und –verteilung über Gruppenrichtlinien	130
		6.3.1 Planungsablauf der Softwareverteilung	131
		6.3.2 Einrichten des AIP und administrative Installation	132
		6.3.3 Bestimmen der Installationsoptionen	134
		6.3.4 Zuweisen und Veröffentlichen von Paketen	135
		6.3.5 Einstellungen an den Installationspaketen	137
		6.3.6 Bearbeiten und Entfernen von Installationspaketen	140
		6.3.7 Konfigurationsstrategie zur Softwareinstallation	143
	6.4	Die Verteilung über Microsoft Systems Management Server	144
	6.5	Weitere Verteilverfahren	145
	6.6	Probleme bei der Verteilung von InstallScript MSI-Projekten	146

7 Repaketierung und Reauthoring — **147**

	7.1	Reauthoring oder Repaketierung	147
		7.1.1 Reauthoring von Applikationen	148
		7.1.2 Repaketierung von Applikationen	148
	7.2	Vorbereiten der Repaketierung einer nicht Windows Installer-basierten Applikation	150
		7.2.1 Vorüberlegungen	150
		7.2.2 Repaketierung in sauberer Umgebung	151
		7.2.3 Weitere für die Repaketierung benötigte Daten	152
		7.2.4 Dokumentation	153
	7.3	Welche Setup-Typen sollten nicht repaketiert werden?	154
	7.4	Programme für die Repaketierung	155
		7.4.1 WinInstall 2000 und WinInstall LE 2003	155
		7.4.2 SMS-Installer	162
		7.4.3 Weitere Repaketierungsprogramme	168
		7.4.4 Weitere applikationsgebundene Programme	169
		7.4.5 Freeware- und Sharewareprogramme	169
	7.5	Programme für das Reauthoring	169
	7.6	Installationen mit ScriptIt anpassen	170
	7.7	Zap-Dateien	171

8   Aufbau und Layout der Windows Installer-Datenbank   173

8.1   Die Gruppe der Kerntabellen (Core Tables)   173
    8.1.1   Die Feature-Tabelle   174
    8.1.2   Die Condition-Tabelle   176
    8.1.3   Die FeatureComponents-Tabelle   176
    8.1.4   Die Component-Tabelle   177
    8.1.5   Die Directory-Tabelle   178
    8.1.6   Die PublishComponent-Tabelle   180
    8.1.7   Die MsiAssembly-Tabelle   180
    8.1.8   Die MsiAssemblyName-Tabelle   181
    8.1.9   Die ComPlus-Tabelle   181
    8.1.10   Die IsolatedComponent-Tabelle   182
    8.1.11   Die Upgrade-Tabelle   182

8.2   Gruppe der Dateitabellen (File Tables)   184
    8.2.1   Die File-Tabelle   185
    8.2.2   Die RemoveFile-Tabelle   186
    8.2.3   Die Font-Tabelle   187
    8.2.4   Die SelfReg-Tabelle   187
    8.2.5   Die Media-Tabelle   188
    8.2.6   Die BindImage-Tabelle   189
    8.2.7   Die MoveFile-Tabelle   189
    8.2.8   Die DuplicateFile-Tabelle   190
    8.2.9   Die IniFile-Tabelle   190
    8.2.10   Die RemoveIniFile-Tabelle   191
    8.2.11   Die Icon-Tabelle   192
    8.2.12   Die FileSFPCatalog-Tabelle   192
    8.2.13   Die SFPCatalog-Tabelle   193
    8.2.14   Die MsiFileHash-Tabelle   193
    8.2.15   Die CreateFolder-Tabelle   194

8.3   Die Gruppe der Registry-Tabellen (Registry Tables)   194
    8.3.1   Die Extension-Tabelle   194
    8.3.2   Die Verb-Tabelle   196
    8.3.3   Die TypeLib-Tabelle   196
    8.3.4   Die MIME-Tabelle   197
    8.3.5   Die Class-Tabelle   198
    8.3.6   Die ProgId-Tabelle   199
    8.3.7   Die AppID-Tabelle   200
    8.3.8   Die Environment-Tabelle   201
    8.3.9   Die Registry-Tabelle   202
    8.3.10   Die RemoveRegistry-Tabelle   204

8.4   Gruppe der Suchtabellen (Locator Tables)   205
    8.4.1   Die Signature-Tabelle   205
    8.4.2   Die RegLocator-Tabelle   206
    8.4.3   Die IniLocator-Tabelle   207
    8.4.4   Die CompLocator-Tabelle   208
    8.4.5   Die DrLocator-Tabelle   209

8.4.6   Die AppSearch-Tabelle   209
8.4.7   Die CCPSearch-Tabelle   210

8.5   Die Gruppe der Programminformations-Tabellen
      (Program Information Tables)   210
      8.5.1   Die Property-Tabelle   210
      8.5.2   Die Binary-Tabelle   210
      8.5.3   Die Error-Tabelle   211
      8.5.4   Die Shortcut-Tabelle   211
      8.5.5   Die ReserveCost-Tabelle   212

8.6   Die Gruppe der Installationsprozedurtabellen
      (Installation Procedure Tables)   213
      8.6.1   Die InstallUISequence-Tabelle   213
      8.6.2   Die InstallExecuteSequence-Tabelle   214
      8.6.3   Die AdminUISequence-Tabelle   214
      8.6.4   Die AdminExecuteSequence-Tabelle   214
      8.6.5   Die AdvtUISequence-Tabelle   214
      8.6.6   Die AdvtExecuteSequence-Tabelle   214
      8.6.7   Die CustomAction-Tabelle   215
      8.6.8   Die LaunchCondition-Tabelle   215

8.7   Die Gruppe der Systemdienste-Tabellen   216
      8.7.1   Die ServiceInstall-Tabelle   216
      8.7.2   Die ServiceControl-Tabelle   219

8.8   Die Gruppe der Sicherheitstabellen   220
      8.8.1   Die LockPermissions-Tabelle   220
      8.8.2   Die MsiDigitalCertificate-Tabelle   221
      8.8.3   Die MsiDigitalSignature-Tabelle   222

8.9   Die Gruppe der Benutzeroberflächentabellen   222
      8.9.1   Die Dialog-Tabelle   222
      8.9.2   Die Control-Tabelle   224
      8.9.3   Die ControlCondition-Tabelle   228
      8.9.4   Die ControlEvent-Tabelle   229
      8.9.5   Die EventMapping-Tabelle   229
      8.9.6   Die TextStyle-Tabelle   230
      8.9.7   Die UIText-Tabelle   230
      8.9.8   Die ActionText-Tabelle   231
      8.9.9   Die Billboard-Tabelle   231
      8.9.10   Die BBControl-Tabelle   231
      8.9.11   Die CheckBox-Tabelle   232
      8.9.12   Die ComboBox-Tabelle   232
      8.9.13   Die ListBox-Tabelle   233
      8.9.14   Die ListView-Tabelle   233
      8.9.15   Die RadioButton-Tabelle   234

8.10 Die Gruppe der ODBC-Tabellen   234
      8.10.1   Die ODBCAttribute-Tabelle   234
      8.10.2   Die ODBCDataSource-Tabelle   235

8.10.3	Die ODBCDriver-Tabelle	235
8.10.4	Die ODBCSourceAttribute-Tabelle	236
8.10.5	Die ODBCTranslator-Tabelle	236
8.11	**Die Gruppe der Patch-Tabellen**	**237**
8.11.1	Die MsiPatchHeaders-Tabelle	237
8.11.2	Die Patch-Tabelle	237
8.11.3	Die PatchPackage-Tabelle	238
8.11.4	Die MsiPatchCertificate-Tabelle	238
8.11.5	Die MsiPatchSequence-Tabelle	239
8.11.6	Die MsiPatchMetadata-Tabelle	240
8.12	**Die Gruppe der Systemtabellen (System Tables)**	**241**
8.12.1	Die _Tables-Tabelle	241
8.12.2	Die _Columns-Tabelle	242
8.12.3	Die _Streams-Tabelle	242
8.12.4	Die _Storages-Tabelle	242
8.12.5	Die _Validation-Tabelle	242
8.13	**Die Datentypen der Windows Installer-Tabellen**	**244**
8.13.1	Der Datentyp AnyPath	244
8.13.2	Der Datentyp Binary	244
8.13.3	Der Datentyp Cabinet	244
8.13.4	Der Datentyp Condition	244
8.13.5	Der Datentyp CustomSource	245
8.13.6	Der Datentyp DefaultDir	245
8.13.7	Der Datentyp DoubleInteger	245
8.13.8	Der Datentyp Filename	245
8.13.9	Der Datentyp Formatted	245
8.13.10	Der Datentyp GUID	246
8.13.11	Der Datentyp Identifier	246
8.13.12	Der Datentyp Integer	246
8.13.13	Der Datentyp Language	246
8.13.14	Der Datentyp LowerCase	246
8.13.15	Der Datentyp Path	246
8.13.16	Der Datentyp Paths	247
8.13.17	Der Datentyp Property	247
8.13.18	Der Datentyp RegPath	247
8.13.19	Der Datentyp Shortcut	247
8.13.20	Der Datentyp Template	247
8.13.21	Der Datentyp Text	247
8.13.22	Der Datentyp Time/Date	248
8.13.23	Der Datentyp UpperCase	248
8.13.24	Der Datentyp Version	248
8.13.25	Der Datentyp WildCardFilename	248
8.14	**Die Feldbeschreibungen in den Windows Installer-Tabellen**	**249**
8.14.1	Symbole in den Windows Installer-Tabellengruppen	249
8.14.2	Abkürzungen in den Feldbeschreibungen der Tabellen	249

9   Übersicht über die Eigenschaften und Bedingungen   **251**

   9.1   Eigenschaften   251
       9.1.1   Private Eigenschaften   251
       9.1.2   Öffentliche Eigenschaften   252
       9.1.3   Bedingt öffentliche Eigenschaften   252

   9.2   Regeln für das Benutzen von Eigenschaften   254
       9.2.1   Die Namensgebung für Eigenschaften   254
       9.2.2   Erforderliche Eigenschaften   255
       9.2.3   Die Initialisierung von Eigenschaften   255
       9.2.4   Quellenreihenfolge für die Übergabe von Werten an
               die Eigenschaften   256

   9.3   Die Eigenschafts-Referenz   256
       9.3.1   Eigenschaften für Komponenten   256
       9.3.2   Eigenschaften für die Konfiguration   257
       9.3.3   Eigenschaften für Zeit und Datum   259
       9.3.4   Eigenschaften für Feature-Installation   259
       9.3.5   Eigenschaften für Hardware   260
       9.3.6   Eigenschaften für den Installationsstatus   261
       9.3.7   Eigenschaften für das Betriebssystem   263
       9.3.8   Eigenschaften für Produktinformationen   265
       9.3.9   Eigenschaften für das Update des Summary Information Stream   266
       9.3.10 Eigenschaften für den Systemordner   267
       9.3.11 Eigenschaften für Benutzerinformationen   268

   9.4   Das Auslesen und Setzen von Eigenschaften über API-Aufrufe   269

   9.5   Bedingungen   269
       9.5.1   Hinweise und Syntax zur Bedingungs-Definition   270
       9.5.2   Übersicht über die Bedingungen   271

10   Standardaktionen und benutzerdefinierte Aktionen   **275**

   10.1 Standardaktionen   275

   10.2 Referenz der Standardaktionen   276
       10.2.1 ADMIN   276
       10.2.2 ADVERTISE   276
       10.2.3 AllocateRegistrySpace   276
       10.2.4 AppSearch   277
       10.2.5 BindImage   277
       10.2.6 CCPSearch   277
       10.2.7 CostFinalize   277
       10.2.8 CostInitialize   278
       10.2.9 CreateFolders   278
       10.2.10 CreateShortcuts   278
       10.2.11 DeleteServices   278
       10.2.12 DisableRollback   279
       10.2.13 DuplicateFiles   279
       10.2.14 ExecuteAction   279

10.2.15	FileCost	280
10.2.16	FindRelatedProducts	280
10.2.17	ForceReboot	280
10.2.18	INSTALL	281
10.2.19	InstallAdminPackage	281
10.2.20	InstallExecute	281
10.2.21	InstallExecuteAgain	281
10.2.22	InstallFiles	281
10.2.23	InstallFinalize	282
10.2.24	InstallInitialize	282
10.2.25	InstallODBC	282
10.2.26	InstallServices	282
10.2.27	InstallSFPCatalogFile	283
10.2.28	InstallValidate	283
10.2.29	IsolateComponents	283
10.2.30	LaunchConditions	284
10.2.31	MigrateFeatureStates	284
10.2.32	MoveFiles	284
10.2.33	MsiPublishAssemblies	285
10.2.34	MsiUnpublishAssemblies	285
10.2.35	PatchFiles	286
10.2.36	ProcessComponents	286
10.2.37	PublishComponents	286
10.2.38	PublishFeatures	286
10.2.39	PublishProduct	286
10.2.40	RegisterClassInfo	287
10.2.41	RegisterComPlus	287
10.2.42	RegisterExtensionInfo	287
10.2.43	RegisterFonts	288
10.2.44	RegisterMIMEInfo	288
10.2.45	RegisterProduct	288
10.2.46	RegisterProgIdInfo	288
10.2.47	RegisterTypeLibraries	289
10.2.48	RegisterUser	289
10.2.49	RemoveDuplicateFiles	289
10.2.50	RemoveEnvironmentStrings	289
10.2.51	RemoveExistingProducts	290
10.2.52	RemoveFiles	290
10.2.53	RemoveFolders	290
10.2.54	RemoveIniValues	291
10.2.55	RemoveODBC	291
10.2.56	RemoveRegistryValues	291
10.2.57	RemoveShortcuts	292
10.2.58	ResolveSource	292
10.2.59	RMCCPSearch	292
10.2.60	ScheduleReboot	292
10.2.61	SelfRegModules	292

10.2.62	SelfUnregModules	293
10.2.63	SEQUENCE	293
10.2.64	SetODBCFolders	293
10.2.65	StartServices	293
10.2.66	StopServices	294
10.2.67	UnpublishComponents	294
10.2.68	UnpublishFeatures	294
10.2.69	UnregisterClassInfo	294
10.2.70	UnregisterComPlus	295
10.2.71	UnregisterExtensionInfo	295
10.2.72	UnregisterFonts	295
10.2.73	UnregisterMIMEInfo	295
10.2.74	UnregisterProgIdInfo	296
10.2.75	UnregisterTypeLibraries	296
10.2.76	ValidateProductId	296
10.2.77	WriteEnvironmentStrings	296
10.2.78	WriteIniValues	297
10.2.79	WriteRegistryValues	297
10.3	**Meldungen beim Ausführen einer Standardaktion**	**297**
10.3.1	Meldungsbeispiel	297
10.3.2	Übersicht über die Meldungen der Standardaktionen	298
10.4	**Benutzerdefinierte Aktionen**	**302**
10.4.1	Die Ausführungsarten der Custom Actions	303
10.4.2	Kategorien der Custom Actions	304
10.4.3	Einsetzen von Custom Actions	307
10.4.4	Art der Ausführung	308
10.4.5	Synchrone und asynchrone Ausführung	309
10.4.6	Ausführungszeitpunkt	311
10.4.7	Protokollierung	312
10.5	**Neustarts**	**312**
11	**Sequenzen**	**315**
11.1	**Sequenztabellen der Installationsarten**	**315**
11.1.1	Die herkömmliche Installation	316
11.1.2	Die administrative Installation	316
11.1.3	Die angekündigte Installation	316
11.2	**Aufbau einer Sequenztabelle**	**317**
11.3	**Die Phasen der Installation**	**318**
11.3.1	Die Benutzeroberflächensequenz	319
11.3.2	Die Ausführungssequenz	319
12	**Anpassen der Benutzeroberfläche**	**321**
12.1	**Die Benutzeroberfläche über den Windows Installer steuern**	**321**
12.1.1	Anzeigeoptionen der Benutzeroberfläche	322
12.1.2	Verwendung der Windows Installer-Tabellen	322

12.2	Dialogfeldeigenschaften	322
12.3	Verwenden von Dialogfeldern	324
	12.3.1 Erstellen eines Dialogfeldes	325
	12.3.2 Spezielle Dialogfeldnamen	326
	12.3.3 Dialogfelder für Hinweise und Fehler	326
	12.3.4 Weitere Dialogfelder	329
12.4	Verwenden von Steuerelementen	331
	12.4.1 Typen der Steuerelemente	332
	12.4.2 Vom Windows Installer unterstützte Steuerelemente	332
	12.4.3 Die Attribute der Steuerelemente	356
	12.4.4 Die Ereignisse der Steuerelemente	365
12.5	Überprüfen der Dialogfelder und Steuerelemente	377
13	**Mergemodule**	**379**
13.1	Was sind Mergemodule?	379
	13.1.1 Zusammenarbeit im Team	380
	13.1.2 Regeln für den Einsatz von Mergemodulen	380
13.2	Der Aufbau von Mergemodulen	381
	13.2.1 Summary Information Stream	381
	13.2.2 Paketdatei	382
	13.2.3 Datenbank des Mergemoduls	383
	13.2.4 ModuleSignature-Tabelle	384
	13.2.5 ModuleComponents-Tabelle	385
	13.2.6 ModuleDependency-Tabelle	385
	13.2.7 ModuleExclusion-Tabelle	386
	13.2.8 ModuleAdminUISequence-Tabelle	387
	13.2.9 ModuleAdvtUISequence-Tabelle	388
	13.2.10 ModuleIgnoreTable-Tabelle	388
13.3	Konfigurierbare Mergemodule	388
	13.3.1 Das Format CMSM	389
	13.3.2 Die Tabellen der konfigurierbaren Mergemodule	389
	13.3.3 Tabelle ModuleSubstitution	390
	13.3.4 Die Tabelle ModuleConfiguration	391
	13.3.5 Die Formattypen und semantischen Informationstypen	392
13.4	Hinweise zum Erstellen von konfigurierbaren Mergemodulen	394
13.5	Integrieren von Mergemodulen	395
14	**Bootstrapping und Summary Information Stream**	**399**
14.1	Bootstrapping	399
	14.1.1 Bootstrapping beim Internet Download	400
14.2	Der Summary Information Stream	401
14.3	Benutzen des Summary Information Stream	407

15 Update und Patch   **409**

   15.1   Updates   409

   15.2   Small Updates   410
       15.2.1   Anwenden auf eine lokale Installation   410
       15.2.2   Anwenden durch Neuinstallation   411
       15.2.3   Anwenden bei einer administrativen Installation 411

   15.3   Minor Upgrades   412

   15.4   Major Upgrades   412

   15.5   Ändern des Produktcode   413

   15.6   Installation einer alten Version über eine neuere unterbinden   414

   15.7   Der Upgradecode   414
       15.7.1   Anwenden auf eine lokale Installation   415
       15.7.2   Anwenden durch Neuinstallation   415

   15.8   Patches   415
       15.8.1   Installation eines Patches aus dem Internet   416
       15.8.2   Patchen von per Benutzer verwalteten Applikationen   416
       15.8.3   LUA-Patching   417
       15.8.4   Patchen bei der Erstinstallation   418
       15.8.5   Patchen von angepassten Applikationen   418
       15.8.6   Patches und originale Installationsquellen   418
       15.8.7   Erstellen eines Patch-Pakets   419
       15.8.8   Patch-Optimierung   419

   15.9   Installation mehrerer Patches   420
       15.9.1   Patch-Sequenzen   421
       15.9.2   Überflüssige Patches beseitigen   422

   15.10 Patches entfernen   422
       15.10.1 Nicht deinstallierbare Patches   423
       15.10.2 Patches deinstallieren   424

16 Digitale Signatur   **425**

   16.1   Erstellen eines Zertifikats   425
       16.1.1   Makecert.exe   425
       16.1.2   Cert2spc.exe   426
       16.1.3   Durchführung   427

   16.2   Prüfen eines Zertifikats   427

   16.3   Richtlinien   428

17 Validierung   **429**

   17.1   Die interne Validierung   429

   17.2   Die String-Pool-Validierung   430
       17.2.1   DBCS-Zeichenkettentest   430

17.2.2	Prüfen des Referenzzählers	431
17.2.3	Ausführen der String-Pool-Validierung	431
17.3	**Die ICE-Validierung**	431
17.3.1	Durchführen der ICE-Validierung	432
17.3.2	Die Validierungsdatenbanken	434
17.3.3	Die ICE-Validierungstypen	434

18 Die Tools des Windows Installer SDK — 439

18.1	**Msicert.exe**	440
18.2	**Msidb.exe**	440
18.2.1	Ausführung über die GUI	440
18.2.2	Struktur einer .idt-Datei	441
18.2.3	Ausführung über die Kommandozeile	443
18.3	**Msifiler.exe**	444
18.4	**Msiinfo.exe**	444
18.5	**Msimerg.exe**	446
18.6	**Msimsp.exe**	446
18.7	**Msitran.exe**	446
18.8	**Msival2.exe**	448
18.9	**Msizap.exe**	448
18.10	**Wilogutl.exe**	449
18.10.1	Ausführen über die GUI	449
18.10.2	Ausführen über die Kommandozeile	450
18.11	**Orca**	450

19 Fehlercodes und Protokollierung — 455

19.1	**Fehlercodes des Windows Installer**	455
19.2	**Protokollierung des Windows Installer**	460
19.2.1	Ereignisprotokollierung	460
19.2.2	Interne Protokollierung	461
19.2.3	Verwenden der Kommandozeilenoption /l	461
19.2.4	Aktivierung der Protokollierung über die Registry	462
19.2.5	Lesen der Protokolldatei	462

20 Bekannte Fehler der Windows Installer-Technologie — 465

20.1	**Bekannte Fehler der Windows Installer-Engine**	465
20.1.1	„INIT Error Failed to create MSI Engine" mit Orca unter Windows Server 2003	465
20.1.2	Die Methode OpenPackage ignoriert das Flag IGNOREMACHINESTATE	466
20.1.3	Office-Probleme nach der Installation von Windows 2000 Service Pack 3	466

20.1.4   Downloadprobleme von .msi-Paketen mit Netscape
Communicator 4.77   467

20.1.5   Installation bricht mit einem Fehler in der sfc.dll ab   468

20.1.6   Der Windows Installer-Dienst kann nicht gestartet
werden/Fehler 1631 oder 2755   468

20.1.7   Falsches Icon unter Programme hinzufügen/entfernen   469

20.1.8   Installation von einer URL über einen Proxy-Server schlägt fehl   469

20.1.9   Für das Einspielen von Patch-Dateien ist die
Installationsquelle erforderlich   469

20.1.10 Fehler 1328 beim Einspielen eines Patches   469

20.1.11 Eine Combo Box enthält keine Scrollbar   470

**21 Installation von Hardware-Treibern via MSI – das Driver
Install Frameworks 2.0 (DIFx)   471**

22 Ausblick: Die Microsoft ClickOnce-Technologie   473

23 Installscript-Laufzeitdateien für die Installation verwenden   477

23.1   Vorbereitung eines betroffenen InstallShield-Projekts für die Verteilung   477

24 Windows Installer und 64-Bit-Plattformen   479

24.1   Definition der Pakete   479

24.2   Aufbau eines 64-Bit-Pakets   480

A Neuerungen der einzelnen Windows Installer-Versionen   481

A.1   Neuerungen im Windows Installer 1.1   481

A.2   Neuerungen im Windows Installer 1.2   483

A.3   Neuerungen im Windows Installer 2.0   483

A.4   Neuerungen im Windows Installer des Windows Server 2003   486

A.5   Neuerungen im Windows Installer 3.0   487

A.6   Neuerungen im Windows Installer 3.1   492

B Links zum Thema Windows Installer   493

B.1   Allgemeine Links   493

B.2   Newsgroups   493

B.3   Schwerpunkt für Administratoren   494

Stichwortverzeichnis   495

Vorwort

Unter den aktuellen Windows-Versionen etabliert sich der Windows Installer immer mehr zu einem Standard-Verfahren zur Erstellung und Administration von Setups. Durch die Bestrebungen zu höherer Sicherheit und Systemstabilität wird die Bedeutung des Windows-Installer auch mit Blick auf den XP-Nachfolger weiter zunehmen. Sowohl Entwickler, die Setups für ihre Applikationen erstellen, als auch Systemadministratoren, die diese Setups auf die Arbeitsplätze bringen, müssen sich mit dem komplexen Thema Windows Installer auseinandersetzen. Für diese beiden Zielgruppen soll dieses Werk ein Einstieg und ein Leitfaden sein.

Das Buch bietet Einblicke und Hintergrundinformationen in die Windows Installer-Pakete sowie den Windows Installer-Dienst. Weiterhin werden die Elemente der Windows Installer-Datenbank erläutert. Auch auf die Installer-API wird eingegangen. Schließlich finden Sie auch Anleitungen zum Erstellen von benutzerdefinierten Anpassungen, der Repaketierung sowie die Beschreibung verschiedener Programme, mit denen Windows Installer-basierte Insallationen erstellt bzw. verwaltet werden können.

Dieses Buch wendet sich sowohl an Entwickler, die Windows Installer-basierte Applikationen entwickeln möchten, als auch an IT-Professionals, die einen tiefen Einblick in die Funktionsweise der Windows Installer-Technologie gewinnen möchten

Der erste Teil ist eher an Administratoren gerichtet, der zweite Teil an Entwickler.

Ein Administrator hat eine andere Sicht auf die Windows Installer-Technologie als die Entwickler und Softwarehersteller (ISV, Independent Software Vendors). Für den Administrator sind die Verteilbarkeit und Anpassung der Installer-basierten Pakete innerhalb einer verteilten Netzwerkumgebung von Bedeutung. Zudem müssen bei der Verteilung Sicherheitsvorgaben realisierbar sein, neue Applikationen dürfen nicht mit bereits eingesetzter Software zu Konflikten führen usw. Das wichtigste Ziel des Softwareherstellers ist die möglichst simple und sichere Installation/Deinstallation der Applikation auf den Clients an sich. Diese beiden Sichtweisen müssen sozusagen „unter einen Hut" gebracht werden.

Ein Beispiel:

Unbeaufsichtigte Installationen (unattended installation) werden für msi-Pakete nicht grundsätzlich von den Entwicklern angeboten, obwohl sie durchaus realisiert werden können. Zudem werden für eine Applikation oftmals mehrere msi-Dateien benutzt, was die Administration der Installation und die Verteilung dieser Software erschwert. Für die individuelle Anpassung werden nicht nur Transform Files verwendet, sondern auch die direkte Anpassung des msi-Pakets über Assistenten ist zuweilen gegeben. Soll eine Applikation angepasst werden, für die kein Werkzeug zum Erstellen von Transform Files zur Verfügung steht, so ist tiefgehendes programmiertechnisches Wissen erforderlich, um die msi-Datenbank manuell anzupassen.

Anhand dieses kleinen Beispiels wird schon klar, dass es für Entwickler wichtig ist, nicht nur die Applikation als solche zu betrachten, sondern die spätere Administrierbarkeit zu berücksichtigen, um keinen Wettbewerbsnachteil zu erleiden.

Als Leser dieses Buches möchten wir Ihnen beide Sichtweisen nahe bringen. Das Thema Windows Installer soll in diesem Buch für beide Gruppen transparent werden und idealerweise zu einem fachlich fundierten Dialog beitragen.

Beschrieben wird die aktuelle Version 3.1 des Windows Installer. Abweichungen gegenüber allen älteren Versionen werden bei Bedarf erwähnt.

Dies ist das erste Gemeinschaftwerk von Thomas Knecht und Stephanie Knecht-Thurmann, die bereits mehrere erfolgreiche Bücher bei Addison-Wesley veröffentlicht hat. Und da es viel Freude bereitet hat, im Team zu arbeiten, wird es sicher nicht das letzte Gemeinschaftswerk sein. Besonderer Dank gilt an dieser Stelle unserer Lektorin Sylvia Hasselbach für ihre kompetente Unterstützung dieses Projektes und allen, die dazu beigetragen haben, es zu vollenden.

Barsinghausen im Juli 2005

Stephanie Knecht-Thurmann, Thomas Knecht

1 Einführung

Dieses Kapitel gibt zunächst einen Abriss der Entwicklungsmotive der Windows Installer-Technologie sowie der Chronologie der Bereitstellung und Implementierung des Windows Installer in den verschiedenen Windows-Betriebssystemen. Danach werden kurz der Ablauf einer Installation sowie einige Kernfeatures vorgestellt, die in den späteren Kapiteln noch genauer erläutert werden. Zusätzlich erhalten Sie einen detaillierten Überblick über die verschiedenen Versionen des Windows Installer sowie deren Installationsmöglichkeiten. Auch auf den Windows Installer unter 64-Bit-Plattformen wird kurz eingegangen.

1.1 Weshalb wurde die Windows Installer-Technologie entwickelt?

Die Installation von Software wurde durch den Einsatz des Windows Installer erleichtert. Erinnern Sie sich an die Zeit, als der Administrator mit der Installations-CD von einem Computer zum nächsten lief, um die benötigten Applikationen zu installieren? Bei jeder Installation müssen erneut der Pfad sowie die zu installierenden Bestandteile der Applikation festgelegt werden. In einem kleinen Unternehmen mit bis zu zehn Clients ist diese Methode sicherlich noch praktikabel. Aber bei Installationen auf Hunderten von Clients muss entweder zusätzliches Personal für die Installation bereitgestellt werden, was natürlich auch einen nicht unbedeutenden Kostenfaktor darstellt, oder das Installationsverfahren ist zu ändern. Letzteres wurde von Microsoft durch die Entwicklung des Windows Installer realisiert.

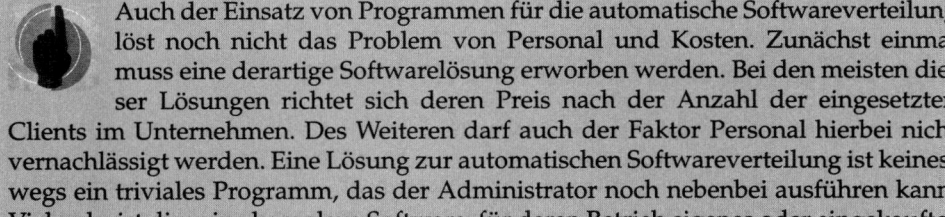 Auch der Einsatz von Programmen für die automatische Softwareverteilung löst noch nicht das Problem von Personal und Kosten. Zunächst einmal muss eine derartige Softwarelösung erworben werden. Bei den meisten dieser Lösungen richtet sich deren Preis nach der Anzahl der eingesetzten Clients im Unternehmen. Des Weiteren darf auch der Faktor Personal hierbei nicht vernachlässigt werden. Eine Lösung zur automatischen Softwareverteilung ist keineswegs ein triviales Programm, das der Administrator noch nebenbei ausführen kann. Vielmehr ist dies eine komplexe Software, für deren Betrieb eigenes oder eingekauftes geschultes Personal bereitstehen muss.

Durch den Windows Installer wird eine optimierte Verteilung von Software in Unternehmen ermöglicht. Diese Technologie ist konsistenter und stabiler als andere Installationstechnologien. Anderen Installationsmechanismen fehlen Möglichkeiten der Installationsanpassung, Diagnose- und Reparaturfunktion der Applikation zur Laufzeit oder

Installation bzw. Nachinstallation von Applikationskomponenten bei Bedarf. Auch Konflikte mit bereits installierten Dateien oder dll-Konflikte gehören beim Einsatz des Windows Installer der Vergangenheit an.

1.2 Entwicklung

Der Windows Installer ist eine von Microsoft entwickelte und bereitgestellte Technologie zur Softwareinstallation, die die althergebrachte Setup-Technologie ablösen sollte und zwischenzeitlich in großen Teilen auch ersetzt hat. Mit Hilfe des Windows Installer wird eine effiziente Installation und Konfiguration von Applikationen ermöglicht. Die Windows Installer-Technologie ermöglicht die Bereitstellung von Features, ohne dass die Installation an sich erfolgen muss, die Installation bei Bedarf (Installation on Demand) sowie das Hinzufügen von benutzerspezifischen Anpassungen mit Hilfe von Transform Files. Auch Deinstallationen und Rollbackmöglichkeiten werden mit dem Windows Installer verbessert. Die Probleme mit Versionskonflikten insbesondere bei dlls gehören mit dem Einsatz der Windows Installer-Technologie ebenfalls der Vergangenheit an.

Aktuelle Applikationen verwenden in der Regel die Windows Installer-Technologie für die Installation und Deinstallation. Das erste Produkt, das die Windows Installer-Technologie anstelle der herkömmlichen Setup-Routine verwendete, war Microsoft Office 2000 im Jahr 1999. Die Windows Installer Technologie ist danach als fester Bestandteil in die Betriebssysteme Windows 2000, ME, XP sowie 2003 Server implementiert worden. Im Rahmen von Servicepacks wird der Windows Installer auch für Windows 95, 98 sowie NT 4.0 SP4 bereitgestellt. Mit dieser Integration des Installer in das Betriebssystem ist er zum neuen Standard gegenüber dem herkömmlichen Setup geworden. Dies ist u.a. auch daran ersichtlich, dass Applikationen, die das Microsoft-Logo *Certified for Windows 2000* oder *Certified for Windows XP* erhalten möchten, als Windows Installer-Installationspaket vorliegen müssen.

Die Windows Installer-Funktion ist zudem ein Bestandteil der IntelliMirror-Technologie im Active Directory des Windows Server 2000/2003. Über den Windows Installer wird die Installation und Wartung von Software auf den Clients verwirklicht.

1.3 Kernfeatures und Funktion

Bei einem Windows Installer-Paket spricht man oft auch von einem *.msi*-Paket. Die Dateinamenserweiterung *.msi* steht für *Managed Software Installation*. Jedes *.msi*-Paket ist eine relationale Datenbank. In ihr befinden sich Informationen über den Post-Install-State, also den Zustand, der nach Durchführung der Installation erreicht ist. Dieser Zustand wird für den Computer gespeichert und der Windows Installer-Dienst sorgt dafür, dass dieser Zustand nicht geändert wird. Der Windows Installer-Dienst wird auf jedem Client als Systemdienst ausgeführt, auf dem Installer-basierte Applikationen installiert sind bzw. dessen Betriebssystem den Windows Installer nativ beinhaltet.

1.3.1 Der Ablauf einer Windows Installer-basierten Installation

Auf dem Installationsmedium befindet sich eine *.msi*-Datei. In dieser Datei sind in einer relationalen Datenbank Anweisungen und Daten für die Installation der Applikation gespeichert. Sobald ein Benutzer diese *.msi*-Datei doppelklickt, startet der Windows Installer-Dienst. Standardmäßig lautet dessen Startart MANUELL (siehe Abbildung 1.1).

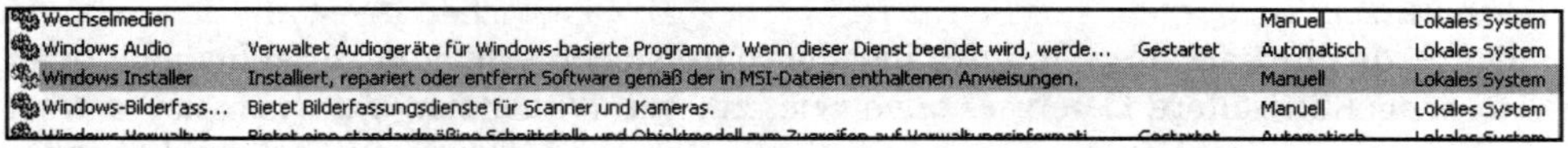

Wechselmedien			Manuell	Lokales System
Windows Audio	Verwaltet Audiogeräte für Windows-basierte Programme. Wenn dieser Dienst beendet wird, werde...	Gestartet	Automatisch	Lokales System
Windows Installer	Installiert, repariert oder entfernt Software gemäß der in MSI-Dateien enthaltenen Anweisungen.		Manuell	Lokales System
Windows-Bilderfass...	Bietet Bilderfassungsdienste für Scanner und Kameras.		Manuell	Lokales System
Windows-Verwaltun...	Bietet eine standardmäßige Schnittstelle und Objektmodell zum Zugreifen auf Verwaltungsinformati...	Gestartet	Automatisch	Lokales System

Abbildung 1.1: Der Windows Installer-Dienst besitzt die Startart Manuell

Die ausführbare Datei dieses Dienstes ist *msiexec.exe*. Diese Datei befindet sich im Verzeichnis %SYSTEMROOT%\SYSTEM32. Sobald der Windows Installer-Dienst gestartet ist, beginnt der Installationsprozess der Applikation. Eine ausführliche Beschreibung des Installationsvorgangs finden Sie in Kapitel 4.

1.3.2 Features der Windows Installer-Technologie

Windows Installer-basierte Applikationen können über die Gruppenrichtlinien des Active Directory unter Windows 2000 und 2003 Server Benutzern und Computern zugewiesen werden. Auch für dieses Verfahren muss die Applikation als *.msi*-Paket und nicht als herkömmliches Setup vorhanden sein. Allerdings besteht hierfür die Möglichkeit der Repaketierung (siehe Kapitel 7), um aus einer Applikation mit herkömmlichem Setup ein Windows Installer-Paket zu erstellen.

Mit Hilfe des Windows Installer ist es möglich, Installation und Deinstallation von Applikationen zu standardisieren, zu vereinfachen und zu verbessern. Dies bedeutet Vorteile für Systemadministratoren und Softwareentwickler.

Im Folgenden finden Sie eine kurze Auflistung von Kernfeatures der Windows Installer-Technologie. Ausführlich werden diese und weitere Funktionen in Kapitel 2 beschrieben.

▶ *Kontrolle über installierte Features*:
Die meisten Benutzer installieren eine Applikation, indem Sie die Option KOMPLETT-INSTALLATION auswählen. Aber auch bei einer benutzerdefinierten Installation werden unzählige Features lokal installiert, die der Benutzer niemals benötigen wird. Der Windows Installer bietet die Möglichkeit, Features erst bei Bedarf lokal zu installieren oder Features immer vom Quellmedium aus auszuführen. Damit ist eine bessere Effizienz der Installation gewährleistet.

▶ *Saubere Deinstallation*:
Sobald die Installation einer Applikation fehlschlägt, bleiben diverse Einträge im Dateisystem sowie der Registry als „Dateileichen" bestehen. Schlägt hingegen eine Windows Installer-basierte Installation fehl, so wird automatisch ein Rollback eingeleitet. Dabei wird wieder der Systemzustand hergestellt, der vor Beginn der Installation gegeben war.

▶ *Selbstreparaturmechanismus*:
Der Windows Installer-Dienst prüft automatisch die Konsistenz und Verfügbarkeit der installierten Dateien. Werden dabei Fehler festgestellt, so werden die fehlerhaften oder fehlenden Dateien automatisch ohne Eingriff des Benutzers neu installiert. Dem Benutzer steht also stets eine funktionierende Applikation zur Verfügung. Für Administratoren und Helpdeskpersonal entfällt somit die Neuinstallation von nicht mehr funktionierender Software.

▶ *Versionskonflikte*:
Durch den Einsatz des Windows Installer wird sichergestellt, dass bei Installationen ausschließlich ältere Dateiversionen wie z.B. bei *.dll*-Dateien durch neuere ersetzt werden. Bei einem Setup wurden oftmals die Windows Libraries nicht korrekt behandelt, so dass ältere Versionen bereits vorhandene neue Versionen überschrieben. Dieses Phänomen führte zu dem Schlagwort „dll-Hölle". Über den Windows Installer wird keine ältere Dateiversion installiert, die eine neue Datei überschreibt. Auch gemeinsam genutzte dlls werden bei der Deinstallation durch den Windows Installer nicht einfach gelöscht, sondern bleiben bestehen.

▶ *Administrative Rechte für die Installation*:
Für zahlreiche Setup-Programme muss der Benutzer über administrative Berechtigungen verfügen. Diese Anforderung steht jedoch im krassen Gegensatz zu jeglichen Sicherheitsanforderungen. Der Windows Installer löst dieses Problem, indem der Windows Installer-Dienst als Systemdienst mit mehr Privilegien als die des angemeldeten Benutzers ausgeführt wird. Damit kann selbst ein Benutzer mit minimalen Berechtigungen eine Applikation installieren.

▶ *Administratives Setup*:
Mit Hilfe des administrativen Setup (siehe Kapitel 4.3) wird der Inhalt des Quellmediums in eine Netzwerkfreigabe installiert, die danach den Benutzern als Quellverzeichnis für die Installation dient. Bei dieser Installationsart können zusätzliche Anpassungen in Form von Transform Files (siehe Kapitel 5) hinzugefügt werden.

▶ *Keine Betriebssystem-abhängigen Spezifika*:
Bei einem Setup-Programm müssen Unterschiede und Abweichungen zwischen den verschiedenen Betriebssystemen berücksichtigt werden, z.B. wenn Schlüssel jeweils an verschiedene Stellen der Registry eingefügt werden müssen oder unterschiedliche API-Aufrufe erfolgen müssen. Dies bedeutet eine Erschwernis für jeden Softwareentwickler, der das Setup für jedes Betriebssystem separat schreiben und testen muss.

1.4   Die Versionen des Windows Installer

Der Windows Installer ist in verschiedenen Versionen verfügbar. Für jedes Betriebssystem gibt es eigene Versionsnummern. Die Versionen sind unterteilt in die Hauptversionsnummer sowie eine interne Buildnummer. Insgesamt gibt es sechs Versionen des Windows Installer (Version 1.0, 1.1, 1.2, 2.0, 3.0 sowie 3.1). Zu dieser Versionsnummer wird jeweils eine Buildnummer hinzugefügt, die Auskunft darüber gibt, ob eine Version bereits in ein Betriebssystem integriert ist oder ob der Windows Installer nachträglich aktualisiert wurde (siehe Tabelle 1.2 und Tabelle 1.3).

Um die Versionsnummer des Windows Installer zu ermitteln, gibt es zwei Möglichkeiten. Zum einen können Sie unter AUSFÜHREN den Befehl `MSIEXEC` ⏎ aufrufen, zum anderen können Sie unter %SYSTEMROOT%\SYSTEM32 die Eigenschaften der Datei *msi.dll* aufrufen. Auf der Registerkarte VERSION (siehe Abbildung 1.2) finden Sie den gewünschten Eintrag unter PRODUKTVERSION.

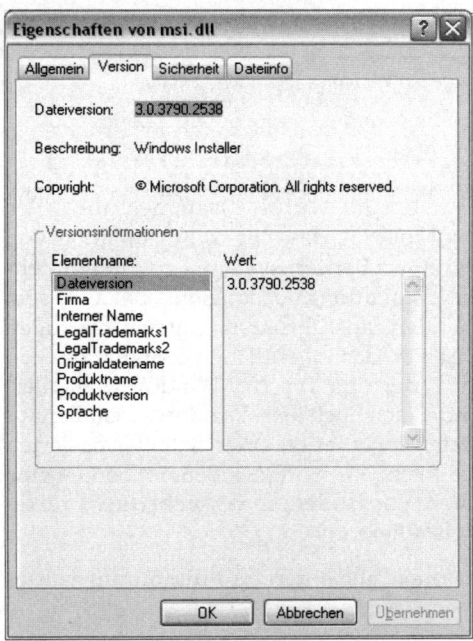

Abbildung 1.2: Ermitteln der Windows Installer-Version

Die Werte der Dateiversion und der Produktversion sollten dabei übereinstimmen. Die beiden ersten Werte stehen für die Version des Installer, in unserem Beispiel 3.0, die beiden letzten Werte (3790.2538) geben die spezielle Buildnummer an.

Tabelle 1.1 gibt eine Übersicht über die Upgradepfade der verschiedenen Windows Installer-Versionen auf den einzelnen Betriebssystemen.

Betriebssystem	1.0	1.1	1.2	2.0	3.0	3.1
Windows Server 2003	-	-	-	X	+	Ab SP1 x, ohne SP 1 +
Windows XP	-	-	-	X	mit SP2 X, ohne SP und SP 1 +	+
Windows 2000	-	X	-	+	Ab SP 3 +	Ab SP 3 +
Windows NT4, SP6	+	+	+	+	-	-
Windows NT4, SP3	+	+	+	-	-	-
Windows ME	-	-	X	+	-	-
Windows 98	+	+	+	+	-	-

Betriebssystem	1.0	1.1	1.2	2.0	3.0	3.1
Windows 95	+	+	+	+	-	-
Legende: X: Windows Installer-Version ist bereits im Betriebssystem enthalten +: Windows Installer-Version kann installiert werden -: Windows Installer-Version kann nicht installiert werden						

Tabelle 1.1: Die unterstützten Betriebssysteme der verschiedenen Windows Installer-Versionen

1.4.1   Der Windows Installer 1.x

Die erste Windows Installer-Version, also die Version 1.0, wurde zusammen mit Office 2000 ausgeliefert. Allerdings bestand dabei das Problem, dass für die Installation von Office 2000 über den Windows Installer dem Windows Betriebssystem – zu diesem Zeitpunkt Windows 9x oder Windows NT 4.0 - der Installationsmechanismus bekannt sein und das Betriebssystem über die entsprechenden ausführbaren Dateien verfügen musste. Dieses Problem löste Microsoft, indem vor der eigentlichen Installation von Office 2000 der Programmcode initialisiert wird, der den Typ der Windows Installer-Installation erkennt und verarbeiten kann. Befindet sich noch kein Windows Installer auf dem Betriebssystem, so wird dieser bei der ersten Installation einer Installer-basierten Software installiert. Erst danach wird die Office-Installation angestoßen. Ist bereits eine alte Version des Windows Installer auf dem System vorhanden, so versucht die Applikation immer die neueste Version von der CD zu installieren.

Tabelle 1.2 zeigt einen Überblick über die Versionen und internen Buildnummern des Windows Installer der Version 1.x.

Version	Build	Auslieferung
1.10	1029.0	Implementierung in Windows 2000
1.10	1029.1	Zeitgleiche Downloadversion auf der Microsoft-Website
1.11	1314.0	Windows 2000 SP1
1.11	2405.0	Windows 2000 SP2
1.20	1410.0	Implementierung in Windows ME
1.20	1827.1	Zeitgleiche Downloadversion auf der Microsoft-Website

Tabelle 1.2: Die Versionen des Windows Installer 1.x

1.4.2   Der Windows Installer 2.0

Eine große Veränderung gab es zwischen der Installer-Version 1.2 und 2.0. Die neue Version unterstützt zahlreiche neue Features gegenüber der Vorgängerversion. Für einige Applikationen ist der Windows Installer in der Version 2.0 zwingend erforderlich. Ist auf dem System eine ältere Version vorhanden, erhalten Sie eine entsprechende Warnmeldung. Unter Windows NT 4.0 muss SP6 installiert sein, bevor der Windows Installer in der Version 2.0 installiert werden kann. Für vorherige Windows Installer-Versionen genügte SP 3.

Die Version 2.0 ist bereits in die Betriebssysteme Windows XP sowie Windows Server 2003 integriert. Die in diesen Betriebssystemversionen enthaltene Datei *instmsi.exe* ist für die Installation oder das Upgrade auf Windows Installer 2.0 zu verwenden. Die Windows Installer-Version 2.0 wurde das erste Mal am 28.08.2001 bereitgestellt (Versionsnummer 2.0.2600.0). Allerdings wurde diese Version einen Monat später durch die Version 2.0.2600.1 für Windows 95, 98 und ME abgelöst, da die erste Version angeblich zu Problemen unter Windows ME führen sollte. Die Version für Windows NT und 2000 wurde nicht aktualisiert.

Tabelle 1.3 gibt Ihnen einen Überblick über die verschiedenen Versionen des Windows Installer in der Version 2.0:

Version	Build	Auslieferung
2.0	2600.0	Implementierung in Windows XP, Downloadversion für Windows NT und 2000
2.0	2.600.1	Implementierung in Windows 2000 SP3, Downloadversion für Windows 95, 98, ME
2.0	2600.2	Downloadversion (außer für Windows XP)
2.0	2600.1106	Implementierung in Windows XP SP1
2.0	3590.0	Implementierung in Windows Server 2003 Version

Tabelle 1.3: Die Versionen des Windows Installer 2.0

Die Installer-Version 2.0 lässt sich auf sämtlichen Windows-Plattformen installieren. Allerdings ist es nicht möglich, ältere Installer-Versionen auf allen Betriebssystemen zu implementieren.

Bezugsquellen und Dokumentation des Windows Installer 2.0

Die Installationsdateien für den Windows Installer 2.0 können direkt bei Microsoft downgeloadet werden. Die Laufzeitdateien sind sprachneutral. Es wird lediglich zwischen den Betriebssystemen unterschieden.

Für Windows 95, 98 und ME erhalten Sie den Windows Installer 2.0 unter folgender Adresse:

http://www.microsoft.com/downloads/release.asp?releaseid=32831

Für Windows NT 4.0 und Windows 2000 erhalten Sie den Windows Installer 2.0 unter folgender Adresse:

http://www.microsoft.com/downloads/release.asp?releaseid=32832

Die Laufzeitdateien finden Sie auch auf der Begleit-CD. Beide Installationspakete tragen den Dateinamen *instmsi.exe*. Soll jedoch eine parallele Nutzung der Installer-Pakete, z.B. im Rahmen eines Packaging-Programmes, erfolgen, so sollten Sie die Unicode-Version des Windows Installer für Windows NT und 2000 in *instmsiw.exe* umbenennen. Die ANSI-Version für Windows 9x kann ihren Namen behalten oder in *instmsia.exe* umbenannt werden. Die auf Applikations-CDs mitgelieferten Installer wie z.B. für Microsoft Office verwenden grundsätzlich die Bezeichnungen *instmsi.exe* und *instmsiw.exe*.

Dokumentiert wird der Windows Installer von Microsoft in den Platform SDKs ab August 2001. Das *Windows Installer SDK* beinhaltet zusätzlich eine Reihe von Programmen und Tools, darunter das Programm *orca.exe* (siehe Kapitel 18). Die SDKs können wahlweise bei Microsoft auf CD bestellt werden oder downgeloadet werden. Eine Übersicht aller verfügbaren SDKs finden Sie unter

http://www.microsoft.com/msdownload/platformsdk/sdkupdate/

1.4.3 Windows Installer 3.0

Der Windows Installer 3.0 kann lediglich unter den folgenden Betriebssystemen ausgeführt werden:

▶ Windows XP

▶ Windows Server 2003

▶ Windows 2000 ab SP3

Frühere Windows-Versionen werden vom Windows Installer 3.0 *nicht* mehr unterstützt. Mit dem Service Pack 2 für Windows XP wird der Windows Installer 3.0 installiert. Er kann auch unter Windows XP ohne Service Pack oder mit Service Pack 1 installiert und ausgeführt werden.

Bezugsquellen und Dokumentation des Windows Installer 3.0

Den Windows Installer 3.0 sowie eine Produktdokumentation finden Sie unter dem Link *http://support.microsoft.com/default.aspx?scid=kb;de;884016*. Die Laufzeitdatei des Windows Installer 3.0 finden Sie auf der Begleit-CD.

1.4.4 Windows Installer 3.1

Der Windows Installer in der aktuellen Version 3.1 ist lediglich unter folgenden Betriebssystemen lauffähig:

▶ Windows XP

▶ Windows Server 2003

▶ Windows 2000 ab SP3

Unter Windows Server 2003 wird der Windows Installer 3.1 durch das Service Pack 1 implementiert. Frühere Windows-Versionen werden vom Windows Installer 3.1 nicht mehr unterstützt.

Bezugsquellen und Dokumentation des Windows Installer 3.1

Eine Dokumentation des Windows Installer 3.1 sowie die Datei zum Download finden Sie unter dem Link *http://support.microsoft.com/?id=893803*. Der Windows Installer 3.1 befindet sich auch auf der Begleit-CD.

1.4.5   Neue Features ab der Installer-Version 2.0

In aller Regel sollte heute der Windows Installer ab der Version 2.0 eingesetzt werden. Dieser funktioniert unter sämtlichen Betriebssystemen, lediglich unter Windows NT 4.0 muss das Service Pack 6 installiert sein. Ab dieser Version wurden viele zusätzliche Features und Neuerungen eingepflegt.

Eine der wichtigsten Neuerungen der Version 2.0 gegenüber ihren Vorgängern besteht darin, dass nun sowohl 32-Bit- als auch 64-Bit-Applikationen unterstützt werden können.

Auch an den Reparatur-, Upgrade- und Patchfunktionen sind Verbesserungen vorgenommen worden. Der Windows Installer ab der Version 2.0 verwendet Hash-basierte Kalkulationen, um die Dateien zu ermitteln, die zu reparieren, upzudaten oder zu patchen sind. Dieser Mechanismus ist deutlich performanter als das von früheren Versionen verwendete Vergleichsverfahren zwischen der installierten Datei sowie der Datei der originalen Quellinstallation. Zudem muss das originale Quellmedium für den bloßen Vergleich nicht zur Verfügung stehen. Erst wenn eine Datei ersetzt werden muss, ist dieses erforderlich.

Ein weiterer verbesserter Punkt ist die Protokollierung. In der Ereignisanzeige werden nun grundsätzlich Einträge vorgenommen, wenn Dateien installiert werden. Zusätzlich erhält jeder Fehler dabei eine eindeutige ID.

Ab der Version 2.0 werden auch digitale Signaturen unterstützt. Innerhalb einer *.msi*-Datei (aber auch innerhalb von Transform Files und Patchdateien) kann eine Signatur integriert werden, die die Herkunft der Datei aus einer vertrauenswürdigen Quelle kennzeichnet.

Auch in einem zweiten Punkt wurde die Sicherheit verbessert. Vor der Version 2.0 wurde bei der Ausführung einer Applikation kein Unterschied danach gemacht, welcher Benutzer die Applikation auf dem Computer installiert hat. Nun wird strikt danach unterschieden. Sofern Benutzer 1 eine Applikation explizit für sich selbst installiert hat und nicht für alle Benutzer des Computers, steht diese Applikation Benutzer 2 nicht zur Verfügung.

Des Weiteren muss jetzt kein separater Neustart mehr durchgeführt werden, wenn die Version 2.0 (bzw. 3.0/3.1 unter Windows 2000 ab SP 3) einen alten Windows Installer bei der Installation einer Applikation updatet. Bei den vorherigen Versionen war der Neustart erforderlich, bevor die Installation der Applikation durchgeführt werden konnte. Bei der Version 2.0 ist der Neustart erst dann erforderlich, wenn alle *.msi*-Pakete der Software installiert sind. Für das Update des Windows Installer müssen Sie jedoch über lokale Administratorrechte verfügen.

Zusätzlich wurde eine Reihe von neuen Installer-Funktionen, Eigenschaften und Datenbanktabellen hinzugefügt. Des Weiteren werden nun Debuginformationen für benutzerdefinierte Aktionen (Custom Actions, siehe Kapitel 10) zu den Logdateien der entsprechenden Skripte hinzugefügt. Es ist jetzt auch möglich, weitere Komponenten über ein Update oder einen Patch zu einem bestehenden Feature hinzuzufügen, ohne dabei den Produktcode ändern zu müssen.

Allerdings hat Microsoft keine offiziellen Release Notes veröffentlicht, in denen die Fehler beschrieben sind, die gegenüber den Vorversionen behoben worden sind.

Innerhalb des Windows Installer 2.0 gibt es zudem einige neue Features, die jedoch erst ab Windows XP SP1 sowie Windows Server 2003 implementiert sind. Auch dazu zählen einige zusätzliche Installer- Funktionen sowie Eigenschaften.

In Anhang A wird jeweils angemerkt, in welcher Version welche neue Installer-Funktion, -Datenbank, -Eigenschaft usw. hinzugekommen ist.

1.4.6 Der Windows Installer auf 64-Bit-Plattformen

Auf 64-Bit-Windows-Plattformen kann lediglich der Windows Installer ab der Version 2.0 ausgeführt werden. Diese Versionen können gleichermaßen 32-Bit- und 64-Bit-Installer-Pakete installieren und verwalten. Bei der Erstellung eines Pakets muss dieses über die Eigenschaft *Template Summary* explizit als 32-Bit- oder 64-Bit-Paket definiert werden. 64-Bit-Anwendungen können lediglich auf 64-Bit-Plattformen installiert werden.

Der Windows Installer ab der Version 2.0 kann auf einer 64-Bit-Plattform verschiedene Typen von *.msi*-Paketen installieren. Zum einen sind herkömmliche 32-Bit-Pakete mit 32-Bit-Komponenten möglich. Darüber hinaus können aber auch 64-Bit-Pakete installiert werden, die entweder reine 64-Bit-Komponenten enthalten oder lediglich einige 32-Bit-Komponenten. Weitere Hinweise zum Thema 64 Bit finden Sie in Kapitel 24.

1.4.7 Neustarts nach der Installation der Laufzeitdateien des Windows Installer 1.x

Mit der Ausführung von *instmsi.exe* oder *instmsiw.exe* werden die Laufzeitdateien des Windows Installer installiert. Bevor die Applikation selbst ihr Setup starten kann, ist zuweilen ein Neustart des Betriebssystems erforderlich. Dies ist der Fall, wen während der Installation die Datei *msi.dll* nicht vom Betriebssystem geladen werden kann. Eine Aktualisierung dieser Datei kann dann erst nach einem Neustart erfolgen. Dieses Phänomen tritt auf sämtlichen Systemen auf, die eine Shell-Version mit installiertem *Windows Desktop Update* besitzen (Windows 98 und 2000) sowie auf Systemen, auf denen der Internet Explorer 4.01 SP1 vorhanden ist. Kein Neustart ist auf den Betriebssystemen Windows 95 und Windows NT 4.0 notwendig, solange auf diesen nicht der Internet Explorer 4.01 SP1 installiert ist, in dem das *Windows Desktop Update* enthalten ist.

Die eben beschriebenen Fälle beziehen sich auf die Installation eines Windows Installer 1.1 und 1.2. Wird der Windows Installer ab der Version 2.0 installiert, wird der Neustart des Systems erst durchgeführt, wenn die Installation der Applikation selbst abgeschlossen worden ist.

2 Die Features der Windows Installer-Technologie

Dieses Kapitel stellt detailliert die Features des Windows Installer in mehreren Kategorien vor. Sie lernen die Features der Installation, die Verbesserungen in der Administration sowie Vorteile für Entwickler kennen. Außerdem werden auch die zusätzlichen Features der aktuellen Betriebssysteme Windows XP sowie Windows Server 2003 im Zusammenspiel mit dem Windows Installer beschrieben.

2.1 Features der Installation

Gegenüber einer Installation, die über eine setup.exe aufgerufen wird, bietet die Windows Installer-basierte Installation eine Reihe von Vorteilen und Verbesserungen.

2.1.1 Rollback-Funktion bei Installationsproblemen

Kann bei einem herkömmlichen Setup die Installation nicht erfolgreich abgeschlossen werden, so bleiben auf dem System oftmals Reste dieser Installation in der Registry oder in bereits angelegten Verzeichnissen bestehen. Schlägt hingegen die Installation eines *.msi*-Pakets fehl, so wird automatisch wieder der Zustand vor der Installation hergestellt. Diese Rollback-Funktion ermöglich die Wiederherstellung eines funktionierenden Systemstatus.

2.1.2 Versionskontrolle

Durch den Einsatz des Windows Installer werden ausschließlich vorhandene ältere Dateiversionen, z.B. *.dll*-Dateien, durch neuere ersetzt. Besitzt das Betriebssystem bereits eine neuere Datei als die von der Applikation zu installierende, so wird die ursprüngliche Datei beibehalten. Damit ist ein Schutz des Betriebssystems sichergestellt.

2.1.3 Installation bei Bedarf

Die Installation einer *.msi*-basierten Applikation bzw. auch nur einzelner Features daraus kann bei Bedarf erfolgen und muss nicht statisch zu einem bestimmten Zeitpunkt vorgenommen werden. Bereits bei der Installation kann für sämtliche Features bestimmt werden, wann oder ob diese installiert werden sollen. Arbeitet ein Benutzer bereits seit einiger Zeit mit *Word* und benötigt z.B. erstmals nach sechs Wochen die französische Rechtschreibprüfung, so wird dieses Feature erst in diesem Moment nachinstalliert. Auf diese Weise können Sie sicherstellen, dass auf dem Desktop der Mitarbeiter eine Applikation immer nur im gerade benötigten Umfang vorhanden ist. Ein weiteres Feature ist die Just-In-Time- (JIT-) Installation. Sobald einem Benutzer eine Applikation über die

Gruppenrichtlinie bereitgestellt wird, wird nicht die gesamte Applikation installiert, sondern es werden lediglich die Icons im Startmenü angelegt. Die eigentliche Installation erfolgt erst, wenn der Benutzer zum ersten Mal eines der Icons anklickt. Die JIT-Installation gewährleistet, dass die Installation wirklich erst zu dem Zeitpunkt erfolgt, an dem die Applikation benötigt wird.

2.1.4 Selbstreparaturmechanismus

Während der Laufzeit einer Applikation wird geprüft, ob alle Features korrekt installiert sind. Wird hierbei festgestellt, dass einige Dateien fehlen oder fehlerhaft sind, so wird automatisch der Selbstreparaturmechanismus gestartet, ohne dass der Benutzer eingreifen muss oder eine Neuinstallation der Applikation erforderlich wird. Lediglich das Installationsmedium oder die Installationsquelle muss vorhanden und erreichbar sein.

2.1.5 Deinstallation gemeinsam genutzter Komponenten

Bei der Deinstallation einer Windows Installer-basierten Applikation werden gemeinsam genutzte Komponenten wie *.dll*-Dateien automatisch erkannt und auf dem System beibehalten. Ist bei der Installation der Applikation eine ältere *.dll* durch eine neuere überschrieben worden, so wird jedoch die neuere *.dll* auf dem System verbleiben und nicht durch die ältere ersetzt. Weitere Informationen zum Kapitel *dll*-Cache finden Sie in Kapitel 3.3.2.

2.1.6 Anpassungen der Installation durch Transform Files

Für jede Windows Installer-basierte Applikation können mit Hilfe von Transform Files (siehe Kapitel 5) Anpassungen der Installation gegenüber der Standardinstallation vorgenommen werden. Für jede Applikation können beliebig viele unterschiedliche Transform Files erstellt werden, jedoch kann nur ein Transform File pro Installation angewendet werden. Mit dem Transform File wird das Delta zwischen den Standardeinstellungen der *.msi*-Datei sowie den für einen Benutzer oder eine Benutzergruppe angepassten Features beschrieben.

2.1.7 Installation im administrativen Kontext

Sämtliche Windows Installer-Applikationen werden über den Windows Installer-Dienst installiert. Unter Windows 2000/XP/2003 wird die Applikation im administrativen Kontext installiert. Dies bedeutet, dass der Benutzer selbst für die Installation nicht mehr über Administratorrechte verfügen muss, wie es bei zahlreichen herkömmlichen Installationsroutinen der Fall war. In Umgebungen, in denen die Benutzer keine Schreibrechte im Programm-Verzeichnis sowie im `HKEY_LOCAL_MACHINE`-Bereich der Registry besitzen, kann eine Windows Installer-basierte Installation dennoch durchgeführt werden, wenn die Applikation beispielsweise über eine Gruppenrichtlinie zugewiesen wird.

2.1.8   Einspielen von Patchdateien

Sobald eine Applikation bereits installiert ist und erst danach Patches und Fixes verfügbar sind, bietet die Windows Installer-Technologie eine einfache Methode, um diese Patchdateien einzuspielen (siehe Kapitel 5.5).

2.1.9   Statuskontrolle über .exe- und .dll-Dateien

Um zu überprüfen, ob eine bestimmte Applikation installiert ist oder nicht, war die Suche nach *.exe*-Dateien mit einem bestimmten Namen oder eine Versionsprüfung unterschiedlicher *.dll*-Dateien erforderlich. Die Windows Installer-Technologie hingegen bietet die Möglichkeit, über eine API (Application Programmers Interface) zu bestimmen, ob eine bestimmte Applikation bereits installiert ist oder nicht.

2.2   Features der Administration

Neben den eben beschriebenen Features der Installation, die jedem Administrator an sich schon Arbeitserleichterung und Zeitersparnis bescheren sollten, wird auch die Administration von Applikationen in einigen Punkten durch die Installer-Technologie vereinfacht.

2.2.1   Netzwerkbasierte Installation

Die Installationsdaten des *.msi*-Pakets können in Netzlaufwerken bereitgestellt werden. Somit kann eine zentrale Stelle als Installationsquelle benutzt werden, oder aber es können bei Bedarf mehrere redundante Netzwerkfreigaben als Installationsquelle eingerichtet werden.

2.2.2   Administrative Installationen

Neben der normalen Installation von einer CD kann auch die administrative Installation durchgeführt werden. Hierbei wird in einer Netzwerkfreigabe ein so genannter administrativer Installationspunkt (AIP) angelegt, von dem aus die Benutzer ihre Applikation installieren können. Auf einen AIP können auch Transform Files und Patches angewendet werden.

2.2.3   Das Kommandozeilenprogramm MSIEXEC

Mit Hilfe des Kommandozeilenprogramms *MSIEXEC.EXE* können Sie das Installationsverhalten der Installer-basierten Applikationen steuern und modifizieren. Weitere Details zu diesem Programm finden Sie in Kapitel 4.7.

2.3 Vorteile für Softwareentwickler

Auch für einen Softwareentwickler bietet die Windows Installer-Technologie verschiedene Neuerungen und Vorteile.

2.3.1 Standardisierung des Installationsformats

Die Installer-Pakete unterliegen einem Standardformat, dem *.msi*-Paket. *.msi*-Pakete sind der neue Standard für die Interaktion mit der Windows Installer-Technologie.

2.3.2 Über Skripte steuerbare Windows Installer-API

Die überaus funktionsreiche *Windows Installer-API* kann auch mit Hilfe von *VBScript* gesteuert werden. Sofern Sie API-Funktionen wie für die Erstellung oder Überprüfung von Paketen, Custom Actions oder auch (De-) Installationen häufiger verwenden, sollten Sie auf Skripte zurückgreifen.

2.4 Zusätzliche Features unter Windows XP und Windows Server 2003

Windows XP und Windows Server 2003 verfügen über einige neue Features zur Erhöhung der Sicherheit sowie Verbesserung der Brauchbarkeit des Installer. Neben der 64-Bit-Version der Betriebssysteme spielen auch die Systemwiederherstellungspunkte sowie die Regeln zur Softwareeinschränkung eine wichtige Rolle im Zusammenhang mit dem Windows Installer.

2.4.1 Die 64-Bit-Versionen

In der 64-Bit-Version von Windows XP ist der Windows Installer als nativer 64-Bit-Dienst implementiert. Die 64-Bit-Version kann sowohl 64-Bit-Installer-Pakete als auch herkömmliche 32-Bit-Pakete verarbeiten. Installer-Pakete, die lediglich für die 64-Bit-Plattform entwickelt worden sind, können jedoch nicht auf einer herkömmlichen 32-Bit-Plattform ausgeführt werden.

2.4.2 Systemwiederherstellung

Unter den Betriebssystemen Windows XP Professional, Windows XP Home sowie Windows ME können Systemwiederherstellungspunkte gesetzt werden. Mit Hilfe der Wiederherstellungspunkte ist es möglich, Änderungen, die durch die Installation oder Deinstallation einer Applikation entstanden sind und das Betriebssystem am ordnungsgemäßen Funktionieren hindern, wieder rückgängig zu machen. Damit wird der alte funktionierende Zustand des Betriebssystems wiederhergestellt. Bei jeder Installation sowie Deinstallation einer Windows Installer-basierten Applikation wird automatisch ein Wiederherstellungspunkt angelegt. Für jeden Wiederherstellungspunkt werden der

Name der Applikation sowie der Status (Installation oder Deinstallation) gespeichert. Damit ist sichergestellt, dass der Benutzer den gewünschten Wiederherstellungspunkt schnell wiederfindet.

Es ist auch möglich, das standardmäßige Anlegen der Wiederherstellungspunkte zu unterbinden. Hierzu verwenden Sie im *Gruppenrichtlinienobjekt-Editor* die Gruppenrichtlinie SYSTEMWIEDERHERSTELLUNG DEAKTIVIEREN im Pfad COMPUTERKONFIGURATION/ ADMINISTRATIVE VORLAGEN/SYSTEM/SYSTEMWIEDERHERSTELLUNG.

2.4.3   Regeln der Softwareeinschränkung

Der Windows Server 2003 (nicht jedoch der Windows Server 2000) verfügt zur Erhöhung der Sicherheit über Regeln zur Softwareeinschränkung, die *Software Restriction Rules*. Hierbei handelt es sich um verschiedene definierbare Regeln, die die Ausführung von Applikationen gestatten oder verweigern. Es gibt Zertifikatsregeln, Pfadregeln, Hashregeln sowie Internetzonenregeln. Alle diese Regeln können lediglich auf Applikationen angewendet werden, die als Windows Installer-Datei vorliegen. Innerhalb dieser Regeln können Sie bestimmen, ob die Applikation von einem Benutzer uneingeschränkt ausgeführt werden darf oder ob sie nicht ausgeführt werden darf. Diese Regeln werden jedes Mal geprüft, wenn eine Applikation neu installiert wird oder wenn ein neuer Patch für eine Applikation eingespielt wird. Versucht ein Benutzer eine Applikation zu installieren, deren Ausführung durch eine oder mehrere der *Software Restriction Rules* untersagt ist, so wird eine entsprechende Fehlermeldung ausgegeben und es erfolgt ein Eintrag in das Applikations-Ereignisprotokoll. Auch wenn Patchdateien oder Transform Files installiert werden sollen, müssen diese über die *Software Restriction Rules* zugelassen werden.

3 Architektur und Inhalt eines Windows Installer-Pakets

Nachdem Sie in den beiden letzten Kapiteln einen kurzen Überblick über den Windows Installer und dessen Funktionsfeatures bekommen haben, wird Ihnen nun die *.msi*-Architektur näher vorgestellt. Danach lernen Sie die Unterschiede zwischen einer herkömmlichen Setup-Routine und der Installation eines *.msi*-Pakets sowie die daraus resultierenden Vorteile kennen. Darauf aufbauend erhalten Sie einen Einblick in den Aufbau von *.msi*-Paketen sowie die verschiedenen vom Windows Installer unterstützten Dateitypen.

3.1 Einführung in die Windows Installer-Architektur

Die Windows Installer Technologie basiert auf drei Komponenten: dem *Windows Installer-Client*, dem *Windows Installer-Dienst* sowie dem *Windows Installer-Paket* (*.msi*-Paket). Diese drei Bestandteile werden im Folgenden näher vorgestellt.

3.1.1 Der Windows Installer-Client

Der *Windows Installer Client* ist jede beliebige Applikation, die den Windows Installer zur Durchführung einer Aufgabe aufruft. Dieser Aufruf kann beispielsweise über eine Installer-basierte Applikation, über den Benutzeraufruf von SYSTEMSTEUERUNG/SOFT-WARE/PROGRAMME ENTFERNEN bzw. /NEUE PROGRAMME HINZUFÜGEN oder auch über Softwareverteilungsmechanismen wie die des *Systems Management Server (SMS)* oder die Gruppenrichtlinien im Active Directory angestoßen werden.

Für diese Interaktionen zeigt der *Windows Installer Client* die Benutzeroberfläche für Installation oder Deinstallation an. Der *Windows Installer Client* benutzt den Windows Installer-Dienst jedes Mal, wenn Änderungen an der Konfiguration vorgenommen werden, d.h. wenn neue Daten geschrieben bzw. Daten entfernt werden oder Änderungen an der Registry erfolgen.

3.1.2 Der Windows Installer-Dienst

Der Windows Installer-Dienst wird unter Windows NT 4.0, 2000, XP und 2003 als Systemdienst ausgeführt und ist Bestandteil dieser Betriebssysteme bzw. kann als aktuellere Version nachinstalliert werden. Dieser Dienst greift auf die Inhalte des Installer-Pakets zu, um die Installation der Applikation zu verwalten. Dazu zählen das Kopieren der Dateien, Ändern der Registry, Erstellen von Verknüpfungen und das Anzeigen von Dialogboxen während der Installation. Beispielsweise sind im Installer-Paket verschiedene

Installationsanweisungen für den Installer-Dienst hinterlegt, je nachdem, ob bereits eine ältere Version der Applikation auf dem System vorhanden ist oder ob die Erstinstallation der Applikation erfolgt. Weitere Hinweise zum Windows Installer-Dienst finden Sie in Kapitel 4.1.

3.1.3 Das Windows Installer-Paket

Jedes Windows Installer-Paket, auch als *.msi*-Paket bezeichnet, besteht aus einer Datenbank. In dieser Datenbank befinden sich in Form zahlreicher Tabellen sämtliche Anweisungen für den Windows Installer-Dienst sowie sämtliche Daten, die für die Verwaltung des Programmstatus (Installation, Änderungen, Deinstallation) erforderlich sind. Mit Hilfe verschiedener Authoringtools können eigene *.msi*-Pakete erstellt und modifiziert werden.

3.2 Inhalt eines .msi-Pakets

In jedem Windows Installer-Paket sind die kompletten Informationen enthalten, die für die Installation und Deinstallation der Applikation sowie die Setup-GUI erforderlich sind. Das Installationspaket besteht aus einer *.msi*-Datei. Diese *.msi*-Datei ist eine relationale Datenbank mit diversen, untereinander verknüpften Tabellen. In ihr sind außerdem die internen und externen Quelldateien, Cabinet Files sowie optional Transform Files enthalten.

Tabelle 3.1 zeigt die Tabellengruppen, die in jedem *.msi*-Installations-Paket vorhanden sind. Die Inhalte der einzelnen Tabellen werden in Kapitel 8 ausführlich erläutert.

Tabellengruppe	Beschreibung
Core Table Group	Beschreibt die verfügbaren Features und Komponenten einer Applikation
File Table Group	Enthält die mit dem Installationspaket verbundenen Dateien
Registry Table Group	Enthält die Registryeinträge
System Table Group	Verfolgt die Tabellen und Spalten der Installationsdatenbank
Locator Table Group	Wird zum Durchsuchen der Registry, der Ordnerstruktur oder Installer-Konfigurationsdaten benutzt
Program Installation Group	Enthält die Eigenschaften, Verknüpfungen, Bitmaps usw., also alle Elemente, die für die Installation benötigt werden
Installation Procedure Group	Verwaltet die während der Installation von Standard und Custom Actions durchgeführten Vorgänge

Tabelle 3.1: Die Tabellengruppen in einem .msi-Paket

3.2.1   Konzept des Windows Installer

Für die Installation benutzt der Windows Installer ein Konzept, das auf Komponenten und Features basiert. Features sind einzelne Bestandteile der Gesamtinstallation, die der Benutzer auswählen kann. Beispielsweise besteht das Microsoft Office-Paket aus einer Reihe von Features wie z.B. *Word, Excel* oder auch Unterfeatures wie der Rechtschreibprüfung für *Word* oder *Excel*. Alle Features können einzeln vom Benutzer zur Installation ausgewählt werden.

Jedes dieser Features besteht seinerseits aus verschiedenen Komponenten. Komponenten werden beispielsweise aus Ressourcen wie einzelnen Dateien (z.B. *winword.exe*), Registry-Schlüsseln, Verknüpfungen oder CLSIDs zusammengefügt. Eine Komponente kann vom Benutzer nicht separat ausgewählt werden. Installiert oder deinstalliert der Benutzer ein Feature, so werden alle Bestandteile der dazugehörigen Komponente gemeinsam hinzugefügt bzw. entfernt. Features können auch Komponenten gemeinsam benutzen. So verwenden beispielsweise die Rechtschreibprüfung in *Word* und *Excel* dieselben Komponenten wie Registry-Schlüssel oder CLSIDs.

Bei einer Installation, die nicht auf dem Windows Installer beruht, sieht das Installationskonzept komplett anders aus. Jede Applikation verfügt dabei über eine eigene ausführbare Datei oder ein Skript zur Ausführung der Installation. Für jede einzelne Applikation muss eigenen Installationsregeln, vor allem im Bereich der Versionierung, gefolgt werden. Es gibt keine zentrale Instanz, in der die Installationsregeln definiert waren. Das größte Problem ist jedoch der Umgang mit *dlls*. Kaum ein Installationsverfahren außer dem Windows Installer verwendet eine Nummerierung (Reference Counts) gemeinsam genutzter *.dll*-Dateien. Bei der Installation werden stattdessen durchweg vorhandene neuere *.dll*-Dateien durch ältere Versionen überschrieben, bei der Deinstallation werden gemeinsam genutzte Dateien entfernt, so dass zuweilen bestimmte Applikationen nach der Installation bzw. Deinstallation eines anderen Programms nicht mehr funktionieren, da eine *.dll*-Datei nicht mehr vorhanden ist.

Im Gegensatz zum nicht-Installer-basierten Installationsverfahren betrachtet der Windows Installer Dienst jede Applikation als aus drei logischen Teilen bestehend. Hierbei handelt es sich um Komponenten (Components), Produkte (Products) sowie Features.

3.2.2   Komponenten

Die Komponente ist zwar die kleinste, aber grundlegende Einheit der drei Bestandteile. Sie umfasst Dateien, Registry-Schlüssel und weitere Ressourcen, die zusammen installiert bzw. deinstalliert werden sollen. Wird eine Komponente zur Installation ausgewählt, werden sämtliche in ihr enthaltenen Ressourcen installiert. Eine Ressource kann immer nur Bestandteil einer Komponente sein. So ist es nicht möglich, dass zwei Komponenten eine Datei gemeinsam benutzen. Dabei ist es unerheblich, ob die Komponenten Bestandteil eines Produkts oder verschiedener Produkte sind. Jedes Produkt muss also selbst die Datei mit ausliefern. Jede Komponente besitzt somit quasi ihre eigenen Ressourcen. Die Komponenten sind für den Benutzer nicht sichtbar, lediglich der Entwickler weiß, aus welchen Komponenten sich seine Applikation zusammensetzt.

Innerhalb einer Komponente werden die Ressourcen weiter unterteilt. Es gibt Schlüsselpfade (Keypaths) und Komponentencode (Component Code). Als Keypath wird eine
einzige Ressource innerhalb der Komponente bestimmt. In der Regel wird eine Datei
gewählt, es kann jedoch auch ein Registrywert ausgesucht werden. Der Keypath gibt den
Pfad zu einer gegebenen Komponente an. Wenn also eine Applikation den Pfad zu einer
Komponente benötigt, so wird über den Windows Installer-Dienst der Pfad der Keypath-
Ressource zurückgegeben. Die Keypath-Komponente spielt auch bei der Überprüfung
einer Applikation durch den Installer eine wichtige Rolle. Wird diese Komponente nicht
gefunden, wird die gesamte Komponente als beschädigt angesehen und repariert. Indem
zwei oder mehr Ressourcen in eine Komponente aufgenommen werden, kann sichergestellt werden, dass eine dieser Ressourcen nie ohne die andere installiert oder deinstalliert werden kann.

Weiterhin muss garantiert sein, dass eine Komponente eindeutig ist. Eine bestimmte
Komponente muss immer – unabhängig von der Applikation, zu der sie gehört – denselben Satz von Ressourcen beinhalten. Deshalb wird jeder Komponente eine GUID (Globally Unique Identifier) zugewiesen. Diese GUID wird auch als Component Code
bezeichnet.

Aufgrund dieser Strukturierung ist es möglich, dass der Installer-Dienst die Applikationen auf dem Level der Komponenten verwalten kann, während bei anderen Installationsmechanismen die Dateien usw. direkt verwaltet werden.

Für die Verwaltung gemeinsam genutzter Dateien wird von herkömmlichen Installationsmechanismen – wenn überhaupt – eine Zählung gemeinsam genutzter Referenzen
(shared reference count oder refcount) in der Registry durchgeführt. Diese Zählung
bezieht sich jedoch nur auf gemeinsam verwendete Dateien, nicht aber auf andere Ressourcen wie z.B. Registry-Schlüssel. Der Windows Installer hingegen führt die Zählung
der gemeinsam genutzten Referenzen auf Basis der Komponenten durch. Somit kann die
Zählung für alle Ressourcen durchgeführt werden, und es ist sichergestellt, dass keine
Ressource entfernt wird, bevor nicht die letzte Applikation deinstalliert ist, die auf diese
gemeinsam genutzte Ressource zugreift. Die refcounts werden in Form von Client-Listen
von Produktcode verwaltet. Der Windows Installer ist so in der Lage, alle Clients dieser
Ressource zu erkennen und die Zählungen zu synchronisieren.

Die mangelhafte Zählung von Ressourcen, die wie bereits erwähnt nur auf Dateien, her-
kömmlicher Installationsverfahren beschränkt ist sowie das Nicht-Vorhandensein von
Komponenten ergeben, dass bei der Deinstallation Reste der Applikation auf dem Computer verbleiben.

Der Windows Installer kann genau nachverfolgen, was genau eine bestimmte Komponente installiert hat und wann diese Komponente vollständig entfernt werden kann.

3.2.3 Produkt

Ein Produkt ist rein technisch gesehen die Zusammenstellung aller Features, die eine
komplette Applikation oder besser gesagt ein komplettes Produkt ausmachen. So sind
beispielsweise Microsoft Word oder Microsoft Excel bestimmte Produkte. Alle Features
eines Produkts werden in einem Installer-Paket, d.h. einer *.msi*-Datei zusammengefasst.

Jedes Produkt verfügt über einen eindeutigen Produktcode. Über diesen Code werden die Clients vom Windows Installer-Dienst identifiziert, auf denen ein bestimmtes Produkt installiert ist. Zudem werden über den Produktcode vom Installer-Dienst auch die Applikationen ermittelt, die Clients bestimmter Komponenten sind. Dazu wird vom Windows Installer eine Liste verwaltet, die für jede Komponente über eine Liste von Client-Produkten verfügt.

3.2.4 Feature

Die Features sind – im Gegensatz zu den Komponenten – die Teile einer Applikation, die der Benutzer sehen kann. Bei einer benutzerdefinierten Installation kann der Benutzer auswählen, welche Features der Applikation in welcher Weise installiert werden sollen. Jedes auswählbare Programmelement entspricht dabei einem Feature. Wird ein Feature ausgewählt, werden automatisch sämtliche Komponenten dieses Features installiert. Im Gegensatz zu herkömmlichen Installationen, bei der lediglich entschieden werden kann, ob ein bestimmtes Feature installiert oder nicht installiert werden soll, bietet die Windows Installer-Technologie ein weit gefächertes Spektrum von Installationsoptionen wie z.B. „auf dem Arbeitsplatz installieren", „bei der ersten Verwendung installieren" oder „nicht verfügbar". Die einzelnen Features spiegeln die verschiedenen Funktionen einer Applikation wider. Technisch gesehen setzt sich ein Feature aus einer Gruppe von Komponenten zusammen. Ein Feature kann auch weitere Features beinhalten. Man spricht in diesem Fall von Sub-Features. Features verfügen im Gegensatz zu Komponenten auch nicht über GUIDs, da sie nicht eindeutig sein müssen. Da die Verwaltung auf der Ebene der Komponenten durchgeführt wird, muss ein Feature nicht über den exklusiven Besitz einer Komponente verfügen.

Das folgende Schaubild (siehe Abbildung 3.1) veranschaulicht das Zusammenspiel von Produkten, Komponenten und Features innerhalb eines *.msi*-Pakets.

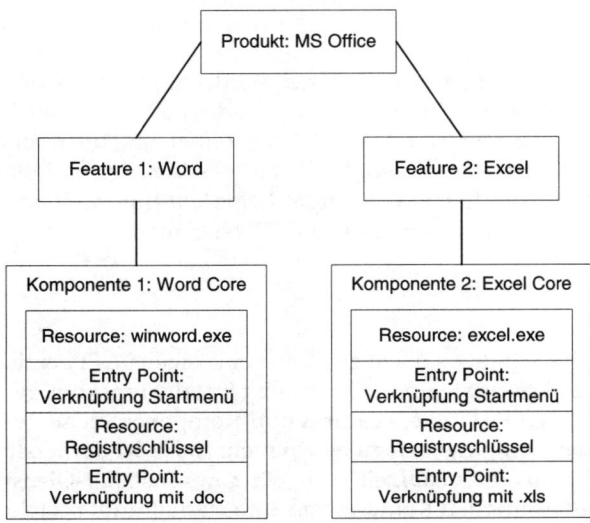

Abbildung 3.1: Das Zusammenspiel zwischen Produkt, Feature und Komponente

Das *.msi*-Paket befindet sich grundsätzlich im Root-Verzeichnis des Installationsmediums. Die Produktdateien werden entweder in einer internen *.cab*-Datei (Cabinet-Datei) oder separat zum *.msi*-Paket mitgeliefert (siehe Abbildung 3.3).

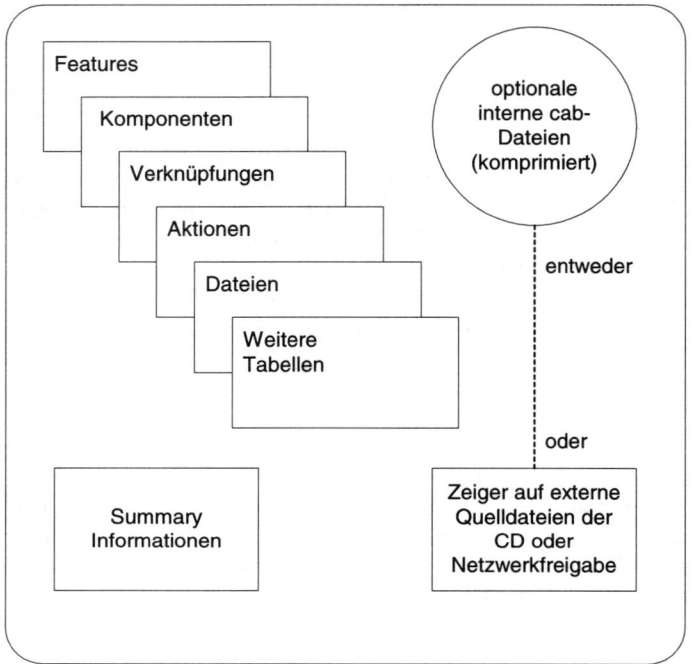

Windows Installer-Paket setup.msi

Abbildung 3.2: Aufbau und Inhalt eines Windows Installer-Pakets

Die Datenbankstruktur des *.msi*-Pakets spiegelt das Beziehungsgeflecht zwischen den Komponenten, Features und Ressourcen eines Produkts wider. Zudem ist die Struktur für Installationsvorgänge optimiert. Es wird dabei das *.msi*-Paket geöffnet, und die Informationen darin werden für die Installation ausgelesen. Die Windows Installer-basierte Installation von Microsoft Office 2000 und höher verwendet keine *.inf*-(Information/ Setup-File-), *.lst*-(Listing File-) und *.stf*-(Setup Information File-)Dateien mehr.

3.2.5 API

Zur Verwaltung der Produkte stellt der Windows Installer-Dienst eine eigene API bereit. Über diese API ist es möglich, Installer-Produkte und –Features zu installieren, konfigurieren und deinstallieren, die installierten Produkte, Features und Komponenten aufzuzählen sowie den Pfad zu installierten Komponenten zu bestimmen. Dabei ist der letzte Punkt der wichtigste. Programme können zur Laufzeit vom Windows Installer-Dienst Informationen über einen Pfad einer bestimmten Komponente anfordern. Damit besteht keine Notwendigkeit für hart verdrahtete, statische Pfadangaben, bei denen die Problematik besteht, dass sie entweder auf fehlende Dateien zeigen oder auf verschiedenen Computern voneinander abweichen können.

3.2.6 Installation bei Bedarf von Features

Sobald bei einer Applikation, die noch nicht die Windows Installer-Technologie verwendet, Features benötigt werden, die bei der ersten Installation nicht gewählt wurden, so erfordert dies grundsätzlich das Beenden der Applikation und einen neuen Aufruf des Setups. Ein Benutzer müsste also bereits vor dem erstmaligen Ausführen der Applikation entscheiden, welche Features davon er jemals benötigen wird und welche nicht. Der erneute Aufruf des Setups ist bei Windows Installer-basierten Applikationen nicht notwendig, wenn später weitere Features nachinstalliert werden sollen. Wird ein Feature nachträglich benötigt, so ruft die Applikation den Windows Installer-Dienst auf, über den das neue Feature installiert wird. Der Benutzer muss also nicht erst die Applikation beenden und manuell das Setup erneut aufrufen. Es stehen also zu jeder Zeit quasi alle Features bereit – es sei denn, ein Feature wird bei der Installation explizit als nicht verfügbar markiert. Man spricht hierbei auch von Advertisement, also dem Ankündigen von Features.

Angenommen, bei der Installation von *Word 2003* wird nicht die Funktion Silbentrennung mitinstalliert. Die Silbentrennung stellt ein Feature des Produkts *Word* dar. Wird diese später benötigt, erfolgt eine Nachinstallation. Hierbei kann der Benutzer wahlweise zur Bestätigung der Installation aufgefordert werden oder nicht.

3.2.7 Installation bei Bedarf von Produkten

Im Gegensatz zur Installation bei Bedarf einzelner Features ist bei der Produktinstallation bei Bedarf die Unterstützung durch das Betriebssystem erforderlich. Da der Windows Installer erst ab Windows 2000 in das Betriebssystem integriert ist, ist unter Windows 95, 98 und NT deshalb diese Funktion nicht verfügbar. Bei der Feature-Installation wird die Windows Installer Management API verwendet, die Produkt-Installation setzt jedoch voraus, dass das Betriebssystem dieselbe *Windows Installer Management API* verwendet, um angekündigte Applikationen zu installieren. Ab Windows 2000 benutzen die Windows Shell sowie OLE (Object Linking and Embedding) die *Windows Installer Management API*.

Da ja eine Applikation, die nur angekündigt ist, noch nicht installiert ist, kann sie sich nicht selbst für die Installation verwenden. Bei der nachträglichen Installation von Features hingegen ist die Applikation an sich bereits vorhanden und kann über die entsprechende API die Installation des Features vornehmen. Beim Ankündigen von Applikationen werden lediglich einige wenige Bestandteile der Applikation installiert. Dazu zählen Verknüpfungen im Startmenü und auf dem Desktop, die Verbindung mit der Dateierweiterung sowie die OLE-Registrierung. Sobald die angekündigte Applikation beispielsweise über die Verknüpfung im Startmenü aufgerufen wird, wird vom Betriebssystem der Windows Installer-Dienst aufgerufen, um die Applikation zu installieren. Nach Ende der Installation wird dem Betriebssystem der Pfad der neu installierten Applikation mitgeteilt. Für die Features der Verknüpfungserstellung und Dateierweiterung ist die *Inter-*

net Explorer 4.01 SP1-Shell mit installiertem (jedoch nicht unbedingt aktiviertem) Active Desktop oder höher erforderlich.

Das Feature der Produktinstallation bei Bedarf ist ein wichtiger Bestandteil für die Intelli-Mirror-Technologie ab Windows 2000. Mit Hilfe dieser Technologie ist es möglich, beispielsweise in einem Active Directory Applikationen zuzuweisen oder anzukündigen. Im ersten Fall wird die Applikation bei einem Benutzer installiert. Bei der Ankündigung kann der Benutzer selbst entscheiden, welche bereitgestellten Applikationen er installieren möchte. In beiden Fällen ist eine Installation ohne lokalen Eingriff eines Administrators möglich.

3.2.8 Ressourcenstabilität zur Laufzeit

Außer der Installation bei Bedarf ist über die Windows Installer Management API auch die Reparatur von Applikationen zur Laufzeit möglich. Sobald eine installierte Applikation den Installer-Dienst aufruft, um einen Pfad aufzulösen, werden zwei verschiedene Prüfungen durchgeführt. Zunächst wird überprüft, ob die angeforderte Komponente und das Feature installiert sind. Ist dies nicht der Fall, wird das entsprechende Feature installiert bzw. bei einem angekündigten Produkt die Applikation installiert. Als zweites wird geprüft, ob sämtliche Komponenten des Features korrekt installiert sind. Hierbei wird der Keypath einer Komponente überprüft und dabei analysiert, ob die Komponente fehlerhaft ist oder nicht. Fehlt die Keypath-Ressource, wird automatisch zur Laufzeit eine Selbstreparatur durchgeführt. Hierzu muss lediglich Zugriff auf die Installationsquelle bestehen.

3.2.9 Rollback

Treten während der Installation schwer wiegende Fehler auf, so kann eine Windows Installer-basierte Installation vollständig rückgängig gemacht werden. Der Computer befindet sich nach erfolgtem Rollback wieder in exakt dem Zustand, der vor Beginn der fehlgeschlagenen Installation vorhanden war. Beim herkömmlichen Setup hinterließ eine abgebrochene Installation in der Regel die nicht komplett installierte Applikation auf dem System. Zudem bestand die Gefahr, dass vorhandene Applikationen nicht mehr funktionierten. Der Benutzer hatte also möglicherweise ein korruptes System, mit dem er nicht mehr arbeiten konnte.

Die Windows Installer-Technologie bietet für jeden während der Installation durchgeführten Schritt eine Undo-Möglichkeit. Auch bei der Deinstallation besteht diese Undo-Möglichkeit für jeden Schritt.

Dieses Rückgängigmachen aller Schritte bezieht sich auf die Wiederherstellung gelöschter oder überschriebener Dateien, Registry-Schlüssel und anderer Ressourcen. Alle Dateien, die während der Installation gelöscht oder modifiziert werden, werden in einen temporären Backup-Ordner gespeichert. Kann die Installation nicht ordnungsgemäß abgeschlossen werden, werden die Inhalte dieses Ordners wiederhergestellt. Ist die Installation erfolgreich verlaufen, werden die Inhalte des Ordners gelöscht. Somit ist sichergestellt, dass bei einer fehlgeschlagenen Installation der vorherige Zustand wiederhergestellt werden kann. Beim Rollback spricht man auch von *Transacted Installation*.

Ein Rollback kann lediglich bei erfolgloser Installation durchgeführt werden. Bei einer erfolgreichen Installation greift der als Sicherheitskonzept gedachte Rollback-Mechanismus nicht.

Nun noch ein Wort zu den Anforderungen an Speicherplatz für den Rollback-Mechanismus. Angenommen, eine Applikation soll upgedatet werden. Das Update erfordert 200 MB Plattenplatz, jedoch können 40 MB der bereits vorhandenen alten Applikation entfernt werden. In diesem Fall benötigt die Applikation eine Netto-Kapazität von 160 MB. Da während der Installation jedoch die 40 MB im temporären Backup-Verzeichnis vorgehalten werden, werden während der Installation die vollen 200 MB belegt. Erst nach erfolgreicher Installation werden die 40 MB gelöscht, und lediglich der Netto-Speicherplatz von 160 MB ist belegt. Steht nicht genügend Speicherplatz für die Dateien im temporären Backup-Verzeichnis zur Verfügung, so kann der Rollback-Mechanismus deaktiviert werden, damit die Installation dennoch durchgeführt werden kann. Treten in diesem Fall Probleme auf, kann die Installation jedoch nicht rückgängig gemacht werden. Das Rollback wird vom Windows Installer-Dienst auf sämtlichen Windows-Betriebssystemen unterstützt.

3.2.10   Installationsquelle

Für jede Installation bei Bedarf, Neuinstallation oder weiteren Konfigurationen muss der Windows Installer-Dienst Zugriff auf die Installationsquelle haben. Handelt es sich bei der Installationsquelle um eine Netzwerkfreigabe, so ist der Installer-Dienst in der Lage, ein alternatives Netzlaufwerk zu benutzen, wenn die Verbindung zu seiner ursprünglichen Installationsquelle nicht hergestellt werden kann. Um dieses Feature nutzen zu können, muss der Administrator bei der Verteilung der Applikation eine Liste alternativer Installationsquellen der Applikation angeben. Ist keine der in der Liste hinterlegten Quellen verfügbar, so besteht die Möglichkeit, dass der Benutzer manuell seine verfügbaren Laufwerke durchsucht und eine Quelle angibt. Soll diese Möglichkeit nicht gegeben werden, kann sie in den Gruppenrichtlinien deaktiviert werden. Wie auch beim Rollback wird für diese Funktionalität keine bestimmte Windows-Betriebssystemversion vorausgesetzt.

3.2.11   Updates und Patches

Zur Identifizierung verwandter Produktgruppen können vom Softwareentwickler für jede Gruppe Upgrade Codes (GUIDs) festgelegt werden. Werden diese zusätzlich mit einer Produktversion kombiniert, identifiziert der Upgrade Code eindeutig ein bestimmtes Produkt. Somit ist es möglich, ältere und neuere Versionen einer bestimmten Applikation zu bestimmen. Über diese Identifikation kann der Softwareentwickler bestimmen, ob beispielsweise eine ältere Produktversion entfernt werden soll oder ob eine ältere Version installiert werden darf, wenn bereits eine neuere vorhanden ist.

Auch für die Anwendung von Patch-Dateien (*.msp*-Dateien) verfügt der Windows Installer-Dienst über einen eigenen Mechanismus. Patch-Dateien werden für ein Update oder eine Reparatur der Applikation verwendet. Nach der Installation bleibt die Patchdatei auf dem System vorhanden und wird gemeinsam mit den Originaldaten der Installationsquelle für Installationen bei Bedarf und die Selbstreparatur benutzt. Bei Netzwerk-

installationen wird die Patchdatei in der Regel auf den administrativen Installationspunkt der Installationsquelle und nicht auf die Applikationen der einzelnen Benutzer
angewendet. Über die von Microsoft bereitgestellten *QFE-(Quick Fix Engineering-)*Patches können die Clients vom Administrator sowohl über die Kommandozeile als auch
über die API benachrichtigt werden. Soll hingegen ein vollständiges Servicepack eingespielt werden, so muss eine herkömmliche Installation von dem aktualisierten Installationspunkt als Quelle durchgeführt werden. Der Windows Installer-Dienst behandelt
diese Installation als ein herkömmliches Update.

3.2.12 Anpassungen über Transform Files

Für die individuelle Anpassung der Installation mussten Administratoren das Setup-
Skript modifizieren. Bei ähnlichen Änderungen an mehreren verschiedenen Skripten
mussten die Änderungen für jedes einzelne Skript separat durchgeführt werden. Beim
Windows Installer ist eine Modifikation des Installationspakets zum Zeitpunkt der
Installation über ein Transform File möglich. In ein einzelnes Transform File können
beliebig viele Anpassungen aufgenommen werden. Ein Transform File kann auf beliebig
viele Installationspakete angewendet werden, sofern die gewählten Modifikationen auf
das Paket anwendbar sind. Hierzu muss die Komponente, deren Keypath über das
Transform File geändert wird, in dem Installationspaket vorhanden sein. Wie Patchdateien verbleiben auch Transform Files auf dem Computer. Die Transform Files werden
bei jeder Konfigurationsänderung der Applikation erneut angewendet. Dies gilt auch für
eine erneute Installation der Applikation. Ein Transform File kann jedoch nur bei der ersten Installation angewendet werden. Soll eine bereits installierte Applikation über ein
Transform File modifiziert werden, so muss zunächst die gesamte Applikation deinstalliert und danach mit dem angewendeten Transform File neu installiert werden.

3.2.13 Umgebungen mit eingeschränkten Berechtigungen

Für zahlreiche Arbeitsplätze sind die Benutzerberechtigungen so weit eingeschränkt,
dass ein Benutzer über keinerlei Schreibrechte für das Dateisystem und die Registry verfügt. Diese eingeschränkten Berechtigungen verhindern zwar versehentliche oder
absichtliche Änderungen an der Konfiguration, aber bei der Installation neuer Applikation ergibt sich in derartig gesicherten Umgebungen ein Problem, da für die Installation
einer Applikation häufig Administratorrechte vorhanden sein müssen. So mussten für
die Installation entweder dem Benutzer erweiterte Berechtigungen zugeteilt werden,
oder aber der Administrator selbst musste die Installationen vornehmen. Die Windows
Installer-technologie schafft auch für diese Problematik Abhilfe. Unter Windows NT 4.0,
2000, XP und 2003 kann der Windows Installer-Dienst in zwei verschiedenen Kontexten
ausgeführt werden. Zum einen kann er im Benutzerkontext ausgeführt werden, zum
anderen aber auch unter dem Konto LOKALES SYSTEM, das über erweiterte Berechtigungen verfügt als ein gewöhnliches Benutzerkonto. Über die Gruppenrichtlinien kann
bestimmt werden, dass für Applikationen Installation, Deinstallation und Reparatur
unter dem Konto des lokalen Systems durchgeführt werden sollen. Somit bleibt die
durch eingeschränkte Benutzerrechte abgesicherte Umgebung erhalten, während gleichzeitig dennoch die Installation von Applikationen ermöglicht wird. Für Windows NT 4.0
gilt jedoch die Einschränkung, dass entweder alle oder gar keine Applikationen unter

dem Konto des lokalen Systems installiert werden dürfen. Unter Windows 2000 und höher kann für jede Applikation separat festgelegt werden, in welchem Kontext die Installation erfolgen soll.

3.2.14   Windows Installer und SMS/Active Directory

Die Windows Installer-Technologie spielt auch in Umgebungen eine wichtige Rolle, in denen die Softwareverteilung zentral über den Systems Management Server (SMS) oder das Active Directory verwaltet wird. Der SMS-Server unterstützt ab der Version 2.0 Windows Installer-basierte Applikationen. Für die Softwareverteilung an Benutzer und Computer über die Gruppenrichtlinien des Active Directory müssen die zu verteilenden Applikationen im Windows Installer-Format vorliegen. Ist dies nicht der Fall, ist eine Repaketierung erforderlich.

3.3   Unterschiede gegenüber einem Setup-Programm

Bei einem Setup-Programm benutzt jede Applikation unterschiedliche Regeln für die Installation. Diese nicht standardisierten Regeln führen oftmals zu Problemen und Fehlern beim Setup. Das größte Problem sind hierbei die älteren Dateiversionen, die eine neuere Version überschreiben. Auch die Nutzung von gemeinsamen Dateien war oftmals problematisch. Applikationen lieferten teilweise keine korrekten Informationen über die gemeinsam genutzten Dateien. Wurde nun eine Applikation deinstalliert, wurde die gemeinsam genutzte Datei möglicherweise entfernt, und eine andere Applikation war nicht mehr funktionsfähig. Auch das Hinzufügen, Updaten oder Deinstallieren einer Applikation konnte bei einer herkömmlichen Setup-Routine zu Problemen führen, da auch hier jede Applikation ihre eigenen Regeln anwendete. Genau wie bei der Installation stellten auch hier Dateiversionen und gemeinsam genutzte Dateien das größte Problem dar.

Ein *.msi*-Paket hält sich an strikte Regeln. Diese Implementierungsregeln sind bereits fest im Betriebssystem implementiert. Dazu muss ein Installationspaket lediglich als Windows Installer-Paket gebaut und deklariert werden.

Bei gemeinsam genutzten Dateien wendet der Windows Installer eine besondere Technik an. Nachdem eine bestimmte Datei erstmalig installiert worden ist, registriert der Windows Installer deren Präsenz. Installieren Sie nun weitere Applikationen, die ebenfalls Windows Installer-basiert sind, werden diese Applikationen zu der so genannten *Client List* hinzugefügt. Diese Liste enthält alle Applikationen, die diese Datei benötigen. Diese Liste wird bei jeder Installation, Deinstallation oder auch bei Updates aktualisiert. Bei der Deinstallation wird keine Komponente der Applikation entfernt, für die noch Einträge anderer Applikationen in der Client List enthalten sind. Dieses Feature ist zwar auch bei anderen Setup-Technologien verfügbar, jedoch wird die Koordinierung wesentlich komplexer und schwieriger, da jeder Softwarehersteller eigene Installationsregeln anwendet.

Auch Fehler, die im Laufe der Installation auftraten, konnten zu einem instabilen Systemzustand führen, oder im besseren Falle „nur" Dateileichen im Dateisystem und der Registry zurücklassen. Der Windows Installer stellt bei einer fehlgeschlagenen Installation über das Rollbackverfahren wieder den Zustand vor Beginn der Installation her. Dies ist besonders interessant bei dem Update einer Applikation. Trat während des Setups ein Problem auf, waren meist weder die ursprüngliche, noch die aktualisierte Version verwendbar, und eine Neuinstallation wurde fällig. Bei einem Windows Installer-basierten Setup steht bei einem Updatefehler die bisherige Version weiterhin uneingeschränkt zur Verfügung.

3.3.1 Anpassungen einer Applikation bei Setup und Windows Installer

Anpassungen einer Applikation können sich sowohl auf den Installationsprozess an sich, z.B. die Durchführung einer Silent Installation ohne notwendige Benutzereingaben, als auch auf die Anpassung der zu installierenden Features beziehen. Bei Setup-Programmen war eine dementsprechende Anpassung bestenfalls über die Modifikation der Datei *setup.inf* möglich. Anderenfalls mussten diese Applikationen zeitaufwändig mit Drittanbieterprogrammen bearbeitet werden, um die Anforderungen des Unternehmens zu erfüllen. Auch Kommandozeilenparameter waren nicht standardisiert. Dasselbe galt für Computer- und Benutzerbezogene Installationen. Der Windows Installer benutzt einheitliche, applikationsneutrale Befehle und Parameter. Zudem können bestimmte Eigenschaften, nämlich öffentliche Eigenschaften des Windows Installer, als Variablen in der Kommandozeile verwendet werden. Zusätzlich sind featurebezogene Anpassungen über Transform Files möglich. Diese Dateien ändern das standardmäßige Installationsverhalten einer Applikation.

Das einheitliche Installations- und Paketformat sämtlicher Windows Installer-basierten Applikationen erlaubt somit die gemeinsame Nutzung aller Installer-Eigenschaften und Kommandozeilenparameter für alle Applikationen.

Bei einem herkömmlichen Setup-Programm sind im Setup-Programm selbst zwei Bestandteile enthalten: zum einen die Beschreibung der Änderungen, die durch die Installation am System vorgenommen werden, und zum anderen der Code selbst in Form eines Installationsskripts, der die Änderungen durchführt.

Mit der Windows Installer-Technologie erfolgt eine Trennung der Beschreibung und Ausführung. Die Beschreibung der durchzuführenden Änderungen ist in dem *.msi*-Paket in Form einer Datenbank enthalten. Der Code, der für die Durchführung der Änderungen zuständig ist, wird über den Windows Installer-Dienst implementiert (siehe Abbildung 3.5).

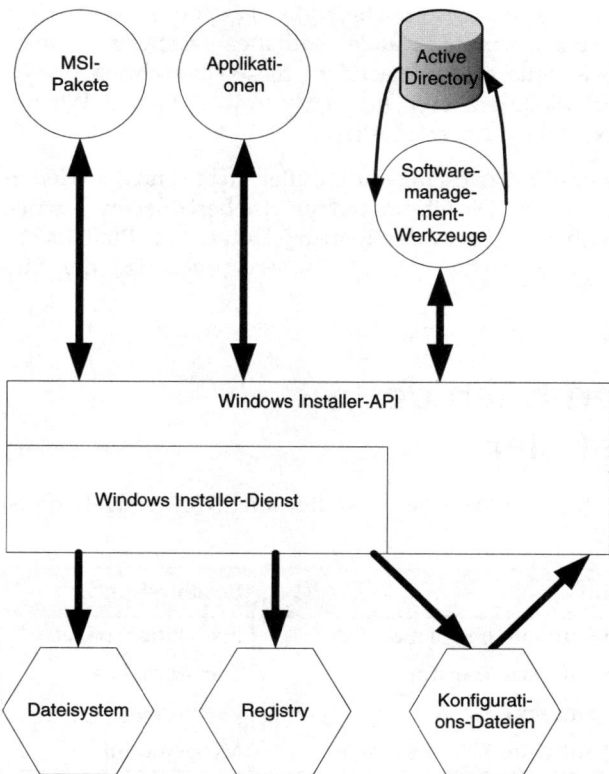

Abbildung 3.3: Die an einer Installation beteiligten Elemente

Sie sehen in Abbildung 3.5, dass das *.msi*-Paket den Sollzustand der Installation beschreibt. Auch eine repaketierte Applikation oder ein Softwaremanagement-Werkzeug wie das Active Directory können auf die Windows Installer-API zugreifen. Über diese API werden die Programme und Features installiert, Statusabfragen durchgeführt und Pakete erstellt. Der Windows Installer-Systemdienst schließlich führt den Installationsvorgang an sich aus, wobei Änderungen am Dateisystem und der Registry vorgenommen werden. Über die Konfigurationsdateien wird bestimmt, was auf dem Computer wie installiert wird.

3.3.2 Dllcache

Der Windows Installer entfernt bei der Deinstallation einer Applikation nicht alle zu ihr gehörigen *.dll*-Dateien, sondern behält auf dem System diejenigen bei, die auch von anderen Applikationen benutzt werden. Damit ist die Funktion dieser Applikationen gewährleistet. Nur wenn bei der Installation eine ältere *.dll*-Datei durch eine neuere Version überschrieben wurde, wird bei der Deinstallation die neuere *.dll*-Datei beibehalten und nicht wieder durch die ältere Version ersetzt.

Der Speicherort des dllcache befindet sich im Verzeichnis `%Systemroot%\System32\ dllcache`. In diesem Ordner sind u.a. auch *.dll*-Dateien enthalten. Die Systemdateien dieses Ordners kann Windows wiederherstellen, nachdem diese überschrieben oder geändert worden sind. Befinden sich die Dateien im Ordner \DLLCACHE, ist zum Wiederherstellen die Windows-Installations-CD nicht erforderlich.

Der Inhalt dieses Ordners kann theoretisch gelöscht werden, allerdings kann die Wiederherstellung dann nur über die CD erfolgen. Die CD muss dann also bereitliegen. Um den Pfad des dllcache zu ändern, bearbeiten Sie in der Registry unter dem Pfad `HKEY_ LOCAL_MACHINE\SOFTWARE\Microsoft\Windows\CurrentVersion\Setup` den Eintrag DRIVERCACHEPATH.

3.4 Dateierweiterungen des Windows Installer

Neben den *.msi*-Dateien können über den Windows Installer auch weitere Dateitypen installiert werden (siehe Tabelle 3.3).

Dateierweiterung	Abkürzung	Beschreibung
.msi	Managed Software Installation	Installationspaket
.mst	Managed Software Transform	Transform File
.msp	Managed Software Patch	Patchdatei
.msm	Managed Software Merge Module	Mergemodul

Tabelle 3.2: Die Dateierweiterungen des Windows Installer

Weiterhin spielen die in Tabelle 3.5 gezeigten Dateierweiterungen eine Rolle. Diese Dateien werden in späteren Kapiteln näher vorgestellt.

Dateierweiterung	Abkürzung	Beschreibung
.pcp	Patch Creation Properties File	Binäre Datenbankdatei im Format einer .msi-Datei, jedoch mit einem anderen Datenbankschema
.idt	Installer Database Table	Textdatei einer exportierten Tabelle der Windows Installer-Datenbank
.cub	-	Validierungsmodul

Tabelle 3.3: Weitere wichtige Dateierweiterungen im Zusammenhang des Windows Installer

4 Die Installation eines Windows Installer-Pakets

Dieses Kapitel beschreibt die Installation von *.msi*-Paketen. Grundlage für den Installationsvorgang ist der Windows Installer-Systemdienst, über den die Installation angestoßen wird. Weiterhin wird der Ablauf eines Installationsvorgangs und Rollbacks beschrieben. Abschließend werden die verschiedenen Installationsarten vorgestellt, die mit dem Windows Installer möglich sind. Auch die Installationsoptionen der einzelnen Features werden vorgestellt. Schließlich erhalten Sie noch einen Überblick über das *Windows Installer Clean Up Utility*. Dieses wird verwendet, wenn es bei der Deinstallation zu Problemen kommt.

Schließlich lernen Sie noch das Kommandozeilenprogramm *msiexec.exe* kennen, mit dessen Optionen und Parametern Installationen in verschiedener Weise ausgeführt werden können. Weiterhin können Installationen auch über Eigenschaften angepasst werden. Diese Thematik umfasst den letzten Teil dieses Kapitels.

4.1 Der Windows Installer-Dienst

Unter Windows 2000, Windows XP sowie 2003 Server ist der Windows Installer-Dienst fest als Systemdienst implementiert. Der Windows Installer wird auch unter Windows NT 4.0 als Dienst ausgeführt, sobald der Installer dort installiert worden ist. Der Windows Installer-Dienst wird standardmäßig mit der Startoption MANUELL eingerichtet. Die Datei *msiexec.exe* ist die ausführbare Datei des Dienstes. Diese Datei kann jedoch auch von der Kommandozeile manuell mit einer Reihe von Parametern gestartet werden (siehe Kapitel 4.7). Dies bedeutet, dass der Dienst nur dann gestartet wird, wenn die Datei *msiexec.exe* vom Benutzer oder einer anderen Applikation zur Installation, Nachinstallation eines Features, Deinstallation oder Reparatur aufgerufen wird. Unter Windows 2000, XP und 2003 kann der Windows Installer-Dienst auch innerhalb eines Active Directory effektiv eingesetzt werden. Gruppenrichtlinien verwenden ausschließlich *.msi*-basierte Applikationen für die Softwareverteilung.

Auf den Clients unter Windows 9x kann der Windows Installer nicht als Dienst ausgeführt werden. Demzufolge kann dort der Installer-Dienst auch nicht bei Bedarf gestartet und beendet werden. Zudem können weder Windows 9x noch NT-Clients über die Gruppenrichtlinien eines Active Directory angesprochen werden und somit auch darüber keine *.msi*-relevanten Befehle empfangen. Dennoch unterstützen auch diese Clients die Features des Windows Installer wie Selbstreparatur oder Installation bei Bedarf. Diese Features tragen dort wesentlich zur Systemstabilität bei.

Unter Windows NT, 2000, XP und 2003 Server wird der Windows Installer als Systemdienst ausgeführt. Standardmäßig wird der Dienst mit den Berechtigungen des aktuelle angemeldeten Benutzers ausgeführt. Es ist jedoch auch möglich, den Dienst unter einem lokalen Systemkonto auszuführen, das über mehr Berechtigungen als der angemeldete Benutzer verfügt. In einem reinen Windows 2000/2003 Active Directory kann über die Gruppenrichtlinien festgelegt werden, für welche Applikationen die Installation, Deinstallation und Reparatur unter dem lokalen Systemkonto ausgeführt werden soll. In diesem Fall kann der Windows Installer alle Konfigurationsschritte unabhängig von den Berechtigungen des aktuellen Benutzers ausführen. Unter Windows NT 4.0 hingegen kann lediglich festgelegt werden, dass alle Aktionen des Windows Installer unter dem lokalen Systemkonto ausgeführt werden. Eine Differenzierung der einzelnen Applikationen ist nicht möglich. Somit ist es für den aktuell angemeldeten Benutzer entweder möglich, gar keine oder alle Windows Installer-Pakete zu installieren – abhängig von der eingestellten Policy.

4.1.1   Windows Installer oder doch Setup?

Bei vielen Applikationen – auch bei Microsoft-Applikationen wie z.B. den Windows 2000 Support Tools – findet sich oftmals neben einer *.msi*-Datei noch eine herkömmliche *setup.exe*-Datei. Was hat es nun mit dieser Datei auf sich? Bieten die Softwareentwickler für eine Applikation etwa zwei verschiedene Wege der Installation an?

Mit den zwei Installationsdateien hat es folgende Bewandtnis: Ist auf einem Installationsmedium, das auch *.msi*-Dateien enthält, eine *setup.exe* vorhanden, so überprüft diese Datei nach einem Doppelklick, ob auf dem System bereits ein Windows Installer vorhanden ist. Ist dies der Fall, wird die entsprechende *.msi*-Datei zur Installation aufgerufen, anderenfalls wird der Windows Installer zunächst installiert und danach automatisch verwendet. Die Implementierung der *setup.exe* richtet sich damit an die Benutzer, denen der Doppelklick auf die *.msi*-Datei noch nicht bekannt ist.

4.2   Der Ablauf der Installation und des Rollbacks

Jeder Installationsvorgang des Windows Installer ist in zwei Abschnitte geteilt. Dabei handelt es sich um die Akquisition und die Ausführung. Zusätzlich kann als dritter Teil das Rollback eintreten, falls die Installation nicht ordnungsgemäß abgeschlossen werden kann.

4.2.1   Die Akqusitionsphase

Die Akquisition wird eingeleitet, indem ein Benutzer oder eine Applikation den Windows Installer aufruft, um eine Applikation bzw. zusätzliche Features der Applikation zu installieren. Der Windows Installer führt dann alle Aktionen aus, die in der Sequence Table (siehe Kapitel 11) der Installationsdatenbank eingetragen sind. Diese Aktionen beziehen wiederum ihre Informationen aus der Installer-Datenbank. Dabei wird ein Skript generiert, das alle Schritte für die Durchführung der Installation enthält. Während dieses Vorgang sehen Sie das Statusfenster DER INSTALLATIONSASSISTENT FÜR (PRODUKT-NAME) WIRD VORBEREITET (siehe Abbildung 4.1).

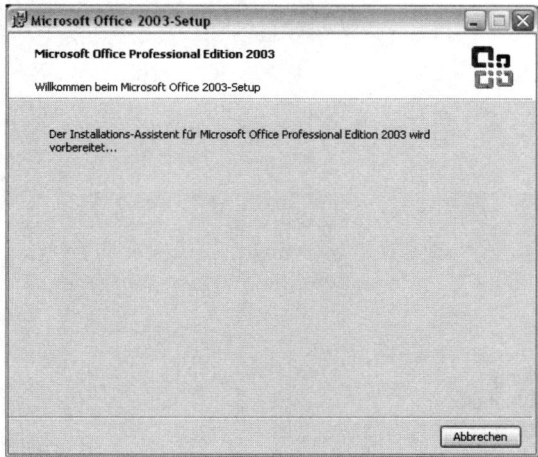

Abbildung 4.1: Die Akquisitionsphase der Installation

4.2.2 Die Ausführungsphase/Execution

Danach beginnt die Ausführung, die auch als Execution bezeichnet wird. Dabei übergibt der Windows Installer die während der Akquisition gesammelten Informationen an einen Prozess, der über erweiterte Privilegien verfügt. Das in der Akquisitionsphase generierte Skript wird nun abgearbeitet. Die erforderlichen Dateien werden kopiert. Ist die Installation erfolgreich verlaufen, werden sämtliche temporären Dateien entfernt, und die Applikation kann nun verwendet werden. Während der Ausführung werden Sie über einen Statusbalken über den Fortschritt der Installation informiert (siehe Abbildung 4.2).

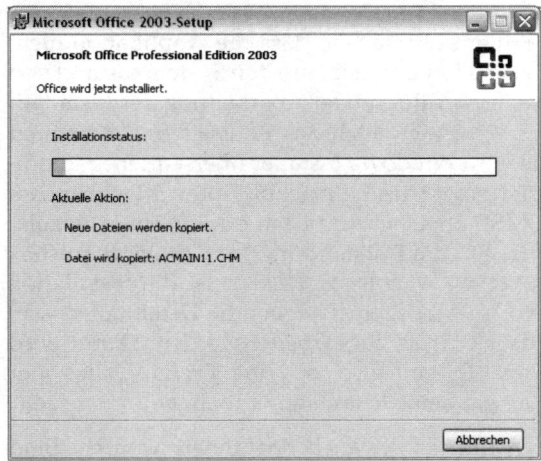

Abbildung 4.2: Die Ausführungsphase der Installation

Abbildung 4 zeigt nochmals eine zusammenfassende Übersicht über den Ablauf der einzelnen Installationsphasen.

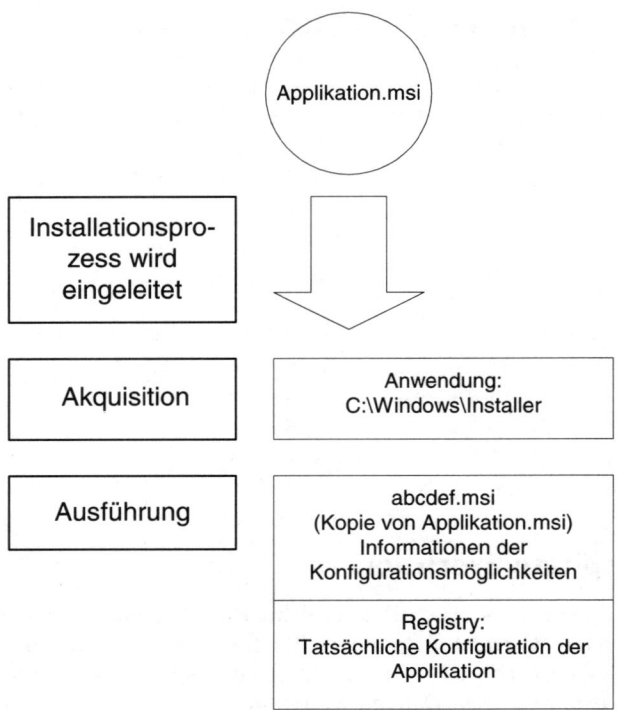

Abbildung 4.3: Die Phasen der Installation einer Windows Installer-basierten Applikation

4.2.3   Rollback

Sollte bei der Installationsprozedur ein Fehler auftreten, so dass die Applikation nicht erfolgreich installiert werden kann, so setzt das Rollback ein, um den Systemzustand von vor Beginn der Installation wiederherzustellen. Während der Abarbeitung des Installationsskriptes in der Ausführungsphase wird zugleich auch das Rollback-Skript erzeugt sowie eine Kopie jeder Datei angelegt, die vom Windows Installer überschrieben, modifiziert oder gelöscht wird. Diese Dateikopien sowie das Rollback-Skript werden in einem versteckten Systemverzeichnis (\CONFIGMSI) angelegt und nach erfolgreicher Installation gelöscht. Diese temporären Dateien tragen die Dateiendung *.rbf*. In der Statusbox sehen Sie dabei den Eintrag SICHERUNGSKOPIEN WERDEN ENTFERNT. Ist die Installation nicht erfolgreich, wird automatisch das Rollback ausgelöst, wobei die Dateikopien wiederhergestellt und alle Schritte des Rollback-Skripts abgearbeitet werden. Damit wird der ursprüngliche Zustand wiederhergestellt. Es kann also nach dem Prinzip „alles oder nichts" entweder nur eine vollständige oder gar keine Installation durchgeführt werden.

Diese standardmäßige Rollbackfunktion kann jedoch auch deaktiviert werden. Sind zusätzliche Custom Actions in den Installationsprozess integriert, so müssen erweiterte Schritte für das Rollback der Custom Actions vorgenommen werden.

4.3   Die verschiedenen Installationsarten

Dieses Kapitel beschreibt die verschiedenen Installationsarten, die mit dem Windows Installer möglich sind. Neben der herkömmlichen Installation von CD ist eine administrative Installation – optional in Verbindung mit Transform Files – sowie die Maintenance Installation möglich. Die Rollback Installation wurde bereits im letzten Kapitel vorgestellt.

4.3.1   Die Installation von CD

Die Installation einer Windows Installer-basierten Applikation direkt von der Installations-CD dürfte zumindest für den privaten Endanwender die am häufigsten durchgeführte Möglichkeit sein. Sobald der Benutzer die *.msi*-Datei doppelklickt oder eine Setup-Datei, die ihrerseits über die *.msi.dll* eine *.msi*-Datei aufruft, wird der Windows Installer-Dienst gestartet. Das Doppelklicken auf die *.msi*-Datei entspricht dem Aufruf `msiexec.exe /i` ⏎. Weitere Hinweise zum Aufruf von *msiexec.exe* und den zugehörigen Parametern finden Sie in Kapitel 4.7.

Bei dieser Art der Installation von einer CD kann der Benutzer wählen, welche Features der Applikation er in welcher Form installieren möchte oder ob bestimmte Features nicht installiert werden sollen.

4.3.2   Die administrative Installation

Um eine Basisinstallation, also die Inhalte einer Installations-CD oder eine aus dem Internet heruntergeladene Installationsquelle, einer größeren Gruppe von Benutzern zur Verfügung stellen zu können, sind weitere Schritte erforderlich. Mit Hilfe des Windows Installer kann ein Systemadministrator die Installationsquelle einer Applikation in einer Netzwerkumgebung bereitstellen. Diese Installationsart nennt sich administrative Installation oder administratives Setup.

Dabei wird in einer Netzwerkfreigabe ein Image der Installations-CD bereitgestellt. Diese Netzwerkfreigabe wird als *Administrativer Installationspunkt (AIP)* bezeichnet. Aus dieser Freigabe beziehen die Benutzer die Installationsdaten. Verfügt der Benutzer zeitweise nicht über die Netzwerkverbindung zum AIP, so muss er die Dateien der Features, die nicht lokal auf seiner Festplatte installiert sind, alternativ von einem anderen AIP oder der CD beziehen, um ordnungsgemäß arbeiten zu können. Jedoch muss nicht für alle *.msi*-basierten Applikationen eine administrative Installation durchgeführt werden, um diese einer breiten Gruppe von Benutzern verfügbar zu machen. Entsprechende Hinweise sollten sich in der jeweiligen Produktdokumentation finden.

Ein Administrator startet die administrative Installation an der Kommandozeile mit dem Aufruf von *msiexec.exe*. Der Aufruf lautet

```
Msiexec /a Paketname.msi ⏎
```

Bei diesem Aufruf wird zunächst der Windows Installer gestartet. Dann erscheint ein geänderter Installationsassistent, der Sie nach dem Pfad des AIP fragt. Geben Sie hier eine Freigabe an, aus der die Benutzer die Daten beziehen können. Sobald der Assistent fertig gestellt ist, wird die Applikation nicht auf der lokalen Platte installiert und konfiguriert, sondern als Abbild der CD in die Freigabe des AIP geschrieben.

Allerdings erhalten nun alle Benutzer, die die Applikation vom AIP aus beziehen, die Features installiert, die bei einer Standardinstallation der Software ausgewählt sind. Die Features für die Standardinstallation sind im *.msi*-Paket hinterlegt. Damit ist noch keine Anpassung der Applikation für bestimmte Benutzer und Benutzergruppen erreicht. Für individuelle Anpassungen der Software müssen Transform Files (siehe Kapitel 5) verwendet werden.

Im folgenden Beispiel wird das administrative Setup anhand von Microsoft Office 2003 durchgeführt. Dabei sind die folgenden Schritte auszuführen:

1. Legen Sie die Office 2003-CD ins Laufwerk. Die CD sollte automatisch starten. Es erscheint die Willkommensseite. Brechen Sie hier den Installationsprozess ab und wechseln Sie zur Eingabeaufforderung.

2. Wechseln Sie dort als aktuelles Laufwerk zum CD-Laufwerk und geben Sie folgenden Befehl ein:

```
Setup.exe /a proll.msi shortfilenames=true ⏎
```

Es könnten bei anderen Applikationen noch weitere *.msi*-Dateien auf der CD vorhanden sein. Wenn Sie ein administratives Setup für eine dieser *.msi*-Dateien erstellen, ersetzen Sie den Namen der *.msi*-Datei in der Kommandozeile entsprechend.

In der Befehlszeile haben die Parameter die folgenden Bedeutungen:

▷ Der Parameter /a fordert den Windows Installer auf, das administrative Setup anstatt einer normalen Installation durchzuführen.

▷ Der shortfilenames=true Parameter zwingt den Windows Installer dazu, kurze Dateinamen zu speichern. Damit ist die Kompatibilität mit verschiedenen Plattformen sichergestellt.

Die CDs des MSDN unterstützen nicht den o.g. Befehl für das administrative Setup. Verwenden Sie stattdessen folgenden Befehl:

```
msiexec /a proplus.msi shortfilenames=true ⏎
```

3. Nach der Eingabe dieses Befehls erscheint die grafische Oberfläche des administrativen Setup (sieheAbbildung 4.4).

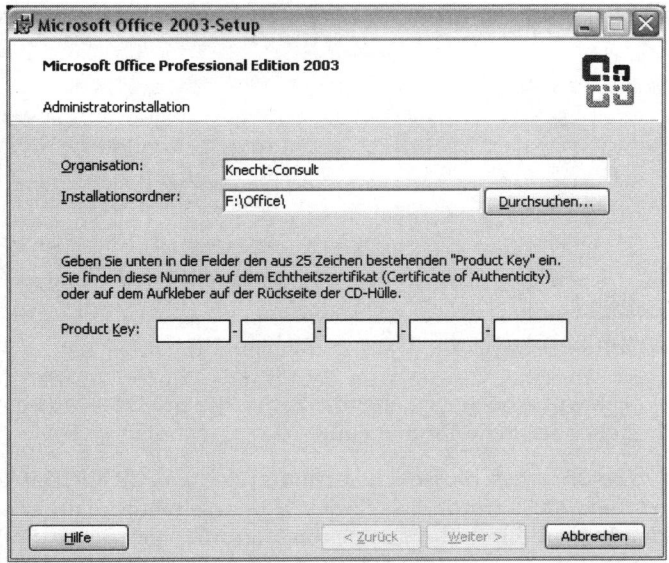

Abbildung 4.4: Administratives Setup für Office 2003

4. Sie müssen im Feld INSTALLATIONSORDNER das Zielverzeichnis des administrativen Setup angeben. Geben Sie auch den Namen der Organisation sowie den CD-Schlüssel an. Klicken Sie danach auf WEITER.

5. Sie sehen nun das Fenster mit dem Endbenutzer-Lizenzvertrag. Sie müssen hier die Checkbox zum Einverständnis aktivieren. Ansonsten können Sie die Installation nicht fortsetzen. Klicken Sie dann auf INSTALLIEREN.

6. Jetzt beginnt das administrative Setup. Dieser Vorgang kann eine Weile dauern, da fast der gesamte CD-Inhalt auf die Platte kopiert werden muss. Eine Statusanzeige informiert Sie über den Fortschritt.

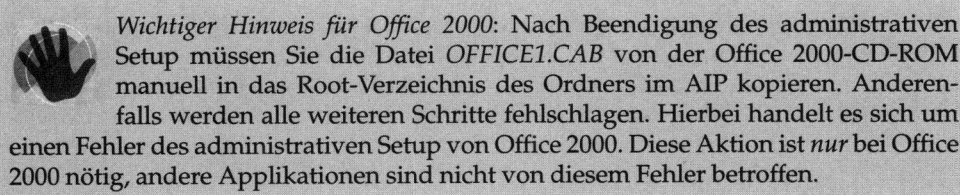

Wichtiger Hinweis für Office 2000: Nach Beendigung des administrativen Setup müssen Sie die Datei *OFFICE1.CAB* von der Office 2000-CD-ROM manuell in das Root-Verzeichnis des Ordners im AIP kopieren. Anderenfalls werden alle weiteren Schritte fehlschlagen. Hierbei handelt es sich um einen Fehler des administrativen Setup von Office 2000. Diese Aktion ist *nur* bei Office 2000 nötig, andere Applikationen sind nicht von diesem Fehler betroffen.

7. Nach Abschluss des administrativen Setup sollte sich folgender Inhalt in dem AIP befinden (sieheAbbildung 4.5):

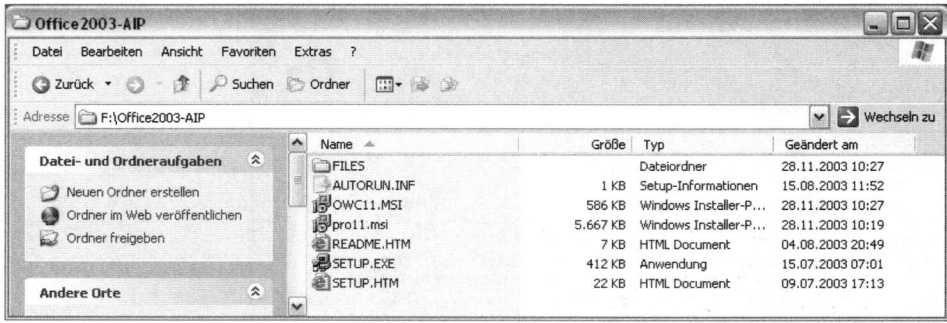

Abbildung 4.5: Der Inhalt des AIP für Office 2003

8. Markieren Sie nun alle Objekte und heben Sie über das Kontextmenü EIGENSCHAFTEN einen möglicherweise bestehenden Schreibschutz auf.

Damit ist das administrative Setup abgeschlossen. Es befinden sich im AIP alle Dateien, die für die Installation von Office 2003 erforderlich sind. Wird nun eine Installation ausgeführt, erfolgt diese mit den Feature-Einstellungen des standardmäßigen Setup. Sollen benutzerdefinierte Setup-Einstellungen benutzt werden, so ist zusätzlich das Erstellen eines Transform Files erforderlich. Dieses Verfahren wird in Kapitel 5 beschrieben.

4.3.3 Die Maintenance Installation

Die Maintenance Installation kann erst erfolgen, wenn die Applikation erfolgreich auf dem System eines Benutzers erfolgt ist. Dabei ist es unerheblich, ob die Erstinstallation von CD oder via AIP in der Netzwerkinstallation erfolgt ist. Sobald ein Benutzer weitere Features zu einer Applikation hinzufügt bzw. diese automatisch bei der ersten Benutzung installiert werden sowie bei der Deinstallation bestimmter Features spricht man von Maintenance Installation.

 Wurden während der Erstinstallation ein oder mehrere Transform Files (siehe Kapitel 5) auf den Benutzer angewendet, so müssen diese Dateien auch während der Maintenance Installation zur Verfügung stehen. Anderenfalls kann die Maintenance Installation nicht durchgeführt werden.

4.3.4 Update by Reinstall

Dieses Installationsverfahren wird angewendet, wenn eine Applikation geringfügig geändert wurde, z.B. ein Fix in diese integriert wurde. Von dieser modifizierten Version wurde eine neue *.msi*-Datei erstellt, die nun verteilt werden soll, obwohl die alte Version der Applikation noch auf fast allen Computern vorhanden ist. Die Metainformationen wie Versionen, Dateien usw. der ursprünglichen Version befinden sich auf den jeweiligen Computern im *.msi*-Cache, die Metainformationen der aktualisierten Informationen in der neuen *.msi*-Datei. Um die unnötige Installation der gleich gebliebenen Teile der Applikation zu verhindern, werden die zu kopierenden Dateien miteinander verglichen, lediglich die Abweichungen werden dabei kopiert. Die bestehende Konfiguration der Anwendung bleibt auf den einzelnen Computern erhalten.

Um ein Update by Reinstall einzuleiten, verwenden Sie die folgende Syntax:

```
msiexec /fvomus neuere_version.msi ⏎
```

4.4   Die Installationsoptionen der einzelnen Features

Die Windows Installer-Technologie bietet für die Installation der Features ein weit gefächertes Spektrum von Installationsoptionen. Im Gegensatz zu einem herkömmlichen Setup ist es nicht nur möglich, ein Feature zu installieren bzw. nicht zu installieren, sondern ein Feature kann z.B. bei Bedarf installiert werden oder ist nicht verfügbar.

Bei einer herkömmlichen Installation erhält der Benutzer das Fenster des *Feature Set Editor*. Im folgenden Beispiel (siehe) sehen Sie den *Feature Set Editor* für Office 2003.

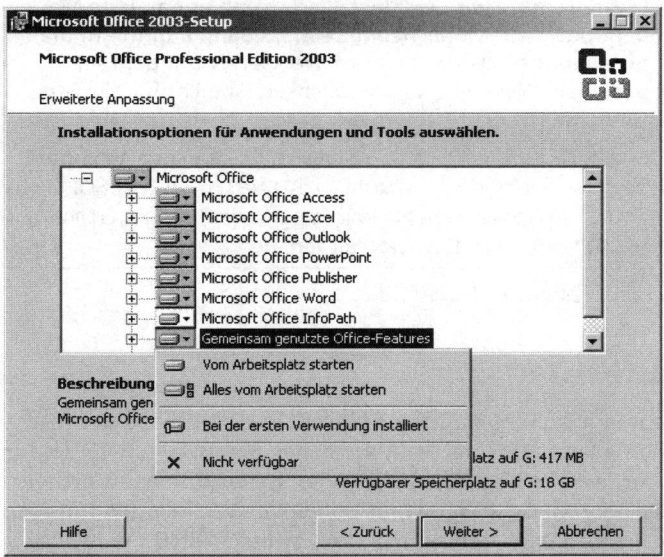

Abbildung 4.6: Der Feature Set Editor für Office 2003

Für jedes Feature kann eine der in Tabelle 4.1 beschriebenen Installationsarten gewählt werden.

Installationsoption	Bedeutung
Vom Arbeitsplatz starten	Das Feature wird auf der Festplatte installiert und gespeichert.
Alles vom Arbeitsplatz starten	Das Feature wird mit allen seinen untergeordneten Features auf der Festplatte installiert und gespeichert.
Vom Netzwerk starten	Diese Auswahl wird nur bei einer Installation von einem AIP aus angezeigt. Das Feature wird nicht auf der Festplatte installiert, sondern verbleibt auf dem Netzwerkserver. Damit das Feature später verwendet werden kann, muss Zugriff auf den AIP bestehen.
Alles vom Netzwerk starten	Diese Auswahl wird nur bei einer Installation von einem AIP aus angezeigt. Das Feature und alle seinen untergeordneten Features werden nicht auf der Festplatte installiert, sondern verbleiben auf dem Netzwerkserver. Damit die Features später verwendet werden können, muss Zugriff auf den AIP bestehen.
Bei der ersten Verwendung installiert	Dieses Feature wird erst installiert, wenn es das erste Mal benötigt wird. Möglicherweise muss dann Zugriff auf die Installations-CD oder den Netzwerkserver mit dem AIP bestehen. Diese Auswahlmöglichkeit ist nicht für alle Features wählbar.
Nicht verfügbar	Dieses Feature wird nicht installiert. Es kann nur hinzugefügt werden, indem Sie unter SYSTEMSTEUERUNG/SOFTWARE die Applikation auswählen und dort auf FEATURES HINZUFÜGEN/ENTFERNEN klicken.

Tabelle 4.1: Die Installationsoptionen eines Features im Feature Set Editor

4.4.1 Automatische Neustarts

Der Windows Installer kann automatisch feststellen, ob nach dem Abschluss einer Installation ein Neustart erforderlich ist. Ist dies der Fall, wird der Benutzer am Ende der Installation gefragt, ob der erforderliche Neustart sofort oder später durchgeführt werden soll. Neustarts sind immer dann notwendig, wenn Dateien ersetzt werden müssen, die während des Installationsvorgangs in Benutzung waren und deshalb nicht überschrieben werden konnten.

Neustarts können auch von Seiten des Softwareentwicklers zeitgesteuert oder sogar unterdrückt werden. Hierzu werden in den Sequenztabellen (siehe Kapitel 11) Standardaktionen oder Eigenschaften verwendet.

4.4.2 Berechtigungen für die Installation

Unter Windows XP, 2000, 2003 und NT 4.0 können Sie Benutzern und Benutzergruppen eingeschränkte Berechtigungen erteilen, so dass sie nicht über volle Administratorrechte verfügen. Diese erhöhte Sicherheit verhindert jedoch zuweilen die Installation von

Applikationen durch diese Benutzer. Über den Windows Installer können dennoch Installationen durchgeführt werden, da dieser unabhängig von der Berechtigung des angemeldeten Benutzers mit erweiterten Berechtigungen arbeitet. Diese erweiterten Berechtigungen können jedoch *nicht* unter Windows 95, 98 sowie ME angewendet werden.

4.5   Das Windows Installer Clean Up Utility

Normalerweise sollte beim Fehlschlag einer Installation das Rollback durchgeführt werden. Dennoch kann es aus unterschiedlichen Gründen vorkommen, dass weder eine Deinstallation, noch eine Neuinstallation einer Applikation durchgeführt werden kann. In diesem Fall verwenden Sie das *Windows Installer Clean Up Utility*. Mit Hilfe des *Windows Installer Clean Up Utility* können Registryeinstellungen Windows Installer-basierter Programme sicher entfernt werden, nachdem Probleme aufgetreten sind. Dabei werden weder der Windows Installer an sich noch Programmdateien der problematischen Applikation entfernt. Lediglich eine Abmeldung des Applikations-Pakets vom Windows Installer wird vorgenommen.

Wenn die Windows Installer-Technologie auch eine sehr stabile Technologie ist, so kann dennoch in bestimmten Fällen ein schwer wiegendes Problem auftreten. Dies ist möglich, wenn z.B. Fehler an der Registry auftreten, eine Installation durch einen Computerabsturz unterbrochen wird oder mehrere Instanzen des Installer-Setup gleichzeitig ausgeführt werden.

Das *Windows Installer Clean Up Utility* können Sie in der aktuellen Version unter dem folgenden Link herunterladen oder von der Begleit-CD starten:

http://support.microsoft.com/default.aspx?scid=/support/Office/xp/WindowsInstallerCleanUp-Utility.asp

Für den Download stehen zwei verschiedene Dateien bereit. Die Datei *msicu.exe* kann unter Windows 95, 98 und ME installiert werden, die Datei *msicuu.exe* unter Windows NT, 2000, XP und 2003. Für die Programmausführung müssen Sie über Administratorrechte verfügen. Wird die falsche Datei installiert, erhalten Sie eine entsprechende Fehlermeldung. Standardmäßig wird das Programm in das Verzeichnis \PROGRAMME\WINDOWS INSTALLER CLEANUP der Systempartition installiert. Sie kann über den entsprechenden Eintrag im Startmenü oder in der Microsoft Systeminformation gestartet werden.

 Bei der Installation des Programms von einer Diskette aus kann es zu der Fehlermeldung Internal Error 2724. UNINSTALL 1, Installation ended prematurely because of an error kommen. Installieren Sie das *Windows Installer Clean Up Utility* ausschließlich von der Festplatte aus.

Nach dem Programmstart erhalten Sie eine Liste aller Installer-basierten Programme auf dem Computer (siehe Abbildung 4.). Sie können ein oder mehrere Programme auswählen, deren Registryeinstellungen entfernt werden sollen. Um mehrere Programme auszuwählen, halten Sie beim Markieren die Taste ⎡⇧⎤ oder ⎡Strg⎤ gedrückt. Soll die gewählte Applikation später erneut installiert werden, so muss unbedingt dasselbe Installationsverzeichnis gewählt werden. Damit wird verhindert, dass Dateien doppelt auf dem System vorhanden sind.

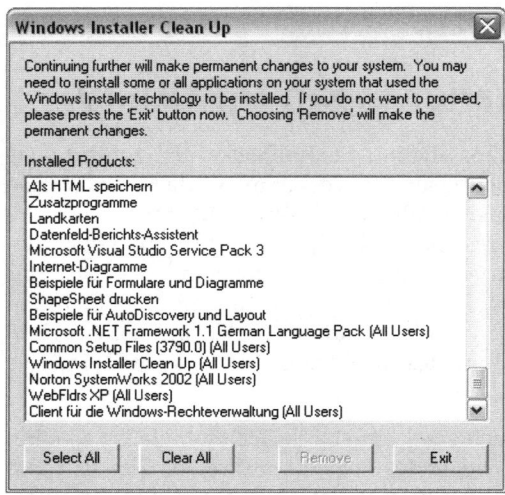

Abbildung 4.7: Das Windows Installer Clean Up Utility

Das Programm verfügt über die vier Schaltflächen SELECT ALL, CLEAR ALL, REMOVE und EXIT. Über SELECT ALL können Sie sämtliche in der Liste aufgeführten Programme auswählen, über CLEAR ALL werden die gewählten Programme wieder abgewählt. REMOVE entfernt die Registryeinstellungen der gewählten Programme, EXIT beendet das Programm. Sobald Sie Remove gewählt haben, erhalten Sie einen Warnhinweis (siehe Abbildung 4.) , der Sie darauf hinweist, dass die gewählten Applikationen neu installiert werden müssen, damit sie wieder korrekt ausgeführt werden können. Bestätigen Sie diesen Hinweis mit OK.

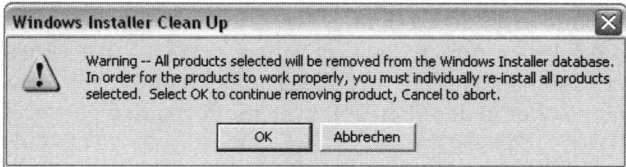

Abbildung 4.8: Entfernen von Registryeinstellungen über das Windows Installer Clean Up Utility

Nach der Bestätigung werden die mit der Applikation verknüpften Registry-Schlüssel sowie die Verknüpfungen unter SYSTEMSTEUERUNG/SOFTWARE entfernt. Ab diesem Moment funktioniert nicht mehr der Selbstreparaturmechanismus, und es können auch keine Komponenten bei Bedarf nachinstalliert werden. Hierzu muss die Applikation zunächst neu installiert werden.

Sämtliche Aktionen des *Windows Installer Clean Up Utility* werden in einer Protokolldatei (*msicu.log*) aufgezeichnet. Diese Datei befindet sich im Verzeichnis WINDOWS\TEMP. Zu jeder Aktion wird ein Zeitstempel sowie die durchgeführte Aktion angegeben, z.B.

```
[11/17/03 13:09:44] Removed Microsoft Office XP

[11/20/03 10:00:11] Removed Microsoft Visio 2000
```

Listing 4.1: Aufzeichnungen in der Datei msicu.log

Neue Informationen werden jeweils an das Ende der Protokolldatei geschrieben.

4.5.1 Das Kommandozeilenprogramm msizap.exe

Im Installationsverzeichnis des Programms befindet sich neben dem eben beschriebenen *Windows Installer Clean Up Utility* auch das Kommandozeilenprogramm *msizap.exe*. Mit diesem Programm können Sie ebenfalls die zuvor beschriebenen Aufgaben durchführen sowie noch einige weitere.

Die Befehlszeile für *msizap.exe* sieht dabei folgendermaßen aus:

```
Msizap.exe Parameter [GUID des Produkts]  ⏎
```

zeigt die gültigen Parameter für *msizap.exe*.

Parameter	Beschreibung
*	Der Windows Installer-Dienst wird beendet, sämtliche Ordner und Registry-Schlüssel des Windows Installer werden entfernt, die refcount-Zählung der shared dlls wird angepasst und alle verteilten Icons werden gelöscht. Im Einzelnen werden folgende Ordner gelöscht: ▶ %USERPROFILE%\MSI ▶ \ANWENDUNGSDATEN\MICROSOFT\INSTALLER ▶ %WINDIR%\MSI ▶ %WINDIR%\INSTALLER Zusätzlich wird auf jedem lokalen Laufwerk die Datei *config.msi* gelöscht. Im Einzelnen werden folgende Registry-Schlüssel gelöscht: ▶ HKCU\Software\Classes\Installer ▶ HKCU\Software\Microsoft\Installer ▶ HKCU\Software\Policies\Microsoft\Windows\Installer ▶ HKLM\Software\Policies\Microsoft\Windows\Installer ▶ HKLM\Software\Classes\Installer ▶ HKLM\Software\Microsoft\Windows\CurrentVersion\ Installer ▶ HKLM\Software\Microsoft\Windows\CurrentVersion\ Uninstall\{ProductCode} ▶ HKLM\Software\Microsoft\Windows\CurrentVersion\ RunOnce

Parameter	Beschreibung
F	Alle Ordner des Windows Installer werden entfernt.
U	Es werden die Ordner %USERPROFILE%\MSI sowie \ANWENDUNGS-DATEN\MICROSOFT\INSTALLER gelöscht.
R	Sämtliche Windows Installer-bezogenen Registry-Schlüssel werden gelöscht.
P	Der Registry-Schlüssel HKEY_LOCAL_MACHINE\Software\Microsoft\Windows\CurrentVersion\Installer\InProgress wird gelöscht.
N	Aus dem Registry-Schlüssel `HKLM\Software\Microsoft\Windows\CurrentVersion\Uninstall` werden die Produkte gelöscht.
V	Der Windows Installer-Dienst wird angehalten.
T	Sämtliche Informationen, die sich auf die angegebene GUID beziehen, werden gelöscht.
A	Um spezielle Löschvorgänge durchführen zu können, werden die Berechtigungen in der ACL (Access Control List) des betreffenden Objekts auf Administratorrechte heraufgesetzt.
?	Die ausführlichere Hilfe wird eingeblendet.
!	Erzwingt die Antwort *Ja* auf sämtliche Eingaben. Sämtliche Schritte werden ohne weitere Nachfrage durchgeführt.

Tabelle 4.2: Die Parameter des Kommandozeilenprogramms msizap.exe

 Nach der Ausführung von *msizap.exe* können Applikationen, die über den Windows Installer installiert wurden, möglicherweise nicht mehr korrekt funktionieren.

4.6 Die Supportinformationen eines installierten Produkts

Nachdem ein Produkt erfolgreich auf einem System installiert worden ist, findet der Benutzer eine Reihe von Supportinformationen zu diesem Produkt, die ihm im Fall von auftretenden Problemen weiterhelfen sollen. Diese Supportinformationen sind ab Windows 2000 verfügbar und werden über SYSTEMSTEUERUNG/SOFTWARE aufgerufen. Bei sämtlichen Windows Installer-basierten Applikationen in der Liste der installierten Programme findet sich der Link KLICKEN SIE HIER, UM SUPPORTINFORMATIONEN ZU ERHALTEN.

Die Inhalte der Supportinformationen sowie auch ein modifiziertes Icon wie in unserem Beispiel werden vom Autor der Applikation in den Eigenschaften der Konfiguration (siehe Kapitel 10.3.) sowie den Eigenschaften der Produktinformation (siehe Kapitel 10.3.) in der Eigenschaftstabelle festgelegt. Sämtliche Eigenschaften, die für die Supportinformationen relevant sind, beginnen mit der Buchstabenfolge ARP. ARP steht dabei für ADD/REMOVE PROGRAMS. Der Autor kann auch festlegen, ob dem Benutzer die Schaltflächen ÄNDERN und ENTFERNEN (siehe Abbildung 4.9) sowie Reparieren zur Verfügung stehen sollen. In unserem Beispiel sind sämtliche Schaltflächen verfügbar.

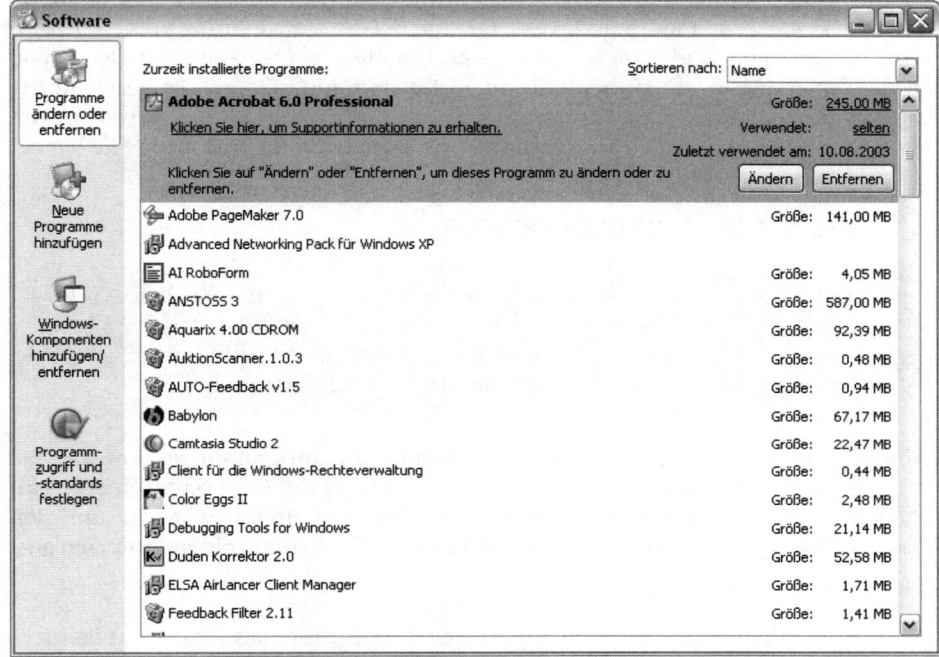

Abbildung 4.9: Die Liste installierter Programme unter Systemsteuerung/Software

Nachdem Sie den Link angeklickt haben, erhalten Sie das Fenster Supportinformationen (siehe Abbildung 4.10). In unserem Beispiel finden Sie hier direkte Links zur *Readme*-Datei, zu Online-Produktupdates sowie zu Supportinformationen. Der Eintrag KOMMENTARE verweist auf eine noch nicht zugewiesene ARP-Eigenschaft.

Abbildung 4.10: Die Supportinformationen zu einem installierten Produkt

4.7 Die Anwendung msiexec.exe

Das Kommandozeilenprogramm *msiexec.exe* verfügt über eine Reihe von Parametern, mit denen die Installation modifiziert werden kann. Bei der Verwendung von Transform Files wird ein Satz von Änderungen auf eine bestimmte *.msi*-Datei angewendet. Dabei werden die Daten der *.msi*-Datenbank für die Installation modifiziert. Die Verwendung des Kommandozeilenprogramms ist zwar weniger aufwändig als das Erstellen von Transform Files, jedoch sind nicht alle Optionen verfügbar, die ein Transform File bietet.

4.7.1 Die Syntax von msiexec.exe

 Die hier aufgeführten Kommandozeilenparameter gelten für den Windows Installer bis zur Version 2.0. Ab der Version 3.0 besitzt der Windows Installer andere Kommandozeilenoptionen, die als Standardkommandozeilenoptionen bezeichnet werden. Diese sind in Appendix A aufgeführt.

Der Windows Installer bietet über das Kommandozeilenprogramm *msiexec.exe* eine Reihe von Optionen und Parametern für die Installation und die Anpassung einer Installation. Viele dieser Parameter können miteinander kombiniert werden, um den gewünschten Zustand zu erreichen. Grundsätzlich sieht die Syntax folgendermaßen aus:

```
Msiexec.exe /Option Argument ⏎
```

Mit /Option werden die verschiedenen Parameter angegeben, das Argument bezeichnet den Namen sowie den Pfad der zu bearbeitenden *.msi*-Datei. Bei sämtlichen Optionen und Argumenten muss die Groß- und Kleinschreibung nicht beachtet werden. Das Argument *muss* grundsätzlich hinter der Option angegeben werden, sofern diese ein Argument erfordert – z.B. /i für die Installation -, dazwischen darf sich lediglich ein Leerzeichen befinden. Weitere Optionen können nach der Pfadangabe folgen.

Eine korrekte Syntax sieht beispielsweise folgendermaßen aus:

```
Msiexec.exe /i \\Servername\Freigabe\setup.msi /q ⏎
```

Über den Parameter /i wird die Installation der angegebenen Applikation gestartet, der danach stehende Parameter /q bewirkt, dass die Installation unter Benutzereingriff im Hintergrund abläuft (Silent Installation). Falsch wäre in diesem Fall die Syntax

```
msiexec.exe /i /q \\Servername\Freigabe\setup.msi ⏎
```

Die folgenden Kapitel beschreiben die Parameter von *msiexec.exe* für die verschiedenen Einsatzmöglichkeiten. Die Beispiele beziehen sich jeweils auf die Datei *setup.msi*, die sich im Verzeichnis \\Servername\Freigabe befindet. Selbstverständlich kann sich der Pfad auch auf eine CD-ROM, lokale Ressourcen, ein Netzlaufwerk oder einen http-Pfad beziehen.

4.7.2 Lokale Installation

Für die lokale Installation wird der Parameter / i verwendet. Ohne weitere Parameter werden während der Installation sämtliche Fenster und Dialogfelder angezeigt:

```
Msiexec /i \\Servername\Freigabe\setup.msi ⏎
```

4.7.3 Deinstallation einer Applikation

Eine Deinstallation kann mit dem Parameter / x durchgeführt werden. Die Syntax lautet

```
Msiexec /x \\Servername\Freigabe\setup.msi ⏎
```

4.7.4 Administrative Installation

Die administrative Installation wird mit dem Parameter / a gestartet. Dabei werden die Programmdateien dekomprimiert und in das angegebene Verzeichnis kopiert. Dieses Verzeichnis wird als administrativer Installationspunkt (AIP) bezeichnet, von dem aus die Client-Installation durchgeführt werden kann. Die Syntax für eine administrative Installation sieht folgendermaßen aus:

```
Msiexec /a \\Servername\Freigabe\setup.msi ⏎
```

4.7.5 Ankündigen einer Applikation

Beim Ankündigen einer Applikation wird diese nicht vollständig physikalisch auf dem Client installiert, sondern es werden lediglich Verknüpfungen, z.B. im Startmenü angelegt. Die vollständige Installation erfolgt erst, wenn der Benutzer die Verknüpfung aufruft (Installation bei Bedarf). Tabelle 4.3 zeigt die möglichen Optionen und Argumente.

Option	Argument	Zweck
/j	[u|m]Paket	u stellt die Applikation für den aktuellen Benutzer bereit, m stellt die Applikation für alle Benutzer des Computers bereit.
/j	[u|m]Paket /t Transform	/t wendet ein optionales Transform File auf das Installationspaket an.
/j	[u|m]Paket /g LanguageID	/g gibt die Language ID des Pakets an (optional).

Tabelle 4.3: Tabelle 4.3: Argumente zum Ankündigen einer Applikation

Um sämtlichen Benutzern die Applikation *software.msi* anzukündigen, auf die das Transform File *transform.mst* angewendet wird, verwenden Sie die folgende Syntax:

```
Msiexec /jm software.msi /t transform.mst ⏎
```

 Die Ankündigung von Software funktioniert nativ unter den Betriebssystemen Windows 98, 2000, XP und 2003. Unter Windows 95 und NT 4.0 muss mindestens der Internet Explorer 4.01 SP1 mit *Active Desktop* installiert sein. Der *Active Desktop* muss lediglich installiert, jedoch nicht zwangsläufig aktiviert sein

4.7.6   Aktivieren der Protokollierung

Mit Hilfe des Parameters /l kann die Protokollierung in diversen Stufen aktiviert werden. Diese Option sollten Sie aktivieren, wenn es zu Problemen gekommen ist. Dabei können verschiedene Argumente miteinander kombiniert werden. Tabelle 4.2 gibt eine Übersicht über die verschiedenen Protokollierungsstufen.

Argument	Zweck
L	Die Status-Meldungen werden protokolliert.
W	Nicht schwer wiegende Warnungen werden protokolliert.
E	Sämtliche Fehlermeldungen werden protokolliert.
A	Das Starten von Aktionen wird protokolliert.
R	Aktionsspezifische Aufzeichnungen (Records) werden protokolliert.
U	Benutzeranfragen werden protokolliert.
C	Die initialen User-Interface-Argumente werden protokolliert.
M	Fatale Fehler (Out-of-Memory) und Abbrüche werden protokolliert.
O	Fatale Fehler aufgrund mangelnder Festplattenkapazität werden protokolliert.
P	Terminal-Eigenschaften werden protokolliert.
V	Schaltet den ausführlichen Modus ein (Verbose-Mode)
+	Die Einträge werden an eine bereits vorhandene Protokolldatei angehängt.
*	Sämtliche Informationen, abgesehen von denen des Verbose-Mode, werden protokolliert.

Tabelle 4.4: Die Argumente der verschiedenen Protokollierungsstufen

Der Pfad der Protokolldatei wird direkt hinter den Argumenten zu /l angegeben. Ein vollständiger Aufruf kann folgendermaßen aussehen:

```
Msiexec /lv %temp%\logdatei.log /i \\Servername\Freigabe\setup.msi ⏎
```

Weitere Hinweise zur Protokollierung finden Sie in Kapitel 19.

4.7.7 Reparatur einer Installation

Sobald vom Windows Installer-Dienst festgestellt wird, dass einige Dateien der Applikation fehlen oder fehlerhaft sind, wird automatisch die Reparatur gestartet. Die Reparatur kann auch mit dem Parameter /f per Kommandozeile gestartet werden. Tabelle 4.5 zeigt die gültigen Argumente für die Reparatur. Hier sind dieselben Parameter verfügbar wie bei Verwendung der Eigenschaft *REINSTALLMODE* (siehe Kapitel 4.8).

Argument	Zweck
P	Alle notwendigen benutzerspezifischen Registryeinträge werden überschrieben.
O	Alle notwendigen computerspezifischen Registryeinträge werden überschrieben.
E	Alle vorhandenen Verknüpfungen werden überschrieben.
D	Start von der Quelle und Recache des lokalen Pakets.
C	Alle notwendigen benutzerspezifischen Registryeinträge werden überschrieben.
A	Alle notwendigen computerspezifischen Registryeinträge werden überschrieben.
U	Alle vorhandenen Verknüpfungen werden überschrieben.
M	Start von der Quelle und Recache des lokalen Pakets.
S	Alle notwendigen benutzerspezifischen Registryeinträge werden überschrieben.
V	Alle notwendigen computerspezifischen Registryeinträge werden überschrieben.

Tabelle 4.5: Die Argumente für den Reparaturmechanismus

Die standardmäßige Liste der Argumente für den /f-Parameter lautet `pecms`. Die vollständige Syntax lautet

```
Msiexec /fpecms \\Servername\Freigabe\setup.msi ⏎
```

4.7.8 Installationsquellen

Für die korrekte Installation von Features bei Bedarf muss im Netzwerk die Quelle bereitstehen. Wird die Quell-Lokation verschoben oder fehlen dort Dateien, ist die Installation nicht mehr möglich. Deshalb wird die Funktion einer Source List unterstützt, in die vom Administrator alternative Quell-Lokationen im Netzwerk eingetragen werden können. Wird die erste in der Liste angegebene Lokation nicht gefunden, werden die übrigen nach den gewünschten Dateien durchsucht. Die Suchreihenfolge lautet zuletzt benutzte Quelle, Netzwerkquellen, CD-Laufwerke und zum Schluss Quellen, auf die per URL verwiesen wird. Werden in keiner Quelle die Dateien gefunden, kann der Benutzer manuell über Durchsuchen eine alternative Quelle angeben.

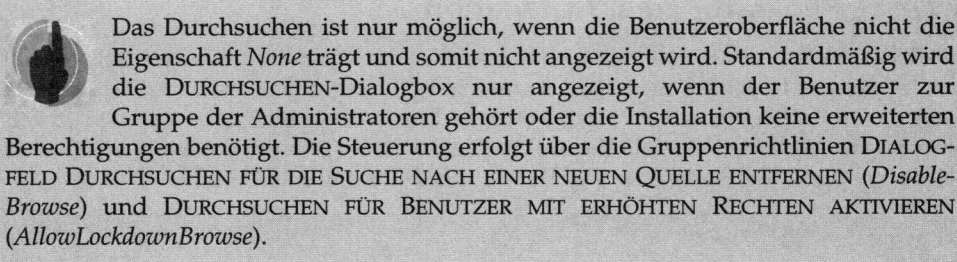

Das Durchsuchen ist nur möglich, wenn die Benutzeroberfläche nicht die Eigenschaft *None* trägt und somit nicht angezeigt wird. Standardmäßig wird die DURCHSUCHEN-Dialogbox nur angezeigt, wenn der Benutzer zur Gruppe der Administratoren gehört oder die Installation keine erweiterten Berechtigungen benötigt. Die Steuerung erfolgt über die Gruppenrichtlinien DIALOGFELD DURCHSUCHEN FÜR DIE SUCHE NACH EINER NEUEN QUELLE ENTFERNEN (*DisableBrowse*) und DURCHSUCHEN FÜR BENUTZER MIT ERHÖHTEN RECHTEN AKTIVIEREN (*AllowLockdownBrowse*).

Sobald die Installation von einer bestimmten Quelle aus erfolgreich durchgeführt wurde, wird diese Lokation automatisch in die Liste der Installationsquellen (Source List) eingetragen. Standardmäßig wird die erste Installation einer Applikation von der Quelle aus vorgenommen, die in der Eigenschaft *SourceDir* hinterlegt ist.

Zusätzlich kann der Administrator über die Richtlinien WECHSELMEDIENQUELLEN FÜR ANDERE INSTALLATIONEN VERHINDERN (*DisableMedia*) und VERWENDUNG VON MEDIENQUELLEN FÜR BENUTZER MIT ERHÖHTEN RECHTEN AKTIVIEREN (*AllowLockdownMedia*) bestimmen, ob der Benutzer Applikationen von Medien-Quellen aus vornehmen darf. Weitere Hinweise zu diesen Gruppenrichtlinien finden Sie in Kapitel 6.1.

4.7.9 Anpassen des Einblendungslevel für die Benutzeroberfläche

Für die Installation einer Windows Installer-basierten Applikation können verschiedene Einblendungslevel der Benutzeroberfläche festgelegt werden. Diese reichen von einer vollständig im Hintergrund ablaufenden Installation, die keinen Eingriff des Benutzers erfordert, bis hin zu einer Installation, bei dem der Benutzer sämtliche Dialogboxen des Setup erhält und Eingaben vornehmen muss. Insgesamt gibt es die in Tabelle 4.6 beschriebenen vier Level.

Parameter	Eigenschaftsname	Zweck
Qn	NONE	Vollständig im Hintergrund ablaufende Installation (Silent Installation). Benutzerangaben werden beim ersten Programmstart gemacht.
Qb	BASIC	Es werden nur der Installationsfortschritt sowie Fehler angezeigt.
Qr	REDUCED	Angepasste Benutzeroberfläche, die Dialogboxen werden nicht angezeigt.
Qf	FULL	Angepasste Benutzeroberfläche, Dialogboxen, Installationsfortschritt sowie Fehler werden angezeigt.

Tabelle 4.6: Parameter und Eigenschaftsnamen für die Einblendungslevel der Benutzeroberfläche

Die vollständige Syntax zum Anpassen der Benutzeroberfläche während der Installation lautet beispielsweise

```
Msiexec /i /qn \\Servername\Freigabe\setup.msi ⏎
```

4.8 Anpassen einer Installation mit Hilfe von Eigenschaften

Eine Installation kann auch über Eigenschaften angepasst werden. Eigenschaften sind Variablen, die während der Installation vom Windows Installer verwendet werden. Über die Kommandozeile können jedoch nur bestimmte Eigenschaften, nämlich die öffentlichen Eigenschaften, verwendet werden. Weitere Hinweise zur Klassifizierung der Eigenschaften finden Sie in Kapitel 9.

Folgend sehen Sie einige Beispiele, wie die Eigenschaften in die Syntax eingebunden werden.

```
Msiexec /i c:\setup.msi INSTALLEVEL=3 ⏎
```

Um eine Eigenschaft zu löschen, wird deren Wert als leere Zeichenkette angegeben, z.B.

```
Msiexec /i c:\setup.msi EIGENSCHAFT=" " ⏎
```

Werden Zeichenketten verwendet, müssen diese in Anführungszeichen gesetzt werden, z.B.

```
Msiexec /i  c:\setup.msi COMPANYNAME="Firma" ⏎
```

In den folgenden Kapiteln sind die wichtigsten Eigenschaften beschrieben. Eine komplette Liste aller Eigenschaften finden Sie in Kapitel 9.

4.8.1 Zielort der administrativen Installation

Die Eigenschaft *TARGETDIR* gibt das Zielverzeichnis bei einer administrativen Installation an. Die Syntax lautet

```
Msiexec /a c:\setup.msi TARGETDIR=\\Server\Freigabe ⏎
```

Bei sämtlichen Eigenschaften ist unbedingt auf die Großschreibung der Eigenschaftsnamen zu achten.

4.8.2 Optionen der Feature-Installation

Die folgenden Eigenschaften werden zur Installationsauswahl der Features gebraucht. Die Eigenschaften werden in der folgend angegebenen Reihenfolge geprüft. Die Reihenfolge in der Kommandozeile wird dabei vernachlässigt.

1. *ADDLOCAL*: Liste der lokal zu installierenden Features. Sollen alle Features lokal installiert werden, verwenden Sie `ADDLOCAL=ALL`.

> Schreiben Sie jedoch nicht den Eintrag `ADDLOCAL=ALL` in die Tabelle Property. Dadurch wird ein lokal installiertes *.msi*-Paket erzeugt, das nicht wieder korrekt entfernt werden kann.

2. *REMOVE*: Gibt die zu entfernenden Features an.

3. *ADSSOURCE*: Liste der Features, die von der Installationsquelle ausgeführt werden sollen. Die Namen der einzelnen Features werden durch Kommata getrennt. Tragen Sie `ADDSOURCE=ALL` nicht in die Tabelle *Property* ein, da ein solches Paket ebenfalls nicht korrekt wieder entfernt werden kann.

> Die Eigenschaften *ADDLOCAL* und *ADDSOURCE* können auch miteinander kombiniert werden. Dabei werden zunächst alle Features auf `ADDLOCAL` gesetzt, danach die gewünschten Features auf `ADDSOURCE`, also `ADDLOCAL=ALL`, `ADDSOURCE=Featurename1, Featurename2`

4. *ADDDEFAULT*: Liste der Features, die in der Standardinstallation installiert werden sollen

5. *REINSTALL*: Liste der Features, die reinstalliert werden sollen. Zusätzlich muss die Eigenschaft *REINSTALLMODE* gesetzt werden, um die Art der Reinstallation anzugeben. Ist *REINSTALLMODE* nicht gesetzt, werden alle aktuell installierten Dateien erneut installiert, wenn die auf dem Computer vorhandene Dateiversion älter ist oder die Datei nicht vorhanden ist. Standardmäßig werden die Registryeinträge nicht neu geschrieben. Ist `REINSTALL=ALL` gesetzt, werden dennoch nur die aktuell installierten Features neu installiert. Wird REINSTALL für ein noch nicht installiertes Produkt gesetzt, wird keine Installation durchgeführt.

6. *ADVERTISE*: Liste der Features für die Installation bei Bedarf. Mehrere Features werden durch Kommata getrennt. Tragen Sie `ADVERTISE=ALL` nicht in die Tabelle Property ein, da es auch hier zu Problemen bei der Deinstallation kommen kann.

7. *COMPADDLOCAL*: Liste der lokal zu installierenden Komponenten

8. *COMPADDSOURCE*: Liste der Komponenten, die von der Installationsquelle ausgeführt werden sollen

9. *FILEADDLOCAL*: Liste der lokal zu installierenden Dateien

10. *FILEADDSOURCE*: Liste der Dateien, die von der Installationsquelle ausgeführt werden sollen

11. *FILEADDDEFAULT*: Liste der Dateien, die in der Standardinstallation installiert werden sollen

4.8.3   Benutzerspezifische oder für alle Benutzer geltende Installationskonfiguration

Die Eigenschaft *ALLUSERS* bestimmt, ob die Konfigurationsinformationen für jeden einzelnen Benutzer oder für alle Benutzer, die sich an dem Computer anmelden, gespeichert werden sollen. Ist die Eigenschaft nicht gesetzt, wird versucht, eine benutzerbezogene Installation auszuführen.

Bei der benutzerbezogenen oder für alle Benutzer geltenden Konfiguration gibt es die folgenden Unterschiede:

▶ Benutzerbezogene Installation: Die Applikation wird nur für einen bestimmten Benutzer erstellt. Verknüpfungen befinden sich nur in seinem Benutzerprofil. In der Systemsteuerung unter PROGRAMM HINZUFÜGEN/ENTFERNEN erscheint die Applikation nur, wenn sie installiert ist. Die Applikation wird möglicherweise nicht mit erweiterten Berechtigungen ausgeführt. Transform Files und Icons werden unter %USERPRO-FILE%\Anwendungsdaten\Microsoft\Installer\{Produktcode GUID} gespeichert, sofern sie nicht an einen anderen Speicherort umgeleitet werden.

▶ Computerbezogene Installationen: Die Applikation ist für alle Benutzer verfügbar, die sich an dem Computer anmelden. Verknüpfungen werden in das Profil ALL USERS geschrieben. Windows NT, 2000, XP und 2003 erfordern immer administrative Zugriffsrechte und werden mit diesen ausgeführt. Transform Files und Icons werden im Ordner %WINDOWS%\Installer\{Produktcode} gespeichert.

Über die benutzerbezogene Eigenschaft wird einem Benutzer mit erweiterten Berechtigungen nicht ermöglicht, eine Applikation zu installieren. Die Eigenschaft lässt die Installation nur zu, wenn der Benutzer über ausreichende Berechtigungen verfügt, um eine Applikation für seinen eigenen Gebrauch zu installieren. Einige Applikationen unterstützen die benutzerbezogene Installation gar nicht, während andere Unterschiede in den minimal erforderlichen Berechtigungen für die Installation machen.

Windows NT, Windows 2000, Windows XP und Windows Server 2003

Unter den Betriebssystemen Windows NT, 2000, XP und 2003 wird die benutzerbezogene Installation abhängig vom Wert der Eigenschaft *ALLUSERS* durchgeführt. Ist der Wert auf 1 gesetzt, wird eine computerbezogene Installation versucht. Diese kann nur erfolgreich abgeschlossen werden, wenn der Benutzer über administrative Berechtigungen verfügt. Ist der Wert auf 1 gesetzt, versucht der Installer zunächst eine computerbezogene Installation. Kann diese computerbezogene Installation nicht durchgeführt werden, wird stattdessen eine benutzerbezogene Installation durchgeführt. Dabei setzt der Windows Installer den Wert auf 2 oder auf gar keinen Wert.

Beispielsweise wird über den folgenden Befehl für alle Benutzer des Computers eine Applikation installiert. Voraussetzung ist, dass der Benutzer, der die Installation ausführt, über administrative Berechtigungen verfügt.

```
Msiexec /I \\Server\Freigabe\setup.msi ALLUSERS=1 ⏎
```

Windows 95, Windows 98 und Windows Met

Unter Windows 9x und ME ist die benutzer- oder computerbezogene Installation davon abhängig, wie das Betriebssystem konfiguriert ist.

▶ Sind Profile eingeschaltet und ist das Startmenü benutzerbezogen, wird eine benutzerbezogene Installation durchgeführt.

▶ Sind Profile eingeschaltet und ist das Startmenü für alle Benutzer gemeinsam genutzt, wird eine computerbezogene Installation durchgeführt.

▶ Sind Profile deaktiviert und ist das Startmenü für alle Benutzer gemeinsam genutzt, wird eine benutzerbezogene Installation durchgeführt.

Die Eigenschaft *ALLUSERS* wird immer auf keinen oder den Wert 1 zurückgesetzt, abhängig davon, ob eine benutzer- oder computerbezogene Installation durchgeführt wird.

4.8.4 Liste der Installationsquellen

Die Eigenschaft *SOURCELIST* repräsentiert eine mit Semikola getrennte Liste von Netzwerkpfaden oder URLs zur Installationsquelle. Der Inhalt dieser Eigenschaft wird zu den Inhalten der *SOURCELIST* des Benutzers für die Applikation hinzugefügt. Diese Einträge werden jeweils ans Ende der Liste für jeden Typ von Quelle angefügt. Eine Quelle wird vom Windows Installer ermittelt, indem er diese Liste verarbeitet. Die erste gültige Quelle dieser Liste wird benutzt. Für eine Installation kann immer nur eine Quelle gleichzeitig benutzt werden, d.h. wenn im Laufe der Installation Dateien in der ersten Quelle fehlen oder die Verbindung zur Quelle unterbrochen wird, wird nicht automatisch auf den nächsten Eintrag der Liste zurückgegriffen, sondern die Installation schlägt fehl.

Die Eigenschaft *SOURCELIST* wird vom Installer nur verwendet, wenn das Produkt noch nicht zur Installation angekündigt oder bereits installiert ist. Ansonsten wird die in der Registry gespeicherte Liste verwendet.

Für den Windows Installer in den Versionen 1.0 und 1.1 können maximal 26 Netzwerkpfade und 26 URLs angegeben werden. In allen höheren Versionen besteht kein Limit mehr für die Anzahl der Netzwerkpfade.

4.8.5 Neustarts

Hat der Windows Installer ermittelt, dass ein Neustart erforderlich ist, wird der Benutzer aufgefordert, diesen auszuführen. Ein Neustart ist erforderlich, wenn Dateien ersetzt werden sollen, die während der Installation in Benutzung waren. Allerdings kann der Neustart auch unterdrückt oder zu einem anderen Zeitpunkt ausgeführt werden. Dazu wird die Eigenschaft *REBOOT* gemäß Tabelle 4.7 eingesetzt.

In aller Regel wird diese Eigenschaft verwendet, wenn Sie nacheinander mehrere Produkte installieren, wobei nur ein einziger Neustart am Ende durchgeführt werden soll. Unter Windows 9x und ME kann dieser verzögerte Neustart jedoch zu Problemen führen, da Dateien, die in Benutzung waren, erst nach einem Neustart ersetzt werden können. Versuchen die Applikationen nun dieselbe Datei zu installieren und diese Datei wird gerade benutzt, wird unabhängig von der Version die Datei der Applikation benutzt, die vor dem Neustart als letzte die Datei installiert hat.

Ruft eine Applikation, die eine neuere Dateiversion benötigt, eine Datei auf, die vor dem Neustart nur als ältere Version existiert und nicht ersetzt wurde, da sie in Benutzung war, kann es zu Problemen bei der Ausführung des Programms kommen.

Eigenschaftswert für REBOOT	Beschreibung
Force	Nach Installationsende wird der Benutzer zum Neustart aufgefordert. Bei einer Installation im Hintergrund wird der Neustart nach Abschluss der Installation durchgeführt.
Suppress	Unterdrückt die Neustart-Aufforderung am Ende der Installation. Der Benutzer wird während der Installation zum Neustart aufgefordert, sobald dieser notwendig wird, d.h. vom Hersteller *ForceReboot* gesetzt wurde. Bei einer Installation im Hintergrund wird der Neustart durchgeführt, sobald *ForceReboot* gesetzt ist. Ein Neustart zum Abschluss der Installation wird unterdrückt.
ReallySuppress	Es werden sowohl die Neustart-Aufforderungen am Ende der Installation als auch die durch *ForceReboot* bedingten unterdrückt.

Tabelle 4.7: Werte der Eigenschaft REBOOT

Über die Eigenschaft *REBOOTPROMPT* kann die Anzeige zur Neustart-Aufforderung an den Benutzer unterdrückt werden. In diesem Fall werden alle erforderlichen Neustarts automatisch ausgeführt. Wird die Eigenschaft auf den Wert *Suppress* oder *S* gesetzt, kann der Neustart ohne Frage an den Benutzer durchgeführt werden.

4.8.6 Transform Files

Über Transform Files kann die Installation flexibel angepasst werden, ohne dass ein neues Installationspaket erstellt werden muss. Im Transform File sind die Konfigurationsänderungen gegenüber dem Basispaket enthalten. Verschiedenen Benutzergruppen können so auf ihre Bedürfnisse angepasste Installationen zuteil werden. Über die Eigenschaft *TRANSFORMS* wird das Transform File angegeben, das auf die *.msi*-Datei angewendet werden soll. Sind mehrere Transform Files angegeben, werden diese in der angegebenen Reihenfolge angewendet. Es kann entweder der Name des Transform Files oder der vollständige Pfad angegeben werden. Eine Vermischung beider Formen ist nicht zulässig. Mehrere Einträge werden durch ein Semikolon voneinander getrennt. Folgende Syntax ist gültig:

```
TRANSFORMS=transform1.mst;transform2.mst oder

TRANSFORMS=\\Server\Freigabe\Ordner\transform1.mst;\\Server\
Freigabe\Ordner\transform2.mst
```

Handelt es sich um ein in die .msi-Datei eingebettetes Transform File und um kein eigenständiges Transform File, so wird dieses durch einen vorangestellten Doppelpunkt kenntlich gemacht:

```
TRANSFORMS:transform1.mst::transform2.mst::transform3.mst
```

 Nachdem das .msi-Paket installiert wurde, kann die Liste der Transform Files nicht geändert werden. Die Transform-Liste kann nur entfernt werden, indem die Applikation entfernt wird.

4.8.7   Benutzerinformationen

Über Eigenschaften können auch die Benutzerinformationen bereits ausgefüllt werden, ohne dass der Benutzer eine Eingabe vornehmen muss. Diese Einträge beziehen sich auf die Produkt-ID, den Benutzernamen und den Firmennamen. Über die Eigenschaft *PIDKEY* wird die Produkt-ID vorgegeben, über *USERNAME* der Name des Benutzers und über *COMPANYNAME* der Name des Unternehmens. Ist die Eigenschaft *USERNAME* nicht gesetzt, wird automatisch der in der Registry hinterlegte Benutzername benutzt. Dasselbe gilt auch für die Eigenschaft *COMPANYNAME*.

4.9   Windows Installer und Active Directory

Eine komplett durchdachte Installationslogik oder sogar –logistik ist mit dem Windows Installer allein nicht möglich. Hierzu müssen in einer Active Directory-Umgebung Gruppenrichtlinien (GPOs) angewendet werden. GPOs können sehr schnell sehr komplex werden. Generell können GPOs im Active Directory auf Standort- , Domänen- und Organisationseinheit- (OU-) Ebene angewendet werden. Innerhalb dieser GPOs werden die *Richtlinien zur Softwareinstallation* mit den entsprechenden .msi-Dateien und Transform Files verknüpft. Danach werden für die entsprechende Gruppenrichtlinie die Benutzerrechte zugewiesen. Um die Anzahl der GPOs möglichst gering zu halten, sollten die GPOs nach Möglichkeit auf Domänen- oder OU-Ebene angewendet werden. Über die Gruppenrichtlinie kann die Software lediglich auf Windows 2000 und XP-Clients installiert werden. Clients unter Windows NT 4.0 oder 9x können nicht per GPO mit Software versorgt werden.

Das Active Directory des Windows Server 2003 bietet gegenüber Windows 2000 verbesserte Optionen zur Softwareverwaltung. So können beispielsweise über wmi-Filter Client-Ressourcen wie CPU, RAM oder Festplattenkapazität abgefragt werden, anhand derer entschieden wird, ob die Applikation per GPO auf dem betreffenden Client installiert werden kann oder nicht. So ist es möglich, die Installation nur auf Clients durchzuführen, die über ausreichende Systemressourcen verfügen.

Der Windows Installer an sich verfügt über keine Möglichkeit, .msi-Pakete über das Netzwerk zu verteilen und zu replizieren. Diese Funktion wird erst in einer Windows 2000/2003 Active Directory-Umgebung sowie FRS (File Replication Service) und DFS (Distributed File System) möglich. DFS und FRS gleichen untereinander Verzeichnisse ab, so dass diese über identische Inhalte verfügen. Somit ist für den Windows Installer ein redundantes, stabiles Quellenverzeichnis gegeben.

Um das Logo *Certified for Windows 2000* bzw. *Certified for Windows XP* zu erhalten, muss sich ein *.msi*-Paket unbeaufsichtigt ohne Eingaben des Benutzers installieren lassen können. Die notwendigen Benutzereingaben werden dann beim ersten Programmstart verlangt.

Der Windows Installer verfügt nicht über einen Assistenten, der die Einbettung eigener Skripte unterstützt. Einzig die Custom Actions (siehe Kapitel 10) sind in der Lage, erweiterte Aufgaben durchzuführen oder zusätzliche Dateien einzubinden. So ist es beispielsweise nur über Custom Actions möglich, während der Installation Gerätetreiber zu laden oder zu entfernen.

5 Transform Files und Patchdateien

In diesem Kapitel erhalten Sie zunächst einen Überblick über den Zweck und die Funktion von Transform Files sowie die verschiedenen Arten von Transform Files und deren Implementierung. Danach lernen Sie anhand des *Custom Installation Wizard* für Office 2003 schrittweise die Erstellung eines Transform Files kennen. Zusätzlich wird auf einige Programme des *Office Resource Kit* eingegangen, mit denen Sie Transform Files effektiv bearbeiten und verwalten können. Außerdem erhalten Sie einen Überblick über die Funktion und Anwendung von Patchdateien.

5.1 Was sind Transform Files?

Jede Applikation – egal, ob Sie von einer CD oder über einen administrativen Installationspunkt (AIP) installiert wird – beinhaltet eine Standardvorgabe für die Installation einzelner Features. So werden beispielsweise für Word 2003 standardmäßig keine italienische Rechtschreibprüfung oder die ostasiatische Sprachunterstützung installiert. Um diese Vorgabe zu ändern und vom Standard abweichende Features zu installieren, wird ein Transform File benutzt. Transform Files werden auch als *.mst*-Dateien bezeichnet. Das Transform File überschreibt die featurebezogenen Standardeinstellungen einer Applikation. Kurz gesagt enthält ein Transform File die Unterschiede zwischen dem Basis-Paket und den benutzerdefinierten Anpassungen. Es ist gewissermaßen das Delta zwischen den standardmäßigen und benutzerdefinierten Installationsoptionen. Sie benötigen für den Einsatz von Transform Files einmalig das Basis *.msi*-Paket sowie einen Katalog von *.mst*-Dateien, die benutzer- oder gruppenspezifisch auf die einzelnen Installationen angewendet werden.

Beim Aufruf des *.msi*-Pakets wird ein erstelltes Transform File einmalig aufgerufen und ausgeführt. Es ist nicht möglich, nach der einmaligen Abarbeitung eines oder mehrerer Transform Files weitere hinzuzufügen oder bereits vorhandene Transform Files zu modifizieren. Soll zu einem späteren Zeitpunkt die Transform File-basierte Installation geändert werden, so *muss* dazu das gesamte *.msi*-Paket deinstalliert werden. Das Übernehmen der Änderungen durch ein Transform File ist lediglich bei der *ersten* Installation der Applikation möglich. Der Windows Installer stellt kein anderes Verfahren bereit, mit dessen Hilfe Sie die Änderungen und Anpassungen auf einen Benutzer anwenden können. Er registriert eine Liste von Transform Files, die während der Installation der Applikation benötigt werden. In der Konfigurations- oder Installationsphase werden diese Transform Files am Basis-Installationspaket angewendet. Steht in diesem Moment ein Transform File nicht zur Verfügung, so schlägt die *gesamte* Installation fehl.

Bei der Anwendung einer *.mst*-Datei auf ein *.msi*-Installationspaket wird die Installationsdatenbank dynamisch geändert. Transform Files bieten ein weites Funktionsspektrum. Es ist möglich, für eine Applikation wie z.B. Microsoft Office verschiedene Transform Files zu erstellen. So können für verschiedene Abteilungen angepasste Installationspakete konfiguriert werden. In einem Transform File für die Benutzer der Abteilung Buchhaltung kann beispielsweise lediglich *Office* und *Excel* enthalten sein, während über ein anderes Transform File für die Abteilung Marketing lediglich *Power Point* installiert wird. Neben Transform Files können auch Patch-Dateien (.*msp*-Dateien) direkt auf den AIP angewendet werden. Weitere Hinweise dazu finden Sie in Kapitel 5.6.

Weiterhin können für bestimmte Benutzgruppen spezielle Features der Applikation bereitgestellt oder deaktiviert werden. So können Sie das Basispaket einer Applikation für sämtliche Benutzer bereitstellen, während die Anpassungen für die einzelnen Benutzergruppen oder an bestimmte Computer als Transform Files verteilt werden. Ein weiterer Zweck eines Transform Files kann darin bestehen, selbst geschriebene zusätzliche Bestandteile einer Applikation zu verteilen. Dabei kann es sich beispielsweise um angepasste Vorlagen für ein Unternehmen handeln. Bedenken Sie jedoch immer wieder, dass Sie ein Transform File lediglich bei der ersten Installation, nicht jedoch auf eine bereits installierte Applikation anwenden können.

Abbildung 5.1 zeigt das Schema für die Anwendung und die Verteilung der Transform Files auf eine .*msi*-Datei.

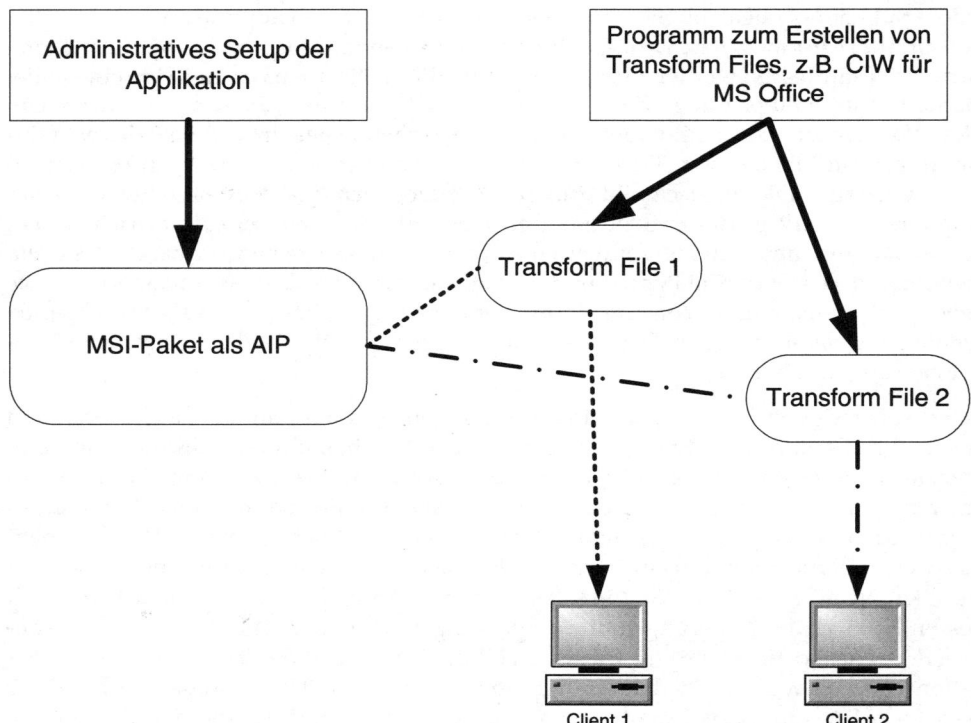

Abbildung 5.1: Anwenden und Verteilen eines Transform Files auf ein .msi-Paket

Für die Verteilung zusätzlicher Ressourcen über ein Transform File sollten Sie die folgenden Regeln beachten:

▶ Über das Transform File werden eine oder mehrere neue Komponenten zur Installationsdatenbank hinzugefügt. Sie sollten keine neuen Ressourcen zu einer bereits in der Installationsdatenbank vorhandenen Komponente hinzufügen.

▶ Über das Transform File können ein oder mehrere neue Features für die neuen Komponenten zur Installationsdatenbank hinzugefügt werden. Bei den neuen Features sollte es sich um keine übergeordneten Features bereits vorhandener Features handeln. Es ist jedoch möglich, zusammen neue übergeordnete und untergeordnete Features hinzuzufügen. Die Namen der neuen Features sollten eindeutig sein im Hinblick auf die Namen in allen anderen Transform Files für diese Applikation. Weiterhin sollten keine zwei Transform Files ein Feature zum Produkt hinzufügen, das in der Spalte *Features* der Tabelle *Feature* denselben Namen trägt, jedoch unterschiedliche Komponenten oder Ressourcen besitzt.

Transform Files können nicht nur bezüglich der zu installierenden Features angepasst werden. Auch die Konfiguration einer Installation, die ohne Benutzereingriff im Hintergrund ablaufen kann, ist möglich. In diesem Fall werden bereits im Vorfeld die anwendungsspezifischen Angaben zu Installationsziel, Seriennummer oder Firmenname vorgenommen.

Das Transform File ersetzt Elemente der Datenbank des Basispakets oder fügt neue Elemente zu dieser Datenbank hinzu. Neben der Zuweisung von bestimmten Features an bestimmte Benutzer sind die Transform Files auch bei der Synchronisierung von Applikationen in verschiedenen Sprachversionen von Bedeutung. Angenommen Sie verwenden von einer Applikation deutsche und englische Versionen. Für die englische Version erscheint ein Update, das für die deutsche Version noch nicht verfügbar ist. In diesem Fall können Sie auf die aktualisierte englische Version ein Transform File anwenden, mit dem die Sprache der Benutzeroberfläche von Englisch auf Deutsch angepasst wird. Somit ist auch die deutsche Version aktualisiert, sie ist im Grunde genommen die englische Version mit einer sprachlich modifizierten GUI.

Über Transform Files können sämtliche Informationen geändert werden, die sich in den persistenten Tabellen der Installer-Datenbank befinden. Zudem können auch zusätzliche persistente Tabellen hinzugefügt oder bestehende entfernt werden. Jedoch ist es nicht möglich, die Bestandteile zu ändern, die sich nicht in Tabellen befinden. Dazu zählen etwa Informationen in Cabinet-Dateien (**.cab*) oder Informationen des Summary Information Stream.

Zur Erstellung von Transform Files stehen Ihnen zum Teil herstellerabhängige Werkzeuge zur Verfügung. Für Microsoft Komponenten wie Office 2000, XP und 2003 bietet das *Microsoft Office Resource Kit* den *Custom Installation Wizard (CIW)*. Sie können jedoch auch Drittanbieterprogramme wie das *Wise Package Studio, InstallShield's AdminStudio* oder den Tabelleneditor *Orca* aus dem *Microsoft Windows Installer SDK* benutzen. Speziell für diesen Zweck ist auch das Programm *Msitran.exe* (siehe Kapitel 18.7) ausgelegt. Dieses ist ebenfalls ein Bestandteil des *Windows Installer SDK*. Mit diesen Programmen können Sie eigene *.mst*-Dateien erstellen oder zum Teil auch bestehende bearbeiten.

Leider stellt sich bei der Anpassung das Problem, dass es keinen herstellerübergreifenden Standard zum Erstellen von Anpassungen gibt. Für jede Applikation muss ein eigener Wizard – sofern überhaupt einer angeboten wird – verwendet werden, um ein Transform File zu erstellen. Auch die lediglich einmalige Anwendung eines Transform Files auf ein *.msi*-Paket bietet nicht die höchstmögliche Flexibilität. Speziell für Office 2000/XP/2003 werden Einstellungen wie Home-Verzeichnisse, Vorlageneinstellungen oder weitere Profileinstellungen nicht über den *Custom Installation Wizard* eingerichtet, sondern über den *Office Profile Wizard*, der ebenfalls Bestandteil des *Microsoft Office Resource Kit* ist. Sie sehen also, dass für eine effektive Anpassung möglicherweise mehrere Werkzeuge erforderlich sind.

5.1.1 Eingebettete (embedded) Transform Files

Zur Modifikation der Windows Installer-Datenbank des Basis-Installationspakets stehen insgesamt vier verschiedene Typen von Transform Files zur Verfügung. Dabei handelt es sich um eingebettete, nicht eingebettete, gesicherte sowie ungesicherte Transform Files

Die eingebetteten (embedded) Transform Files sind direkt in die *.msi*-Datei des Installationspakets integriert. Diese Konstellation ist das Gegenteil von allein stehenden Transform Files, die als *.mst*-Datei für den Benutzer bereitgestellt werden. Die eingebetteten Transform Files bieten den Vorteil, dass die Datei jederzeit zur Verfügung steht, wenn die *.msi*-Datei verfügbar ist. Die Pflege der separaten *.mst*-Dateien entfällt. Allerdings können eingebettete Transform Files nur dann angewendet werden, wenn der Ersteller der Transform Files über Schreibrechte an dem Verzeichnis der Installationsquelle verfügt, da das Transform File zur Installationsquelle hinzugefügt werden muss. Handelt es sich bei der Quelle um eine CD oder ein Netzlaufwerk, für das lediglich Leserechte verfügbar sind, kann ein eingebettetes Transform File nicht genutzt werden.

Ein eingebettetes Transform File wird zu einer Transform-Liste hinzugefügt, indem dem Dateinamen ein Doppelpunkt (:) vorangestellt wird, z.B. `TRANSFORMS:transfrom1.mst`. Eingebettete Transform Files werden auf dem Computer des Benutzers nicht gecacht, da sie jederzeit aus der *.msi*-Datei bezogen werden können. Es ist auch eine Kombination eingebetteter Transform Files mit gesicherten und ungesicherten Transform Files möglich. Einige Anwendungsbeispiele finden Sie in Kapitel 5.1.5.

5.1.2 Nicht eingebettete (unembedded) Transform Files

Nicht eingebettete (unembedded) Transform Files werden separat von der *.msi*-Datei des Installationspakets gespeichert. Die nicht eingebetteten Transform Files werden einzeln auf dem Computer des Benutzers gecacht. Sie können mit gesicherten und ungesicherten Transform Files kombiniert werden. Einige Anwendungsbeispiele finden Sie in Kapitel 5.1.5.

5.1.3   Gesicherte (secured) Transform Files

Die gesicherten (secured) Transform Files werden angewendet, wenn Sicherheitsaspekte eine besondere Rolle spielen. Selbst wenn die Installation der Applikation nur mit erhöhten Rechten durchgeführt werden kann (dabei ist es unerheblich, ob die Installation pro Benutzer oder pro Computer erfolgt), kann ein Benutzer mit eingeschränkten Rechten ein ungesichertes Transform File modifizieren und damit Änderungen an anderen Computern mit erhöhten Berechtigungen vornehmen.

Gesicherte Transform Files hingegen werden bei der ersten Installation auf dem Computer des Benutzers lokal gespeichert, und zwar auf einer Lokation, für die der Benutzer keine Schreibrechte besitzt, sondern lediglich das System und der Administrator. Somit ist es anderen Benutzern nicht möglich, das Transform File zu modifizieren. Erfolgt später die Installation einer zusätzlichen Komponente (Installation bei Bedarf) oder eine Maintenance Installation, so verwendet der Windows Installer dieses gecachte gesicherte Transform File. Bei der Deinstallation der Applikation werden sämtliche gesicherten Transform Files vom Computer des Benutzers entfernt.

Um ein Transform File als gesichert zu markieren, gibt es drei Möglichkeiten.

1. Soll sich die Sicherheit auf sämtliche Pakete beziehen, die auf einem Computer installiert werden, so muss die *TransformsSecure*-Richtlinie eingestellt werden. Fügen Sie dazu in der Registry im Pfad `HKEY_LOCAL_MACHINE\Software\Policies\Microsoft\Windows\Installer` einen Wert namens *TransformsSecure* vom Typ `DWORD` mit dem Wert 1 hinzu. Dadurch kann bei allen folgenden Maintenance-Installationen lediglich auf das Transform File aus dem gesicherten Cache zurückgegriffen werden. Ist dieses nicht verfügbar, wird die Installation abgebrochen. Solange dieser Wert nicht gesetzt ist, werden in allen Windows-Versionen außer Windows Server 2003 die Transform Files im Benutzerprofil gespeichert. Unter Windows Server 2003 werden die Transform Files auch dann im gesicherten Cache gespeichert, wenn der Registrywert nicht gesetzt ist.

> Unter dem Windows Installer 1.0 ist der Registry-Schlüssel nicht verfügbar. Erst der Windows Installer ab der Version 1.1 versteht den Wert *TransformsAtSource* im Schlüssel `HKEY_CURRENT_USER\Software\Policies\Microsoft\Windows\Installer` genauso wie den Wert *TransformsSecure*.

2. Soll sich die Sicherheit lediglich auf das Installationspaket beziehen, so wird die Eigenschaft *TRANSFORMSSECURE* gesetzt. Dabei ist es unerheblich, auf welchem Computer die Applikation installiert wird. Ist diese Eigenschaft auf 1 gesetzt, kann bei einer Maintenance Installation lediglich ein Transform File aus dem angegebenen Pfad verwendet werden. Ist dieser Pfad nicht verfügbar, schlägt die Installation fehl. Die Eigenschaft *TRANSFORMSSECURE* ist nicht unter Windows Installer 1.0 verfügbar. Der Windows Installer 1.1 interpretiert die Eigenschaft *TRANSFORMSATSOURCE* genauso wie *TRANSFORMSSECURE*.

3. Anstatt die Eigenschaft *TRANSFORMSSECURE* zu setzen, können Sie auch in der Transform-Liste das Symbol | oder @ zum Transform File hinzufügen.

 In ein und derselben Transform-Liste können nicht gleichzeitig gesicherte und ungesicherte Transform Files enthalten sein.

Sobald der Windows Installer feststellt, dass ein gesichertes Transform File nicht lokal verfügbar ist, versucht er von der Quelle den Transform-Cache wiederherzustellen. Dabei wird unterschieden, ob das Transform File ein *Secure at Source Transform* oder ein *Secure Full Path Transform* ist.

Secure at Source Transform

Bei dem Typ *Secure at Source Transform* muss sich die Quelle des Transform Files im Root-Verzeichnis der Installationsquelle befinden. Bei der Installation oder Ankündigung der Applikation wird das Transform File in einen gesicherten Cache geschrieben, für den der Benutzer keine Schreibrechte besitzt. Sobald die lokale Kopie des Transform Files nicht mehr verfügbar ist, wird das fehlende Transform File aus dem Rootverzeichnis des *.msi*-Quellpakets wiederhergestellt. Um ein Transform File als ein *Secure at Source Transform* zu kennzeichnen, müssen Sie entweder die Eigenschaft *TRANSFORMSSECURE* oder den Wert *TransformsSecure* setzen oder als erstes Zeichen das @ zum Transform in der Transform-Liste hinzufügen. Zudem müssen sich die Transform Files im Root-Verzeichnis des Installationspakets befinden.

Secure Full Path Transform

Soll ein Transform File als *Secure Ful Path Transform* gekennzeichnet werden, muss sich die Quelle des Transform Files in dem Pfad befinden, der vollständig in der Eigenschaft *TRANSFORMS* anzugeben ist. Sobald die Kopie des Transforms nicht mehr verfügbar ist, wird dieses aus dem in der Transform-Liste vollständig angegebenen Pfad wiederhergestellt.

Um ein Transform File als ein *Secure Full Path Transform* zu kennzeichnen, müssen Sie entweder die Eigenschaft *TRANSFORMSSECURE* oder den Wert *TransformsSecure* setzen oder als erstes Zeichen den | zum Transform in der Transform-Liste hinzufügen. Zudem muss unter *TRANSFORMS* der vollständige Pfad zur Quelle jedes einzelnen Transform Files angegeben werden. Befinden sich in der Liste relative Pfade, so wird die Installation fehlschlagen. Die Quelle des Transform Files muss nicht wie bei einem *Secure at Source Transform* mit der Quelle des Installationspakets selbst identisch sein.

5.1.4 Ungesicherte (unsecured) Transform Files

Alle Transform Files, die nicht auf die eben beschriebene Weise als gesicherte Transform Files markiert sind, sind ungesichert (unsecured). Standardmäßig ist jedes Transform File ungesichert. Erst unter Windows Server 2003 werden auch nicht speziell markierte Transform Files als gesichert behandelt. Um ein Transform File als ungesichert zu kennzeichnen, darf dessen Name unter *TRANSFORMS* nicht mit den Zeichen | oder @ beginnen. Auch die Eigenschaft *TRANSFORMSSECURE* oder der Wert *TransformsSecure* dürfen nicht gesetzt sein.

Bei der Erstinstallation des Installationspakets sucht der Windows Installer das Transform File in der Lokation, die unter *TRANSFORMS* angegeben ist. Wird die Datei dort nicht gefunden, wird die Datei in der Quell-Lokation der *.msi*-Datei gesucht. Bei einer Maintenance-Installation wird das Transform File in der Cache-Lokation gesucht. Wird die Datei hier nicht gefunden, wird sie in der Quell-Lokation der *.msi*-Datei gesucht. Sobald die gecachte Kopie des ungesicherten Transform Files nicht mehr verfügbar ist, stellt der Windows Installer den Transform Cache wieder her. Dabei wird eine Quelle benutzt, die in der Eigenschaft *SOURCELIST* aufgeführt ist. Dieser Suchprozess geschieht analog zu der Suche nach alternativen Installationsquellen für das *.msi*-Paket in der *.msi*-Liste.

Bei einer Installation oder Ankündigung einer Applikation pro Benutzer wird das ungesicherte Transform File im Benutzerprofil in dem Ordner ANWENDUNGSDATEN gespeichert. Somit ist sichergestellt, dass der Benutzer seine speziellen Einstellungen auch dann behält, wenn er mit einem Roaming Profile an einem anderen Computer arbeitet. Wird die Installation oder Ankündigung der Applikation pro Computer vorgenommen, wird das ungesicherte Transform File in den Ordner `%Windir%\Installer` geschrieben.

In einer Transform-Liste können gesicherte und ungesicherte Transform Files nicht parallel existieren.

5.1.5   Die Eigenschaft TRANSFORMS

Die Eigenschaft *TRANSFORMS* besteht aus einer Liste aller Transform Files für ein bestimmtes Installationspaket. Diese Liste wird an der Kommandozeile als Parameter für *msiexec.exe* angegeben. Die hier aufgeführten Transform Files werden vom Windows Installer bei jeder Installation angewendet. Dabei ist es unerheblich, ob es sich um die Erstinstallation, Ankündigung, Maintenance-Installation oder eine Installation bei Bedarf handelt.

Wird für den Befehl `msiexec` der Parameter `/jm` oder `/ju` gesetzt, so muss die Transform-Liste hinter dem Parameter `/t` angegeben werden.

Die Liste der angegebenen Transform Files kann nur modifiziert werden, solange die Applikation noch nicht installiert ist. Soll eine spätere Änderung an dieser Liste vorgenommen werden, so muss zunächst die gesamte Applikation deinstalliert, die Transform-Liste angepasst und danach die Applikation neu installiert werden.

Im Folgenden finden Sie verschiedene Beispiele für die Verwendung der Eigenschaft *TRANSFORMS*, wobei auch die Kombinationsmöglichkeiten verschiedener Transform Files hervorgehoben werden.

Beispiel 1:

```
Transform1.mst::transform2.mst
```

Transform2.mst ist ein eingebettetes Transform File, *transform1.mst* ist ein ungesichertes Transform File. Nur wenn für *transform1.mst* die Eigenschaft *TRANSFORMSSECURE* oder der Wert *TransformsSecurity* auf 1 gesetzt ist, handelt es sich um ein Secure at Source Transform, da für ein Secure Full Path Transform der komplette Pfad angegeben sein müsste.

Beispiel 2:

```
\\Servername\Freigabe\Pfad\transform1.mst::transfrom2.mst
```

Transform2.mst ist ein eingebettetes Transform File. *Transform1.mst* ist ein Secure Full Path Transform, sofern die Eigenschaft *TRANSFORMSSECURE* oder der Wert *TransformsSecurity* auf 1 gesetzt ist, anderenfalls handelt es sich um ein ungesichertes Transform File.

Beispiel 3:

```
@:transform1.mst;transform2.mst
```

```
@transform2.mst::transform1.mst
```

Transform1.mst ist ein eingebettetes Transform File. *Transform2.mst* ist ein Secure at Source Transform.

Beispiel 4:

```
|\\Servername\Freigabe\Pfad\transform1.mst::transfrom2.mst
```

```
|:transform2.mst;\\Servername\Freigabe\Pfad\transform1.mst
```

Transform2.mst ist ein eingebettetes Transform File. *Transform1.mst* ist ein Secure Full Path Transform.

TRANSFORMSSECURE

Wird die Eigenschaft *TRANSFORMSSECURE* auf den Wert 1 gesetzt, wird dem Installer mitgeteilt, dass die Transform Files in einem lokalen Cache gespeichert werden, für den der Benutzer keine Schreibberechtigung besitzt. Der Speicher für die Transform Files soll für mobile Benutzer unter Windows XP und Windows 2000 geschützt werden. Ist die Eigenschaft gesetzt, kann im Zuge einer Maintenance-Installation, bei der Features hinzugefügt oder entfernt werden sollen, nur das Transform File aus dem angegebenen Pfad benutzt werden. Ist dieser Pfad nicht verfügbar, schlägt die Maintenance-Installation fehl. Deshalb muss sich die Quelle für jedes sichere Transform File in demselben Speicherort befinden wie die Quelle des Installationspakets. Fehlt das Transform File auf dem Computer, so kann dieses aus der Quelle des Installationspakets wiederhergestellt werden.

TRANSFORMSSECURE ist eine Eigenschaft, über die dieselbe Einstellung getroffen werden kann wie über die Richtlinie *TransformsSecure* der Computerkonfiguration

(TRANSFORMATIONEN AN EINEM SICHEREN ORT AUF DER ARBEITSSTATION ZWISCHENSPEI-CHERN). Wird diese Richtlinie aktiviert, bezieht sich die Einstellung auf sämtliche Pakete, die auf dem Computer installiert werden. Ist die Eigenschaft gesetzt, bezieht sich die Einstellung auf das aktuelle Paket, unabhängig davon, auf welchem Computer es installiert wird. *TRANSFORMSSECURE* ist erst ab der Windows Installer Version 1.1 verfügbar.

Tabelle 5.1 beschreibt die Eigenschaft *TRANSFORMS* und die Richtlinie *TransformsSecure* sowie die Resultate verschiedener Kombinationsmöglichkeiten.

TRANSFORM	TransformsSecure	Kombination
Angabe der Dateien: `@transform1.mst;transform2.mst`	Nicht gesetzt	Secure at Source Transform. Die Quelle der Transform Files muss sich im Root-Verzeichnis der Paketquelle befinden. Bei der Ankündigung oder Installation des Pakets speichert der Windows Installer die Transform Files auf dem Client im Cache, für den der Benutzer keinen Schreibzugriff besitzt. Ist die lokale Kopie des Transform Files nicht mehr verfügbar, sucht der Installer nach einer anderen Quelle, um den Cache wiederherzustellen. Dieses Verfahren ist mit dem Durchsuchen der Source List für eine *.msi*-Datei vergleichbar.
Angabe der Pfade: `|\\Server\Freigabe\transform1.mst;\\Server\Freigabe\transform2.mst`	Nicht gesetzt	Secure Full Path Transform. Die Quelle jedes Transform Files muss sich in dem Pfad befinden, der unter *TRANSFORMS* angegeben wird. Dies muss nicht derselbe Ort sein wie die Quelle des Installationspakets. Bei der Ankündigung oder Installation des Pakets speichert der Windows Installer die Transform Files auf dem Client im Cache, für den der Benutzer keinen Schreibzugriff besitzt. Ist die lokale Kopie des Transform Files nicht mehr verfügbar, kann der Cache nur aus der Quelle im angegebenen Pfad wiederhergestellt werden.
Angabe der Dateinamen: `transform1.mst;transform2.mst`	*TransformsSecure* bzw. *TRANSFORMSSECURE* ist auf 1 gesetzt oder *TransformsAtSource* bzw. *TRANSFORMSATSOURCE* ist auf 1 gesetzt.	Ist unter *TRANSFORMS* eine Liste der Dateinamen angegeben, werden diese als Secure at Source Transform behandelt. Werden unter *TRANSFORMS* die Pfade angegeben, erfolgt die Behandlung als Secure Full Path Transform.

TRANSFORM	TransformsSecure	Kombination

Angabe der Dateinamen:
`transform1.mst;`
`transform2.mst`
	TransformsSecure bzw. *TRANSFORMS-SECURE* sind nicht gesetzt und *Trans-formsAtSource* bzw. *TRANSFORMSAT-SOURCE* sind nicht gesetzt.	Die Quelle der Transform Files muss sich im Root-Verzeichnis der Paketquelle befinden. Wird das Paket installiert oder angekündigt, werden die Transform Files in das Benutzer-profil geschrieben. Dadurch behalten die Benutzer ihre speziellen Anpassungen auch, wenn sie sich an einem anderen Computer anmelden. Ist die lokale Kopie des Trans-form Files nicht mehr verfügbar, sucht der Installer nach einer anderen Quelle, um den Cache wiederherzustellen. Dieses Verfah-ren ist mit dem Durchsuchen der Source List für eine *.msi*-Datei vergleichbar.

Angabe der Pfade: \\
`\Server\Freigabe\`
`transform1.mst;\\`
`Server\Freigabe\`
`transform2.mst`
	TransformsSecure bzw. *TRANSFORMS-SECURE* sind nicht gesetzt und *Trans-formsAtSource* bzw. *TRANSFORMSAT-SOURCE* sind nicht gesetzt.	Ungesichertes Transform File. Wird das Paket installiert oder angekündigt, wird das Transform File an einem unsicheren Ort gespeichert, für den der Benutzer Schreib-rechte besitzt. Ist die lokale Kopie des Trans-form Files nicht mehr verfügbar, kann das Transform File nur aus der Quelle im ange-gebenen Pfad wiederhergestellt werden.

Tabelle 5.1: Das Zusammenspiel zwischen TRANSFORMS und TRANSFORMSSECURE

In einer *TRANSFORMS*-Liste können Sie nicht gleichzeitig Dateinamen und Pfade der Transform Files angeben. Außerdem können auch keine sicheren und im Benutzerprofil gespeicherten Transform Files in einer Liste angege-ben werden.

TRANSFORMSATSOURCE

Über die Eigenschaft *TRANSFORMSATSOURCE* wird der Windows Installer informiert, dass sich die Transform Files im Quellverzeichnis des Installationspakets befinden. Das Setzen dieser Eigenschaft hat denselben Effekt wie das Setzen der Richtlinie *Transform-sAtSource* (TRANSFORMATIONEN VOM STAMMVERZEICHNIS ANWENDEN) in der Benutzer-konfiguration. Ist die Richtlinie aktiviert, bezieht sich die Einstellung auf alle Pakete, die vom Benutzer installiert werden. Ist die Eigenschaft auf 1 gesetzt, bezieht sich die Ein-stellung auf das Installationspaket, wobei es unerheblich ist, welcher Benutzer dieses installiert. Die Eigenschaft *TRANSFORMSATSOURCE* ist nicht in der Windows Instal-ler-Version 1.1 verfügbar. Dieser behandelt die Eigenschaft wie die Eigenschaft *TRANS-FORMSSECURE*.

5.1.6 Transform Files und Kommandozeilenparameter für msiexec im Vergleich

Tabelle 5.3 zeigt Ihnen einige Unterschiede zwischen Transform Files und Kommandozeilenparametern für den Befehl *msiexec.exe*, die dem Windows Installer-Aufruf hinzugefügt werden können.

Transform File	Kommandozeilenparameter
Ein Transform File hat für eine Applikation bis zu deren Deinstallation Gültigkeit.	Die speziellen Parameter sind nur für die aktuelle Ausführung des Befehls gültig.
Transform Files können sich auf Registry-einstellungen, Dateien und Verzeichnisse beziehen.	Die Parameter können sich lediglich auf Dateien und Verzeichnisse beziehen.
Für die Softwareverteilung per Gruppen-richtlinie müssen Transform Files verwendet werden.	Für die Softwareverteilung per Gruppen-richtlinie können keine Kommandozeilen-parameter verwendet werden.
Transform Files können öffentliche und private Eigenschaften modifizieren.	Kommandozeilenparameter können lediglich öffentliche Eigenschaften modifizieren.

Tabelle 5.2: Unterschiede zwischen Transform Files und Kommandozeilenparametern

Auch einige weitere Optionen sind lediglich bei der Verwendung von Transform Files verfügbar, nicht jedoch bei der Verwendung von Kommandozeilenbefehlen. Dazu zählen etwa das Hinzufügen, Entfernen und Modifizieren von Verknüpfungen, das Verbergen bestimmter Features vor dem Benutzer oder das Bestimmen des Installationsstatus.

5.2 Anwenden von Transform Files auf eine .msi-Datei

Transform Files können auf zweierlei Arten auf eine *.msi*-Datei angewendet werden. Dabei handelt es sich um die statische und die dynamische Methode.

5.2.1 Die statische Methode der Anwendung

Bei der statischen Methode wird das Transform File auf die *.msi*-Datei einer administrativen Installation angewendet. Dabei wird die administrative *.msi*-Datei dauerhaft verändert. Die Änderungen haben solange Bestand, bis die administrative *.msi*-Datei gelöscht bzw. neu erstellt wird. Diese Methode wird jedoch im Gegensatz zur dynamischen Methode weniger häufig angewendet.

5.2.2 Die dynamische Methode der Anwendung

Bei der dynamischen Methode befindet sich das Transform File in derselben Freigabe wie die .*msi*-Datei. Sie können auf diese Weise eine Reihe unterschiedlicher Transform Files oder auch Updates und Patches auf eine .*msi*-Datei anwenden, ohne dass die Originaldatei dabei verändert wird. Die verschiedenen Dateien werden durch unterschiedliche Installationsoptionen auf die .*msi*-Datei angewendet. Dieses Verfahren ist in der Regel die Standardmethode, die für die Anwendung von Transforms genutzt wird. Die Änderungen durch das Transform File bleiben für den Benutzer solange bestehen, bis er die Applikation deinstalliert.

Ein Transform File kann bereits vor der Installation der Applikation auf den Clientcomputern auf die Basis-.*msi*-Datei angewendet werden. In diesem Fall muss der Administrator über Schreib- und Leseberechtigungen für das Verzeichnis verfügen, in dem sich die Basis-.*msi*-Datei für das administrative Setup befindet. Während der Installation wird die Liste der erforderlichen Transform Files registriert. Diese Transform Files werden während der Installation oder Konfiguration vom Windows Installer auf das Installationspaket angewendet. Ist ein Transform File aus dieser Liste nicht verfügbar und kann auch durch die Transform Source Resiliency nicht wiederhergestellt werden, so wird die Installation scheitern.

5.3 Transform Files und Gruppenrichtlinien

Nach der Installation einer Applikation – auch wenn bei der Installation ein Transform File angewendet wurde – besteht für den Benutzer die Möglichkeit, die Grundeinstellungen der Applikation zu ändern. Soll den Benutzern nicht gestattet werden, die Grundeinstellungen nach der Installation zu ändern, so verwenden Sie dazu die Gruppenrichtlinieneinstellungen in der mmc des entsprechenden GPO unter Windows Server 2000 bzw. die *Group Policy Management Console* (*GPMC*) im Active Directory des Windows Server 2003.

Sie können entweder ein Transform File erstellen, das lediglich einen Satz von Grundeinstellungen beinhaltet, die der Benutzer später ändern darf. Bietet eine Applikation außerdem die Möglichkeit, die Policy-Einstellungen über eine .*adm*-Datei vorzunehmen, so sollten Sie lieber darüber die gewünschten Einstellungen vornehmen, anstatt ein Transform File zu verwenden. In beiden Fällen kann die Policy-Einstellung über die *mmc* auf den Benutzer angewendet werden.

 Transform Files können auch über jede andere Applikation der automatischen Softwareverteilung auf eine .*msi*-Datei angewendet werden, sofern der Applikation für die Softwareinstallation Kommandozeilenparameter hinzugefügt werden können.

5.4 Erstellen eines Transform Files für MS Office 2003

Nachdem Sie die theoretischen Grundlagen für den Einsatz von Transform Files kennen gelernt haben, geht es nun an ein praktisches Beispiel. Dieses Kapitel beschreibt die Erstellung eines Transform Files für Microsoft Office 2003 mit Hilfe des *Custom Installation Wizard* aus dem *Office 2003 Resource Kit* sowie weitere Programme für die Arbeit mit Transform Files. Im *Office Resource Kit* ist eine Reihe von Programmen enthalten, mit denen Sie Transform Files erstellen und betrachten können. Auch für die Maintenance Installation steht ein Tool zur Verfügung. Das *Office Resource Kit* ist sowohl für die Office-Version 2000 als auch für die Versionen XP und 2003 verfügbar. Sie installieren das Resource Kit über die Datei der jeweiligen Office-CD. Außerdem können die Resource Kits bei Microsoft kostenlos downgeloadet werden. In diesem Kapitel lernen Sie zunächst schrittweise das Erstellen eines Transform Files für MS Office 2003 mit Hilfe des *Custom Installation Wizard* kennen.

5.4.1 Der Custom Installation Wizard (CIW)

Der *Custom Installation Wizard (CIW)* ist ein Bestandteil des *Office Resource Kit*. Mit diesem Tool können Sie für Office angepasste Transform Files erstellen. Der *CIW* führt Sie mit Hilfe des Assistenten durch eine Reihe von Fenstern, in denen Sie jeweils spezifische Einstellungen vornehmen können. Im folgenden Beispiel wird ein Transform File für Office 2003 erstellt. Der *CIW* für Office 2000 und XP unterscheidet sich nur geringfügig von dem hier beschriebenen Assistenten. Die Unterschiede liegen dabei eher in der Benutzeroberfläche als in den durchzuführenden Schritten. In diesem Kapitel liegt der Schwerpunkt mehr auf der Präsentation der Anpassungsmöglichkeiten des Office als der Beschreibung der jeweiligen Möglichkeiten. Eine umfangreiche Hilfe zu den Einstellungen auf der jeweiligen Seite erhalten Sie über die Schaltfläche HELP. Der *Custom Installation Wizard* ist wie auch die anderen Tools des Office Resource Kits, nur in englischer Sprache verfügbar.

1. Zunächst sehen Sie das Willkommensfenster MICROSOFT OFFICE 2003 CUSTOM INSTALLATION WIZARD (siehe Abbildung 5.3), in dem nochmals der Funktionsumfang des *Custom Installation Wizard* beschrieben wird. Klicken Sie dann auf NEXT.

2. Als Nächstes müssen Sie im Fenster OPEN THE MSI FILE den Pfad zu der *.msi*-Datei angeben, die als Quelle für das zu erstellende Transform File dient (siehe Abbildung 5.4). Sie können entweder den Pfad in die Textbox eingeben oder die Datei über die Schaltfläche BROWSE suchen. Klicken Sie dann auf NEXT.

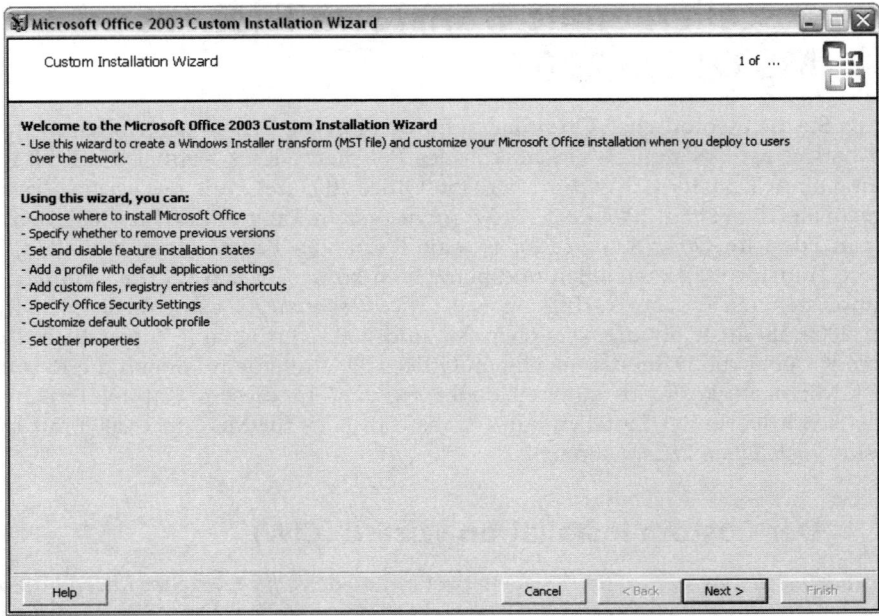

Abbildung 5.2: Das Willkommensfenster des Custom Installation Wizard

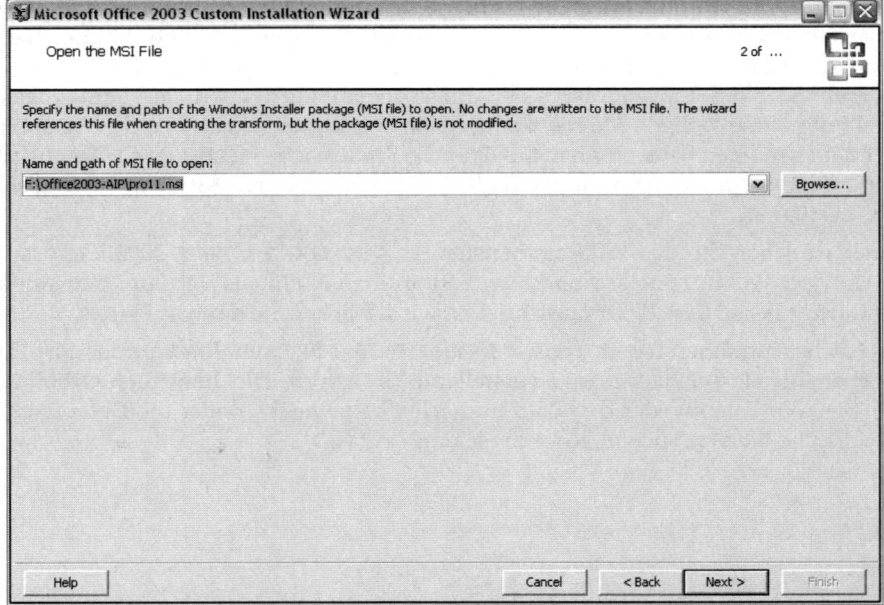

Abbildung 5.3: Öffnen der .msi-Datei, für die ein Transform File erstellt werden soll

3. Entscheiden Sie nun im Fenster OPEN THE MST-FILE (siehe Abbildung 5.4), ob Sie eine neue *.mst*-Datei erstellen möchten oder eine bereits erstellte *.mst*-Datei bearbeiten möchten. Im zweiten Fall geben Sie den Pfad zu der vorhandenen *.mst*-Datei an. Klicken Sie dann auf NEXT.

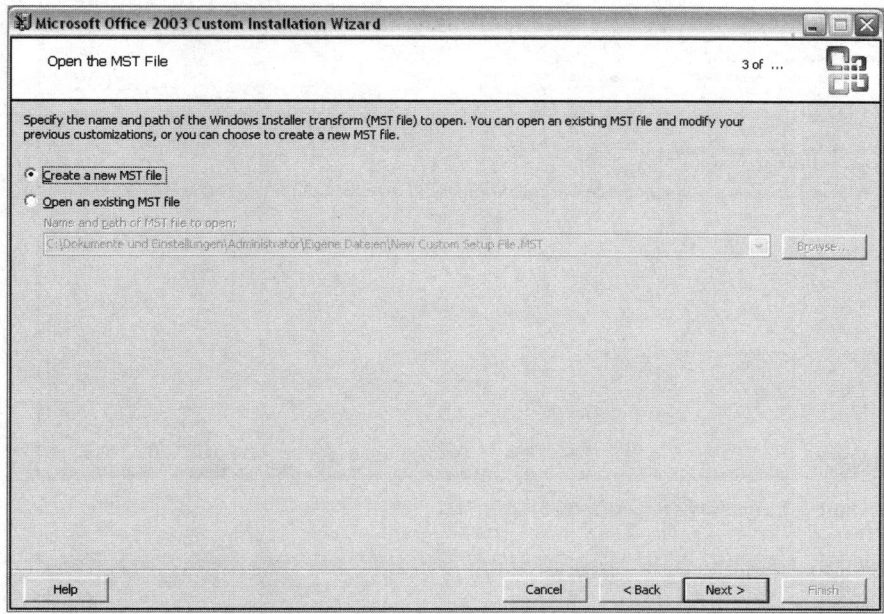

Abbildung 5.4: Erstellen einer neuen oder Bearbeiten einer bereits vorhandenen .mst-Datei

4. Sofern Sie im letzten Schritt das Erstellen einer neuen *.mst*-Datei gewählt haben, geben Sie im Fenster SELECT THE MST-FILE TO SAVE (siehe Abbildung 5.5) den Pfad und Namen der Datei an. Standardmäßig erhält die Datei den Namen *New Custom Setup File.msi*. Dieser Name kann beliebig geändert werden. Klicken Sie dann auf NEXT.

5. Als Nächstes bestimmen Sie im Fenster SPECIFY DEFAULT PATH AND ORGANIZATION (siehe Abbildung 5.6) den Installationspfad auf den späteren Zielsystemen sowie den Namen der Organisation. Übernehmen Sie die Vorgabe <PROGRAM FILES>, wird die Applikation ins PROGRAMME-Verzeichnis der Systempartition installiert. Wird unter ORGANIZATION Name der Eintrag <DEFAULT> beibehalten, wird der Firmenname benutzt, der bei der Installation des Betriebssystems angegeben wurde. Klicken Sie dann auf NEXT.

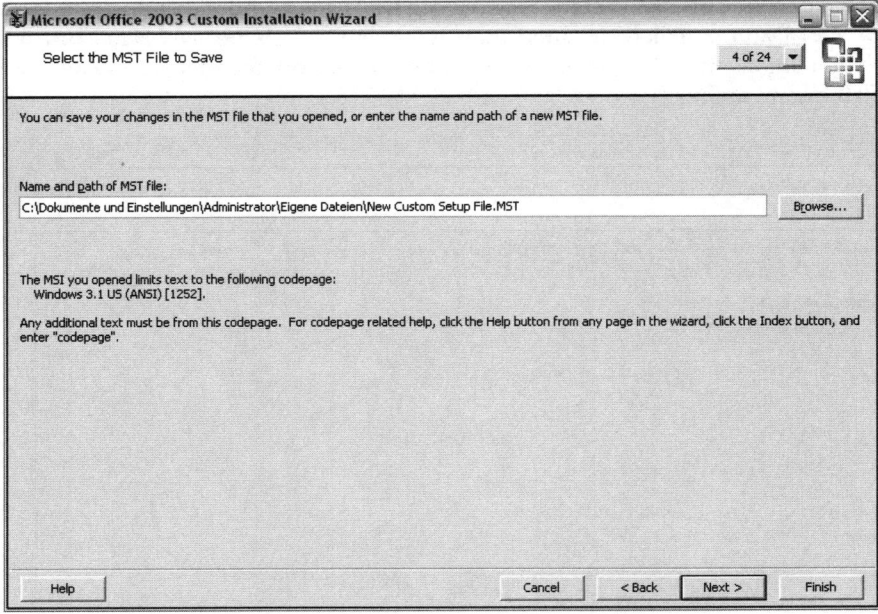

Abbildung 5.5: Auswahl des mst-Datei-Speicherorts

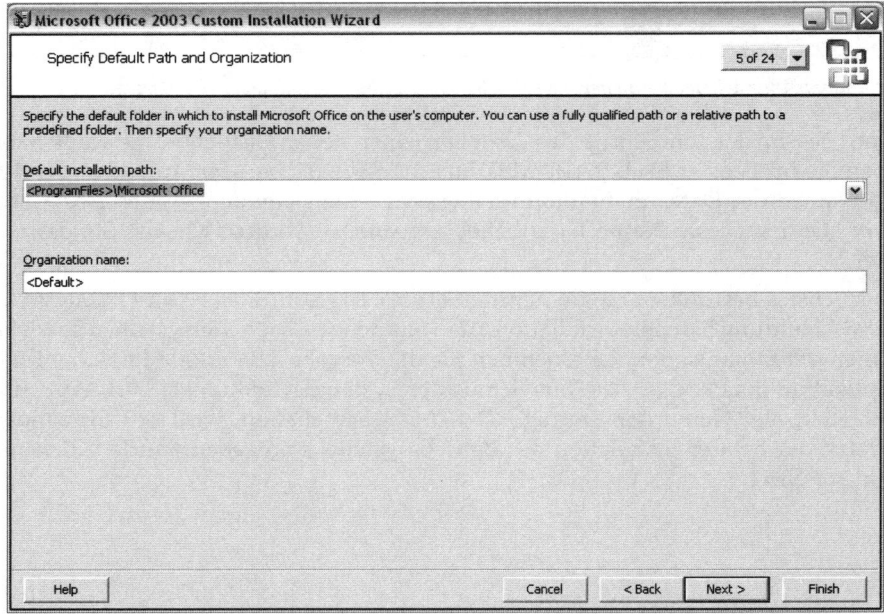

Abbildung 5.6: Festlegen des Firmennamens und des Installationspfad auf den späteren Zielsystemen

6. Im Fenster REMOVE PREVIOUS VERSIONS (siehe Abbildung 5.7) legen Sie fest, was mit bereits installierten früheren Office-Versionen geschehen soll. Wählen Sie die Option DEFAULT SETUP BEHAVIOUR, wird die Office 2003-Installation als Update der bereits installierten Version durchgeführt. Sie können jedoch auch für jede einzelne Office-Komponente ein separates Verhalten bestimmen. Klicken Sie dann auf NEXT.

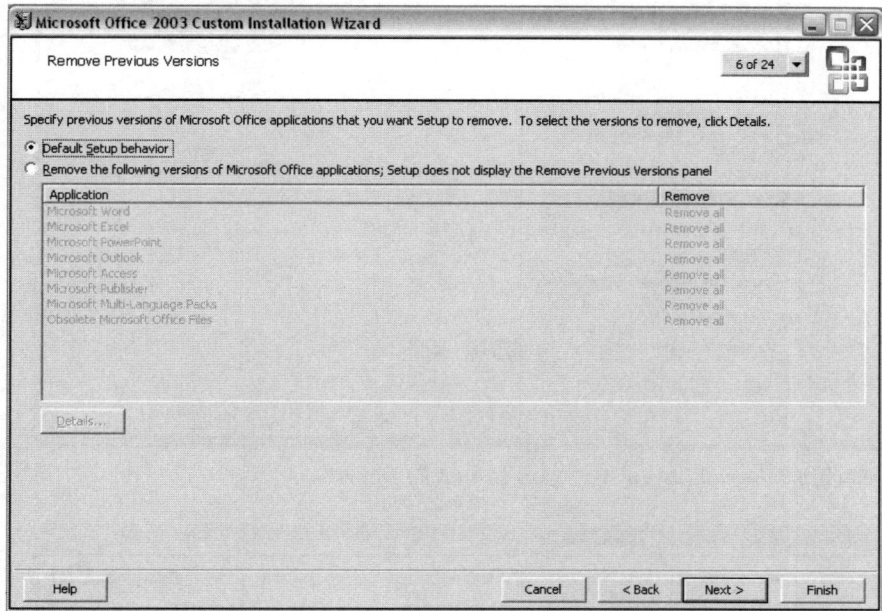

Abbildung 5.7: Festlegen der Deinstallationsoptionen für frühere Office-Versionen

7. Im Fenster SET FEATURE INSTALLATION STATES (siehe Abbildung 5.8) wählen Sie sämtliche Features aus, die über die *.mst*-Datei installiert werden sollen. Hierbei stehen Ihnen dieselben Installationsoptionen wie bei der Installation von einer CD aus zur Verfügung.

8. Unter PROPERTIES können weitere Installationsoptionen festgelegt werden. DISABLE RUN FROM NETWORK verhindert, dass die Installation von einer Netzwerkquelle aus vorgenommen wird. Der Benutzer erhält bei der Installation nicht die entsprechende Auswahlmöglichkeit VOM NETZWERK STARTEN. Über DISABLE INSTALLED ON FIRST USE wird dem Benutzer die Auswahlmöglichkeit BEI DER ERSTEN VERWENDUNG INSTALLIERT entzogen.

9. DO NOT MIGRATE PREVIOUS INSTALLATION STATE erzwingt den im Transform File gesetzten Installationsstatus für das gewählte Feature. Mögliche vorherige Einstellungen werden überschrieben.

10. Markieren Sie ein Feature, so gelten mit RESET BRANCH für dieses sowie alle diesem untergeordneten Features wieder die standardmäßigen Installationseinstellungen. Um die unter PROPERTIES gewählten Einstellungen für das gewählte Feature und dessen Unter-Features zu übernehmen, klicken Sie auf APPLY TO BRANCH. Sind alle Einstellungen getroffen, klicken Sie auf NEXT.

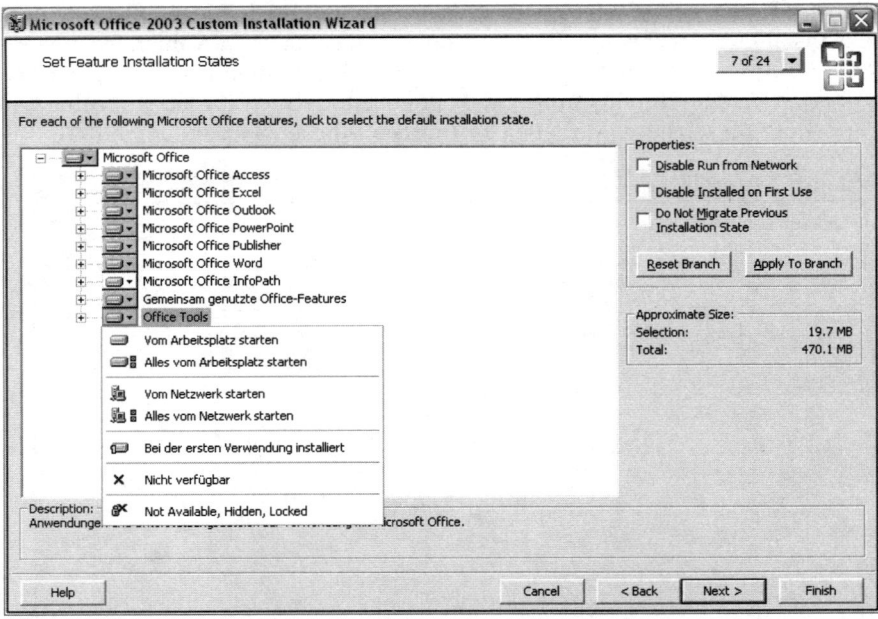

Abbildung 5.8: Auswahl der zur Verfügung stehenden Features

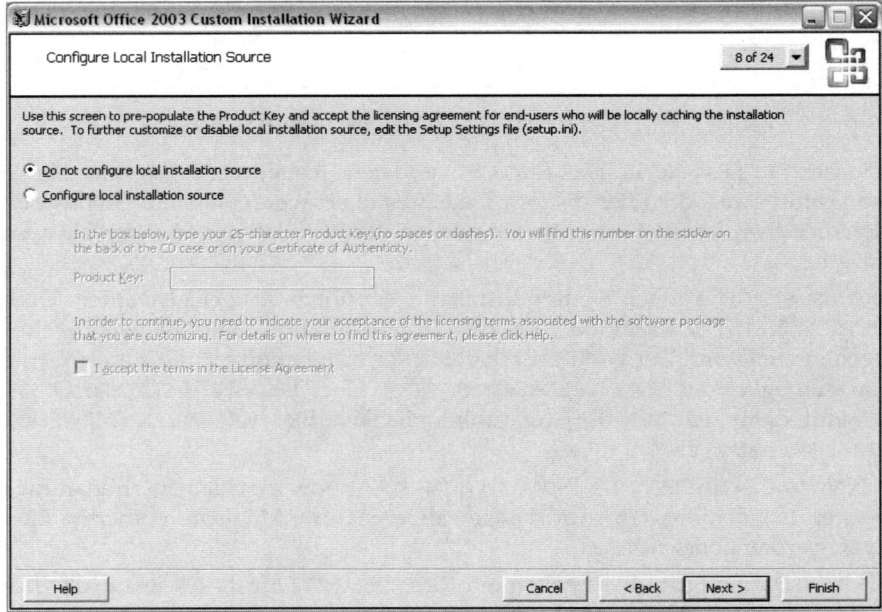

Abbildung 5.9: Der Lizenzschlüssel sowie die Zustimmung zum Endbenutzerlizenzvertrag können vorab eingetragen werden

11. Unter CONFIGURE LOCAL INSTALLATION SOURCE (siehe Abbildung 5.9) können Sie vorab den Lizenzschlüssel eintragen (*ohne* Leerzeichen oder Bindestriche) sowie automatisch dem Lizenzvertrag zustimmen. Um die Werte vorzugeben, wählen Sie die Option CONFIGURE LOCAL INSTALLATION SOURCE. Diese beiden Schritte müssen dann nicht mehr vom Endbenutzer vorgenommen werden. Sollen diese die Werte eingeben, belassen Sie es bei der Standardeinstellung. Klicken Sie dann auf NEXT.

12. Im Fenster CUSTOMIZE DEFAULT APPLICATIONS SETTINGS (siehe Abbildung 5.10) können Sie optional ein OPS-Profil (Office Application Settings Profile) angeben, sofern Sie zuvor ein solches mit dem *Profile Wizard* erstellt haben. Auch dieser ist ein Bestandteil des *Office Resource Kit*. Geben Sie den Pfad eines OPS-Profils an, wird automatisch die Checkbox MIGRATE USER SETTINGS DEAKTIVIERT. Wurde auf die *.mst*-Datei bereits ein OPS-Profil angewendet, erhalten Sie die zusätzliche Option KEEP THE SETTINGS PROFILE THAT YOU ALREADY ADDED. Damit werden die ursprüngliche OPS-Einstellungen beibehalten. Ist die Checkbox MIGRATE USER SETTINGS aktiviert, werden die benutzerdefinierten Werte der vorhergehenden Version beibehalten, anstatt dass neue Standardwerte festgelegt werden. Fügen Sie ein OPS-Profil hinzu und aktivieren zusätzlich die Checkbox, werden vom Setup zunächst die Benutzereinstellungen des OPS-Profils angewendet. Danach werden die benutzerdefinierten Einstellungen migriert. Diese überschreiben alle nicht übereinstimmenden Einstellungen.

13. Allerdings überschreiben die folgenden Methoden zum Setzen von Benutzereinstellungen die Einstellungen dieser Seite:

▶ Benutzereinstellungen und Registryeinträge, die in den folgenden Schritten des *CIW* bestimmt werden

▶ Einstellungen, die bei einem separaten Durchlauf des *Profile Wizard* vorgenommen werden

▶ Einstellungen, die über Richtlinien getroffen werden

14. Klicken Sie dann auf NEXT.

15. Unter CHANGE OFFICE USER SETTINGS (siehe Abbildung 5.11) können Sie weitere Benutzereinstellungen vornehmen. Diese gelten für sämtliche Benutzer des Computers und überschreiben vorhandene Einstellungen. Es werden nur die Einstellungen geändert, die den Status CONFIGURED tragen.

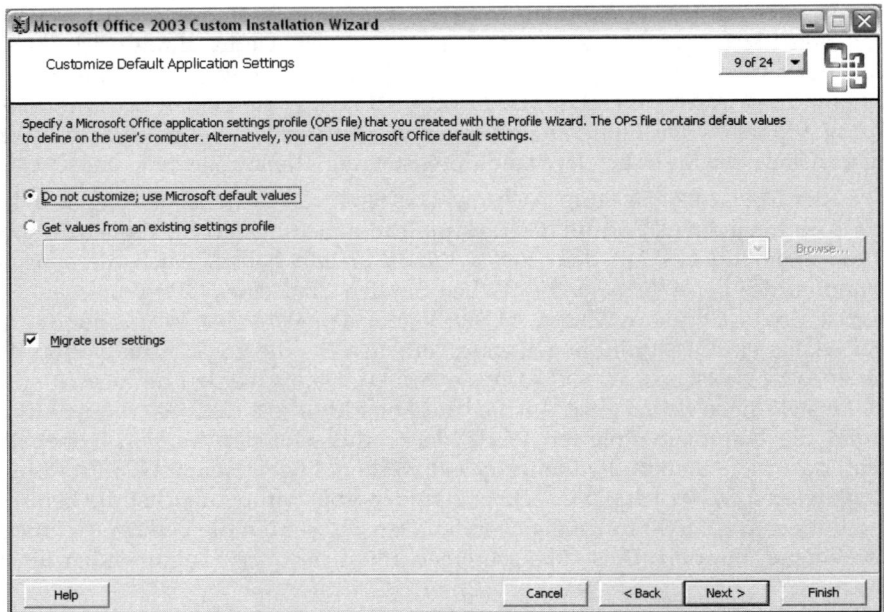

Abbildung 5.10: Optionale Angabe eines OPS-Profils des Profile Wizard

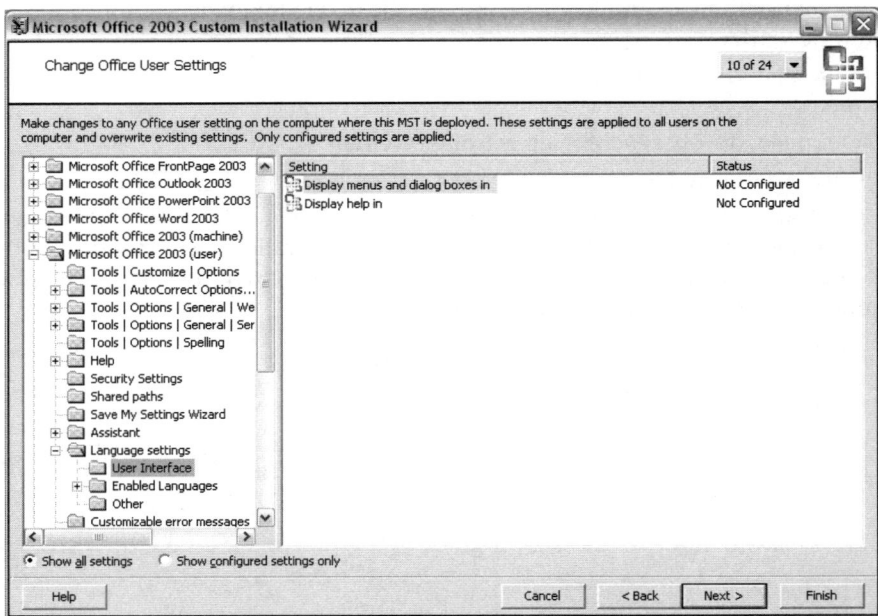

Abbildung 5.11: Weitere Anpassungen der Installation, die für alle Benutzer des Computers gelten

16. Um eine Einstellung zu ändern, doppelklicken Sie den Eintrag in der rechten Fensterhälfte und nehmen Sie die gewünschte Anpassung vor (siehe Abbildung 5.12). Über PREVIOUS SETTING und NEXT SETTING können sämtliche Einstellungen einer Kategorie durchgeblättert werden. In unserem Beispiel kann eine andere Sprache als die des Betriebssystems gewählt werden, in der die Office-Hilfe angezeigt werden soll. Klicken Sie dann auf OK. Haben Sie alle Anpassungen vorgenommen, klicken Sie zum Fortfahren auf NEXT.

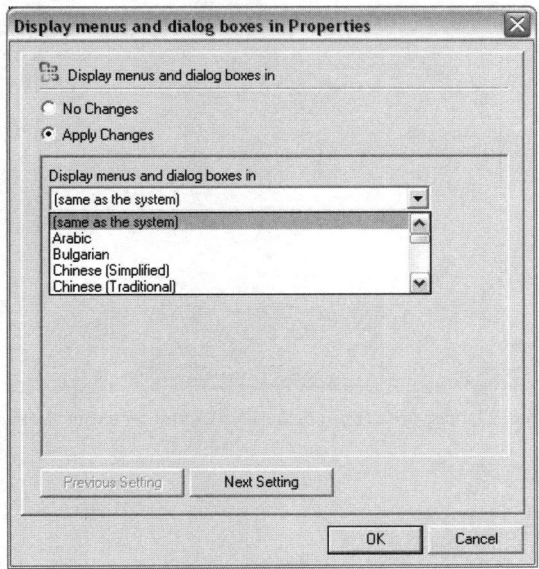

Abbildung 5.12: Anpassen der Sprache, in der die Office-Hilfe angezeigt werden soll

17. Im folgenden Fenster ADD/REMOVE FILES (siehe Abbildung 5.13) können Sie zusätzliche Dateien auswählen, die während der Installation dem Computer des Benutzers hinzugefügt oder von diesem entfernt werden sollen.

18. Sobald Sie unter REMOVE FILES oder ADD FILES auf ADD klicken, wählen Sie den Pfad aus, aus dem die Datei entfernt werden soll (siehe Abbildung 5.14). Klicken Sie dann auf OK. Haben Sie alle Dateien zum Hinzufügen und Löschen ausgewählt, klicken Sie auf NEXT.

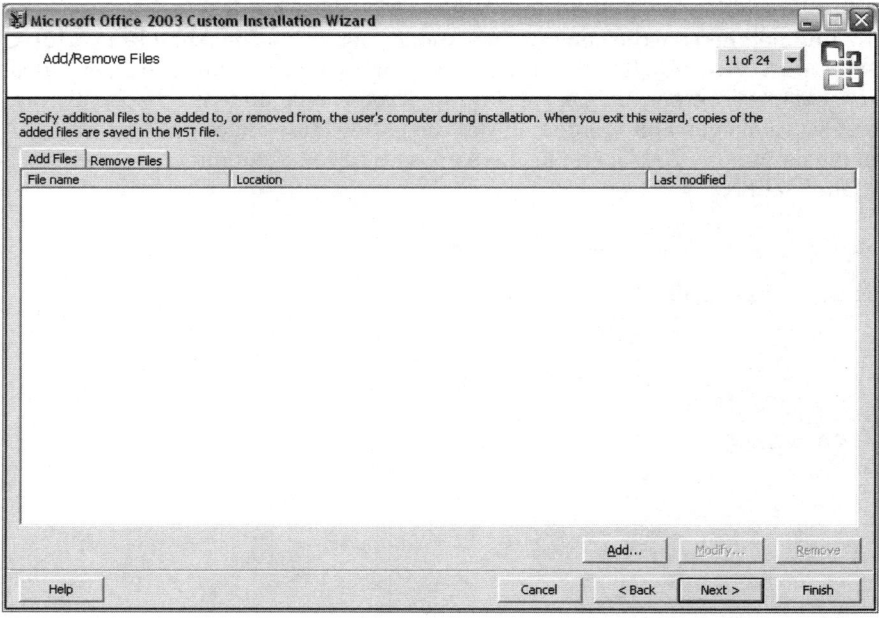

Abbildung 5.13: Optional können zusätzliche Dateien hinzugefügt oder vom Computer entfernt werden

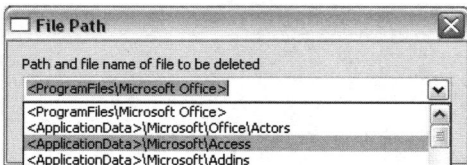

Abbildung 5.14: Auswahl der zu löschenden Dateien im angegebenen Pfad

19. Analog zu den Dateien können im Fenster ADD/REMOVE REGISTRY ENTRIES (siehe Abbildung 5.15) zusätzliche Registry-Schlüssel hinzugefügt oder bereits vorhandene entfernt werden. Klicken Sie dann auf NEXT.

20. Zusätzlich können im Fenster ADD, MODIFY OR REMOVE SHORTCUTS (siehe Abbildung 5.16) bestehende Verknüpfungen zu Office-Applikationen gelöscht oder zusätzliche Verknüpfungen mit Applikationen, Ordnern oder Dateien hinzugefügt werden. Klicken Sie dann auf NEXT.

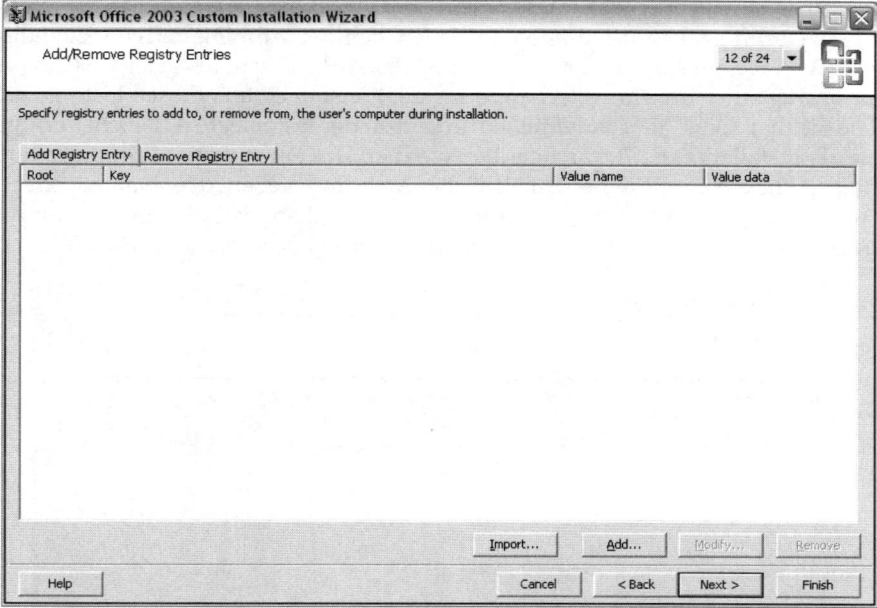

Abbildung 5.15: Hinzufügen oder Löschen von Registry-Schlüsseln

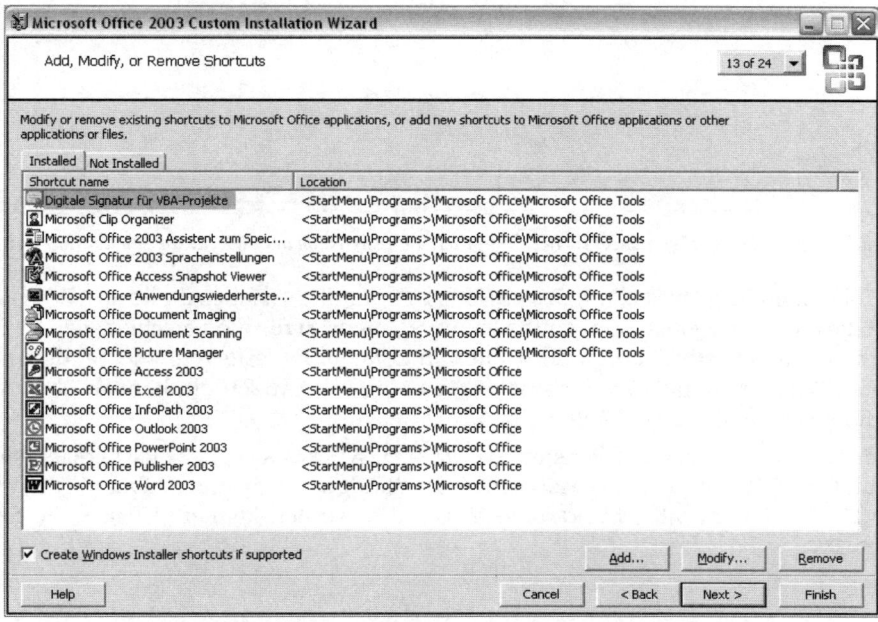

Abbildung 5.16: Auch Verknüpfungen können bearbeitet werden

21. Im Fenster IDENTIFY ADDITIONAL SERVERS (siehe Abbildung 5.17) können Sie zusätzliche Netzwerkfreigaben bestimmen, in denen sich der Administrative Installationspunkt (AIP) für die Applikation befindet. Ist der AIP auf dem festgelegten Computer nicht verfügbar, wird eine alternative Installationsquelle aus dieser Liste gewählt. Geben Sie hier keine Alternativquellen an und ist der festgelegte AIP nicht verfügbar, kann die Installation *nicht* durchgeführt werden. Um einen neuen Computer hinzuzufügen, klicken Sie auf die Schaltfläche ADD und geben den Namen oder die IP-Adresse an. Die Reihenfolge der alternativen Installations-Lokationen kann nachträglich über die beiden Move-Pfeile geändert werden. Klicken Sie dann auf NEXT.

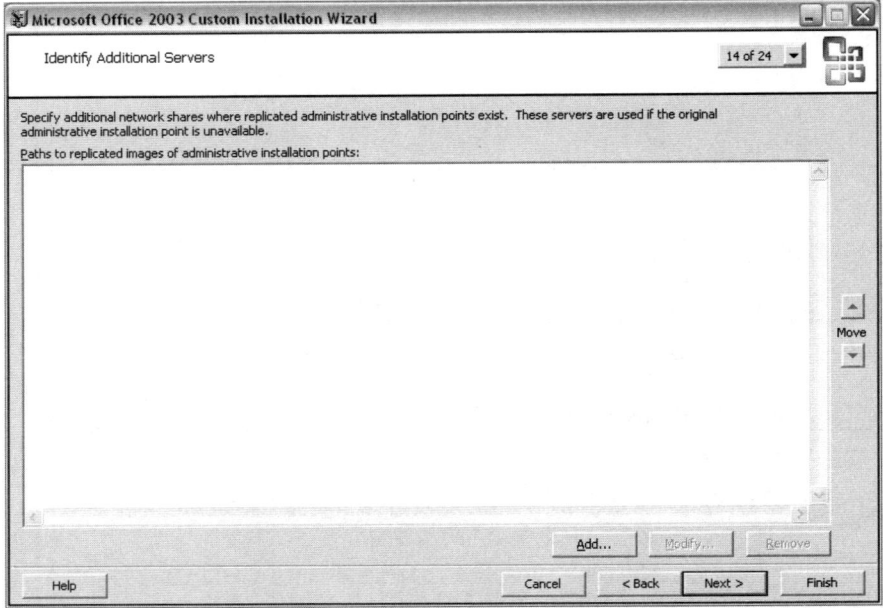

Abbildung 5.17: Hinzufügen zusätzlicher Computer, auf denen sich der AIP für die Installation befindet

22. Im folgenden Fenster SPECIFY OFFICE SECURITY SETTINGS (siehe Abbildung 5.18) können die Sicherheitseinstellungen (hoch, mittel, niedrig) für die verschiedenen Office-Komponenten bestimmt werden. Weiterhin können Sie festlegen, wie bei der unsicheren ActiveX-Initialisierung verfahren werden soll. Außerdem können über ADD digitale Zertifikate ausgewählt werden.

23. In dem danach folgenden Fenster ADD INSTALLATIONS AND RUN PROGRAMS (siehe Abbildung 5.19) können Sie zusätzliche Kommandozeilen angeben, über die zusätzliche Programme installiert und/oder ausgeführt werden können. Klicken Sie dann auf NEXT.

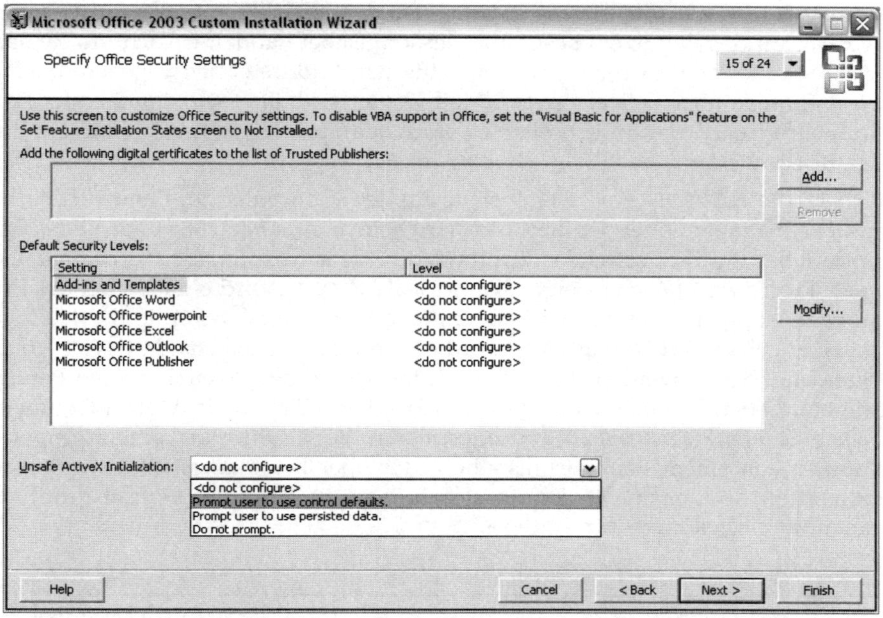

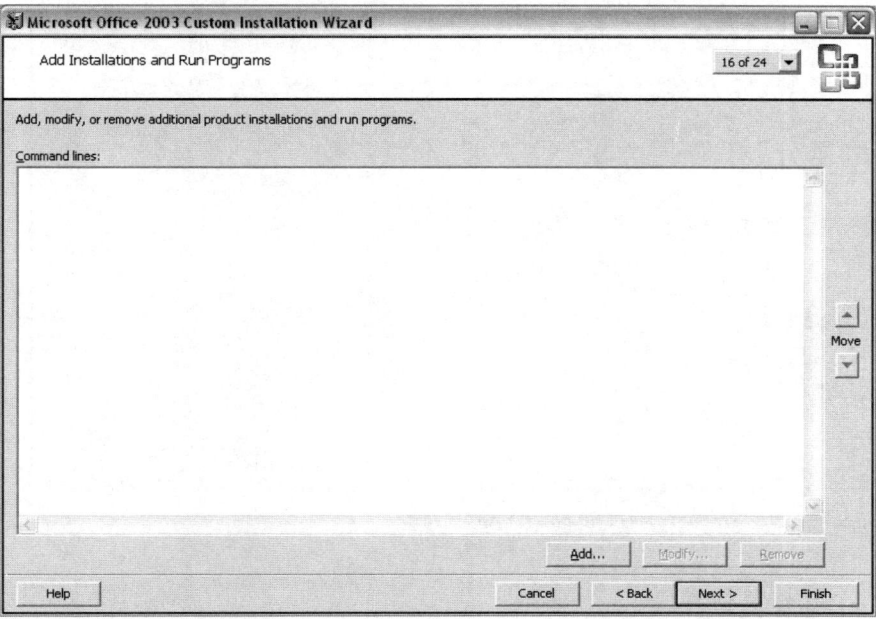

Abbildung 5.18: Festlegen der Sicherheitseinstellungen für die Office-Komponenten

Abbildung 5.19: Angabe von Kommandozeilen für die Installation oder das Ausführen weiterer Programme

24. Im Fenster OUTLOOK: CUSTOMIZE DEFAULT PROFILE (siehe Abbildung 5.20) kann das *Outlook*-Profil des Benutzers bestimmt werden. Dabei handelt es sich um Registry-werte, die unter *Outlook* die benutzerspezifischen Informationen angeben. In einem *Outlook*-Profil können beliebig viele E-Mail-Konten enthalten sein. Ein Benutzer kann zwar mehrere *Outlook*-Profile besitzen, jedoch kann pro Transform File nur ein Profil konfiguriert werden.

25. Mit USE EXISTING PROFILE wird ein bereits auf dem Computer des Benutzers vorhan-denes Profil genutzt, oder der Benutzer wird beim erstmaligen Start von *Outlook* auf-gefordert, das Profil zu erstellen. Damit werden keine weiteren Fenster bezüglich des *Outlook*-Profils im CIW angezeigt. Über MODIFY PROFILE wird ein bestehendes Profil bearbeitet. Ist noch kein Profil vorhanden, wird dieses mit den konfigurierten Eigen-schaften angelegt. Mit NEW PROFILE wird ein neues Profil als Standardprofil erstellt. Vorhandene Profile werden dabei nicht entfernt und sind weiter für die Benutzer verfügbar. Geben Sie einen Namen für das Profil an. Wählen Sie APPLY PRF, um eine *.prf*-Datei (*Outlook Profile*-Datei) zu importieren. Wird Office auf einem gesperrten Computer von einem Benutzer installiert, der über keine administrative Berechti-gung verfügt, so können die Benutzer nach der Installation ihr *Outlook*-Profil nicht mehr ändern. Klicken Sie dann auf NEXT.

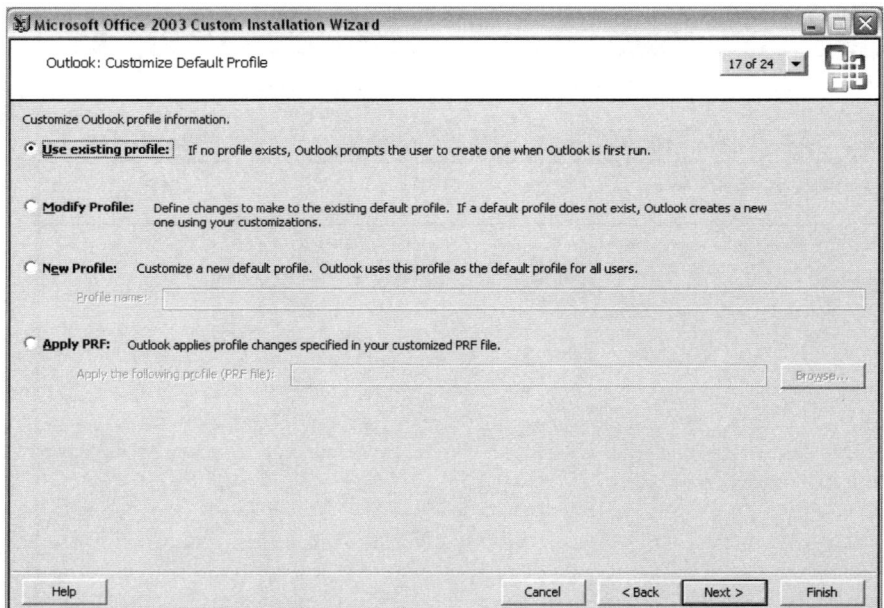

Abbildung 5.20: Erstellen eines Outlook-Profils

26. Danach bestimmen Sie im folgenden Fenster *Outlook*: CUSTOMIZE DEFAULT SETTINGS (siehe Abbildung 5.21) einige grundlegende Outlook-Optionen. Ist die Checkbox CONVERT PERSONAL ADDRESS BOOK (PAB FILE) TO AN OUTLOOK ADDRESS BOOK aktiviert, wird dieses persönliche Adressbuch bei der Migration in ein *Outlook*-Adressbuch umgewandelt. Weiterhin können Sie an dieser Stelle über CUSTOMIZE OUTLOOK E-MAIL DEFAULTS den standardmäßigen E-Mail-Editor sowie das standardmäßige E-Mail-Format bestimmen. Ist diese Checkbox nicht markiert, werden die *Outlook*-Standardeinstellungen verwendet. Klicken Sie danach auf NEXT.

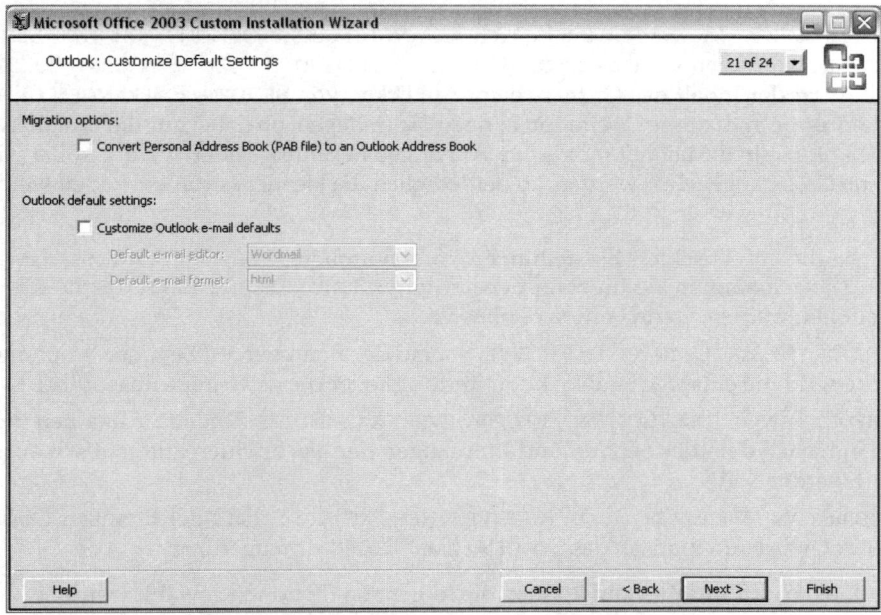

Abbildung 5.21: Festlegen der Outlook-Standardeinstellungen

27. Im FENSTER OUTLOOK: SPECIFY SEND/RECEIVE GROUP SETTINGS (EXCHANGE ONLY) (siehe Abbildung 5.22) können Sie das *Outlook*-Verhalten für Send/Receive Groups (Senden/Empfangen-Gruppen) einstellen. Eine solche Gruppe besteht aus einer Sammlung von *Outlook*-Konten und Ordnern. Es können auch unterschiedliche Optionen festgelegt werden, die davon abhängig sind, ob *Outlook* online oder offline ist. Über DO NOT CONFIGURE SEND/RECEIVE SETTINGS wird Outlook nur mit den Standardeinstellungen und der Gruppe ALL ACCOUNTS (Alle Konten) eingerichtet. Wurden von den Benutzern weitere Gruppen eingerichtet, werden die beim Upgrade auf *Outlook* 2003 migriert.

28. Haben Sie die Option CONFIGURE SEND/RECEIVE SETTINGS gewählt, können Sie entweder eine neue Gruppe erstellen oder eine vorhandene bearbeiten, umbenennen oder entfernen. Die Einstellungen für die Gruppe werden im Fenster MODIFY GROUP festgelegt. Markieren Sie dazu die gewünschte Gruppe und klicken Sie auf MODIFY. Die folgenden Optionen sind verfügbar:

▶ SEND MAIL ITEMS: Sobald auf SENDEN/EMPFANGEN geklickt wird, werden die E-Mails aus dem Ordner POSTAUSGANG versendet.

▶ RECEIVE MAIL ITEMS: Sobald auf SENDEN/EMPFANGEN geklickt wird, werden die E-Mails empfangen.

▶ MAKE FOLDER HOME PAGES AVAILABLE OFFLINE: Sobald auf SENDEN/EMPFANGEN geklickt wird, werden die Inhalte des Ordners HOMEPAGES aktualisiert.

▶ SYNCHRONIZE FORMS: Sobald auf SENDEN/EMPFANGEN geklickt wird, werden Formulare synchronisiert.

Weitere Einstellungen werden im Bereich CHANGE FOLDER OPTIONS FOR THIS SEND/RECEIVE GROUP vorgenommen. Ist die Option INCLUDE THIS FOLDER IN SEND/RECEIVE gewählt, wird der Inhalt des Ordners beim Anklicken von SENDEN/EMPFANGEN für die aktuelle Gruppe aktualisiert. Weiterhin können Sie festlegen, ob dabei nur die Dateiheader oder die komplette E-Mail mit möglichen Anhängen heruntergeladen werden soll. Ferner kann eine Größe angegeben werden, ab der lediglich die Header heruntergeladen werden sollen.

Haben Sie die gewünschten Einstellungen vorgenommen, schließen Sie dieses Fenster mit OK. Danach können Sie im Hauptfenster unter SEND/RECEIVE SETTINGS die folgenden Optionen wählen, wenn Outlook online ist:

▶ INCLUDE THIS GROUP IN SEND/RECEIVE: Sobald der Benutzer auf Senden/Empfangen klickt, wird die entsprechende Aktion für Mitglieder dieser Gruppe ausgeführt.

▶ SCHEDULE AN AUTOMATIC SEND/RECEIVE EVERY XX MINUTES: Tragen Sie hier den Intervall ein, nach dem das Senden und Empfangen der Nachrichten automatisch ausgeführt werden soll.

▶ PERFORM AN AUTOMATIC SEND/RECEIVE WHEN EXITING: Sobald der Benutzer *Outlook* beendet, wird automatisch das SENDEN/EMPFANGEN durchgeführt.

Für Outlook im Offline-Zustand können die folgenden Optionen gewählt werden:

▶ INCLUDE THIS GROUP IN SEND/RECEIVE: Sobald der Benutzer auf Senden/Empfangen klickt, wird die entsprechende Aktion für Mitglieder dieser Gruppe ausgeführt.

▶ SCHEDULE AN AUTOMATIC SEND/RECEIVE EVERY XX MINUTES: Tragen Sie hier den Intervall ein, nach dem das Senden und Empfangen der Nachrichten automatisch ausgeführt werden soll.

Ist unter EXCHANGE ADDRESS BOOK die Option DOWNLOAD OFFLINE ADDRESS BOOK gewählt, wird beim Klicken auf SENDEN/EMPFANGEN das Offline-Adressbuch downgeloadet. Klicken Sie dann auf ADDRESS BOOK SETTINGS und wählen DOWNLOAD CHANGES SINCE LAST SEND/RECEIVE, um zu bestimmen, ob die Änderungen am Adressbuch downgeloadet werden sollen. Falls ja, können Sie noch bestimmen, ob diese mit allen Details oder ohne Details bezogen werden sollen. Klicken Sie dann auf NEXT.

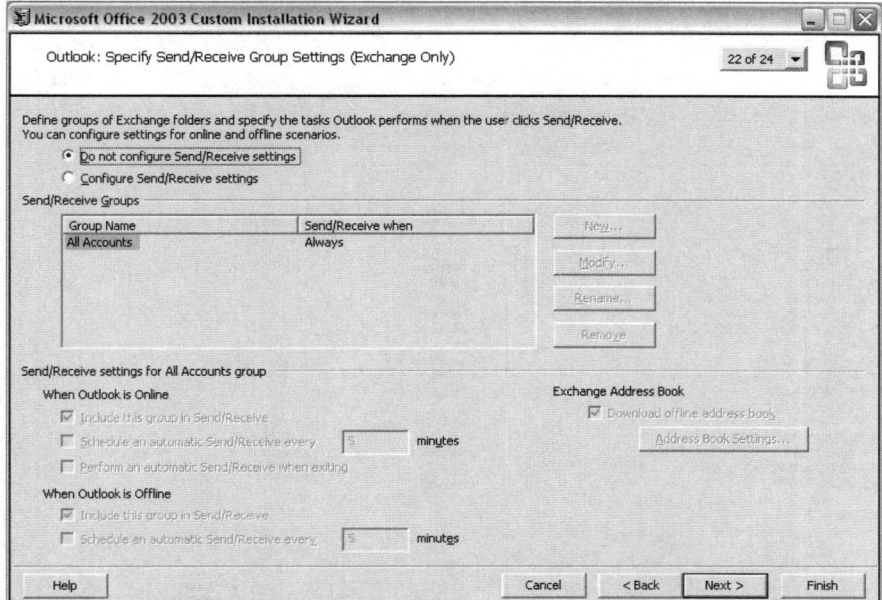

Abbildung 5.22: Optionen für Senden/Empfangen-Gruppen festlegen

29. Im Fenster MODIFY SETUP PROPERTIES (siehe Abbildung 5.23) können Sie einige Eigenschaften des Windows Installer sowie die zugehörigen Werte bestimmen, die während der Installation umgesetzt werden sollen. Es können auch Eigenschaften hinzugefügt und entfernt werden.

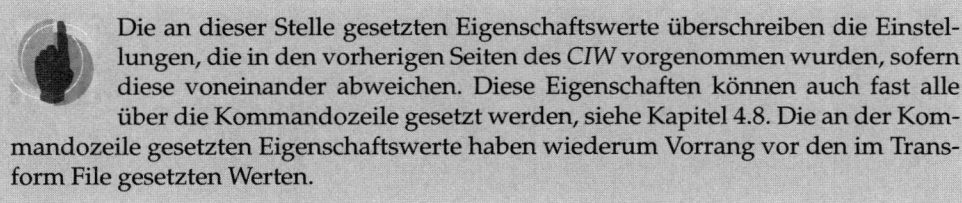

Die an dieser Stelle gesetzten Eigenschaftswerte überschreiben die Einstellungen, die in den vorherigen Seiten des *CIW* vorgenommen wurden, sofern diese voneinander abweichen. Diese Eigenschaften können auch fast alle über die Kommandozeile gesetzt werden, siehe Kapitel 4.8. Die an der Kommandozeile gesetzten Eigenschaftswerte haben wiederum Vorrang vor den im Transform File gesetzten Werten.

30. Im letzten Fenster SAVE CHANGES des CIW (siehe Abbildung 5.24) klicken Sie auf FINISH, um die Konfiguration abzuschließen. Damit wird die *.mst*-Datei geschrieben.

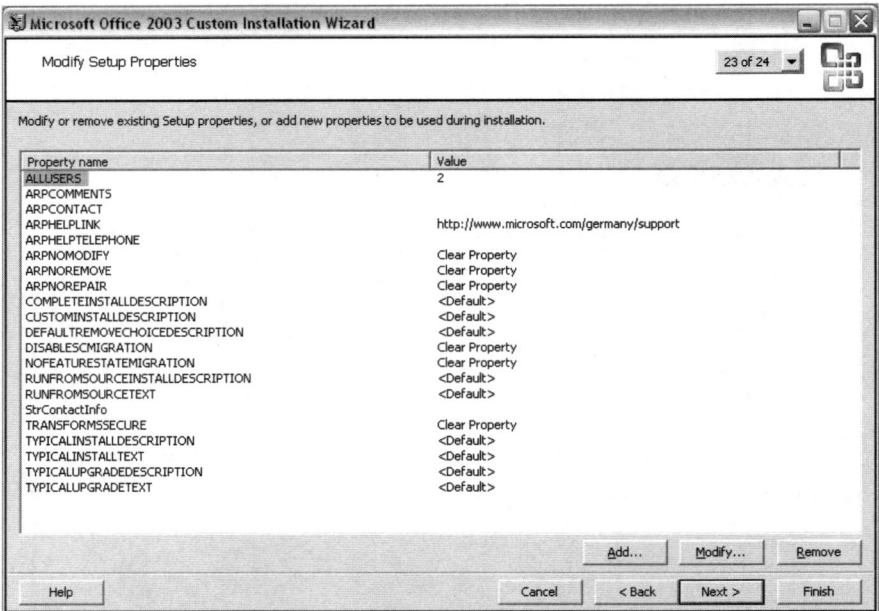

Abbildung 5.23: Festlegen einiger Windows Installer-Eigenschaften für die Installation

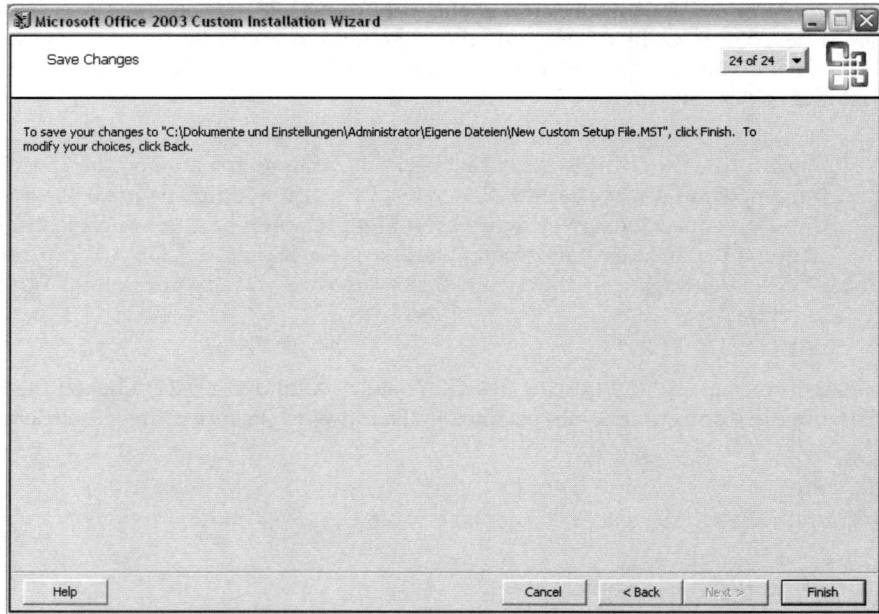

Abbildung 5.24: Abschluss der Installation

31. Nachdem die *.mst*-Datei geschrieben worden ist, erhalten Sie die Abschlussmeldung (siehe Abbildung 5.25). Zudem wird die vom *CIW* generierte Kommandozeile angezeigt, die die Installation im Hintergrund ausführt und dabei die *.mst*-Datei anwendet.

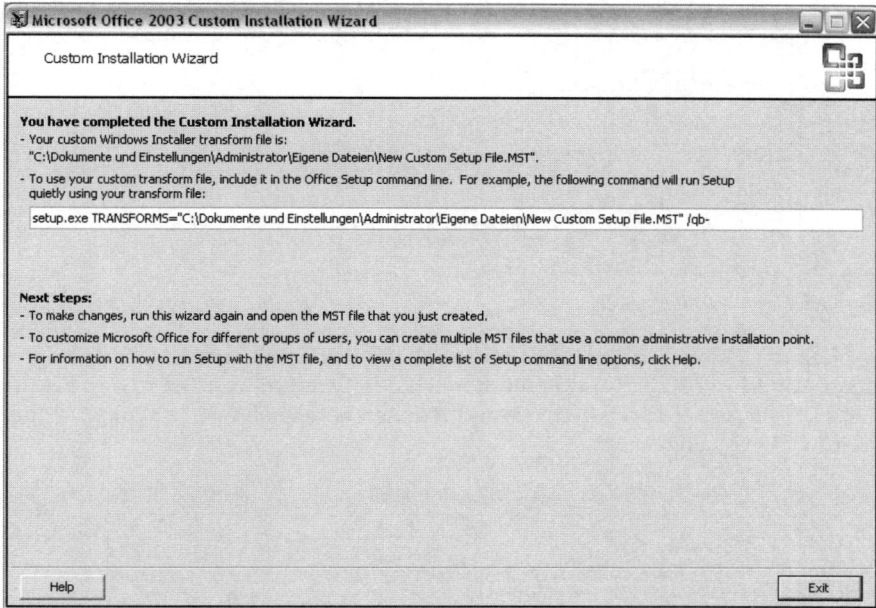

Abbildung 5.25: Abschlussmeldung und Generierung der Kommandozeile zur Installation

 Diese Kommandozeile kann *nur* gegen einen AIP oder ein komprimiertes CD-Image mit eingebettetem Volume License Key ausgeführt werden. Wurde im Transform File kein License Key eingebettet, kann dieser über die Eigenschaft *PIDKEY* an der Kommandozeile hinzugefügt werden.

5.4.2   Der MST File Viewer

Wie der *CIW* ist auch der *MST File Viewer* (siehe Abbildung 5.26) Bestandteil des *Office Resource Kit*. Wie der Name schon sagt, können Sie mit diesem Programm Transform Files betrachten, genauer gesagt die Änderungen, die über das Transform File gegenüber dem Basispaket vorgenommen werden. Geben Sie im Programmfenster den Pfad zur *.msi*-Datei und zur *.mst*-Datei an und klicken Sie dann auf VIEW TRANSFORM.

Abbildung 5.26: Der MST File Viewer

Es öffnet sich der *Editor Notepad*, in dem die Inhalte des Transform Files angezeigt werden. (siehe Abbildung 5.27). Im unteren Bereich der Textdatei werden in den Sektionen DATA CHANGE die Änderungen in den verschiedenen Bereichen wie Features, Properties oder Registry angezeigt.

```
MstView.txt - Editor
Datei Bearbeiten Format Ansicht ?
Enforce validation Flags: wahr
Base package: F:\office2003-AIP\pro11.msi
        ProductCode: {90110407-6000-11D3-8CFE-0150048383C9}; ProductVersion: 11.0.5614.0;
UpgradeCode: {00110000-6000-11D3-8CFE-0050048383C9}

Transform: F:\office 2003-1.MST
Expected values - ProductCode: {90110407-6000-11D3-8CFE-0150048383C9}; ProductVersion: 11.0.5614.0;
UpgradeCode: {00110000-6000-11D3-8CFE-0050048383C9}
        validate Major version
        validate version is Equal
        validate UpgradeCode
        Ignore Error of AddExistingRow
        Ignore Error of DeleteNonExistingRow
        Ignore Error of AddExistingTable
        Ignore Error of UpdateNonExistingRow


CREATED - OCW_Opt_Props DisplayName (s128*)      Value (S0)      ActualName (s128)      Type (I2)
   +     ALLUSERS         2        ALLUSERS        8
   +     ARPCOMMENTS               ARPCOMMENTS     12
   +     ARPCONTACT                ARPCONTACT      12
   +     ARPHELPLINK     http://www.microsoft.com/germany/support      ARPHELPLINK     12
   +     ARPHELPTELEPHONE          ARPHELPTELEPHONE         12
   +     ARPNOMODIFY               ARPNOMODIFY     14
   +     ARPNOREMOVE               ARPNOREMOVE     15
   +     ARPNOREPAIR               ARPNOREPAIR     16
   +     COMPLETEINSTALLDESCRIPTION       <Default>       COMPLETEINSTALLDESCRIPTION       11
   +     CUSTOMINSTALLDESCRIPTION         <Default>       CUSTOMINSTALLDESCRIPTION         11
   +     DEFAULTREMOVECHOICEDESCRIPTION   <Default>       DEFAULTREMOVECHOICEDESCRIPTION   11
   +     DISABLESCMIGRATION               DISABLESCMIGRATION       17
```

Abbildung 5.27: Anzeige des Transform Files mit seinen Änderungen als Textdatei

5.4.3 Der Custom Maintenance Wizard

Der *Custom Maintenance Wizard (CMW)*, der zum Update einer bestehenden Office-Konfiguration eingesetzt wird, ähnelt in der Benutzerführung sehr stark dem *Custom Installation Wizard*. Auch zahlreiche Fenster des *Custom Maintenance Wizard* entsprechen denen des *CIW*. Es werden ebenfalls die Inhalte der *.msi*-Datei gelesen. Dieser Assistent erstellt am Ende eine *.cmw*-Datei. Sobald auf dem Computer eines Benutzers die Maintenance-Installation über `msiexec.exe /c` durchgeführt wird, werden die Änderungen der in der Kommandozeile angegebenen *.cmw*-Datei angewendet.

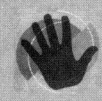 Verwenden Sie den *Custom Maintenance Wizard* nur für die zugehörige Office-Version. Es besteht zwar die Möglichkeit, die Warnmeldung zu übergehen, wenn beispielsweise der *CMW* für Office 2003 für das Installationspaket Office XP benutzt wird, dies kann aber zu unvorhergesehenen Fehlern führen.

1. Der *Custom Maintenance Wizard* beginnt analog zum Start des *CIW*. Wählen Sie hier zunächst die *.msi*-Datei aus, bestimmen dann, ob eine neue *.cmw*-Datei erstellt oder eine vorhandene bearbeitet werden soll und geben dann den Pfad an. Danach tragen Sie den Namen der Firma ein. Diese Schritte entsprechen den Schritten 1 bis 5 des *CIW*.

2. Im Fenster (siehe Abbildung 5.28) wählen Sie die Features. Der *Feature Set Editor* des *CMW* besitzt im Gegensatz zum Editor des *CIW* die Option LEAVE UNCHANGED. Mit dieser Einstellung werden keine Änderungen an der Auswahl der Features und deren Installationsart vorgenommen. Ansonsten können Sie hier alle Änderungen wie unter dem *CIW* vornehmen. Klicken Sie dann auf NEXT.

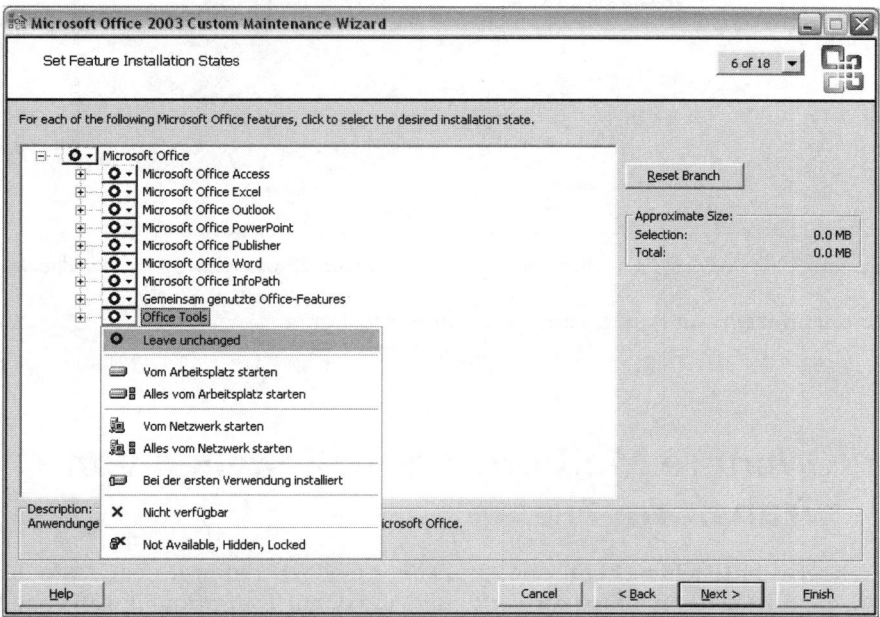

Abbildung 5.28: Der Feature Set-Editor des Custom Maintenance Wizard

3. Danach erhalten Sie die Fenster CHANGE OFFICE USER SETTINGS (*CIW*, Schritt 10) und Möglichkeiten zum Hinzufügen und Entfernen von Dateien und Registry-Schlüsseln (*CIW*, Schritt 11 und 12). Weiterhin können zusätzliche Server als Speicherort angegeben werden (*CIW*, Schritt 14) und die Office-Sicherheitseinstellungen gesetzt werden (*CIW*, Schritt 15). Auch die *Outlook*-Konfiguration entspricht der des *CIW* (Schritt 17 bis 19).

4. Im letzten Fenster SAVE CHANGES klicken Sie auf FINISH. Die *.cmw*-Datei wird erstellt. Im abschließenden Fenster (siehe Abbildung 5.29) wird die Kommandozeile zur Anwendung der *.cmw*-Datei ausgegeben.

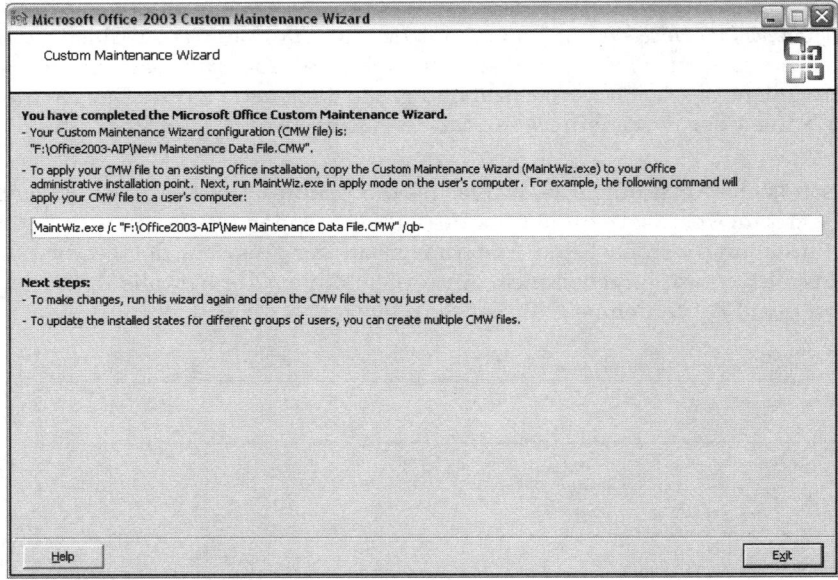

Abbildung 5.29: Abschluss des Custom Maintenance Wizard und Bereitstellen der Kommandozeile

Die Kommandozeile zur Anwendung der *.cmw*-Datei lautet

```
MaintWiz.exe /c "F:\Office2003-AIP\New Maintenance Data File.CMW" /qb- ⏎
```

5.5 Weitere Methoden zum Erstellen von Transform Files

Wie bereits erwähnt, steht nicht für jede Applikation ein Werkzeug wie der *Custom Installation Wizard* für Microsoft Office zur Verfügung, um damit Transform Files zu erstellen. Für *Adobe Acrobat 6* ist zum Erstellen von Transform Files der *InstallShield Tuner 6.0.1 for Adobe Acrobat* verfügbar. Dieser kann kostenlos unter dem Link *http://www.adobe.com/support/downloads/detail.jsp?ftpID=2190* heruntergeladen werden. Allerdings müssen Sie sich zuvor bei Adobe registrieren. In der Regel sollten Sie beim Hersteller der Applikation erfragen, ob dieser ein separates Werkzeug zum Erstellen von Transform Files anbietet.

Ist ein solches Programm nicht verfügbar, müssen Sie auf ein allgemeingültiges Werkzeug zurückgreifen. Im *Windows Installer SDK* ist das Kommandozeilen-Programm *MsiTran.exe* enthalten, mit dem Transform Files erstellt werden können. Dieses Programm wird ausführlich in Kapitel 18.7 im Rahmen der *SDK*-Tools vorgestellt. Auch das Tool *Orca* ist in der Lage, Transform Files zu erstellen. Hier erfolgt die Arbeit an der GUI und ist auch wesentlich komfortabler als unter *MsiTran.exe*. *Orca* ist ebenfalls Bestandteil der *Windows Installer SDK*. Dieses Werkzeug wird ausführlich in Kapitel 18.11 beschrieben. Auch weitere Drittanbieterprogramme wie *Wise Package Studio* oder *InstallShield's AdminStudio* unterstützen das Erstellen von Transform Files.

5.6 Patchdateien

Patchdateien mit der Dateierweiterung *.msp* werden im Gegensatz zu den Transform Files angewendet, sobald eine Applikation inklusive möglicherweise erstellter Transform Files bereits bei den Benutzern installiert ist. Die Patchdatei kann auch auf eine administrative Installation angewendet werden. Bei der Installation einer Patchdatei werden die Inhalte der *.msi*-Datenbank modifiziert, ohne dass dadurch eine Neuinstallation der Applikation erforderlich wird. Die Patchdatei ist gewissermaßen ein Transform File für die *.msi*-Datenbank, mit dem entweder nur einige Daten an der Datenbank geändert werden können oder ein Update der Applikation durchgeführt werden kann. Eine Patchdatei wird in aller Regel von demselben Hersteller herausgegeben, der auch die ursprüngliche Applikation entwickelt hat. Es kann sich beispielsweise um ein Service-pack handeln.

5.6.1 Aufbau einer Patchdatei

Eine Patchdatei vom Typ *.msp* besitzt eine eigene CLSID. Sie besteht aus einem Summary Information Stream, Transform Substorages sowie Cabinet File Streams. Eine Datenbank wie bei einem *.msi*-Installationspaket ist bei einer Patchdatei nicht enthalten. Es muss jedoch mindestens eine Datenbanktransformation enthalten sein, über die die Patch-Informationen der Basis-Datenbank hinzugefügt werden. Mit Hilfe dieser Information werden die Patchdateien installiert, die sich im Cabinet File Stream des Patchpakets befinden.

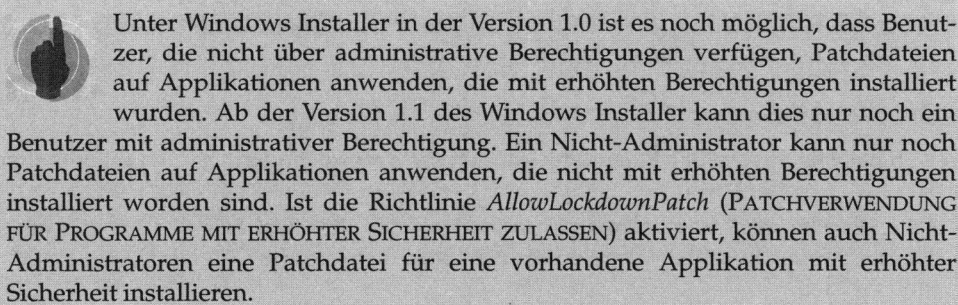

Unter Windows Installer in der Version 1.0 ist es noch möglich, dass Benutzer, die nicht über administrative Berechtigungen verfügen, Patchdateien auf Applikationen anwenden, die mit erhöhten Berechtigungen installiert wurden. Ab der Version 1.1 des Windows Installer kann dies nur noch ein Benutzer mit administrativer Berechtigung. Ein Nicht-Administrator kann nur noch Patchdateien auf Applikationen anwenden, die nicht mit erhöhten Berechtigungen installiert worden sind. Ist die Richtlinie *AllowLockdownPatch* (PATCHVERWENDUNG FÜR PROGRAMME MIT ERHÖHTER SICHERHEIT ZULASSEN) aktiviert, können auch Nicht-Administratoren eine Patchdatei für eine vorhandene Applikation mit erhöhter Sicherheit installieren.

Eine Patchdatei besteht aus den folgenden Teilen:

Summary Information Stream

Im Summary Information Stream einer Patchdatei müssen die folgenden Informationen enthalten sein:

▶ Die GUID, die den Patch eindeutig identifiziert. Diese GUID wird in die Liste der GUIDs für frühere Patchdateien eingepflegt, die durch die neue Datei ersetzt werden.

▶ Eine Liste der Produktcodes (Einträge durch Semikolon getrennt) mit gültigen Zielen für den Patch

▶ Eine Liste der Transform Substorage-Namen (Einträge durch Semikolon getrennt) in der Reihenfolge, wie sie angewendet werden sollen

▶ Eine Liste (Einträge durch Semikolon getrennt) mit Installationsquellen für die Patch-datei

Weitere Informationen zum Summary Information Stream finden Sie in Kapitel 14.

Transform Substorage

Transform-Dateien zur Aktualisierung der *.msi*-Datenbank sind im Patchpaket als Substorage (Unterspeicher) enthalten. Dabei besitzt jeder Substorage seinen eigenen Summary Information Stream.

In einer Patchdatei für jede Zieldatenbank sind zwei Transform Files gespeichert. Gibt es mehrere Ziele, können in einem Patchpaket auch mehrere Transform Files enthalten sein. Über das erste Transform File wird das Ziel auf die neue Version aktualisiert. Das zweite Transform File fügt Informationen mit Patch-Anweisungen zu den folgenden Datenbanken hinzu:

▶ Patch

▶ PatchPackage

▶ Media

▶ InstallExecuteSequence

▶ AdminExecueSequence

Der Windows Installer wendet die beiden Transform Files während einer administrativen Installation an, so dass die Änderungen im AIP erhalten bleiben. Handelt es sich als Ziel um eine lokale Installation, werden bei jeder Maintenance-Installation oder Deinstallation die beiden Transform Files erneut angewendet.

Cabinet File Stream

Im Cabinet File Stream der Patchdatei können die drei folgenden Dateitypen enthalten sein:

▶ Patchdateien mit Informationen zum Ändern der alten Dateiversion auf die neue. Über eine einzelne Patchdatei können eine oder mehrere alte Dateiversionen aktualisiert werden.

▶ Zusätzliche Dateien, die der Applikation hinzugefügt werden sollen und in der alten Version noch nicht vorhanden sind

▶ In ganz wenigen Fällen kann es erforderlich sein, dass die neue Version einer Datei kleiner ist als der Patch zum Update der alten Dateiversion. In diesem Fall kann die neue Datei in ihrer Gesamtheit in der Patchdatei eingeschlossen sein.

5.6.2 Bereitstellen und Anwenden von Patchdateien und deren Probleme

Bei allen Applikationen, die über einen AIP in einer Netzwerkfreigabe installiert worden sind, wird die Patchdatei auf diesen AIP angewendet. Um eine Patchdatei auf das bereits vorhandene *.msi*-Paket anzuwenden, verwenden Sie den folgenden Befehl:

```
Msiexec.exe /a Pfad zu Paketname.msi im AIP /p Pfad der Patchdatei.msp ⏎
```

Durch Ausführung dieses Befehls werden die vorhandenen Dateien des *.msi*-Pakets durch die der *.msp*-Datei ersetzt. Die *.msi*-Datei wird dabei aktualisiert, so dass ihre Komponenten ordnungsgemäß zur Verfügung stehen.

Sobald die Patchdatei erfolgreich auf das ursprüngliche Installationspaket angewendet wurde, erhalten alle Benutzer automatisch die gepatchte Version der Applikation. Hierzu muss die gepatchte Applikation jedoch neu im Active Directory bereitgestellt werden. Führen Sie dazu die folgenden Schritte aus:

1. Öffnen Sie die *GPMC* (*Group Policy Management Console*) und klicken Sie auf die Domäne, den Standort oder die OU, in der das Gruppenrichtlinienobjekt (GPO) mit der bereitgestellten Applikation enthalten ist. Wählen Sie aus dem Kontextmenü BEARBEITEN.

2. Navigieren Sie im Gruppenrichtlinienobjekt-Editor unter COMPUTERKONFIGURATION/SOFTWAREEINSTELLUNGEN bzw. BENUTZERKONFIGURATION/SOFTWAREEINSTELLUNGEN zum Softwarepaket.

3. Öffnen Sie in der rechten Fensterhälfte das Kontextmenü des Paketeintrags und wählen Sie ALLE TASKS. Klicken Sie dann auf ANWENDUNG ERNEUT BEREITSTELLEN (siehe Abbildung 5.30).

Je nachdem, ob die Applikation benutzer- oder computerbezogen installiert wird, wird die Aktualisierung bei der nächsten Anmeldung oder beim nächsten Neustart durchgeführt.

Allerdings darf auch nicht verschwiegen werden, dass es zu Problemen mit den Clients kommt, die ihre Installation bereits vor dem Patchvorgang durchgeführt haben. Ist es für einen dieser Clients erforderlich, im Zuge der Selbstreparatur eine Datei aus der Installationsquelle zu beziehen, so wird die gepatchte Quelle leider nicht mehr als das originale Installationsmedium angesehen und es kann *keine* Reparatur mehr erfolgen.

Um dieses Problem zu umgehen, müssen Sie sämtlichen Clients, die bereits von dieser Quelle aus die Applikation installiert haben, mitteilen, dass sie ab jetzt eine andere *.msi*-Datei als Quellmedium benutzen müssen. Hierzu verwenden Sie folgenden Befehl:

```
Msiexec.exe /fvomus Paketname.msi REINSTALL=ALL ⏎
```

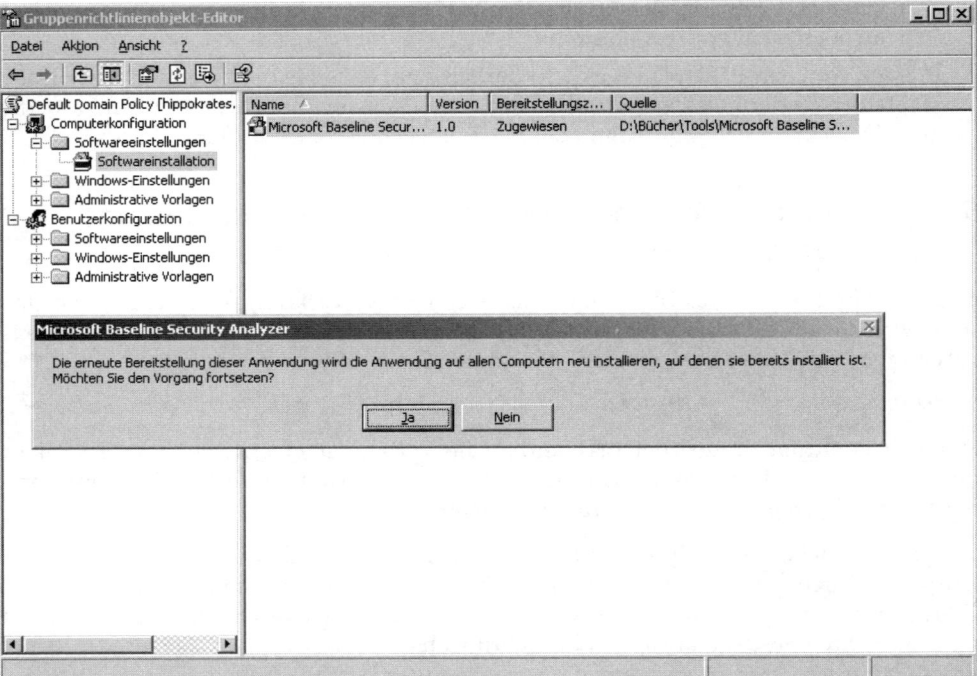

Abbildung 5.30: Das erneute Bereitstellen einer Applikation, nachdem auf diese ein Patch angewendet wurde

Damit wird auf den betroffenen Clients eine Neuinstallation eingeleitet. Die genaue Bedeutung der einzelnen Parameter finden Sie in Kapitel 4.7. Danach kann die *.msi*-Datei wieder als Installationsquelle benutzt werden.

Weitere Informationen zum Thema Patches und Updates finden Sie in Kapitel 15.

6 Verteilen von Windows Installer-Paketen

Nachdem Sie in den vergangenen Kapiteln einen Überblick über die generellen Installationsmöglichkeiten sowie die Anpassung einer Applikation über Transform Files und Patchdateien gewonnen haben, beschreibt dieses Kapitel die Verteilungsmöglichkeiten von Windows Installer-basierten Paketen sowie verschiedene Optionen der Verteilung. Ausführlich wird auf das Verteilverfahren von Windows Installer-Paketen über Gruppenrichtlinienobjekte im Active Directory eingegangen. Aber auch ein Überblick auf weitere Verteilverfahren, z.B. über den *Systems Management Server (SMS)* oder andere Lösungen zur automatischen Softwareverteilung, wird gegeben. Außerdem werden sämtliche Windows Installer-bezogenen Gruppenrichtlinien der Benutzer- und Computerkonfiguration des Active Directory ausführlich vorgestellt.

6.1 Die Softwareverteilung über Gruppenrichtlinien im Active Directory

Im Active Directory des Windows Server 2000 und 2003 ist ein auf den Gruppenrichtlinien basierendes Software-Verteilverfahren integriert. Dieses Feature ermöglicht eine zentrale Verteilung und Verwaltung der Softwarepakete an die verschiedenen Benutzer und Computer. Da Benutzer und Computer in Organisationseinheiten (OUs) zu Gruppen zusammengefasst werden können, an die jeweils eine bestimmte Software verteilt werden soll, entfällt die separate Installation auf jedem einzelnen Computer oder für die einzelnen Benutzer. So können Applikationen von zentraler Stelle aus installiert, wieder deinstalliert, upgedatet und mit Patches versehen werden. Für diese Methode der Softwareverteilung bildet der Windows Installer die Kernkomponente.

Für den Einsatz der Gruppenrichtlinien-basierten Softwareverteilung müssen die folgenden drei Kriterien erfüllt sein:

1. Es muss ein Windows 2000/2003 Active Directory vorhanden sein.
2. Die Clientcomputer müssen Windows 2000, XP oder 2003 Server als Betriebssystem ausführen. Frühere Windows-Versionen werden nicht unterstützt.
3. Die Verwaltung der Organisation wird auf Basis der Gruppenrichtlinien durchgeführt.

In den folgenden Kapiteln lernen Sie zunächst die Gruppenrichtlinien kennen, mit denen Sie den Windows Installer konfigurieren können. Diese unterscheiden sich, je nachdem, ob Sie auf die Computer- oder Benutzerkonfiguration angewendet werden. Danach wird an einem praktischen Beispiel gezeigt, wie Sie eine Applikation für die Gruppenrichtlinien-basierte Softwareverteilung vorbereiten und diese dann verteilen.

6.2 Windows Installer-Richtlinien

Über die Gruppenrichtlinien unter Windows Server 2000/2003 können zahlreiche Einstellungen für den Windows Installer vorgenommen werden. Um die entsprechenden Einstellungen vorzunehmen, führen Sie folgende Schritte durch:

1. Öffnen Sie die *GPMC* (*Group Policy Management Console*) auf dem Domänencontroller oder dem Verwaltungscomputer.

2. Suchen Sie dort in der Hierarchie der Domänen, Standorte oder Organisationseinheiten unter GRUPPENRICHTLINIENOBJEKTE das gewünschte Gruppenrichtlinienobjekt (GPO) und wählen Sie aus dessen Kontextmenü BEARBEITEN.

3. Im Fenster GRUPPENRICHTLINIENOBJEKT-EDITOR navigieren Sie zum mmc-Knoten COMPUTERKONFIGURATION/ADMINISTRATIVE VORLAGEN/WINDOWS KOMPONENTEN/ WINDOWS INSTALLER oder BENUTZERKONFIGURATION/ADMINISTRATIVE VORLAGEN/ WINDOWS KOMPONENTEN/WINDOWS INSTALLER.

6.2.1 Richtlinien der Computerkonfiguration

Nachdem Sie wie eben beschrieben die Windows Installer-Richtlinien der Computerkonfiguration geöffnet haben, sollten Sie folgende Einträge sehen (siehe Abbildung 6.1).

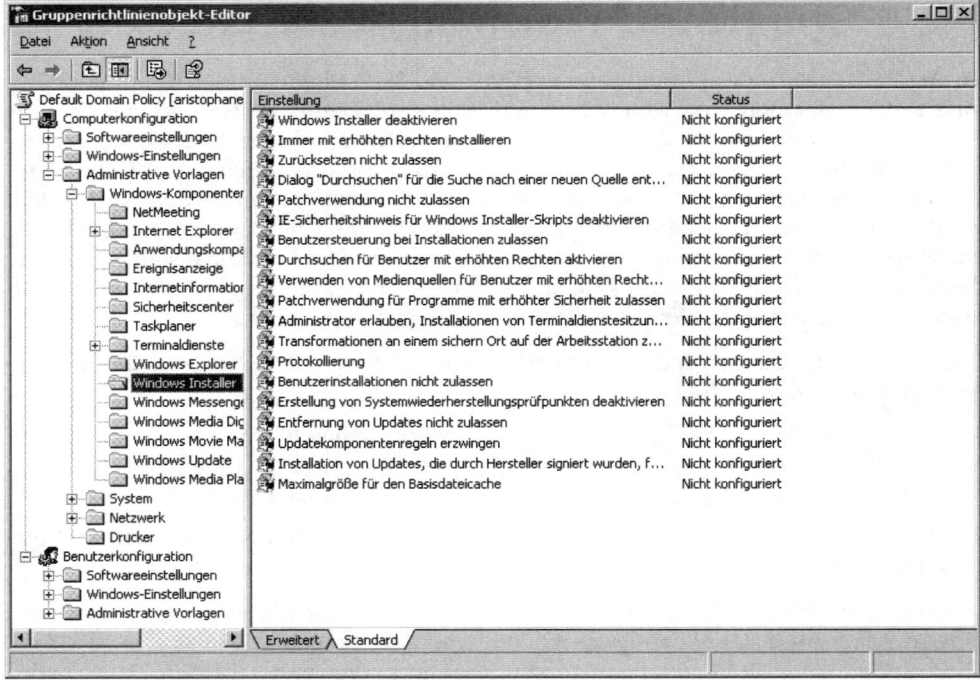

Abbildung 6.1: Die Windows Installer-bezogenen Gruppenrichtlinien der Computerkonfiguration

Alle im Bereich der Computerkonfiguration eingestellten Richtlinien werden grundsätzlich auf den Computer angewendet. Dabei ist es gleichgültig, welcher Benutzer sich an dem Computer anmeldet. Tabelle 6.1 zeigt Ihnen eine Übersicht über die Windows Installer-bezogenen Richtlinien der Computerkonfiguration.

Richtlinie	Richtlinienname
Windows Installer deaktivieren	DisableMSI
Immer mit erhöhten Rechten installieren	AlwaysInstallElevated
Zurücksetzen nicht zulassen	DisableRollback
Dialog Durchsuchen für die Suche nach einer neuen Quelle entfernen	DisableBrowse
Patchverwendung nicht zulassen	DisablePatch
IE-Sicherheitshinweis für Windows Installer-Skripts deaktivieren	SafeForScripting
Benutzersteuerung bei Installationen zulassen	EnableUserControl
Durchsuchen für Benutzer mit erhöhten Rechten aktivieren	AllowLockdownBrowse
Verwendung von Medienquellen für Benutzer mit erhöhten Rechten aktivieren	AllowLockdownMedia
Patchverwendung für Programme mit erhöhter Sicherheit zulassen	AllowLockdownPatch
Administrator erlauben, Installationen von Terminaldienstesitzungen auszuführen	EnableAdminTSRemote
Transformationen an einem sicheren Ort auf der Arbeitsstation speichern	TransformsSecure
Protokollierung	Logging
Benutzerinstallation nicht zulassen	DisableUserInstalls
Erstellung von Systemwiederherstellungsprüfpunkten deaktivieren	LimitSystemRestoreCheckpointing
Die folgenden Richtlinien sind erst ab Windows Installer 3.0 verfügbar.	
Least User Patching nicht zulassen	DisableLUAPatching
Entfernen von Updates nicht zulassen	DisablePatchUninstall
Installation von Updates, die durch Hersteller signiert wurden, für Nicht-Administratoren nicht zulassen	DisableFlyWeightPatching
Updatekomponentenregeln erzwingen	EnforceUpgradeComponentRules
Maximalgröße für den Basisdateicache	MaxPatchCacheSize

Tabelle 6.1: Die Windows Installer-bezogenen Richtlinien der Computerkonfiguration

Diese Richtlinien und ihre Konfigurationsmöglichkeiten haben folgende Bedeutung:

Windows Installer deaktivieren

Über diese Richtlinie kann die Verwendung des Windows Installer unterbunden oder zumindest eingeschränkt werden. Dadurch wird verhindert, dass die Benutzer beliebige Software auf dem Computer installieren können, so dass nur die vom Administrator bereitgestellte Software installiert wird.

Wird die Richtlinie aktiviert, stehen die folgenden drei Optionen zur Wahl (siehe Abbildung 6.2):

▶ IMMER: Der Windows Installer ist deaktiviert. Es kann keine Installation erfolgen.

▶ NUR UNVERWALTETE ANWENDUNGEN: Es können nur Anwendungen installiert werden, die vom Administrator zugewiesen (als Verknüpfung auf dem Desktop) oder veröffentlicht (unter SYSTEMSTEUERUNG/SOFTWARE) wurden.

▶ NIEMALS: Der Windows Installer ist aktiviert, so dass die Benutzer beliebige Software installieren und aktualisieren können.

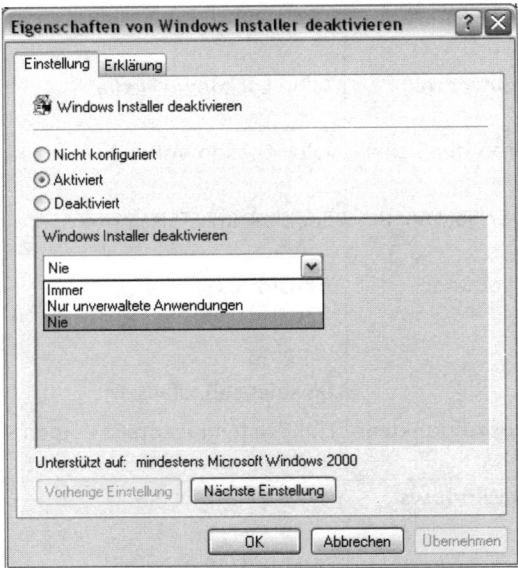

Abbildung 6.2: Die Konfiguration der Richtlinie Windows Installer deaktivieren

 Diese Installationseinschränkung bezieht sich nur auf Software, deren Installation über den Windows Installer durchgeführt wird. Die Installation von Programmen mit einer Setup-Routine ohne den Windows Installer bleibt von dieser Einstellung unberührt.

Immer mit erhöhten Rechten installieren

Ist diese Richtlinie aktiviert, werden die Installationen immer mit erhöhten Berechtigungen (System-Berechtigungen) durchgeführt. Dadurch werden die Berechtigungen für alle Programme erhöht. Normalerweise sind die Berechtigungen nur für Applikationen gültig, die dem Benutzer per Desktopverknüpfung oder dem Computer per automatischer Installation zugewiesen wurden. Allerdings gelten diese Berechtigungen auch für die Applikationen, die unter SYSTEMSTEUERUNG/SOFTWARE vorhanden sind. Wird die Installation mit erhöhten Rechten durchgeführt, kann ein Benutzer die Installation auch in einem Verzeichnis durchführen, für das er normalerweise keinerlei Zugriff besitzt.

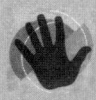 Ein versierter Benutzer kann die erhöhten Rechte zur Installation dazu missbrauchen, die Zugriffsberechtigungen auf Ordner und Dateien dauerhaft zu ändern. Deshalb stellt das Aktivieren dieser Richtlinie ein gewisses Sicherheitsrisiko dar.

Ist die Richtlinie deaktiviert oder nicht konfiguriert, erfolgt die Programminstallation mit den vom Administrator zugewiesenen Benutzerberechtigungen.

 Damit die Richtlinieneinstellung greift, muss sie sowohl in der Computerkonfiguration als auch in der Benutzerkonfiguration aktiviert werden.

Zurücksetzen nicht zulassen

Über diese Richtlinie wird verhindert, dass der Windows Installer Dateien speichert, so dass er eine fehlgeschlagene Installation rückgängig machen könnte. Dabei werden vom Installer weder der ursprüngliche Systemzustand noch die Änderungssequenz während der Installation vermerkt. Auch die Dateien, die nach einer erfolgreichen Installation wieder gelöscht werden, werden nicht gespeichert.

Da diese Einstellung ein wichtiges Feature des Windows Installer quasi außer Kraft setzt, sollte diese Richtlinie nur aktiviert werden, wenn während der Installation möglichst wenig Speicherplatz genutzt werden soll. Außerdem wird so verhindert, dass eine Installation vom Benutzer absichtlich abgebrochen wird, um Informationen und Daten über den Computerzustand zu erhalten oder Systemdateien ausfindig zu machen.

Diese Einstellung kann auch in der Benutzerkonfiguration gesetzt werden. Es ist ausreichend, wenn die Richtlinie unter einer der beiden Konfigurationen aktiviert wird. Dabei ist es unerheblich, ob sie in der anderen Konfiguration möglicherweise deaktiviert ist.

 Bevor Sie diese Richtlinie aktivieren, bedenken Sie, dass im Falle einer fehlgeschlagenen Installation das System nicht wieder in den ursprünglichen Zustand zurückversetzt werden kann und möglicherweise deshalb eine Neuinstallation des Betriebssystems erforderlich wird.

Dialog Durchsuchen für die Suche nach einer neuen Quelle entfernen

Wird diese Richtlinie aktiviert, kann der Benutzer während der Installation nicht mehr über die Schaltfläche DURCHSUCHEN Installationsdateien von einer anderen als der vorgegebenen Quelle suchen, da die Schaltfläche deaktiviert ist. Es muss also der vorgegebene Pfad verwendet werden. Diese Einstellung wird auch umgesetzt, wenn die Installation im Sicherheitskontext des Benutzers durchgeführt wird.

Ist die Richtlinie nicht konfiguriert oder deaktiviert, ist die Schaltfläche DURCHSUCHEN zwar aktiviert, kann aber nur vom Administrator bei einer Installation mit erhöhten Rechten und nicht vom normalen Benutzer bei der Installation in seinem Benutzerkontext verwendet werden.

Patchverwendung nicht zulassen

Wird diese Richtlinie aktiviert, kann der Benutzer den Windows Installer nicht zur Installation von Patches benutzen. Die Patchdatei tauscht lediglich die Daten aus, die verändert wurden. Da Patches von bösartigen Programmen missbraucht werden können, lassen einige Installationsprogramme deren Verwendung nicht zu.

Diese Richtlinieneinstellung bezieht sich auf Installationen, die ein Benutzer innerhalb seines Sicherheitskontextes durchführt. Standardmäßig kann ein Benutzer ohne administrative Berechtigung keine Patches bei Installationen anwenden, in einem erhöhten Sicherheitskontext vorgenommen wurden.

IE-Sicherheitshinweis für Windows Installer-Skripts deaktivieren

Ist diese Richtlinie aktiviert, können webbasierte Programme ohne Benachrichtigung des Benutzers Anwendungen auf dem Computer installieren. Es erscheint nicht mehr die standardmäßige Warnmeldung, dass ein Programm oder ein Skript eine Installation durchführen möchte. Bei dieser Warnmeldung hat der Benutzer die Möglichkeit, die Installation u unterbinden.

 Da die Aktivierung dieser Richtlinie ein hohes Risiko darstellt, sollte sie nur in Ausnahmefällen aktiviert werden.

Benutzersteuerung bei Installationen zulassen

Wenn diese Richtlinie aktiviert ist, können Benutzer Installationsoptionen ändern, die standardmäßig nur Administratoren ändern dürfen. Dabei werden Sicherheitsfunktionen des Windows Installer außer Kraft gesetzt, so dass die Installation nicht aufgrund von Verletzungen der Sicherheit abgebrochen wird. Diese Sicherheitsfunktionen werden lediglich bei Installationen mit erhöhten Berechtigungen verwendet. So kann auf Ordner zugegriffen werden, für die der Benutzer keinerlei Rechte besitzt. Es wird eine entsprechende Meldung ausgegeben, wenn der Benutzer aufgrund dieser Richtlinie eine Sicherheitsfunktion unterwandern konnte.

Diese Sicherheitsfunktionen dienen dazu, dem Benutzer einige Sicherheitsoptionen, wie z.B. die Ordnerwahl für die Installationsdaten, zu verwehren und diese nur dem Administrator zuzugestehen.

Diese Richtlinie kann in weniger gesicherten Umgebungen aktiviert werden, so dass die Installation einer Applikation aufgrund von Konflikten nicht abgebrochen wird.

Durchsuchen für Benutzer mit erhöhten Rechten aktivieren

Ist diese Richtlinie aktiviert, kann der Benutzer bei einer Installation mit erhöhten Rechten nach Installationsdateien in anderen Quellen suchen. Die Schaltfläche DURCHSUCHEN ist im entsprechenden Dialogfeld aktiviert. Standardmäßig können nur Administratoren über diese Schaltfläche nach anderen Installationsquellen suchen. Allerdings kann der Benutzer nur die Verzeichnisse durchsuchen, für die er die entsprechenden Berechtigungen besitzt.

Die Aktivierung dieser Richtlinie nimmt keinen Einfluss auf Installationen im Zusammenhang mit der Benutzersicherheit.

Verwendung von Medienquellen für Benutzer mit erhöhten Rechten aktivieren

Ist die Richtlinie aktiviert, kann der Benutzer während der Installation mit erhöhten Berechtigungen Applikationen von Wechselmedien wie CDs, DVDs oder Disketten installieren. Standardmäßig ist Benutzern nur dann die Installation einer Applikation von einem Wechselmedium erlaubt, wenn die Installation gemäß ihren Berechtigungen durchgeführt wird.

Die Aktivierung dieser Richtlinie nimmt keinen Einfluss auf Installationen im Zusammenhang mit der Benutzersicherheit.

Patchverwendung für Programme mit erhöhter Sicherheit zulassen

Bei Aktivierung dieser Richtlinie können die Benutzer ein Programm während der Installation mit erhöhten Berechtigungen aktualisieren.

Die Patchdatei tauscht lediglich die Daten aus, die verändert wurden. Da Patches von bösartigen Programmen missbraucht werden können, lassen einige Installationsprogramme deren Verwendung nicht zu. Standardmäßig kann nur ein Administrator Patches während einer Installation mit erhöhten Berechtigungen anwenden.

Die Aktivierung dieser Richtlinie nimmt keinen Einfluss auf Installationen im Zusammenhang mit der Benutzersicherheit. Ein Benutzer kann standardmäßig immer Programmaktualisierungen gemäß seinem Sicherheitskontext installieren.

Administrator erlauben, Installationen von Terminaldienstesitzungen auszuführen

Ist diese Richtlinie aktiviert, kann der Administrator eines Terminalservers Remote-Installationen und Remote-Konfigurationen von Applikationen vornehmen. Normalerweise kann ein Administrator nur dann Programme installieren, wenn er an dem Computer angemeldet ist, auf dem die Installation durchgeführt wird.

 Diese Richtlinie hat nur für Administratoren Gültigkeit. Allen anderen Benutzern ist eine Remote-Installation nicht möglich.

Transformationen an einem sicheren Ort auf der Arbeitsstation speichern

Sofern diese Richtlinie aktiviert ist, werden die Kopien von Transform Files an einen geschützten Ort auf dem lokalen Computer kopiert. Normalerweise werden die Transform Files im Ordner \ANWENDUNGSDATEN im Benutzerprofil gespeichert. So ist sichergestellt, dass das Transform File bei einer erneuten Installation oder Reparatur der Applikation vorhanden ist, auch wenn die Netzwerkverbindung zum Speicherort des Transform Files nicht hergestellt werden kann.

Über diese Richtlinie wird das Transform File an einen geschützten Ort auf den Computer kopiert und nicht in das Benutzerprofil. Soll die Installation der Applikation erneut ausgeführt oder diese repariert werden, muss der Benutzer entweder die Installation von demselben Computer ausführen oder eine Verbindung zum ursprünglichen Medium hergestellt haben. Das Transform File ist für die erneute Installation, Reparatur oder Deinstallation zwingend erforderlich.

Das Speichern an einem geschützten Ort soll den Missbrauch oder das unbeabsichtigte Ändern der Transform Files verhindern.

Protokollierung

Über diese Richtlinie wird bestimmt, welche Typen von Ereignissen vom Windows Installer im Transaktionsprotokoll aufgezeichnet werden. Die zugehörige Protokolldatei *msi.log* wird im Ordner %Systemroot%\Temp angelegt.

Wenn Sie die Richtlinie aktivieren, müssen Sie die Buchstaben der zu protokollierenden Ereignistypen angeben. Die Anzahl der gewählten Typen ist nicht begrenzt, und die Reihenfolge der Buchstaben kann frei gewählt werden. Befindet sich im Feld PROTOKOLLIERUNG (siehe Abbildung 6.3) kein Buchstabe, wird die Protokollierung deaktiviert. Die verfügbaren Ereignistypen sind in Tabelle 6.2 dargestellt.

Buchstabe	Ereignistyp
I	Statusmeldungen
W	Warnungen
E	Alle Fehlermeldungen
A	Start der Vorgänge
R	Vorgangsspezifische Einträge
U	Benutzeranforderungen
C	Ursprüngliche Benutzeroberflächenparameter
M	Nicht genügend Arbeitsspeicher
P	Terminaleigenschaften

Buchstabe	Ereignistyp
V	Ausführliche Ausgabe
O	Nicht genügend Speicherplatz

Tabelle 6.2: Die Ereignistypen, die in das Protokoll msi.log aufgenommen werden können

Ist die Richtlinie deaktiviert oder nicht konfiguriert, werden lediglich die Ereignistypen iweap protokolliert. Diese Grundprotokollierung kann auch nicht unterbunden werden.

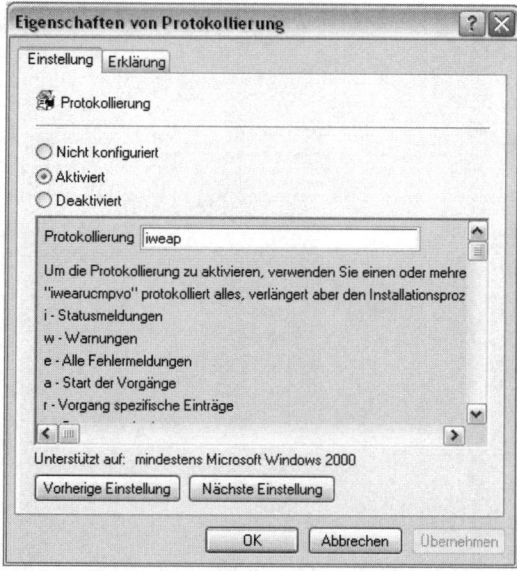

Abbildung 6.3: Die Konfiguration der Richtlinie Protokollierung

Benutzerinstallation nicht zulassen

Ist diese Richtlinie aktiviert, können Sie festlegen, ob die Benutzerinstallation zugelassen werden soll oder nicht. Ist diese Richtlinie nicht konfiguriert oder bei Aktivierung die Einstellung BENUTZERINSTALLATIONEN ZULASSEN (siehe Abbildung 6.4) gewählt, werden vom Installationsprogramm sowohl für einzelne Benutzer installierte Produkte als auch auf einzelnen Computern installierte Produkte akzeptiert. Ermittelt das Installationsprogramm die Installation einer Applikation für einzelne Benutzer, so wird die Installation derselben auf einzelnen Computern ausgeblendet.

Ist die Richtlinie mit der Einstellung BENUTZERINSTALLATIONEN AUSBLENDEN konfiguriert, werden die Applikationen für einzelne Benutzer vom Installationsprogramm nicht beachtet. So wird die auf einzelnen Computern installierte Applikation auch für die Benutzer sichtbar, die über eine in ihrem Benutzerprofil registrierte Installation der Applikation verfügen.

Ist die Option BENUTZERINSTALLATIONEN NICHT ZULASSEN gewählt, werden Installationen für einzelne Benutzer vom Installationsprogramm unterbunden. Bereits für einzelne Benutzer installierte Applikationen werden ignoriert. Sobald versucht wird, eine Installation für einzelne Benutzer durchzuführen, bricht die Installation mit einer Fehlermeldung ab. Diese Einstellung sollte in Umgebungen gewählt werden, in denen die Applikationen nur auf einzelnen Computern installiert werden sollen, z. B. in einer Terminalumgebung.

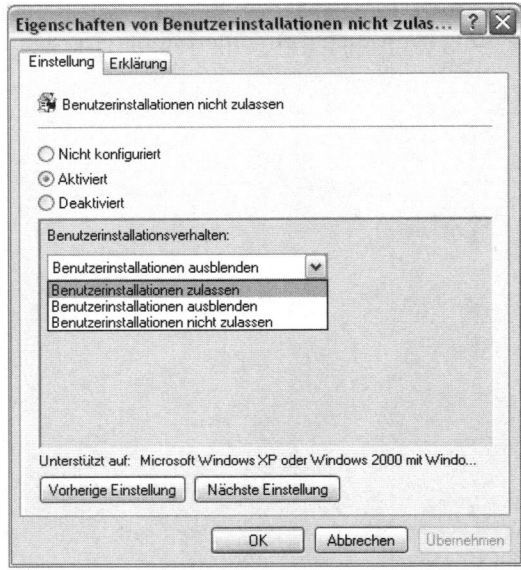

Abbildung 6.4: Die Konfiguration der Richtlinie Benutzerinstallationen nicht zulassen

Erstellung von Systemwiederherstellungsprüfpunkten deaktivieren

Diese Richtlinie kann nur unter Windows XP und 2003 Server angewendet werden, da frühere Windows-Versionen noch nicht über das Feature der Systemwiederherstellungspunkte verfügen.

Über die Systemwiederherstellung kann der Computer bei einem Problem oder Fehler wieder in einen frühren, funktionstüchtigen Zustand versetzt werden, wobei keine persönlichen Daten des Benutzers verloren gehen.

Bei jeder Windows Installer-Installation wird standardmäßig ein Systemwiederherstellungspunkt angelegt. Tritt während oder nach der Installation ein Problem auf, kann der Computer wieder auf den Status vor der Installation gebracht werden. Dies geschieht, wenn die Richtlinie deaktiviert oder nicht konfiguriert ist. Wird diese Richtlinie aktiviert, werden keine Systemwiederherstellungspunkte mehr bei Windows Installer-Installationen angelegt.

Sämtliche Werte der Installer-Richtlinien der Computerkonfiguration sind in der Registry unter dem Schlüssel `HKEY_LOCAL_MACINE\SOFTWARE\Policies\Microsoft\Windows\Installer` gespeichert.

Entfernung von Updates nicht zulassen

Über diese Richtlinie wird festgelegt, ob Windows Installer-basierte Updates entfernt werden dürfen oder nicht. Ist die Richtlinie aktiviert, kann die Deinstallation nicht mehr gültiger Updates nur noch über den Windows Installer, nicht jedoch über den Benutzer – auch nicht den Administrator – erfolgen. Ist die Richtlinie deaktiviert oder nicht konfiguriert, hängt die Frage, ob ein Benutzer Updates deinstallieren kann, davon ab, ob der Benutzer ein Administrator ist und ob die Richtlinien WINDOWS INSTALLER DEAKTIVIEREN sowie IMMER MIT ERHÖHTEN RECHTEN INSTALLIEREN gesetzt sind. Des Weiteren muss das Update im Kontext des Benutzers und nicht im Kontext des Benutzers und Computers installiert worden sein.

Installation von Updates, die durch Hersteller signiert wurden, für Nicht-Administratoren nicht zulassen

Ist diese Richtlinie aktiviert, kann ein Nicht-Administrator keine vom Hersteller digital signierten Updates installieren. Ist diese Richtlinie deaktiviert oder nicht konfiguriert, können auch Nicht-Administratoren derartige Updates installieren.

Updatekomponentenregeln erzwingen

Werden diese Regeln erzwungen, kann die Installation einiger Updates fehlschlagen. Dies ist der Fall, wenn folgende Aktionen durchgeführt werden:

▶ Einer Funktion wird eine Komponente entfernt. Dies kann auch passieren, wenn die GUID einer Komponente geändert wird. Die ursprünglich identifizierte Komponente scheint dadurch nicht mehr vorhanden zu sein, die Komponente mit der geänderten GUID wird als neue Komponente angesehen.

▶ Eine Funktion wird in die vorhandene Funktionsstruktur oben oder in die Mitte eingefügt. Eine neue Funktion darf nur als untergeordnete Funktion einer bestehenden Funktionsstruktur hinzugefügt werden.

Maximalgröße für den Basisdateicache

Über diese Einstellung wird der maximal verfügbare Speicherplatz für den Basisdateicache des Windows Installer in Prozent festgelegt. In diesem Cache werden Basisdateien gespeichert, die durch Binärdelta-Unterschiedupdates verändert wurden. Über diesen Cache wird für künftige Updates die Basisdatei aufgerufen.

Ist der Wert in dieser Richtlinie auf 0 gesetzt, werden keine neuen Updates mehr im Basisdateicache gespeichert. Die vorhandenen Inhalte bleiben erhalten und werden erst bei der Deinstallation des Produkts entfernt. Ist der Wert auf 100 gesetzt, benutzt der Windows Installer den kompletten verfügbaren Speicherplatz als Basisdateicache. Ist die Richtlinie nicht konfiguriert oder deaktiviert, wird der Standardwert von zehn Prozent für den Basisdateicache benutzt.

6.2.2 Richtlinien der Benutzerkonfiguration

Um die Richtlinie der Benutzerkonfiguration zu betrachten, öffnen Sie den Pfad Benutzerkonfiguration/Administrative Vorlagen/Windows Komponenten/Windows Installer (siehe Abbildung 6.5).

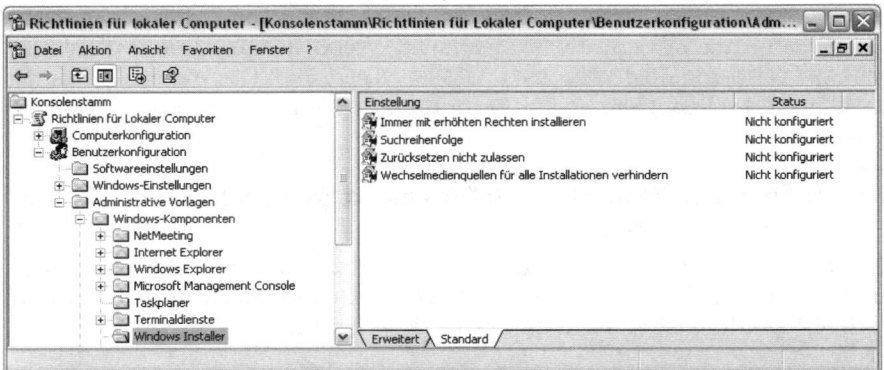

Abbildung 6.5: Die Richtlinien des Windows Installer in der Benutzerkonfiguration

Die im Bereich der Benutzerkonfiguration festgelegten Richtlinien werden auf den Benutzer angewendet. Dabei ist es gleichgültig, an welchem Computer sich der Benutzer anmeldet. Tabelle 6.3 zeigt Ihnen eine Übersicht über die Windows Installer-bezogenen Richtlinien der Benutzerkonfiguration.

Richtlinie	Richtlinienname
Immer mit erhöhten Rechten installieren	AlwaysInstallElevated
Suchreihenfolge	SearchOrder
Zurücksetzen nicht zulassen	DisableRollback
Wechselmedienquelle für andere Installationen verhindern	DisableMedia
Transformationen vom Stammverzeichnis anwenden	TransformsAtSource

Tabelle 6.3: Die Windows Installer-bezogenen Richtlinien der Benutzerkonfiguration

Diese Richtlinien haben folgende Bedeutung:

Immer mit erhöhten Rechten installieren

Ist diese Richtlinie aktiviert, werden die Installationen immer mit erhöhten Berechtigungen (System-Berechtigungen) durchgeführt. Dadurch werden die Berechtigungen für alle Programme erhöht. Normalerweise sind die Berechtigungen nur für Applikationen gültig, die dem Benutzer per Desktopverknüpfung oder dem Computer per automatischer Installation zugewiesen wurden. Allerdings gelten diese Berechtigungen auch für die Applikationen, die unter SYSTEMSTEUERUNG/SOFTWARE vorhanden sind. Wird die Installation mit erhöhten Rechten durchgeführt, kann ein Benutzer die Installation auch in einem Verzeichnis durchführen, auf das er normalerweise keinerlei Zugriff besitzt.

Ein versierter Benutzer kann die erhöhten Rechte zur Installation dazu miss-brauchen, die Zugriffsberechtigungen auf Ordner und Dateien dauerhaft zu ändern. Deshalb stellt das Aktivieren dieser Richtlinie ein gewisses Sicher-heitsrisiko dar.

Ist die Richtlinie deaktiviert oder nicht konfiguriert, erfolgt die Programminstallation mit den vom Administrator zugewiesenen Benutzerberechtigungen.

Damit die Richtlinieneinstellung greift, muss sie sowohl in der Computer-konfiguration als auch in der Benutzerkonfiguration aktiviert werden.

Suchreihenfolge

Die Suchreihenfolge gibt die Reihenfolge an, nach der der Windows Installer nach Instal-lationsdateien sucht. Die standardmäßige Reihenfolge lautet Netzwerk, Wechselmedien (DVD/CD-Laufwerk, Diskette) und Internet.

Um diese Reihenfolge zu ändern, aktivieren Sie die Richtlinie und geben die gewünschte Reihenfolge ein. Soll eine bestimmte Quelle nicht verwendet werden, lassen Sie den ent-sprechenden Buchstaben aus (siehe Abbildung 6.6). Die Buchstaben haben folgende Bedeutung:

- N: Netzwerk
- M: Wechselmedien
- U: Internet bzw. URL

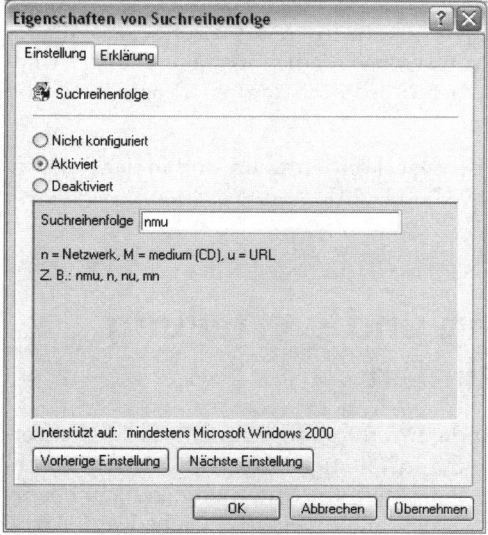

Abbildung 6.6: Festlegen der Suchreihenfolge für die Installationsdateien durch den Windows Installer

Zurücksetzen nicht zulassen

Über diese Richtlinie wird verhindert, dass der Windows Installer Dateien speichert, so dass er eine fehlgeschlagene Installation rückgängig machen könnte. Dabei werden vom Installer weder der ursprüngliche Systemzustand noch die Änderungssequenz während der Installation vermerkt. Auch die Dateien, die nach einer erfolgreichen Installation wieder gelöscht werden, werden nicht gespeichert.

Da diese Einstellung ein wichtiges Feature des Windows Installer quasi außer Kraft setzt, sollte diese Richtlinie nur aktiviert werden, wenn während der Installation möglichst wenig Speicherplatz genutzt werden soll. Außerdem wird so verhindert, dass eine Installation vom Benutzer absichtlich abgebrochen wird, um Informationen und Daten über den Computerzustand zu erhalten oder Systemdateien ausfindig zu machen.

Diese Einstellung kann auch in der Computerkonfiguration gesetzt werden. Es ist ausreichend, wenn die Richtlinie unter einer der beiden Konfigurationen aktiviert wird. Dabei ist es unerheblich, ob sie in der anderen Konfiguration möglicherweise deaktiviert ist.

 Bevor Sie diese Richtlinie aktivieren, bedenken Sie, dass im Falle einer fehlgeschlagenen Installation das System nicht wieder in den ursprünglichen Zustand zurückversetzt werden kann und möglicherweise deshalb eine Neuinstallation des Betriebssystems erforderlich wird.

Wechselmedienquelle für andere Installationen verhindern

Ist diese Richtlinie aktiviert, erhält der Benutzer eine Fehlermeldung, wenn er versucht, ein Programm von einem Wechselmedium (z.B. CD, DVD oder Diskette) zu installieren. Diese teilt ihm mit, dass diese Funktion nicht verfügbar ist. Diese Einstellung gilt auch, wenn die Installation im Sicherheitskontext des Benutzers durchgeführt wird.

Ist die Richtlinie nicht konfiguriert oder deaktiviert, können die Benutzer bei Installationen in ihrem Sicherheitskontext Programme von Wechselmedien installieren. Bei Installationen mit erhöhten Berechtigungen können nur Administratoren Programme von Wechselmedien installieren.

Sämtliche Werte der Installer-Richtlinien der Benutzerkonfiguration sind in der Registry unter dem Schlüssel `HKEY_CURRENT_USER\SOFTWARE\Policies\Microsoft\Windows\Installer` gespeichert.

6.3 Softwareverwaltung und –verteilung über Gruppenrichtlinien

Über Gruppenrichtlinien können Sie nicht nur die Desktop-Umgebung Ihrer Clients verwalten, sondern den Benutzern auch Software zur Installation zuweisen. Diese Möglichkeit der Gruppenrichtlinien sollten Sie anwenden, sofern Ihr Unternehmen nicht bereits ein anderes Tool eines Drittanbieters zur Softwareverteilung einsetzt (siehe Kapitel 6.5). Zur Softwareverteilung über Gruppenrichtlinien können ausschließlich Windows Installer-basierte Applikationen verwendet werden. Liegt eine Applikation nicht im *.msi*-Format vor, muss diese zunächst repaketiert werden. Weitere Hinweise zur Repaketierung finden Sie in Kapitel 7. Dieses Kapitel gibt Ihnen eine Übersicht über den theoretischen Planungsablauf und die praktische Umsetzung der Softwareverteilung über Gruppenrichtlinien.

6.3.1 Planungsablauf der Softwareverteilung

Vor der Softwareverteilung sind verschiedene Punkte zu bedenken und zu klären. Den gesamten Prozess der Softwareverteilung kann man in vier große Abschnitte gliedern:

1. Vorbereitung
2. Installationsquelle erstellen
3. Empfänger der Software festlegen
4. Installation

Vorbereitung

In der Vorbereitungsphase legen Sie allgemeine Punkte fest, die für jede Methode der Softwareverteilung gültig sind.

▶ Untersuchen Sie zunächst, welche Software momentan eingesetzt wird und welche davon an die Benutzer auch weiterhin verteilt werden soll.

▶ Unterteilen Sie diese Software in verbindliche und optionale Programme. Standardisieren Sie dadurch die Arbeitsplätze im Unternehmen.

▶ Ermitteln Sie des Weiteren, bei welcher Software es sich um reine Windows Installer-Pakete handelt, die direkt über die Gruppenrichtlinie zugewiesen werden können. Die Programme, die eine herkömmliche Setup-Routine bereitstellen, müssen für die Verteilung repaketiert werden. Im Lieferumfang von Windows 2000 Server befindet sich dafür das Programm *WinInstall LE* der Firma Veritas Software. Dieses Programm ist jedoch nicht mehr im Lieferumfang von Windows Server 2003 enthalten. Des Weiteren stehen Ihnen z.B. folgende Produkte von Drittanbietern zur Verfügung:

   ▶ *Wise Package Studio (http://www.wise.com/wps.asp)* oder

   ▶ *Installshield AdminStudio (http://www.installshield.com/products/adminstudio/)*

▶ Legen Sie außerdem fest, ob bestimmte Anpassungen und Konfigurationen der Software für bestimmte Benutzer erforderlich sind. Ist es erforderlich, dass z.B. verschiedene Office-Versionen mit unterschiedlichen Features über Transform Files gebildet werden? Weitere Hinweise dazu finden Sie in Kapitel 5.

Installationsquelle erstellen

Als Nächstes müssen Sie festlegen, welche Computer die Softwareverteilungspunkte sein sollen, von denen aus die Softwarepakete auf den Clients installiert werden können. Auf diesen Computern wird eine administrative Installation der gewünschten Applikationen durchgeführt. Bestimmen Sie außerdem, ob Sie die Gruppenrichtlinie zur Softwareverteilung domänenweit oder auf Standort- bzw. OU-Ebene anwenden wollen.

Empfänger der Software festlegen

Entscheiden Sie dann, ob die Software an einen Benutzer oder einen Computer verteilt werden soll. Bestimmen Sie die jeweiligen Benutzer und Computer, die die Software erhalten sollen.

 Die Softwareverteilung kann nicht bei Terminalserver-Clients durchgeführt werden.

Installation

Einem Benutzer können Sie Software zuweisen oder veröffentlichen bzw. ankündigen, einem Computer nur zuweisen. Beim *Zuweisen* von Software wird diese bei der Benutzeranmeldung angekündigt. Die Installation selbst erfolgt, wenn der Benutzer ein Dokument öffnet, das die Applikation erfordert, oder wenn er die entsprechende Verknüpfung im Startmenü oder auf dem Desktop anklickt. Die einem Benutzer zugewiesene Software wird auf jedem Arbeitsplatz installiert, unabhängig davon, an welchem Computer sich der Benutzer anmeldet. Wird die Software einem Computer zugewiesen, wird die Installation beim Start des Computers durchgeführt. Mit Windows Server 2003 haben Sie auch die Möglichkeit, die komplette einem Benutzer zugewiesene Software bei dessen Anmeldung installieren zu lassen und nicht erst, wenn die Applikation das erste Mal benötigt wird. Dies bringt den Vorteil einer konsistenten Umgebung, da ab dem Zeitpunkt der Anmeldung alle Softwarepakete bereits vorhanden sind.

Das *Veröffentlichen* von Software funktioniert nur für Benutzer. Dabei werden jedoch keine Verknüpfungen auf dem Desktop oder im Startmenü angezeigt. Die bereitgestellte Software speichert ihre Informationen zur Veröffentlichung im Active Directory und nicht in der lokalen Registry des Computers. Die Applikation wird erst installiert, wenn der Benutzer eine Datei öffnet, die die Applikation erfordert, oder wenn er unter SYSTEM-STEUERUNG/SOFTWARE die veröffentlichten Applikationen zur Installation auswählt.

Außerdem müssen Sie sich eine Strategie überlegen, wie die Software auf dem Arbeitsplatz aktualisiert oder deinstalliert werden kann. Testen Sie danach die Verteilung der Pakete daraufhin, ob alle Ihre Anforderungen erfüllt werden konnten.

In den folgenden Kapiteln werden Schritt für Schritt die Bereitstellung und Konfiguration eines Softwarepakets beschrieben. In diesem Kapitel wird davon ausgegangen, dass die zu verteilende Applikation bereits als Windows Installer-Paket vorliegt und Sie keine weiteren Änderungen und Anpassungen an der Software vornehmen.

6.3.2 Einrichten des AIP und administrative Installation

Zunächst muss für die Applikation ein AIP (administrativer Installationspunkt) definiert werden. Der AIP wird zuweilen auch als Softwareverteilungspunkt (Software Deployment Point, SDP) bezeichnet. Dieser Ordner muss als Freigabe eingerichtet werden. Danach wird die administrative Installation durchgeführt.

1. Erstellen Sie auf einem Dateiserver eine Freigabe, in der sämtliche Unterordner für die zu installierenden Applikationen angelegt werden. Für die Freigabe des AIP müssen Sie für die Benutzer, die von dort aus die Software installieren sollen, die Berechtigung *Lesen* vergeben. Administratoren erhalten die Berechtigungen *Lesen* und *Schreiben*, damit diese auch Änderungen an den Softwarepaketen vornehmen können.

2. Für jede Applikation müssen Sie einen separaten Ordner anlegen, der alle notwendigen Installationsdateien, also die *.msi*-Datei sowie optionale *.mst*- oder *.msp*-Dateien, enthält.

3. Kopieren Sie nun in diesen Ordner alle Komponenten, die zur Applikation gehören.

Administrative Installation

Einige Applikationen können auch über das administrative Setup direkt in den AIP installiert werden. Im folgenden Beispiel wird das administrative Setup für Office 2003 beschrieben. Der Vorgang des administrativen Setup besteht im Wesentlichen aus dem Kopieren des CD-Inhalts in den AIP. Dabei haben Sie die Möglichkeit, das Paket mit dem CD-Schlüssel und dem Firmennamen zu personalisieren. Die erforderlichen Schritte für eine administrative Installation wurden bereits ausführlich in Kapitel 4.3.2 beschrieben. Hier finden Sie die Schritte nur noch im Schnelldurchlauf:

1. Legen Sie die Office 2003-CD ins Laufwerk. Die CD sollte automatisch starten. Es erscheint die Willkommensseite. Brechen Sie hier den Installationsprozess ab und wechseln Sie zur Eingabeaufforderung.

2. Wechseln Sie dort als aktuelles Laufwerk zum CD-Laufwerk und geben folgenden Befehl ein:

```
Setup.exe /a pro11.msi shortfilenames=true ⏎
```

3. Nach der Eingabe dieses Befehls erscheint die grafische Oberfläche des administrativen Setup. Geben Sie hier den CD-Schlüssel sowie den Namen der Organisation an. Klicken Sie auf WEITER.

4. Sie sehen nun das Fenster mit dem Endbenutzer-Lizenzvertrag. Sie müssen hier die Checkbox zum Einverständnis aktivieren. Ansonsten können Sie die Installation nicht fortsetzen. Klicken Sie dann auf WEITER.

5. Sie müssen nun den Pfad zur Freigabe des AIP als Zielort des administrativen Setup angeben. Klicken Sie danach auf JETZT INSTALLIEREN.

6. Markieren Sie nun alle Objekte und heben Sie über das Kontextmenü EIGENSCHAFTEN den Schreibschutz auf.

Damit ist das administrative Setup abgeschlossen. Es befinden sich im AIP alle Dateien der Office 2003-CD. Wird nun eine Installation ausgeführt, erfolgt diese mit den Einstellungen des standardmäßigen Setup. Sollen benutzerdefinierte Setup-Einstellungen benutzt werden, so ist zusätzlich das Erstellen einer *.mst*-Datei erforderlich. Dieses Verfahren wurde für Office 2003 in Kapitel 5.4 ausführlich beschrieben.

6.3.3 Bestimmen der Installationsoptionen

Nachdem Sie serverseitig die Applikation bereitgestellt haben, beginnen nun die Einstellungen am GPO, über das die Applikation verteilt werden soll.

 Die folgenden Schritte und Abbildungen beziehen sich auf die GPO-Konfiguration unter Windows Server 2003. Unter Windows Server 2000 sind dieselben Einstellungen verfügbar, teilweise weichen die Bezeichnungen jedoch leicht voneinander ab.

1. Öffnen Sie dazu das GPO und klicken Sie in der BENUTZERKONFIGURATION oder der COMPUTERKONFIGURATION auf den Knoten SOFTWAREEINSTELLUNGEN/SOFTWARE-INSTALLATION.
2. Wählen Sie aus dem Kontextmenü EIGENSCHAFTEN.
3. Auf der Registerkarte ALLGEMEIN (siehe Abbildung 6.7) legen Sie allgemeine Optionen für die Installationspakete fest.

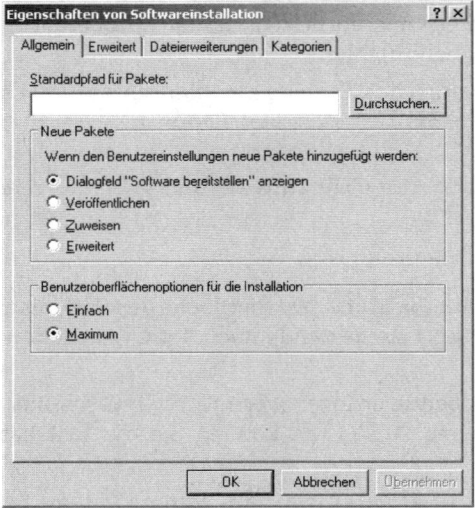

Abbildung 6.7: Optionen der Softwareinstallation

Im Feld STANDARDPFAD FÜR PAKETE geben Sie den Pfad zum Ordner der jeweiligen *.msi*-Datei der Applikation an. Im Abschnitt NEUE PAKETE stehen Ihnen vier Möglichkeiten für das Hinzufügen neuer Pakete zu den Benutzereinstellungen zur Wahl.

1. DIALOGFELD „SOFTWARE BEREITSTELLEN" ANZEIGEN bewirkt, dass das Dialogfeld SOFTWARE BEREITSTELLEN angezeigt wird, wenn ein neues Paket zu den Benutzereinstellungen hinzugefügt wird (siehe Abbildung 6.8). Über dieses Dialogfeld können Sie die Eigenschaften des Pakets bearbeiten oder es zuweisen bzw. veröffentlichen.
2. VERÖFFENTLICHEN: Diese Option ist nicht verfügbar, wenn die Softwareeinstellungen der Computerkonfiguration geöffnet sind. Ein Softwarepaket wird nur mit den standardmäßigen Eigenschaften des Pakets veröffentlicht.

3. ZUWEISEN bedeutet, dass das Paket mit seinen standardmäßigen Eigenschaften einem Benutzer oder Computer zugewiesen wird.

4. ERWEITERT bewirkt, dass beim Zuweisen oder Veröffentlichen eines Pakets das Dialogfeld PAKETEIGENSCHAFTEN KONFIGURIEREN angezeigt wird.

Im Bereich BENUTZEROBERFLÄCHENOPTIONEN FÜR DIE INSTALLATION können Sie festlegen, ob der Benutzer bei der Installation nur die standardmäßigen (Option EINFACH) oder alle Installationsfenster (Option MAXIMUM) erhalten soll. Eine Installation im Hintergrund (Silent Installation) von Software ist hier nicht vorgesehen.

6.3.4 Zuweisen und Veröffentlichen von Paketen

Um eine Applikation zuzuweisen oder zu veröffentlichen, führen Sie die folgenden Schritte durch:

1. Öffnen Sie im GPO in der Benutzer- oder Computerkonfiguration den Knoten SOFTWAREEINSTELLUNGEN/SOFTWAREINSTALLATION. Wählen Sie aus dem Kontextmenü NEU/PAKET.

2. Im Dialogfeld ÖFFNEN sehen Sie den Inhalt des Ordners, den Sie als Standardpfad zu den Applikationen ausgewählt haben (siehe Abbildung 6.7). Öffnen Sie den Ordner der gewünschten Applikation und wählen die gewünschte *.msi*-Datei aus. In unserem Beispiel handelt es sich um die Datei *pro11.msi* der Applikation Office 2003.

3. Handelt es sich bei dem Ordner um keine Freigabe, erhalten Sie eine Warnmeldung (siehe Abbildung 6.8). Damit die Clients ohne Probleme auf die Installationsquelle zugreifen können, muss der entsprechende Ordner freigegeben sein. Sie können den Vorgang an dieser Stelle fortsetzen, wenn der Ordner noch nicht freigegeben ist, und die Freigabeerstellung nach Abschluss der Paketkonfiguration vornehmen.

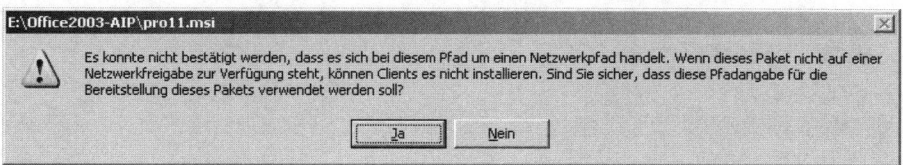

Abbildung 6.8: Hinweis, wenn sich das Applikationspaket in keiner Freigabe befindet

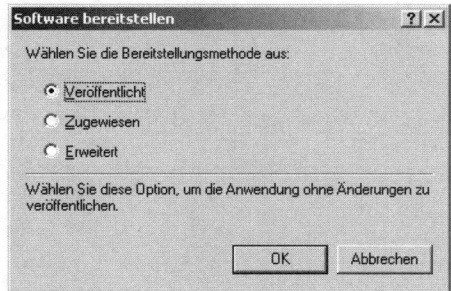

Abbildung 6.9: Das Dialogfeld Software bereitstellen

4. Da Sie als Standardmethode für die Bereitstellung neuer Pakete den Bereitstellungsdialog (siehe Abbildung 6.7) gewählt haben, erhalten Sie nun das Dialogfeld SOFTWARE BEREITSTELLEN (siehe Abbildung 6.9).

5. Sie haben hier die Auswahlmöglichkeiten VERÖFFENTLICHT (nicht in der Computerkonfiguration), ZUGEWIESEN und ERWEITERT. Wählen Sie eine der beiden ersten Optionen, wenn Sie die Applikation ohne weitere Änderungen in der Standardkonfiguration veröffentlichen oder zuweisen möchten. Wählen Sie die dritte Methode, erhalten Sie das Dialogfenster EIGENSCHAFTEN VON (NAME DER APPLIKATION) (siehe Abbildung 6.10). Hier können Sie beispielsweise auf der Registerkarte ÄNDERUNGEN Transform Files auf die Standardkonfiguration anwenden. Diese Optionen werden in Kapitel 6.3.6 beschrieben.

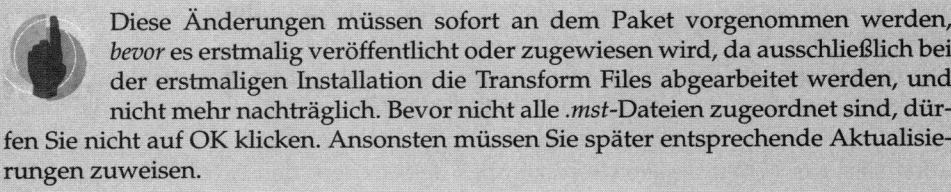

Diese Änderungen müssen sofort an dem Paket vorgenommen werden, *bevor* es erstmalig veröffentlicht oder zugewiesen wird, da ausschließlich bei der erstmaligen Installation die Transform Files abgearbeitet werden, und nicht mehr nachträglich. Bevor nicht alle .*mst*-Dateien zugeordnet sind, dürfen Sie nicht auf OK klicken. Ansonsten müssen Sie später entsprechende Aktualisierungen zuweisen.

6. Nachdem Sie die gewünschte .*msi*-Datei ausgesucht haben, wird das Paket erstellt. Sie sehen nun die Eigenschaftsseite (siehe Abbildung 6.10) des Pakets. Bestätigen (oder ändern) Sie dann den vorgegebenen Namen des Pakets. Für Office 2003 lautet dieser *Microsoft Office Professional Edition 2003*.

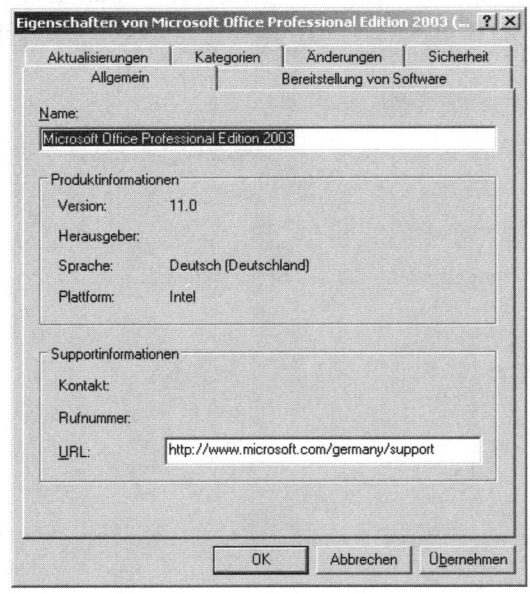

Abbildung 6.10: Die Eigenschaften eines Installationspakets

Tabelle 6.4 gibt eine kurze Zusammenfassung der Unterschiede zwischen veröffentlichten und zugewiesenen Applikationen in Bezug auf Verfügbarkeit, Installations- und Deinstallationsmöglichkeiten.

Kriterium	An Computer zugewiesene Applikation	An Benutzer zugewiesene Applikation	Veröffentlichte Applikation
Verfügbarkeitszeitpunkt des Pakets	Nächster Start des Computers	Nächste Anmeldung des Benutzers	Nächste Anmeldung des Benutzers
Installationsmethode	Automatische Installation	Installation über Verknüpfung in Startmenü oder Desktop	Applikation kann über SYSTEMSTEUERUNG/SOFTWARE gewählt werden
Deinstallationsmöglichkeit für den Benutzer	Keine; nur mit lokalen Administratorrechten	Deinstallation und Neuinstallation möglich	Deinstallation möglich; kann über SYSTEMSTEUERUNG/SOFTWARE jederzeit neu installiert werden

Tabelle 6.4: Unterschiede zwischen zugewiesener und veröffentlichter Software

6.3.5   Einstellungen an den Installationspaketen

Als Nächstes legen Sie nun noch einige allgemeine Einstellungen für die Pakete fest. Dazu zählen z.B. die mit den einzelnen Applikationen verknüpften Dateitypen oder das Zusammenfassen der Applikationen in bestimmte Anwendungskategorien. Um diese Einstellungen vorzunehmen, öffnen Sie den Knoten SOFTWAREEINSTELLUNGEN/SOFTWAREINSTALLATION in der Benutzer- bzw. Computerkonfiguration und öffnen über das Kontextmenü von SOFTWAREINSTALLATION deren EIGENSCHAFTEN.

Registerkarte Erweitert

Auf der Registerkarte ERWEITERT (siehe Abbildung 6.11) werden Einstellungen für die Installation und Deinstallation vorgenommen. Ist die Checkbox ANWENDUNGEN DEINSTALLIEREN, WENN SIE AUßERHALB DES VERWALTUNGSBEREICHS LIEGEN markiert, so wird die Applikation deinstalliert, wenn das betreffende GPO nicht mehr auf den Benutzer oder den Computer angewendet wird. Zusätzlich können bei der Installation auch OLE-Informationen mit einbezogen werden. Im Bereich 32-BIT-ANWENDUNGEN AUF 64-BIT-PLATTFORMEN können Sie bestimmen, ob 32-Bit-Installer und/oder ZAP-Pakete auf 64-Bit-Computern zur Verfügung stehen sollen. Diese Option ist unter Windows Server 2000 noch nicht verfügbar.

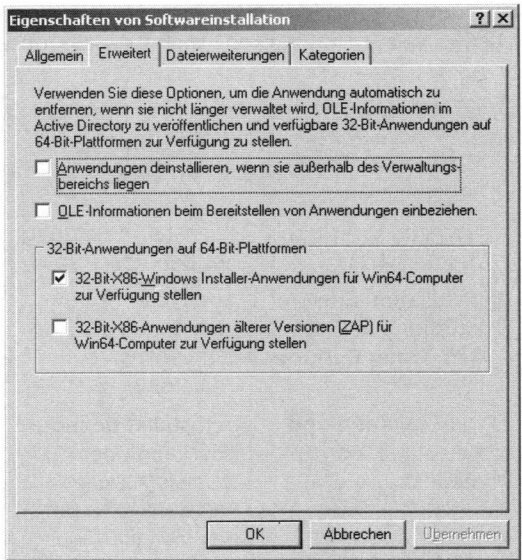

Abbildung 6.11: Einstellungen für die Installation und Deinstallation von Paketen

Registerkarte Dateierweiterungen

Sie haben auf der Registerkarte DATEIERWEITERUNGEN die Möglichkeit, bestimmten Dateitypen eine Anwendung zuzuweisen, die automatisch installiert wird, wenn der Benutzer eine Datei mit einer derartigen Endung anklickt. Werden über ein GPO mehrere Applikationen bereitgestellt, die den jeweiligen Dateityp öffnen können, so können Sie auch die Priorität für die Installation dieser Applikationen treffen.

Auf der Registerkarte DATEIERWEITERUNGEN sehen Sie eine Liste aller vorhandenen Pakete (siehe Abbildung 6.12). Wählen Sie nun aus der Listbox DATEIERWEITERUNG AUSWÄHLEN die gewünschte Dateiendung aus. Sobald der Benutzer ein Dokument mit der gewählten Dateiendung öffnet, wird die gewählte Applikation ausgeführt.

Sind mehrere Pakete in dem GPO vorhanden, die eine Datei der gewählten Dateiendung öffnen können, können Sie über die Schaltflächen NACH OBEN und NACH UNTEN festlegen, welche Applikation automatisch installiert werden soll.

Sie müssen zwar diese Einstellungen nicht treffen, es ist aber in jedem Fall sinnvoll, dies zu tun, da der Benutzer sonst beim Öffnen eines unbekannten Dateityps das Dialogfeld ÖFFNEN MIT erhält. Dabei müsste er dann aus den auf dem Computer bereits vorhandenen Programmen eines auswählen, mit dem die Datei geöffnet werden soll. Dies kann jedoch schnell zu Problemen führen, wenn er nicht weiß, welches Programm für welche Dateien geeignet ist, oder noch kein kompatibles Programm installiert ist.

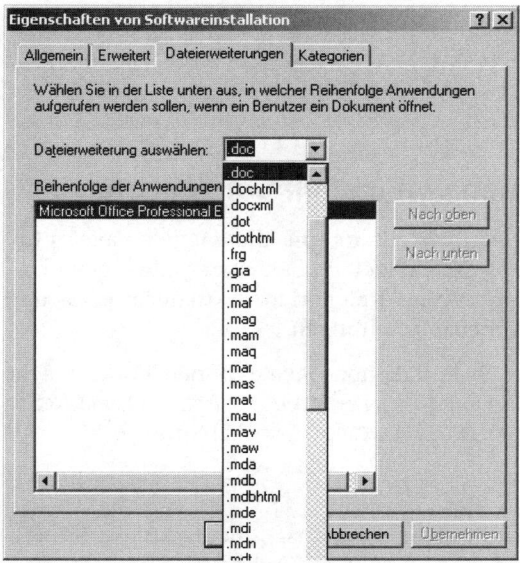

Abbildung 6.12: Die Dateierweiterungen bestimmen, die mit einer Applikation verknüpft sind

 Diesen ÖFFNEN MIT-Dialog erhalten alle Benutzer, denen Applikationen nur veröffentlicht, aber nicht zugewiesen sind, sofern nicht für diese eine automatische Installation einer bestimmten Applikation für einen Dateityp festgelegt ist.

Registerkarte Kategorien

Auf der Registerkarte KATEGORIEN können Sie für die Applikationspakete Kategorien anlegen, in denen sie zusammengefasst werden. Unter diesen Oberkategorien finden die Benutzer ihre veröffentlichten Applikationen unter SYSTEMSTEUERUNG/SOFTWARE. Sie können zur Übersichtlichkeit Kategorien wie Office-Pakete, Grafiksuiten oder Utilities einrichten.

Um eine neue Kategorie einzurichten, klicken Sie auf HINZUFÜGEN und geben einen Namen ein (siehe Abbildung 6.13). Über ENTFERNEN können nicht mehr benötigte Kategorien wieder gelöscht werden.

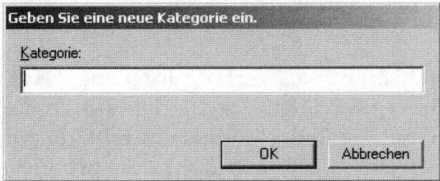

Abbildung 6.13: Hinzufügen neuer Kategorien für die Applikationen

Die hier erstellten Kategorien gelten für die gesamte Domäne und nicht nur für das aktuelle GPO. Somit müssen diese Oberkategorien nur ein einziges Mal festgelegt werden.

6.3.6 Bearbeiten und Entfernen von Installationspaketen

Nachdem Sie ein Paket für die Verteilung bereitgestellt und die allgemeinen Paketoptionen konfiguriert haben, können Sie nun zu jedem einzelnen Paket spezielle Eigenschaften einstellen. Dazu zählen etwa das Zuweisen zu Kategorien, Aktualisierungs- und Deinstallationseinstellungen oder die Sicherheitseinstellungen.

Wenn Sie die Eigenschaften eines vorhandenen Applikationspaketes öffnen, finden Sie die sechs Registerkarten ALLGEMEIN, BEREITSTELLUNG VON SOFTWARE, AKTUALISIERUNGEN, KATEGORIEN, ÄNDERUNGEN und SICHERHEITSEINSTELLUNGEN (siehe Abbildung 6.10).

Registerkarte Allgemein

Auf der Registerkarte ALLGEMEIN sehen Sie die allgemeine Zusammenfassung mit Informationen zu Versionsnummer, Herausgeber oder Sprache des Applikationspaketes.

Registerkarte Bereitstellung von Software

Optionen für die Bereitstellung von Software oder Änderungen gegenüber der Standardeinstellung können auf der gleichnamigen Registerkarte vorgenommen werden. Sie können hier zwischen VERÖFFENTLICHT und ZUGEWIESEN umschalten.

Im Bereich BEREITSTELLUNGSOPTIONEN können Sie Eigenschaften der Installation und Bereitstellung festlegen. Dabei ist die erste Option AUTOMATISCH INSTALLIEREN, WENN DIE DATEIERWEITERUNG AKTIVIERT WIRD bereits aktiviert (und kann auch nicht deaktiviert werden), wenn Sie, wie in Kapitel 6.3.5 beschrieben, bestimmte Dateierweiterungen mit festen Applikationen verknüpft haben.

Mit der Option ANWENDUNG DEINSTALLIEREN, WENN SIE AUSSERHALB DES VERWALTUNGSBE-REICHS LIEGT bestimmen Sie, ob eine Applikation deinstalliert werden soll, wenn sich der Computer bzw. Benutzer an einem Standort oder einer Domäne bzw. OU befindet, für die das GPO mit dieser Applikation nicht zugewiesen wurde. Die Deinstallation erfolgt in diesem Fall beim nächsten Computerstart oder bei der nächsten Benutzeranmeldung.

Über PAKET IN DER SYSTEMSTEUERUNG UNTER „SOFTWARE" NICHT ANZEIGEN können Sie dort ein Paket verbergen, das der Benutzer nicht selbstständig installieren soll.

Ist die Option ANWENDUNG BEI ANMELDUNG INSTALLIEREN aktiviert, wird die Applikation bei der Anmeldung vollständig installiert und nicht nur als Verknüpfung angezeigt. Diese Option ist neu unter Windows Server 2003. Sie bietet den Vorteil, dass durch die Installation bei der Anmeldung eine konsistente Umgebung der Clients entsteht, da auf allen, für die die Option aktiviert ist, die Applikation einer bestimmten Version installiert haben. So trifft es nicht mehr zu, dass auf einigen Clients eine Applikation bereits installiert ist, während dies auf einem anderen noch nicht der Fall ist, da der Benutzer die Applikation dort noch nicht angeklickt und dadurch installiert hat.

Im Bereich BENUTZEROBERFLÄCHEN FÜR DIE INSTALLATION geben Sie an, ob der Benutzer nur die standardmäßigen (z.B. Zielpfad) (Option EINFACH) oder alle Fenster und Dialoge während der Installation sehen darf (Option MAXIMUM).

Über die Schaltfläche ERWEITERT können Sie festlegen, ob die Spracheinstellungen ignoriert werden sollen oder nicht. Wenn Sie beispielsweise ein deutsches Windows-Betriebssystem verwenden, können Sie für ein englischsprachiges Applikationspaket bestimmen, ob dieses trotz der Sprachdiskrepanz bereitgestellt werden soll oder nicht. Ferner können Sie angeben, was mit einer Applikation geschehen soll, die bereits auf dem Computer installiert ist, aber nicht durch die Gruppenrichtlinie zugewiesen wurden. Diese Applikationen können deinstalliert werden.

Diese Einstellung gilt jedoch nur, wenn Sie z.B. Office 2000 bereits früher per Hand installiert haben und dasselbe Produkt nun zuweisen. Sie haben nicht die Möglichkeit, andere bereits vorhandene unerwünschte Software zu deinstallieren, wie z.B. *Moorhühner*.

Registerkarte Aktualisierungen

Auf der Registerkarte AKTUALISIERUNGEN konfigurieren Sie die Optionen für die Aktualisierung oder Deinstallation des Applikationspaketes. Bei einem Aktualisierungspaket handelt es sich entweder um eine neuere Version der Applikation oder um eine Applikation, die die bisher verwendete ersetzen soll. So kann Office XP durch die neuere Version von Office 2003 ersetzt werden. Das Aktualisierungspaket wird, wie in Kapitel 6.3.2 und 6.3.3 beschrieben, im Active Directory bereitgestellt. Um ein Aktualisierungspaket hinzuzufügen, führen Sie die folgenden Schritte aus:

1. Wählen Sie aus der Liste der Pakete unter SOFTWAREINSTALLATION in der *mmc* das Paket aus, das zur Aktualisierung dienen soll – *nicht das zu aktualisierende Paket*. Wählen Sie aus dessen Eigenschaften die Registerkarte AKTUALISIERUNGEN.

2. Klicken Sie nun auf HINZUFÜGEN, um das Aktualisierungspaket dem ursprünglichen Paket hinzuzufügen. Sie erhalten das Fenster AKTUALISIERUNGSPAKET HINZUFÜGEN. Wählen Sie hier aus, ob sich das zu aktualisierende Paket im aktuellen oder in einem anderen GPO befindet. Befindet es sich in einem anderen GPO, wird dieses über DURCHSUCHEN ermittelt. Sie sehen in der Liste ZU AKTUALISIERENDES PAKET alle im GPO vorhandenen Applikationspakete.

3. Markieren Sie das gewünschte Paket. Entscheiden Sie dann, was bei der Installation der Aktualisierung mit dem ursprünglichen Paket geschehen soll. Aktivieren Sie dazu die Checkbox BESTEHENDES PAKET DEINSTALLIEREN, AKTUALISIERUNGSPAKET INSTALLIEREN oder PAKET ÜBER DAS BESTEHENDE PAKET AKTUALISIEREN. Die erste Option ist zu wählen, wenn Sie ein komplett neues Programmpaket eines anderen Herstellers installieren möchten. Diese Option wäre zu wählen, wenn Sie alle Microsoft Office-Anwendungen etwa durch eine Version von *Star Office* ersetzen möchten. Die zweite Option ist zu wählen, wenn das vorhandene Paket durch eine neuere Version derselben Anwendung ersetzt werden soll. Sie können so Office 2000 durch Office XP aktualisieren. Es bleiben dabei alle Einstellungen der Anwendung erhalten. Klicken Sie dann auf OK.

4. Aktivieren Sie dann auf der Registerkarte AKTUALISIERUNGEN die Checkbox BESTE-HENDE PAKETE AKTUALISIEREN. Damit ist der Aktualisierungsvorgang verbindlich und wird ab sofort für alle Benutzer und Computer angewendet.

Registerkarte Kategorien

Wie bereits in Kapitel 6.3.5 beschrieben, sollten Sie aus Gründen der Übersichtlichkeit Kategorien für die Applikationen einrichten. Sie können auf der Registerkarte KATEGO-RIEN nun aus der Liste VERFÜGBARE KATEGORIEN die passende auswählen und der Appli-kation über AUSWÄHLEN zuweisen. Sie können zwar mehrere Kategorien einer Applika-tion zuweisen, aber dadurch könnte die Einteilung wieder undurchsichtig werden, wenn der Benutzer dieselbe Applikation in verschiedenen Kategorien findet.

Registerkarte Änderungen

Registerkarte ÄNDERUNGEN wird bereits geöffnet, wenn Sie bei der Bereitstellung der Software die Option ERWEITERTE METHODE VON VERÖFFENTLICHT ODER ZUGEWIESEN wählen (siehe Abbildung 6.9). Hier weisen Sie den standardmäßigen Einstellungen der Windows Installer-Pakete Konfigurationsänderungen über *.mst*-Dateien (Transform Files) zu.

> Die Änderungen, die über die *.mst*-Dateien vorgenommen werden, müssen bereits bei der Bereitstellung des Pakets konfiguriert werden. Sie müssen konfiguriert sein, *bevor* das Paket zugewiesen oder veröffentlicht wird.

1. Um Änderungen für ein standardgemäßes Paket vorzunehmen, wählen Sie aus dem Kontextmenü aus der Softwareinstallation den Menüpunkt NEU/PAKET. Wählen Sie aus der Liste der vorhandenen Windows Installer-Pakete die gewünschte *.msi*-Datei aus und klicken Sie auf ÖFFNEN.

2. Wählen Sie im Dialogfeld SOFTWARE BEREITSTELLEN die dritte Option ERWEITERT aus. Wählen Sie dann im Dialogfeld EIGENSCHAFTEN VON (APPLIKATIONSNAME) die Regis-terkarte ÄNDERUNGEN.

3. Klicken Sie auf HINZUFÜGEN, um eine *.mst*-Datei zum vorhandenen Installer-Paket hinzuzufügen. Falls Sie mehrere *.mst*-Dateien hinzufügen möchten, wiederholen Sie diesen Schritt. Über ENTFERNEN können bereits gewählte *.mst*-Dateien auch wieder gelöscht werden.

4. Haben Sie mehrere *.mst*-Dateien ausgewählt, so können Sie deren Reihenfolge zum Installieren der Änderungen über die Schaltflächen NACH OBEN und NACH UNTEN festlegen. Klicken Sie dann auf OK.

Registerkarte Sicherheit

Damit die Applikationspakete den Benutzern korrekt zugewiesen werden können, müs-sen Sie die geeigneten Sicherheitseinstellungen auf der Registerkarte SICHERHEIT vorneh-men. Sie müssen allen Benutzern, denen diese Applikation zugewiesen oder veröffentlicht werden soll, die Berechtigung *Lesen* zuweisen. Damit die Pakete von Administratoren bearbeitet werden können, müssen diese über die Berechtigung *Vollzugriff* verfügen.

Entfernen von Applikationspaketen

Wenn bestimmte Applikationspakete nicht mehr benötigt werden, sollten Sie diese entfernen. Um ein Paket zu entfernen, öffnen Sie in der Benutzer- oder Computerkonfiguration den Knoten SOFTWAREEINSTELLUNGEN/SOFTWAREINSTALLATION. Wählen Sie dort das zu entfernende Paket aus und aus dessen Kontextmenü ALLE TASKS/ENTFERNEN.

Sie erhalten das Dialogfeld SOFTWARE ENTFERNEN. Hier können Sie zwei verschiedene Arten der Deinstallation festlegen:

1. SOFTWARE SOFORT VON BENUTZERN UND COMPUTERN DEINSTALLIEREN: Hiermit wird die Applikation endgültig vom Computer deinstalliert. Die Deinstallation wird beim nächsten Start des Computers bzw. der nächsten Benutzeranmeldung vorgenommen. Die Applikation kann dann nicht mehr verwendet werden und steht dem Benutzer auch nicht mehr zur erneuten Installation bereit. Auch wenn er eine Datei mit der zugeordneten Dateiendung öffnet, wird die Applikation nicht mehr automatisch installiert. Sie sollten eine Applikation erst auf diese Weise entfernen, wenn Sie eine neue Applikation an die Benutzer oder Computer verteilt haben, die dem Funktionsumfang der alten Applikation entspricht.

2. BENUTZER DÜRFEN DIE SOFTWARE WEITERHIN VERWENDEN, ABER NEUINSTALLATIONEN SIND NICHT ZUGELASSEN: Wenn Sie diese Option wählen, wird die Applikation selbst nicht vom Computer entfernt, sondern lediglich der Eintrag unter SYSTEMSTEUERUNG/SOFTWARE, damit der Benutzer sie nicht erneut installieren kann. Eine erneute Installation ist auch nicht über das Öffnen von Dateien mit der jeweiligen Dateiendung möglich. Damit ist die Benutzung sichergestellt, bis eine endgültige Deinstallation erfolgt.

Erneutes Bereitstellen einer Applikation

Im Kontextmenü jeder Applikation können Sie über ALLE TASKS/ANWENDUNG ERNEUT BEREITSTELLEN diese nochmals bereitstellen. Dabei wird die Applikation auf allen Computern, auf denen sie bereits vorhanden ist, neu installiert. Dieser Vorgang kann erforderlich werden, wenn Sie einer Applikation nicht alle oder nicht die korrekten *.mst*-Dateien zugewiesen und sie somit zu früh bereitgestellt haben, sodass sie bereits auf einigen Computern installiert wurde.

6.3.7 Konfigurationsstrategie zur Softwareinstallation

Dieses Kapitel beschreibt einige allgemein gültige Strategien zur Implementierung und Konfiguration der Richtlinie Softwareinstallation.

Grundsätzlich sollten Sie die Software, die Sie zur Standardsoftware im Unternehmen erklärt haben, für die Benutzer- oder Computerkonfiguration zuteilen. Sind im Unternehmen fast ausschließlich die Benutzer an festen Arbeitsplätzen tätig, so sollten Sie die Software den entsprechenden Computern zuweisen. Auf diese Weise wird die Software automatisch installiert, und die Benutzer können keinen Einfluss darauf nehmen.

Sie sollten andernfalls den Benutzern alle Softwarepakete zuweisen, die sie für ihre Arbeit benötigen. Damit wird sichergestellt, dass die Applikation entweder aus einer Desktop-Verknüpfung oder beim Öffnen einer Datei des festgelegten Dateityps installiert wird. Veröffentlichen sollten Sie nur solche Applikationen, die der Benutzer nicht zwingend für seine Arbeit benötigt, die aber unter Umständen nützlich sind und dann schnell zur Hand sein sollten. Informieren Sie die Benutzer darüber, wie sie über SYSTEM-STEUERUNG/SOFTWARE optionale Software installieren können. Dies sollte zahlreichen Anfragen an den Support vorbeugen. Zur besseren Auffindbarkeit von Applikationen unter SOFTWARE sollten Sie die Applikationen in Kategorien unterteilen.

Des Weiteren sollten Sie ein Windows Installer-Paket in einem GPO nur ein einziges Mal zuweisen oder veröffentlichen. Es macht wenig Sinn, dieselbe Applikation in der Computerkonfiguration den Computern und gleichzeitig in der Benutzerkonfiguration den Benutzern zuzuweisen. Sie erhalten zwar keine Fehlermeldung bei einer solchen Konfiguration, aber dadurch wird der Anmeldevorgang der Benutzer an dem Computer unnötig verlangsamt.

Wenn Sie sich für den Einsatz einer neuen Software entscheiden, sollten Sie immer zuerst prüfen, ob die Applikation bereits als Windows Installer-Paket vorliegt oder nicht. Unter Umständen kann die Repaketierung sehr aufwändig werden. Auch die Bereitstellung von Resource Kits oder ähnlichen Werkzeugen durch den Hersteller der Applikation zur Erstellung von .mst-Dateien kann ein wichtiger Faktor für oder gegen den Erwerb einer Applikation sein.

6.4 Die Verteilung über Microsoft Systems Management Server

Der *Systems Management Server (SMS)* ist in den Versionen 2.0 und 2003 ebenfalls in der Lage, Windows Installer-basierte Applikationen zu verwalten und zu verteilen. SMS unterstützt nahezu sämtliche Windows-Plattformen (Windows 98, ME, NT 4.0, 2000, XP und 2003 Server). Der Einsatz eines Active Directory ist für die Softwareverteilung via *SMS* im Gegensatz zum Gruppenrichtlinien-basierten Verfahren nicht notwendig. Die Softwareverteilung über den *SMS*-Server ist besonders in mittleren bis großen Unternehmen sinnvoll, bei denen außer der normalen Verteilung auch weitere Punkte wie zeitgesteuerte Verteilung, zentrale Hard- und Softwareinventarisierung oder Statusreporte wichtig sind. Für kleinere Unternehmen kommt die *SMS*-Lösung in aller Regel nicht in Frage, da der *SMS* zum Einen nicht ganz billig ist und zum Anderen nicht speziell für *SMS*-geschultes Personal vorhanden ist und der Aufwand für die Konfiguration und den Betrieb des SMS nicht zu unterschätzen ist.

 SMS in der Version unterstützt nicht nativ die Verteilung von .msi-Paketen. Es muss in dieser Version zunächst eine Repaketierung über den *SMS Installer* erfolgen. Dieser wird im Rahmen der Rapaketierungswerkzeuge in Kapitel 7.4 näher vorgestellt. Unter SMS 2003 ist die Verteilung von .msi-Paketen ohne weitere Zusatzschritte möglich.

Der SMS bietet für die Verteilung von Windows Installer-basierten Applikationen die folgenden Features:

▶ Auf der Inventarisierung der Clients basierte Softwareverteilung, z.B. nach Hardwarevorgaben

▶ Statusreporte über die Installationen

▶ Zeitgesteuerte Installation (Server- und Client-seitig)

▶ Zusammenarbeit mit mehreren Standorten

▶ Zentrale Inventarisierung von Hardware und Software

▶ Umfangreiche Diagnosetools, auch remotefähige Tools

Bei der Verteilung von Windows Installer-Paketen via SMS haben Sie weit reichende Verteiloptionen. Dazu zählen beispielsweise:

▶ Ermitteln der Installationsvoraussetzungen auf den Clients, basierend auf der Hardware- und Software-Inventarisierung

▶ Evaluieren der Softwareverteilung bei bestimmten Benutzern und Computern, wofür Sie spezielle Regeln erstellen können

▶ Zeitgesteuerte Softwareinstallation, z.B. zu Zeiten niedriger Netzwerkauslastung. Ebenfalls zeitgesteuertes Senden der Softwarepakete an Netzwerkfreigaben, von denen aus die Installation erfolgen soll.

▶ Überwachen der Softwareausnutzung. Diese kann sich auf Benutzer, Gruppen oder Computer erstrecken. Auch eine Lizenzüberwachung ist möglich. Des Weiteren kann auch die Nutzung von Applikationen auf Servern und Clientcomputern überwacht werden.

▶ Diagnose- und Hilfsprogramme stehen für die Analyse und Reparatur bei Problemen zur Verfügung.

Weitere Informationen zur Verwendung von SMS für die Verteilung von Softwarepaketen finden Sie im Dokument *deploymsi.doc* im Ordner DOKUMENTE auf der mitgelieferten CD.

6.5 Weitere Verteilverfahren

Neben den beiden Verteilverfahren über Gruppenrichtlinien im Active Directory und der Verteilung via SMS unterstützen auch zahlreiche weitere Softwarelösungen die Verteilung von Windows Installer-basierten Applikationen. Jedes Softwareverteilverfahren, das eine Kommandozeile an das System übergeben kann, ist theoretisch in der Lage, die Windows Installer-Technologie zu nutzen.

Tabelle 6.5 fasst einige Programme zur automatischen Softwareverteilung zusammen, die die Verteilung von Windows Installer-basierten Applikationen unterstützen. Diese Liste erhebt jedoch keinen Anspruch auf Vollständigkeit und soll nur Übersichtscharakter besitzen.

Hersteller	Programm	Herstellerseite/Hinweise
Altiris	Client Management Suite	*http://www.altiris.com/products/clientmgmt*
Baramundi	Baramundi Deploy	*http://www.baramundi.de/* In Verbindung mit Baramundi Package Studio
BMC Software	Marimba	*http://www.marimba.com/*
Enteo Software GmbH	NetInstall	*http://www.enteo.de* Ehemals NetSupport
HP	Application Manager using Radia	*http://openview.hp.com/* Ehemals Novadigm Radia, jetzt Bestandteil von HP OpenView
LANDesk	Management Suite	*http://www.landesk.com*
ManageSoft	ManageSoft	*http://www.managesoft.de/index.xml.de*
Matrix42	Empirum	*http://www.matrix42.de/*
Mobile Automation	Mobile Automation	*http://www.mobileautomation.com/*
New Boundary Technologies	Prism Deploy	*http://www.newboundary.com/products/prismdeploy/*
ONDemand Software	WinINSTALL	*http://www.ondemandsoftware.com/winstall85.asp*

Tabelle 6.5: Übersicht über Programme zur automatischen Softwareverteilung, die Windows Installer-basierte Pakete unterstützen

6.6 Probleme bei der Verteilung von InstallScript MSI-Projekten

Bei der Verteilung von Softwarepaketen, die mit *InstallShield* als *InstallScript MSI*-Projekt erstellt worden sind, kann es zu Problemen kommen. Dabei ist es unerheblich, welches der in diesem Kapitel beschriebenen Verfahren und Programme Sie einsetzen. In diesem Fall müssen Sie die *InstallShield Scripting Engine* (*isscript.msi*) zunächst separat installieren. Diese Datei sollte sich im Lieferumfang der Applikation befinden. Weitere Hinweise zu dieser Problematik finden Sie in Kapitel 23.

7 Repaketierung und Reauthoring

In diesem Kapitel erhalten Sie Informationen über Repaketierung und Reauthoring von nicht Installer-basierten Applikationssetups. Im ersten Teil des Kapitels werden die beiden Begriffe voneinander abgegrenzt und inhaltlich geklärt. Danach erhalten Sie wichtige Hinweise für die Vorbereitung der Repaketierung. Dazu gehören beispielsweise die Definition von Standards für den Repaketierungs- und die Clientcomputer sowie die Dokumentation dieser Standards. Auch die Fälle von Setups, bei denen eine Repaketierung nicht sinnvoll ist, werden aufgeführt.

Daran anschließend werden die Repaketierung von Applikationen über *WinInstall LE 2003* sowie den *SMS-Installer* an praktischen Beispielen vorgestellt. Auch auf weitere Programme zur Repaketierung außer den beiden genannten wird eingegangen. Ferner werden auch die Programme zum Reauthoring einer Applikation vorgestellt.

Soll keine Repaketierung durchgeführt werden, können über das Programm *ScriptIt* Installationsaufzeichnungen ausgeführt werden, die dann in ein Skript eingepflegt werden. Über dieses Skript kann die Installation einer nicht repaketierten Applikation erfolgen.

Den Abschluss dieses Kapitels bildet eine kurze Einführung in das Thema *.zap*-Dateien, die ebenfalls für die automatische Verteilung verwendet werden können – wenn auch sehr eingeschränkt –, sofern keine Repaketierung einer Applikation erfolgt.

7.1   Reauthoring oder Repaketierung

Dieses Kapitel beschäftigt sich mit den Unterschieden zwischen Reauthoring und Repaketierung. Dazu sollen zunächst die beiden Begriffe geklärt werden.

▶ *Reauthoring*:
Das Verfahren des Reauthoring wird angewendet, wenn eine Applikation nicht für den Windows Installer geschrieben wurde. Die komplette Applikation kann in ein Windows Installer-Paket umgewandelt werden. Hierbei handelt es sich um einen zuweilen sehr zeit- und arbeitsaufwändigen Vorgang.

▶ *Repaketierung*:
Die Repaketierung (Rapackaging) wird verwendet, wenn eine Applikation nicht im Windows Installer-Format vorliegt. Bei der Repaketierung wird aus dieser Applikation eine *.msi*-Datei erstellt. Dabei wird ein Snapshot des Systems vor und nach der Installation der Applikation erstellt, und aus den ermittelten Unterschieden wird die neue *.msi*-basierte Applikation erstellt. Diese Applikation vereint allerdings ihr gesamtes Featureset in einem einzigen Feature, so dass sie zwar vom Windows Installer installiert werden kann. Da aber alle Features der Applikation zu einem Feature

zusammengefasst sind, ist eine flexible Anpassung der Applikation nicht mehr möglich. Die Repaketierung kann als Zwischenlösung eingesetzt werden, bis das umfangreichere Reauthoring einer Applikation abgeschlossen ist.

7.1.1 Reauthoring von Applikationen

Beim Reauthoring können Sie eine Applikation erstellen, die das Windows Installer-Format unterstützt. Dabei wird das ursprüngliche Setup-Programm der Applikation neu geschrieben, so dass dieses nun Installer-konform arbeiten kann. Für das Reauthoring einer Applikation benötigen Sie Folgendes:

▶ Sämtliche ausführbaren Dateien, .dll-Dateien sowie die übrigen Ressourcen der Applikation. Sehr sinnvoll, aber in vielen Fällen nicht realisierbar wäre es, wenn zum Verständnis des ursprünglichen Setup-Prozesses auch der Quellcode zur Verfügung stehen würde.

▶ Weitere Informationen über die Funktionsweise der Applikation sowie der zugehörigen Registry-Einträge und Verknüpfungen

▶ Ein geeignetes Authoring-Programm, mit dem das .msi-Paket erstellt werden kann

Die Authoring-Programme unterscheiden sich teilweise erheblich in den Kosten und in den benötigten Ressourcen. Das Reauthoring hängt immer davon ab, welche Rolle die Applikation für Ihr Unternehmen spielt. In einigen Fällen kann es durchaus kostengünstiger sein, die Clients auf eine neuere Version zu aktualisieren oder eine alternative Applikation einzusetzen, die den Windows Installer nativ unterstützt. Sofern die Applikation jedoch keine neuere Version bietet oder es sich um eine selbst geschriebene Applikation handelt, bleibt nur der Weg des Reauthoring. In jedem Fall müssen Sie zwischen dem Aufwand des Reauthoring und dem daraus resultierenden Nutzen abwägen.

Bei einer selbst entwickelten Applikation ist das Reauthoring in der Regel weniger aufwändig, da die Entwickler „ihre" Applikation sehr gut kennen und auch der gesamte Quellcode vorliegt. Quasi als Zwischenlösung, während der Prozess des Reauthoring durchgeführt wird, kann die Applikation repaketiert und in dieser Form verteilt und eingesetzt werden.

Eine Übersicht über die wichtigsten Authoring-Programme finden Sie in Kapitel 7.5.

7.1.2 Repaketierung von Applikationen

Die Repaketierung von Applikationen ist nicht auf das .msi-Format beschränkt. Applikationen können auf viele verschiedene Formate repaketiert werden. Vor Einführung der Windows Installer-Technologie lag der Zweck der Repaketierung meistens bei Anpassungen. Da der Installer dazu Transform Files bereitstellt, entfällt die Repaketierung aus Anpassungsgründen. Eine Applikation, die bereits im Windows Installer-Format vorliegt, kann nicht repaketiert werden.

Auch für die Repaketierung muss zuvor der Kosten/Nutzen-Faktor bedacht werden, da auch diese Aufgabe zeitaufwändig und kostenintensiv sein kann, ähnlich wie beim Reauthoring.

Funktionsweise

Für die Repaketierung wird zunächst ein neues Betriebssystem auf einem Computer installiert, auf dem sich noch keine anderen Programme befinden. Von diesem System wird ein Snapshot erstellt. Danach erfolgt die Installation der Applikation, und es wird zum zweiten Mal ein Snapshot des Systemzustands erstellt. Dabei werden sämtliche Registry-Änderungen, Änderungen an Dateien oder Systemeinstellungen aufgezeichnet, die sich durch die Installation ergeben. Alle diese Änderungen schlagen sich im neuen Installationspaket nieder. Aus der Differenz zwischen den beiden Zuständen konstruiert das Repaketierungsprogramm die Installationsprozeduren, die nötig sind, um die Applikation als *.msi*-Datei installieren zu können.

Natürlich sollte nicht verschwiegen werden, dass bei der Repaketierung auch Probleme auftreten können, die später Fehler bei der Verteilung oder dem Einsatz der repaketierten Applikation verursachen können. Deshalb sollten Sie den Computer, auf dem die Repaketierung durchgeführt wird, möglichst immer an den Zustand des Computers angleichen, auf dem die Applikation später verteilt werden soll. Dies gilt nicht nur für eine möglichst identische Hardwareausstattung, sondern auch für die Softwareausstattung.

Probleme können nicht nur auftreten, wenn Sie die Repaketierung z.B. unter Windows 98 durchführen, die Verteilung aber unter Windows XP erfolgen soll. Selbst wenn dasselbe Betriebssystem auf den Computern vorhanden ist, achten Sie auch darauf, dass dieselben optionalen Komponenten auf beiden installiert sind. Dies gilt auch für die Service Pack-Version der Systeme. Bedenken Sie auch, dass Unterschiede zwischen scheinbar ähnlichen Betriebssystemen wie Windows 2000 Professional und 2000 Server, Windows XP und Windows Server 2003 oder Windows 98 und 98SE bestehen. Des Weiteren sollte auch der Stand gemeinsam genutzter Komponenten wie z.B. des Internet Explorer auf allen Computern derselbe sein. Letztlich kann der Zustand eines Computers auch durch weitere installierte Applikationen beeinflusst sein.

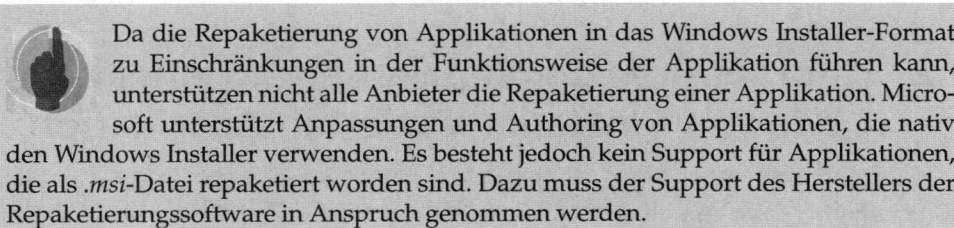

Da die Repaketierung von Applikationen in das Windows Installer-Format zu Einschränkungen in der Funktionsweise der Applikation führen kann, unterstützen nicht alle Anbieter die Repaketierung einer Applikation. Microsoft unterstützt Anpassungen und Authoring von Applikationen, die nativ den Windows Installer verwenden. Es besteht jedoch kein Support für Applikationen, die als *.msi*-Datei repaketiert worden sind. Dazu muss der Support des Herstellers der Repaketierungssoftware in Anspruch genommen werden.

Herausforderungen

Aber selbst, wenn die Hardware- und Software-Voraussetzungen erfüllt sind, stellt die Repaketierung noch weitere Herausforderungen an die Administratoren. Dazu zählen die folgenden Punkte:

▶ *Feature-Installation bei Bedarf ist nicht verfügbar*:
Eine der wichtigsten Funktionen des Windows Installer, nämlich die zur Installation von Features bei Bedarf zu einem späteren Zeitpunkt, ist bei einer repaketierten Applikation nicht vorhanden. Bei der repaketierten Applikation enthält das *.msi-*

Paket lediglich ein Feature, in dem *alle* Funktionen der Applikation enthalten sind. Sie haben also nur die Möglichkeit, die Applikation entweder vollständig oder gar nicht zu installieren. Eine Installation von Features bei Bedarf muss bereits beim Design der Applikation geplant werden, da sich die Features auf gemeinsam genutzte Komponenten beziehen. Ein funktionierendes Feature-Set ist nur durch Reauthoring einer Applikation zu erreichen.

▶ *Überflüssige Informationen in der repaketierten Applikation*: Möglicherweise sind in der repaketierten Applikation Informationen enthalten, die nicht zu der ursprünglichen Applikation gehören. Dazu kann z.B. eine System- oder Prozess-Meldung gehören, die ohne Zusammenhang zur Repaketierung auf dem Repaketierungscomputer aufgetreten ist. Diese Meldung oder auch nur ein Warnton wurde bei der Repaketierung mit aufgezeichnet und ist damit zum Bestandteil der neuen Applikation geworden. Ein weiteres Beispiel ist ein vor Beginn der Repaketierung versehentlich geöffneter Ordner im Windows Explorer. In der repaketierten Applikation wird immer der Eintrag vorhanden sein, der auf diesen Ordner verweist. Diese Beispiele sind nicht wirklich gefährlich und beeinflussen nicht die Stabilität und Funktionalität der repaketierten Applikation, während dies bei anderen Beispielen der Fall sein kann. Lediglich intensive Tests der repaketierten Applikation können ein Fehlverhalten der Applikation, das durch überflüssige Informationen zustande kommt, ausschließen.

▶ *Mangelnde Stabilität*:
Bei der Repaketierung wird das Paket für die Selbstreparatur über den Windows Installer konzipiert. Allerdings kann es dadurch zu unerwarteten Fehlern und Instabilität kommen, da die Repaketierungsprogramme weder Abhängigkeiten von Komponenten ermitteln noch den Keypath für eine Applikation spezifizieren können.

▶ *Isolierte Komponenten*:
Um auf isolierte Komponenten eingehen zu können, müssen Sie entweder ein Reauthoring an der Applikation durchführen oder die repaketierte Applikation nach deren Erstellung modifizieren.

7.2 Vorbereiten der Repaketierung einer nicht Windows Installer-basierten Applikation

Auch wenn die Repaketierung in der Regel nicht ganz so aufwändig werden wird wie das reauthoring einer Applikation, muss auch dieser Prozess sorgfältig vorbereitet und geplant werden. Dieses Kapitel gibt Ihnen einige Hinweise dazu.

7.2.1 Vorüberlegungen

Sofern es sich um eine ältere Applikation handelt, sollten Sie ermitteln, ob zwischenzeitlich eine neuere Version als Windows Installer-Paket erhältlich ist. In diesem Fall kann das Problem durch ein Update der Applikation gelöst werden, so dass keine Repaketierung erforderlich wird. Gibt es kein Installer-Paket für die Applikation, so können Sie nach einer alternativen Methode der Softwareverteilung suchen. Der *Microsoft Systems Management Server (SMS)* ist beispielsweise in der Lage, die herkömmliche Installation einer nicht Installer-basierten Applikation zu erweitern. In der Version 2.0 verwenden Sie dazu den SMS-Installer. Der SMS 2003 unterstützt nativ die Verteilung von *.msi*-Paketen. Bei der Softwareverteilung über die Gruppenrichtlinie können Sie alternativ auch *.zap*-Dateien (siehe Kapitel 7.7) verwenden.

Allerdings wird mit diesen beiden Verfahren nicht der volle Funktionsumfang wie bei der Installation eines Installer-Pakets erreicht. Somit bleibt als letzte Alternative die Repaketierung der Applikation, so dass die *setup.exe* letztlich als *.msi*-Datei vorliegt. Allerdings sollten Sie immer den Nutzen der tatsächlichen Windows Installer-Features in der Applikation gegen den Aufwand der Repaketierung abwägen.

7.2.2 Repaketierung in sauberer Umgebung

Beim Erstellen oder Testen der Pakete müssen Sie unbedingt darauf achten, dass sich das System in einem definierten Referenzzustand befindet. Dieser Zustand muss bei jedem Durchlauf identisch sein. Um in der Testumgebung stets rasch einen bestimmten Zustand herstellen zu können, bietet sich der Einsatz eines Image-Programms an wie z.B. *Norton Ghost*. Einige Repaketierungsprogramme unterstützen auch virtuelle Aufzeichnungstechnologien, so z.B. *Virtual Capture and SmartMonitor* von Wise Solution oder *InstallMonitor* von InstallShield. Auch der Einsatz virtueller Maschinen unter *VMWare* oder *Virtual PC* kann eine Lösung sein. Auf welche Weise Sie schließlich den definierten Zustand herstellen, bleibt Ihnen überlassen. Wichtig ist nur, dass dieser Zustand hergestellt wird.

Der Sinn einer sauberen Maschine liegt in der Technologie der Repaketierung begründet. Hinter jedem Repaketierungsprogramm steckt das Verfahren, die Unterschiede am System durch Installation der Applikation zu ermitteln, indem der Status vor und nach der Installation miteinander verglichen werden. Dieses Verfahren wird als Snapshot-Verfahren bezeichnet. Dabei wird der Zustand sämtlicher Dateien, Registry-Einstellungen sowie sonstiger Konfigurationseinstellungen auf dem Repaketierungscomputer vor der Installation ermittelt. Danach wird die Applikation installiert und konfiguriert. Ist dieser Vorgang abgeschlossen, wird ein zweiter Snapshot des Systems durchgeführt. Aus den ermittelten Daten-Differenzen der beiden Zustände wird das Installationspaket im *.msi*-Format erzeugt.

Bei einer einfachen Installation funktioniert dieses Verfahren in den allermeisten Fällen fehlerfrei. Allerdings werden nicht immer alle für die korrekte Funktion der Applikation erforderlichen Informationen ermittelt. Angenommen, auf dem Repaketierungscomputer befand sich bereits eine *.dll*-Datei in einer neueren Version, als von der Applikation benötigt wird, so hat sich der Status dieser Datei vor und nach der Installation nicht geändert. Somit konnte auch keine Änderung aufgezeichnet werden, die nötig gewesen wäre, wenn die *.dll*-Datei in einer älteren Version vorgelegen hätte.

Allerdings wurden in Windows APIs ab Windows 2000 Erweiterungen vorgenommen, so dass den Repaketierungsprogrammen verbesserte Möglichkeiten zum Erkennen von Änderungen durch Setup-Programme zur Verfügung stehen. Dabei wird das Setup-Programm als ein untergeordneter Prozess (Child Process) gestartet, der dann überwacht wird. So können die Windows APIs in Bezug auf Änderungen am Dateisystem und der Registry überwacht werden. Alle diese Zugriffe können nachvollzogen werden, auch wenn aus einem bestimmten Zugriff keine Änderung am Dateisystem oder der Registry resultiert.

Ein anderer Ansatz besteht darin, das Dateisystem und die Registry zu emulieren. Wird nun durch das Setup eine Änderung vorgenommen, werden die Änderungen lediglich emuliert, aber nicht am realen System durchgeführt. Dennoch werden sämtliche Änderungen aufgezeichnet. Derartige Methoden werden in den Programm-Suiten von *Wise* und *InstallShield* verwendet.

 Diese Verbesserungen an den Erkennungsmöglichkeiten erhöhen zwar die Qualität der repaketierten Applikationen, aber dennoch wird ein Repaketierungsprogramm nie in der Lage sein, die vollständige Logik des Setup-Programms zu durchschauen. Sollen beispielsweise bei der Installation von Applikation A nur dann zwei bestimmte Registry-Einträge vorgenommen werden, wenn Applikation B bereits installiert ist, so werden diese beiden Einträge nur dann aufgezeichnet, wenn Applikation B auch tatsächlich auf dem Repaketierungscomputer vorhanden ist. Ist dies nicht der Fall und wird die Applikation repaketiert ohne diese beiden Einträge an einen Computer verteilt, auf dem Applikation B bereits installiert ist, so können diese beiden Registry-Einträge dort nicht vorgenommen werden, so dass die Applikation möglicherweise nicht korrekt funktionieren wird.

Achten Sie zusätzlich darauf, dass auf dem neu installierten System keine unnötigen Fenster geöffnet sind. Auch überflüssige Dienste und Prozesse sollten auf diesem Computer beendet werden. Durch identische Hardware auf dem Repaketierungs- und dem Zielcomputer vermindern Sie ebenso mögliche Probleme.

7.2.3 Weitere für die Repaketierung benötigte Daten

Im Zuge der Repaketierung kann die Notwendigkeit bestehen, zwei weitere Arten von Dateninformationen den Paketen hinzuzufügen. Dabei stellt sich jedoch das Problem, dass die *.msi*-Datenbank nicht beliebig mit Informationen erweitert werden kann, wie z.B. *WMI (Windows Management Instrumentation)* durch selbst definierte Elemente erweiterbar ist.

Die erste Gruppe dieser Informationen bezieht sich auf Daten, die für die unbeaufsichtigte Installation der repaketierten Applikation erforderlich sind. Angenommen, eine Applikation benötigt für die Installation Informationen wie einen Datenbankpfad oder einen Servernamen. Damit die Installation unbeaufsichtigt ausgeführt werden kann, müssen diese Informationen automatisch bezogen werden können. Dazu müssen die betreffenden Informationen auf dem Zielsystem automatisch bereitgestellt werden.

In vielen Fällen werden dazu Skripte angewendet, um die gewünschten Daten auszulesen oder Werte basierend auf anderen Daten des Zielcomputers zu bestimmen. Wird beispielsweise durch ein Präfix im Computernamen der Standort eines Computers bestimmt, kann ein Paket diesen Namen auslesen und basierend auf dieser Information den korrekten Datenbankpfad oder Servernamen übergeben. Auch Anmeldeskripte und der Einsatz von Umgebungsvariablen sind ein probates Mittel zur Bereitstellung derartiger Daten.

Der zweite Bereich bezieht sich auf Protokollierungs- und Verfolgungsdaten. Diese Daten können beispielsweise für die Kontrolle darüber verwendet werden, ob eine bestimmte Applikation in einer vom Unternehmen angepassten Version oder in der Originalversion installiert wurde, in der sich möglicherweise Sicherheitslücken befinden oder die die angepasste Informationen nicht enthält.

Um diese Informationen zu erhalten und auswerten zu können, wird in der Regel ein Inventory-System verwendet. Die entsprechenden Protokolldateien werden lokal auf dem Computer gespeichert und dann an das Inventory-System übergeben. Besteht kein Inventory-System, ist auch die Remote-Zugriffsmöglichkeit auf die Protokolldateien zur Auswertung ausreichend. Die lokale Speicherung mit zentraler Zugriffsmöglichkeit hindert die Pakete an der Annahme, dass während der Paketinstallation bestimmte Netzwerkressourcen und Serververbindungen bestehen. Eine solche Annahme hindert die Pakete an der korrekten Ausführung, wenn Remotebenutzer offline sind oder Netzwerkressourcen nicht zur Verfügung stehen.

Als Speicherort eignen sich die folgenden Daten:

- *.ini*-Dateien: Diese Dateien können lokal gespeichert werden. Ein Remotezugriff ist möglich, und sie können bei Bedarf im Netzwerk gespeichert werden.

- Registry: Auf die Registry kann lokal und remote zugegriffen werden. Eine gute Verständlichkeit der Informationen ist sichergestellt.

- *.wmi*-Dateien: Auf diese Dateien kann lokal und remote zugegriffen werden. Sie können in ein Inventory-System wie SMS eingepflegt werden. *.wmi*-Dateien verwenden Datenbanktabellen. Unter Windows Server 2003 können WMI-Filter zur Zuweisung von GPOs benutzt werden.

7.2.4   Dokumentation

Zur Sicherstellung der Standards auf dem Repaketierungscomputer ist eine Dokumentation der Standardeinstellungen an den Firmendesktops unerlässlich. Nur durch Einhaltung dieser Standards kann eine konsistente Umgebung aufrecht erhalten werden.

Der Umfang dieser Dokumentation ist von einem Unternehmen zum anderen teilweise stark variierend. Während ein Unternehmen lediglich das Betriebssystem mit Service Pack-Level und die eingesetzte Hardware dokumentiert, können in einem anderen Unternehmen nahezu sämtliche Einstellungen des Desktop dokumentiert sein. Wenn die Dokumentation auch Zeit kostet, so ist diese sicherlich gut investiert, da die Dokumentation – nicht nur im Zuge der Repaketierung – entscheidende Vorteile bringt.

Besitzen Sie eine Referenzdokumentation der Desktops, können Sie schnell feststellen, ob der Repaketierungscomputer und die Zielclients dieselben Einstellungen besitzen. Des Weiteren können Sie prüfen, ob die vom Repaketierungsprogramm entdeckten Änderungen für die Desktops stimmig sind, an die das Paket verteilt werden soll.

7.3 Welche Setup-Typen sollten nicht repaketiert werden?

Theoretisch können sämtliche Setup-Typen repaketiert werden, auch wenn dies bei einigen nicht unbedingt sinnvoll ist. Dieses Kapitel stellt Ihnen einige Applikationstypen vor, die nicht repaketiert werden sollten.

 Eine erste Regel, unabhängig vom Setup-Typ, sollte immer sein, zunächst die beigefügte Readme-Datei der Applikation zu lesen. Möglicherweise finden Sie in dieser bereits Hinweise, was bei einer Repaketierung bedacht werden sollte oder ob diese im Einzelfall sogar unmöglich ist.

Auf keinen Fall sollten Service Packs, Hotfixes oder Systemerweiterungen wie der *Media Player* oder *DirectX* repaketiert werden. Dies liegt daran, dass bei der Installation dieser Applikationen teils tiefe Änderungen am Betriebssystem vorgenommen und spezielle Installationsprozeduren durchgeführt werden.

Des Weiteren sollten auch Gerätetreiber, Netzwerkprotokolle sowie System-Agents nicht repaketiert werden. Diese Komponenten führen ebenfalls umfangreiche Änderungen an bestehenden Einstellungen und Konfigurationen durch, bevor sie sich schließlich installieren. So können beispielsweise Bind-Nummern von Netzwerkprotokollen willkürlich zugewiesen werden. Auf einem ansonsten identischen System kann es unterschiedliche Bind-Nummern geben. Diese unterschiedlichen Nummern können zustande kommen, wenn auf einem System ein Netzwerkprotokoll aufgrund von Schwierigkeiten zunächst deinstalliert und danach wieder neu installiert wurde.

Ferner sollte auch keine Applikation repaketiert werden, die als Deployment Kit, z.B. das *Platform SDK* oder das *IEAK (Internet Explorer Administration Kit)* ausgeliefert wird. In der Regel benutzt der Softwarehersteller nur dann ein Deployment Kit, wenn während der Installation umfangreiche Konfigurationseinstellungen vorgenommen werden.

Schließlich sollte auch nichts repaketiert werden, was in irgendeiner Weise den Windows-Dateischutz aktualisiert. Auch wenn der Windows Installer ab der Version 2.0 in der Lage ist, den Windows-Dateischutz zu aktualisieren, ist nicht unbedingt das Repaketierungsprogramm in der Lage, Änderungen am Dateischutz zu protokollieren. Lediglich Microsoft-Updates können die über den Dateischutz gesicherten Dateien ändern.

 Die Repaketierung einer Applikation, die bereits als *.msi*-Datei vorliegt, ist nicht sinnvoll. Durch die Repaketierung geht die Struktur des ursprünglichen *.msi*-Pakets komplett verloren. So sind die Features des *.msi*-Pakets nicht mehr einzeln, sondern nur noch als Gesamtfeature verfügbar.

7.4   Programme für die Repaketierung

In den folgenden Kapiteln wird Ihnen eine Reihe von Programmen vorgestellt, die für die Repaketierung verwendet werden können. Außer den Microsoft-eigenen Lösungen *WinInstall LE* und *SMS-Installer* werden auch die wichtigsten Programme von Drittanbietern vorgestellt. Dennoch erhebt diese Liste keinen Anspruch auf Vollständigkeit.

7.4.1   WinInstall 2000 und WinInstall LE 2003

Während sich die Version des *WinInstall 2000* noch im Lieferumfang des Windows Server 2000 befand, ist die Nachfolgeversion *WinInstall LE 2003* nicht mehr Bestandteil des Windows Server 2003. Die aktuelle Version *WinInstall LE 2003* wird direkt von der Herstellerfirma *OnDemand Software* kostenlos angeboten. Bei *WinInstall LE 2003* in der Standardversion handelt es sich um die einzige Freeware, die für Windows Server 2003 verfügbar ist. Das Programm unterstützt das aktuelle Windows Installer-Schema.

WinInstall LE 2003 ist gleichermaßen für die Paketierung und Repaketierung geeignet. Mit Hilfe dieses Programms können Sie Windows Installer-basierte Installationspakete aus Applikationen erstellen, die lediglich als herkömmliches Setup vorliegen, diese Pakete modifizieren sowie Transform Files, Patches und Mergemodule erstellen. Auch die automatische Korrektur bei Validierungsproblemen ist möglich. Nach der Installation belegt das Programm dabei lediglich 25 MB Speicherplatz.

Neben der kostenlosen Standard-Version bietet *OnDemand* auch eine Professional-Version zum Kauf an. Diese verfügt neben dem hier beschriebenen Repaketierungstool über die Möglichkeiten, Windows Installer-basierte Applikationen in einem kompletten Unternehmensnetzwerk zu verteilen und installieren. Über diese Funktionalität verfügt *WinInstall LE 2003* jedoch nicht. Der Preis für die Professional-Version *beträgt* US-$ 49,95.

Die aktuelle Version von *WinInstall LE 2003* können Sie unter folgender Adresse herunterladen oder von der Begleit-CD installieren:

www.ondemandsoftware.com/freele.asp

Die *WinInstall*-Version des Windows Server 2000 befindet sich auf dessen Installations-CD im Verzeichnis \VALUEADD\3RDPARTY\MGMT\WINSTLE. Für *WinInstall 2000* wurde von Veritas ein Patch herausgegeben, der einige Programmfehler behebt. Den Patch finden Sie zum Download unter folgender Adresse:

http://seer.support.veritas.com/docs/229403.htm

Funktionsweise

Die Funktionsweise des *WinInstall LE 2003* gleicht dem Grundprinzip aller Repaketierungsprogramme. Zunächst wird ein Snapshot mit Hilfe des Programms *Discover* durchgeführt.

Während Discover im Hintergrund läuft, führen Sie die Installation der Applikation wie gewohnt durch. Sobald die Installation abgeschlossen worden ist, wird eine *.msi*-Datei dieser Applikation erstellt.

Um bei der Erstellung der .msi-Datei Probleme zu vermeiden, sollten Sie mit *WinInstall* nach Möglichkeit nur die .msi-Datei aus einer einzelnen Applikation erstellen.

Durchführen der Repaketierung

In diesem Kapitel erfahren Sie, wie eine Applikation über *WinInstall* repaketiert werden kann. Grundlage für die folgende Beschreibung ist *WinInstall LE 2003*. Um eine Applikation zu repaketieren, führen Sie die folgenden Schritte aus:

1. Starten Sie zunächst *WinInstall LE 2003*. Markieren Sie dort den Knoten WINDOWS INSTALLER PACKAGES und starten Sie das Programm *Discover* über das Menü FILE/RUN DISCOVER oder den gleichnamigen Kontextmenüeintrag.

2. Im Fenster RUN DISCOVER ist der Pfad zur Datei *disco32.exe* angegeben. Über diese Datei wird der *Discovery Wizard* gestartet. Optional können Sie noch weitere Argumente für Aufrufe der Datei angeben (siehe Abbildung 7.1). Klicken Sie dann auf OK.

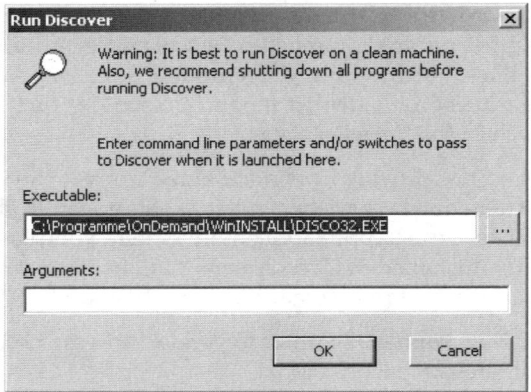

Abbildung 7.1: Angabe des Pfades und optionaler Argumente zum Aufruf des Discover Wizard

 Sämtliche unnötigen Fenster sollten nun geschlossen werden. Auch alle unnötigen Programme und Dienste sollten beendet werden.

3. Im Begrüßungs-Fenster des Assistenten klicken Sie auf NEXT. Im Fenster SELECTING TARGET (siehe Abbildung 7.2) geben Sie den Namen der Applikation ein. Dadurch wird automatisch ein neuer Ordner mit diesem Namen angelegt. Klicken Sie dann auf NEXT und bestätigen Sie, dass das neue Verzeichnis angelegt werden soll.

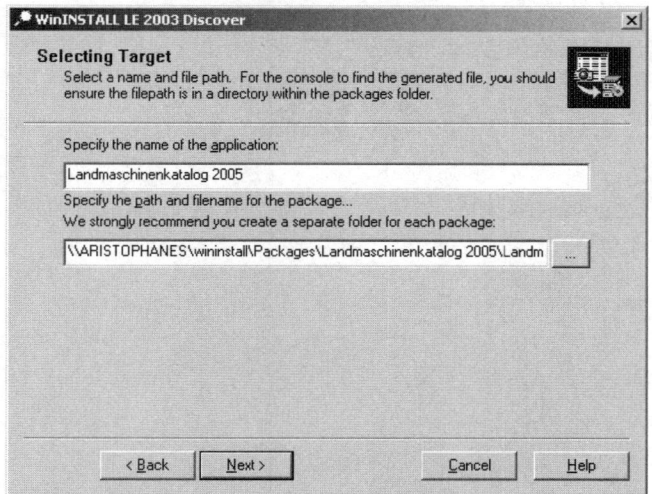

Abbildung 7.2: Angeben des Namens für das neue Paket

4. Als Nächstes wird das Arbeitsverzeichnis festegelegt, in dem der *Discover Wizard* seine temporären Dateien speichern kann (siehe Abbildung 7.3). Wählen Sie hier ein Laufwerk und klicken Sie auf NEXT.

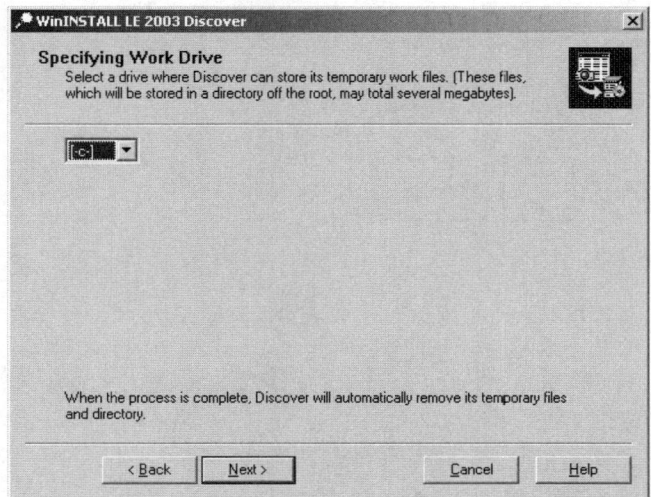

Abbildung 7.3: Festlegen des temporären Arbeitsverzeichnisses

5. Im nächsten Fenster DRIVE SELECTION (siehe Abbildung 7.4) markieren Sie unter AVAILABLE DRIVES die Laufwerke, die nach Änderungen im Zuge der Installation gescannt werden sollen. Fügen Sie diese über ADD oder ADD ALL zur Liste DRIVES TO SCAN hinzu. Über REMOVE oder REMOVE ALL können Einträge aus dieser Liste entfernt werden. Klicken Sie dann auf NEXT.

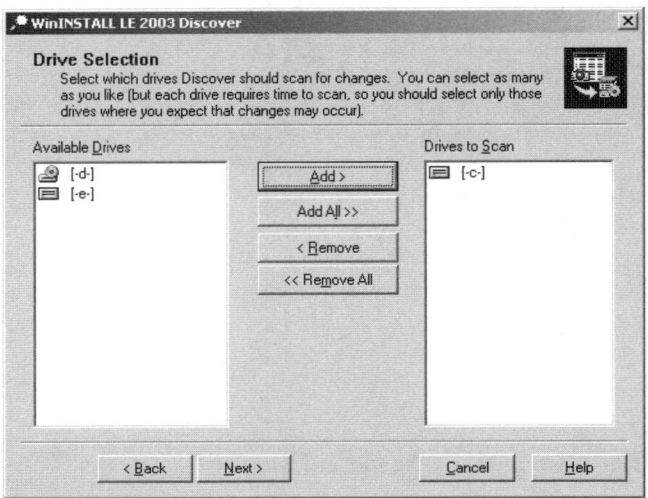

Abbildung 7.4: Auswahl der Laufwerke, die gescannt werden sollen

6. Dann werden im Fenster EXCLUSION FILE SELECTION (siehe Abbildung 7.5) bestimmte Dateitypen und Ordner ausgewählt, die vom Scan ausgeschlossen werden sollen. Markieren Sie diese und klicken Sie dann auf NEXT.

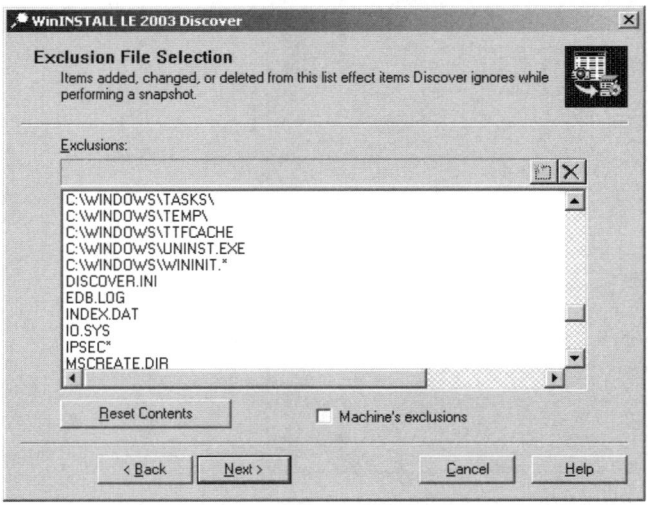

Abbildung 7.5: Auswahl von Dateien und Ordnern, die vom Scan ausgeschlossen werden sollen

7. Im folgenden Fenster EXCLUSION REGISTRY SELECTION (siehe Abbildung 7.6) werden die Registry-Pfade ausgewählt, die vom Scan ausgeschlossen werden sollen. Klicken Sie dann auf NEXT. Im Abschlussfenster COMPLETING THE DISCOVER WIZARD klicken Sie auf FINISH.

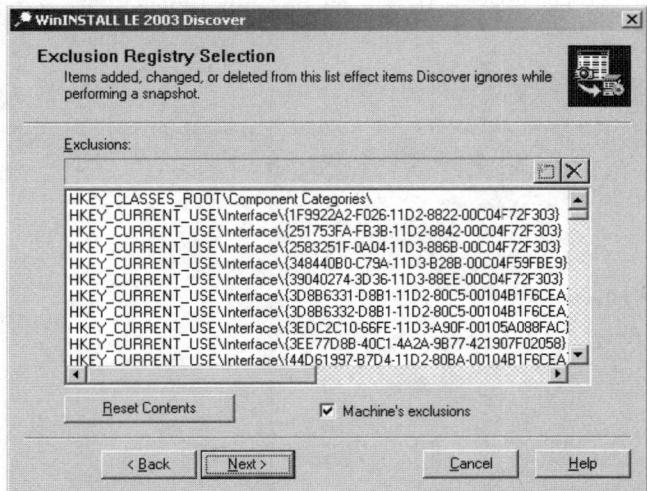

Abbildung 7.6: Auswahl der Registry-Schlüssel, die vom Scan ausgeschlossen werden sollen

8. Danach wird der Scan des Systems vor Beginn der Installation durchgeführt (siehe Abbildung 7.7). Ist dieser abgeschlossen, erhalten Sie eine Meldung und können mit der Installation der zu repaketierenden Applikation beginnen.

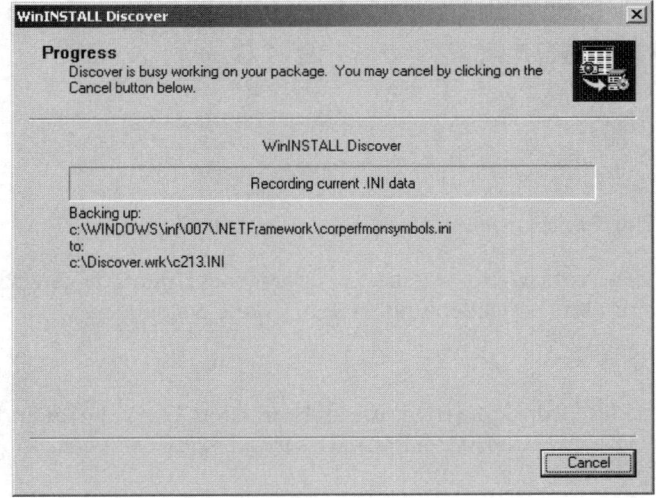

Abbildung 7.7: Während des Scanvorgangs werden Sie über den aktuellen Status informiert

9. Die gewählte Applikation wird nun wie gewohnt installiert. Auch ein eventueller Neustart nach der Installation kann durchgeführt werden. Starten Sie danach die Applikation und testen Sie diese. Beenden Sie dann die Applikation.

10. Starten Sie dann wieder den Discover Wizard. Im Willkommensfenster wählen Sie die Option PERFORM THE "AFTER" SNAPSHOT NOW (siehe Abbildung 7.8). Klicken Sie dann auf NEXT.

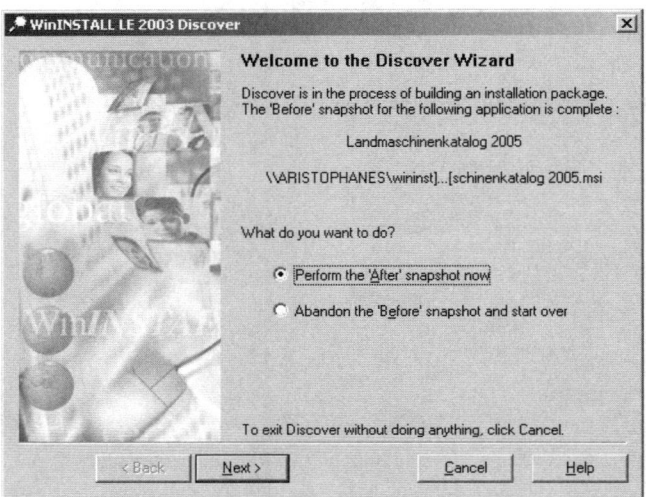

Abbildung 7.8: Der zweite Snapshot wird nach Abschluss der Applikations-Installation durchgeführt

11. Dann wird erneut der Snapshot durchgeführt. Ist dieser beendet, erhalten Sie die Meldung, dass die entsprechende *.msi*-Datei erzeugt wurde (siehe Abbildung 7.9).

Abbildung 7.9: Sie erhalten einen Hinweis, wenn das .msi-Paket erstellt wurde

Sie können nun entweder das Paket weiter bearbeiten oder wieder den Ausgangszustand des Repaketierungscomputers herstellen und weitere Pakete erstellen.

Bearbeiten des Pakets

Nachdem das *.msi*-Paket erstellt wurde, können Sie dieses bearbeiten. Das Paket befindet sich nun unter dem Knoten WINDOWS INSTALLER PACKAGES in der *WinInstall-mmc*.

 Möchten Sie die Änderungen nicht an dem Originalpaket durchführen, wählen Sie das Menü FILE/IMPORT PACKAGE und markieren die Checkbox COPY PACKAGE SOURCE FILES. Dadurch werden die Änderungen an der Kopie und nicht am Original durchgeführt (siehe Abbildung 7.10).

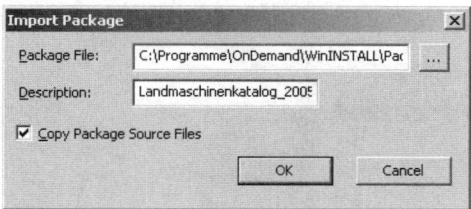

Abbildung 7.10: Importieren eines Pakets zur weiteren Bearbeitung

Im oberen Fensterbereich sehen Sie sämtliche Bestandteile des Pakets (siehe Abbildung 7.11). Um einen Eintrag zu bearbeiten, klicken Sie diesen an und nehmen im rechten Abschnitt auf den Registerkarten die entsprechenden Änderungen vor.

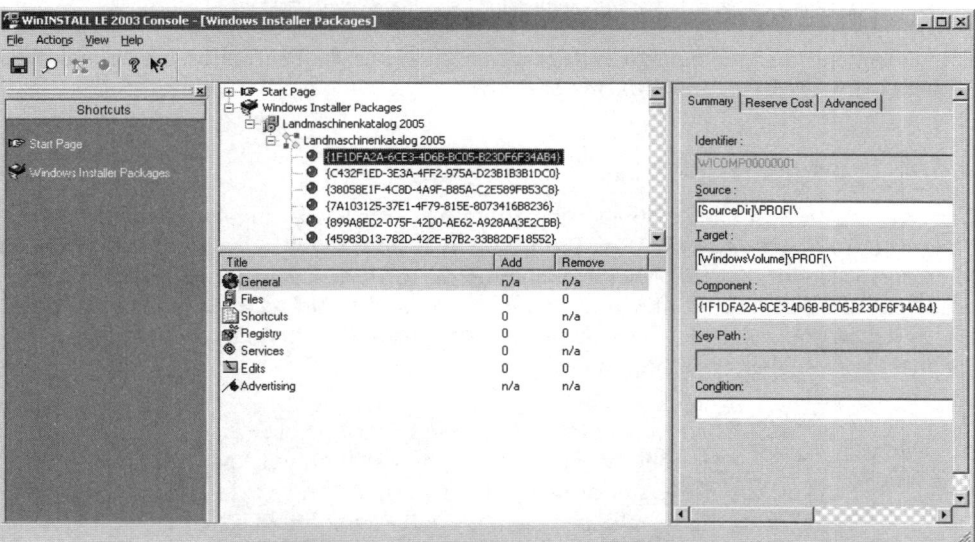

Abbildung 7.11: Jedes Element des neuen Pakets kann über verschiedene Registerkarten modifiziert werden

Im unteren Fensterbereich FILES sehen Sie die während des Scanvorgangs ermittelten Änderungen am System. Dort wird u.a. die Anzahl der hinzugefügten und entfernten Dateien, Verknüpfungen oder Registry-Einträge angezeigt. Diese Übersicht enthält systematisch geordnet ebenfalls die Einträge des Pakets. Auch hierüber können die Inhalte über die entsprechenden Registerkarten im rechten Abschnitt bearbeitet werden (siehe Abbildung 7.12).

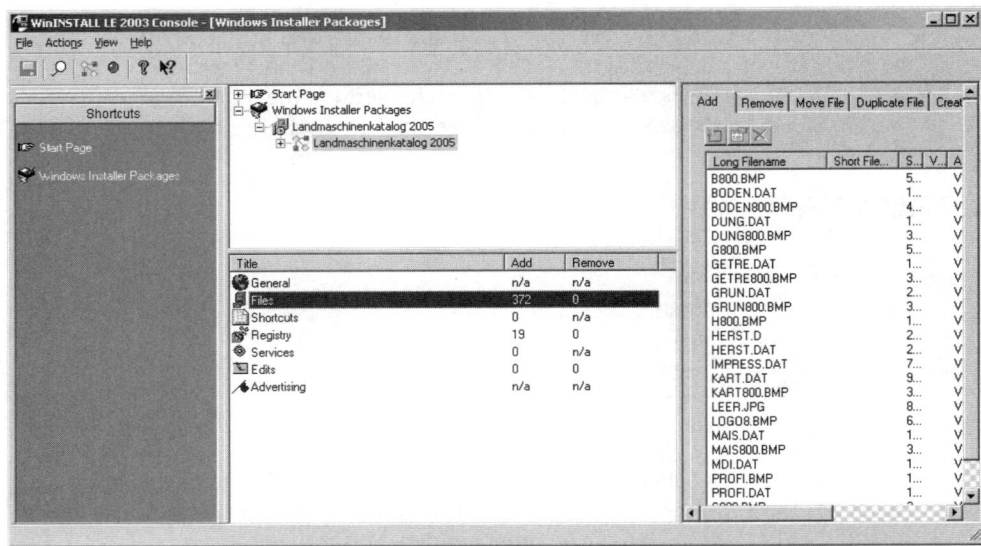

Abbildung 7.12: Nach Kategorien geordnet, können die Elemente ebenfalls bearbeitet werden

Eine Übersicht über die einzelnen Registerkarten sowie die Bearbeitungsmöglichkeiten finden Sie in der Hilfe von *WinInstall LE 2003*.

7.4.2 SMS-Installer

Der *SMS-Installer* ist ein Repaketierungsprogramm für SMS-Umgebungen. Ursprünglich war der *SMS-Installer* ein Wise-Produkt. Ein Teil des Quellcodes wurde von Wise an Microsoft verkauft, so dass Microsoft daraus den *SMS-Installer* herstellte. Wise entwickelte parallel den *Wise Installer* und später auch das *Wise Package Studio* auf dieser Basis. Das Erstellen von *.msi*-Dateien ist ein neues Feature des *SMS-Installer*, da bislang nur *.exe*-Dateien als Ausgabeformat bestanden.

 Der *SMS-Installer* darf nur genutzt werden, wenn eine Lizenz für den *SMS-Server 2.0* oder höher vorliegt. Bei der Installation wird geprüft, ob auf dem System ein SMS-Standortserver installiert ist. Anderenfalls kann der SMS-Installer nicht installiert und verwendet werden. Die Installation kann sowohl auf einem *SMS 2.0* als auch auf einem *SMS 2003* erfolgen.

Der *SMS-Installer* bietet als Installationsmethode für die repaketierte Applikation nur den SMS. Insgesamt können *.msi*-Dateien auf dreierlei Weise erstellt werden:

1. Snapshot des Systems über den Repaketierungsassistenten wie auch unter *WinInstall*

2. Überwachung

3. Skript-Editor

Alle drei Methoden werden vorgestellt.

SMS-Installer Repaketierungsassistent

Nach der Installation des *SMS-Installer* starten Sie den Repaketierungsassistenten über die Verknüpfung MICROSOFT SMS-INSTALLER 32 im Startmenü.

1. Im Hauptfenster des Assistenten (siehe Abbildung 7.13) klicken Sie auf MITSCHNITT, um den Snapshot am System zu starten.

Abbildung 7.13: Über Mitschnitt wird der Snapshot-Assistent gestartet

2. Im Fenster INSTALLATIONSMITSCHNITT (siehe Abbildung 7.14) geben Sie unter INSTALLATIONSPROGRAMM den Pfad zur Installationsdatei an. Im Abschnitt VERZEICHNISNAME bestimmen Sie die Laufwerke, die auf Änderungen durch die Installation untersucht werden sollen. Über ÄNDERN kann diese Einstellung bearbeitet werden. Klicken Sie dann auf WEITER.

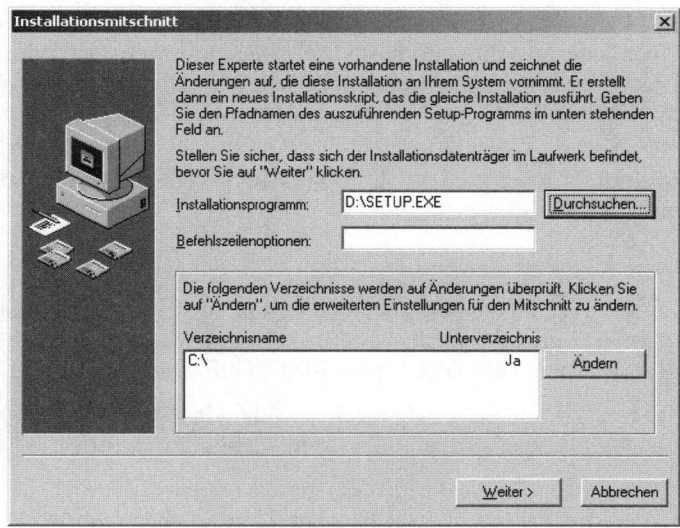

Abbildung 7.14: Angabe der zu installierenden Applikation und der zu überwachenden Laufwerke

3. Es wird der Scan des Systems durchgeführt. Ist dieser abgeschlossen, klicken Sie im folgenden Fenster auf SETUP STARTEN, sofern die Installation der Applikation nicht automatisch startet. Führen Sie dann die Installation der Applikation durch.

4. Ist die Installation abgeschlossen, klicken Sie auf WEITER (siehe Abbildung 7.15). Es werden nun die Verzeichnisse und Registry-Einträge auf Änderungen hin untersucht. Ist der Vorgang abgeschlossen, klicken Sie auf FERTIG STELLEN.

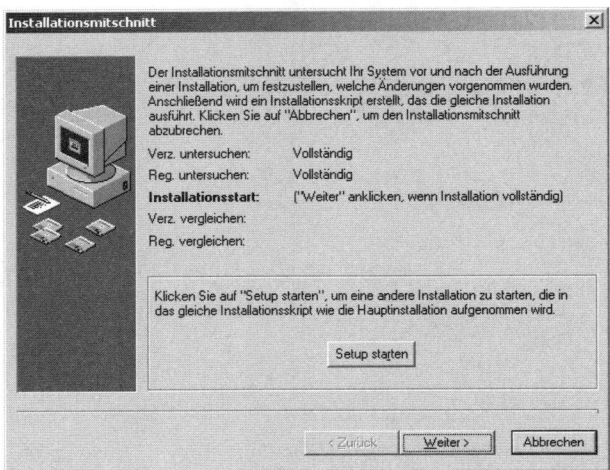

Abbildung 7.15: Nach Abschluss der Installation werden die Verzeichnisse und Registry-Einträge mit dem vorherigen Scan verglichen

5. Sie haben durch diese Schritte die Änderungen am System aufgezeichnet, jedoch ist noch keine .msi-Datei erstellt worden.

Paketbearbeitung

1. Nach Abschluss der Repaketierung erhalten Sie wieder das Hauptfenster. Wählen Sie unter INSTALLATIONSATTRIBUTE einen Eintrag und sehen Sie im rechten Fenster die Informationen dazu. Um hier eine Einstellung zu ändern, markieren Sie diese und klicken auf EIGENSCHAFTEN.

2. Im Beispiel (siehe Abbildung 7.16) können Sie für die Installation die anzuzeigenden Dialogfelder bearbeiten.

Erstellen der .msi-Datei

Nachdem die Änderungen aufgezeichnet und die Einstellungen eventuell bearbeitet worden sind, kann das .msi-Paket erstellt werden. Wählen Sie dazu das Menü ERSTELLEN/ALS WINDOWS INSTALLER-PAKET KOMPILIEREN oder die Schaltfläche KOMPILIEREN.

Um das erstellte Paket zu testen, klicken Sie auf TEST oder wählen das Menü ERSTELLEN/TESTEN, um die Installation zu simulieren. Treten dabei keine Fehler auf, wurde die .msi-Datei fehlerfrei erstellt.

Auf dieselbe Weise wird auch die .msi-Datei erstellt, wenn Sie die Überwachung oder den Skript-Editor zum Erstellen der Informationen verwenden.

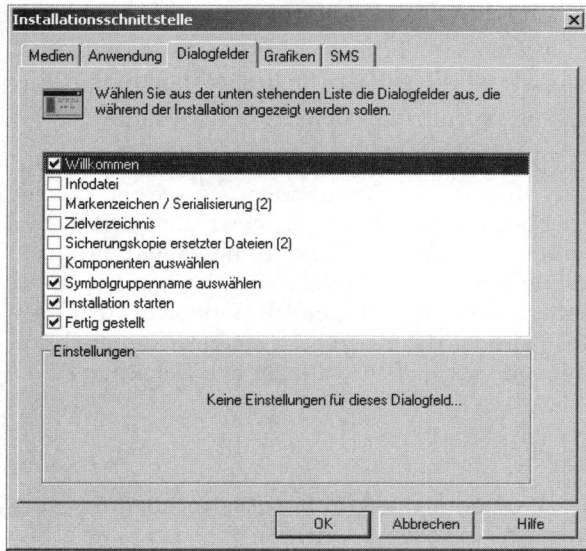

Abbildung 7.16: Bearbeiten der Eigenschaften

SMS-Installer-Überwachung

Die *SMS-Installer*-berwachung wird nur in den Fällen eingesetzt, in denen die zu repake-
tierende Installation bereits installiert ist und in denen die ursprüngliche *setup.exe* nicht
verfügbar ist. Dasselbe gilt auch, wenn eine Applikation ohne *setup.exe* ausgeliefert
wurde. Beide Fälle sind aber eher selten.

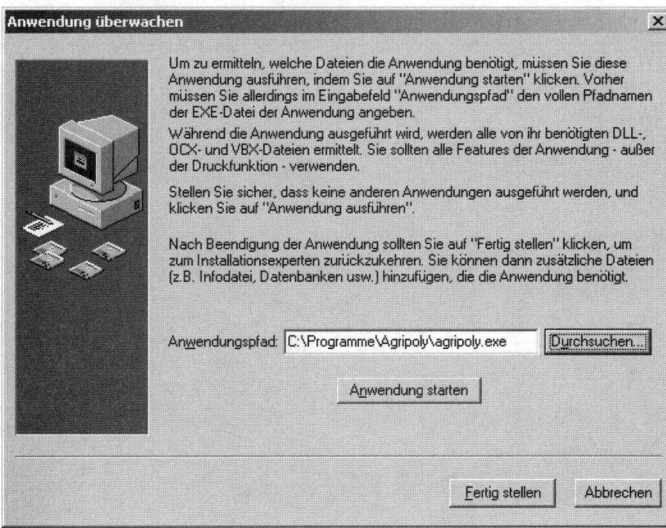

Abbildung 7.17: Auswahl der Applikation, die überwacht werden soll

Um die Überwachung durchzuführen, sind die folgenden Schritte erforderlich:

1. Klicken Sie im Hauptfenster auf ÜBERWACHEN. Im folgenden Fenster ANWENDUNG ÜBERWACHEN geben Sie den Pfad zur ausführbaren Datei an (siehe Abbildung 7.17).

2. Klicken Sie dann auf ANWENDUNG STARTEN, um die Applikation auszuführen.

Nachdem Sie die Applikation gestartet haben, ermittelt der SMS-Installer alle Aufrufe, die vom Betriebssystem ausgeführt werden, um herauszufinden, auf welche Dateien zugegriffen wird. Sobald diese Prüfung beendet ist, können Sie einen Snapshot wie im vorigen Kapitel beschrieben durchführen. Dieses Verfahren bringt allerdings nicht immer dieselben Ergebnisse wie das reine Snapshot-Verfahren. Sie müssen sicherstellen, dass Sie beim Ausführen der Applikation auch wirklich sämtliche Optionen ausführen. Dazu zählt z.B. der Aufruf der Hilfedatei oder das Ausführen einer Rechtschreibprüfung. Nur so kann sichergestellt werden, dass vom SMS-Installer alle Dateien, z.B. *.dll*, *.ocx* oder *.vbx*, erkannt werden.

Skript-Editor

Der *Skript-Editor* ist das umfangreichste Programm des *SMS-Installer*. Nachdem Sie einen Snapshot oder eine Überwachung durchgeführt haben, können Sie über den *Skript-Editor* Änderungen vornehmen, wie die Applikation installiert werden soll und welche Optionen während der Installation verfügbar sind.

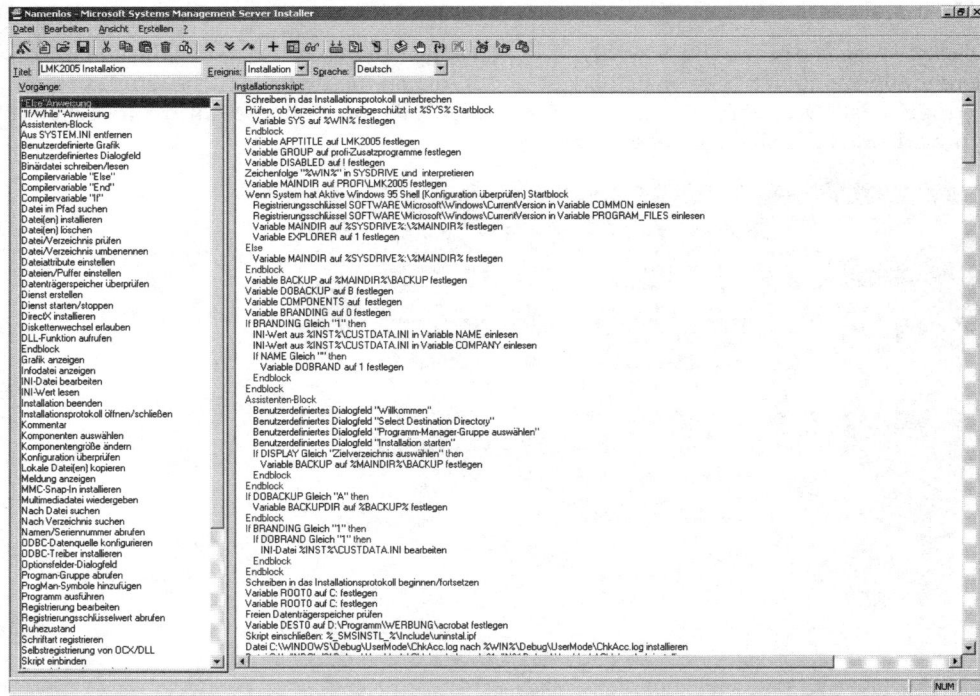

Abbildung 7.18: Der Skript-Editor des SMS-Installer

Sie starten den Skript-Editor über das Menü ANSICHT/SKRIPT-EDITOR. In diesem Editor wird das Skript für die Installation angezeigt (siehe Abbildung 7.18). Unter EREIGNIS können Sie auch die Einträge ENDE oder ABBRUCH auswählen und die mit diesen Aktionen verknüpften Skripte bearbeiten.

Um dem Installationsskript weitere Aktionen hinzuzufügen, wählen Sie diese aus der linken Liste VORGÄNGE aus und platzieren diese per Drag&Drop an die gewünschte Stelle im Skript.

Über das Menü BEARBEITEN/INSTALLATIONSEIGENSCHAFTEN können vielfältige Einstellungen für die Installation getroffen werden, z.B. die Darstellung auf dem Bildschirm, die Wahl der Schriftart und Sprache oder spezielle SMS-Optionen (siehe Abbildung 7.19).

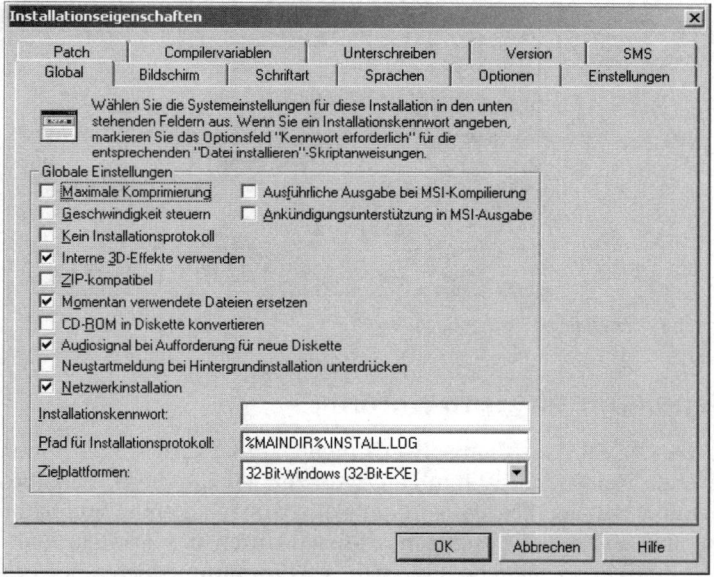

Abbildung 7.19: Bearbeiten der Installationseigenschaften

Des Weiteren können Sie über das Menü BEARBEITEN/DIALOGVORLAGEN die einzelnen Dialogfelder der Installation modifizieren. In der Anzeige des Dialogfelds doppelklicken Sie das zu modifizierende Element im Dialogfeld. Die Einstellungen können nun bearbeitet werden (siehe Abbildung 7.20).

Auch die Installer-Meldungen und Quellverzeichnisse können über die gleichnamigen Menüs unter BEARBEITEN angepasst werden.

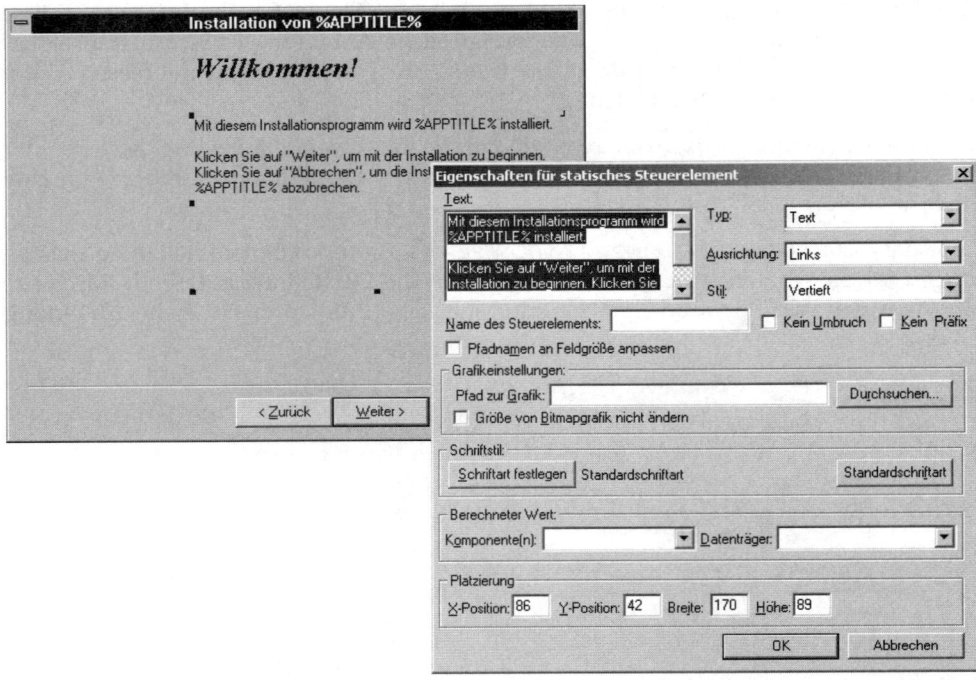

Abbildung 7.20: Auch ein Bearbeiten der Dialogfelder ist möglich

7.4.3   Weitere Repaketierungsprogramme

Außer den beiden eben beschriebenen Microsoft-Lösungen zum Repaketieren einer Applikation gibt es noch eine Reihe von Drittanbieterwerkzeugen für diese Aufgabe. Diese sind wie die Microsoft-Lösungen ebenfalls in der Lage, zunächst einen Snapshot des Systems zu erstellen und aus den Differenzen, die sich durch die Applikations-Installation ergeben, das *.msi*-Paket zu erstellen. Einige dieser Programme bieten bessere Snapshot-Methoden als die Microsoft-Lösungen.

In Tabelle 7.1 finden Sie eine Aufstellung weiterer Repaketierungsprogramme. Auch diese Liste erhebt keinen Anspruch auf Vollständigkeit.

Hersteller	Applikation	Herstellerseite
InstallShield	AdminStudio	*http://www.installshield.com*
Wise Solutions	Wise for Windows Installer	*http://www.wise.com*
Wise Solutions	Wise Package Studio	*http://www.wise.com*

Tabelle 7.1: Übersicht über Repaketierungsprogramme

7.4.4   Weitere applikationsgebundene Programme

Neben den hier aufgezählten gibt es weitere Repaketierungsprogramme, die – ähnlich wie der SMS-Installer – an eine bestimmte Applikation der Softwareverteilung gebunden sind. Ein derartiges Instrument befindet sich entweder im Lieferumfang der Softwareverteilungs-Applikation oder kann als Zusatzmodul zu dieser bezogen werden.

Ein gutes Beispiel dafür ist das Softwareverteilungsprogramm *Baramundi Deploy,* für das zur Repaketierung das Zusatzmodul *Baramundi PackageStudio* angeboten wird. Ähnlich verhält es sich auch mit dem Softwareverteilungsprogramm *Prism Deploy* und dem Repaketierungsprogramm *Prism Pack.*

7.4.5   Freeware- und Sharewareprogramme

Neben den kommerziellen Programmen werden vermehrt auch Freeware- und Sharewarelösungen für die Repaketierung angeboten.

Dazu zählen im Bereich der Shareware die Produkte *MSICreate* von Corner House (*http://www.cornerhouse.ca/en/msi.html*) oder *Setup2Go* von SDS Software (*http://www.dev4pc.com/downloads.html*).

Als Freeware werden beispielsweise die Produkte *izfree* (*http://izfree.sourceforge.net/*) oder *Ninstall* (*http://sourceforge.net/projects/chimpinstall/*) angeboten.

7.5   Programme für das Reauthoring

Dieses Kapitel gibt Ihnen eine kurze Übersicht über Authoringtools zur Erstellung, Bearbeitung und auch Repaketierung von Windows Installer-Paketen. Den Funktionsumfang jedes dieser Tools darzustellen, würde den Rahmen dieses Buches sprengen. Deshalb wird in Tabelle 7.2 zu jedem Tool der entsprechende Hersteller-Link angegeben, so dass Sie sich selbst ein Bild von der Funktion des Programms machen können und ob dieses Ihren Anforderungen entspricht.

Authoringtool	Link
Advanced Installer	*http://www.advancedinstaller.com/*
Corner House MSICreate	*http://www.cornerhouse.ca/en/msi.html*
Dacris ActiSetup 2005	*http://www.dacris.com/actisetup/*
DigitalWeb InstallWizard	*http://www.digitalweb.com.br/installwizard/*
Installer AnyWhere .NET	*http://www.zerog.com/*
InstallConstruct	*http://www.filestream.com/*
Installer2Go	*http://www.dev4pc.com/installer2go.html*
InstallShield 11	*http://www.installshield.com/products/installshield/*
InstallShield X Express	*http://www.installshield.com/products/installshield/express/default.asp*

Authoringtool	Link
Izfree	*http://izfree.sourceforge.net/*
MakeMSI	*http://www.labyrinth.net.au/~dbareis/makemsi.htm*
Masai Installer	*http://www.masaieditor.com/*
MimarSinan InstallAware	*http://www.installaware.com/*
MSIBuilder	*http://www.msibuilder.ro/*
MSIMaker	*http://www.aksdb.org/*
Microsoft Visual Studio Installer	*http://msdn.microsoft.com/vstudio/downloads/tools/vsi11/default.aspx*
MSIStudio	*http://www.avatarsoftware.net/Products/MSIStudio/index.asp*
Quantum Graphica	*http://www.trwest.com/*
Qwerty.msi	*http://www.qwerty-msi.com/*
Wise for Windows Installer	*http://www.wise.com/wfwi.asp?bhcp=1*
Witem Installer for Java	*http://www.witemsoft.com/*
WiX	*http://sourceforge.net/projects/wix*

Tabelle 7.2: Übersicht über Authoringtools und deren Informationsseiten im Internet

Eine kurze Beschreibung dieser Programme finden Sie auf der Internet-Seite *http://www.installsite.org*.

7.6 Installationen mit ScriptIt anpassen

Nicht immer ist die Repaketierung notwendig, um eine Applikation mit einem herkömmlichen Setup beispielsweise über Gruppenrichtlinien verteilen zu können. Hier kommt das Programm *ScriptIt* zum Einsatz. Dieses Programm ist kostenlos und kann unter dem Link *http://www.microsoft.com/technet/archive/winntas/downloads/scriptit.mspx* heruntergeladen werden.

ScriptIt war bereits unter Windows NT 4.0 verfügbar, kann aber auch problemlos unter den höheren Versionen Windows 2000, XP und 2003 eingesetzt werden. Mit Hilfe dieses Programms können fast sämtliche Applikationen automatisiert installiert werden, auch wenn diese nicht auf der Windows Installer-Technologie basieren und somit nicht über die Gruppenrichtlinie verteilbar sind. In diesem Fall erfolgt die Installation der entsprechenden Applikation über ein Anmeldeskript. Hierfür stellt *ScriptIt* die entsprechenden Funktionen zur Verfügung.

Über *ScriptIt* werden die während des Installationsprozesses notwendigen Tastatureingaben und Mausbewegungen der einzelnen Installationsfenster in einer Skriptdatei aufgezeichnet. Das Skript wird als *.ini*-Datei angelegt. Diese *.ini*-Datei wird von der Datei *scriptit.exe* aufgerufen. Bedenken Sie jedoch, dass die Installation von Applikationen nur mit administrativer Berechtigung möglich ist, so dass im Anmeldeskript ein entsprechender SU-Befehl (Switch User) eingebaut sein muss.

Bei der Anmeldung sieht der Benutzer die einzelnen Installationsfenster, er muss jedoch keinerlei Eingaben vornehmen. Damit der Benutzer darüber informiert ist, dass es sich um die gewollte Installation einer Applikation und nicht etwa um einen Virus oder dergleichen handelt, sollten Sie in das Anmeldeskript über echo einen entsprechenden Hinweis für den Benutzer einbauen.

Die mit *ScriptIt* erstellten Installationsroutinen können nicht nur über ein Anmeldeskript, sondern auch über ein Startskript verteilt werden, wenn die Applikation unabhängig vom Benutzer auf dem Computer installiert werden soll.

Eine ausführliche Anleitung mit vielen Beispielen finden Sie unter dem Link *http://www.microsoft.com/technet/archive/winntas/downloads/scriptit.mspx* sowie im Ordner DOKUMENTE der Begleit-CD.

7.7 Zap-Dateien

Eine Alternative zu Windows Installer-Paketen bieten für die Verteilung *.zap*-Dateien. Hierbei handelt es sich um ASCII-Dateien, die auf eine ausführbare *setup.exe*-Datei verweist. *.zap*-Dateien werden mit einem Texteditor erstellt und bearbeitet. Diese Dateien können zwar auch für die Softwareinstallation via Gruppenrichtlinie verwendet werden, jedoch besitzen *.zap*-Dateien nicht die Features und Vorzüge eines Windows Installer-Pakets. Über *.zap*-Dateien können Applikationen nur veröffentlicht, nicht aber zugewiesen werden. Inwiefern eine unbeaufsichtigte Installation erfolgen kann, ist davon abhängig, ob die *setup.exe* entsprechende Kommandozeilenparameter unterstützt.

.zap-Dateien können sowohl für 32-Bit- als auch für 64-Bit-*Setup.exe* verwendet werden.

.zap-Dateien benutzen nur rudimentäre Möglichkeiten der Verteilung. Genauer gesagt können nur wenige Informationen wie z.B. der Installationsbefehl oder der Friendly Name der Applikation angegeben werden. Folgend sehen Sie ein Beispiel für eine *.zap*-Datei.

```
----- Beispieldatei.zap -----
[Application]
FriendlyName = Applikationsname
SetupCommand = \\Server\Software\Applikation\setup.exe /quiet
DisplayVersion = 1.0
Publisher = Firmenname
URL= http://Intranet/Link

[EXT]
CAL=
----- Beispieldatei.zap -----
```
Listing 7.1: Beispiel für eine .zap-Datei

Sie sehen also, dass der Einsatz von *.zap*-Dateien zwar theoretisch möglich, aber aufgrund seiner Einschränkungen nicht unbedingt zu empfehlen ist. Wenn es irgendwie möglich ist, sollte die Repaketierung immer über *WinInstall* oder ein vergleichbares Programm durchgeführt werden, da dies die Verteilung im *.msi*-Format ermöglicht.

8 Aufbau und Layout der Windows Installer-Datenbank

Dieses Kapitel richtet sich hauptsächlich an Entwickler, die Applikationen zur Entwicklung neuer Installer-Pakete schreiben wollen. Aber auch für Administratoren, die bestehende *.msi*-Datenbanken anpassen möchten (oder müssen), ist dieses Kapitel von Interesse.

Jedes *.msi*-Paket besteht aus einer relationalen Datenbank, in der sämtliche Informationen zur Installation einer Applikation enthalten sind. Die Datenbank eines *.msi*-Pakets besteht aus mehreren miteinander verknüpften Tabellen. In diesen Tabellen befinden sich unterschiedliche Komponenten der Applikation wie Features, Komponenten, Verknüpfungen zwischen Komponenten und Features oder auch die Benutzeroberfläche für die Installation. Die Installationsdatenbank kann auch über Transform Files oder Mergemodule geändert werden. Alle Tabellen sind untereinander über Primärschlüssel und Fremdschlüssel verknüpft.

Eine fertige Installationsdatenbank ist in sämtlichen Tabellen mit Werten und Informationen über die Applikation selbst sowie deren Installationsprozess gefüllt. Um ein neues Installationspaket zu erzeugen, können Sie leere Tabellen komplett mit Werten füllen oder eine bestehende Datenbank anpassen. *Im Microsoft Windows Installer SDK* ist für diesen Zweck das Tool *orca.exe* enthalten. Die Funktionsweise dieses Programms wird in Kapitel 18 näher beschrieben.

In den folgenden Kapiteln werden Ihnen sämtliche Tabellen der Windows Installer-Datenbank vorgestellt. Die einzelnen Tabellen sind immer zu einer übergeordneten Tabellengruppe zusammengefasst. Eine Tabellengruppe beinhaltet immer Einträge, die sich auf bestimmte Inhalte beziehen wie z.B. die Tabellengruppe der Kerntabellen oder Registrytabellen usw.

Eine Übersicht über die in den Tabellen verwendeten Symbole, die gültigen Datentypen sowie die weiteren Feldbeschreibungen der Installer-Tabellen finden Sie in den Kapiteln 8.13 und 8.14.

8.1 Die Gruppe der Kerntabellen (Core Tables)

Die Gruppe der Kerntabellen (Core Tables, siehe Abbildung 8.1) besteht aus einer Reihe von Tabellen, die die Kerninformationen zu den Features sowie den einzelnen Komponenten der Applikation und des *.msi*-Pakets enthalten. Diese Tabellengruppe stellt die Grundlage für zahlreiche weitere Datenbanktabellen dar. Dies sollten Sie bedenken, wenn Sie diese Tabelle mit Werten füllen.

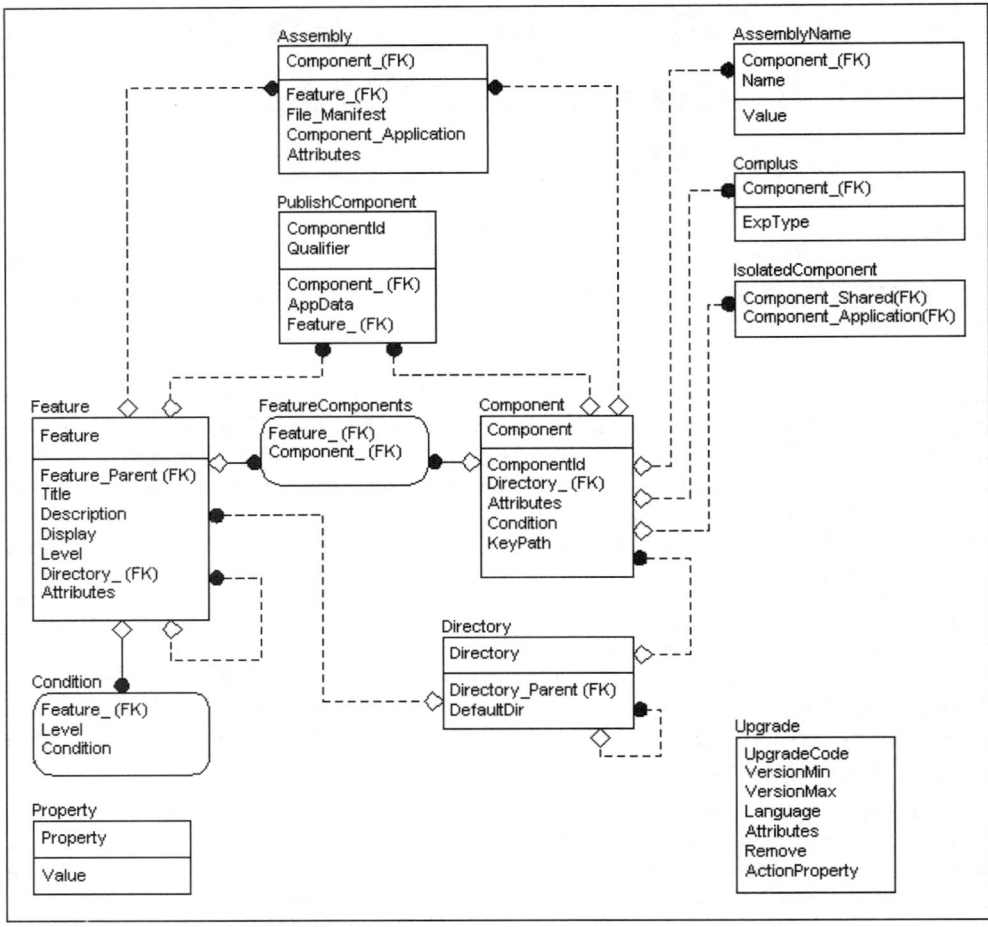

Abbildung 8.1: Die Kerntabellen-Gruppe (Quelle Microsoft Platform SDK)

8.1.1 Die Feature-Tabelle

Diese Tabelle beschreibt die logische Struktur sämtlicher verfügbarer Windows Installer-Features der Applikation. Sie besitzt folgenden Aufbau:

Spalte	Typ	Größe	S/N	Beschreibung
Feature	Identifier	S38	S	Name des Features
Feature_Parent	Identifier	S38	N	Handelt es sich um ein Stammfeature, wird eine leere Zeichenfolge gesetzt. Ansonsten erfolgt der Verweis auf das übergeordnete Feature der Tabelle.
Title	Text	S64	N	Kurze Beschreibung des Features

Spalte	Typ	Größe	S/N	Beschreibung
Description	Text	S255	N	Ausführlichere Beschreibung des Features
Display	Integer	I2	N	Wird hier der Wert 0 oder Null gesetzt, wird das Feature nicht in der Benutzeroberfläche während der Installation angezeigt. Jeder ungerade Wert bewirkt, dass der Zweig des Features vollständig erweitert wird, bei einem geraden Wert wird der Zweig ausgeblendet.
Level	Integer	I2		Beschreibt den Installationslevel. Die Variable *INSTALLLEVEL* legt den Initialisierungswert für den Installationslevel fest. Die Variable kann einen Wert zwischen 1 und 32.767 besitzen. Die Installation des Features erfolgt nur, wenn der Wert der Spalte *Level* kleiner oder gleich dem Wert der Variable *INSTALLLEVEL* ist.
Directory_	Identifier	S72	N	Sofern ein Eintrag gesetzt ist, muss dieser auf einen der Schlüsselwerte in der Tabelle *Directory* verweisen. Damit wird der Zielordner des Features angegeben.
Attributes	Integer	I2		Enthält einen Bitwert bzw. eine Kombination daraus. Mögliche Bitwerte finden Sie in der folgenden Tabelle.

Tabelle 8.1: Die Feature-Tabelle der Kerntabellen-Gruppe

Tabelle 8.2 beschreibt die möglichen Bit-Werte für das Feld *Attributes* in der *Feature*-Tabelle.

Wert	Bezeichnung	Beschreibung
0	msidbFeatureAttributesFavorLocal	Standardmäßig erfolgt die lokale Installation des Features.
1	msidbFeatureAttributesFavorSource	Standardmäßig erfolgt die Ausführung des Features vom Quellmedium.
2	msidbFeatureAttributesFollowParent	Feature besitzt denselben Status wie das übergeordnete Feature. Nur möglich, wenn das Feature ein übergeordnetes Feature besitzt
4	msidbFeatureAttributesFavorAdvertise	Ankündigung des Features zur Installation.
8	msidbFeatureAttributesDisallowAdvertise	Feature kann nicht für die Installation angekündigt werden

Wert	Bezeichnung	Beschreibung
16	msidbFeatureAttributesUIDisallowAbsent	Feature kann über die Benutzeroberfläche nicht als nicht verfügbar gewählt werden
32	msidbFeatureAttributesNoUnsupportedAdvertise	Ankündigung des Features ist nicht möglich, wenn das Betriebssystem dies nicht unterstützt

Tabelle 8.2: Die möglichen Bit-Werte für das Feld Attributes

8.1.2 Die Condition-Tabelle

Die *Condition*-Tabelle enthält bedingte (konditionale) Ausdrücke, die bestimmen, ob und auf welchem Level ein bestimmtes Feature installiert wird. Diese Tabelle kann für jedes in der *Feature*-Tabelle eingetragene Feature eine eigene Bedingung besitzen. Wird die Aktion *CostFinalize* ausgeführt, werden automatisch alle in dieser Tabelle enthaltenen Bedingungen überprüft und der Installationslevel abhängig vom Ergebnis geändert.

Spalte	Typ	Größe	S/N	Beschreibung
Feature_	Identifier	S38	S	Verweis auf einen Eintrag in der *Feature*-Tabelle
Level	Integer	I2	S	Der Installationslevel des Features, wenn die gesetzte Bedingung erfüllt ist
Condition	Condition	S255	N	Die zu prüfende Bedingung, die den Installationslevel festlegt

Tabelle 8.3: Die Condition-Tabelle der Kerntabellen-Gruppe

8.1.3 Die FeatureComponents-Tabelle

In dieser Tabelle wird beschrieben, welche Komponenten zu einem bestimmten Feature gehören. Für die Betriebssysteme Windows 9x sowie ME können maximal 800 Komponenten pro Feature zugeordnet werden, für Windows NT, 2000, XP und 2003 liegt der Grenzwert bei 1.600.

Spalte	Typ	Größe	S/N	Beschreibung
Feature_	Identifier	S38	S	Verweis auf einen Schlüssel der Tabelle *Feature*
Component_	Identifier	S72	S	Verweis auf einen Schlüssel der Tabelle *Component*

Tabelle 8.4: Die FeatureComponents-Tabelle der Kerntabellen-Gruppe

8.1.4 Die Component-Tabelle

Die Component-Tabelle beinhaltet sämtliche Komponenten, die zur Installer-Datenbank gehören.

Spalte	Typ	Größe	S/N	Beschreibung
Component	Identifier	S72	S	Gibt den jeweiligen Datensatz an
ComponentId	GUID	S38	N	Eindeutige GUID der Komponente. Die Eindeutigkeit muss sich auf die Komponente, deren Sprache sowie Version beziehen. Ist hier kein Wert hinterlegt, kann die betreffende Komponente nicht registriert werden, so dass sie später nicht repariert oder entfernt werden kann.
Directory	Identifier	S72		Verweis auf einen Schlüssel der Tabelle *Directory*
Attributes	Integer	I2		Enthält einen Bitwert bzw. eine Kombination daraus. Mögliche Bitwerte finden Sie in der folgenden Tabelle.
Condition	Condition	S255	N	Die hier gesetzte Bedingung muss den Wert *True* oder *False* zurückgeben. Die Installation der Komponente erfolgt, wenn *True* ausgegeben wird oder das Feld den Wert *Null* besitzt. Ist die Komponente zusätzlich im Feld *Attribute* als *transitive* markiert, erfolgt die Prüfung der Bedingung nur bei der Erstinstallation, jedoch nicht z.B. bei einer späteren Reparatur.
Keypath	Identifier	S72	N	Über diesen Wert wird ermittelt, ob die Komponente bereits installiert ist. Hierzu kann eine Datei, ein Registryschlüssel oder auch eine ODBC-Datenquelle angegeben werden. Dabei muss die entsprechende Tabelle (*File*, *Registry* oder *ODBCDataSource*) korrekt verknüpft sein.

Tabelle 8.5: Die Component-Tabelle der Kerntabellen-Gruppe

Tabelle 8.6 beschreibt die möglichen Bit-Werte für das Feld *Attributes* in der *Component-*Tabelle.

Wert	Bezeichnung	Beschreibung
0	msidbComponent AttributesLocalOnly	Komponente kann nicht vom Quellmedium ausgeführt werden
1	msidbComponent AttributesSourceOnly	Komponente kann nur vom Quellmedium ausgeführt werden
2	msidbComponent AttributesOptional	Komponente kann vom Quellmedium oder lokal ausgeführt werden
4	msidbComponent AttributesRegistryKeyPath	In der Spalte *Keypath* wird auf einen Schlüssel in der *Registry*-Tabelle verwiesen.

Wert	Bezeichnung	Beschreibung
8	msidbComponent AttributesSharedDllRefCount	Der *Shared Dll*-Zähler in der Registry wird heraufgesetzt. Bezieht sich nur auf die Kompatibilität mit nicht Windows Installer-basierten Installationsprogrammen.
16	msidbComponent AttributesPermanent	Komponente wird bei der Deinstallation nicht entfernt
32	msidbComponent AttributesODBCDataSource	In der Spalte *Keypath* wird auf einen Schlüssel in der *ODBCDataSource*-Tabelle verwiesen.
64	msidbComponent AttributesTransitive	Die Komponente ist transitiv.
128	msidbComponent AttributesNeverOverwrite	Komponente wird nicht installiert bzw. deinstalliert, wenn in der Spalte *Keypath* ein Datei- oder Registrypfad eingetragen ist.
256	msidbComponent Attributes64Bit	Markierung von 64-Bit-Komponenten

Tabelle 8.6: Die möglichen Bit-Werte für das Feld Attributes

Im Gegensatz zu Windows Installer-basierten Installationen muss bei einer nicht Installer-basierten Installation während der Installation in der Registry der Zähler der gemeinsam genutzen *.dll*-Dateien (*Shared Dll Reference Counter*) heraufgesetzt werden. Sofern für die Komponente bereits ein Registryeintrag besteht, wird der vorhandene Wert vom Windows Installer heraufgesetzt. Dabei ist es unerheblich, welcher Bitwert über die entsprechenden Flags in der Spalte *Attributes* gesetzt ist. Ist noch kein Registryeintrag vorhanden, wird der Eintrag nur dann vom Windows Installer vorgenommen, wenn in der Spalte *Attributes* das Flag *msidbComponentAttributesSharedDllRefCount* gesetzt ist. Somit ist sichergestellt, dass sowohl Installer-basierte als auch nicht Installer-basierte Installationen ohne Probleme parallel auf einem System durchgeführt werden können.

8.1.5 Die Directory-Tabelle

In dieser Tabelle sind sämtliche Verzeichnisse eingetragen, die während des Installationsvorgangs erforderlich sind. Für jede Komponente muss eine Verknüpfung mit einem Verzeichnis bestehen.

Spalte	Typ	Größe	S/N	Beschreibung
Directory	Identifier	S72	S	Gibt das Verzeichnis eindeutig an. Es kann auch eine Eigenschaft eingetragen werden, die den Pfad beschreibt.
Directory_Parent	Identifier	S72	N	Verweis auf einen Schlüssel in dieser Tabelle. Ist kein Wert angegeben, handelt es sich um das Stammverzeichnis, anderenfalls wird das übergeordnete Verzeichnis angegeben.

Spalte	Typ	Größe	S/N	Beschreibung
DefaultDir	DefaultDir	S255		Gibt den Ordnernamen direkt unter dem Stammverzeichnis an. Soll der Wert für das Quell- und Zielverzeichnis nicht identisch sein (standardmäßig sind die beiden Werte identisch), wird der Wert in der Syntax `[Zielverzeichnis]:[Quellverzeichnis]` angegeben.

Tabelle 8.7: Die Directory-Tabelle der Kerntabellen-Gruppe

 Für das Stammverzeichnis muss in der Spalte *Directory* TARGETDIR gesetzt sein, in der Spalte *DefaultDir* muss *SourceDir* gesetzt sein. Bei sämtlichen Ordnern, die nicht das Stammverzeichnis darstellen, kann der Wert „." (Punkt) gesetzt werden, wenn das übergeordnete Verzeichnis anstelle des Unterordners benutzt werden soll, siehe dazu das Beispiel in Tabelle 8.8.

Directory	DirectoryParent	DefaultDir
TARGETDIR	kein Eintrag	SourceDir
MyAppDir	TARGETDIR	MyApp
BinDir	MyAppDir	Bin
Bin32Dir	BinDir	.:Win32

Tabelle 8.8: Beispiel einer Verzeichnisstruktur der Tabelle Directory

Das Verzeichnis BIN32DIR besitzt als übergeordnetes Verzeichnis BINDIR. Auf dem Zielsystem soll jedoch eine Installation im übergeordneten Verzeichnis BINDIR und nicht wie im Quellverzeichnis im Unterordner WIN32 erfolgen. Deshalb wird die Syntax `[Zielverzeichnis]:[Quellverzeichnis]` benutzt. Der Wert . verweist dabei auf den übergeordneten Ordner BINDIR in der Spalte *DirectoryParent*.

Die Werte für die Eigenschaften *TARGETDIR* und *SourceDir* werden durch das Ziel- und Quellverzeichnis bestimmt. Angenommen, das Quellverzeichnis lautet `D:\` und das Zielverzeichnis `C:\Programme`, so werden die Beispielverzeichnisse aus Tabelle 8.8 folgendermaßen aufgelöst:

Directory	Quellverzeichnis	Zielverzeichnis
MyAppDir	D:\MyApp	C:\Programme\MyApp
BinDir	D:\MyApp\Bin	C:\Programme\MyApp\Bin
Bin32Dir	D:\MyApp\Bin\Win32	C:\Programme\MyApp\Bin

Tabelle 8.9: Die Ordnerpfade in der Tabelle Directory

8.1.6 Die PublishComponent-Tabelle

In dieser Tabelle sind die Komponenten enthalten, die für den Gebrauch durch andere Anwendungen veröffentlicht sind. Zwei Typen der Feature-Veröffentlichung sind Komponenten und Features.

Spalte	Typ	Größe	S/N	Beschreibung
ComponentID	GUID	S38	S	Diese GUID bezieht sich nur auf eine Kategorie zusammengehöriger Komponenten und darf nicht mit der *ComponentId* der *Component*-Tabelle verwechselt werden.
Qualifier	Text	S255	S	Nähere Qualifikation des Werts *ComponentId*. Wird verwendet, um beispielsweise zusammengehörige Komponenten für unterschiedliche Sprachen zu kennzeichnen
Component_	Identifier	S255	S	Verweis auf einen Schlüssel in der Tabelle *Component*
AppData	Text	S38	N	Texteintrag (optional), der die Komponente beschreibt und während der Installation dem Benutzer die Auswahl der benötigten Komponenten erleichtert.
Feature_	Identifier	S72		Verweis auf einen Schlüssel der Tabelle *Feature*

Tabelle 8.10: Die PublishComponent-Tabelle der Kerntabellen-Gruppe

8.1.7 Die MsiAssembly-Tabelle

Die *MsiAssembly*-Tabelle beschreibt die Einstellungen des Windows Installers für die Standardsprachen-Laufzeiten des *.NET*-Frameworks sowie für die *Win32*-Sammlung. Unter Windows XP und 2003 ist es möglich, die *Win32*-Assemblies als Side-by-Side-Komponenten (siehe Kapitel 8.1.10) zu installieren.

Spalte	Typ	Größe	S/N	Beschreibung
Component_	Identifier	S72	S	Verweis auf einen Schlüssel der Tabelle *Component*
Feature_	Identifier	S38		Verweis auf einen Schlüssel der Tabelle *Feature*
File_Manifest	Identifier	S72	N	Verweis auf einen Schlüssel der Tabelle *File*. Dieser Schlüssel bestimmt die Datei des *Manifest-Assemblies*. Diese Datei darf nicht als Schlüssel im Feld *Keypath* der *Component*-Tabelle benutzt werden.

Spalte	Typ	Größe	S/N	Beschreibung
File_Application	Identifier	S72	N	Verweis auf einen Schlüssel der Tabelle *File*. Ist hier der Wert Null gesetzt, wird das *Assembly* in den *Global Assembly Cache* installiert. Anderenfalls wird die in der Komponente angegebene Ordnerstruktur benutzt.
Attributes	Integer	I2		Wert 0 für ein .NET-Framework-Assembly, Wert 1 für ein Win32-Assembly

Tabelle 8.11: Die MsiAssembly-Tabelle der Kerntabellen-Gruppe

8.1.8 Die MsiAssemblyName-Tabelle

In dieser Tabelle wird der „starke Name" (*strong name*) einer *.NET*-Framework- oder einer *Win32*-Assembly festgelegt.

Spalte	Typ	Größe	S/N	Beschreibung
Component_	Identifier	S72	S	Verweis auf einen Schlüssel der Tabelle *Component*
Name	Text	S255	S	Attributname, der mit dem Wert der Spalte *Value* verbunden ist
Value	Text	S255	N	Der Wert ist mit dem Namen der Spalte *Name* verknüpft.

Tabelle 8.12: Die MsiAssemblyName-Tabelle der Kerntabellen-Gruppe

Der *strong name* kann beispielsweise folgendes Aussehen haben:

```
<assemblyIdentity type="win32" name="irgendein-name" version="1.1.0",
language="de" publicKeyToken="1111111111222222" processorArchitec-
tury="x86"/>
```

Dabei sind die Namen der Komponente wie `version` oder `name` im Feld *Name* angegeben, die dazugehörigen Werte im Feld *Value*.

8.1.9 Die ComPlus-Tabelle

In der *ComPlus*-Tabelle sind alle für die Installation von COM+-Anwendungen benötigten Informationen vorhanden.

Spalte	Typ	Größe	S/N	Beschreibung
Component_	Identifier	S72	S	Verweis auf einen Schlüssel der Tabelle *Component*
ExpType	Integer	I2	N	Bei der Generierung des Windows Installer-Pakets benötigte Export-Flags. Weitere Hinweise dazu finden Sie im Windows Platform-SDK in der Sektion COM+.

Tabelle 8.13: Die ComPlus-Tabelle der Kerntabellen-Gruppe

8.1.10 Die IsolatedComponent-Tabelle

In dieser Tabelle werden Verknüpfungen zwischen den in den beiden Spalten der Tabelle angegebenen Komponenten beschrieben. Die Komponenten dieser Tabelle werden grundsätzlich im selben Verzeichnis wie die Applikation abgelegt, die die Komponente aufruft (Side-by-Side-Installation).

Spalte	Typ	Größe	S/N	Beschreibung
Component_Shared	Identifier	S72	S	Verweis auf einen Schlüssel der Tabelle *Component*. Hier wird die Komponente angegeben, die die Bibliothek (*.dll*) enthält. Dabei muss das Attribut *msidbComponentAttributesShared* gesetzt sein.
Component_Application	Identifier	S72	S	Verweis auf einen Schlüssel der Tabelle *Component*. Hier wird die Komponente angegeben, die die ausführbare Datei (*.exe*) enthält.

Tabelle 8.14: Die IsolatedComponent-Tabelle der Kerntabellen-Gruppe

8.1.11 Die Upgrade-Tabelle

In der *Upgrade*-Tabelle sind sämtliche Informationen enthalten, die für die Durchführung eines Major Update erforderlich sind.

Spalte	Typ	Größe	S/N	Beschreibung
Upgrade Code	GUID	S38	S	Der Upgrade-Code wird durch die Aktion *FindRelatedProducts* gefunden.
VersionMin	Version	S20	S/N	Versionsuntergrenze, die durch die Aktion *FindRelatedProducts* gefunden werden soll. Dazu muss in der Spalte *Attributes* das Flag für das Attribut *msidbUpgradeAttributesVersionMinInclusive* (siehe folgende Tabelle) gesetzt sein. Ist kein Wert gesetzt, werden sämtliche vorhergehenden Versionen gefunden.
VersionMax	Version	S20	S/N	Versionsobergrenze, die durch die Aktion *FindRelatedProducts* gefunden werden soll. Dazu muss in der Spalte *Attributes* das Flag für das Attribut *msidbUpgradeAttributesVersionMaxInclusive* (siehe folgende Tabelle) gesetzt sein. Ist kein Wert gesetzt, wird die Versionsobergrenze nicht geprüft. In dieser Spalte sowie in der Spalte *VersionMin* werden lediglich die ersten drei Felder der *ProductVersion* erkannt, also z.B. 1.0.1. Ein viertes Feld wie z.B. 1.0.1.2 wird ignoriert.

Spalte	Typ	Größe	S/N	Beschreibung
Language	Text	S255	S/N	Gibt die Sprachen der Produkte an, die von der Aktion *FindRelatedProducts* gefunden werden. Ist hier kein Wert gesetzt, werden sämtliche Sprachen gefunden. Wird in der Spalte *Attribute* das Flag für *msidbUpgradeAttributesLanguageExclusive* gesetzt, werden alle Sprachen bis auf die in dieser Spalte angegebenen gefunden.
Attributes	Integer	I4	S	Enthält einen Bitwert bzw. eine Kombination daraus. Mögliche Bitwerte finden Sie in der folgenden Tabelle.
Remove	Formatted	S255	N	Die hier eingetragenen Features werden vom Installer zum Entfernen markiert. Die Features sind dabei in einer komma-separierten Liste anzugeben. Ist hier eine leere Zeichenfolge vorhanden, werden keine Features entfernt. Bei einem leeren Feld (Null) werden sämtliche Feaures entfernt.
Action Property	Identifier	S72		Wird von der Aktion *FindRelatedProducts* ein verwandtes Produkt gefunden, wird der *ProductCode* des gefundenen Produkts in die in diesem Feld definierte Eigenschaft geschrieben. Dabei muss es sich um eine öffentliche Eigenschaft handeln. Zusätzlich muss sie der Eigenschaft *SecureCustomProperties* angefügt werden. Findet die Aktion *FindRelatedProducts* mehrere Produkte, so werden diese durch ein Semikolon separiert der Eigenschaft angefügt.

Tabelle 8.15: Die Upgrade-Tabelle der Kerntabellen-Gruppe

Tabelle 8.16 beschreibt die möglichen Bit-Werte für das Feld *Attributes* in der *Upgrade-Tabelle*.

Wert	Bezeichnung	Beschreibung
1	msidbUpgradeAttributes MigrateFeatures	Der Featurestatus wird gemäß der Aktion *MigrateFeatureStates* auf das zu installierende Produkt abgeleitet.
2	MsidbUpgradeAttributes OnlyDetect	Es wird nur nach installierten Produkten gesucht, aber keine Installation durchgeführt.
4	msidbUpgradeAttributesIgnore RemoveFailure	Ist beim Entfernen des Produkts ein Fehler aufgetreten, wird die Installation dennoch fortgesetzt.
256	msidbUpgradeAttributes VersionMinInclusive	Die Versionsuntergrenze bei der Suche nach verwandten Produkten wird einbezogen.
512	msidbUpgradeAttributes VersionMaxInclusive	Die Versionsobergrenze bei der Suche nach verwandten Produkten wird einbezogen.

Wert	Bezeichnung	Beschreibung
1024	msidbUpgradeAttributes LanguagesExclusive	Bei der Suche nach verwandten Produkten werden alle Sprachen einbezogen bis auf diejenigen, die in der Spalte *Language* der Tabelle *Upgrade* angegeben sind.

Tabelle 8.16: Die möglichen Bit-Werte des Felds Attributes

8.2 Gruppe der Dateitabellen (File Tables)

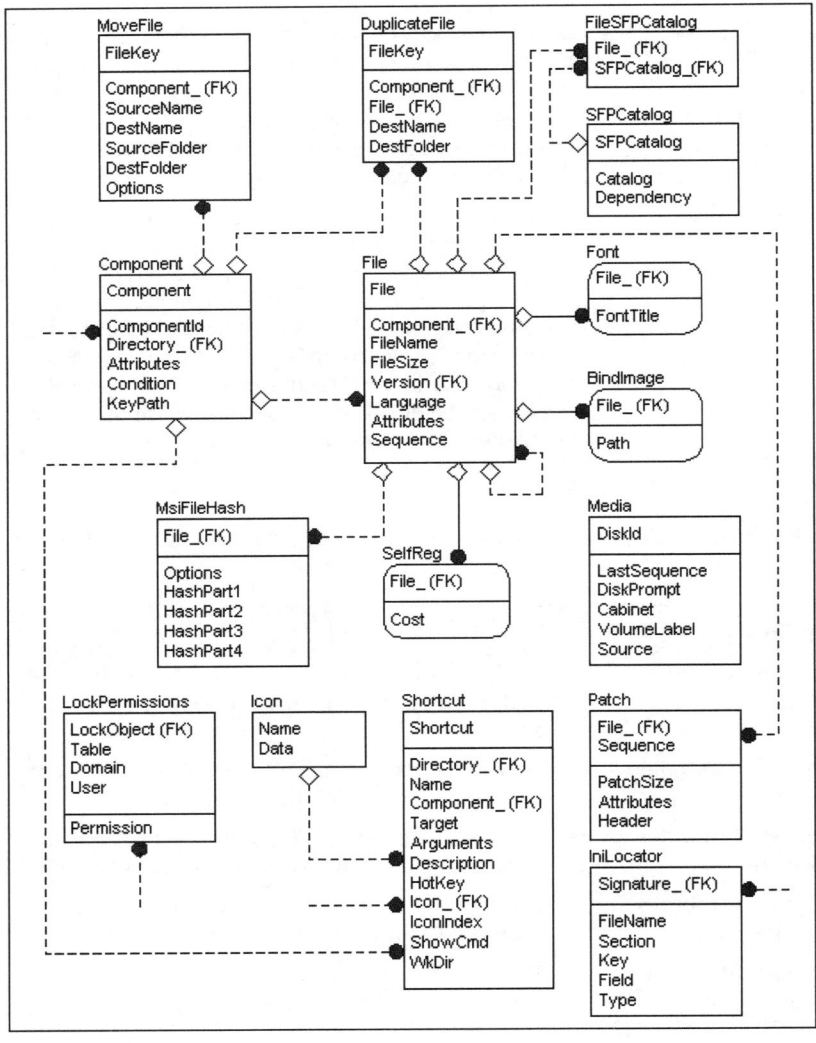

Abbildung 8.2: Die File Tables Group (Quelle: Microsoft Platform SDK)

In der Gruppe der Dateitabellen (*File Tables*, siehe Abbildung 8.2) befinden sich die Tabellen, die Informationen der für die Installation benötigten Dateien besitzen. Die Dateitabellengruppe sollte mit Inhalten versehen werden, nachdem die Kerntabellen ihre Informationen erhalten haben und die Anwendung in Komponenten und Features eingeteilt worden ist.

8.2.1 Die File-Tabelle

Die *File*-Tabelle beschreibt sämtliche für die Installation erforderlichen Quelldateien. Die Dateien, die nicht in der *File*-Tabelle aufgelistet sind, beinhalten die in der *Media*-Tabelle aufgelisteten Disk-Dateien. Standardmäßig kann ein Windows Installer-Paket maximal 32.767 Dateien umfassen.

Spalte	Typ	Größe	S/N	Beschreibung
File	Identifier	S72	S	Zeichenfolge zur eindeutigen Identifikation der Datei. Diese Zeichenfolge sollte nicht lokalisiert sein. Der hier angegebene Wert wird als externer Schlüssel für die Verknüpfung mit weiteren Tabellen verwendet.
Component_	Identifier	S72		Verweis auf einen Schlüssel der Tabelle *Component*.
FileName	Filename	S255		Der bei der Installation benutzte Dateiname. Die Zeichenfolge darf lokalisiert sein.
FileSize	DoubleInteger	I4		Die Dateigröße in Byte.
Version	Version	S72	N	Die Versionsnummer der Datei. Ist kein Wert gesetzt, wird die Datei nicht versioniert.
Language	Language	S20	N	Gibt die Dezimalzahl der Sprachkennung an, z.B. 1031 für Deutsch. Mehrere Sprachkennungen werden durch ein Komma separiert.
Attributes	Integer	I2	N	Enthält einen Bitwert bzw. eine Kombination daraus. Mögliche Bitwerte finden Sie in der folgenden Tabelle.
Sequence	Integer	I2		Beschreibt die Position der Datei im Quellmedium. Liegen komprimierte Quelldateien vor, muss der Wert gleich oder größer 1 sein. Die zugehörige Paketdatei wird über die Spalte *LastSequence* der *Media*-Tabelle bestimmt. Liegen unkomprimierte Quelldateien vor, können für Daten desselben Quellmediums identische Sequenznummern verwendet werden.

Tabelle 8.17: Die File-Tabelle der Dateitabellen-Gruppe

Tabelle 8.18 beschreibt die möglichen Bit-Werte für das Feld *Attributes* in der File-Tabelle.

Wert	Bezeichnung	Beschreibung
1	MsidbFileAttributesReadOnly	Schreibgeschützt (ReadOnly)
2	MsidbFileAttributesHidden	Versteckt (Hidden)
4	MsidbFileAttributesSystem	Systemdatei (System)
512	MsidbFileAttributesVital	Die Datei wird für die entsprechende Aktion als wichtig gekennzeichnet.
1024	MsidbFileAttributesChecksum	Die Datei besitzt eine gültige Checksumme (wichtig für den Reparaturmechanismus).
4096	MsidbFileAttributesPatchAdded	Nach der Einspielung eines Aktualisierungspatches wird dieses Attribut gesetzt.
8192	MsidbFileAttributesNoncompressed	Die Quelldatei ist nicht komprimiert.
16384	MsidbFileAttributesCompressed	Die Quelldatei ist komprimiert.

Tabelle 8.18: Die möglichen Bit-Werte des Felds Attributes

8.2.2 Die RemoveFile-Tabelle

In dieser Tabelle sind alle Dateien aufgelistet, die durch die Aktion *RemoveFiles* gelöscht werden sollen.

Spalte	Typ	Größe	S/N	Beschreibung
FileKey	Identifier	S72	S	Zeichenfolge zur eindeutigen Identifikation des Datensatzes
Component_	Identifier	S72		Verweis auf einen Schlüssel der Tabelle *Component*
FileName	WildCardName	S255	N	Dateiname der zu entfernenden Datei. Lautet der Wert *Null*, wird der zugehörige Ordner entfernt, sofern sich keine weiteren Dateien darin befinden. Werden Wildcards verwendet, werden alle passenden Dateien im Ordner gelöscht.
DirProperty	Identifier	S72		Eigenschaftsname, der auf den vollständigen Verzeichnispfad der zu löschenden Datei verweist. Die Eigenschaft kann auch durch die Aktion *AppSearch* gesetzt werden, oder bei der Eigenschaft handelt es sich um einen Eintrag der Tabelle *Directory*.
InstallMode	Integer	I2		Hier wird ein Wert der folgenden Tabelle gesetzt.

Tabelle 8.19: Die RemoveFile-Tabelle der Dateitabellen-Gruppe

Die folgende Tabelle zeigt die möglichen Werte der Spalte *InstallMode* der Tabelle *Remove-File*.

Wert	Bezeichnung	Beschreibung
1	msidbRemoveFileInstallModeOnInstall	Löschen erfolgt nur, wenn die zugeordnete Komponente installiert wird.
2	msidbRemoveFileInstallModeOnRemove	Löschen erfolgt nur, wenn die zugeordnete Komponente gelöscht wird.
3	msidbRemoveFileInstallModeOnBoth	Löschen erfolgt, wenn die zugeordnete Komponente entweder installiert oder gelöscht wird.

Tabelle 8.20: Die möglichen Werte des Felds InstallMode

8.2.3 Die Font-Tabelle

Diese Tabelle enthält die Informationen zu den auf dem System zu registrierenden Schriftarten. Diese Informationen werden von den Aktionen *RegisterFonts* sowie *UnregisterFonts* benutzt.

Spalte	Typ	Größe	S/N	Beschreibung
File_	Identifier	S72	S	Verweis auf einen Schlüssel der Tabelle *File*
FontTitle	Text	S128	N	Ist hier keine Bezeichnung für die Schriftart angegeben, wird die in der Schrift fest implementierte Bezeichnung registriert. Ist eine Bezeichnung gesetzt, die nicht der implementierten Bezeichnung entspricht, werden beide Bezeichnungen registriert.

Tabelle 8.21: Die Font-Tabelle der Dateitabellen-Gruppe

8.2.4 Die SelfReg-Tabelle

Die Tabelle *SelfReg* führt sämtliche selbstregistrierenden Bibliotheken auf. Bei der Installation wird vom Windows Installer die Funktion *DllRegisterServer()* ausgeführt, bei der Deinstallation die Funktion *DllUnregisterServer().*Diese beiden Funktionen können nicht bei Out-of-Process-Komponenten angewendet werden

Werden COM-Komponenten installiert, sollte *SelfRegister* nicht benutzt werden, da bei einem Rollback die Deregistrierung einer COM-Komponente über die Funktion *DllunregisterServer()* möglicherweise nicht sauber erfolgen kann. Zudem kann über die Funktion *DllRegisterServer()* in die Registry kein benutzerspezifischer Schlüssel in den Zweig HKEY_CLASSES_ROOT eingetragen werden. Außerdem ist bei den über *SelfRegister* registrierten Komponenten kein Ankündigen (Advertising) von Komponenten möglich

Spalte	Typ	Größe	S/N	Beschreibung
File_	Identifier	S72	S	Verweis auf einen Schlüssel der Tabelle *File*
Cost	Integer	I2	N	Speicherbedarf für die Registrierung in Byte

Tabelle 8.22: Die SelfReg-Tabelle der Dateitabellen-Gruppe

8.2.5 Die Media-Tabelle

In dieser Tablle sind die zur Installation gehörenden Quellmedien wie CDs, DVDs oder Disketten aufgelistet. Sind mehrere Datenträger eines Quellmediums erforderlich, wird für jeden einzelnen Datenträger ein separater Datensatz in dieser Tabelle angelegt.

Spalte	Typ	Größe	S/N	Beschreibung
DiskId	Integer	I2	S	Gibt die Sortierreihenfolge der Tabelle an. Der Wert muss gleich oder größer 1 sein.
LastSequence	Integer	I2		Korrespondierend mit der Sequenznummer in der Tabelle *File*, die die letzte Datei auf einem Medium angibt. Dieser Wert muss größer sein als der Wert des vorhergehenden Mediums.
DiskPrompt	Text	S64	N	Beliebige Zeichenfolge, die dem Benutzer gezeigt wird, wenn er ein neues Medium während der Installation einlegen soll
Cabinet	Cabinet	S255	N	Bezeichnung der Paketdatei mit den entsprechenden Dateien. Werden keine Paketdateien benutzt, ist der Wert *Null*
VolumeLabel	Text	S32	N	Bezeichnung des Datenträgers. Über die Win32-Funktion *GetVolumeInformation* wird ermittelt, ob der Benutzer den korrekten Datenträger des Quellmediums eingelegt hat.
Source	Property	S72	N	Für normale Installationen muss dieses Feld leer bleiben. Lediglich bei Patchdateien wird hier der Wert festgelegt, wenn die Patchdateien von einer anderen Quelle stammen als die Originaldateien.

Tabelle 8.23: Die Media-Tabelle der Dateitabellen-Gruppe

Befindet sich vor dem Namen der Paketdatei das Zeichen #, wird die entsprechende Paketdatei in das Windows Installer-Paket eingebettet und gespeichert.

8.2.6   Die BindImage-Tabelle

Die *BindImage*-Tabelle verzeichnet die an *.dlls* gebundenen Dateien, die von *.exe*-Dateien importiert worden sind. Der Windows Installer errechnet die virtuellen Adressen dieser importierten Funktionen und speichert diese in der *Images Adress Table (IAT)*. Die hier enthaltenen Daten werden von der Aktion *BindImage* verwendet.

Spalte	Typ	Größe	S/N	Beschreibung
File_	Identifier	S72	S	Verweis auf einen Schlüssel der Tabelle *File*. Der Verweis muss auf eine *.dll*- oder *.exe*-Datei zeigen.
Path	Paths	S255	N	Liste von Pfadangaben (durch Semikolon getrennt), in denen die importierten *.dlls* gesucht werden sollen. Die Pfadangaben sind in Eigenschaften aufzulisten, wobei jede Eigenschaft von eckigen Klammern [ ] umgeben werden muss.

Tabelle 8.24: Die BindImage-Tabelle der Dateitabellen-Gruppe

8.2.7   Die MoveFile-Tabelle

In dieser Tabelle sind sämtliche Dateien aufgelistet, die während der Installation vom Quellverzeichnis in ein bestimmtes Zielverzeichnis verschoben werden sollen.

Spalte	Typ	Größe	S/N	Beschreibung
FileKey	Identifier	S72	S	Zeichenfolge zur eindeutigen Identifikation des Datensatzes
Component_	Identifier	S72		Verweis auf einen Schlüssel der Tabelle *Component*
SourceName	Text	S255	N	Namen (lokalisierte Bezeichnung) der zu verschiebenden oder kopierenden Quelldateien. Die Verwendung von Wildcards ist auch möglich.
DestName	Filename	S255	N	Wird hier kein Wert gesetzt, benutzt der Installer den Namen der vom Quellmedium kopierten oder verschobenen Datei. Wird ein Name (lokalisierte Bezeichnung) gesetzt, so wird dieser für die kopierte/verschobene Datei verwendet.
SourceFolder	Identifier	S72	N	Eigenschaftsname, der auf den Quellordner verweist. Sofern unter *SourceName* kein Wert eingetragen wurde, muss hier der komplette Pfad mit dem Dateinamen angegeben werden.
DestFolder	Identifier	S72		Eigenschaftsname mit einem kompletten Pfad zum Zielordner
Options	Integer	I2		Enthält den Wert 0 oder 1. Bei 0 wird die Quelldatei kopiert, bei 1 wird sie verschoben (*msidbMoveFileOptionsMove*).

Tabelle 8.25: Die MoveFile-Tabelle der Dateitabellen-Gruppe

8.2.8   Die DuplicateFile-Tabelle

In dieser Tabelle sind alle Dateien enthalten, die unter einem anderen Dateinamen oder unter einem anderen Pfad gespeichert werden sollen als die Originaldatei. Die Originaldatei muss während der Aktion *InstallFiles* installiert worden sein.

Spalte	Typ	Größe	S/N	Beschreibung
FileKey	Identifier	S72	S	Zeichenfolge zur eindeutigen Identifikation des Datensatzes
Component_	Identifier	S72		Verweis auf einen Schlüssel der Tabelle *Component*
File_	Identifier	S72		Verweis auf einen Schlüssel der Tabelle *File*
DestName	Filename	S255	N	Name (lokalisierte Form), unter dem das Dateiduplikat gesichert wird. Ist kein Wert vorhanden, wird der Originalname benutzt.
DestFolder	Identifier	S72	N	Eigenschaft mit der vollständigen Pfadangabe für den Speicherort. Sind Zielordner und Dateiname identisch mit der Originaldatei, wird keine Aktion ausgeführt.

Tabelle 8.26: Die DuplicateFile-Tabelle der Dateitabellen-Gruppe

8.2.9   Die IniFile-Tabelle

Die in dieser Tabelle enthaltenen Informationen werden während der Installation in eine *.ini*-Datei (Initialisierungsdatei) geschrieben, wenn die betreffende Komponente lokal installiert oder zur Ausführung vom Quellmedium ausgewählt wurde. Diese Tabelle wird bei den Aktionen *WriteIniValues* und *RemoveIniValues* benutzt.

Spalte	Typ	Größe	S/N	Beschreibung
IniFile	Identifier	S72	S	Zeichenfolge zur eindeutigen Identifikation des Datensatzes
FileName	Text	S255		Name (lokalisierte Form) der Initialisierungsdatei
DirProperty	Identifier	S72	N	Eigenschaft mit der Pfadangabe zum Ordner der Initialisierungsdatei. Die hier benannte Eigenschaft kann auch durch die Aktion *AppSearch* gesetzt werden oder es kann ein Eintrag aus der Tabelle *Directory* benutzt werden.
Section	Formatted	S96		Lokalisierter Abschnitt (Section) der Initialisierungsdatei
Key	Formatted	S128		Lokalisierter Schlüssel der Initialisierungsdatei.
Value	Formatted	S255		Der zu schreibende lokalisierte Wert

Spalte	Typ	Größe	S/N	Beschreibung
Action	Integer	I2		Hier wird ein Wert der folgenden Tabelle gesetzt.
Component_	Identifier	S72		Verweis auf einen Schlüssel der Tabelle *Component*

Tabelle 8.27: Die IniFile-Tabelle der Dateitabellen-Gruppe

Tabelle 8.28 zeigt die möglichen Werte der Spalte *Action* der Tabelle *DuplicateFile*.

Wert	Bezeichnung	Beschreibung
0	msidbIniFileActionAddLine	Eintrag wird erstellt oder aktualisiert.
1	msidbIniFileActionCreateLine	Eintrag wird neu erstellt, wenn noch keiner vorhanden ist.
3	msidbIniFileActionAddTag	Eintrag wird neu erstellt oder durch Komma separiert an einen bestehenden Eintrag angefügt.

Tabelle 8.28: Die möglichen Werte des Felds Action

8.2.10   Die RemoveIniFile-Tabelle

In dieser Tabelle sind die Informationen enthalten, die aus einer Initailisierungsdatei vom Windows Installer entfernt werden sollen, wenn die betreffende Komponente lokal installiert oder zur Ausführung vom Quellmedium ausgewählt wurde. Diese Tabelle wird bei der Aktion *RemoveIniValues* benutzt.

 Wird der letzte Eintrag eines Abschnitts gelöscht, wird dabei automatisch der gesamte Abschnitt entfernt. Hierbei handelt es sich um die einzige Möglichkeit, einen Abschnitt zu entfernen.

Spalte	Typ	Größe	S/N	Beschreibung
RemoveIniFile	Identifier	S72	S	Zeichenfolge zur eindeutigen Identifikation des Datensatzes
FileName	Text	S255		Lokalisierter Name der Initialisierungsdatei
DirProperty	Identifier	S72	N	Eigenschaft mit der Pfadangabe zum Ordner der Initialisierungsdatei. Die hier benannte Eigenschaft kann auch durch die Aktion *App-Search* gesetzt werden oder es kann ein Eintrag aus der Tabelle *Directory* benutzt werden.
Section	Formatted	S96		Lokalisierter Abschnitt (Section) der Initialisierungsdatei
Key	Formatted	S128		Lokalisierter Schlüssel der Initialisierungsdatei

Spalte	Typ	Größe	S/N	Beschreibung
Value	Formatted	S255	N	Der zu entfernende lokalisierte Wert. Dieser Wert ist für die Aktion *msidbIniFileActionRemoveTag* notwendig.
Action	Integer	I2		Hier wird ein Wert der folgenden Tabelle gesetzt.
Component_	Identifier	S72		Verweis auf einen Schlüssel der Tabelle *Component*

Tabelle 8.29: Die RemoveIniFile-Tabelle der Dateitabellen-Gruppe

Tabelle 8.30 zeigt die möglichen Werte der Spalte *Action* der Tabelle *RemoveIniFile*.

Wert	Bezeichnung	Beschreibung
2	msidbIniFileActionRemoveLine	Eintrag wird entfernt
4	msidbIniFileActionRemoveTag	Ein Eintrag in einer komma-separierten Auflistung wird entfernt.

Tabelle 8.30: Die möglichen Werte des Felds Action

8.2.11 Die Icon-Tabelle

Diese Tabelle enthält Dateien zur Erstellung von Symbolen für Verknüpfungen, Dateinamenerweiterungen und CLSIDs. Die Symbole müssen in Dateien gespeichert sein, die sich außerhalb der eigentlichen Zieldatei befinden. Bei der Ankündigung eines Produkts wird das kleine Symbol (16x16) benutzt.

Spalte	Typ	Größe	S/N	Beschreibung
Name	Identifier	S72	S	Name der Symboldatei
Data	Binary	V0		Symbol im Format *.exe*, *.ico* oder *.dll*

Tabelle 8.31: Die Icon-Tabelle der Dateitabellen-Gruppe

8.2.12 Die FileSFPCatalog-Tabelle

Über diese Tabelle werden für den Windows-Dateischutz (File Protection) spezielle Dateien mit den Katalogdateien von Windows ME verknüpft. Eine Unterstützung des Dateischutzes ist erst ab der Windows Installer-Version 1.2 möglich.

Spalte	Typ	Größe	S/N	Beschreibung
File_	Identifier	S72	S	Verweis auf einen Schlüssel der Tabelle *File*
SFPCatalog_	Filename	S255	S	Verweis auf einen Schlüssel der Tabelle *SFPCatalog*

Tabelle 8.32: Die FileSFPCatalog-Tabelle der Dateitabellen-Gruppe

8.2.13 Die SFPCatalog-Tabelle

In dieser Tabelle sind die für den Dateischutz unter Windows ME erforderlichen Katalogdateien enthalten.

Spalte	Typ	Größe	S/N	Beschreibung
SFPCatalog	Filename	S255	S	Katalog-Dateiname als kurzer Dateiname. Die Kataloge benutzen keinerlei Versionsbezeichnung. So kann der bestimmte Katalog einen bereits installierten Katalog auf dem lokalen System überschreiben.
Catalog	Binary	V0		Die Binärdateien des Katalogs
Dependency	Formatted	S0	N	Der in der Spalte *SFPCatalog* angegebene Katalog ist abhängig vom hier angeführten Katalog. Geben Sie hier als kurzen Dateinamen den übergeordneten Katalog an. Es muss sich um einen gültigen Verweis auf einen Eintrag in der Spalte *SFPCatalog* dieser Tabelle handeln. Erfolgt ein Verweis auf einen Katalog, der keine Entsprechung in dieser Tabelle oder auf dem Zielsystem besitzt, wird die Installation fehlschlagen. Erfolgt der Verweis auf einen übergeordneten Katalog, so wird dieser zuerst installiert. Es wird zwischen Groß- und Kleinschreibung unterschieden.

Tabelle 8.33: Die SFPCatalog-Tabelle der Dateitabellen-Gruppe

8.2.14 Die MsiFileHash-Tabelle

Diese Tabelle wird benutzt, um einen 128-Bit-Hash einer Quelldatei zu speichern, der vom Windows Installer berechnet wird. Die Berechnung kann nur über die Methoden *MsiGetFileHash* oder *FileHash* erfolgen. Der Hash wird in vier je 32 Bit große Teile geteilt und in vier verschiedenen Feldern der Tabelle abgelegt. Bevor eine Datei kopiert wird, wird der Hash für die bereits vorhandene Datei berechnet und mit dem gecachten Wert der Installer-Datenbank verglichen, und je nach Ergebnis wird die Datei kopiert oder nicht. Eine Verwendung dieser Tabelle ist nur bei nicht versionierten Dateien möglich.

Spalte	Typ	Größe	S/N	Beschreibung
File_	Identifier	S72	S	Verweis auf einen Schlüssel der Tabelle *File*
Options	Integer	I2		Hier muss der Wert 0 stehen. Das Feld ist für künftige Verwendung reserviert.
HashPart1	DoubleInteger	I4		Enthält die ersten 32 Bit des errechneten Hashcode
HashPart2	DoubleInteger	I4		Enthält die zweiten 32 Bit des errechneten Hashcode

Spalte	Typ	Größe	S/N	Beschreibung
HashPart3	DoubleInteger	I4		Enthält die dritten 32 Bit des errechneten Hashcode
HashPart4	DoubleInteger	I4		Enthält die letzten 32 Bit des errechneten Hashcode

Tabelle 8.34: Die MsiFileHash-Tabelle der Dateitabellen-Gruppe

8.2.15 Die CreateFolder-Tabelle

Diese Tabelle enthält Verweise auf Ordner, die während der Installation einer Komponente explizit angelegt werden sollen. Standardmäßig werden vom Windows Installer alle Ordner angelegt, in die Dateien geschrieben werden. Diese Ordner werden bei der Deinstallation wieder gelöscht, wenn keine Daten mehr enthalten sind. Die explizit angelegten Ordner bleiben bei der Deinstallation auch erhalten, wenn sich in ihnen keine Daten mehr befinden.

Spalte	Typ	Größe	S/N	Beschreibung
Directory_	Identifier	S72	S	Verweis auf einen Schlüssel der Tabelle *Directory*
Component_	Identifier	S72	S	Verweis auf einen Schlüssel der Tabelle *Component*

Tabelle 8.35: Die CreateFolder-Tabelle der Dateitabellen-Gruppe

8.3 Die Gruppe der Registry-Tabellen (Registry Tables)

Die Gruppe der *Registry*-Tabellen enthält eine Reihe von Tabellen, die für das Schreiben von Einträgen in die Registry benutzt werden (siehe Abbildung 8.3). Beim Zugriff auf die Tabelle *Registry* ist der Windows Installer nicht in der Lage, zwischen verschiedenen Typen von Registryeinträgen wie z.B. Advertising zu unterscheiden. Diese Unterscheidung ist nur bei Benutzung der Tabellen der *Registry*-Tabellengruppe gewährleistet.

8.3.1 Die Extension-Tabelle

In dieser Tabelle befinden sich die Informationen zu den Dateinamenerweiterungen. Diese Erweiterungen werden während der Produktanmeldung generiert. Diese Tabelle wird von den Aktionen *RegisterExtensionInfo* sowie *UnRegisterExtensionInfo* benutzt.

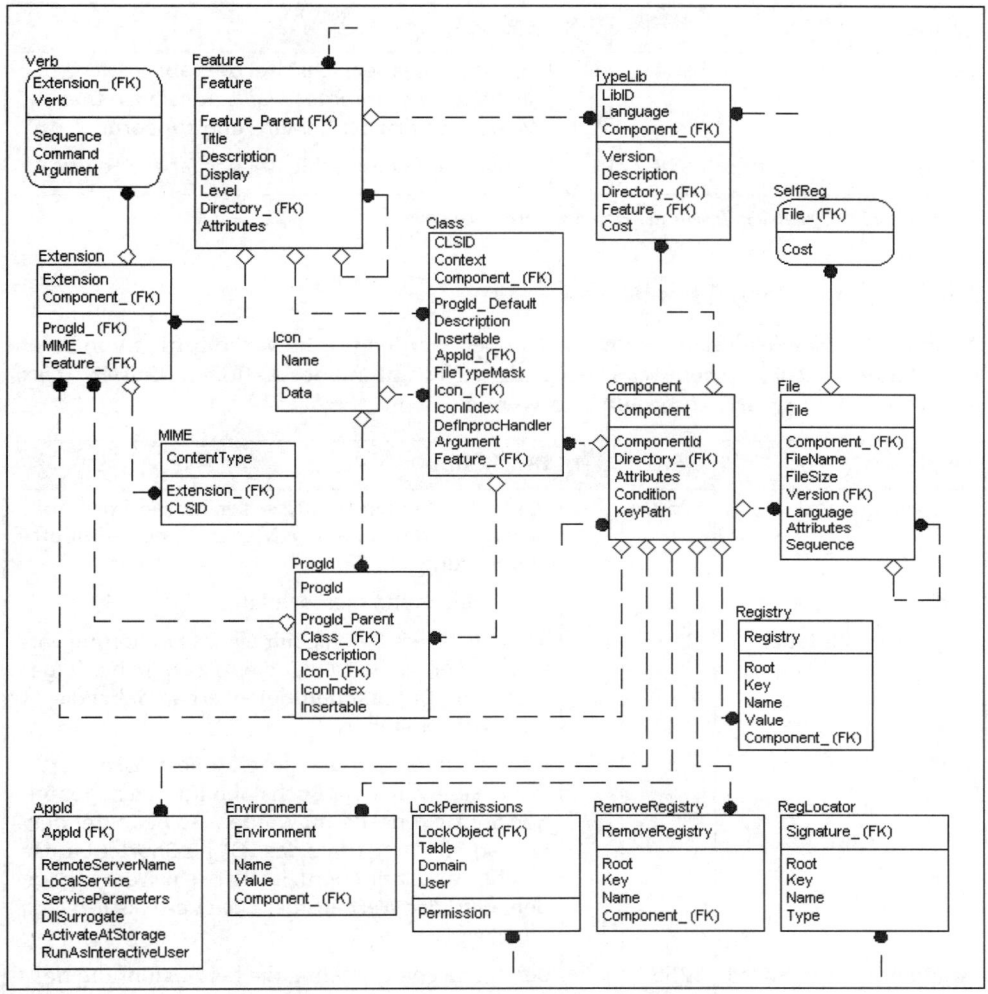

Abbildung 8.3: Die Registry Tables Group (Quelle: Microsoft Platform SDK)

Spalte	Typ	Größe	S/N	Beschreibung
Extension	Text	S255	S	Name der Dateinamenerweiterung, der maximal 255 Zeichen umfassen darf. Der Punkt vor der Erweiterung wird hier nicht angegeben.
Component_	Identifier	S72	S	Verweis auf einen Schlüssel der Tabelle *Component*
ProgID	Text	S255	N	Verweis auf einen Schlüssel der Tabelle *ProgId*. Die ProgID wird mit der Erweiterung verknüpft.

Spalte	Typ	Größe	S/N	Beschreibung
MIME	Text	S64	N	Verweis auf einen Schlüssel der Tabelle *MIME (Multipurpose Internet Mail Extensions)*. Dieser *MIME*-Typ wird der Erweiterung zugeordnet.
Feature_	Identifier	S38		Verweis auf einen Schlüssel der Tabelle *Feature*

Tabelle 8.36: Die Extension-Tabelle der Registrytabellen-Gruppe

8.3.2 Die Verb-Tabelle

Die in dieser Tabelle enthaltenen Informationen werden für die Verknüpfung von Befehlen mit diesem Dateityp benutzt. Die Tabelle wird während der Aktionen *RegisterExtensionInfo* sowie *UnRegisterExtensionInfo* verwendet.

Spalte	Typ	Größe	S/N	Beschreibung
Extension_	Text	S255	S	Verweis auf einen Schlüssel der Tabelle *Extension*. Bezeichnet die mit einem Menüeintrag verknüpfte Erweiterung.
Verb	Text	S32	S	Die Bezeichnung dieses Befehls
Sequence	Integer	I2	N	Wenn mehrere Befehle mit einer Erweiterung verknüpft werden, wird hier die Anzeigereihenfolge bestimmt. Der Standardbefehl erhält dabei die niedrigste Nummer.
Command	Formatted	S255	N	Der im Kontextmenü angezeigte Text (lokalisiert). Dabei kann auch der Buchstabe für den zugehörigen Shortcut bestimmt werden. So bedeutet der Eintrag &Öffnen, dass das „Ö" als Shortcut unterstrichen angezeigt wird. Ist hier kein Wert angegeben, wird der Wert aus der Zeile *Verb* als Text angezeigt.
Argument	Formatted	S255	N	Befehlszeilenargumente, die bei Ausführung des Befehls an die Anwendung übergeben werden

Tabelle 8.37: Die Verb-Tabelle der Registrytabellen-Gruppe

8.3.3 Die TypeLib-Tabelle

In dieser Tabelle sind Informationen für die Registrierung der Typenbibliotheken in der Regsitry enthalten. Die Tabelle wird während der Aktionen *RegisterTypeLibraries* sowie *UnRegisterTypeLibraries* benutzt. Der Windows Installer kann die Informationen nur in den Schlüssel HKEY_LOCAL_MACHINE eintragen. Dies gilt auch, wenn eine benutzerbasierte Installation durchgeführt wird. Einträge in den Schlüssel HKEY_CURRENT_USER sind nicht möglich.

Spalte	Typ	Größe	S/N	Beschreibung
LibID	GUID	S38	S	GUID zur Identifikation der Bibliothek
Language	Integer	I2	S	Sprachkennung für die Typbibliothek. Der Wert darf nicht negativ sein.
Component_	Identifier	S72	S	Verweis auf einen Schlüssel der Tabelle *Component*
Version	Integer	I4	N	Gibt die Version der Typbibliothek an
Desription	Text	S128	N	Beschreibung (lokalisiert) der Typbibliothek
Directory_	Identifier	S72	N	Verweis auf einen Schlüssel der Tabelle *Directory*. Hier wird der Pfad zur Hilfedatei der Bibliothek gesetzt. Ist kein Wert angegeben, wird vorausgesetzt, dass sich die Hilfedatei in demselben Ordner wie die Typbibliothek befindet.
Feature_	Identifier	S38		Verweis auf einen Schlüssel der Tabelle *Feature*
Cost	DoubleInteger	I4	N	Speicherbedarf (in Byte) für die Registrierung der Typbibliothek. Der Wert darf nicht negativ sein.

Tabelle 8.38: Die TypeLib-Tabelle der Registrytabellen-Gruppe

8.3.4 Die MIME-Tabelle

Die in dieser Tabelle enthaltenen Informationen werden im Zuge der MIME-Typen-Registrierung in die Registry geschrieben. Diese Tabelle wird während der Aktionen *RegisterMIMEInfo* sowie *UnRegisterMIMEInfo* benutzt.

Spalte	Typ	Größe	S/N	Beschreibung
ContentType	Text	S64	S	Gibt die zu registrierende MIME-ID an
Extension_	Text	S255		Verweis auf einen Schlüssel der Tabelle *Extension*. Bezeichnet die mit dem Typ zu verknüpfende Dateinamenerweiterung
CLSID	GUID	S38	N	Gibt die mit dem Typ zu verknüpfende COM-Komponente an. Es ist sowohl eine CLSID möglich, die auf dem Zielsystem bereits vorhanden ist, als auch ein Verweis auf einen Schlüssel der Tabelle *Class*

Tabelle 8.39: Die MIME-Tabelle der Registrytabellen-Gruppe

8.3.5 Die Class-Tabelle

Die Informationen dieser Tabelle sind für die Registrierung von COM-Komponenten notwendig.

Spalte	Typ	Größe	S/N	Beschreibung
CLSID	GUID	S38	S	Bezeichnet die ClassID der COM-Komponente
Context	Identifier	S38	S	Bezeichnet die Art der COM-Komponente. Es wird ein Wert gemäß der folgenden Tabelle angegeben.
Component_	Identifier	S72	S	Verweis auf einen Schlüssel der Tabelle *Component*
ProgID_Default	Text	S255	N	Verweis auf einen Schlüssel der Tabelle *ProgId*. Bezeichnet die mit der Klasse verknüpfte Standard-ProgID
Description	Text	S255	N	Mit der ProgID und CLSID zu verknüpfende Beschreibung (lokalisiert)
AppId_	GUID	S38	N	Verweis auf einen Schlüssel der Tabelle *AppId* mit Informationen zur DCOM-Registrierung
FileTypeMask	Text	S255	N	Beinhaltet Informationen über den Dateityp der Klasse
Icon_	Identifier	S72	N	Verweis auf einen Schlüssel der Tabelle *Icon* für das Symbol der Klasse. Wird kein Wert gesetzt, wird das Symbol der COM-Komponente gesetzt. Der Wert darf nicht *Null* sein, wenn die Advertising-Funktion verwendet werden soll.
IconIndex	Integer	I2	N	Bezeichnet den Index des Symbols. Der Wert darf nicht negativ sein.
DefInproct Handler	Filename	S32	N	Bezeichnet für die COM-Komponente den standardmäßigen In-Process-Handler für die Com-Komponente. Werden In-Process-Komponenten verwendet, muss der Wert *Null* eingetragen sein.
Argument	Formatted	S255	N	Beim Klassentyp *LocalServer* oder *LocalServer32* benutzt COM den Wert dieses Tabellenfeldes. Wird eine In-Process-Komponente benutzt, darf in den Feldern *DefInprocHandler* sowie Argument der Wert *Null* enthalten sein.
Feature_	Identifier	S38		Verweis auf einen Schlüssel der Tabelle *Feature*

Spalte	Typ	Größe	S/N	Beschreibung
Attributes	Integer	I2	N	Es kann das Attribut *msidbClassAttributesRelativePath* (siehe übernächste Tabelle) gesetzt werden. In diesem Fall wird die COM-Komponente lediglich mit dem Dateinamen, nicht jedoch mit der absoluten Pfadangabe registriert. Somit kann die COM-Komponente im aktuellen Verzeichnis aktiviert werden.

Tabelle 8.40: Die Class-Tabelle der Registrytabellen-Gruppe

Tabelle 8.41 zeigt die möglichen Werte der Spalte *Context* der Tabelle *Class*.

Wert	Beschreibung
LocalServer	Benutzung einer 16-Bit Out-Of-Process-Komponente
LocalServer32	Benutzung einer 32-Bit Out-Of-Process-Komponente
InprocServer	Benutzung einer 16-Bit In-Process-Komponente
InprocServer32	Benutzung einer 32-Bit In-Process-Komponente

Tabelle 8.41: Die möglichen Werte des Felds Context

Die folgende Tabelle zeigt die möglichen Werte der Spalte *Attributes* der Tabelle *Class*.

Wert	Bezeichnung	Beschreibung
1	msidbClassAttributesRelativePath	Die Komponente wird nur unter dem Dateinamen, nicht unter dem relativen Pfad registriert.

Tabelle 8.42: Die möglichen Werte des Felds Attributes

8.3.6   Die ProgId-Tabelle

Die in dieser Tabelle enthaltenen Informationen verwendet der Windows Installer für das Advertising einer COM-Komponente sowie der Registrierung der ProgID.

Spalte	Typ	Größe	S/N	Beschreibung
ProgId	Text	S255	S	Bezeichnet die zu registrierende ProgID
ProgId_Parent	Text	S255	N	Verweis auf einen Schlüssel der Tabelle *ProgId*. Wird nur für die Registrierung versionsunabhängiger ProgIDs benutzt.
Class_	GUID	S38	N	Verweis auf einen Schlüssel der Tabelle *Class*. Bei versionsunabhängigen ProgIDs muss der Wert *Null* sein.
Description	Text	S255	N	Beschreibung der *ProgID* (lokalisiert)

Spalte	Typ	Größe	S/N	Beschreibung
Icon_	Identifier	S72	N	Verweis auf einen Schlüssel der Tabelle *Icon*. Bei versionsunabhängigen ProgIDs muss der Wert *Null* sein. Bezeichnet das zu benutzende sowie unter dem Schlüssel *DefaultIcon* zu schreibende Icon für die *ProgID*.
IconIndex	Integer	I2	N	Bezeichnet den Index des Symbols. Der Wert muss bei einer versionsunabhängigen ProgID *Null* sein.

Tabelle 8.43: Die ProgId-Tabelle der Registrytabellen-Gruppe

8.3.7 Die AppID-Tabelle

Die Tabelle *AppId* besitzt gemeinsam mit der Tabelle *Registry* Informationen für die Registrierung und Konfiguration einer DCOM-Komponente bei der Installation durch den Windows Installer. Diese Tabelle wird während der Installation der in der Spalte *_Component* in der Tabelle *Class* bezeichneten Komponente benutzt. Die Registrierung der Komponente kann für eine der folgenden Aufgaben durchgeführt werden:

▶ Konfigurieren der standardmäßigen Sicherheitseinstellungen der DCOM-Komponente

▶ Registrieren der DCOM-Komponente, so dass sie auf einem anderen Computer ausgeführt werden kann

▶ Ausführen der DCOM-Komponente als Systemdienst

▶ Ausführen der DCOM-Komponente unter einem anderen als dem aktuellen Sicherheitskontext

Spalte	Typ	Größe	S/N	Beschreibung
AppId	GUID	S38	S	Verweis auf die Spalte *AppId* der Tabelle *Class*. Dieser Wert ist unter dem Schlüssel *CLSID* geschrieben und wird zusätzlich in die Registry unter HKEY_CLASSES_ROOT\ AppId geschrieben.
RemoteServerName	Formatted	S255	N	Dieser Wert wird in den Eintrag RemoteServerName geschrieben.
LocalService	Text	S255	N	Dieser Wert wird in den Eintrag LocalService geschrieben
ServiceParameters	Text	S255	N	Dieser Wert wird in den Eintrag ServiceParameters geschrieben.
DllSurrogate	Text	S255	N	Dieser Wert wird in den Eintrag DllSurrogate geschrieben.

Spalte	Typ	Größe	S/N	Beschreibung
ActivateAtStorage	Integer	I2	N	Dieser Wert wird in den Eintrag `ActivateAtStorage` geschrieben.
RunAsInteractiveUser	Integer	I2	N	Dieser Wert wird in den Eintrag `RunAsInteractiveUser` geschrieben.

Tabelle 8.44: Die AppId-Tabelle der Registrytabellen-Gruppe

8.3.8 Die Environment-Tabelle

Diese Tabelle wird für das Setzen von Umgebungsvariablen benutzt. Diese Variablen werden durch die Aktionen *WriteEnvironmentSettings* und *RemoveEnvironmentSettings* gesetzt bzw. gelöscht. Bei den NT-basierten Betriebssystemen werden die Variablen zunächst in die Registry geschrieben, und erst nach Abschluss der Installation werden dem Betriebssystem die neuen Umgebungsvariablen mitgeteilt. Unter Windows 9x sowie ME werden die Umgebungsvariablen in die Datei *autoexec.bat* geschrieben und sind erst nach einem Neustart für das Betriebssystem vorhanden.

Spalte	Typ	Größe	S/N	Beschreibung
Environment	Identifier	S72	S	Zeichenfolge zur eindeutigen Kennung des Datensatzes
Name	Text	S255		Name der Umgebungsvariablen (lokalisiert). Gemäß dem verwendeten Präfix (siehe folgende Tabelle) werden die Werte geschrieben oder entfernt.
Value	Formatted	S255	N	Werte (lokalisiert), die als Umgebungsvariable benutzt werden sollen. Ist kein Eintrag vorhanden, wird die vorhandene Variable entfernt. Ist kein Eintrag vorhanden und beginnt der Variablenname mit dem Präfix -, wird die Variable nur dann entfernt, wenn auch die Komponente entfernt wird. Soll an eine vorhandene Variable ein weiterer Wert angefügt werden, benutzen Sie die Syntax [~];Wert. Soll der Wert als erster einer vorhandenen Variablen gesetzt werden, verwenden Sie die Syntax Wert;[~]. Die Zeichenfolge [~] gibt jeweils an, dass es sich nicht um den einzigen Wert für die Variable handelt. Nur wenn als Variablenpräfix + verwendet wird, müssen Sie die Zeichenfolge [~] nicht zusätzlich verwenden. Es kann jeweils nur immer ein Wert vorhanden sein. So ist z.B. Wert;Wert;[~] kein gültiger Eintrag.
Component_	Identifier	S72		Verweis auf einen Schlüssel der Tabelle *Component*

Tabelle 8.45: Die Environment-Tabelle der Registrytabellen-Gruppe

Die folgende Tabelle zeigt die möglichen Werte der Spalte *Name* der Tabelle *Environment*.

Präfix	Beschreibung
=	Ist die Umgebungsvariable nicht vorhanden, wird sie erstellt und der Wert gesetzt. Ist die Umgebungsvariable bereits vorhanden, wird lediglich der Wert gesetzt und der vorhandene dadurch überschrieben.
+	Erstellt die Umgebungsvariable und setzt den Wert. Ist die Umgebungsvariable bereits vorhanden, wird der ursprüngliche Wert nicht überschrieben.
-	Beim Entfernen der Komponente wird auch die Umgebungsvariable entfernt.
!	Bei der Deinstallation wird die Umgebungsvariable entfernt. Dabei ist es gleichgültig, ob die Einträge für Namen und Wert mit denen der Environment-Tabelle übereinstimmen. Standardmäßig entfernt der Windows Installer bei der Deinstallation die Umgebungsvariablen nur, wenn die Werte übereinstimmen.
*	Dieses Präfix wird nur unter Windows NT-basierten Betriebssystemen, nicht jedoch unter Windows 9x und ME erkannt. Ist das Präfix gesetzt, wird die Umgebungsvariable als Systemumgebungsvariable gesetzt. Ist das Präfix nicht gesetzt, wird diese als Benutzerumgebungsvariable gesetzt.
=-	Die Umgebungsvariable wird während der Installation gesetzt und bei der Deinstallation wieder entfernt.
!-	Beim Entfernen der Komponente wird auch die Umgebungsvariable entfernt. Die aktuellen Variablen-Werte werden dabei nicht berücksichtigt.
=+, !+, !=	Die Kombination dieser Präfixe ist nicht möglich.

Tabelle 8.46: Die möglichen Präfixe der Spalte Name

8.3.9 Die Registry-Tabelle

Die in dieser Tabelle enthaltenen Informationen werden in die Registry geschrieben. Dazu muss die zugehörige Komponente entweder lokal installiert oder vom Quellmedium aus ausgeführt werden. Ein Schlüssel wird erst dann aus der Registry entfernt, wenn auch sämtliche untergeordneten Werte gelöscht sind.

Spalte	Typ	Größe	S/N	Beschreibung
Registry	Identifier	S72	S	Primärschlüssel zur Identifikation des Datensatzes
Root	Integer	I2		Hier wird ein Wert der folgenden Tabelle gesetzt. Es handelt sich um einen Verweis auf den übergeordneten Registry-Schlüssel, in den die Einträge geschrieben werden.
Key	RegPath	S255		Bezeichnet den zu schreibenden Registry-schlüssel

Spalte	Typ	Größe	S/N	Beschreibung
Name	Formatted	S255	N	Bezeichnet den Namen (lokalisiert) des zu schreibenden Wertes. Ist hier der Wert *Null* gesetzt, wird der zu schreibende Wert als Standardwert festgelegt. Dabei haben folgende Zeichen eine spezielle Bedeutung: +: Der Schlüssel wird bei der Komponenten-installation erstellt. -: Bei der Deinstallation der Komponente werden der Schlüssel sowie Unterschlüssel entfernt. *: Der Schlüssel wird bei der Komponenten-installation erstellt und zusätzlich werden bei der Deinstallation der Komponente der Schlüssel sowie Unterschlüssel entfernt.
Value	Formatted	S0	N	Bezeichnet den zu schreibenden Wert. Sofern der Wert mit einem der folgenden Präfixe beginnt, wird er als bestimmter Wert gespeichert: Präfix #x: Hexadezimaler Wert (REG_BINARY) Präfix #%: Erweiterbare Zeichenfolge (REG_EXPAND_SZ) Präfix #: Integer (REG_DWORD) Ist im Wert das Zeichen ~ enthalten, wird er als REG_MULTI_SZ (mehrteilige Zeichenfolge) gespeichert. Beginnt der Wert mit ~, wird er an einen bereits vorhandenen Wert angefügt. Endet der Wert mit ~, wird er den vorhandenen Werten vorangestellt. Ist der Wert von dem Zeichen ~ eingeschlossen, wird die vorhandene Zeichenfolge ersetzt.
Component_	Identifier	S72		Verweis auf einen Schlüssel der Tabelle *Component*

Tabelle 8.47: Die Registry-Tabelle der Registrytabellen-Gruppe

Die folgende Tabelle zeigt die möglichen Werte der Spalte *Root* der Tabelle *Registry*.

Wert	Bezeichnung	Beschreibung
-1	Keine Bezeichnung	Bei einer Computerinstallation werden die Werte in den Schlüssel HKEY_LOCAL_MACHINE geschrieben, bei einer Benutzerinstallation in den Schlüssel HKEY_CURRENT_USER. Die Computerinstallation wird durch den Parameter ALLUSERS=1 angestoßen.

Wert	Bezeichnung	Beschreibung
0	msidbRegistryRoot ClassesRoot	HKEY_CLASSES_ROOT. Bei einer Computerinstallation werden ab Windows 2000 die Werte in den Schlüssel HKEY_LOCAL_MACHINE\Software\Classes geschrieben, bei einer Benutzerinstallation ab Windows 2000 in den Schlüssel HKEY_CURRENT_USER\Software\Classes.
1	msidbRegistryRoot CurrentUser	HKEY_CURRENT_USER
2	msidbRegistryRoot LocalMachine	HKEY_LOCAL_MACHINE
3	msidbRegistryRootUsers	HKEY_USERS

Tabelle 8.48: Mögliche Werte für die Spalte Root

8.3.10 Die RemoveRegistry-Tabelle

Diese Tabelle enthält die aus der Registry zu entfernenden Informationen.

Spalte	Typ	Größe	S/N	Beschreibung
RemoveRegistry	Identifier	S72	S	Primärschlüssel zur Identifikation des Datensatzes
Root	Integer	I2		Hier wird ein Wert der folgenden Tabelle gesetzt. Es handelt sich um einen Verweis auf den übergeordneten Registry-Schlüssel, dessen Einträge entfernt werden sollen.
Key	RegPath	S255		Bezeichnet den zu löschenden Registry-schlüssel.
Name	Formatted	S255	N	Bezeichnet den Namen (lokalisiert) des zu löschenden Wertes. Verwenden Sie den Wert _, um den Schlüssel mit sämtlichen Unterschlüsseln zu löschen.
Component_	Identifier	S72		Verweis auf einen Schlüssel der Tabelle *Component*.

Tabelle 8.49: Die Tabelle RemoveRegistry der Registry-Tabellengruppe

Die folgende Tabelle zeigt die möglichen Werte der Spalte *Root* der Tabelle *RemoveRegistry*.

Wert	Bezeichnung	Beschreibung
-1	Keine Bezeichnung	Bei einer Computerinstallation werden die Werte aus dem Schlüssel HKEY_LOCAL_MACHINE gelöscht, bei einer Benutzerinstallation aus dem Schlüssel HKEY_CURRENT_USER. Die Computerinstallation wird durch den Parameter ALLUSERS=1 angestoßen.

Wert	Bezeichnung	Beschreibung
0	msidbRegistryRoot ClassesRoot	`HKEY_CLASSES_ROOT`. Bei einer Computerinstallation werden ab Windows 2000 die Werte aus dem Schlüssel `HKEY_LOCAL_MACHINE\Software\Classes` gelöscht, bei einer Benutzerinstallation ab Windows 2000 aus dem Schlüssel `HKEY_CURRENT_USER\Software\Classes`.
1	msidbRegistryRoot CurrentUser	`HKEY_CURRENT_USER`
2	msidbRegistryRoo tLocalMachine	`HKEY_LOCAL_MACHINE`
3	msidbRegistryRootUsers	`HKEY_USERS`

Tabelle 8.50: Mögliche Werte für die Spalte Root

8.4 Gruppe der Suchtabellen (Locator Tables)

Die Suchtabellen werden zur Suche von Dateien und Anwendungen benutzt. Mit Hilfe dieser Tabellen können die Registry, Konfigurationsdaten, Initialisierungsdateien und Ordner nach einer Datei durchsucht werden. Die zentrale Aufgabe dieser Tabellengruppe liegt in der Feststellung, ob abhängige Daten bereits auf dem Zielsystem installiert sind oder nicht.

8.4.1 Die Signature-Tabelle

In dieser Tabelle sind Informationen für die eindeutige Identifikation einer Datei enthalten.

Spalte	Typ	Größe	S/N	Beschreibung
Signature	Identifier	S72	S	Primärschlüssel zur eindeutigen Idenfikation
FileName	Text	S255		Dateiname
MinVersion	Text	S20	N	Minimale Dateiversion. Bei Benutzung dieses Feldes muss die ermittelte Dateiversion größer oder gleich diesem Wert sein.
MaxVersion	Text	S20	N	Maximale Dateiversion. Bei Benutzung dieses Feldes muss die ermittelte Dateiversion kleiner oder gleich diesem Wert sein.
MinSize	DoubleInteger	I4	N	Minimale Dateigröße. Bei Benutzung dieses Feldes muss die ermittelte Dateigröße größer oder gleich diesem Wert sein.
MaxSize	DoubleInteger	I4	N	Maximale Dateigröße. Bei Benutzung dieses Feldes muss die ermittelte Dateigröße kleiner oder gleich diesem Wert sein.

Spalte	Typ	Größe	S/N	Beschreibung
MinDate	DoubleInteger	I4	N	Minimales Erstelldatum. Bei Benutzung dieses Feldes muss das ermittelte Erstelldatum der Datei größer oder gleich diesem Wert sein.
MaxDate	DoubleInteger	I4	N	Maximales Erstelldatum. Bei Benutzung dieses Feldes muss das ermittelte Erstelldatum der Datei kleiner oder gleich diesem Wert sein.
Languages	Text	S255	N	Von der ermittelten Datei zu unterstützende Sprachen

Tabelle 8.51: Die Tabelle Signature der Suchtabellengruppe

8.4.2 Die RegLocator-Tabelle

Mit Hilfe dieser Tabelle können Sie Dateien oder Ordner finden. Die Suchkriterien beziehen sich dabei auf Eintragungen in der Registry.

Spalte	Typ	Größe	S/N	Beschreibung
Signature_	Identifier	S72	S	Eindeutige Kennung des Datensatzes oder Verweis auf einen Schlüssel der Tabelle *Signature*. Ist der hier genannte Wert in der Tabelle *Signature* enthalten, wird nach einer Datei gesucht. Ist der Wert dort nicht enthalten und in der Spalte *Type* der Wert *msidbLocatorTypeRawValue* gesetzt, wird nach einem Registryeintrag, sonst nach einem Ordner gesucht.
Root	Integer	I2		Verweist auf den übergeordneten Schlüssel des Eintrags. Gültige Werte finden Sie in der folgenden Tabelle.
Key	RegPath	S255		Schlüssel des Registryeintrags.
Name	Formatted	S255	N	Name des Registryeintrags
Type	Integer	I2	N	Dieser Wert bestimmt, ob es sich bei dem Wert der Registry um eine Datei, einen Ordner oder einen Registryeintrag handelt. Gültige Werte finden Sie in der übernächsten Tabelle.

Tabelle 8.52: Die Tabelle RegLocator der Suchtabellengruppe

Die folgende Tabelle zeigt die möglichen Werte der Spalte *Root* der Tabelle *RegLocator*.

Wert	Bezeichnung	Beschreibung
0	msidbRegistryRootClassesRoot	HKEY_CLASSES_ROOT
1	msidbRegistryRootCurrentUser	HKEY_CURRENT_USER
2	msidbRegistryRootLocalMachine	HKEY_LOCAL_MACHINE
3	msidbRegistryRootUsers	HKEY_USERS

Tabelle 8.53: Mögliche Werte für die Spalte Root

Die folgende Tabelle zeigt die möglichen Werte der Spalte *Type* der Tabelle *RegLocator*.

Wert	Bezeichnung	Beschreibung
0	msidbLocatorTypeDirectory	Ordner
1	msidbLocatorTypeFileName	Datei
2	msidbLocatorTypeRawValue	Registryeintrag
16	msidbLocatorType64bit	Suche im 64-Bit-Bereich der Registry

Tabelle 8.54: Mögliche Werte für die Spalte Type

8.4.3 Die IniLocator-Tabelle

Mit Hilfe dieser Tabelle können Dateien und Ordner gesucht werden. Die Suchkriterien beziehen sich dabei auf Eintragungen in Initilisierungsdateien (*.ini*-Dateien).

Spalte	Typ	Größe	S/N	Beschreibung
Signature_	Identifier	S72	S	Eindeutige Kennung des Datensatzes oder Verweis auf einen Schlüssel der Tabelle *Signature*. Ist der hier genannte Wert in der Tabelle *Signature* enthalten, wird nach einer Datei gesucht. Ist der Wert dort nicht enthalten und in der Spalte *Type* der Wert *msidbLocatorTypeRawValue* gesetzt, wird nach einem Registryeintrag, sonst nach einem Ordner gesucht.
FileName	Text	S255		Name der *.ini*-Datei
Section	Text	S96		Abschnittsname innerhalb der *.ini*-Datei
Key	Text	S128		Schlüssel im gewählten Abschnitt
Field	Integer	I2	N	Das zu lesende Feld innerhalb einer Zeile. Ist der Wert *Null*, wird die komplette Zeile gelesen.
Type	Integer	I2	N	Dieser Wert bestimmt, ob es sich bei dem Wert der Registry um eine Datei, einen Ordner oder einen Initialisierungs-Eintrag handelt. Gültige Werte finden Sie in der folgenden Tabelle.

Tabelle 8.55: Die Tabelle IniLocator der Suchtabellengruppe

Die folgende Tabelle zeigt die möglichen Werte der Spalte *Type* der Tabelle *IniLocator*.

Wert	Bezeichnung	Beschreibung
0	msidbLocatorTypeDirectory	Ordner
1	msidbLocatorTypeFileName	Datei
2	msidbLocatorTypeRawValue	Genereller Initialisierungs-Eintrag

Tabelle 8.56: Mögliche Werte der Spalte Type

8.4.4 Die CompLocator-Tabelle

Mit Hilfe dieser Tabelle können Dateien und Ordner gesucht werden. Die Suchkriterien beziehen sich dabei auf die Konfigurationsdaten des Windows Installer.

Spalte	Typ	Größe	S/N	Beschreibung
Signature_	Identifier	S72	S	Verweis auf einen Schlüssel der Tabelle *Signature*. Ist der hier genannte Wert in der Tabelle *Signature* enthalten, wird nach einem Ordner gesucht.
ComponentId	GUID	S38		Die *ComponentID* der zu suchenden Komponente
Type	Integer	I2	N	Dieser Wert bestimmt, ob es sich bei dem Wert der Registry um eine Datei oder einen Ordner handelt. Gültige Werte finden Sie in der folgenden Tabelle.

Tabelle 8.57: Die Tabelle CompLocator der Suchtabellengruppe

Die folgende Tabelle zeigt die möglichen Werte der Spalte *Type* der Tabelle *CompLocator*.

Wert	Bezeichnung	Beschreibung
0	msidbLocatorTypeDirectory	Ordner
1	msidbLocatorTypeFileName	Datei

Tabelle 8.58: Mögliche Werte der Spalte Type

8.4.5   Die DrLocator-Tabelle

Die Informationen dieser Tabelle werden zum Finden von Dateien und Ordnern benutzt.

Spalte	Typ	Größe	S/N	Beschreibung
Signature_	Identifier	S72	S	Verweis auf einen Schlüssel der Tabelle *Signature*. Ist der hier genannte Wert in der Tabelle *Signature* enthalten, wird nach einer Datei gesucht. Ist der Wert nicht vorhanden, wird nach einem Ordner gesucht.
Parent	Identifier	S72	S/N	Signatur des übergeordneten Ordners für die Datei oder den Ordner in der Spalte _*Signature*. Ist der Wert *Null* und kann zusätzlich die Pfadangabe in der Spalte *Path* nicht aufgelöst werden, werden alle Datenträger bis auf die Wechseldatenträger des Systems durchsucht.
Path	AnyPath	S255	S/N	Pfadangabe für das Zielsystem. Die Pfadangabe kann vollständig oder relativ zu dem Ordner, der in der Spalte *Parent* gesetzt ist, angegeben werden.
Depth	Integer	I2	N	Die Suchtiefe in Unterordnern. Ist der Wert *Null*, werden keine Unterordner durchsucht.

Tabelle 8.59: Die Tabelle DrLocator der Suchtabellengruppe

8.4.6   Die AppSearch-Tabelle

In dieser Tabelle sind die Eigenschaften enthalten, die von der Aktion *AppSearch* benutzt werden. Dabei werden die folgenden Tabellen in dieser Reihenfolge durchsucht: *CompLocator, RegLocator, IniLocator* und *DrLocator*.

Spalte	Typ	Größe	S/N	Beschreibung
Property	Identifier	S72	S	Durch die Aktion *AppSearch* wird für diese Eigenschaft (es muss eine öffentliche Eigenschaft sein) der in der Spalte *Signature_* angegebene Pfad zur Datei festegelegt, sobald die Datei auf dem Zielsystem gefunden wurde.
Signature_	Identifier	S72	S	Der enthaltene Fremdschlüssel referenziert auf die Tabellen *Signature, RegLocator, IniLocator, CompLocator* oder *DrLocator*. Bei der Dateisuche muss der Wert mit dem der Tabelle *Signature* übereinstimmen. Ist dies nicht der Fall, erfolgt die Suche nach einem Ordner.

Tabelle 8.60: Die Tabelle AppSearch der Suchtabellengruppe

8.4.7 Die CCPSearch-Tabelle

In dieser Tabelle sind Dateisignaturen für die Kompatibilitätsprüfung (Compliance Checking Program, CCP) enthalten.

Spalte	Typ	Größe	S/N	Beschreibung
Signature_	Identifier	S72	S	Enthält die Dateisignatur und referenziert auf die Tabellen *Signature*, *RegLocator*, *IniLocator*, *CompLocator* oder *DrLocator*.

Tabelle 8.61: Die Tabelle CCPSearch der Suchtabellengruppe

8.5 Die Gruppe der Programminformations-Tabellen (Program Information Tables)

In den Tabellen zur Programminformation sind Informationen für die internen Operationen des Windows Installer enthalten.

8.5.1 Die Property-Tabelle

In der Tabelle *Property* werden die Namen und Werte aller Eigenschaften aufgeführt, die für die Installation definiert sind. Enthält eine Eigenschaft den Wert *Null*, ist sie in dieser Tabelle nicht aufgeführt. Dies gilt auch für Eigenschaften, die den Wert einer anderen Eigenschaft enthalten. Dazu müssen Custom Actions des Typs 51 verwendet werden.

Spalte	Typ	Größe	S/N	Beschreibung
Property	Identifier	S72	S	Name der Eigenschaft
Value	Text	S0		Wert der Eigenschaft (lokalisiert)

Tabelle 8.62: Die Tabelle Property der Programminformations-Tabellengruppe

8.5.2 Die Binary-Tabelle

In dieser Tabelle befinden sich die Binär-Dateien für Bitmaps, Symbole usw. Hier können auch Daten für Custom Actions gespeichert werden.

Spalte	Typ	Größe	S/N	Beschreibung
Name	Identifier	S72	S	Zeichenfolge zur Identifikation des Datensatzes
Data	Binary	V0		Unformatierte Binär-Dateien

Tabelle 8.63: Die Tabelle Binary der Programminformations-Tabellengruppe

8.5.3 Die Error-Tabelle

Über die Inhalte der Tabelle *Error* werden Fehlernummern und die diesen zugeordneten Daten in eine vollständige Fehlermeldung umgewandelt.

Spalte	Typ	Größe	S/N	Beschreibung
Error	Integer	I2	S	Fehlernummer. Die Zahlen zwischen 25.000 und 30.000 sind für Custom Actions reserviert.
Message	Template	S0	N	Vorlage für Fehlermeldungen (lokalisiert)

Tabelle 8.64: Die Tabelle Error der Programminformations-Tabellengruppe

8.5.4 Die Shortcut-Tabelle

Mit den Informationen dieser Tabelle werden Verknüpfungen auf dem Zielcomputer angelegt.

Spalte	Typ	Größe	S/N	Beschreibung
Shortcut	Identifier	S72	S	Zeichenfolge zur Identifikation des Datensatzes
Directory_	Identifier	S72		Verweis auf einen Schlüssel der Tabelle *Directory*
Name	Filename	S128		Name der Verknüpfung (lokalisiert)
Component_	Identifier	S72		Verweis auf einen Schlüssel der Tabelle *Component*
Target	Shortcut	S72		Ziel für die Verknüpfung. Bei einer angekündigten Verknüpfung muss dieser Wert auf das Schlüsselfeld der Tabelle *Feature* verweisen. Wird diese Verknüpfung angeklickt, prüft der Installer, ob die Komponenten dieses Features bereits installiert sind. Bei einer nicht angekündigten Verknüpfung wird der Inhalt dieses Feldes als formatierte Zeichefolge ausgelesen.
Arguments	Formatted	S255	N	Kommandozeilenargumente der Verknüpfung
Description	Text	S255	N	Lokalisierte Beschreibung der Verknüpfung
Hotkey	Integer	I2	N	Tastenkombination zum Aufruf der Verknüpfung. Hier sollte vom Entwickler der Wert *Null* gesetzt werden, da eine hier gesetzte Tastenkombination auf dem Zielsystem bereits vorhanden sein könnte.
Icon	Identifier	S72	N	Verweis auf einen Schlüssel der Tabelle *Icon*. Ist hier kein Wert gesetzt, wird das Standardsymbol des verwiesenen Ziels verwendet.
IconIndex	Integer	I2	N	Nicht negativer Wert für den Index des anzuzeigenden Symbols

Spalte	Typ	Größe	S/N	Beschreibung
ShowCmd	Integer	I2	N	Hier wird ein Wert gemäß der folgenden Tabelle eingetragen.
WkDir	Integer	S72	N	Name der Eigenschaft zum Verweis auf das Arbeitsverzeichnis

Tabelle 8.65: Die Tabelle Shortcut der Programminformations-Tabellengruppe

 Um eine Verknüpfung für eine angekündigte Installation verwenden zu können, muss als Betriebssystem Windows 98, ME, 2000, XP oder 2003 installiert sein, da diese angekündigte Verknüpfungen direkt unterstützen. Bei allen anderen Betriebsystemen muss der *Internet Explorer 4.01* mit der Desktoperweiterung installiert sein.

Die folgende Tabelle zeigt die möglichen Werte der Spalte *ShowCmd* der Tabelle *Shortcut.*

Wert	Bezeichnung	Beschreibung
1	SW_SHOWNORMAL	Anzeige erfolgt im normalen Fenster
3	SW_SHOWMAXIMIZED	Anzeige erfolgt im maximierten Fenster
7	SW_SHOWMINNOACTIVE	Anzeige erfolgt im minimierten, nicht aktivierten Fenster

Tabelle 8.66: Mögliche Werte der Spalte ShowCmd

8.5.5 Die ReserveCost-Tabelle

Der Einsatz der Tabelle *ReserveCost* ist optional. Hier kann bestimmt werden, wieviel Speicherplatz für den Ordner reserviert werden soll. Dieser Speicherplatz wird bei der Prüfung der Mindestvoraussetzungen für die Installation miteinbezogen.

Spalte	Typ	Größe	S/N	Beschreibung
ReserveKey	Identifier	S72	S	Zeichenfolge zur Identifikation des Datensatzes
Component_	Identifier	S72		Verweis auf einen Schlüssel der Tabelle *Component*
ReserveFolder	Identifier	S72	N	Name der Eigenschaft mit dem vollständigen Pfad zum Zielverzeichnis.
ReserveLocal	DoubleInteger	I4		Größe des Speichers in Byte, der dem Speicherbedarf bei der lokalen Installation hinzuaddiert werden soll.
ReserveSource	DoubleInteger	I4		Größe des Speichers in Byte, der dem Speicherbedarf bei der Ausführung vom Quellmedium hinzuaddiert werden soll

Tabelle 8.67: Die Tabelle ReserveCost der Programminformations-Tabellengruppe

8.6 Die Gruppe der Installationsprozedurtabellen (Installation Procedure Tables)

In den Tabellen der Installationsprozedur befinden sich Informationen über die während der Installation auszuführenden Anweisungen und Sequenzen.

8.6.1 Die InstallUISequence-Tabelle

In dieser Tabelle sind die Aktionen aufgeführt, die während der Top-Level-Aktion *INSTALL* aufgerufen werden, wenn bei der Installation die vollständige oder reduzierte Benutzeroberfläche angezeigt wird. Bei Anzeige der Basis-Oberfläche oder der Installation im Hintergrund werden diese Aktionen nicht ausgeführt.

Spalte	Typ	Größe	S/N	Beschreibung
Action	Identifier	S72	S	Name der Aktion (Standardaktion, Custom Action oder Dialogfeld)
Condition	Condition	S255	N	Zu prüfende Bedingung. Ist die Syntax für die Bedingung ungültig, erfolgt ein Abbruch der Sequenz mit der Fehlermeldung *isBadActionData*.
Sequence	Integer	I2		Nummer zur Ausführungsreihenfolge der Aktionen. Es können Werte gemäß der folgenden Tabelle verwendet werden. Ein negativer Wert darf nur einmal benutzt werden.

Tabelle 8.68: Die Tabelle InstallUISequence der Installationsprozedur-Tabellengruppe

Die folgende Tabelle zeigt die möglichen Werte der Spalte *Sequence* der Tabelle *InstallUISequence*.

Wert	Bezeichnung	Beschreibung
Positiv		Aktion wird in der angegebenen Reihenfolge ausgeführt
0 oder (*Null*)		Aktion wird nie ausgeführt
-1	msiDoActionStatusSuccess	Aktion wird nach vollständiger Durchführung der Installation ausgeführt
-2	msiDoActionStatusUserExit	Aktion wird beim Benutzerabbruch der Installation ausgeführt
-3	msiDoActionStatusFailure	Aktion wird bei Auftreten eines fatalen Fehlers ausgeführt
-4	msiDoActionStatusSuspend	Aktion wird beim Unterbrechen der Installation ausgeführt

Tabelle 8.69: Mögliche Werte der Spalte Sequence

8.6.2 Die InstallExecuteSequence-Tabelle

Hier sind alle Aktionen enthalten, die während der Top-Level-Aktion *INSTALL* ausgeführt werden. Die Inhalte dieser Tabelle werden benutzt, sobald die Tabelle *InstallUISequence* abgearbeitet ist und durch die Aktion *ExecuteAction* die Befehle an die Ausführungsphase übergeben worden sind.

Die Tabellenstruktur dieser Tabelle entspricht der Struktur der Tabelle *InstallUISequence*. Es können lediglich keine Dialogfelder in die Spalte *Action* eingetragen werden.

8.6.3 Die AdminUISequence-Tabelle

In dieser Tabelle sind alle Aktionen enthalten, die durch die Top-Level-Aktion *ADMIN* aufgerufen werden, wenn dabei die vollständige oder reduzierte Benutzeroberfläche angezeigt wird. Bei Anzeige der Basisoberfläche oder der Installation im Hintergrund werden die Aktionen nicht ausgeführt.

Die Tabellenstruktur dieser Tabelle entspricht der Struktur der Tabelle *InstallUISequence*.

8.6.4 Die AdminExecuteSequence-Tabelle

Hier sind die Aktionen enthalten, die durch die Top-Level-Aktion *ADMIN* aufgerufen werden, nachdem die Tabelle *AdminUISequence* abgearbeitet ist und durch die Aktion *ExecuteAction* die Befehle an die Ausführungsphase übergeben worden sind.

Die Tabellenstruktur dieser Tabelle entspricht der Struktur der Tabelle *InstallUISequence*. Es können lediglich keine Dialogfelder in der Spalte *Action* eingetragen werden.

8.6.5 Die AdvtUISequence-Tabelle

Diese Tabelle wird vom Windows Installer nicht benutzt. Die Tabelle sollte nicht in der Datenbank vorhanden sein oder bei einem Vorhandensein zumindest keinerlei Werte enthalten.

8.6.6 Die AdvtExecuteSequence-Tabelle

Die Tabellenstruktur dieser Tabelle entspricht der Struktur der Tabelle *InstallUISequence*. In ihr sind die Aktionen enthalten, die bei Ausführung der Top-Level-Aktion *ADVERTISE* vollzogen werden können. Allerdings können in das Feld *Action* nur bestimmte Standardaktionen, jedoch keine benutzerdefinierten Aktionen eingetragen werden. Die folgenden Standardaktionen sind möglich:

- *CostFinalize*,
- *CostInitialize*,
- *CreateShortcuts*,
- *InstallFinalize*,
- *InstallInitialize*,

▶ *InstallValidate,*

▶ *MsiPublishAssemblies,*

▶ *PublishComponents,*

▶ *PublishFeatures,*

▶ *PublishProduct,*

▶ *RegisterClassInfo,*

▶ *RegisterExtensionInfo,*

▶ *RegisterMIMInfo,*

▶ *RegisterProgIdInfo.*

8.6.7 Die CustomAction-Tabelle

Über die Inhalte dieser Tabelle wird die Funktionalität des Windows Installer durch selbst erstellten Code und Daten der Custom Actions erweitert. Der Code kann entweder direkt in die Datenbank geschrieben werden oder in einer bereits vorhandenen oder installierten Datei enthalten sein.

Spalte	Typ	Größe	S/N	Beschreibung
Action	Identifier	S72	S	Name der Aktion, die in der Sequenztabelle oder als Ereignis eines Steuerelements verwendet werden soll. Handelt es sich um den Namen einer Standardaktion, wird die Custom Action nicht ausgeführt.
Type	Integer	I2		Daten zum Bestimmen des Basistyps der Custom Action
Source	Custom Source	S72	N	Name einer Eigenschaft oder ein Wert, der den Schlüssel einer der folgenden Tabellen referenziert: *Directory* zur Ausführung vorhandener Dateien, *File* zur Ausführung zu installierender Dateien, *Binary* zur Ausührung von in der Datenbank gespeicherten Daten oder *Property* zur Ausführung von Dateien, deren Pfad über eine Eigenschaft bestimmt wird.
Target	Formatted	S255	N	Ausführungsparameter, abhängig vom Typ der Custom Action

Tabelle 8.70: Die Tabelle CustomAction der Installationsprozedur-Tabellengruppe

8.6.8 Die LaunchCondition-Tabelle

Die Inhalte dieser Tabelle werden von der Aktion *LaunchCondition* verwendet. Die in dieser Tabelle enthaltenen Bedingungen müssen für die Ausführung der Installation erfüllt sein.

Spalte	Typ	Größe	S/N	Beschreibung
Condition	Condition	S255	S	Bedingung, die den Wert *True* zur Ausführung der Installation zurückgeben muss
Description	Formatted	S255		Text (lokalisiert), der dem Benutzer angezeigt wird, wenn eine Bedingung nicht erfüllt ist

Tabelle 8.71: Die Tabelle LaunchCondition der Installationsprozedur-Tabellengruppe

8.7 Die Gruppe der Systemdienste-Tabellen

Über die Inhalte der Systemdienste-Tabellen können unter Windows NT, 2000, XP und 2003 Systemdienste installiert und konfiguriert werden.

8.7.1 Die ServiceInstall-Tabelle

Die Informationen dieser Tabelle werden zur Installation des Systemdiensts benutzt. Soll ein Dienst bei der Deinstallation wieder entfernt werden, ist ein diesem Dienst zugeordneter Datensatz in der Tabelle *ServiceControl* notwendig. Ohne diesen Eintrag in der Tabelle *ServiceControl* wird vom Windows Installer kein Dienst deinstalliert.

Spalte	Typ	Größe	S/N	Beschreibung
ServiceInstall	Identifier	S72	S	Zeichenfolge zur Identifikation des Systemdiensts
Name	Formatted	S255		Name des Dienstes, unter dem er im Dienstmanager unter Windows angezeigt wird. Die Zeichen \ und / dürfen nicht benutzt werden.
DisplayName	Formatted	S255	N	Anzeigename des Systemdiensts. Ist hier ein Eintrag vorhanden, wird dieser Name im Dienstmanager angezeigt.
ServiceType	Doubleinteger	I4		Bitmuster zum Festlegen der Art des Systemdienstes. Es muss ein Wert gemäß Tabelle 8.73 gesetzt werden.
StartType	Doubleinteger	I4		Bitmuster zum Bestimmen, wann der Systemdients gestartet werden soll. Es muss ein Wert gemäß Tabelle 8.75 gesetzt werden.
ErrorControl	Doubleinteger	I4		Auszuführende Aktion, wenn beim Starten des Dienstes ein Fehler auftritt. Es muss ein Wert gemäß Tabelle 8.77 gesetzt werden.
LoadOrderGroup	Formatted	S255	N	Name einer Gruppe, zu der der Dienst gehört

Spalte	Typ	Größe	S/N	Beschreibung
Dependencies	Formatted	S255	N	Liste der zuvor zu startenden Dienste. Die Dienste werden im folgenden Format aufgelistet: Dienst1[~]Dienst2[~]. Ist kein Dienst erforderlich, der zuvor gestartet werden muss, so *muss* hier das Zeichen ~ gesetzt werden.
StartName	Formatted	S255	N	Benutzerkonto, in dessen Kontext der Dienst gestartet werden soll. Ist kein Wert gesetzt, wird das Konto *LOKALES SYSTEM* benutzt.
Password	Formatted	S255	N	Zum Benutzernamen gehöriges Kennwort
Arguments	Formatted	S255	N	Startparameter zum Starten des Dienstes
Component_	Identifier	S72		Verweis auf einen Schlüssel der Tabelle *Component*
Description		S255	N	Beschreibung des Dienstes (lokalisiert), die im Dienstmanager angezeigt wird. Diese Spalte ist unter Windows Installer 1.0 nicht verfügbar.

Tabelle 8.72: Die Tabelle ServiceInstall der Dienste-Tabellengruppe

Die folgende Tabelle zeigt die möglichen Werte der Spalte *ServiceType* der Tabelle *ServiceInstall*.

Wert	Bezeichnung	Beschreibung
0x00000010	SERVICE_WIN32_OWN_PROCESS	Win32-Dienst, der im eigenen Prozess ausgeführt wird
0x00000020	SERVICE_WIN32_SHARE_PROCESS	Win32-Dienst, der in einem gemeinsamen Prozess ausgeführt wird
0x00000100	SERVICE_INTERACTIVE_PROCESS	Win32-Dienst zur Interaktion mit dem Desktop. Dieser Wert muss zu einem der beiden anderen Werte hinzugefügt werden und kann nicht allein verwendet werden.

Tabelle 8.73: Gültige Werte der Spalte ServiceType

Die folgende Tabelle zeigt die ungültigen Werte der Spalte ServiceType der Tabelle *ServiceInstall*.

Wert	Bezeichnung	Beschreibung
0x00000001	SERVICE_KERNEL_DRIVER	Kernel-Mode-Treiber
0x00000002	SERVICE_FILE_SYSTEM_DRIVER	Dateisystem-Treiber

Tabelle 8.74: Ungültige Werte der Spalte ServiceType

Die folgende Tabelle zeigt die möglichen Werte der Spalte *StartType* der Tabelle *Service-Install*.

Wert	Bezeichnung	Beschreibung
0x00000002	SERVICE_AUTO_START	Automatischer Start beim Betriebssystemstart
0x00000003	SERVICE_DEMAND_START	Der Start erfolgt, wenn vom Service Control Manager (SCM) die Funktion *StartService* aufgerufen wird.
0x00000004	SERVICE_DISABLED	Deaktivierung des Dienstes, ein Starten ist nicht möglich

Tabelle 8.75: Gültige Werte der Spalte StartType

Die folgende Tabelle zeigt die möglichen Startwerte für Gerätetreiber der Tabelle *Service-Install*.

Wert	Bezeichnung	Beschreibung
0x00000000	SERVICE_BOOT_START	Der Treiber wird beim Bootvorgang gestartet.
0x00000001	SERVICE_SYSTEM_START	Der Treiber wird beim Betriebssystemstart gestartet.

Tabelle 8.76: Gültige Startwerte für Gerätetreiber

Die folgende Tabelle zeigt die möglichen Werte der Spalte *ErrorControl* der Tabelle *Service-Install*.

Wert	Bezeichnung	Beschreibung
0x00000000	SERVICE_ERROR_IGNORE	Fehlerprotokollierung und Fortsetzen des Startvorgangs
0x00000001	SERVICE_ERROR_NORMAL	Fehlerprotokollierung, Hinweisfenster und Fortsetzen des Startvorgangs
0x00000003	SERVICE_ERROR_CRITICAL	Fehlerprotokollierung und Neustart des Systems mit der letzten funktionierenden Konfiguration

Tabelle 8.77: Gültige Werte der Spalte ErrorControl

8.7.2 Die ServiceControl-Tabelle

Die Inhalte dieser Tabelle werden zur Verwaltung und Deinstallation von Systemdiensten benutzt.

Spalte	Typ	Größe	S/N	Beschreibung
ServiceControl	Identifier	S72	S	Zeichenfolge zur Identifikation des Datensatzes
Name	Formatted	S255		Name des Dienstes. Es kann auch der Name eines noch nicht installierten Dienstes sein.
Event	Integer	I2		Wert oder Wertekombination zur Dienstkontrolle gemäß der beiden folgenden Tabellen
Arguments	Formatted	S255	N	Liste der Argumente zum Starten des Dienstes
Wait	Integer	I2	N	Ist der Wert *Null* oder 1 gesetzt, wartet der Installer, bis der Dienst vollständig gestartet ist. Ist der Wert 0 gesetzt, wird gewartet, bis der SCM die Änderung des Dienststatus meldet.
Component_	Identifier	S72		Verweis auf einen Schlüssel der Tabelle *Component*.

Tabelle 8.78: Die Tabelle ServiceControl der Dienste-Tabellengruppe

Die folgende Tabelle zeigt die möglichen Werte der Spalte *Events* der Tabelle *ServiceControl* für die Installation.

Wert	Bezeichnung	Beschreibung
1	msidbServiceControlEventStart	Dienststart während der Aktion *StartServices*
2	msidbServiceControlEventStop	Beenden des Dienstes während der Aktion *StopServices*
4	Keine Bezeichnung	Reserviert
8	msidbServiceControlEventDelete	Entfernen des Dienstes während der Aktion *DeleteServices*

Tabelle 8.79: Gültige Werte der Spalte Events für die Installation eines Dienstes

Die folgende Tabelle zeigt die möglichen Werte der Spalte *Events* der Tabelle *ServiceControl* für die Deinstallation.

Wert	Bezeichnung	Beschreibung
16	msidbServiceControlEventStart	Dienststart während der Aktion *StartServices*
32	msidbServiceControlEventStop	Beenden des Dienstes während der Aktion *StopServices*

Wert	Bezeichnung	Beschreibung
64	Keine Bezeichnung	Reserviert
128	msidbServiceControlEventDelete	Entfernen des Dienstes während der Aktion *DeleteServices*

Tabelle 8.80: Gültige Werte der Spalte Events für die Deinstallation eines Dienstes

8.8 Die Gruppe der Sicherheitstabellen

Mit den Inhalten der Sicherheitstabellen können Teile der Windows Installer-Datenbank signiert werden und Einstellungen für den Einsatz auf abgesicherten Computern vorgenommen werden.

8.8.1 Die LockPermissions-Tabelle

Über diese Tabelle werden bestimmte Teile der Applikation, die frei gewählt werden können, auf abgesicherten Computern bei der Ausführung durch Zuweisen von Zugriffsberechtigungen abgesichert. Dieses ist möglich für die Installation von Dateien sowie das Erstellen von Ordnern und Registry-Einstellungen.

Spalte	Typ	Größe	S/N	Beschreibung
LockObject	Identifier	S38	S	Zusammen mit der Spalte *Table* wird das Objekt identifiziert, für das die Zugriffsrechte bestimmt werden sollen. Es muss auf einen gültigen Wert der Spalte *Table* verwiesen werden.
Table	Text	I2	S	Gültige Werte sind *File*, *Registry* und *CreateFolder*.
Domain	Formatted		S/N	Gibt den Namen der Domäne oder des Computers des Benutzers an, dem die Zugriffsrechte erteilt werden sollen. Ab der Version 2.0 kann die Umgebungsvariable *%USERDOMAIN* gesetzt werden.
User	Formatted		S	Gibt den Benutzer an. Es können auch mehrere Benutzer für ein Objekt definiert werden. Ab der Version 2.0 können die Werte *Everyone* und *Administrators* gesetzt werden. Es können auch die Werte *ComputerName*, *LogonUser* oder *USERNAME* gesetzt werden.
Permission	Doubleinteger		N	Zahlenwert gemäß der folgenden Tabelle zum Festlegen der Berechtigungen

Tabelle 8.81: Die Tabelle LockdownPermission der Sicherheitstabellengruppe

Die folgende Tabelle zeigt die möglichen Werte der Spalte *Permissions* der Tabelle *LockdownPermission*. Zum Festlegen dieser Berechtigungen muss als Dateisystem NTFS verwendet sein. Die Berechtigungen können nur unter Windows NT, 2000, XP und 2003 gelten.

Wert	Bezeichnung	Beschreibung
1	FILE_READ_DATA, FILE_LIST_HISTORY	Ordner auflisten, Dateien lesen
2	FILE_WRITE_DATA, FILE_ADD_FILE	Dateien erstellen und schreiben
4	FILE_APPEND_DATA, FILE_ADD_SUBDIRECTORY	Ordner erstellen und Daten anhängen
8	FILE_READ_EA	Erweiterte Attribute lesen
16	FILE_WRITE_EA	Erweiterte Attribute schreiben
32	FILE_EXECUTE, FILE_TRAVERSE	Ordner überspringen, Datei ausführen
64	FILE_DELETE_CHILD	Unterordner und Dateien löschen
128	FILE_READ_ATTRIBUTES	Attribute lesen
256	FILE_WRITE_ATTRIBUTES	Attribute schreiben
65.536	DELETE	Löschen
131.072	READ_CONTROL	Berechtigungen lesen
262.144	WRITE_DAC	Berechtigungen ändern
524.288	WRITE_OWNER	Besitzrechte übernehmen
268.435.456	FILE_ALL_ACCESS	Vollzugriff
536.870.912	FILE_GENERIC_EXECUTE	Ausführen
1.073.741.824	FILE_GENERIC_WRITE	Schreiben

Tabelle 8.82: Gültige Werte der Spalte Permissions

8.8.2 Die MsiDigitalCertificate-Tabelle

Über digitale Signaturen können fehlende Ressourcen ermittelt werden. In dieser Tabelle werden Zertifikate als binärer Datenstrom gespeichert. Jedes Zertifikat wird mit einem Primärschlüssel verknüpft. Durch diese Tabelle sowie die Tabelle *msiDigitalSignature* können *nur* Signaturen externer Paketdateien (*.cab*-Dateien) geprüft werden.

Spalte	Typ	Größe	S/N	Beschreibung
DigitalCertificate	Identifier	S72	S	Eindeutige Bezeichnung des Zertifikats
CertData	Binary	V0		Verschlüsseltes Byte-Array der sicherheitsrelevanten Zertifikatsdaten. Diese Daten können durch Aufrufe der Funktionen WinVerifyTrust oder MsiGetFileSignature-Information und Import der Zertifikatsdatei (*.cer*-Datei) ermittelt werden.

Tabelle 8.83: Die Tabelle MsiDigitalCertificate der Sicherheitstabellengruppe

8.8.3 Die MsiDigitalSignature-Tabelle

In dieser Tabelle sind die Informationen zur digitalen Signatur für jedes signierte Objekt innerhalb der Datenbank enthalten.

Spalte	Typ	Größe	S/N	Beschreibung
Table	Identifier	S32	S	Hier ist nur der Wert *Media* erlaubt. Zusammen mit der Spalte *SignObject* wird das digital signierte Objekt bestimmt.
SignObject	Text	S72	S	Bestimmt das digital signierte Objekt
DigitalCertificate_	Identifier	S72		Verweis auf einen gültigen Schlüssel der Tabelle *MsiDigitalCertificate*
Hash	Binary	V0	N	Der hier angegebene Referenz-Hash-Wert wird zur Laufzeit gegen den aktuellen Hash geprüft. Wenn nur das Zertifikat geprüft werden soll, muss der Wert *Null* gesetzt sein.

Tabelle 8.84: Die Tabelle MsiDigitalSignature der Sicherheitstabellengruppe

8.9 Die Gruppe der Benutzeroberflächentabellen

In den Tabellen dieser Gruppe sind die Informationen enthalten, die zum Anlegen der Benutzeroberfläche für den Installationsvorgang benötigt werden. Das Thema Benutzeroberfläche wird ausführlich in Kapitel 12 besprochen.

8.9.1 Die Dialog-Tabelle

In dieser Tabelle sind sämtliche Dialogfelder enthalten, die dem Benutzer bei der vollständigen oder reduzierten Benutzeroberfläche während der Installation angezeigt werden. Für jedes Dialogfeld ist in dieser Tabelle ein Datensatz vorhanden.

Die Werte für die Spalten *Heigt* und *Width* werden in sämtlichen Tabellen der Benutzeroberfläche in Windows Installer-Einheiten angegeben. Eine Einheit ist 1/12 der Höhe der Schrifart *MS Sans Serif* in 10-Punkt-Größe.

Spalte	Typ	Größe	S/N	Beschreibung
Dialog	Identifier	272	S	Name des Dialogfelds
HCentering	Integer	I2		Horizontale Position des Dialogfelds. Gültige Werte liegen zwischen 0 und 100. 0 ist der linke, 100 der rechte Rand.
VCentering	Integer	I2		Vertikale Position des Dialogfelds. Gültige Werte liegen zwischen 0 und 100. 0 ist der obere, 100 der untere Rand.
Width	Integer	I2		Breite des Dialogfelds, negative Werte sind nicht möglich.
Height	Integer	I2		Höhe des Dialogfelds, negative Werte sind nicht möglich.
Attributes	Doubleinteger	I4	N	Attribute zur Darstellung gemäß der folgenden Tabelle
Title	Formatted	S128	N	Name in der Titelleiste des Dialogfelds
Control_First	Identifier	S50		Das hier angegebene Steuerelement erhält den Fokus beim Anzeigen des Dialogfelds. Es muss eine entsprechung in der Tabelle *Control*, Spalte *Control* besitzen. Bei Dialogfeldern zur Fehlermeldung wird dieser Wert ignoriert. Es kann kein statisches Steuerelement benutzt werden.
Control_Default	Identifier	S50	N	Das hier angegebene wird als Standard-Steuerelement definiert und kann durch ⏎ aktiviert werden. Es muss eine Entsprechung in der Tabelle *Control*, Spalte *Control* besitzen. Bei Dialogfeldern zur Fehlermeldung wird dieser Wert ignoriert. Ist kein Wert gesetzt, kann kein Steuerelement aktiviert werden.
Control_Cancel	Identifier	S50	N	Das hier angegebene wird zum Abbruch einer Aktion definiert und kann durch Esc aktiviert werden. Es muss eine Entsprechung in der Tabelle *Control*, Spalte *Control* besitzen. Bei Dialogfeldern zur Fehlermeldung wird dieser Wert ignoriert. Ist kein Wert gesetzt, kann kein Steuerelement aktiviert werden.

Tabelle 8.85: Die Tabelle Dialog

Die folgende Tabelle zeigt die möglichen Werte der Spalte *Attributes* der Tabelle *Dialog*.

Wert	Bezeichnung	Beschreibung
1	Visible	Sichtbares Dialogfeld
2	Modal	Unsichtbares Dialogfeld
4	Minimize	Minimierbares Dialogfeld
8	SysModal	Modales Dialogfeld
16	KeepModeless	Beim Anzeigen dieses Dialogfelds werden andere nicht beendet.
32	TrackDiskSpace	Der freie Speicherplatz wird dynamisch ermittelt.
64	UseCustomPalette	Dialogfeld verwendet die Farbpalette des ersten Steuerelements.
128	RTLRO	Die Schreibweise von rechts nach links wird verwendet.
256	RightAligned	Der Text ist rechtsbündig ausgerichtet.
512	LeftScroll	An der linken Seite des Dialogfelds ist ein Scroll-Balken.
896	BIDI	Kombination von *RTLRO*, *RightAligned* und *LeftScroll*
65.536	Error	Dialogfeld für die Anzeige von Fehlermeldungen

Tabelle 8.86: Gültige Werte für die Spalte Attributes der Tabelle Dialog

8.9.2 Die Control-Tabelle

In dieser Tabelle befinden sich Informationen zu den Steuerelementen der Installer-Datenbank.

Spalte	Typ	Größe	S/N	Beschreibung
Dialog_	Identifier	S72	S	Name des Dialogfelds, in dem das Steuerelement enthalten ist
Control	Identifier	S50	S	Name des Steuerelements
Type	Identifier	S20		Gibt den Typ des Steuerelements an. Folgende Werte sind möglich: *Billboard, Bitmap, CheckBox, ComboBox, DirectoryCombo, DirectoryList, Edit, GroupBox, Icon, Line, ListBox, ListView, MaskedEdit, Path E-dit, ProgressBar, PushButton, RadioButtonGroup, ScrollableText, SelectionTree, Text, VolumeCostList* und *VolumeSelectCombo*. Einzelheiten zu diesen Steuerelementen finden Sie in Kapitel 12.
X	Integer	I2		Horizontale Koordinate der linken oberen Ecke
Y	Integer	I2		Vertikale Koordinale der linken oberen Ecke

Spalte	Typ	Größe	S/N	Beschreibung
Width	Integer	I2		Breite des Steuerelements
Height	Integer	I2		Höhe des Steuerelements
Attributes	Doubleinteger	I4	N	Es wird ein Attribut zur Darstellung gemäß der folgenden Tabellen verwendet.
Property	Identifier	S50	N	Name der mit dem Steuerelement verknüpften Eigenschaft
Text	Formatted	S0	N	Bei der Initialisierung des Steuerelements angezeigter Text
Control_Next	Identifier	S50	N	Name des nächsten Steuerelements im Dialogfeld, auf das mit der Taste [⇆] geschaltet werden kann.
Help	Text	S50	N	Zeichenfolge (lokalisiert), die als Hilfetext angezeigt wird. Der erste Teil wird als *Tool-Tip* angezeigt, der zweite als *kontextbezogene Hilfe*. Beide Teile werden durch das Zeichen | getrennt.

Tabelle 8.87: Die Tabelle Control

Die folgende Tabelle zeigt die möglichen Werte der Spalte *Attribute* für alle Steuerelemente der Tabelle *Control*.

Wert	Bezeichnung	Beschreibung
1	Visible	Sichtbares Steuerelement
2	Enabled	Aktivierbares Steuerelement
4	Sunken	Vertiefte Ansicht des Steuerelements
8	Indirect	Ist für die indirekte Eigenschaft *True* festgelegt, wird die Eigenschaft zur Laufzeit des Installer aufgelöst.
16	Integer	Datentyp Integer der Eigenschaft
32	RTLRO	Die Schreibweise von rechts nach links wird verwendet.
64	RightAligned	Der Text ist rechtsbündig ausgerichtet.
128	LeftScroll	An der linken Seite des Dialogfelds ist ein Scroll-Balken.
224	BiDi	Kombination von *RTLRO*, *RightAligned* und *LeftScroll*.

Tabelle 8.88: Mögliche Werte der Spalte Attribute für alle Steuerelemente

Die folgende Tabelle zeigt die möglichen Werte der Spalte *Attribute* für *Text*-Steuerelemente der Tabelle *Control*.

Wert	Bezeichnung	Beschreibung
1	FormatSize	Formatierung der Zahlen und Anzeige in KB, MB oder GB
2	NoPrefix	Das Zeichen & wird nicht in einen Unterstrich zur Kennzeichnung des Buchstabens für den Hotkey umgewandelt.
4	NoWrap	Kein Textumbruch
8	Password	Wie bei einem Kennwort-Steuerelement wird die Eingabe nur durch * dargestellt.
16	Transparent	Transparenter Hintergrund
32	UserLanguage	Es wird die Benutzerceodepage anstelle der Standard-Codepage benutzt.

Tabelle 8.89: Mögliche Werte der Spalte Attribute für Text-Steuerelemente

Die folgende Tabelle zeigt die möglichen Werte der Spalte *Attribute* für das *Progressbar*-Steuerelement der Tabelle *Control*.

Wert	Bezeichnung	Beschreibung
65.535	ProgressBar	Fortschrittsanzeige in Form blauer Rechtecke

Tabelle 8.90: Möglicher Wert der Spalte Attribut für das ProgressBar-Steuerelement

Die folgende Tabelle zeigt die möglichen Werte der Spalte *Attribute* für *Volume*- und *Directory*-Steuerelemente der Tabelle *Control*.

Wert	Bezeichnung	Beschreibung
65.536	RemovableVolume	Wechseldatenträger
131.072	FixedVolume	Festplattenlaufwerke
262.144	RemoteVolume	Netzlaufwerke
524.144	CDROMVolume	CD-/DVD-Laufwerke
1.048.576	RAMDiskVolume	RAM-Datenträger
2.097.152	FloppyVolume	Diskettenlaufwerke

Tabelle 8.91: Mögliche Werte der Spalte Attribute für Volume- und Directory-Steuerelemente

Die folgende Tabelle zeigt die möglichen Werte der Spalte *Attribute* für *Listbox*- und *Combobox*-Steuerelemente der Tabelle *Control*.

Wert	Bezeichnung	Beschreibung
65.536	Sorted	Einträge werden sortiert angezeigt
131.072	ComboList	Es wird kein Textfeld für eigene Angaben angezeigt, es können nur Einträge aus der Liste gewählt werden.

Tabelle 8.92: Mögliche Werte der Spalte Attribute für Listbox- und Combobox-Steuerlemente

Die folgende Tabelle zeigt den möglichen Wert der Spalte *Attribute* für das *Edit*-Steuerelement der Tabelle *Control*.

Wert	Bezeichnung	Beschreibung
65.536	MultiLine	Mehrere Textzeilen und vertikale Bildlaufleiste

Tabelle 8.93: Möglicher Wert der Spalte Attribute für das Edit-Steuerelement

Die folgende Tabelle zeigt die möglichen Werte der Spalte *Attribute* für das *PictureButton*-Steuerelement der Tabelle *Control*.

Wert	Bezeichnung	Beschreibung
65.536	ImageHandle	Dynamisch zur Laufzeit zugewiesenes Bild
131.072	PushLike	Darstellung als Schaltfläche
262.144	Bitmap	Anzeige eines Bitmaps anstelle von Text
524.288	Icon	Anzeige eines Symbols der Tabelle *Icon*
1.048.576	FixedSize	Anpassung der Bildgröße an das Steuerelement oder zentrierte Darstellung
2.097.152	Icon16	Symbol in der Größe 16x16
4.194.304	Icon32	Symbol in der Größe 32x32
6.291.456	Icon48	Symbol in der Größe 48x48

Tabelle 8.94: Mögliche Werte der Spalte Attribute für PictureButton-Steuerelemente

Die folgende Tabelle zeigt den möglichen Wert der Spalte *Attribute* für das *RadioButton*-Steuerelement der Tabelle *Control*.

Wert	Bezeichnung	Beschreibung
16.777.216	HasBorder	Die Gruppe von Optionsschaltflächen ist von einem Rahmen umgeben.

Tabelle 8.95: Möglicher Wert der Spalte Attribut für das RadioButton-Steuerelement

Die folgende Tabelle zeigt den möglichen Wert der Spalte *Attribute* für das *VolumeCost-List*-Steuerelement der Tabelle *Control*.

Wert	Bezeichnung	Beschreibung
4.194.304	ControlShowRollbackCost	Für das Rollback gesicherte Dateien werden bei der Berechnung des Speicherplatzbedarfs miteinbezogen.

Tabelle 8.96: Möglicher Wert der Spalte Attribute für das VolumeCostList-Steuerelement

8.9.3 Die ControlCondition-Tabelle

Diese Tabelle dient dazu, bestimmte Aktionen abhängig von einer Bedingung auszuführen

Spalte	Typ	Größe	S/N	Beschreibung
Dialog_	Identifier	S72	S	Dieser Wert muss einem Wert in der ersten Spalte der Tabelle *Dialog* entsprechen.
Control_	Identifier	S72	S	Dieser Wert muss einem Wert in der zweiten Spalte der Tabelle *Control* entsprechen.
Action	Text	S50	S	Gibt die Aktion gemäß der folgenden Tabelle an, die beim Erfüllen der Bedingung ausgeführt werden soll.
Condition	Condition	S255	S	Zu prüfende Bedingung. Wird der Wert *True* zurückgegeben, wird die Aktion ausgeführt. Ist der Wert 1 gesetzt, wird die Aktion immer ausgeführt. An dieser Stelle muss ein Wert gesetzt sein.

Tabelle 8.97: Die Tabelle ControlCondition

Die folgende Tabelle zeigt die möglichen Werte der Spalte *Action* der Tabelle *ControlCondition*.

Wert	Beschreibung
Default	Das Steuerelement wird zum Standard-Steuerelement.
Disable	Das Steuerelement wird deaktiviert.
Enable	Das Steuerelement wird aktiviert.
Hide	Das Steuerelement wird unsichtbar.
Show	Das Steuerelement wird sichtbar.

Tabelle 8.98: Mögliche Werte der Spalte Action

8.9.4   Die ControlEvent-Tabelle

Über diese Tabelle können bestimmte Ereignisse definiert werden, die je nach verwendetem Steuerelement ausgeführt werden sollen. Bei den Steuerelementen *CheckBox*, *PushButton* und *SelectionTree* kann sogar auf die Eingabe des Benutzers reagiert werden. Für ein Steuerelement können auch mehrere Ereignisse definiert werden. Diese werden in der vorgegebenen Reihenfolge ausgeführt.

Spalte	Typ	Größe	S/N	Beschreibung
Dialog_	Identifier	S72	S	Dieser Wert muss einem Wert in der ersten Spalte der Tabelle *Dialog* entsprechen.
Control_	Identifier	S50	S	Dieser Wert muss einem Wert in der zweiten Spalte der Tabelle *Control* entsprechen.
Event	Formatted	S50	S	Zeichenfolge zur Definition des Ereignisses
Argument	Formatted	S255	S	Zusätzliche Informationen, abhängig von der Art des Ereignisses
Condition	Condition	S255	S/N	Zu prüfende Bedingung. Wird der Wert *True* zurückgegeben, wird das Ereignis ausgeführt. Ist der Wert 1 gesetzt, wird das Ereignis immer ausgeführt. Ist der Wert *Null* oder 0 gesetzt oder wird *False* als Ergebnis geliefert, wird das Ereignis nie ausgeführt.
Ordering	Integer	I2	N	Werden mehrere Ereignisse benutzt, werden sie gemäß dieser Reihenfolge ausgeführt.

Tabelle 8.99: Die Tabelle ControlEvent

8.9.5   Die EventMapping-Tabelle

In dieser Tabelle sind alle Steuerelemente enthalten, die auf Ereignisse reagieren sollen. Die hier enthaltenen Steuerelemente können Ereignisse abonnieren und auf diese reagieren.

Spalte	Typ	Größe	S/N	Beschreibung
Dialog_	Identifier	S72	S	Dieser Wert muss einem Wert in der ersten Spalte der Tabelle *Dialog* entsprechen.
Control_	Identifier	S50	S	Dieser Wert muss einem Wert in der zweiten Spalte der Tabelle *Control* entsprechen.
Event	Identifier	S50	S	Zeichenfolge zur Definition des Ereignisses, das vom Steuerelement abonniert wird.
Attribute	Identifier	S50		Name des Steuerelement-Attributs, das durch das Ereignis geändert werden soll.

Tabelle 8.100: Die Tabelle EventMapping

8.9.6 Die TextStyle-Tabelle

In dieser Tabelle ist die Liste der Schriftarten enthalten, die von den Steuerelementen benutzt werden.

Spalte	Typ	Größe	S/N	Beschreibung
TextStyle	Identifier	S72	S	Name des Schriftstils
FaceName	Text	S32		Name der Schriftart, die den Schriftstil verwenden soll
Size	Integer	I2		Schriftartgröße in Punkten
Color	Doubleinteger	I4	N	Dieser Wert ist nur für das Steuerelement *Text* notwendig. Der Wert wird nach der folgenden Formel berechnet: 65.536 x Blau + 256 x Grün + Rot. Ist kein Wert gesetzt, wird die Standardfarbe benutzt.
StyleBits	Integer	I2	N	Wert gemäß der folgenden Tabelle zur Text-Formatierung

Tabelle 8.101: Die Tabelle TextStyle

Die folgende Tabelle zeigt die möglichen Werte der Spalte *StyleBits* der Tabelle *TextStyle*.

Wert	Bezeichnung	Beschreibung
1	msidbTextStyleStyleBitsBold	Formatierung Fett
2	msidbTextStyleStyleBitsItalic	Formatierung Kursiv
4	msidbTextStyleStyleBitsUnderline	Formatierung Unterstrichen
8	msidbTextStyleStyleBitsStrike	Formatierung Durchgestrichen

Tabelle 8.102: Mögliche Werte der Spalte StyleBits

8.9.7 Die UIText-Tabelle

In dieser Tabelle sind lokalisierte Zeichenfolgen zur Anzeige in der Benutzeroberfläche enthalten, die nicht über andere Tabellen definiert werden.

Spalte	Typ	Größe	S/N	Beschreibung
Key	Identifier	S72	S	Eindeutiger Wert zur Identifikation der Zeichenfolge
Text	Text	S255	N	Zeichenfolge (lokalisiert)

Tabelle 8.103: Die Tabelle UIText

8.9.8 Die ActionText-Tabelle

In dieser Tabelle sind die Zeichenfolge (lokalisiert) enthalten, die im Dialogfeld *Progress* angezeigt werden.

Spalte	Typ	Größe	S/N	Beschreibung
Action	Identifier	S72	S	Name der Aktion
Description	Text	S0	N	Zeichenfolge, die im Dialogfeld *Progress* angezeigt wird.
Template	Template	S0	N	Von der Aktion bereitgestellte Formatvorlage zur Formatierung der Daten.

Tabelle 8.104: Die Tabelle ActionText

8.9.9 Die Billboard-Tabelle

Ein Billboard ist ein Teil eines Dialogfelds, das je nach ausgeführter Aktion oder ausgeführtem Prozess dynamisch geändert wird. Die dazu verwendeten unterschiedlichen Billboards werden in dieser Tabelle definiert.

Spalte	Typ	Größe	S/N	Beschreibung
Billboard	Identifier	S50	S	Name des Billboards
Feature_	Identifier	S32		Verweis auf einen Eintrag in der Tabelle *Feature*. Das Billboard wird nur angezeigt, wenn dieses Feature installiert wird.
Action	Identifier	S50	N	Name der Aktion, bei deren Ausführung das Billboard angezeigt wird
Ordering	Integer	I2	N	Sind mehrere Billboards für eine Aktion definiert, werden sie gemäß dieser Reihenfolge festgelegt.

Tabelle 8.105: Die Tabelle Billboard

8.9.10 Die BBControl-Tabelle

In dieser Tabelle sind die Steuerelemente enthalten, die auf Billboards angezeigt werden.

Spalte	Typ	Größe	S/N	Beschreibung
Billboard	Identifier	S50	S	Dieser Wert muss eine Entsprechung in der Tabelle *Billboard* besitzen.
BBControl	Identifier	S50	S	Name des Steuerelements
Type	Identifier	S50		Art des Steuerelements. Es können nur statische Steuerelemente verwendet werden.
X	Integer	I2		Horizontale Koordinate der linken oberen Ecke

Spalte	Typ	Größe	S/N	Beschreibung
Y	Integer	I2		Vertikale Koordinate der linken oberen Ecke
Width	Integer	I2		Breite des Steuerelements
Height	Integer	I2		Höhe des Steuerelements
Attributes	Doubleinteger	I4	N	Attribute zur Darstellung des Steuerelements. Die gültigen Werte sind in der Spalte *Attributes* der Tabelle *Control* erläutert.
Text	Text	S50	N	Bei der Initialisierung des Steuerelements angezeigte Zeichenfolge (lokalisiert).

Tabelle 8.106: Die Tabelle BBControl

8.9.11 Die CheckBox-Tabelle

In dieser Tabelle sind die für das Steuerelement *CheckBox* notwendigen Eigenschaften enthalten.

Spalte	Typ	Größe	S/N	Beschreibung
Property	Identifier	S72	S	Vom Steuerelement festgelegte Eigenschaft
Value	Formatted	S64	N	Bei der Aktivierung des Steuerelements zu benutzender Eigenschaftswert

Tabelle 8.107: Die Tabelle CheckBox

8.9.12 Die ComboBox-Tabelle

Hier sind die Zeichenfolgen und Werte aufgeführt, die aus dem Listenfeld im Steuerelement *ComboBox* gewählt werden können.

Spalte	Typ	Größe	S/N	Beschreibung
Property	Identifier	S72	S	Vom Steuerelement festgelegte Eigenschaft
Order	Integer	I2	S	Die Reihenfolge der Listeneinträge wird über einen positiven Zahlenwert bestimmt. Dazu muss für die *ComboBox* die Sortierung der Eigenschaften aktiviert sein.
Value	Formatted	S64		Mit dem Listeneintrag verknüpfter Wert. Sobald dieses Element aus der Liste ausgewählt wird, wird der zugehörige Wert der Eigenschaft zugewiesen.
Text	Text	S64	N	Zeichenfolge (lokalisiert), die im Listenfeld angezeigt wird

Tabelle 8.108: Die Tabelle ComboBox

8.9.13 Die ListBox-Tabelle

Diese Tabelle enthält die Zeichenfolgen und zugehörigen Werte, die im Listenfeld angezeigt werden.

Spalte	Typ	Größe	S/N	Beschreibung
Property	Identifier	S72	S	Vom Steuerelement festgelegte Eigenschaft
Order	Integer	I2	S	Die Reihenfolge der Listeneinträge wird über einen positiven Zahlenwert bestimmt. Dazu muss für die *ListBox* die Sortierung der Eigenschaften aktiviert sein.
Value	Formatted	S64		Mit dem Listeneintrag verknüpfter Wert. Sobald dieses Element aus der Liste ausgewählt wird, wird der zugehörige Wert der Eigenschaft zugewiesen.
Text	Formatted	S64	N	Zeichenfolge (lokalisiert), die im Listenfeld angezeigt wird

Tabelle 8.109: Die Tabelle ListBox

8.9.14 Die ListView-Tabelle

In dieser Tabelle sind die Zeichenfolgen und Werte enthalten, die im Listenfeld des Steuerelements *ListView* angezeigt werden. Zusätzlich zum Steuerelement *ListBox* kann im Listeneintrag auch ein *Bitmap* oder *Icon* als Symbol dargestellt werden.

Spalte	Typ	Größe	S/N	Beschreibung
Property	Identifier	S72	S	Vom Steuerelement festgelegte Eigenschaft
Order	Integer	I2	S	Die Reihenfolge der Listeneinträge wird über einen positiven Zahlenwert bestimmt.
Value	Formatted	S64		Mit dem Listeneintrag verknüpfter Wert. Sobald dieses Element aus der Liste ausgewählt wird, wird der zugehörige Wert der Eigenschaft zugewiesen.
Text	Formatted	S64	N	Zeichenfolge (lokalisiert), die im Listenfeld angezeigt wird.
Binary_	Identifier	S72	N	Verweis auf einen Wert in der Tabelle *Binary*. Dieses Symbol wird vor dem Text im Listenfeld angezeigt.

Tabelle 8.110: Die Tabelle ListView

8.9.15 Die RadioButton-Tabelle

In dieser Tabelle sind die Zeichenfolgen und Werte enthalten, die in einer *RadioButton-Group* (Gruppe von Optionsfeldern) dem Einzelelement zugeordnet werden sollen.

Spalte	Typ	Größe	S/N	Beschreibung
Property	Identifier	S72	S	Vom Steuerelement festgelegte Eigenschaft
Order	Integer	I2	S	Die Reihenfolge der Optionsfelder wird über einen positiven Zahlenwert bestimmt.
Value	Formatted	S64		Mit dem Optionsfeld verknüpfter Wert. Sobald dieses Element ausgewählt wird, wird der zugehörige Wert der Eigenschaft zugewiesen.
X	Integer	I2		Horizontale Koordinate der linken oberen Ecke
Y	Integer	I2		Vertikale Koordinate der linken oberen Ecke
Width	Integer	I2		Breite des Steuerelements
Height	Integer	I2		Höhe des Steuerelements
Text	Formatted	S64	N	Zeichenfolge (lokalisiert), die für das Optionsfeld angezeigt wird. Soll ein Symbol angezeigt werden, muss hier der in der Tabelle *Binary* definierte Name des Symbols angegeben werden. Text und Symbol können *nicht* gleichzeitig angezeigt werden.
Help	Text	S50	N	Zeichenfolge (lokalisiert), die als Hilfetext angezeigt wird. Der erste Teil wird als *ToolTip* angezeigt, der zweite als *kontextbezogene Hilfe*. Beide Teile werden durch das Zeichen | getrennt.

Tabelle 8.111: Die Tabelle RadioButton

8.10 Die Gruppe der ODBC-Tabellen

In den ODBC (Open Database Connectivity) sind Informationen zur Installation von ODBC-Treibern und ODBC-Datenquellen enthalten.

8.10.1 Die ODBCAttribute-Tabelle

Diese Tabelle enthält Informationen über die Attribute von ODBC-Treibern.

Spalte	Typ	Größe	S/N	Beschreibung
Driver_	Identifier	S72	S	Verweis auf einen Schlüssel der Tabelle *ODBCDriver*
Attribute	Text	S40	S	Name des Attributs
Value	Text	S255	N	Zeichenfolge (lokalisiert) für das Attribut

Tabelle 8.112: Die Tabelle ODBCAttribute der ODBC-Tabellengruppe

8.10.2 Die ODBCDataSource-Tabelle

In dieser Tabelle befindet sich die Liste der zu installierenden ODBC-Datenquellen.

Spalte	Typ	Größe	S/N	Beschreibung
DataSource	Identifier	S72	S	Zeichenfolge zur Identifikation der Datenquelle in dieser Tabelle
Component_	Identifier	S72		Verweis auf einen Schlüssel der Tabelle *Component*.
Description	Text	S255		Beschreibung der Datenquelle
DriverDescription	Text	S255		Name des Treibers für die Datenquelle. Der Treiber muss entweder bereits installiert sein oder als Eintrag in der Tabelle *ODBCDriver* vorhanden sein.
Registration	Integer	I2		Registrierungstyp der Datenquelle gemäß der folgenden Tabelle

Tabelle 8.113: Die Tabelle ODBCDataSource der ODBC-Tabellengruppe

Die folgende Tabelle zeigt die möglichen Werte der Spalte *Registration* der Tabelle *ODBC-DataSource*.

Wert	Bezeichnung	Beschreibung
0	msidbODBCDataSourceRegistrationPerMachine	Datenquelle wird für den Computer registriert
1	msidbODBCDataSourceRegistrationPerUser	Datenquelle wird für den aktuellen Benutzer registriert

Tabelle 8.114: Mögliche Werte der Spalte Registration

8.10.3 Die ODBCDriver-Tabelle

Die in dieser Tabelle enthaltenen Informationen werden zur Installation des ODBC-Treibers benötigt.

Spalte	Typ	Größe	S/N	Beschreibung
Driver	Identifier	S72	S	Zeichenfolge zur Identifikation des Treibers in dieser Tabelle
Component_	Identifier	S72		Verweis auf einen Schlüssel der Tabelle *Component*
Description	Text	S255		Treiberbeschreibung

Spalte	Typ	Größe	S/N	Beschreibung
File	Identifier	S72		Treiberbibliothek (.*dll*), es muss sich um einen Verweis auf einen gültigen Wert der Tabelle *File* handeln. Es kann nur das kurze Dateiformat verwendet werden.
File_Setup	Identifier	S72	N	Setup-Treiberbibliothek (.*dll*), wenn diese von der Treiberbibliothek abweicht. Es muss sich um einen Verweis auf einen gültigen Wert der Tabelle *File* handeln. Es kann nur das kurze Dateiformat verwendet werden.

Tabelle 8.115: Die Tabelle ODBCDriver der ODBC-Tabellengruppe

8.10.4   Die ODBCSourceAttribute-Tabelle

In dieser Tabelle sind Informationen über die Attribute der ODBC-Datenquellen enthalten.

Spalte	Typ	Größe	S/N	Beschreibung
DataSource_	Identifier	S72	S	Verweis auf einen gültigen Schlüssel der Tabelle *ODBCDataSource*
Attribute	Text	S32	S	Name des Attributs
Value	Text	S255	N	Zeichenfolge (lokalisiert) für das Attribut

Tabelle 8.116: Die Tabelle ODBCSourceAttribute der ODBC-Tabellengruppe

8.10.5   Die ODBCTranslator-Tabelle

Die in dieser Tabelle enthaltenen Informationen werden für die Installation des ODBC-Übersetzers benötigt.

Spalte	Typ	Größe	S/N	Beschreibung
Translator	Identifier	S72	S	Zeichfolge zur Identifikation des ODBC-Übersetzers in dieser Tabelle
Component_	Identifier	S72		Verweis auf einen Schlüssel der Tabelle *Component*.
Description	Text	S255		Beschreibung des ODBC-Übersetzers
File	Identifier	S72		Bibliothek des Übersetzers. Verweis auf einen gültigen Wert der Tabelle *File*. Es kann nur das kurze Dateiformat verwendet werden.
File_Setup	Identifier	S72	N	Setup-Bibliothek des Übersetzers, wenn dieser von der Bibliothek abweicht. Verweis auf einen gültigen Wert der Tabelle *File*. Es kann nur das kurze Dateiformat verwendet werden.

Tabelle 8.117: Die Tabelle ODBCTranslator der ODBC-Tabellengruppe

8.11 Die Gruppe der Patch-Tabellen

Diese Tabellen werden beim Anwenden einer Patch-Datei vom Windows Installer hinzugefügt. Diese Tabellen müssen nicht manuell ausgefüllt werden.

8.11.1 Die MsiPatchHeaders-Tabelle

In dieser Tabelle sind die Binär-Daten zum Prüfen des Patch-Header enthalten. Ein Patch, der Werte in dieser Tabelle besitzt, kann nur ab der Windows Installer-Version 2.0 angewendet werden.

Spalte	Typ	Größe	S/N	Beschreibung
StreamRef	Identifier	S38	S	Zeichenfolge zur Identifikation des Datensatzes
Header	Binary	v0		Binärer Datenstrom zur Patch-Validierung

Tabelle 8.118: Die Tabelle MsiPatchHeaders der Patchtabellengruppe

8.11.2 Die Patch-Tabelle

Diese Tabelle enthält die Liste der anzuwendenden Patches.

Spalte	Typ	Größe	S/N	Beschreibung
File_	Identifier	S72	S	Verweis auf einen Schlüssel der Tabelle *File*
Sequence	Integer	I2	S	Position der Patchdatei in der Reihenfolge der Installationsmedien. Diese Reihenfolge muss identisch mit der Datenreihenfolge in der Paketdatei (*.cab*) sein.
PatchSize	Doubleinteger	I4		Patch-Größe in Byte
Attributes	Integer	I2		Wert für das Verfahren beim Fehlschlag der Patch-Anwendung gemäß der folgenden Tabelle
Header	Binary	V0	N	Binärer Header zur Ausführung der Patch-Validierung. Ist in der Spalte *StreamRef_* ein Wert enthalten, der auf die Tabelle *MsiPatchHeaders* verweist, muss hier der Wert *Null* stehen.
StreamRef_	Identifier	S38	N	Verweis auf einen gültigen Schlüssel der Tabelle *MsiPatchHeaders*. Diese Spalte ist erst ab der Version 2.0 verfügbar.

Tabelle 8.119: Die Tabelle MsiPatchHeaders der Patchtabellengruppe

Die folgende Tabelle zeigt die möglichen Werte der Spalte *Attributes* der Tabelle *Msi-PatchHeaders*.

Wert	Bezeichnung	Beschreibung
0	Keine Bezeichnung	Einstufung als fataler Fehler
1	msidbPatchAttributesNonVital	Einstufung als nicht fataler Fehler

Tabelle 8.120: Gültige Werte der Spalte Attributes

8.11.3 Die PatchPackage-Tabelle

Hier werden die Patches für das Produkt beschrieben. Zur eindeutigen Kennzeichnung wird für jedes Patch-Paket eine Information über das Quellmedium angezeigt.

Spalte	Typ	Größe	S/N	Beschreibung
PatchId	GUID	S38	S	Eindeutige Bezeichnung des Patches
Media_	Integer	I2		Verweis auf einen gültigen Eintrag der Tabelle *Media* zur Identifikation des Medium, auf dem sich das Patch-Paket befindet.

Tabelle 8.121: Die Tabelle MsiPatchHeaders der Patchtabellengruppe

Die folgenden drei Tabellen sind erst ab der Version 3.0 des Windows Installer verfügbar.

8.11.4 Die MsiPatchCertificate-Tabelle

In dieser Tabelle werden die möglichen digitalen Zertifikate für die digitale Signatur der Zertifikate aufgeführt. Hier sind die Informationen enthalten, um das LUA-Patching (Least Privileged User Account) für eine Applikation zu aktivieren.

Die Patches werden immer gegenüber der Tabelle *MsiPatchCertificate* geprüft. Ein Patch kann diese Tabelle ändern, indem Einträge hinzugefügt oder entfernt werden. Dadurch kann der Patch die Prüfung für spätere Patches ändern, die in der Patch-Sequenz angewendet werden. In der Tabelle können sich verschiedene Zertifikate befinden. Der Patch muss mit mindestens einem dieser Zertifikate übereinstimmen, damit er angewendet werden kann.

Spalte	Typ	S/N	Beschreibung
PatchCertificate	Identifier	S/N	Eindeutige Bezeichnung des Patch-Zertifikats
DigitalCertificate_	Identifier	N	Verweis auf einen Schlüssel der Tabelle *MsiDigitalCertificate*

Tabelle 8.122: Die Tabelle MsiPatchCertificate

8.11.5   Die MsiPatchSequence-Tabelle

In dieser Tabelle sind die Informationen enthalten, damit der Installer die Sequenz der Applikation bei einem Small-Update-Patch gegenüber allen anderen Patches bestimmen kann. Diese Tabelle muss sich in der Datenbank der Patch-Datei befinden und nicht in einem Transform File im Patch. Wird ein Major-Update-Patch angewendet, ignoriert der Windows Installer diese Tabelle. Wird ein Minor-Update-Patch angewendet, benutzt der Installer diese Tabelle um veraltete Patches zu finden, die nicht in die Sequenz aufgenommen werden müssen.

Spalte	Typ	S/N	Beschreibung
PatchFamily	Identifier	S/N	Klassifiziert den Patch als Mitglied der hier angegebenen Patch-Familie. Patche derselben Familie für dasselbe Produkt werden nach dem Wert der Spalte *Sequence* sortiert. Zudem kann über die Patch-Familie ermittelt werden, welche Patches veraltet sind. Der Wert für *PatchFamily* muss mindestens innerhalb des *ProductCode* eindeutig sein, am besten aber generell eindeutig.
ProductCode	GUID	S	Optionaler Wert. Ist hier eine GUID angegeben und wird der Patch auf ein Produkt angewendet, wird der Patch in die entsprechende Familie sortiert und angewendet. Ist eine GUID angegeben, aber der Patch wird nicht angewendet, so wird dieses Feld ignoriert. Ist der Wert *Null* gesetzt, wird der Patch als Mitglied der Familie für alle Zielgruppen angewendet, unabhängig vom *ProduktCode*.
Sequence	Version	N	Bezeichnet die Reihenfolge des Patches in der Patch-Familie. Der Wert besteht aus vier Feldern, von denen jedes einen Wert zwischen 0 und 65.535 besitzen kann.
Attributes_	Integer		Hier wird ein Wert gemäß der folgenden Tabelle gesetzt.

Tabelle 8.123: Die Tabelle MsiPatchSequence

Für die Spalte *Attributes_* wird einer der folgenden Werte verwendet:

Wert	Bezeichnung	Beschreibung
0	Keine Bezeichnung	Bezeichnet einen Sequenzwert
1	msidbPatchSequenceSupersedeEarlier	Enthält einen Patch, der frühere Patches in dieser Familie ersetzt

Tabelle 8.124: Gültige Werte der Spalte Attributes_ in der Tabelle MsiPatchSequence

Ein Small-Update-Patch kann auch, wenn *msidbPatchSequenceSupersedeEarlier* gesetzt ist, nicht in allen Fällen einen Major- oder Minor-Update-Patch ersetzen.

8.11.6 Die MsiPatchMetadata-Tabelle

Diese Tabelle enthält Informationen über einen Patch, der zum Entfernen des Patch notwendig ist und über PROGRAMME HINZUFÜGEN/ENTFERNEN verwendet wird. Patches, die ohne Inhalt dieser Tabelle installiert werden, können nicht deinstalliert werden und sind unter PROGRAMME HINZUFÜGEN/ENTFERNEN nicht vorhanden. Diese Tabelle muss sich in der Datenbank der Patch-Datei und nicht im Transform File des Patches befinden.

Spalte	Typ	S/N	Beschreibung
Company	Identifier	S/N	Firmenname. Ist hier kein Wert gesetzt, enthält dieses Feld eine der standardmäßigen Metadata-Eigenschaften gemäß der folgenden Tabelle. Es kann jedoch auch ein beliebiger Wert eingegeben werden.
Property	Identifier	S	Name einer Metadaten-Eigenschaft
Value	Text		Wert einer der Metadaten-Eigenschaft. Dieser Wert darf niemals *Null* oder eine leere Zeichenkette sein.

Tabelle 8.125: Die Tabelle MsiPatchMetadata

Ist in der Spalte Company der Wert *Null* enthalten, bezieht sich diese Spalte auf eine der folgenden standardmäßigen Metadata-Eigenschaften des Windows Installer.

Eigenschaft	Beschreibung
AllowRemoval	Ist der Wert Null gesetzt, kann der Patch nicht entfernt werden. Ist der Wert 1 gesetzt, handelt es sich um einen uninstallierbaren Patch. Diese Eigenschaft erhält ihren Wert über die Funktion *msiGetPatchInfoEx*.
Manufacturer Name	Name des Herstellers der Applikation
MinorUpdateTargetRTM	Der Patch zielt auf die RTM-Version des Produkts oder den letzten Major-Upgrade-Patch. Diese Eigenschaft ist erst ab Windows Installer 3.1 verfügbar.
TargetProductName	Name der Applikation, auf die der Patch angewendet werden soll.
MoreInfoURL	URL mit speziellen Informationen über den Patch. Der Wert wird über die Funktion MsiGetPatchInfoEx bezogen. Ab Windows XP SP2 kann dieser Eintrag als Support-Link für den Patch unter PROGRAMME HINZUFÜGEN/ENTFERNEN verwendet werden.
CreationTimeUTC	Erstellzeitpunkt der Patch-Datei im Format 10-30-04 12:34.
DisplayName	Anzeigename des Patches. Dieser Wert wird über die Funktion msiGetPatchInfoEx bezogen und kann ab Windows XP SP 2 unter PROGRAMME HINZUFÜGEN/ENTFERNEN angezeigt werden.
Description	Ausführliche Beschreibung des Patches

Eigenschaft	Beschreibung
Classification	Zeichenfolge, die die vom Autor des Patches festgelegte Kategorie angibt. Kategorien sind Hotfix, Security Rollup, Critical Update, Update, Service Pack oder Update Rollup. Diese Eigenschaft muss gesetzt sein.
OptimizeCA	Ist der Wert 1 gesetzt, werden während der Ausführung des Patches Custom Actions der Typen 35 und 51 nicht ausgeführt, um den Zeitaufwand für die Installation des Patches zu minimieren. Ist der Wert 0 gesetzt, werden die Custom Actions ausgeführt. Über den Wert 2 werden Custom Action ausgelassen, die nicht über die Option *msidbCustomActionTypeInScript* verfügen. Ist der Wert 4 gesetzt, werden Custom Actions übersprungen, die innerhalb eines Skripts ausgeführt werden. Dieser Wert muss bei allen Patches gleich sein, anderenfalls werden keine Custom Actions übersprungen.
OptimizedInstallMode	Ist der Wert für alle Patches auf 1 gesetzt, kann die Applikation des Patches optimiert werden, sofern dies möglich ist.

Tabelle 8.126: Metadata-Eigenschaften, auf die von der Spalte Company referenziert werden kann.

8.12 Die Gruppe der Systemtabellen (System Tables)

Die Systemtabellen enthalten nicht wie die in den letzten Kapiteln beschriebenen Tabellen Werte, die für bestimmte Windows Installer-Funktionen benötigt werden, sondern sie beschreiben die Tabellen der Datenbank. Somit sind in diesen Tabellen die Metadaten der Installer-Datenbank enthalten.

Im Gegensatz zu den „normalen" Tabellen werden diese Tabellen in der Regel nicht bearbeitet. Ein Editieren der Systemtabellen ist nur notwednig, wenn Sie beispielsweise Programme zur Änderung der Datenbank schreiben.

8.12.1 Die _Tables-Tabelle

Diese Tabelle beinhaltet eine Liste aller Datenbanktabellen. Die Tabelle ist schreibgeschützt.

Spalte	Typ	Größe	S/N	Beschreibung
Name	Text	S32	S	Bezeichnet den Namen der Tabelle

Tabelle 8.127: Die _Tables-Tabelle der Systemtabellengruppe

8.12.2 Die _Columns-Tabelle

Diese Tabelle beinhaltet eine Liste aller Spalten in den Datenbanktabellen. Die Tabelle ist ebenfalls schreibgeschützt.

Spalte	Typ	Größe	S/N	Beschreibung
Table	Text	S32	S	Tabellenname, in der diese Spalte enthalten ist
Number	Integer	I2	S	Spaltenreihenfolge in der Tabelle
Name	Text	S32		Name der Spalte

Tabelle 8.128: Die _Columns-Tabelle der Systemtabellengruppe

8.12.3 Die _Streams-Tabelle

Diese Tabelle ist eine temporäre Tabelle. Sie wird nur angelegt, wenn ihre Referenzierung durch einen SQL-Befehl erfolgt. In dieser Tabelle sind sämtliche Streams (Datenströme) der Datenbank enthalten.

Spalte	Typ	Größe	S/N	Beschreibung
Name	Text	S62	S	Schlüssel zur eindeutigen Identifikation des Streams
Data	Binary	V0	N	Unformatierte Binärdaten

Tabelle 8.129: Die _Streams-Tabelle der Systemtabellengruppe

8.12.4 Die _Storages-Tabelle

Diese Tabelle ist ebenfalls eine temporäre Tabelle. Sie wird nur angelegt, wenn ihre Referenzierung durch einen SQL-Befehl erfolgt. In dieser Tabelle sind sämtliche Storages (Speicherbereiche) der Datenbank enthalten.

Spalte	Typ	Größe	S/N	Beschreibung
Name	Text	S32	S	Schlüssel zur eindeutigen Identifikation des Storage
Data	Binary	V0	N	Unformatierte Binärdaten

Tabelle 8.130: Die _Storages-Tabelle der Systemtabellengruppe

8.12.5 Die _Validation-Tabelle

In dieser Tabelle sind sämtliche Datentypen sowie Spaltennamen der Datenbank verzeichnet. Die Tabelle wird im Rahmen der Validierung verwendet.

Spalte	Typ	Größe	S/N	Beschreibung
Table	Identifier	S32	S	Bestimmt die Tabelle
Column	Identifier	S32	S	Bestimmt die Spalte

Spalte	Typ	Größe	S/N	Beschreibung
Nullable	Text	S4		Bestimmt, ob in der bestimmten Spalte der Wert *Null* vorkommen darf oder nicht. Die möglichen Werte finden Sie in der folgenden Tabelle.
MinValue	DoubleInteger	I4	N	Zu verwendender Minimalwert. Gilt nur für Spalten vom Datentyp *Date*, *Numeric* und *Version*.
MaxValue	DoubleInteger	I4	N	Zu verwendender Maximalwert. Gilt nur für Spalten vom Datentyp *Date*, *Numeric* und *Version*.
KeyTable	Identifier	S255	N	Werte anderer Tabellen können als gültige Werte festgelegt werden. Eine Liste von Tabellen wird jeweils per Semikolon getrennt. Zusätzlich muss unter *KeyColumn* der Spaltenindex der Spalte eingetragen werden.
KeyColumn	Integer	I2	N	Werte anderer Tabellen können als gültige Werte festgelegt werden. Eine Liste von Tabellen wird jeweils per Semikolon getrennt. Hier muss der Spaltenindex der unter *KeyTable* eingetragenen Tabellen-Spalte verzeichnet sein.
Category	Text	S32	N	Bezeichnet den der Spalte zugeordneten Datentyp
Set	Text	S255	N	Die möglichen Werte dieser Spalte, jeweils durch Semikolon separiert
Description	Text	S255	N	Beschreibung der Daten

Tabelle 8.131: Die _Validation-Tabelle der Systemtabellengruppe

Die folgende Tabelle zeigt die möglichen Werte der Spalte *Nullable* der Tabelle *_Validation*.

Wert	Beschreibung
Y	Der Wert *Null* darf enthalten sein.
N	Der Wert *Null* darf nicht enthalten sein.
@	Schlüsselspalte einer Tabelle, in der der Wert *Null* enthalten sein darf

Tabelle 8.132: Mögliche Werte für die Spalte Nullable

8.13 Die Datentypen der Windows Installer-Tabellen

In diesem Kapitel finden Sie eine Beschreibung der verschiedenen Datentypen, die in den eben beschriebenen Windows Installer-Tabellen benutzt werden dürfen. Insgesamt gibt es 25 verschiedene Datentypen.

8.13.1 Der Datentyp AnyPath

Die Zeichenfolge für den Dateityp *AnyPath* enthält vollständige oder relative Pfadangaben. Wird ein relativer Pfad angegeben, können Sie den langen und kurzen Dateinamen angeben. Beide Namen müssen durch das Zeichen Pipe (|) voneinander getrennt sein. In der Pfadangabe kann auch in eckigen Klammern ([ ]) eine Eigenschaft wie z.B. [DRIVE] vorkommen. Weitere Hinweise dazu finden Sie in Kapitel 9.3.15. Mögliche Werte für diesen Datentyp sind z.B. `\\Servername\Freigabe\Ordnername`, `c:\Ordnername`, `[Drive]:\Ordnername` oder `Ordner~1|Ordnername`.

8.13.2 Der Datentyp Binary

Über diesen Datentyp werden binäre Dateien wie Bitmaps oder ausführbare Dateien angelegt.

8.13.3 Der Datentyp Cabinet

Dieser Datentyp wird in der Tabelle *Media* in der Spalte *Cabinet* verwendet. Eine Cabinet-Datei kann entweder in das Installer-Paket integriert oder in einer separaten Datei vorhanden sein. Ist die Cabinet-Datei im Installer-Paket enthalten, muss in der Spalte *Cabinet* das Zeichen # vormagestellt werden. Es wird dabei zwischen der Groß- und Kleinschreibung unterschieden. Eine eingebettete Cabinet-Datei wird vom Installer aus dem Paket entfernt, bevor dieses auf dem Computer im lokalen Cache gespeichert wird. Damit soll Speicherplatz gespart werden.

Wird die Cabinet-Datei in einer separaten Datei angelegt, muss diese im in der Tabelle *Directory* definierten Stammverzeichnis der benutzen Quelle liegen. Die Datei muss als kurzer dateiname im 8.3-Format angegeben sein.

8.13.4 Der Datentyp Condition

Mit diesem Datentyp wird eine Zeichenfolge bezeichnet, die eine Bedingung enthält, die entweder als *True* oder *False* aufgelöst werden kann.

8.13.5 Der Datentyp CustomSource

Dieser Datentyp wird in der Tabelle *CustomAction* benutzt. Es handelt sich um den Datentyp *Identifier*, der auf ein Schlüsselfeld in den Tabellen *Binary, Directory, File* oder *Property* verweist.

8.13.6 Der Datentyp DefaultDir

In der Zeichenfolge von *DefaultDir* muss entweder ein Datentyp *Filename* oder *Identifier* (sofern es sich um einen Stammordner handelt) enthalten sein. Handelt es sich um keinen Stammordner, so benutzen Sie entweder den Datentyp *Filename* oder die Kombination *Filename.Filename*.

 Dieser Datentyp kommt ausschließlich in der Tabelle *Directory* vor.

8.13.7 Der Datentyp DoubleInteger

Der Datentyp *DoubleInteger* umfasst ganze Zahlen mit der Größe von vier Byte. Die Werte dafür müssen in dem Bereich zwischen -2.147.483.647 und 2.147.483.647 liegen.

8.13.8 Der Datentyp Filename

Die Zeichenfolge des Datentyps *Filename* gibt die Namen von Dateien und Ordnern an. Da die Verwendung von kurzen Dateinamen durch *SHORTFILENAMES* erzwungen werden kann, setzt dieser Datentyp primär kurze Dateinamen voraus. Dabei darf der Dateiname aus maximal acht Zeichen, dem Punkt (.) sowie der Dateinamenserweiterung aus drei Zeichen bestehen. Sollen kurze und lange Dateinamen parallel verwendet werden, müssen die beiden Namen durch das Zeichen Pipe (I) voneinander getrennt werden, z.B. *Datein~1.txt | Dateiname.txt*.

Für kurze Dateinamen sind die folgenden Zeichen nicht gestattet:

\ / ? " | < > : * + = , ; [ ]

Für lange Dateinamen sind die folgenden Zeichen nicht gestattet:

\ / ? " | < > : *

8.13.9 Der Datentyp Formatted

Dieser Datentyp ist eine Erweiterung des Datentyps *Text*.

8.13.10 Der Datentyp GUID

Die Zeichenfolge des Datentyps *GUID* wird über *COM* in eine ClassID umgewandelt. Für eine GUID können die folgenden Zeichen verwendet werden:

0,1,2,3,4,5,6,7,8,9,A,B,C,D,E,F

Das gültige Format einer GUID lautet

XXXXXXXX-XXXX-XXXX-XXXX-XXXXXXXXXXXX

 Die gültigen Buchstaben müssen unbedingt als Großbuchstaben angegeben werden. Der Einsatz von Kleinbuchstaben ist nicht möglich.

8.13.11 Der Datentyp Identifier

Der Datentyp *Identifier* muss mit einem Unterstrich (_) oder nicht numerischen Zeichen beginnen. Gültige Zeichen für die Zeichenfolge des Identifiers sind die ASCII-Zeichen A-Z, a-z, Zahlen, Unterstriche (_) sowie Punkte (.). Der Identifier kommt hauptsächlich in den Schlüsselspalten einer Tabelle vor.

8.13.12 Der Datentyp Integer

Der Datentyp *Integer* umfasst ganze Zahlen mit der Größe von zwei Byte. Die Werte dafür müssen in dem Bereich zwischen -32.767 und 32.767 liegen.

8.13.13 Der Datentyp Language

Über diesen Datentyp werden die Language-IDs angegeben. Dazu wird das dezimale Format verwendet, z.B. als Language-ID für Deutsch German = 1031. Mehrere Einträge werden durch ein Komma voneinander. Ist der Wert 0 gesetzt, wird eine neutrale Sprache benutzt.

8.13.14 Der Datentyp LowerCase

Bei dem Datentyp *LowerCase* müssen sämtliche Zeichen Kleinbuchstaben sein. Die Zeichenfolge selbst ist beliebig, es sind auch Unicode-Zeichen erlaubt. Die Länge wird durch die Feldgröße vorgegeben.

8.13.15 Der Datentyp Path

Der Datentyp *Path* umfaßt eine Zeichenfolge, die einen vollständigen Pfad angibt. Dabei kann es sich um einen lokalen oder einen Netzwerkpfad handeln. In der Zeichenfolge kann auch in eckige Klammern ([ ]) gesetzt ein Eigenschaftsname enthalten sein, z.B. [DRIVE], der durch den Wert der Eigenschaft ersetzt wird.

Mögliche Zeichenfolgen für den Datentyp Path sind `\\Servername\Freigabe`, `c:\ Ordnername` oder `[Drive]\Ordnername`.

 Unter Windows Installer 1.0 ist es zwar möglich, Eigenschaften in eckigen Klammern anzugeben, jedoch darf weder vor noch hinter der Klammer ein alphanumerischer Wert stehen

8.13.16 Der Datentyp Paths

Der Datentyp *Paths* besteht aus einer Zeichenfolge, die eine durch Semikolon separierte Liste des Datentyps *Path* umfasst.

8.13.17 Der Datentyp Property

Der Datentyp *Property* entspricht dem Datentyp *Identifier*. Allerdings kann in seiner Zeichenfolge außer den ASCII-Zeichen (A-Z, a-z, Zahlen, Untertsriche (_) sowie Punkte (.) auch ein Wert im Format `%Path` benutzt werden. Dadurch wird die Umgebungsvariable *Path* angegeben.

8.13.18 Der Datentyp RegPath

Die Zeichenfolge in dem Datentyp *RegPath* beinhaltet einen Registry-Eintrag. Dieser Datentyp darf nicht mit dem Zeichen Backslash (\) beginnen. Ferner ist es möglich, innerhalb dieses Dateityps das Konstrukt/Format `[$componentkey]` oder `[#filekey]` zu benutzen. Anstelle des Datentyps *RegPath* kann dieser auch durch die Datentypen *Formatted* oder *Property* dargestellt werden.

8.13.19 Der Datentyp Shortcut

Dieser Datentyp wird in der Tabelle *Shortcut* in der Spalte *Target* benutzt. Es handelt sich standardmäßig um den Datentyp *Identifier*, der auf einen gültigen Wert in der Tabelle *Feature* verweisen muss. Sind allerdings eckige Klammern enthalten, wird das Verknüpfungsziel als Datentyp *Formatted* angesehen.

8.13.20 Der Datentyp Template

Bei diesem Datentyp müssen die Eigenschaften in eckigen Klammern eingeschlossen werden. Es können alle Optionen wie beim Datentyp *Formatted* benutzt werden. Es kann auch der Wert [1] verwendet werden, wenn 1 eine Ziffer ist.

8.13.21 Der Datentyp Text

Der Datentyp *Text* besteht aus einer beliebigen Zeichenfolge, in der auch Unicode-Zeichen benutzt werden können. Die Länge wird durch die Feldgröße vorgegeben.

8.13.22 Der Datentyp Time/Date

Die Werte für Datum und Uhrzeit werden als Integerwerte über den Datentyp *Time/Date* ohne Vorzeichen in folgender Weise in festen Bit-Feldern definiert:

Inhalt für Date	Bit	Gültige Werte
Jahr	0 1 2 3 4 5 6	0 bis 119 (relativ zum Jahr 1980)
Monat	7 8 9 A	0 bis 12
Tag	B C D E F	0 bis 31

Tabelle 8.133: Beschreibung des Datentyps Date

Inhalt für Time	Bit	Gültige Werte
Stunde	0 1 2 3 4	0 bis 23
Minute	5 6 7 8 9 A	0 bis 59
Sekunde (im Zwei-Sekunden-Intervall)	B C D E F	0 bis 29

Tabelle 8.134: Beschreibung des Datentyps Time

8.13.23 Der Datentyp UpperCase

Bei dem Datentyp *UpperCase* müssen sämtliche Zeichen Großbuchstaben sein. Die Zeichenfolge selbst ist beliebig, es sind auch Unicode-Zeichen erlaubt. Die Länge wird durch die Feldgröße vorgegeben.

8.13.24 Der Datentyp Version

Dieser Datentyp stellt eine gültige Versionsnummer dar. Diese muss das folgende Format besitzen:

xxxxx.xxxxx.xxxxx.xxxxx

Dabei dürfen nur Ziffern verwendet werden. Die maximale Versionsnummer lautet

65535.65535.65535.65535.

Gültige Versionsnummern sind beispielsweise 1, 1.0, 1.00, 1.2.1, 1.2.10.1 usw.

8.13.25 Der Datentyp WildCardFilename

Für den Datentyp *WildCardFilename* gelten dieselben Regeln wie für den Dateityp *File*. Allerdings darf der *WildCardFilename* Platzhalter verwenden. Dabei ist das Fragezeichen (?) als Platzhalter für ein beliebiges Zeichen erlaubt, der Stern (*) als Platzhalter für mehrere oder kein Zeichen.

8.14 Die Feldbeschreibungen in den Windows Installer-Tabellen

Dieses Kapitel erläutert die Symbole und Abkürzungen, die in der Übersicht der Tabellen-Gruppen verwendet wurden, sowie die Feldbeschreibungen, die Sie bei den einzelnen Tabellen finden.

8.14.1 Symbole in den Windows Installer-Tabellengruppen

Das Symbol des schwarzen Kreises, der auf eine weiße Raute zeigt (siehe Abbildung 8.4) in den Tabellenübersichten bezeichnet eine 1..n-Beziehung (One-to-Many-Beziehung) zwischen dem Primärschlüssel der ersten Tabelle und dem Fremd-Schlüssel der zweiten Tabelle.

Abbildung 8.4: Symbol für eine One-to-Many-Beziehung in den Windows Installer-Tabellen

Im folgenden Beispiel der *Registry*-Tabelle (siehe Abbildung Abbildung 8.3) ist *Extension* der Primärschlüssel der *Extension*-Tabelle und ein Fremd-Schlüssel der *Verb*-Tabelle. Eine *Extension* kann somit verschiedene *Verbs* besitzen, während umgekehrt ein einzelnes *Verb* nur mit einer einzelnen *Extension* verknüpft werden kann.

8.14.2 Abkürzungen in den Feldbeschreibungen der Tabellen

Die folgende Tabelle erläutert die Angaben, die Sie in der Spalte Größe der verschiedenen Tabellen finden:

Größenbezeichner	Beschreibung
g*	Temporäre String-Zeichenfolge, * steht für 0 bis 255
i2	Kurzer ganzzahliger Wert bis 32.767 (Short Integer)
i4	Langer ganzzahliger Wert (Long Integer)
j*	Temporärer ganzzahliger Wert, * steht für 0, 1, 2, 4
s*	Zeichenfolge in variabler Länge, * steht für 1 bis 255
s0	Zeichenfolge in variabler Länge
v0	Binärstream

Tabelle 8.135: Die Definition des Feldes Größe in den Windows Installer-Tabellen

Als Größenbezeichner werden dieselben Bezeichner verwendet, die auch das Programm *msidb.exe* (siehe Kapitel 18) benutzt.
Bei sämtlichen Tabellen, die die Tabellenstruktur beschreiben, steht in der Spalte S/N das Zeichen S, wenn das betreffende Feld ein Schlüsselfeld ist, bzw. das Zeichen N, wenn *Null* ein zulässiger Wert für das Feld ist.

9 Übersicht über die Eigenschaften und Bedingungen

Dieses Kapitel befasst sich mit den Themen Eigenschaften (Properties) und Bedingungen. Sie lernen zunächst die verschiedenen Arten der Eigenschaften sowie deren Spezifika bei der Implementierung kennen. Daran anschließend erfolgt die Eigenschafts-Referenz, die sämtliche verfügbaren Eigenschaften für den Windows Installer ausführlich erläutert. Für Eigenschaften können auch bestimmte Bedingungen gesetzt werden, die als wahr oder falsch ausgewertet werden können. Beispielsweise kann eine Installation nur dann erfolgen, wenn bestimmte Bedingungen für Eigenschaften erfüllt sind.

9.1 Eigenschaften

Eigenschaften (Properties) sind globale Variablen, die während der Installation durch den Windows Installer benutzt werden. Die Eigenschaften werden dabei in die folgenden drei Kategorien unterteilt: private Eigenschaften, öffentliche Eigenschaften sowie bedingt öffentliche Eigenschaften. Eine Modifikation des Installationsprozesses ist möglich, wenn die Eigenschaften in Bedingungs-Statements benutzt werden. Eigenschaften können aus Custom Actions oder Programmen heraus bezogen oder gesetzt werden. Öffentliche Eigenschaften können von der Kommandozeile aus gesetzt werden. In welcher Reihenfolge die verschiedenen Quellen abgearbeitet werden, die einer Eigenschaft einen Wert geben können, erfahren Sie in Kapitel 9.2.3.

Es ist nicht notwendig, für jedes Installationspaket grundsätzlich sämtliche Eigenschaften zu definieren. Für jedes Paket muss lediglich ein bestimmter kleiner Satz von Eigenschaften definiert werden (siehe Kapitel 9.2.2). Jede Eigenschaft, die während des Installationsprozesses verwendet werden soll, muss in der Tabelle *Property* aufgelistet sein. Besitzen Eigenschaften den Wert *Null*, werden sie nicht in der Eigenschaftstabelle aufgeführt, da sie so als leerer Wert behandelt werden.

9.1.1 Private Eigenschaften

Die privaten Eigenschaften (Private Properties) definieren die Umgebung für den Installationsvorgang. Z.B. bezieht sich die Eigenschaft *WindowsFolder* auf das Windows-Systemverzeichnis. Die Werte für die privaten Eigenschaften müssen entweder in die Installationsdatenbank eingepflegt werden oder aber während der Installation vom Windows Installer auf solche Werte gesetzt werden, die von der Betriebssystem-Umgebung bestimmt werden. Ein Benutzer kann die Werte der privaten Eigenschaften nur so weit ändern, wie dieses über die Ereignisse der Steuerelemente für die Benutzeroberfläche der Installation zugelassen ist. Auch eine spätere Modifikation der privaten Eigenschaften per Kommandozeile ist nicht möglich.

Unter den Betriebssystemen Windows NT, 2000, XP und 2003 ist es nicht mehr möglich, eine private Eigenschaft in der Phase der Benutzeroberfläche (Akquisition) zu setzen und diese Eigenschaft dann an die Ausführungsphase weiterzugeben. Unter Windows 9x war dies möglich, weil die Akquisitionsphase und die Ausführung in demselben Prozess abliefen.

Eine Übersicht über sämtliche privaten Eigenschaften finden Sie in Kapitel 9.3. Zusätzlich können Sie selbst definierte private Eigenschaften deklarieren, indem Sie die Eigenschaft mit ihrem Anfangswert zur Tabelle *Property* hinzufügen. Beachten Sie dabei die Namensgebung der Eigenschaften (siehe Kapitel 9.2.1). Soll eine bestimmte private Eigenschaft nicht in einer Installation benutzt werden, lassen Sie diese in der Eigenschaftstabelle aus.

9.1.2 Öffentliche Eigenschaften

Öffentliche Eigenschaften (Public Properties) werden ebenfalls in die Installationsdatenbank eingepflegt. Es können auch angepasste öffentliche Eigenschaften verwendet werden. Deren Name und Anfangswert müssen lediglich in der Tabelle *Property* hinterlegt sein. Aber im Gegensatz zu privaten Eigenschaften können diese Werte geändert werden. Diese Änderungen können vom Benutzer, vom Administrator über die Kommandozeile oder bei der Anwendung eines Transform Files vorgenommen werden. Auf diese Arten sowie zusätzlich durch Standard und Custom Actions können auch bestehende Werte der Eigenschaften überschrieben werden. In der Regel werden die Werte der öffentlichen Eigenschaften während der Installation vom Benutzer angegeben. Sämtliche Eigenschaften, die während der Akquisitionsphase über die Benutzeroberfläche eingegeben und dann an die Ausführungsphase weitergegeben werden, müssen öffentliche Eigenschaften sein. Öffentliche Eigenschaften können von Benutzern überschrieben werden, bei denen eine der folgenden Bedingungen erfüllt ist:

▷ Als Betriebssystem wird Windows 9x oder ME verwendet.

▷ Der Benutzer besitzt die Berechtigung eines Systemadministrators.

▷ Die Installation wird nicht mit erweiterten Berechtigungen durchgeführt.

▷ Die Gruppenrichtlinie Benutzersteuerung bei Installation zulassen (*EnableUserControl*) ist aktiviert.

▷ Die Eigenschaft *EnableUserControl* besitzt den Wert 1.

Sofern keine der eben genannten Bedingungen erfüllt ist, ist automatisch nur noch ein bestimmter Satz von Eigenschaften durch den Benutzer modifizierbar. Man spricht hierbei auch von den *bedingt öffentlichen Eigenschaften*.

9.1.3 Bedingt öffentliche Eigenschaften

Bedingt öffentliche Eigenschaften (Restricted Public Properties) unterscheiden sich von den „normalen" öffentlichen Eigenschaften dahingehend, dass bei der Erstellung des Installationspaketes das spätere Ändern der öffentlichen Eigenschaften durch den Benutzer nicht zugelassen wird. Diese Sicherheitsmaßnahme sollen Sie beispielsweise dann anwenden, wenn bei einer Softwareverteilung bestimmte öffentliche Eigenschaften auf Seiten des Servers gebracht werden und dort theoretisch von anderen Benutzern als dem Systemadministrator geändert werden könnten. Auch wenn der Windows Installer eine Installation der Applikation mit erweiterten Berechtigungen durchführt, ist der Einsatz von bedingt öffentlichen Eigenschaften sinnvoll. Ansonsten hätte ein beliebiger Benutzer die Möglichkeit, die vom Ersteller des Installationspakets festgelegten öffentlichen Eigenschaften, die in der Ausführungsphase verwendet werden sollen, zu überschreiben und dadurch vorgegebene Installationsabläufe außer Kraft zu setzen.

Wird die Installation mit erweiterten Berechtigungen durchgeführt, kann der Ersteller des Installationspakets bestimmen, welche öffentlichen Eigenschaften an die Ausführungsphase übergeben und vom Benutzer modifiziert werden können. Die bedingt öffentlichen Eigenschaften können jedoch nur dann eingesetzt werden, wenn die folgenden Bedingungen *alle* erfüllt sind:

▶ Als Betriebssystem wird Windows NT, 2000, XP oder 2003 verwendet.

▶ Die Applikation wird mit erweiterten Berechtigungen installiert.

▶ Der Benutzer verfügt nicht über Administrator-Berechtigungen.

Treffen diese Punkte alle zu, kann ein Benutzer nur noch die Eigenschaften ändern, für die es explizit gestattet ist. Hierzu zählen die folgend genannten bedingt öffentlichen Eigenschaften sowie weitere Eigenschaften, die der Ersteller des Installationspakets hinzufügt. Weitere Eigenschaften werden hinzugefügt, indem die Namen an die Werte der Eigenschaft *SecureCustomProperties* durch ein Semikolon (;) getrennt angefügt werden.

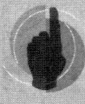 Sofern die Gruppenrichtlinie BENUTZERSTEUERUNG BEI INSTALLATION ZULASSEN bzw. die Eigenschaft *EnableUserControl* deaktiviert ist, besteht nicht mehr die Einschränkung, dass nur die bedingt öffentlichen Eigenschaften von einem Benutzer ohne Administrator-Berechtigung geändert und an die Ausführungsphase übergeben werden können.

 Wird eine Installation nicht mit erweiterten Berechtigungen, sondern im Kontext des jeweiligen Benutzers durchgeführt, könnte der Benutzer theoretisch sämtliche öffentlichen Eigenschaften ändern. Jedoch können die vom Benutzer vorgenommenen Änderungen nur umgesetzt werden, wenn diese nicht durch Ausführungsbeschränkungen nichtig werden.

Standardmäßig handelt es sich bei den folgenden Eigenschaften um bedingt öffentliche Eigenschaften:

▶ ACTION

▶ AFTERREBOOT

▶ ALLUSERS

▶ EXECUTEACTION

▶ EXECUTEMODE

▶ FILEADDDEFAULT

▶ FILEADDLOCAL

- ▶ FILEADDSOURCE
- ▶ INSTALLLEVEL
- ▶ LIMITUI
- ▶ LOGACTION
- ▶ NOCOMPANYNAME
- ▶ NOUSERNAME
- ▶ MSIINSTANCEGUID
- ▶ MSINEWINSTANCE
- ▶ PATCH
- ▶ PRIMARYFOLDER
- ▶ PROMPTROLLBACKCOST
- ▶ REBOOT
- ▶ REINSTALL
- ▶ REINSTALLMODE
- ▶ RESUME
- ▶ SEQUENCE
- ▶ SHORTFILENAMES
- ▶ TRANSFORMS
- ▶ TRANSFORMSATSOURCE

Weitere Informationen zu diesen Eigenschaften finden Sie in der Eigenschafts-Referenz in Kapitel 9.3.

9.2 Regeln für das Benutzen von Eigenschaften

Jede Eigenschaft kann als eine der eben beschriebenen festgelegt werden. Sie muss über einen Namen sowie einen Wert in der *Property*-Tabelle verfügen. In dieser Tabelle werden ausschließlich die Eigenschaften aufgelistet, für die ein Wert definiert ist. Ist dies nicht der Fall, wird die entsprechende Eigenschaft nicht in der *Property*-Tabelle aufgeführt.

9.2.1 Die Namensgebung für Eigenschaften

Für die Namensgebung der Eigenschaften gelten einige feste Regeln. Jeder Eigenschaftsname muss entweder mit einem Buchstaben oder einem Unterstrich (_) beginnen. Er darf jedoch nicht mit einer Zahl oder einem Punkt (.) beginnen. In den Eigenschaftsnamen dürfen Buchstaben, Zahlen, Unterstriche sowie Punkte enthalten sein. Diese Punkte machen den Datentyp *Identifier* für einen Eigenschaftsnamen aus.

Für öffentliche Eigenschaften besteht die Einschränkung, dass der Name keine Kleinbuchstaben enthalten darf, während der Name einer öffentlichen Eigenschaft Kleinbuchstaben enthalten muss.

Eigenschaftsnamen, die das Präfix % besitzen, bezeichnen Systemvariablen oder Variablen der Benutzerumgebung. Dieses Zeichen kann nicht in einer Property-Tabelle benutzt werden. Die Einstellungen für diese festen Systemvariablen können lediglich über die *Environment*-Tabelle geändert werden.

Möchten Sie den Wert einer Eigenschaft löschen, wird dieser eine leere Zeichenfolge als neuer Wert zugewiesen.

 Aus Sicherheitsgründen sollten in Eigenschaften niemals Passwörter oder andere sicherheitsrelevante Informationen gespeichert werden. Der Windows Installer schreibt die vorgegebenen Eigenschaftswerte in die Eigenschaftabelle bzw. die während der Installation erzeugten Werte in die Registry oder das Ereignisprotokoll. Es besteht die Gefahr, dass ein Passwort von einem dieser Punkte aus von Unbefugten ausgelesen werden kann. Ab der Version 2.0 bietet der Windows Installer die Möglichkeit, dass bestimmte Eigenschaften nicht ins Ereignisprotokoll aufgenommen werden. Hierzu wird die Eigenschaft *MsiHidden-Properties* verwendet.

9.2.2 Erforderliche Eigenschaften

Wie bereits in Kapitel 9.1 angemerkt, müssen für ein Installationspaket nicht sämtliche Eigenschaften definiert werden. Lediglich die folgenden fünf Eigenschaften müssen für jedes Paket angegeben werden. Nähere Informationen zu diesen Eigenschaften finden Sie in Kapitel 9.3.

Eigenschaft	Beschreibung
Manufacturer	Gibt den Hersteller des Installationspakets an
ProductCode	Hierbei handelt es sich um eine einzigartige GUID zur Identifikation der Applikation.
ProductLanguage	Gibt die Sprache an, die der Windows Installer-Dienst benutzen soll, wenn spezielle lokalisierte, jedoch nicht in der Installer-Datenbank hinterlegte Zeichenfolgen angezeigt werden
ProductName	Bezeichnet den Namen der zu installierenden Applikation
ProductVersion	Bezeichnet die Version des Installationspakets im Format `Major.Minor.Build`

Tabelle 9.1: Die für jedes Installationspaket erforderlichen Eigenschaften

9.2.3 Die Initialisierung von Eigenschaften

Für sämtliche Eigenschaften, die für die Installation notwendig sind, sollte ein Ausgangswert in die Eigenschaftstabelle eingetragen werden. Man bezeichnet diesen Wert auch als Initialisierungswert. Bei Beginn der Installation setzt der Installer die Eigenschaften auf die dort eingetragenen Initialisierungswerte. Ein Initialisierungswert ist jedoch nicht für solche Eigenschaften erforderlich, die entweder im Windows Installer integriert sind oder die als Wert eine leere Zeichenfolge besitzen dürfen.

9.2.4 Quellenreihenfolge für die Übergabe von Werten an die Eigenschaften

Die Eigenschaften können aus verschiedenen Quellen ihre Werte beziehen. Dazu zählen z.B. die Werte aus der Eigenschaftstabelle, Werte, die über die Kommandozeile zugewiesen werden oder auch Werte, die bei der Verwendung von Transform Files festgelegt werden. Diese verschiedenen Quellen werden in einer festen Reihenfolge abgearbeitet. Hierzu benutzt der Windows Installer einen festen Algorithmus. Die Priorität der Abarbeitung sieht folgendermaßen aus, beginnend mit der höchsten Priorität:

1. Durch das Betriebssystem selbst festgelegte Eigenschaften
2. Öffentliche Eigenschaften, denen ein Wert von der Kommandozeile aus zugewiesen wird
3. Öffentliche Eigenschaften aus AdminProperties bei der Durchführung einer administrativen Installation
4. Private und öffentliche Eigenschaften, die bei der Verwendung von Transform Files bestimmt werden
5. Private und öffentliche Eigenschaften aus der Eigenschaftstabelle der Installer-Datenbank

9.3 Die Eigenschafts-Referenz

In diesem Kapitel finden Sie eine Liste sämtlicher Eigenschaften, die für den Windows Installer definiert sind. Die Eigenschaften sind dabei nach Themen geordnet. Zusätzliche Eigenschaften können beispielsweise über Custom Actions definiert werden.

Eigenschaften, deren Name ausschließlich aus Großbuchstaben besteht, sind öffentliche Eigenschaften. Sind im Namen Kleinbuchstaben enthalten, handelt es sich um private Eigenschaften. Bedingt öffentliche Eigenschaften sind mit einem * gekennzeichnet.

9.3.1 Eigenschaften für Komponenten

Die Komponenten-Eigenschaften geben die für den Windows Installer erforderlichen Installationspfade an.

Eigenschaft	Beschreibung
OriginalDatabase	Pfad zur Installationsdatenbank, die der Installer aufruft.
SourceDir	Verzeichnis, in dem sich die Quelldateien befinden.
TARGETDIR	Zielverzeichnis der Installation bzw. bei einer administrativen Installation das Verzeichnis des AIP.

Tabelle 9.2: Eigenschaften für Komponenten

9.3.2 Eigenschaften für die Konfiguration

Die Konfigurations-Eigenschaften beschreiben verschiedene Konfigurationen wie z.B. für ein Windows Installer-Paket.

Eigenschaft	Beschreibung
ACTION	Gibt den Installationsmodus (*INSTALL*, *ADVERTISE* oder *ADMIN* als möglichen Wert) an
ALLUSERS	Bestimmt, ob die Konfiguration für alle oder nur den aktuellen Benutzer gelten soll
ARPAUTHORIZEDCDFPREFIX	URL zum Updatekanal der Applikation
ARPCOMMENTS	Beinhaltet den Kommentar, der im Dialogfeld Software angezeigt wird
ARPCONTACT	Beinhaltet die Kontaktinformationen, der im Dialogfeld Software angezeigt werden
ARPINSTALLLOCATION	Kompletter Pfad zum Installationsordner
ARPNOMODIFY	Im Dialogfeld SOFTWARE wird die Modifikationsmöglichkeit der Applikation deaktiviert.
ARPNOREMOVE	Im Dialogfeld SOFTWARE wird die Möglichkeit zum Löschen der Applikation deaktiviert.
ARPNOREPAIR	Im Dialogfeld Software wird die Reparaturmöglichkeit der Applikation deaktiviert.
ARPPRODUCTION	Bestimmt ein Symbol, das für die Applikation im Dialogfeld SOFTWARE angezeigt wird
ARPREADME	Bezeichnet eine Readme-Datei, die über das Dialogfeld SOFTWARE aufgerufen werden kann
ARPSIZE	Gibt die ungefähre Größe der Installation in Kilobyte (kb) an
ARPSYSTEMCOMPONENT	Die Applikation wird nicht im Dialogfeld SOFTWARE angezeigt.
ARPURLINFOABOUT	Homepage der Applikation, die im Dialogfeld SOFTWARE angezeigt wird

Eigenschaft	Beschreibung
ARPURLUPDATEINFO	Updateseite der Applikation, die im Dialogfeld SOFTWARE angezeigt wird
AVAILABLEFREEREG	Erforderlicher Speicherplatz in der Registry
CCP_DRIVE	Das von der Aktion *RMCCPSearch* durchsuchte Hauptverzeichnis
DefaultUIFont	Standardmäßig benutzter Schriftstil für die Steuerelemente
DISABLEDVTSHORTCUTS	Es werden keine Verknüpfungen zugelassen, die die Installation bei Bedarf unterstützen.
DISABLEMEDIA	Wechselmedien werden nicht als gültiges Installationsquellmedium zugelassen.
DISABLEROLLBACK	Die Rollback-Funktion der Installation wird deaktiviert.
EXECUTEACTION	Von der Aktion *ExecuteAction* aufgerufene Aktion
EXECUTEMODE	Bestimmt, wie Systemupdates vom Windows Installer ausgeführt werden
FASTOEM	In bestimmten OEM-Szenarien wird die Installations-Performance erhöht.
INSTALLLEVEL	Initialisierungslevel für die Installation von Features
LIMITUI	Wird der Wert auf 1 gesetzt, wird die Standardbenutzeroberfläche angezeigt.
LOGACTION	Hier werden die Aktionen aufgelistet, die protokolliert werden sollen.
MEDIAPACKAGEPATH	Sofern das Stammverzeichnis nicht auf einer CD liegt, muss hier der relative Pfad zum Stammverzeichnis gesetzt werden.
MSINODISABLEMEDIA	Die Unterstützung der Eigenschaft *DISABLEMEDIA* durch den Windows Installer wird verhindert.
MSIENFORCEUPGRADECOMPONENTS	Neue Eigenschaft des Windows Installer 3.0. Ist diese Eigenschaft auf 1 gesetzt, werden die Upgrade Component Rules bei Small-Updates und Minor-Updates einer Applikation angewendet.
PRIMARYFOLDER	Es kann ein Primärordner für die Installation bestimmt werden.
Privileged	Wird die Installation unter erweiterten Berechtigungen durchgeführt, setzt der Windows Installer diese Eigenschaft.
PROMPTROLLBACKCOST*	Bestimmt eine auszuführende Aktion, wenn nicht genügend Speicher vorhanden ist

Eigenschaft	Beschreibung
REBOOT	Der Neustart des Computers wird entweder unter-drückt oder erzwungen.
REBOOTPROMPT	Der Neustart wird automatisch ohne die Anzeige eines entsprechenden Dialogfeldes durchgeführt.
ROOTDRIVE	Standardmäßig vorgegebenes Laufwerk für die Installation
SEQUENCE	Die Tabelle mit den Aktionen, die während der Ausführungsphase durchgeführt werden sollen
SHORTFILENAMES	Für Ordner- und Dateinamen werden kurze Namen verwendet.
TRANSFORMS	Die Auflistung der Transform Files, die während der Installation angewendet werden sollen
TRANSFORMSATSOURCE	Gibt an, dass sich die Transform Files im Installa-tions-Hauptverzeichnis befinden
TRANSFORMSSECURE	Wird der Wert auf 1 gesetzt, werden die Trans-form Files im lokalen Cache abgelegt, auf den der Benutzer keinen Schreibzugriff besitzt.

Tabelle 9.3: Eigenschaften für die Konfiguration

9.3.3 Eigenschaften für Zeit und Datum

Diese beiden Eigenschaften werden als Echtzeiteigenschaften vom Windows Installer gesetzt.

Eigenschaft	Beschreibung
Date	Gibt das aktuelle Datum an
Time	Gibt die aktuelle Uhrzeit an.

Tabelle 9.4: Eigenschaften für Zeit und Datum

9.3.4 Eigenschaften für Feature-Installation

Diese Eigenschaften beschreiben die Konfigurationsmöglichkeiten der Windows Instal-ler-Features.

Eigenschaft	Beschreibung
ADDDEFAULT	Features, die in der Standardkonfiguration installiert werden sollen, ALL für alle Features
ADDLOCAL	Liste der lokal zu installierenden Features, ALL für alle Fea-tures

Eigenschaft	Beschreibung
ADDSOURCE	Liste der Features, die bei der Ausführung vom Quellmedium installiert werden sollen, ALL für alle Features
ADVERTISE	Liste der Features, die bei Bedarf vom Quellmedium installiert werden sollen, ALL für alle Features
COMPADDLOCAL	Liste der lokal zu installierenden Komponenten
COMPADDSOURCE	Liste der Komponenten, die bei der Ausführung vom Quellmedium installiert werden sollen
FILEADDDEFAULT	Liste der Dateien, die standardmäßig installiert werden sollen
FILEADDLOCAL	Liste der lokal zu installierenden Dateien
FILEADDSOURCE	Liste der Dateien, die bei der Ausführung vom Quellmedium installiert werden sollen
MSIDISABLELUAPATCHING	Neue Eigenschaft des Windows Installer 3.0. Ist diese Eigenschaft gesetzt, hindert sie den Benutzer mit minimalen Berechtigungen (LUA=Least Privileged User) am Patchen einer Applikation.
MsiPatchRemovalList	Neue Eigenschaft des Windows Installer 3.0. Liste der Patches, die während der Installation entfernt werden sollen.
MSIPATCHREMOVE	Neue Eigenschaft des Windows Installer 3.0. Ist diese Eigenschaft gesetzt, können Patches entfernt werden.
PATCH	Vollständiger Pfad zu dem aktuellen Windows Installer-Patch
REINSTALL	Liste der Features, die reinstalliert werden sollen, ALL für alle Features
REINSTALLMODE	Bezeichnet den Modus der Reinstallation
REMOVE	Liste der zu entfernenden Features, ALL für alle Features.

Tabelle 9.5: Eigenschaften für Features

9.3.5 Eigenschaften für Hardware

Diese hardwarebezogenen Eigenschaftswerte werden vom Installer zu Beginn der Installation gesetzt.

Eigenschaft	Beschreibung
Alpha	Bei einer Installation auf einer Alpha-Plattform wird hier der numerische Wert des Prozessorlevels gesetzt. Nur beim Windows Installer 1.0.
BorderSide	Breite der Fensterränder in Pixel
BorderTop	Höhe der Fensterränder in Pixel
CaptionHeight	Höhe der Fenster-Titelleiste in Pixel
ColorBits	Anzahl der Farben in Bits pro Pixel

Eigenschaft	Beschreibung
Intel	Bei einer Installation auf einer Intel-Plattform wird hier der numerische Wert des Prozessorlevels gesetzt.
Intel64	Bei einer Installation auf einer Intel64- (Itanium-) Plattform wird hier der numerische Wert des Prozessorlevels gesetzt.
Msix64	Ab Installer 3.1, Installation auf einem x64-Prozessor
PhysicalMemory	Vorhandener physischer Speicher (RAM) in Mbyte (MB).
ScreenX	Breite der Bildschirmauflösung in Pixel
ScreenY	Höhe der Bildschirmauflösung in Pixel
TextHeight	Zeichenhöhe in logischen Einheiten
VirtualMemory	Verfügbarer virtueller Speicher in Mbyte (MB)

Tabelle 9.6: Eigenschaften für Hardware

9.3.6 Eigenschaften für den Installationsstatus

Die Eigenschaften des Installationsstatus werden während der Installation vom Windows Installer aktualisiert.

Eigenschaft	Beschreibung
AFTERREBOOT	Wird gesetzt, nachdem ein Neustart durch die Aktion *ForceReboot* durchgeführt wurde
CostingComplete	Wird gesetzt, sobald der erforderliche Speicher berechnet ist
Installed	Wird gesetzt, wenn ein Produkt bereits auf dem System installiert ist
MSICHECKCRCS	Ist diese Eigenschaft gesetzt, wird ein CRC-Check der Dateien durchgeführt.
MsiUIHideChanel	Neue Eigenschaft des Windows Installer 3.0. Der Installer setzt diese Eigenschaft auf 1, wenn der interne Installationslevel `INSTALLUILEVEL_HIDECANCEL` enthält.
MsiProgressOnly	Neue Eigenschaft des Windows Installer 3.0. Der Installer setzt diese Eigenschaft auf 1, wenn der interne Installationslevel `INSTALLUILEVEL_PROGRESSONLY` enthält.
MsiSourceResOnly	Neue Eigenschaft des Windows Installer 3.0. Der Installer setzt diese Eigenschaft auf 1, wenn der interne Installationslevel `INSTALLUILEVEL_SOURCERESONLY` enthält.
NOCOMPANYNAME*	Es wird kein Name automatisch an die Eigenschaft *COMPANYNAME* zugewiesen.
NOUSERNAME*	Es wird kein Name automatisch an die Eigenschaft *USERNAME* zugewiesen.

Eigenschaft	Beschreibung
OutOfDiskSpace	Der Wert wird auf *True* gesetzt, wenn mindestens ein Laufwerk nicht über den erforderlichen Speicherplatz verfügt.
OutOfNoRbDiskSpace	Der Wert wird auf *True* gesetzt, wenn mindestens ein Laufwerk nicht über den erforderlichen Speicherplatz verfügt und die Rollbackfunktion deaktiviert wurde.
Preselected	Wird gesetzt, wenn bereits Features ausgewählt worden sind
PrimaryVolumePath	Pfad zu dem Laufwerk, auf dem sich das Installationsverzeichnis PRIMARYFOLDER befindet.
PrimaryVolumeSpaceAvailable	Verfügbarer Speicherplatz für das unter PrimaryVolumePath definierte Laufwerk, angegeben in 512 Byte-Einheiten
PrimaryVolumeSpaceRemaining	Verbleibender Speicherplatz für das unter PrimaryVolumePath definierte Laufwerk, angegeben in 512 Byte-Einheiten
PrimaryVolumeSpaceRequired	Benötigter Speicherplatz für das unter PrimaryVolumePath definierte Laufwerk, angegeben in 512 Byte-Einheiten
ProductLanguage	Sprachkennzeichnung des Produkts für Zeichenfolgen, die nicht in der Datenbank definiert sind
ReplacedInUseFiles	Wird gesetzt, sobald eine momentan in Gebrauch befindliche Datei vom Windows Installer überschrieben wird
RESUME	Wird gesetzt, wenn eine unterbrochene Installation fortgesetzt wird
RollbackDisabled	Wird gesetzt, wenn die Rollbackfunktion deaktiviert wurde
UILevel	Indiziert den Darstellungslevel der Benutzeroberfläche
UpdateStarted	Wird gesetzt, sobald Änderungen am System vorgenommen worden sind
UPGRADINGPRODUCTCODE	Wird gesetzt, wenn eine Anwendung durch ein Upgrade entfernt wird
VersionMsi	Gibt die aktuelle Version (Major.Minor) des Windows Installer-Dienstes an

Tabelle 9.7: Eigenschaften für den Installationsstatus

9.3.7 Eigenschaften für das Betriebssystem

Diese Eigenschaften werden zu Beginn der Installation vom Windows Installer festgelegt und enthalten Informationen zum Betriebssystem.

Hinweis: Alle mit (+) gekennzeichneten Eigenschaften sind erst ab Windows Installer Version 2.0 verfügbar.

Eigenschaft	Beschreibung
AdminUser	Diese Eigenschaft wird unter Windows NT, 2000, XP und 2003 gesetzt, sofern der Benutzer über Administrator-Rechte verfügt.
ComputerName	Der Computername des Zielsystems
MsiNTProductType (+)	Gibt den NT-Produkttyp (Server, Domänencontroller, Workstation) an
MsiNTSuiteBackOffice (+)	Diese Eigenschaft wird ab Windows 2000 gesetzt, wenn BackOffice-Komponenten auf dem System installiert sind.
MsiNTSuiteDataCenter (+)	Diese Eigenschaft wird ab Windows 2000 gesetzt, wenn der Data Center-Server installiert ist.
MsiNTSuiteEnterprise (+)	Diese Eigenschaft wird ab Windows 2000 gesetzt, wenn der Advanced Server installiert ist.
MsiNTSuitePersonal (+)	Diese Eigenschaft wird ab Windows 2000 gesetzt, wenn eine Personal-Version installiert ist.
MsiNTSuiteSmallBusiness (+)	Diese Eigenschaft wird ab Windows 2000 gesetzt, wenn der Small Business-Server installiert ist.
MsiNTSuiteSmallBusinessRestricted (+)	Diese Eigenschaft wird ab Windows 2000 gesetzt, wenn der Small Business-Server mit einer restriktiven Client-Lizenz installiert ist.
MsiNTSuiteWebServer (+)	Diese Eigenschaft wird ab Windows Server 2003 gesetzt, wenn der Web-Server 2003 installiert ist.
MsiNetAssemblySupport (+)	Diese Eigenschaft wird bei Systemen, die Common Language Runtime Assemblies unterstützen, auf den Wert der *fusion.dll* gesetzt.
MsiWin32AssemblySupport (+)	Diese Eigenschaft wird bei Systemen, die Win32-Assemblies unterstützen, auf den Wert der *Sys.dll* gesetzt.
OLEAdvtSupport	Diese Eigenschaft wird gesetzt, wenn das Betriebssystem die Installation von COM-Komponenten bei Bedarf unterstützt (OLE-Unterstützung für den Installer).

Eigenschaft	Beschreibung
RedirectedDLLSupport	Diese Eigenschaft wird gesetzt, wenn das Betriebssystem die Benutzung isolierter Komponenten unterstützt.
RemoteAdminTS	Diese Eigenschaft wird gesetzt, wenn das Betriebssystem für die Remote-Administration über Terminaldienste konfiguriert ist.
ServicePackLevel	Die Versionsnummer des Betriebssystem-Service Packs. Weitere Informationen finden Sie in Tabelle 9.9.
ServicePackLevelMinor	Die Minor-Versionsnummer des Betriebssystem-Service Packs.
SharedWindows	Diese Eigenschaft wird gesetzt, wenn das Betriebssystem als Shared Windows konfiguriert ist.
ShellAdvtSupport	Diese Eigenschaft wird gesetzt, wenn die Shell das Ankündigen von Features unterstützt.
SystemLanguageID	Bezeichnet die Sprachkennzeichnung des Betriebssystems
TerminalServer	Diese Eigenschaft wird gesetzt, wenn das Betriebssystem ein als Terminal-Server konfigurierter Windows-Server ist.
TTCSupport	Diese Eigenschaft wird gesetzt, wenn das Betriebssystem .ttc-Dateien (True Type Font Collections) unterstützt.
Version9x	Die Versionsnummer des Betriebssystems
VersionDatabase	Bezeichnet die Datenbankversion der aktuellen Installation
VersionNT	Die Versionsnummer des Betriebssystems
VersionNT64	Die Versionsnummer des Betriebssystems, das auf einer 64-Bit-Plattform betrieben wird
WindowsBuild	Die Build-Nummer des Betriebssystems

Tabelle 9.8: Eigenschaften für das Betriebssystem

Die folgende Tabelle gibt einen Überblick über die Build-Nummern, Versionsnummern sowie Servicepack-Level der verschiedenen Windows-Betriebssysteme.

Betriebssystem	WindowsBuild	ServicePackLevel	Version9x	VersionNT
Windows 95	950		400	
Windows 95, OSR			400	
Windows 95, OSR2			400	
Windows 95, OSR 2,5	1111		400	
Windows 98	1998		410	
Windows 98 SE	2222		410	
Windows ME	3000.1		490	
Windows NT 4.0	1381			
Windows NT 4.0, SP1	1381	1		
Windows NT 4.0, SP2	1381	2		
Windows NT 4.0, SP3	1381	3		400
Windows NT 4.0, SP4	1381	4		400
Windows NT 4.0, SP5	1381	5		400
Windows NT 4.0, SP6	1381	6		400
Windows 2000	2195			500
Windows 2000, SP1	2195	1		500
Windows XP	2600			501
Windows XP, SP1	2600	1		501
Windows XP, SP2	2600	2		501
Windows Server 2003	3790			502
Windows Server 2003, SP1	3790	1		502

Tabelle 9.9: Die Versions- und Build-Nummern der Windows-Betriebssysteme

9.3.8 Eigenschaften für Produktinformationen

Die Eigenschaften für die Produktinformationen werden in der Tabelle *Property* festgelegt.

 Alle erforderlichen Eigenschaften (siehe Kapitel 9.2.2) sind mit einem (x) gekennzeichnet.

Eigenschaft	Beschreibung
ARPHELPLINK	URL des technischen Supports, die im Dialogfeld SOFTWARE angezeigt wird
ARPHELPTELEPHONE	Telefonnummer des technischen Supports, die im Dialogfeld SOFTWARE angezeigt wird
DiskPrompt	Eine beliebige Zeichenfolge, die bei der Aufforderung zum Einlegen eines neuen Installationsdatenträgers angezeigt wird
IsAdminPackage	Der Wert 1 wird gesetzt, wenn die Installation von einem administrativen Installationspunkt aus erfolgt.
LeftUnit	Ist diese Eigenschaft gesetzt, werden sämtliche Einheiten links statt rechts von der Zahl angezeigt.
Manufacturer (x)	Name des Herstellers
MediaSourceDir	Die Eigenschaft wird auf 1 gesetzt, wenn für die Installation ein Wechselmedium erforderlich ist.
MSIINSTANCEGUID	Wird gesetzt, wenn der *ProductCode* durch ein Transform File verändert wurde. Nur ab Windows Server 2003 verfügbar
MSINEWINSTANCE	Die Installation wird über Instanz-Transformationen möglich. Nur ab Windows Server 2003 verfügbar.
PIDTemplate	Diese Zeichenfolge wird als Vorlage für die Eigenschaft *PIDKEY* benutzt.
ProductCode (x)	Der eindeutige Schlüssel für die Identifikation des Produkts
ProductName (x)	Der Produktname
ProductState	Wird vom Installer auf den aktuellen Produkt-Installationsstatus gesetzt
ProductVersion (x)	Die Produktversion
UpgradeCode	Über diese GUID werden zusammengehörige Produkte einer Produktfamilie gekennzeichnet.

Tabelle 9.10: Eigenschaften für Produktinformationen

9.3.9 Eigenschaften für das Update des Summary Information Stream

Diese Eigenschaften werden lediglich bei Transformationen in *.msp*-Dateien benutzt. Dabei wird der Summary Information Stream (siehe Kapitel 14) des Installationsabbilds im administrativen Installationspunkt aktualisiert.

Eigenschaft	Beschreibung
PATCHNEWPACKAGECODE	Der Wert wird in die *RevisionNumber*-Eigenschaft des Summary Information Stream geschrieben.
PATCHNEWSUMMARYCOMMENTS	Der Wert wird in die *Comments*-Eigenschaft des Summary Information Stream geschrieben.
PATCHNEWSUMMARYSUBJECT	Der Wert wird in die *Subject*-Eigenschaft des Summary Information Stream geschrieben.

Tabelle 9.11: Die Eigenschaften für das Summary Information Update

9.3.10 Eigenschaften für den Systemordner

Über die folgenden Eigenschaften werden die verschiedenen Systemordner bestimmt. Diese Eigenschaften legt der Windows Installer beim Installationsstart fest.

Eigenschaft	Beschreibung
AdminToolsFolder	Kompletter Pfad zum Ordner `Startmenü\Programme\Verwaltung`.
AppDataFolder	Kompletter Pfad zum Ordner ANWENDUNGSDATEN des aktuellen Benutzers.
CommonAppDataFolder	Kompletter Pfad zum Ordner ANWENDUNGSDATEN für alle Benutzer
CommonFiles64Folder	Kompletter Pfad zum Ordner der gemeinsam genutzten 64-Bit-Dateien
CommonFilesFolder	Kompletter Pfad zum Ordner GEMEINSAME DATEIEN des aktuellen Benutzers
DesktopFolder	Kompletter Pfad zum Ordner DESKTOP
FavoritesFolder	Kompletter Pfad zum Ordner FAVORITEN des aktuellen Benutzers
FontsFolder	Kompletter Pfad zum Ordner SCHRIFTARTEN
LocalAppDataFolder	Kompletter Pfad zum Ordner ANWENDUNGSDATEN für alle Benutzer
MyPicturesFolder	Kompletter Pfad zum Ordner EIGENE BILDER
PersonalFolder	Kompletter Pfad zum Ordner EIGENE DATEIEN
ProgramFiles64Folder	Kompletter Pfad zum Ordner der 64-Bit-Programme
ProgramFilesFolder	Kompletter Pfad zum Ordner der 32-Bit-Programme
ProgramMenuFolder	Kompletter Pfad zum Ordner `Startmenü\Programme`

Eigenschaft	Beschreibung
SendToFolder	Kompletter Pfad zum Ordner SENDEN AN des aktuellen Benutzers
StartMenuFolder	Kompletter Pfad zum Ordner STARTMENÜ
StartupFolder	Kompletter Pfad zum Ordner AUTOSTART
System16Folder	Kompletter Pfad zum Systemordner der 16-Bit-Komponenten
System64Folder	Kompletter Pfad zum Systemordner der 64-Bit-Komponenten
SystemFolder	Kompletter Pfad zum Ordner SYSTEM
TempFolder	Kompletter Pfad zum Ordner TEMP
TemplateFolder	Kompletter Pfad zum Ordner VORLAGEN
WindowsFolder	Kompletter Pfad zum Ordner WINDOWS
WindowsVolume	Gibt das Laufwerk an, auf dem sich der Ordner WINDOWS befindet

Tabelle 9.12: Die Eigenschaften für den Systemordner

9.3.11 Eigenschaften für Benutzerinformationen

Die folgenden Eigenschaften beinhalten Informationen über den aktuellen Benutzer.

Eigenschaft	Beschreibung
AdminProperties	Eine Liste von Eigenschaften, die bei einer erstmaligen administrativen Installation bestimmt werden. Bei späteren Installationen von diesem AIP sind die Eigenschaften verfügbar.
COMPANYNAME	Firmen- oder Organisationsname des Benutzers
LogonUser	Der Name des aktuellen Benutzers, der über die Win32-API-Funktion *GetUserName* ausgelesen wird
MsiHiddenProperties	Liste der Eigenschaften, die nicht protokolliert werden sollen. Nur ab Windows Installer 2.0
PIDKEY	Der Teil der Produkt-ID, die der Benutzer eingeben muss
ProductID	Komplette Produkt-ID, nachdem diese validiert wurde
UserLanguageID	Standardmäßige Sprachkennzeichnung des Benutzers
USERNAME	Der die Installation durchführende Benutzer
UserSID	Der Windows Installer setzt die SID (Security Identifier) des aktuellen Benutzers.

Tabelle 9.13: Die Eigenschaften für Benutzerinformationen

9.4 Das Auslesen und Setzen von Eigenschaften über API-Aufrufe

Eigenschaftswerte können auch über Aufrufe der Win32-API ausgelesen und gesetzt werden. Dazu werden die Funktionen *MsiGetProperty* und *MsiSetProperty* verwendet. Die folgenden Funktionen können benutzt werden:

API-Funktion	Beschreibung
MsiGetProperty	Auslesen einer Eigenschaft
MsiGetMode	Auslesen des Installationsstatus
MsiGetLanguage	Auslesen der Installationssprache
MsiSetProperty	Setzen einer Eigenschaft
MsiSetMode	Setzen des Installationsstatus
Leere Zeichenfolge	Löschen einer Eigenschaft

Tabelle 9.14: Eigenschaften über API-Funktionen aufrufen und setzen

9.5 Bedingungen

Bedingungen (Conditions) werden eingesetzt, um die Werte von Eigenschaften auszulesen und mit Hilfe von Operatoren zu prüfen, ob die Bedingung erfüllt ist. Zum besseren Verständnis soll folgendes Beispiel dienen:

Eine Applikation soll nur dann installiert werden, wenn auf dem System die folgenden Voraussetzungen erfüllt sind, anderenfalls wird die Installation nicht durchgeführt.

Bereich	Voraussetzung
Betriebssystem	Windows XP
Arbeitsspeicher	256 MB
Prozessoren	Mindestens 2

Tabelle 9.15: Voraussetzungen für die Installation einer Beispiel-Applikation

Wie Sie sehen, können diese Voraussetzungen über Eigenschaften geprüft werden. Dabei werden die Eigenschaften mit den als Voraussetzung definierten Werten während der Laufzeit verglichen. Dieses wird über Bedingungen vollzogen. Einzige Voraussetzung ist, dass die für die Prüfung zugrunde liegende Tabelle die Spalte *Condition* besitzt. Dies ist bei den folgenden Datenbanktabellen der Fall:

Tabelle	Funktion
AdminExecuteSequence	Sequenztabelle bei der administrativen Installation mit Benutzeroberfläche
AdminUISequence	Sequenztabelle bei der administrativen Installation

Tabelle	Funktion
AdvtExecuteSequence	Sequenztabelle bei einer angekündigten Applikation
Condition	Festlegen von Bedingungen für die Tabelle *Features*
ControlCondition	Der Status eines Steuerelements wird aufgrund einer Bedingung geändert.
ControlEvent	Ereignisse von Steuerelementen werden ausgelöst.
InstallExecuteSequence	Sequenztabelle bei der Standardinstallation
InstallUISequence	Sequenztabelle bei der Standardinstallation mit Benutzeroberfläche
LaunchCondition	Bedingungen für die Ausführung werden festgelegt.

Tabelle 9.16: Datenbanktabellen, die die Spalte Condition besitzen

In den Sequenztabellen werden die nacheinander auszuführenden Aktionen während der Installation bestimmt. Ist dort eine Aktion mit einer Bedingung verknüpft, wird die Aktion nur dann ausgeführt, wenn über die Bedingung der Wert als *True* aufgelöst wird. Über logische Operatoren können auch mehrere Bedingungen mit einer Aktion verknüpft werden.

9.5.1 Hinweise und Syntax zur Bedingungs-Definition

Zur Definition von Bedingungen muss eine bestimmte Syntax verwendet werden. Auch einige Regeln sind zu bedenken. Zunächst müssen die folgenden Regeln bedacht werden:

▶ Bei Variablen und Werten wird zwischen der Groß- und Kleinschreibung unterschieden.

▶ Bei Umgebungsvariablen wird nicht zwischen der Groß- und Kleinschreibung unterschieden.

▶ Zeichenfolgen müssen immer von Anführungszeichen umschlossen sein.

▶ Existiert eine Eigenschaft nicht, wird diese als leere Zeichenfolge angesehen.

▶ Sämtliche Regeln und Operatoren entsprechen denen der SQL- und Basic-Sprachen.

▶ Bei Operatoren wird nicht zwischen Groß- und Kleinschreibung unterschieden.

▶ Arithmetische Operatoren und Gleitkommazahlen werden nicht unterstützt.

▶ Mathematische Regeln können durch den Einsatz von runden Klammern geändert werden.

▶ Soll bei einem Vergleich von Zeichenfolgen nicht die Groß- und Kleinschreibung beachtet werden, kann dem entsprechenden Operator das Tilde-Teichen (~) vorangestellt werden.

▶ Wird ein ganzzahliger Wert mit einer Zeichenfolge verglichen, die nicht in eine Ganzzahl aufgelöst werden kann, wird als Wert *False* zurückgegeben. Wird dabei jedoch nur auf Ungleichheit der beiden Werte über den Operator <> geprüft, wird der Wert *True* zurückgegeben.

Außerdem ist bei den verschiedenen Punkten die Syntax gemäß Tabelle 9.17 zu verwenden.

Punkt	Syntax
Ausdruck	Boolescher Term oder Boolescher Term OR Ausdruck
Boolescher Faktor	Term oder NOT Term
Boolescher Term	Boolescher Faktor oder Boolescher Faktor AND Term
Term	Wert oder Wert + Vergleichsoperator + Wert oder Ausdruck
Variable	Eigenschaft oder Umgebungsvariable oder Feature-Aktion oder Feature-Status oder Komponenten-Aktion oder Komponenten-Status
Vergleichsoperator	< oder > oder <= oder >= oder = oder <>
Wert	Variable oder Zeichenfolge oder Zahl

Tabelle 9.17: Auf die Einhaltung der korrekten Syntax ist zu achten

Ferner werden für den Zugriff auf Informationen des Systems und des Installer Präfixe in Bedingungen gemäß Tabelle 9.18 verwendet.

Präfix	Art	Beschreibung
Keins	Installer-Eigenschaft	Eigenschaftswert aus der Tabelle *Property*
%	Umgebungsvariable	Wert der Umgebungsvariablen
$	Schlüssel in der Tabelle *Component*	Aktions-Status der Komponente
?	Schlüssel in der Tabelle *Component*	Installationsstatus der Komponente
&	Schlüssel in der Tabelle *Feature*	Aktions-Status des Feature
!	Schlüssel in der Tabelle *Feature*	Installationsstatus des Feature

Tabelle 9.18: Verwendung der Präfixe

Bei den Komponenten und Features bezieht sich der Installationsstatus auf den aktuellen Status zum Zeitpunkt der Abfrage. Bei der Abfrage des Aktions-Status wird die Aktion zurückgegeben, die mit der Komponente oder dem Feature ausgeführt werden soll. Ist beispielsweise ein Feature lokal installiert, aber zur Deinstallation markiert, so wird als Installationsstatus der Wert *INSTALLSTATE_LOCAL* ermittelt, der Aktions-Status lautet *INSTALLSTATE_ABSENT*.

9.5.2 Übersicht über die Bedingungen

In den folgenden Kapiteln werden die Operatoren nach Kategorien geordnet vorgestellt.

Logische Operatoren

Für Bedingungen sind die folgenden logischen Operatoren verfügbar. Die Reihenfolge in der Tabelle entspricht ihrer Priorität bei der Verwendung.

Operator	Beschreibung
Not	Der Status der folgenden Terme wird umgekehrt.
And	Wird als *True* ausgewertet, wenn beide Terme wahr sind
Or	Wird als *True* ausgewertet, wenn eiern oder beide Terme wahr sind
Xor	Wird als *True* ausgewertet, wenn einer, aber nicht beide Terme wahr sind
Eqv	Wird als *True* ausgewertet, wenn beide Terme wahr oder falsch sind
Imp	Wird als *True* ausgewertet, wenn der linke Terme falsch oder der rechte Term wahr ist

Tabelle 9.19: Logische Operatoren

Vergleichsoperatoren

Mit den in der folgenden Tabelle aufgeführten Vergleichsoperatoren können nur zwei Werte miteinander verglichen werden.

Operator	Beschreibung
=	Wird als *True* ausgewertet, wenn der linke Term gleich dem rechten Term ist
< >	Wird als *True* ausgewertet, wenn der linke Term ungleich dem rechten Term ist
>	Wird als *True* ausgewertet, wenn der linke Term größer als der rechte Term ist
> =	Wird als *True* ausgewertet, wenn der linke Term größer als der rechte Term oder gleich diesem ist
<	Wird als *True* ausgewertet, wenn der linke Term kleiner als der rechte Term ist
< =	Wird als *True* ausgewertet, wenn der linke Term kleiner als der rechte Term oder gleich diesem ist

Tabelle 9.20: Die Vergleichsoperatoren

Operatoren bei Zeichenfolgen

Mit den folgenden Operatoren können Zeichenfolgen miteinander verglichen werden.

Operator	Beschreibung
> <	Wird als *True* ausgewertet, wenn die linke Zeichenfolge gleich der rechten ist
< <	Wird als *True* ausgewertet, wenn die linke Zeichenfolge mit der rechten beginnt
> >	Wird als *True* ausgewertet, wenn die linke Zeichenfolge mit der rechten endet

Tabelle 9.21: Operatoren bei Zeichenfolgen

Operatoren für den Bit-weisen Vergleich

Über die Operatoren zum Bit-weisen Vergleich können nur ganzzahlige Werte Bit-weise miteinander verglichen werden.

Operator	Beschreibung
> <	Wird als *True* ausgewertet, wenn beide ganzzahligen Werte gemeinsame Bit-Werte besitzen
< <	Wird als *True* ausgewertet, wenn die ersten 16 Bit des linken Wertes dem rechten entsprechen
> >	Wird als *True* ausgewertet, wenn die letzten 16 Bit des linken Wertes dem rechten entsprechen

Tabelle 9.22: Operatoren für den Bit-weisen Vergleich

Status von Features und Komponenten

Die in Tabelle 9.18 aufgeführten Präfixe dürfen nur unter den folgenden genannten Bedingungen verwendet werden.

Operator	Gültig in der Tabelle
$	*Condition* und in Sequenztabellen nach der Aktion *CostFinalize*.
&	*Condition* und in Sequenztabellen nach der Aktion *CostFinalize*.
!	*Condition* und in Sequenztabellen nach der Aktion *CostFinalize*.
?	*Condition* und in Sequenztabellen nach der Aktion *CostFinalize*.

Tabelle 9.23: Bedingungen zum Einsatz der Präfixe

Weiterhin können die folgenden Statuswerte für den Vergleich bei Features und Komponenten in Bedingungen verwendet werden.

Status	Wert	Beschreibung
INSTALLSTATE_UNKNOWN	-1	Keine Aktion
INSTALLSTATE_ADVERTISED	1	Feature ist angekündigt, für Komponenten nicht gültig
INSTALLSTATE_ABSENT	2	Feature oder Komponente nicht vorhanden
INSTALLSTATE_LOCAL	3	Feature oder Komponente lokal ausgeführt
INSTALLSTATE_SOURCE	4	Feature oder Komponente vom Quellmedium ausgeführt

Tabelle 9.24: Vergleich von Statuswerten bei Komponenten und Features

Ausführungsbedingungen

In der Tabelle *LaunchCondition* befinden sich Bedingungen, die während der Aktion *LaunchConditions* geprüft werden. Dies ist die erste während einer Installation ausgeführte Aktion.

Wie im Beispiel in Tabelle 9.15 müssen die Werte zur Voraussetzung der Installation in der Tabelle *LaunchCondition* gesetzt werden. Im Folgenden sehen Sie die erforderliche

Einträge in der Tabelle *LaunchCondition*. In der Spalte Description wird für den Benutzer jeweils ein Hinweis angegeben, warum die Installation nicht durchgeführt werden kann.

Bedingung	Eintrag der Spalte Description
VersionNT AND (VersionNT >=501)	Als Betriebssystem muss Windows XP installiert sein.
PhysicalMemory >=256	Der Arbeitsspeicher muss mindestens 256 MB betragen.
%NUMBER_OF_PROCESSORS >=2	Das System muss über mindestens zwei Prozessoren verfügen.

Tabelle 9.25: Beispieldefinition in der Tabelle LaunchCondition

Flexible Gestaltung des Installationsprozesses

Über die Bedingungen in der Tabelle *LaunchCondition* wird festgelegt, ob eine Installation durchgeführt werden kann oder nicht. Allerdings kann es vielfach erforderlich sein, bei der Erfüllung bestimmter Bedingung den Installationsprozess flexibel zu gestalten. Dazu kann der Windows Installer einen Mechanismus verwenden, um nach vorhandenen Dateien und Ordnern, bereits installierten Windows Installer-Applikationen und Einträgen in der Registry und Initialisierungsdateien zu suchen.

Für diese Suche wird die Tabelle *AppSearch* verwendet. Deren Einträge werden durch die Aktion *AppSearch* abgearbeitet. In der Spalte *Property* ist eine Variable enthalten, die das Ergebnis bei einer erfolgreichen Suche aufnehmen kann. Über die Spalte *Signature_* werden weitere Tabellen zum Festlegen der Suche referenziert. Die Tabelle *RegLocator* wird zum Suchen in der Registry benutzt, die Tabelle *CompLocator* zum Suchen nach einer Installer-Komponente, die Tabelle *IniLocator* zum Suchen in Initialisierungsdateien und die Tabelle *DrLocator* zur Dateisystem-Suche. Damit eine Suche als erfolgreich ausgewertet werden kann, muss die Spalte *Signature_* der jeweiligen Tabelle mit der Spalte *Signature_* der Tabelle *AppSearch* übereinstimmen. Für die Suche nach einer bestimmten Datei können noch weitere Informationen wie Versionsnummer oder Sprache usw. miteinbezogen werden. Dazu wird lediglich in der Spalte *Signature_* eine Verknüpfung mit der gewünschten Tabelle vorgenommen.

Für die Suche können auch Suchvorgänge in mehreren Tabellen ausgeführt werden. Dazu müssen alle Tabellen über denselben Wert in der Spalte *Signature_* mit der Tabelle *AppSearch* verknüpft sein. Die Tabellen werden dabei in der folgenden Reihenfolge untersucht:

1. *CompLocator*
2. *RegLocator*
3. *IniLocator*
4. *DrLocator*

Es wird nur zur folgenden Tabelle gewechselt, wenn in der Tabelle kein Suchergebnis gefunden wird.

10 Standardaktionen und benutzerdefinierte Aktionen

Dieses Kapitel beschäftigt sich mit Standardaktionen und benutzerdefinierten Aktionen (Custom Actions). Eine benutzerdefinierte Aktion erweitert eine Standardaktion um zusätzliche Funktionen. Es erfolgt eine Übersicht über die verschiedenen Typen und Kategorien der Custom Actions. Für die Custom Actions gibt es zahlreiche Anpassungsmöglichkeiten, die in der Tabelle *CustomAction* vorgenommen werden müssen. Im letzten Abschnitt werden die Aktionen und Eigenschaften noch mal zusammenfassend dargestellt, über die Neustarts während und am Ende der Installation kontrolliert werden können.

10.1 Standardaktionen

Standardaktionen werden auch als Built-In-Aktionen bezeichnet. Während der Installation eines Windows Installer-Pakets wird eine Reihe verschiedener Subroutinen aufgerufen. Bei diesen Subroutinen spricht man auch von Standardaktionen. Dies ist auch bei der Deinstallation und Konfiguration eines Pakets der Fall. Diese Standardaktionen können über die Datenbank eines Windows Installer-Pakets konfiguriert werden. Die Standardaktionen können eingeschlossen oder nicht eingeschlossen sein (included) oder über Bedingungen (If-Then-Statements) verfügen.

Über Standardaktionen werden z.B. während der Installationen die erforderlichen Daten von der Quelle in das Zielverzeichnis kopiert. Dazu werden die Informationen aus der Tabelle *File* benötigt.

Eine Standardaktion kann zur Ausführung entweder in eine Sequenztabelle gesetzt werden oder über die Installer-Funktion *msiDataAction* aufgerufen werden. Diese Funktion kann zum Aufruf einer Aktion mit einer Schaltfläche verknüpft werden. Werden die Aktionen in die Sequenztabelle geschrieben, werden sie in der dort definierten Reihenfolge ausgeführt.

 Ist eine Aktion in der Sequenztabelle mit einer Bedingung verknüpft, so muss diese den Wert *True* zurückgeben. Anderenfalls wird die Aktion nicht ausgeführt.

Für die Aktionen, die bei der Installation eingesetzt werden, ist eine bestimmte Reihenfolge einzuhalten. Diese Reihenfolge orientiert sich an den einzelnen Schritten, die während der Installation vom Installer durchgeführt werden.

So wird bei einer Installation zunächst nach dem Vorhandensein älterer Dateien oder einer älteren Version von Dateien gesucht. Danach wird das Zielverzeichnis geprüft. Ist dies erledigt, wird der verfügbare Speicherplatz geprüft und der für die Installation benötigte Speicherplatz berechnet. Anschließend erfolgt die Installation der Dateien in die Zielverzeichnisse. Danach wird die Registry aktualisiert. An jedem dieser einzelnen Schritte sind verschiedene Aktionen beteiligt.

10.2 Referenz der Standardaktionen

In diesem Kapitel finden Sie eine Übersicht über sämtliche Standardaktionen des Windows Installer.

Die Ausführung einiger Standardaktionen ist an eine bestimmte Reihenfolge gebunden. Bestimmte Aktionen können erst ausgeführt werden, nachdem eine andere Aktion ausgeführt wurde, andere Standardaktionen müssen ausgeführt werden, bevor eine andere Aktion ausgeführt wird. Diese Reihenfolge muss in den Sequenztabellen definiert werden. Sofern eine Standardaktion über derartige Einschränkungen verfügt, sind diese bei der jeweiligen Aktion vermerkt.

Die Aktionen, die in Großbuchstaben dargestellt sind, sind Top-Level-Aktionen. Diese Art von Aktionen wird nicht aus einer Sequenztabelle aufgerufen. Diese Aktionen werden vom Windows Installer automatisch beim Initialisierungsprozess ausgeführt. Ist z.B. die Top-Level-Aktion *ADMIN* gesetzt, wird automatisch eine administrative Installation durchgeführt.

 Die Groß- und Kleinschreibung bei den Namen der Aktionen ist strikt einzuhalten.

10.2.1 ADMIN

Über diese Top-Level-Aktion wird die administrative Installation ausgeführt.

10.2.2 ADVERTISE

Über diese Top-Level-Aktion wird eine angekündigte Installation ausgeführt.

10.2.3 AllocateRegistrySpace

Die Registry wird im Hinblick auf den verfügbaren Speicherplatz geprüft. Der benötigte Speicher wird in der Eigenschaft *AVAILABLEFREEREG* bestimmt. Diese Aktion steht nicht unter Windows 9x zur Verfügung.

Eine Ausführung ist erst nach der Aktion *InstallInitialize* möglich. Sie sollte aber möglichst früh ausgeführt werden.

Die Meldung *ActionData* für diese Aktion gibt in Feld [1] eine Beschreibung des erforderlichen Speicherplatzes in der Registry in Kbyte (KB) an.

10.2.4   AppSearch

Über diese Aktion wird mittels Dateisignatur nach einer bestimmten Dateiversion gesucht. Die Aktion *AppSearch* kann zusätzlich einer Eigenschaft einen Wert aus der Registry oder einer *.ini*-Datei zuweisen.

Die Dateisignatur ist in der Tabelle *Signature* enthalten, die Suche nach dieser Signatur wird in den Tabellen *CompLocator*, *DrLocator*, *IniLocator* und *RegLocator* durchgeführt. Dazu werden sämtliche Tabellen durchsucht.

Die Meldung *ActionData* für diese Aktion gibt in Feld [1] den Installationspfad der gefundenen Datei an, Feld [2] enthält die Dateisignatur.

10.2.5   BindImage

Die Aktion *BindImage* verwendet die gleichnamige Tabelle, um die darin enthaltenen Dateien zu optimieren, sofern diese lokal installiert werden sollen. Es wird die Funktion *BindImageEx* benutzt, um die virtuelle Adresse der zu importierenden Funktionen zu erhalten und dann in die *IAT (Import Address Table)* zu speichern. Eine Ausführung ist erst nach der Aktion *InstallFiles* möglich.

Die Meldung *ActionData* für diese Aktion gibt in Feld [1] eine Kennzeichnung der ausführbaren Datei an.

10.2.6   CCPSearch

Über diese Aktion wird mittels Dateisignatur nach einer bestimmten Dateiversion gesucht. Im Gegensatz zur Aktion *AppSearch* werden von *CCPSearch* jedoch nicht sämtliche Tabellen durchsucht, es ist lediglich eine Übereinstimmung notwendig.

Es wird nach Dateisignaturen in der Tabelle *CCPSearch* gesucht, die Suche nach dieser Signatur wird in den Tabellen *CompLocator*, *DrLocator*, *IniLocator* und *RegLocator* durchgeführt. Sobald eine Übereinstimmung gefunden wurde, erhält die Eigenschaft *CCP_Success* den Wert 1 und die Aktion wird beendet.

Die Aktion muss vor der Aktion *RMCCPSearch* ausgeführt werden.

10.2.7   CostFinalize

Dieses ist die letzte Aktion, die bei der Berechnung des Speicherplatzes durchgeführt wird. Zudem wird geprüft, ob in die Zielverzeichnisse geschrieben werden kann. Erst dann wird die Installation fortgesetzt.

Eine Ausführung ist erst nach der Aktion *CostInitialize* möglich. Die Aktion muss vor der Anzeige der Benutzeroberfläche ausgeführt werden.

Über die Tabelle *Condition* wird von der Aktion *CostFinalize* ermittelt, welche Features zu installieren sind. Der Speicherplatz wird einzeln für jede in der Tabelle *Component* enthaltene Installer-Komponente ausgeführt.

10.2.8   CostInitialize

Durch diese Aktion wird der Prozess zur Berechnung des Speicherplatzes eingeleitet. Dabei werden die Tabellen *Features* und *Components* in den Arbeitsspeicher des Computers geladen.

Die Aktion muss vor der Aktion *FilesCost* ausgeführt werden.

10.2.9   CreateFolders

Bei der Installation wird die benötigte Ordnerstruktur automatisch angelegt. Sofern jedoch ein neuer Ordner angelegt werden muss, muss ein Eintrag in der Tabelle *Create-Folders* erfolgen. Dieser Ordner wird mit der entsprechenden Komponente verknüpft. Die Aktion *CreateFolders* verwendet diese Tabelle zur Erstellung des Ordners, wenn die Komponente lokal installiert oder vom Quellmedium ausgeführt wird. Die Aktion muss vor der Aktion *InstallFiles* ausgeführt werden.

Die Meldung *ActionData* für diese Aktion gibt in Feld [1] eine Bezeichnung des erstellten Ordners an.

 Ordner, die über die Aktion *CreateFolders* erstellt wurden, werden bei der Deinstallation nicht automatisch entfernt. Um auch diese Ordner zu entfernen, muss die Aktion *RemoveFolders* in der entsprechenden Sequenz vorhanden sein.

10.2.10   CreateShortcuts

Über diese Aktion werden Dateiverknüpfungen erstellt. Eine Ausführung ist erst nach den Aktionen *InstallFiles* und *RemoveShortcuts* möglich.

Die Meldung *ActionData* für diese Aktion gibt in Feld [1] eine Bezeichnung der erstellten Dateiverknüpfung an.

10.2.11   DeleteServices

Diese Aktion verwendet die Tabelle *ServiceControl* zum Anhalten und Deregistrieren von Diensten. Damit diese Aktion korrekt ausgeführt werden kann, muss der Benutzer über administrative Berechtigungen oder Rechte zum Installieren eines Dienstes verfügen.

Die Ausführungsreihenfolge der Aktionen muss folgendermaßen lauten: *StopServices, DeleteServices, InstallFiles, RemoveFiles, MoveFiles, PatchFiles, RemoveDuplicateFiles, DuplicateFiles* und *InstallServices*.

Die Meldung *ActionData* für diese Aktion gibt in Feld [1] den Anzeigenamen des Dienstes und in Feld [2] den Namen des Dienstes an.

10.2.12   DisableRollback

Über diese Aktion wird die Rollback-Funktion des Windows Installer für die Aktionen deaktiviert, die in der Sequenztabelle nach dieser Aktion durchgeführt werden. Für die gesamte Installation wird das Rollback deaktiviert, wenn die Aktion *DisableRollback* vor der Aktion *InstallInitialize* ausgeführt wird.

10.2.13   DuplicateFiles

Über die Aktion *DuplicateFiles* werden Kopien der mit der Aktion *InstallFiles* installierten Dateien erstellt. Besitzen diese duplizierten Dateien einen anderen Namen, können sie in dasselbe Verzeichnis kopiert werden. Die Kopien können aber auch in andere Verzeichnisse geschrieben werden.

Die zu duplizierenden Dateien werden gemäß der Tabelle *DuplicateFiles* erstellt, jedoch nur, wenn eine lokale Installation der Komponente erfolgt. In der Spalte *DestFolder* in dieser Tabelle muss die Eigenschaft einen Pfad zurückliefern. Es kann sich dabei um einen Eintrag der Tabelle *Directory* handeln oder um einen vordefinierten Ordner (*CommonFilesFolder*). Es kann auch ein Wert über *AppSearch* zugewiesen werden. Wird kein Wert zurückgegeben, wird keine Aktion ausgeführt.

Soll für die duplizierten Dateien ein anderer Name verwendet werden, muss dieser in der Spalte *DestName* gesetzt werden. Ist dort kein Eintrag vorhanden, wird der Originalname verwendet.

Alle Dateien, die über diese Aktion installiert wurden, können nur über die Aktion *RemoveDuplicateFiles* wieder deinstalliert werden.

Eine Ausführung ist erst nach den Aktionen *InstallFiles* und *PatchFiles* möglich. Dies ist erforderlich, damit das Duplikat erst erstellt wird, nachdem die Datei gepatcht worden ist.

Die Meldung *ActionData* für diese Aktion gibt in Feld [1] eine Bezeichnung der duplizierten Datei an. In Feld [2] ist die Größe dieser Datei angegeben, in Feld [9] das Zielverzeichnis der duplizierten Datei.

10.2.14   ExecuteAction

Über diese Aktion wird die Ausführungssequenz der Installation aktiviert, die durch eine der Top-Level-Aktionen *ADMIN*, *ADVERTISE* oder *INSTALL* festgelegt wurde. Durch diese Aktion wird die Ausführung an die Tabelle *InstallExecuteSequence* übergeben.

Die Aktion *ExecuteAction* darf erst nach den Aktionen ausgeführt werden, die die Optionen der Installation sammeln.

Sofern dies möglich ist, wird diese Aktion mit der Berechtigung des Benutzers *SYSTEM* ausgeführt.

10.2.15   FileCost

Über die Aktion *FileCost* wird bei der Ausführung weiterer Standardaktionen der Speicherbedarf berechnet.

Eine Ausführung ist erst nach der Aktion *CostInitialize* möglich. Die Aktion muss vor der Aktion *CostFinalize* ausgeführt werden.

10.2.16   FindRelatedProducts

Diese Aktion greift auf die Eigenschaft *UpgradeCode* sowie in der Tabelle *Upgrade* auf die Versions- und Sprachinformationen zurück, um dadurch auf dem Zielcomputer verwandte Produkte zu ermitteln. Wird ein verwandtes Produkt gefunden, erfolgt eine Übertragung von *ProductCode* in die Tabelle *Upgrade*, Spalte *ActionProperty*.

Die Aktion muss vor den Aktionen *MigrateFeatureStates* und *RemoveExistingProducts* ausgeführt werden. Diese Aktion sollte in den beiden Tabellen *InstallUISequence* und *InstallExecuteSequence* enthalten sein. Wurde die Aktion bereits in der *InstallUISequence* ausgeführt, verhindert der Installer, dass die Aktion auch unter *InstallExecuteSequence* ausgeführt wird.

Die Meldung *ActionData* für diese Aktion gibt in Feld [1] das gefundene Produkt an. Werden mehrere Produkte gefunden, wird für jedes Produkt eine separate Meldung geschickt.

10.2.17   ForceReboot

Über die Aktion *ForceReboot* kann ein Neustart des Systems an der aktuellen Position des Installationsprozesses erzwungen werden. Wird die Benutzeroberfläche bei der Installation angezeigt, erhält der Benutzer ein Hinweisfenster, dass ein Neustart erforderlich ist. Sollen mehrere Neustarts zu einem zusammengefasst werden, muss dies über die Eigenschaft *REBOOT* definiert werden. Wird keine Benutzeroberfläche angezeigt, wird der Neustart automatisch durchgeführt.

Damit die Installation nach dem Neustart fortgesetzt werden kann, schreibt die Aktion einen entsprechenden Eintrag in die Registry. Soll bei dem Neustart in den Installationsprozess eingegriffen werden, wird dazu die Eigenschaft *AFTERREBOOT* verwendet.

Eine Ausführung ist erst nach den Aktionen *RegisterProduct*, *RegisterUser*, *PublishProduct*, *PublishFeatures*, *CreateShortcuts*, *RegisterMIMEInfo*, *RegisterExtensionInfo*, *RegisterClassInfo* und *RegisterProgIdInfo* sinnvoll. Diese Aktionen werden als eine Sequenz betrachtet, nach der der Neustart erfolgen kann.

Weiterhin muss *ForceReboot* zwischen den Aktionen *InstallInitialize* und *InstallFinalize* ausgeführt werden.

Weitere Hinweise zum Thema Neustart finden Sie in Kapitel 10.5.

10.2.18 INSTALL

Über diese Top-Level-Aktion wird eine standardmäßige Installation ausgeführt.

10.2.19 InstallAdminPackage

Über diese Aktion wird das Installationspaket an das unter der Eigenschaft *TARGETDIR* angegebene Verzeichnis kopiert. Dabei wird der Summary Information Stream (siehe Kapitel 14) aktualisiert. Nachdem das Paket kopiert wurde, werden sämtliche internen Paketdateien entfernt.

Die Meldung *ActionData* für diese Aktion gibt in Feld [1] eine Bezeichnung der Datei an. In Feld [2] ist die Größe der Datenbank enthalten, in Feld [9] das Zielverzeichnis.

10.2.20 InstallExecute

Über diese Aktion werden sämtliche noch ausstehenden Skript-Operationen durchgeführt. Die Transaktion wird dabei jedoch nicht beendet. Dadurch ist es möglich, eine größere Installation in mehrere Teilprozesse zu zerlegen. So können bereits einige Änderungen auf dem Zielcomputer durchgeführt werden, während andere Änderungen erst noch ermittelt werden müssen.

Eine Ausführung ist erst nach der Aktion *InstallInitialize* möglich. Die Aktion muss vor der Aktion *InstallFinalize* ausgeführt werden, da durch diese ansonsten alle Skript-Operationen abgeschlossen werden.

10.2.21 InstallExecuteAgain

Die Funktion entspricht der Aktion *InstallExecute*. Der abweichende Name der Aktion ist notwendig, da die Sequenztabellen als Primärschlüssel den Namen der Aktion verwenden. Ist eine Installation in mehrere Teile gegliedert, darf in den Sequenztabellen nicht zweimal die Aktion *InstallExecute* auftreten.

10.2.22 InstallFiles

Über diese Aktion werden die Dateien der Tabelle *File* vom Quellmedium in die Zielverzeichnisse kopiert, wenn die lokale Installation für die zugehörige Komponente gewählt ist. Damit eine Datei kopiert wird, darf diese noch nicht auf dem Zielsystem vorhanden sein. Wenn sie bereits vorhanden ist, muss sie eine niedrigere Dateiversion besitzen. Die Datei wird auch kopiert, wenn die bereits vorhandene Datei keine Versionsbezeichnung besitzt.

Das Quellmedium für die Dateien wird über die Tabelle *Media*, Spalte *Cabinet* definiert. Handelt es sich um ein Wechselmedium, prüft *InstallFiles*, ob dieses verfügbar ist. Dabei wird der Wert des ermittelten Wechselmediums mit dem in der Tabelle *Media*, Spalte *VolumeLabel* definierten Wert verglichen. Wird das Medium gefunden, wird die Installation gestartet, ansonsten wird der Benutzer aufgefordert, das Installationsmedium bereitzustellen.

Eine Ausführung ist erst nach der Aktion *InstallValidate* möglich. Dateiabhängige Aktionen wie *DuplicateFiles* usw. müssen zuvor bereits abgeschlossen sein.

Die Meldung *ActionData* für diese Aktion gibt in Feld [1] eine Bezeichnung der Datei an. In Feld [2] ist die Größe der Datei und in Feld [9] das Zielverzeichnis enthalten.

10.2.23   InstallFinalize

Über die Aktion *InstallFinalize* wird die Transaktion abgeschlossen. Dabei werden alle noch ausstehenden Skript-Operationen abgeschlossen. Wird eine vollständige Deinstallation ausgeführt, werden die beiden zusätzlichen Skript-Operationen zum Löschen der Informationen unter SOFTWARE sowie der zwischengespeicherten lokalen Datenbank hinzugefügt. Eine Ausführung ist erst nach der Aktion *InstallInitialize* möglich.

10.2.24   InstallInitialize

Über die Aktion *InstallInitialize* wird die Transaktion der Installation eingeleitet. Die Aktion muss vor den Aktionen *InstallExecute* und *InstallFinalize* ausgeführt werden.

10.2.25   InstallODBC

Über diese Aktion werden die in den Tabellen *ODBCDriver*, *ODBCDataSource* und *ODBC-Translator* definierten ODBC-Treiber, -Datenquellen und -Übersetzer installiert. Sollen zusammen mit dem Installationspaket ODBC-Komponenten installiert werden, ist das Erstellen einer Windows Installer-Komponenten mit dem Namen *ODBCDriverManager* erforderlich. Diese muss die aktuelle Version des *ODBC-Datenquellen-Administrators* enthalten.

Eine Ausführung ist erst nach den Aktionen möglich, die Dateien kopieren oder entfernen.

Bei der Installation von ODBC-Treibern und –Übersetzern gibt die Meldung *ActionData* für diese Aktion in Feld [1] eine Beschreibung des ODBC-Treibers an. In Feld [2] befindet sich die Komponenten-ID, in Feld [3] das Zielverzeichnis und ab den Feldern [4] die Attribute und Werte der Tabelle *ODBCAttribute*.

Bei der Installation der ODBC-Datenquelle gibt die Meldung *ActionData* für diese Aktion in Feld [1] eine Beschreibung des ODBC-Treibers an. In Feld [2] befindet sich die Komponenten-ID, in Feld [3] die Registrierung für den Benutzer oder das System und ab den Feldern [4] die Attribute und Werte der Tabelle *ODBCAttribute*.

10.2.26   InstallServices

Über diese Aktion wird auf dem Zielcomputer ein Windows-Dienst registriert. Dazu wird auf Informationen der Tabelle *ServiceInstall* zurückgegriffen. Damit diese Aktion korrekt ausgeführt werden kann, muss der Benutzer über administrative Berechtigungen oder Rechte zum Installieren eines Dienstes verfügen.

Die Ausführungsreihenfolge der Aktionen muss folgendermaßen lauten: *StopServices*, *DeleteServices*, *InstallFiles*, *RemoveFiles*, *MoveFiles*, *PatchFiles*, *RemoveDuplicateFiles*, *DuplicateFiles* und *InstallServices*.

10.2.27 InstallSFPCatalogFile

Über diese Aktion werden die von Windows ME für den Dateischutz (Windows File Protection) benutzten Kataloge installiert. Dazu werden die Tabellen *Component*, *File*, *FileSFPCatalog* und *SFPCatalog* benötigt. Die Installation des Katalogs erfolgt nur, wenn dieser mit der Datei einer lokal installierten Komponente verknüpft ist.

Diese Aktion ist in den Versionen 1.0 und 1.1 des Windows Installer nicht verfügbar.

Eine Ausführung ist erst nach der Aktion *CostFinalize* möglich. Die Aktion muss vor der Aktion *InstallFiles* ausgeführt werden.

Die Meldung *ActionData* für diese Aktion gibt in Feld [1] eine Bezeichnung des installierten Katalogs an. In Feld [2] ist der Name des Katalogs enthalten, von dem dieser Katalog abhängig ist.

10.2.28 InstallValidate

Mit Hilfe dieser Aktion wird geprüft, ob auf den für die Installation gewählten Laufwerken genügend Speicherplatz zur Verfügung steht. Diese Informationen über den freien Speicherplatz werden in die Tabelle *FilesInUse* geschrieben und dem Benutzer in einem Dialogfeld angezeigt. Steht auf einem Laufwerk nicht genügend Platz zur Verfügung, kann er ein anderes Laufwerk für die Installation wählen. Ist auf keinem genügend Speicherplatz vorhanden, wird die Installation mit einem Fehler beendet. Bei der Installation ohne Oberfläche wird die Installation beendet, wenn auf dem Laufwerk nicht genügend freier Speicher verfügbar ist, und ein Eintrag in das Installationsprotokoll geschrieben.

Zusätzlich informiert diese Aktion den Benutzer, wenn eine Datei in Benutzung ist, die zu löschen oder zu ersetzen ist.

Eine Ausführung ist erst nach der Aktion *CostFinalize* sowie nach Aktionen zur Wahl des Verzeichnisses und Installationsumfangs möglich.

10.2.29 IsolateComponents

Die Aktion *IsolateComponents* kann lediglich in den Tabellen *InstallUISequence* und *InstallExecuteSequence* verwendet werden. Durch diese Aktion wird eine Kopie einer Komponente (in der Regel einer gemeinsam genutzten *.dll*) in das Anwendungsverzeichnis kopiert. Sofern das Betriebssystem isolierte Komponenten unterstützt, werden alle Dateien gemäß der Tabelle *IsolatedComponent* installiert.

Eine Ausführung ist erst nach der Aktion *CostInitialize* möglich. Die Aktion muss vor der Aktion *CostFinalize* ausgeführt werden.

10.2.30 LaunchConditions

Diese Aktion greift zum Auswerten von Bedingungen auf die Tabelle *LaunchCondition* zu. Ist eine Bedingung bei einem der Einträge in dieser Tabelle nicht erfüllt, wird die Installation abgebrochen. Der Einsatz dieser Aktion ist optional.

Eine Ausführung sollte erst nach der Aktion *AppSearch* durchgeführt werden. Insgesamt sollte die Aktion jedoch zu einem möglichst frühen Zeitpunkt der Installation ausgeführt werden.

10.2.31 MigrateFeatureStates

Diese Aktion wird beim Upgrade zur Ermittlung bereits installierter verwandter Produkte benötigt. Dabei wird der Status der installierten Produkt-Features festgestellt und der Feature-Status des zu installierenden Produkts wird geändert. Dabei darf die Struktur der Features im neuen Produkt nicht wesentlich geändert sein. Diese Aktion wird für jeden Eintrag der Tabelle *Upgrade* durchgeführt. Sobald ein verwandtes Produkt gefunden wird, wird überprüft, ob für dieses in der Tabelle *Upgrade* das Attribut *msidbUpgradeAttributesMigrateFeatures* gesetzt ist.

Wenn dies zutrifft, werden die Features des neuen Produkts dementsprechend angepasst. Eine Modifikation ist jedoch nicht möglich, wenn die Eigenschaft *Preselected* gesetzt wurde.

Wird ein Feature gemeinsam von mehreren installierten Produkten verwendet, wird der Status in der folgenden Reihenfolge übertragen:

1. Lokale Installation
2. Ausführung vom Quellmedium
3. Installation bei Bedarf
4. Feature ist nicht installiert

Eine Ausführung ist direkt nach der Aktion *CostFinalize* durchzuführen. Zudem muss die Aktion in den beiden Tabellen *InstallUISequence* und *InstallExecuteSequence* vorhanden sein.

Die Meldung *ActionData* für diese Aktion gibt in Feld [1] das gefundene Produkt an. Wurden mehrere Produkte gefunden, wird für jedes eine separate Meldung ausgegeben.

10.2.32 MoveFiles

Diese Aktion greift auf die Tabelle *MoveFiles* zurück, um auf dem Zielcomputer vorhandene Dateien zu ermitteln und diese in einen anderen Ordner zu verschieben. Dazu muss die zugehörige Komponente lokal installiert oder vom Quellmedium ausgeführt werden. Über die Spalte *Options* in der Tabelle *MoveFiles* wird bestimmt, ob eine Datei verschoben oder kopiert werden soll.

Die Werte der Spalten *SourceFolder* und *DestFolder* in dieser Tabelle müssen als vollständige Pfade aufgelöst werden können. Es kann sich dabei um einen Eintrag der Tabelle *Directory* handeln oder um einen vordefinierten Ordner (*CommonFilesFolder*). Es kann auch ein Wert über *AppSearch* zugewiesen werden. Wird kein Wert zurückgegeben, wird keine Aktion ausgeführt.

Es können auch alle Dateien des Quellverzeichnisses kopiert oder verschoben werden, wenn deren Wert mit dem der Spalte *SourceName* übereinstimmt oder dort als Platzhalter das Zeichen * oder ? im Namen verwendet wird. Soll die Datei im Zielverzeichnis unter einem anderen Namen gespeichert werden, wird dazu die Spalte *DestName* eingesetzt. Ist dort kein Name oder ein Platzhalter gesetzt, wird der Originalname verwendet.

Alle über die Aktion *MoveFiles* verschobenen oder kopierten Dateien werden bei der Deinstallation nicht entfernt.

Eine Ausführung ist erst nach der Aktion *InstallValidate* möglich. Die Aktion muss vor der Aktion *InstallFiles* ausgeführt werden.

Die Meldung *ActionData* für diese Aktion gibt in Feld [1] eine Bezeichnung der verschobenen Datei an. In Feld [2] ist die Größe der Datei, in Feld [9] das Zielverzeichnis der Verschiebung enthalten.

10.2.33 MsiPublishAssemblies

Über diese Aktion werden die Win32-Assemblies und die Common Language Runtime Assemblies verwaltet. Über die Tabelle *MsiAssembly* ermittelt diese Aktion die für die Installation bei Bedarf konfigurierten und für die Installation im Global Assembly Cache markierten Features.

Diese Aktion ist erst ab der Installer-Version 2.0 anwendbar. Unter Windows XP und Windows Server 2003 können Win32-Assemblies auch als Side-By-Side-Assemblies installiert werden.

Eine Ausführung ist erst nach der Aktion *InstallInitialize* möglich.

Die Meldung *ActionData* für diese Aktion gibt in Feld [1] den Anwendungskontext an, in Feld [2] den Namen des Assembly.

10.2.34 MsiUnpublishAssemblies

Über die Tabelle *MsiAssembly* ermittelt diese Aktion die für die Installation bei Bedarf konfigurierten oder für die Installation im Global Assembly Cache markierten Features, die nun entfernt werden sollen.

Diese Aktion ist erst ab der Installer-Version 2.0 anwendbar. Unter Windows XP und Windows Server 2003 können Win32-Assemblies auch als Side-By-Side-Assemblies installiert werden

Eine Ausführung ist erst nach der Aktion *InstallInitialize* möglich.

Die Meldung *ActionData* für diese Aktion gibt in Feld [1] eine Beschreibung des erforderlichen Speicherplatzes in der Registry in Kbyte (KB) an.

10.2.35   PatchFiles

Diese Aktion ermittelt mit Hilfe der Tabelle *Patch* die zu patchenden Dateien. Auch das binäre Datei-Patchen wird durchgeführt.

Eine Ausführung ist erst nach der Aktion *InstallFiles* möglich. Die Aktion muss vor der Aktion *DuplicateFiles* ausgeführt werden.

Die Meldung *ActionData* für diese Aktion gibt in Feld [1] eine Bezeichnung der gepatchten Datei an, in Feld [2] den Ordner, in dem sich die gepatchte Datei befindet, und in Feld [3] die Patch-Größe in Byte.

10.2.36   ProcessComponents

Über diese Aktion werden die Windows Installer-Komponenten, Schlüsselpfade (Keypath) und zugehörigen Clients registriert. Auch eine Deregistrierung ist über diese Aktion möglich.

Bei der Registrierung gibt die Meldung *ActionData* für diese Aktion in Feld [1] die *ProductID* an, in Feld [2] die *ComponentID* und in Feld [3] den Schlüsselpfad der Komponente.

Bei der Deregistrierung gibt die Meldung *ActionData* für diese Aktion in Feld [1] die *ProductID* an und in Feld [2] die *ComponentID*.

10.2.37   PublishComponents

Mit Hilfe der Tabelle *PublishComponent* werden über diese Aktion Registry-Einträge für Komponenten erstellt. Diese Komponenten müssen für die lokale Installation oder die Installation bei Bedarf markiert sein.

Die Meldung *ActionData* für diese Aktion gibt in Feld [1] die *ComponentID* und in Feld [2] die Zeichenfolge der Komponente an.

10.2.38   PublishFeatures

Durch diese Aktion wird über die Tabellen *FeatureComponents*, *Feature* und *Components* der Feature-Status in die Registry geschrieben. Dabei wird auch die Zugehörigkeit der Features und Komponenten ermittelt. Nur durch Einsatz dieser Aktion ist es möglich, dass der Feature-Status bei einem späteren Aufruf des Windows Installer bekannt ist.

Die Aktion muss vor der Aktion *PublishProduct* ausgeführt werden.

Die Meldung *ActionData* für diese Aktion gibt in Feld [1] den Namen des Features an.

10.2.39   PublishProduct

Über die Aktion *PublishProduct* werden die Produktinformationen in die Registry geschrieben.

Eine Ausführung ist erst nach der Aktion *PublishFeatures* möglich.

Die Meldung *ActionData* für diese Aktion gibt in Feld [1] die *ProductID* an.

10.2.40   RegisterClassInfo

Die Aktion *RegisterClassInfo* registriert auf dem Zielcomputer die COM-Komponenten. Dazu wird die Tabelle *AppId* benötigt. Um herauszufinden, ob das Betriebssystem die Installation von COM-Komponenten bei Bedarf unterstützt, muss eine Abfrage der Eigenschaft *OLEAdvtSupport* erfolgen. Ist die Installation bei Bedarf möglich, werden alle in der Tabelle *Class* enthaltenen Features der COM-Komponenten, die zur lokalen Installation oder zur Installation bei Bedarf vorgesehen sind, registriert. Ist die Installation bei Bedarf der COM-Komponenten nicht möglich, werden nur diejenigen registriert, deren Features für die lokale Installation vorgesehen sind.

Eine Ausführung ist erst nach den Aktionen *InstallFiles* und *UnregisterClassInfo* möglich.

Die Meldung *ActionData* für diese Aktion gibt in Feld [1] die CLSID der registrierten COM-Komponente an.

Weiterhin gilt die folgende Reihenfolge für sämtliche Aktionen, die eine Registrierung oder eine Deregistrierung durchführen:

1. UnregisterClassInfo
2. UnregisterExtensionInfo
3. UntergisterProgIdInfo
4. UnregisterMIMEInfo
5. RegisterClassInfo
6. RegisterExtensionInfo
7. RegisterProgIdInfo
8. RegisterMIMEInfo

10.2.41   RegisterComPlus

Über diese Aktion werden COM+-Komponenten registriert. Diese Aktion ist unter Windows Installer 1.0 nicht verfügbar.

Eine Ausführung ist erst nach den Aktionen *InstallFiles* und *UnregisterComPlus* möglich.

Die Meldung *ActionData* für diese Aktion gibt in Feld [1] die Anwendungs-ID der COM+ -Applikation an.

10.2.42   RegisterExtensionInfo

Über diese Aktion werden die Dateinamenerweiterungen registriert.

Sofern das Betriebssystem die Installation von Erweiterungsservern bei Bedarf unterstützt, werden alle in der Tabelle *Extension* enthaltenen Features der Erweiterungsserver, die zur lokalen Installation oder zur Installation bei Bedarf vorgesehen sind, registriert. Ist die Installation der Erweiterungsserver bei Bedarf nicht möglich, werden nur diejenigen registriert, deren Features für die lokale Installation vorgesehen sind.

Eine Ausführung ist erst nach den Aktionen *InstallFiles* und *UnregisterExtensionInfo* möglich.

Die Meldung *ActionData* für diese Aktion gibt in Feld [1] die registrierte Dateinamenerweiterung an.

10.2.43   RegisterFonts

Die Aktion *RegisterFonts* registriert die Schriftarten unter dem Namen auf dem System, unter dem sie in der Tabelle *Font*, Spalte *FontTitle* angegeben sind.

Eine Ausführung ist erst nach der Aktion *InstallFiles* möglich.

Die Meldung *ActionData* für diese Aktion gibt in Feld [1] die Schriftart an.

10.2.44   RegisterMIMEInfo

Über diese Aktion werden die MIME-Informationen auf dem Zielcomputer registriert. Es werden die Komponenten gemäß der Tabelle *MIME* registriert, die für die lokale Installation vorgesehen sind.

Eine Ausführung ist erst nach den Aktionen *InstallFiles*, *UnregisterMIMEInfo*, *RegisterClassInfo* und *RegisterExtensionInfo* möglich.

Die Meldung *ActionData* für diese Aktion gibt in Feld [1] den MIME-Inhaltstyp und in Feld [2] die Erweiterung an.

10.2.45   RegisterProduct

Über diese Aktion werden die Informationen des Produkts registriert. Es wird auch die lokale Speicherung des Installationspakets bewirkt. Wird eine administrative Installation durchgeführt, kann diese Aktion nicht ausgeführt werden.

Die Meldung *ActionData* für diese Aktion gibt in Feld [1] Informationen über das registrierte Produkt an.

10.2.46   RegisterProgIdInfo

Die Aktion *RegisterProgIdInfo* registriert auf dem Zielcomputer die *ProgID*-Informationen. Es werden die Komponenten gemäß der Tabelle *ProgId* registriert, die für die lokale Installation vorgesehen sind

Eine Ausführung ist erst nach den Aktionen *InstallFiles*, *UnregisterProgIdInfo*, *RegisterClassInfo* und *RegisterExtensionInfo* möglich.

Die Meldung *ActionData* für diese Aktion gibt in Feld [1] die *ProgID* des registrierten Programms an.

10.2.47   RegisterTypeLibraries

Über diese Aktion werden die Typbibliotheken registriert, die in der Tabelle *TypeLib* enthalten sind. Dazu muss die Sprache der Bibliothek in der Tabelle *TypeLib*, Spalte *Language* korrekt angegeben sein.

Eine Ausführung ist erst nach der Aktion *InstallFiles* möglich.

Die Meldung *ActionData* für diese Aktion gibt in Feld [1] die GUID der registrierten Typenbibliothek an.

10.2.48   RegisterUser

Über diese Aktion werden die Benutzerinformationen des aktuellen Benutzers zur Identifikation registriert. Bei einer administrativen Installation wird diese Aktion nicht ausgeführt.

Die Meldung *ActionData* für diese Aktion gibt in Feld [1] die Informationen des registrierten Benutzers an.

10.2.49   RemoveDuplicateFiles

Durch diese Aktion werden alle über die Aktion *DuplicateFiles* installierten Dateien entfernt. Ein Löschen dieser Dateien ist nur über diese Aktion möglich. Die zugehörige Komponente muss zum Löschen markiert sein.

Eine Ausführung ist erst nach der Aktion *InstallValidate* möglich. Die Aktion muss vor der Aktion *InstallFiles* ausgeführt werden.

Die Meldung *ActionData* für diese Aktion gibt in Feld [1] den Namen der zu löschenden Datei und in Feld [2] das Verzeichnis dieser Datei an.

10.2.50   RemoveEnvironmentStrings

Wenn die zugehörige Komponente entfernt wird, werden Änderungen an den Umgebungsvariablen durch diese Aktion vorgenommen. Während der aktuellen Installation sind diese geänderten Werte jedoch noch nicht verfügbar.

Eine Ausführung ist erst nach der Aktion *InstallValidate* möglich.

Die Meldung *ActionData* für diese Aktion gibt in Feld [1] den Namen der zu ändernden Umgebungsvariablen an, in Feld [2] deren Wert und in Feld [3] die durchzuführende Aktion.

10.2.51 RemoveExistingProducts

Über diese Aktion werden bereits installierte Produkte wieder deinstalliert, deren *ProductCode* in der Tabelle *Upgrade*, Spalte ActionProperty enthalten ist. Das Produkt wird in einer eingebetteten Installation (nested installation) deinstalliert. Diese Aktion kann nur bei einer Basis-Installation durchgeführt werden. Während diese Aktion ausgeführt wird, wird vom Windows Installer ab der Version 1.1 die Eigenschaft *UPGRADINGPRODUCTCODE* gesetzt.

In den Sequenztabellen muss diese Aktion an einer der folgenden Punkte stehen:

▶ Zwischen den Aktionen *InstallValidate* und *InstallInitialize*

▶ Nach der Aktion *InstallInitialize* und vor einer Aktion, durch die ein Ausführungsskript generiert wird

▶ Zwischen den Aktionen *InstallExecute* und *InstallFinalize*

▶ Zwischen den Aktionen *InstallExecuteAgain* und *InstallFinalize*

▶ Nach der Aktion *InstallFinalize*. Dieses ist von allen Möglichkeiten die beste Methode, da zunächst alle neuen Dateien kopiert und danach die nicht mehr benötigten entfernt werden.

Die Meldung *ActionData* für diese Aktion gibt in Feld [1] das zu entfernende Produkt an.

10.2.52 RemoveFiles

Über diese Aktion werden nur die Dateien entfernt, die über die Aktion *InstallFiles* installiert worden sind. Sollen auch weitere installierte Dateien entfernt werden, müssen diese in der Tabelle *RemoveFiles* definiert werden. Sollen zusätzlich auch Ordner entfernt werden, darf sich in der Spalte *FileName* der Tabelle *RemoveFiles* kein Eintrag befinden.

Eine Ausführung ist erst nach der Aktion *InstallValidate* möglich. Die Aktion muss vor der Aktion *InstallFiles* ausgeführt werden.

Die Meldung *ActionData* für diese Aktion gibt in Feld [1] den Namen der zu löschenden Datei an und in Feld [2] das Verzeichnis dieser Datei.

10.2.53 RemoveFolders

Durch diese Aktion werden mit Komponenten verknüpfte Ordner entfernt, wenn die Komponenten zum Löschen oder zur Ausführung vom Quellmedium vorgesehen sind. Dazu muss der Ordner leer sein. Die durch die Aktion *CreateFolders* erstellten Ordner werden nicht automatisch entfernt. Dies kann nur über die Aktion *RemoveFolders* erledigt werden. Die Ordnernamen werden über die Tabelle *CreateFolders*, Spalte *Directory_* festgelegt.

Eine Ausführung ist erst nach der Aktion *RemoveFiles* möglich.

Die Meldung *ActionData* für diese Aktion gibt in Feld [1] den Namen des zu löschenden Ordners an.

10.2.54   RemoveIniValues

Über diese Aktion werden Informationen aus den *.ini*-Dateien gemäß der Tabelle *RemoveIniFile* entfernt. Es werden sämtliche Informationen gelöscht, deren verknüpfte Komponenten für die lokale Installation oder die Ausführung vom Quellmedium vorgesehen wurde. Es werden auch die über die Aktion *WriteIniValues* geschriebenen Informationen entfernt. Dies gilt auch für Informationen, deren verknüpfte Komponente deinstalliert wird.

Eine Ausführung ist erst nach der Aktion *InstallValidate* möglich. Die Aktion muss vor der Aktion *WriteIniValues* ausgeführt werden.

Die Meldung *ActionData* für diese Aktion gibt in Feld [1] den Namen der *.ini*-Datei an. Feld [2] enthält den Abschnitt, Feld [3] den zu löschenden Eintrag und Feld [4] den zu löschenden Wert.

10.2.55   RemoveODBC

Über diese Aktion werden ODBC-Treiber, ODBC-Datenquellen und ODBC-Übersetzer entfernt, die in den Tabellen *ODBCDriver*, *ODBCDataSource* und *ODBCTranslator* zur Deinstallation bestimmt sind.

Bei der Deinstallation von ODBC-Treibern und ODBC-Übersetzern gibt die Meldung *ActionData* für diese Aktion in Feld [1] eine Beschreibung des Treibers und in Feld [2] die Komponenten-ID an.

Bei der Deinstallation von ODBC-Datenquellen gibt die Meldung *ActionData* für diese Aktion in Feld [1] eine Beschreibung des Treibers, in Feld [2] die Komponenten-ID und in Feld [3] die Registrierung für den Benutzer oder das System an.

10.2.56   RemoveRegistryValues

Über diese Aktionen können in den Tabellen *Registry* oder *RemoveRegistry* enthaltene Informationen gelöscht werden. Es werden die Werte der Tabelle *Registry* entfernt, wenn die zugeordnete Komponente bisher installiert, nun aber zur Deinstallation markiert wurde. Es werden auch die Werte der Tabelle *RemoveRegistry* entfernt, deren Komponenten zur lokalen Installation oder zur Ausführung vom Quellmedium konfiguriert wurden.

Sofern durch die Aktion *WriteRegistryValues* an einen vorhandenen Wert eine Zeichenfolge vom Typ `REG_MULTI_SZ` angefügt wurde, wird *nur* dieser Wert gelöscht.

Eine Ausführung ist erst nach der Aktion *InstallValidate* möglich. Die Aktion muss vor den Aktionen *WriteRegistryValues*, *UnregisterMIMEInfo* und *UnregisterProgIdInfo* ausgeführt werden.

Die Meldung *ActionData* für diese Aktion gibt in Feld [1] den Schlüssel des zu löschenden Werts und in Feld [2] den zu löschenden Wert an.

10.2.57   RemoveShortcuts

Wird die mit einer Dateiverknüpfung verknüpfte Komponente zur Deinstallation markiert, wird die Verknüpfung über diese Aktion entfernt. Eine angekündigte Verknüpfung wird entfernt, wenn das zugehörige Feature für die Deinstallation markiert wurde.

Die Aktion muss vor der Aktion *CreateShortcuts* ausgeführt werden.

Die Meldung *ActionData* für diese Aktion gibt in Feld [1] eine Bezeichnung der zu löschenden Verknüpfung an.

10.2.58   ResolveSource

Über diese Aktion werden das Quellverzeichnis der Quelldatei und die Eigenschaft *SourceDir* festgelegt. Diese Aktion wird nicht ausgeführt, wenn die Quelldatei nicht vorhanden oder nicht verfügbar ist.

Eine Ausführung ist erst nach der Aktion *CostInitialize* möglich.

10.2.59   RMCCPSearch

Über diese Aktion wird mittels Dateisignatur nach einer bestimmten Dateiversion gesucht. Im Gegensatz zur Aktion *CCPSearch*, die nur Wechselmedien durchsucht, werden von *RMCCPSearch* in den Tabellen *Signature* und *DrLocator* die in der Tabelle *CCP-Search* enthaltenen Dateisignaturen gesucht. Sobald eine passende Dateisignatur gefunden ist, wird die Aktion beendet.

10.2.60   ScheduleReboot

Diese Aktion kann an einer frei wählbaren Position in einer Sequenztabelle gesetzt werden, so dass der Benutzer nach Abschluss der Installation ein Dialogfeld erhält, dass ihn zum Neustart des Computers auffordert. Dazu muss bei der Installation die Benutzeroberfläche angezeigt werden, ansonsten wird der Neustart automatisch durchgeführt.

Soll der Neustart unterdrückt werden, ist ein Eintrag in der Eigenschaft *REBOOT* vorzunehmen.

Diese Eigenschaft ist nicht erforderlich, wenn der Neustart zum Ersetzen von Dateien notwendig ist. Dieses erkennt der Windows Installer automatisch und kann den Neustart vornehmen. Vielmehr ist diese Aktion notwendig, wenn z.B. während der Installation auch Treiber installiert werden, die einen Neustart erfordern.

Weitere Informationen zum Thema Neustart finden Sie in Kapitel 10.5.

10.2.61   SelfRegModules

Über diese Aktion werden alle in der Tabelle *SelfReg* enthaltenen Module registriert. Es können durch diese Aktion allerdings keine Out-of-Process-Serverkomponenten registriert werden. Zur Registrierung wird die Funktion *DllRegisterServer()* verwendet. Die Reihenfolge, in der die Module registriert werden, kann nicht bestimmt werden.

Eine Ausführung ist erst nach den Aktionen *InstallValidate*, *InstallInitialize* und *InstallFiles* möglich.

Die Meldung *ActionData* für diese Aktion gibt in Feld [1] eine Bezeichnung des Moduls und in Feld [2] den Namen des Ordners, in dem sich das Modul befindet, an.

10.2.62 SelfUnregModules

Über diese Aktion werden alle in der Tabelle *SelfReg* enthaltenen Module, die zur Deinstallation markiert sind, wieder deregistriert. Es können durch diese Aktion allerdings keine Out-of-Process-Serverkomponenten deregistriert werden. Zur Deregistrierung wird die Funktion *DllUnregisterServer()* verwendet. Die Reihenfolge, in der die Module deregistriert werden, kann nicht bestimmt werden.

Eine Ausführung ist erst nach den Aktionen *InstallValidate*, *InstallInitialize* und *InstallFiles* möglich.

Die Meldung *ActionData* für diese Aktion gibt in Feld [1] eine Bezeichnung des Moduls und in Feld [2] den Namen des Ordners, in dem sich das Modul befindet, an.

10.2.63 SEQUENCE

SEQUENCE ist eine Top-Level-Aktion, über die Aktionen durchgeführt werden können, die sich nicht in den standardmäßigen Sequenztabellen befinden. Dazu kann eine weitere Tabelle erstellt, die die Struktur einer Sequenztabelle besitzen muss, und in die Eigenschaft *SEQUENCE* aufgenommen werden. Lediglich die Aktion *SEQUENCE* wird aus der Sequenztabelle aufgerufen, die dann die in ihr definierten Aktionen ausführt.

10.2.64 SetODBCFolders

Über die Aktion *SetODBCFolders* wird nach bereits installierten ODBC-Treibern gesucht. Der Zielordner des zu installierenden Treibers wird auf den Ordner des bereits vorhandenen Treibers gesetzt. Dadurch wird der alte Treiber ersetzt. Die Ordner werden gemäß der Tabelle *Directory* bestimmt.

Eine Ausführung ist erst nach der Aktion *CostFinalize* möglich. Die Aktion muss vor der Aktion *InstallValidate* ausgeführt werden.

Die Meldung *ActionData* für diese Aktion gibt in Feld [1] eine Beschreibung des ODBC-Treibers an. Feld [2] enthält den originalen Zielordner des neuen Treibers, Feld [3] den Installationsordner des vorhandenen Treibers.

10.2.65 StartServices

Diese Aktion greift zum Starten eines Dienstes auf die Tabelle *StartServices* zurück. Um diese Aktion ausführen zu können, muss der Benutzer administrative Berechtigungen oder die Berechtigung zur Installation von Diensten besitzen.

Die Ausführungsreihenfolge der Aktionen muss folgendermaßen lauten: *StopServices, DeleteServices, InstallFiles, RemoveFiles, MoveFiles, PatchFiles, RemoveDuplicateFiles, DuplicateFiles* und *InstallServices*.

Die Meldung *ActionData* für diese Aktion gibt in Feld [1] den Anzeigenamen des Dienstes und in Feld [2] den Namen des Dienstes an.

10.2.66 StopServices

Über diese Aktion werden Dienste gemäß der Tabelle *ServiceControl* beendet. Um diese Aktion ausführen zu können, muss der Benutzer über administrative Berechtigungen oder über die Berechtigung zur Installation von Diensten besitzen.

Die Ausführungsreihenfolge der Aktionen muss folgendermaßen lauten *StopServices, DeleteServices, InstallFiles, RemoveFiles, MoveFiles, PatchFiles, RemoveDuplicateFiles, DuplicateFiles* und *InstallServices*.

Die Meldung *ActionData* für diese Aktion gibt in Feld [1] den Anzeigenamen des Dienstes und in Feld [2] den Namen des Dienstes an.

10.2.67 UnpublishComponents

Mit Hilfe der Tabelle *PublishComponent* werden über diese Aktion Registry-Einträge für Komponenten entfernt. Es werden Informationen der Komponenten entfernt, deren Features für die Deinstallation markiert sind.

Die Meldung *ActionData* für diese Aktion gibt in Feld [1] die ComponentID und in Feld [2] die Zeichenfolge der Komponente an.

10.2.68 UnpublishFeatures

Durch diese Aktion wird über die Tabelle *FeatureComponents* der Feature-Status in der Registry entfernt, indem die Zuordnungen zwischen Features und Komponenten gelöscht werden.

Die Meldung *ActionData* für diese Aktion gibt in Feld [1] den Namen des Features an.

10.2.69 UnregisterClassInfo

Die Aktion *UnregisterClassInfo* deregistriert auf dem Zielcomputer die COM-Komponenten. Dazu wird die Tabelle *AppId* benötigt. Um herauszufinden, ob das Betriebssystem die Installation von COM-Komponenten bei Bedarf unterstützt, muss eine Abfrage der Eigenschaft *OLEAdvtSupport* erfolgen. Ist die Installation bei Bedarf möglich, werden alle in der Tabelle *Class* enthaltenen Features der COM-Komponenten, zur Deinstallation vorgesehen sind, deregistriert. Ist die Installation der COM-Komponenten bei Bedarf nicht möglich, werden nur diejenigen deregistriert, deren Features für die lokale Installation oder Deinstallation vorgesehen sind.

Eine Ausführung ist erst nach den Aktionen *InstallInitialize* und *RemoveRegistryValues* möglich. Die Aktion muss vor der Aktion *RegisterClassInfo* ausgeführt werden.

Die Meldung *ActionData* für diese Aktion gibt in Feld [1] die CLSID der zu deregistrierenden Komponente an.

10.2.70 UnregisterComPlus

Über diese Aktion werden die Informationen der COM+-Applikation aus der Registry entfernt. Diese Aktion ist unter Windows Installer 1.0 nicht verfügbar.

Die Aktion muss vor der Aktion *RegisterComPlus* ausgeführt werden.

Die Meldung *ActionData* für diese Aktion gibt in Feld [1] die Anwendungs-ID der COM+ -Applikation an.

10.2.71 UnregisterExtensionInfo

Über diese Aktion werden die Dateinamenerweiterungen deregistriert.

Sofern das Betriebssystem die Installation von Erweiterungsservern bei Bedarf unterstützt, werden alle in der Tabelle *Extension* enthaltenen Features der Erweiterungsserver, die zur Deinstallation vorgesehen sind, deregistriert. Ist die Installation der Erweiterungsserver bei Bedarf nicht möglich, werden nur diejenigen deregistriert, deren Features für die Deinstallation oder Installation bei Bedarf vorgesehen sind.

Eine Ausführung ist erst nach den Aktionen *InstallInitialize* und *RemoveRegistryValues* möglich. Die Aktion muss vor der Aktion *RegisterExtensionInfo* ausgeführt werden.

Die Meldung *ActionData* für diese Aktion gibt in Feld [1] die zu löschende Dateierweiterung an.

10.2.72 UnregisterFonts

Über diese Aktion werden die in der Tabelle *Fonts* enthaltenen Schriftarten deregistriert, deren zugeordnete Datei zur Deinstallation markiert ist.

Die Aktion muss vor der Aktion *RemoveFiles* ausgeführt werden.

Die Meldung *ActionData* für diese Aktion gibt in Feld [1] die Bezeichnung der Schriftart an.

10.2.73 UnregisterMIMEInfo

Über diese Aktion werden MIME-Informationen für die Inhalte der Tabelle *MIME* aus der Registry entfernt, deren zugehöriges Features für die Deinstallation markiert ist.

Eine Ausführung ist erst nach den Aktionen *InstallInitialize, RemoveRegistryValues, UnregisterClassInfo* und *UnregisterExtensionInfo* möglich. Die Aktion muss vor der Aktion *RegisterMIMEInfo* ausgeführt werden.

Die Meldung *ActionData* für diese Aktion gibt in Feld [1] den MIME-Inhaltstyp und in Feld [2] die Erweiterung an.

10.2.74 UnregisterProgIdInfo

Die Aktion *UnregisterProgIdInfo* deregistriert auf dem Zielcomputer die ProgID-Informationen. Es werden die zugehörigen Komponenten gemäß der Tabelle *ProgId* deregistriert, die für die Deinstallation vorgesehen sind.

Eine Ausführung ist erst nach den Aktionen *InstallInitialize*, *RemoveRegistryValues*, *UnregisterClassInfo* und *UnregisterExtensionInfo* möglich. Die Aktion muss vor der Aktion *RegisterProgIdInfo* ausgeführt werden.

Die Meldung *ActionData* für diese Aktion gibt in Feld [1] die *ProgID* des zu deregistrierenden Programms an.

10.2.75 UnregisterTypeLibraries

Über diese Aktion werden die Typbibliotheken gemäß der Tabelle *TypeLib* deregistriert, deren zugeordnete Dateien für die Deinstallation markiert sind.

Die Aktion muss vor der Aktion *RemoveFiles* ausgeführt werden.

Die Meldung *ActionData* für diese Aktion gibt in Feld [1] die GUID der zu deregistrierenden Typbibliothek an.

10.2.76 ValidateProductId

Über diese Aktion wird die Eigenschaft *ProductId* auf den Wert der Produkt-ID des Produkts gesetzt. Wurde die Produkt-ID schon identifiziert, wird diese Aktion nicht ausgeführt. Von dieser Aktion wird grundsätzlich der Wert *Success* zurückgegeben, unabhängig davon, ob die Produkt-ID gültig war oder nicht. Alternativ kann die Produkt-ID auch über die Eigenschaft *PIDKEY* an der Kommandozeile übergeben werden.

Die Aktion muss in der Tabelle *InstallUISequence* vor der Aktion, über die die Benutzeroberfläche angezeigt wird, und in der Tabelle *InstallExecuteSequence* vor der Aktion *RegisterUser* ausgeführt werden.

10.2.77 WriteEnvironmentStrings

Diese Aktion wird während der Produkt-Installation durchgeführt, um die Werte von Umgebungsvariablen zu ändern. Diese geänderten Werte sind während der aktuellen Installation jedoch noch nicht verfügbar.

Eine Ausführung ist erst nach der Aktion *InstallValidate* möglich.

Die Meldung *ActionData* für diese Aktion gibt in Feld [1] die Bezeichnung der zu modifizierenden Umgebungsvariablen an. Feld [2] enthält den Wert dieser Variablen und Feld [3] die durchzuführende Aktion.

10.2.78 WriteIniValues

Über diese Aktion werden die Inhalte von *.ini*-Dateien gemäß der Tabelle *IniFile* geändert oder Einträge hinzugefügt. Dazu müssen die zugeordneten Komponenten für die lokale Installation oder die Ausführung vom Quellmedium konfiguriert sein.

Eine Ausführung ist erst nach den Aktionen *InstallInitialize,* und *RemoveIniValues* möglich.

Die Meldung *ActionData* für diese Aktion gibt in Feld [1] den Namen der *.ini*-Datei, in Feld [2] den Abschnitt, in Feld [3] den hinzuzufügenden Eintrag und in Feld [4] den hinzuzufügenden Wert an.

10.2.79 WriteRegistryValues

Über diese Aktion werden gemäß der Tabelle *Registry* Werte zur Registry hinzugefügt oder bestehende Werte geändert, wenn die zugeordneten Komponenten für die lokale Installation oder die Ausführung vom Quellmedium markiert sind.

Eine Ausführung ist erst nach den Aktionen *InstallInitialize* und *RemoveRegistryValues* möglich.

Die Meldung *ActionData* für diese Aktion gibt in Feld [1] den Registry-Schlüssel, in Feld [2] die Zeichenfolge des zu schreibenden Namens und in Feld [3] die Zeichenfolge des zu schreibenden Werts an.

10.3 Meldungen beim Ausführen einer Standardaktion

Während des Installationsprozesses erzeugt der Windows Installer im Dialogfeld *Progress* Meldungen über den Fortschritt der Installation. Dazu zählen Informationen über den Installationsfortschritt, die noch verbleibende Zeit sowie die aktuell durchgeführte Aktion. Diese Meldungen werden von den Standardaktionen gesendet. Die Meldungen besitzen den Typ *ActionData* und *ActionText*. In der Tabelle *ActionText* ist die lokalisierte Zeichenfolge der jeweiligen Meldung enthalten.

10.3.1 Meldungsbeispiel

Im Beispiel in Abbildung 10.1 werden die Dateien auf das Zielsystem kopiert. Der Kopiervorgang wird durch die Aktion *InstallFiles* ausgelöst. Diese Aktion sendet während ihrer Ausführung die Meldung *ActionText*. Für diese ist der Text COPYING NEW FILES hinterlegt. Zusätzlich wird auch die Meldung *ActionData* gesendet. Diese gibt die detaillierte Beschreibung der aktuell kopierten Datei an.

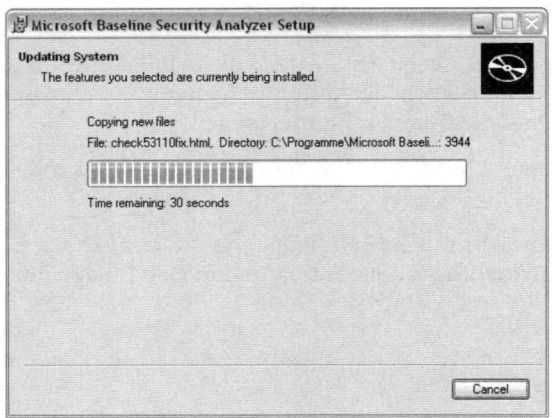

In diesem Beispiel befinden sich in der Tabelle *ActionText* die folgenden Einträge:

Spalte	Inhalt
Action	*InstallFiles*
Description	COPYING NEW FILES
Template	Datei: [1], Ordner: [9], Größe: [6]

Tabelle 10.1: Beispielinhalte der Tabelle ActionText

Sobald eine Aktion durchgeführt wird, sucht der Windows Installer im Feld *Action* der Tabelle *ActionText* nach einem Eintrag mit dem Namen der Aktion. Wird hier ein entsprechender Eintrag gefunden, erfolgt eine Übergabe der Spalteninhalte *Description* und *Template* an die Meldung *ActionData*. Die Platzhalter der Spalte *Template* werden vom Windows Installer für die Anzeige aufgelöst.

10.3.2 Übersicht über die Meldungen der Standardaktionen

In diesem Kapitel finden Sie eine Übersicht über die Meldungen des Typs *ActionData*, die von Standardaktionen gesendet werden können.

Auslösende Aktion	Spalte Description	Spalte Template
AllocateRegistrySpace	In der Systemregistrierung wird Speicherplatz reserviert	Freier Speicherplatz: [1]
AppSearch	Bereits installierte Anwendungen werden gesucht	Eigenschaft: [1], Signatur: [2]
BindImage	Ausführbare Dateien werden gebunden	Datei: [1]
CreateFolders	Ordner werden erstellt	Ordner: [1]
CreateShortcuts	Verknüpfungen werden erstellt	Verknüpfung: [1]

Auslösende Aktion	Spalte Description	Spalte Template
DeleteServices	Dienste werden gelöscht	Anzeigename: [1], Dienst: [2]
DuplicateFiles	Dateien werden dupliziert	Datei: [1], Ordner: [9], Größe: [6]
FindRelatedProducts	Verwandte Anwendungen werden gesucht	Produkt gefunden: [1]
InstallAdminPackage	Netzwerkinstallationsdateien werden kopiert	Datei: [1], Ordner: [9], Größe: [6]
InstallFiles	Neue Dateien werden kopiert	Datei: [1], Ordner: [9], Größe: [6]
InstallODBC	ODBC-Komponenten werden installiert	Treiber: [1], ID: [2], Ordner: [3], Attribute: [4]
InstallSFPCatalogFile	Systemkatalog wird installiert	Datei: [1], Abhängigkeiten: [2]
MigrateFeatureStates	Funktionszustände verwandter Anwendungen werden migriert	Produkt: [1]
MoveFiles	Dateien werden verschoben	Datei: [1], Ordner: [9], Größe: [6]
MsiPublishAssemblies	Assemblierungsinformationen werden veröffentlicht	Anwendungskontext: [1], Assemblyname: [2]
MsiUnpublish Assemblies	Veröffentlichung der Assemblierungsinformationen wird aufgehoben	Anwendungskontext: [1], Assemblyname: [2]
PatchFiles	Dateien werden gepatcht	Datei: [1], Ordner: [2], Größe: [3]
ProcessComponents	Registrierung der Komponente(n) wird aktualisiert	Produkt-ID: [1], Komponenten-ID: [2], Schlüssel: [3]
PublishComponents	Qualifizierte Komponenten werden veröffentlicht	Komponentenkennung: [1], Kennzeichner: [2]
PublishFeatures	Produktfunktionen werden veröffentlicht	Feature: [1]
PublishProduct	Produktinformation wird veröffentlicht	Produkt: [1]

Auslösende Aktion	Spalte Description	Spalte Template
RegisterClassInfo	Klassenserver werden registriert	Klassenkennung: [1]
RegisterComPlus	COM+-Anwendungen und -komponenten werden registriert.	Anwendungskennung: [1]
RegisterExtensionInfo	Erweiterungsserver werden registriert	Erweiterung: [1]
RegisterFonts	Schriftarten werden registriert	Schriftart: [1]
RegisterMIMEInfo	MIME-Informationen werden registriert	MIME-Inhaltstyp: [1], Erweiterung: [2]
RegisterProduct	Produkt wird registriert	Produkt: [1]
RegisterProgIdInfo	Programmidentifikatoren werden registriert	Programmkennung: [1]
RegisterTypeLibraries	Typbibliotheken werden registriert	Bibliothekenkennung: [1]
RegisterUser	Benutzer wird registriert	Anwenderinformationen: [1]
RemoveDuplicateFiles	Duplizierte Dateien werden entfernt	Datei: [1], Ordner: [9]
RemoveEnvironment-Settings	Umgebungsstrings werden aktualisiert	Name: [1], Wert: [2], Aktion: [3]
RemoveExistingProducts	Anwendungen werden entfernt	Produkt: [1]
RemoveFiles	Dateien werden entfernt	Datei: [1], Ordner: [9]
RemoveFolders	Ordner werden entfernt	Ordner: [1]
RemoveIniValues	INI-Dateieinträge werden entfernt	Datei: [1], Abschnitt: [2], Schlüssel:[3], Wert: [4]
RemoveODBC	ODBC-Komponenten werden entfernt	Treiber: [1], ID: [2]
RemoveRegistryValues	Werte werden aus der Systemregistrierung entfernt	Schlüssel: [1], Name:[2]
RemoveShortcuts	Verknüpfungen werden entfernt	Verknüpfungen: [1]
SelfRegModules	Module werden registriert	Datei: [1], Ordner: [2]
SelfUnregModules	Module werden aus der Systemregistrierung entfernt	Datei: [1], Ordner: [2]

Auslösende Aktion	Spalte Description	Spalte Template
SetODBCFolders	ODBC-Ordner werden initialisiert	Treiber: [1], alter Ordner: [2], neuer Ordner. [3]
StartServices	Dienste werden gestartet	Anzeigename: [1], Dienst: [2]
StopServices	Dienste werden angehalten	Anzeigename: [1], Dienst: [2]
UnpublishComponents	Veröffentlichung qualifizierter Komponenten wird rückgängig gemacht	Komponentenkennung: [1], Kennzeichner: [2]
UnpublishFeatures	Veröffentlichung der Produktinformationen wird rückgängig gemacht	Feature: [1]
UnregisterClassInfo	Klassenserver werden aus der Systemregistrierung entfernt	Klassenkennung: [1]
UnregisterComPlus	COM+-Anwendungen und -Komponenten werden aus der Systemregistrierung entfernt	Anwendungskennung: [1]
UnregisterExtensionInfo	Erweiterungsserver werden aus der Systemregistrierung entfernt	Erweiterung: [1]
UnregisterFonts	Schriftarten werden aus der Systemregistrierung entfernt	Schriftart: [1]
UnregisterMIMEInfo	MIME-Informationen werden aus der Systemregistrierung entfernt	MIME-Inhaltstyp: [1], Erweiterung: [2]
UnregisterProgIdInfo	Programmidentifikatoren werden aus der Systemregistrierung entfernt	Programmkennung: [1]
UnregisterTypeLibraries	Typbibliotheken werden aus der Systemregistrierung entfernt	Bibliothekenkennung: [1]
WriteEnvironment-Strings	Umgebungsstrings werden aktualisiert	Name: [1], Wert: [2], Aktion: [3]
WriteIniValues	INI-Dateiwerte werden geschrieben	Datei: [1], Abschnitt: [2], Schlüssel: [3], Wert: [4]
WriteRegistryValues	Werte werden in die Systemregistrierung geschrieben	Schlüssel: [1], Name: [2], Wert: [3]

Tabelle 10.2: Übersicht über die Meldungen des Typs ActionData

10.4 Benutzerdefinierte Aktionen

Benutzerdefinierte Aktionen werden auch als Custom Actions bezeichnet. Mit Hilfe von Custom Actions können Windows Installer-Pakete um viele Funktionen erweitert werden, die die Standardaktionen nicht bieten. Custom Actions verfügen über Informationen über die laufende Installation. Die wichtigsten Custom Actions sind:

▷ Aufruf einer *.exe*-Datei

▷ Aufruf einer *.dll*-Datei

▷ Aufruf eines *JScript*

▷ Aufruf eines *VBScript*

▷ Setzen einer Eigenschaft

Am häufigsten werden für Custom Actions die Aufrufe von VB-Skripten benutzt. Dies mag darin begründet liegen, dass diese Skriptsprache auch in anderen Einsatzgebieten administrativer Skripte weit verbreitet ist und somit fast zum Standard geworden ist.

Allerdings liegt beim Einsatz von Custom Actions auch immer ein Gefahrenpotenzial in der Implementierung und Umsetzung. Im Gegensatz zu einer Standardaktion ist der Inhalt einer Custom Action für den Windows Installer unbekannt, und er hat auch keinerlei Kontrollfunktion über diese Aktion. Über den Installer wird lediglich die Custom Action aufgerufen, ihr Inhalt aber bleibt dem Windows Installer unbekannt. Deshalb werden auch bei der Deinstallation oder dem Rollback einer Applikation die von einer Custom Action durchgeführten Schritte nicht wieder rückgängig gemacht. Custom Actions werden vom Entwickler direkt im *.msi*-Paket definiert und sind somit für den Systemadministrator nicht ohne Weiteres einsehbar.

Custom Actions verfügen wie die Standardaktionen über Sequenztabellen und können auch Bedingungen enthalten.

Bevor Sie eine Custom Action einsetzen, sollten Sie in jedem Fall zuerst prüfen, ob der Inhalt dieser Aktion nicht auch durch eine Standardaktion umgesetzt werden kann.

 Bedenken Sie jedoch, dass bei Custom Actions der Windows Installer keine Kontrollfunktion besitzt und somit ein Gefahrenpotenzial besteht, wodurch die Stabilität und Konsistenz des Betriebssystems untergraben werden könnte. Zwar bieten die Custom Actions eine Anpassbarkeit des Windows Installer, aber dieser Vorteil geht auf Kosten der Sicherheit. Zudem ergibt sich das Problem, dass der Windows Installer keine zentrale Verwaltung und Pflege der Custom Actions bietet. Sind zahlreiche Custom Actions implementiert, kann der Entwickler schnell den Überblick verlieren.

Treten bei der Verarbeitung von Custom Actions Probleme auf, so bietet der Windows Installer ab der Version 2.0 gegenüber seinen Vorgängern Vorteile im Logging. Während frühere Installer-Versionen lediglich auf den Fehler einer Custom Action hinwiesen und deren Namen ausgaben, informiert der Windows Installer nun bei Problemen über den Fehler sowie die Zeile im Skript, die den Fehler verursacht hat.

10.4.1 Die Ausführungsarten der Custom Actions

Die Installation einer Applikation teilt sich in die Benutzeroberflächensequenz und die Ausführungssequenz. Während der Benutzeroberflächensequenz werden Informationen zur Installation vom Benutzer abgefragt. In dieser Phase können Custom Actions angewendet werden, die sofort ausgeführt werden. In der Ausführungssequenz wird die Installation selbst durchgeführt. In dieser Phase können ebenfalls Custom Actions mit sofortiger Ausführung eingesetzt werden. Aber auch die übrigen drei Arten der Custom Actions, nämlich verzögerte Ausführung, Rollback-Ausführung und Commit-Ausführung, können eingesetzt werden. Diese verschiedenen Ausführungsarten werden in den folgenden Kapiteln näher vorgestellt.

Custom Actions mit sofortiger Ausführung

Custom Actions mit sofortiger Ausführung (Immediate Execution) werden im Zuge der Skripterzeugung ausgeführt. Während das Installationsskript erstellt wird, kann nur diese Art von Custom Actions ausgeführt werden. Custom Actions der anderen Arten oder auch Standardaktionen wie *InstallFiles* werden zu diesem Zeitpunkt lediglich im Installationsskript vermerkt, aber noch nicht ausgeführt. Die Werte der Eigenschaften werden ebenfalls in das Skript geschrieben und können nicht mehr geändert werden. Zusätzlich werden Bedingungen geprüft, wenn diese mit Aktionen verknüpft sind.

Custom Actions mit verzögerter Ausführung

Die Custom Actions mit verzögerter Ausführung (Deferred Execution) werden während der Skriptausführung verarbeitet. Das Installationsskript wird erstellt, sobald die Standardaktion *InstallFinalize* ausgeführt wird. Dann wird mit der Ausführung dieses Skripts begonnen. Dabei wird diese Art der Custom Actions zusammen mit den Standardaktionen aufgerufen. Die Reihenfolge der Ausführung entspricht der Reihenfolge, in der diese Aktionen während der Skripterzeugung in dieses geschrieben worden sind.

Unter den Betriebssystemen Windows NT, 2000, XP und 2003 läuft die Abarbeitung des Skripts in einem eigenen Prozess ab. Deshalb können die Custom Actions mit verzögerter Ausführung nicht auf die Eigenschaftswerte direkt zugreifen und diese ändern. Sie können auch keine Eigenschaftswerte festlegen.

Zusätzlich gibt es noch Custom Actions im Systemkontext. Da der Windows Installer unter Windows NT, 2000, XP und 2003 als Systemdienst ausgeführt wird, besitzt dieser Vollzugriff auf das System. Da auf diese Weise der Benutzer unerlaubte Änderungen am System vornehmen könnte, wird die Ausführung der Aktionen lediglich mit den Berechtigungen des aktuell angemeldeten Benutzers durchgeführt. Ist auf dem Computer die Richtlinie INSTALLATION MIT ERHÖHTEN RECHTEN DURCHFÜHREN gesetzt, werden die Custom Actions mit verzögerter Ausführung mit den Rechten des Benutzers *SYSTEM* ausgeführt.

Rollback Custom Actions

Mit jedem Schritt, der im Installationsskript abgearbeitet wird, wird ein neuer Schritt zum Rollback-Skript hinzugefügt. Eine Änderung am System durch eine Custom Action kann vom Windows Installer nicht rückgängig gemacht werden. Im Rollback-Skript werden stattdessen die Rollback Custom Actions eingetragen. Zudem werden in einem temporären Ordner Sicherungskopien der vom Windows Installer überschriebenen Dateien angelegt. Die Rollback Custom Actions werden in der Reihenfolge ausgeführt, wie sie im Installationsskript vorhanden sind.

Wird die Installation abgebrochen oder durch einen Fehler beendet, werden die im Rollback-Skript vorhandenen Rollback Actions ausgeführt. Das Rollback-Skript wird von unten nach oben abgearbeitet, d.h. die zuletzt vorgenommene Änderung am System wird als erste wieder rückgängig gemacht.

Voraussetzung für die Abarbeitung des Rollback-Skripts ist, dass auf dem Zielcomputer nicht über die Richtlinie das Rollback deaktiviert ist. Ist dies der Fall, wird kein Rollback-Skript angelegt und es werden keine Sicherungskopien der überschriebenen Dateien angelegt.

Commit Custom Actions

Nach den Rollback Custom Actions werden als letztes die Commit Custom Actions ausgeführt. Diese Art kann als das Gegenteil der Rollback Custom Actions betrachtet werden. Sie sorgen dafür, dass die von einer Custom Action angelegten Sicherungskopien wieder vom Zielsystem gelöscht werden. Diese Art von Aktionen wird nur dann in das Commit-Skript eingetragen, wenn die Bedingung für diese Aktion zu dem Zeitpunkt erfüllt war, zu dem das Installationsskript erzeugt wurde. Das Commit-Skript wird ausgeführt, nachdem das Installationsskript abgearbeitet worden ist.

Auch zur Ausführung des Commit-Skripts darf auf dem Zielsystem das Rollback nicht deaktiviert sein.

10.4.2 Kategorien der Custom Actions

Außer in verschiedene Arten können Custom Actions auch in unterschiedliche Kategorien nach Typen eingeteilt werden. Dabei erfolgt die Einteilung der Typen nach der Quelle der Custom Action (siehe Tabelle 10.3).

Quelle	Typen der Custom Actions
Quelldateien in der Tabelle *Binary* gespeichert	1, 2, 5, 6
Quelldateien während der Installation auf den Zielcomputer kopiert	17, 18, 19, 21, 22
Custom Action zum Festlegen eines Ordners	34
Custom Action als Skriptcode in der Datenbank gespeichert	37, 38
Custom Action zum Festlegen eines Eigenschaftswerts	50, 53, 54

Tabelle 10.3: Die Kategorisierung der Typen nach Quellen

Nach dieser Übersicht über die Typen hinsichtlich der Quellen erfolgt nun eine Übersicht der verschiedenen Typen hinsichtlich der von der Custom Action vorgenommenen Aktion, wie z.B. Aufruf einer *.dll*-Datei oder Starten einer ausführbaren Datei.

Starten von ausführbaren Dateien

Die folgenden Typen der Custom Actions können ausführbare Dateien aufrufen. Diese Datei muss entweder bereits auf dem Zielsystem oder im Installationspaket vorhanden sein.

Typ	Beschreibung
2	In der Tabelle *Binary* gespeicherte Datei
18	Mit dem Produkt installierte Datei
34	In der Tabelle *Directory* festgelegte Datei
50	Durch einen Eigenschaftswert festgelegte Datei

Tabelle 10.4: Custom Actions zum Aufruf von ausführbaren Dateien

Aufrufen von .dll-Dateien

Die folgenden Typen der Custom Actions können *.dll*-Dateien aufrufen.

Typ	Beschreibung
1	In der Tabelle *Binary* gespeicherte *.dll*-Datei
17	Mit dem Produkt installierte *.dll*-Datei

Tabelle 10.5: Custom Actions zum Aufruf von .dll-Dateien

Aufruf eines Skripts

Die folgenden Typen von Custom Actions können Skripte in den Sprachen *VBScript* oder *JScript* aufrufen. Der Windows Installer unterstützt jedoch nicht *JScript 1.0*.

 Die dazu benötigte Script Engine wird vom Windows Installer nicht bereitgestellt. Für deren Bereitstellung muss der Autor des Installationspakets sorgen.

Typ	Beschreibung
5	In der Tabelle *Binary* gespeichertes *JScript*
6	In der Tabelle *Binary* gespeichertes *VBScript*
21	Mit dem Produkt installiertes *JScript*
22	Mit dem Produkt installiertes *VBScript*
37	In der Sequenztabelle bestimmtes *JScript*
38	In der Sequenztabelle bestimmtes *VBScript*
53	Durch einen Eigenschaftswert bestimmtes *JScript*
54	Durch einen Eigenschaftswert bestimmtes *VBScript*

Tabelle 10.6: Custom Actions, die Skripte aufrufen können

Zuweisung formatierter Zeichenfolgen

Die folgenden Custom Actions können einem Installationsverzeichnis oder einer Eigenschaft eine formatierte Zeichenfolge zuweisen. Diese formatierte Zeichenfolge kann eine Eigenschaft, ein Pfad oder eine Umgebungsvariable sein.

Typ	Beschreibung
35	Zuweisen eines Werts zu einem Eintrag der Tabelle *Directory*
51	Zuweisen eines Werts zu einer Eigenschaft

Tabelle 10.7: Custom Actions für die Zuweisung formatierter Zeichenfolgen

Anzeige von Fehlermeldungen

Die folgende Custom Action kann eine Fehlermeldung anzeigen und danach die Installation beenden. Die zu zeigende Fehlermeldung kann der Tabelle *Error* übergeben werden.

Typ	Beschreibung
19	Custom Action zur Anzeige der Fehlermeldung und anschließendem Abbruch der Installation

Tabelle 10.8: Custom Action zur Anzeige von Fehlermeldungen

Ausführen eingebetteter Installationen

Über die folgenden Custom Actions kann innerhalb der Installation eine zweite Windows Installer-basierte Installation aufgerufen werden. Diese wird als eingebettete Installation bezeichnet. Eine eingebettete Installation ist unter Windows Installer 1.0 nicht möglich. Diese wird zur Tabelle *CustomAction* und an der geeigneten Stelle in der Sequenztabelle hinzugefügt. Über die Spalte *Target* der Tabelle *CustomAction* werden die öffentlichen Eigenschaften der eingebetteten Installation angepasst, über die Spalte *Source* wird das eingebettete Paket bestimmt.

Bei einer eingebetteten Installation werden von dieser dieselben Einstellungen für die Benutzeroberfläche und die Protokollierung verwendet wie bei der übergeordneten Installation.

Die eingebettete Installation muss in der Ausführungs-Sequenztabelle zwischen den Standardaktionen *InstallInitialize* und *InstallFinalize* platziert werden. Die übergeordnete Installation wird erst wieder aufgenommen, wenn die eingebettete Installation vollständig abgeschlossen ist. Ob die Installation erfolgreich war, kann über einen Rückgabewert der Custom Action herausgefunden werden.

Bei der Ermittlung des Speicherbedarfs bei der Hauptinstallation wird der Speicherplatzbedarf für die eingebettete Installation nicht berücksichtigt. Der für die eingebettete Installation erforderliche Speicherplatz muss als Wert in die Tabelle *ReserveCost* der übergeordneten Installation gesetzt werden.

Ein Rollback wird für beide Installationen gemeinsam ausgeführt.

Typ	Beschreibung
7	Im Installationspaket enthaltene eingebettete Installationen
23	In den Ordnern des Quellverzeichnisses eingebettete Installationen
39	Im bereits angemeldeten Installationspaket eingebettete Installation

Tabelle 10.9: Custom Actions zum Ausführen eingebetteter Installationen

10.4.3 Einsetzen von Custom Actions

Nachdem Sie die verschiedenen Arten und die Kategorisierung der Custom Actions kennen gelernt haben, beschäftigt sich dieses Kapitel mit der Anwendung in der Tabelle *CustomAction*.

In der Tabelle *CustomAction* befinden sich die Spalten *Type*, *Source* und *Target*, die gemäß der folgenden Tabelle auszufüllen sind. Weiterhin ist dort die Spalte *Action* vorhanden, in die der Name der Custom Action eingetragen wird. Der dort angegebene Name muss in die Sequenztabelle eingetragen werden oder in dem Ereignis eines Steuerelements. Diese Spalte bildet den Primärschlüssel der Tabelle *CustomAction*.

Type	Source	Target
1	Verweis zur Tabelle *Binary*	Einstiegspunkt der *.dll*-Datei
2	Verweis zur Tabelle *Binary*	Befehlszeile
5	Verweis zur Tabelle *Binary*	Optionale JScript-Funktion
6	Verweis zur Tabelle *Binary*	Optionale VBScript-Funktion
7	Verweis zur Tabelle *_Storage*	Zu übergebende öffentliche Eigenschaft
17	Verweis zur Tabelle *File*	Einstiegspunkt der *.dll*-Datei
18	Verweis zur Tabelle *File*	Befehlszeile
19		Zeichenfolge oder Verweis zur Tabelle *Error*
21	Verweis zur Tabelle *File*	Optionale JScript-Funktion
22	Verweis zur Tabelle *File*	Optionale VBScript-Funktion
23	Relativ zum Hauptverzeichnis angegebener Pfad zur Installationsdatenbank der eingebetteten Installation	Zu übergebende öffentliche Eigenschaft
34	Verweis zur Tabelle *Directory*	Name der ausführbaren Datei, optional auch eine Befehlszeile
35	Verweis zur Tabelle *Directory*	Zeichenfolge
37	*Null*	Auszuführender JScript-Code

Type	Source	Target
38	*Null*	Auszuführender VBScript-Code
39	*ProductCode*	Zu übergebende öffentliche Eigenschaften
50	Eigenschaftsnamen oder Verweis zur Tabelle *Property*	Befehlszeile
51	Eigenschaftsnamen oder Verweis zur Tabelle *Property*	Zeichenfolge
53	Eigenschaftsnamen oder Verweis zur Tabelle *Property*	Optionale JScript-Funktion
54	Eigenschaftsnamen oder Verweis zur Tabelle *Property*	Optionale VBScript-Funktion

Tabelle 10.10: Einträge in der Tabelle CustomAction

10.4.4   Art der Ausführung

Zusätzlich zu der eben beschriebenen Definition in der Tabelle *CustomAction* muss für die Aktion bestimmt werden, wie diese ausgeführt werden soll. Man spricht dabei vom Ausführungskontext. Dieser wird ebenfalls über die Spalte *Type* festgelegt. Zu dem in Tabelle 10.10 bestimmten Wert wird ein Wert gemäß Tabelle 10.11 addiert. Damit wird bestimmt, ob die Custom Action in das Installationsskript, Rollback-Skript oder Commit-Skript aufgenommen wird. Wird kein zusätzlicher Wert zur Spalte *Type* hinzugefügt, handelt es sich um eine Custom Action mit sofortiger Ausführung.

Konstante	Dezimalwert	Beschreibung
Keine	+ 0	Aktion wird sofort ausgeführt
msidbCustomActionTypeInScript	+ 1.024	Verzögerte Ausführung
msidbCustomActionTypeInScript + msidbCustomActionTypeRollback	+ 1.280	Ausführung während des Rollback
msidbCustomActionTypeInScript + msidbCustomActionTypeCommit	+ 1.536	Ausführung während des Commit
msidbCustomActionTypeInScript + msidbCustomActionTypeNoImpersonate	+ 3.072	Verzögerte Ausführung im Systemkontext
msidbCustomActionTypeInScript + msidbCustomActionTypeNoImpersonate + msidbCustomActionTypeRollback	+ 3.328	Ausführung während des Rollback im Systemkontext
msidbCustomActionTypeInScript + msidbCustomActionTypeImpersonate + msidbCustomActionTypeCommit	+ 3.584	Ausführung während des Commit im Systemkontext. Erst ab Windows Installer 2.0 möglich

Konstante	Dezimalwert	Beschreibung
msidbCustomActionTypeTSAware	+ 16.384	Ausführung im Benutzer-kontext zur Zeit der Skript-ausführung bei einer Com-puterinstallation unter dem Terminal Server. Ist dieses Attribut nicht gesetzt, erfolgt die Installation im Systemkontext. Verfügbar ab Windows Server 2003
msidbCustomActionTypeTSAware + msidbCustomActionTypeRollback	+ 16.640	Ausführung im Benutzer-kontext während des Roll-back bei einer Benutzer-installation unter dem Ter-minal Server. Verfügbar ab Windows Server 2003
msidbCustomActionTypeTSAware + msidbCustomActionTypeCommit	+ 16.896	Ausführung im Benutzer-kontext während des Com-mit bei einer Benutzer-installation unter dem Ter-minal Server. Verfügbar ab Windows Server 2003

Tabelle 10.11: Festlegen des Ausführungskontexts

10.4.5 Synchrone und asynchrone Ausführung

Zusätzlich muss bestimmt werden, ob die Custom Action synchron oder asynchron aus-geführt werden soll. Die Custom Action wird in einem eigenen Thread ausgeführt. Erfolgt eine synchrone Ausführung, wartet der Thread der Installation ab, bis die Cus-tom Action ausgeführt ist. Erfolgt eine asynchrone Ausführung, werden der Installa-tions-Thread und der Thread der Custom Action parallel ausgeführt.

Rollback Custom Actions und Custom Actions, die eine eingebettete Instal-lation durchführen können, können nur synchron ausgeführt werden.

Die Art der Ausführung wird ebenfalls über die Spalte *Type* der Tabelle *CustomAction* bestimmt. Der in Tabelle 10.12 angegebene Wert wird zum bisher errechneten Wert für diese Spalte hinzugefügt.

Konstante	Dezimalwert	Beschreibung
Keine	+ 0	Synchrone Ausführung. Die Installation wird beendet, wenn der Rückgabewert der Custom Action einen anderen Wert als 0 liefert.
msidbCustomActionTypeContinue	+ 64	Synchrone Ausführung. Der Rückgabewert der Custom Action wird nicht beachtet und die Installation fortgesetzt.
msidbCustomActionTypeAsync	+ 128	Asynchrone Ausführung. Es wird auf den Rückgabewert der Custom Action am Ende der Sequenz gewartet. Ein Abbruch der Installation ist möglich.
msidbCustomActionTypeContinue + msidbCustomActionTypeAsync	+ 192	Asynchrone Ausführung. Das Ende der Custom Action wird nicht abgewartet, so dass die Installation vor dem Ende der Custom Action abgeschlossen sein kann.

Tabelle 10.12: Die Art der Ausführung festlegen

Der Rückgabewert der Custom Action kann vom Installationsprozess ausgewertet werden. Dazu muss der Rückgabewert entweder im Quellcode der Custom Action enthalten sein oder über eine Skriptfunktion bereitgestellt werden.

Als Rückgabewerte im Quellcode der Custom Action können die folgenden Werte gesetzt werden. Eine ausführbare Datei muss den Wert 0 zurückgeben, anderenfalls wird ein Fehler angenommen.

Rückgabewert	Beschreibung
ERROR_FUNCTION_NOT_CALLED	Custom Action wurde nicht ausgeführt
ERROR_INSTALL_FAILURE	Es ist ein Fehler aufgetreten.
ERROR_INSTALL_USEREXIT	Abbruch durch den Benutzer
ERROR_NO_MORE_ITEMS	Ausstehende Aktionen wurden übersprungen. Dies ist kein Fehler.
ERROR_SUCCESS	Custom Action wurde erfolgreich beendet.

Tabelle 10.13: Rückgabewerte der Custom Actions

Die folgenden Rückgabewerte können über Skriptfunktionen geliefert werden. Beim Eintrag in das Installationsprotokoll wird der Rückgabewert in einen Zahlenwert der Spalte Wert der folgenden Tabelle umgewandelt.

Wert	Konstante	Beschreibung
0	msiDoActionStatusNoAction	Custom Action wurde nicht ausgeführt
3	msiDoActionStatusFailure	Es ist ein Fehler aufgetreten.
2	msiDoActionStatusUserExit	Abbruch durch den Benutzer
5	msiDoActionStatusFinished	Ausstehende Aktionen wurden übersprungen. Dies ist kein Fehler.
1	msiDoActionStatusSuccess	Custom Action wurde erfolgreich beendet
4	msiDoActionStatusSuspend	Unterbrechung der Aktion, Fortsetzung zu einem späteren Zeitpunkt

Tabelle 10.14: Rückgabewerte für Skriptfunktionen

10.4.6 Ausführungszeitpunkt

Custom Actions können in die Sequenztabellen der Benutzeroberfläche und der Ausführung eingetragen werden. Ist eine Aktion nur in der Benutzeroberflächensequenztabelle enthalten, kann sie nicht ausgeführt werden, wenn bei der Installation die Benutzeroberfläche nicht angezeigt wird. Zur Positionierung der Custom Actions in den Sequenztabellen gelten die folgenden Punkte:

▶ Standardmäßig werden die Custom Actions in den Sequenztabellen mit sofortiger Wirkung ausgeführt.

▶ Liefert eine Bedingung für die Ausführung einer Custom Action den Wert *False*, so wird diese nicht ausgeführt.

▶ Aktionen, die in der Sequenztabelle der Benutzeroberfläche enthalten sind, werden nur angezeigt, wenn bei der Installation die vollständige Benutzeroberfläche angezeigt wird.

▶ Die Ausführungssequenz wird unter Windows NT, 2000, XP und 2003 im Prozess des Windows Installer-Dienstes ausgeführt, unter Windows 9x und ME im Prozess des Clients.

Auch der Ausführungszeitpunkt von Custom Actions wird über die Spalte *Type* der Tabelle *CustomAction* festgelegt. Zählen Sie den Wert der Tabelle 10.15 zum bisher errechneten Wert hinzu. Diese Werte können jedoch nicht für Custom Actions mit verzögerter Ausführung hinzugezählt werden.

Konstante	Dezimalwert	Beschreibung
Keine	+ 0	Ist die Aktion in beiden Sequenztabellen vorhanden, wird sie auch zweimal ausgeführt.
msidbCustomActionTypeFirst-Sequence	+ 256	Ist die Aktion in beiden Tabellen vorhanden, wird sie in der Ausführungssequenz ausgelassen, wenn sie bereits in der Benutzeroberflächensequenz ausgeführt wurde.

Konstante	Dezimalwert	Beschreibung
msidbCustomActionTypeOncePerProcess	+ 512	Ist die Aktion in beiden Tabellen vorhanden, wird sie pro Prozess nur einmal ausgeführt. Wurde die Benutzeroberflächensequenz im selben Prozess ausgeführt, wird die Ausführungssequenz übersprungen.
msidbCustomActionTypeClientRepeat	+ 768	Die Ausführung erfolgt nur, wenn die Ausführungssequenz im Client-Prozess nach der Installationssequenz ausgeführt wird.

Tabelle 10.15: Ausführungszeitpunkt der Custom Actions

10.4.7 Protokollierung

Wird eine Custom Action in Form eines Skripts ausgeführt, so wird diese Aktion im Klartext zum Installationsprotokoll hinzugefügt. Auch einige Parameter der Custom Actions werden in dieses Protokoll geschrieben. Soll der Wert der Spalte *Target* der Tabelle *CustomAction* nicht in das Installationsprotokoll geschrieben werden, so addieren Sie einen der folgenden Werte zur Spalte *Type* dieser Tabelle hinzu.

Konstante	Dezimalwert	Beschreibung
Keine	+ 0	Der Inhalt der Spalte *Target* wird in das Installationsprotokoll geschrieben.
msidbCustomActionTypeHideTarget	+ 8192	Der Inhalt der Spalte *Target* wird nicht in das Installationsprotokoll geschrieben.

Tabelle 10.16: Protokolleinträge der Custom Actions einschränken

10.5 Neustarts

Wie bereits kurz erwähnt, kann die Durchführung von Neustarts nach dem Abschluss der Installation über Aktionen und Eigenschaften gesteuert werden. Es ist möglich, Neustarts zu einem bestimmten Zeitpunkt auszuführen oder zu unterdrücken. Dazu werden die in Tabelle 10.17 genannten Eigenschaften und Aktionen verwendet.

Aktion/Eigenschaft	Beschreibung
Aktion *ForceReboot*	Während der Installation wird der Benutzer zum Neustart aufgefordert.
Aktion *ScheduleReboot*	Nach Abschluss der Installation wird der Benutzer zum Neustart aufgefordert.

Aktion/Eigenschaft	Beschreibung
Aktion *InstallValidate*	Das Dialogfeld *FilesInUse* wird vor Beginn der Installation angezeigt, sofern notwendig, so dass der Benutzer Programme und Prozesse beenden kann, um damit einen Neustart des Systems zu verhindern.
Eigenschaft *REBOOT*	Einige automatische Aufforderungen zum Neustart werden erzwungen oder unterdrückt.
Eigenschaft *REBOOTPROMPT*	Die Anzeige zur Neustart-Aufforderung wird unterdrückt, die Neustarts werden automatisch durchgeführt.
Eigenschaft *AFTERREBOOT*	Gewöhnlich in Bedingungen verwendet in Zusammenhang mit der Aktion *ForceReboot*.
Eigenschaft *ReplacedInUseFiles*	Diese Eigenschaft wird bei Custom Actions gesetzt, wenn eine aktuell benutzte Datei überinstalliert wird, um einen notwendigen Neustart zu kennzeichnen.
Dialogfeld *FilesInUse*	Der Benutzer kann die angezeigten Programme und Prozesse beenden, die aktuell in Benutzung sind, so dass kein Neustart erforderlich wird.

Tabelle 10.17: Über diese Aktionen und Eigenschaften können Neustarts gesteuert werden

11 Sequenzen

Wie Sie bereits im letzten Kapitel über die Aktionen gelernt haben, nehmen diese Einfluss auf den tatsächlichen Installationsablauf. Dasselbe gilt auch für Sequenzen, die in diesem Kapitel näher erläutert werden.

Sind an einem Installationsvorgang mehrere Aktionen und Befehle beteiligt, so wird deren korrekte Abfolge über Sequenztabellen gesteuert. In diesen Tabellen können Standardaktionen und Custom Actions sowie die Anzeige von Dialogfeldern in der Benutzeroberfläche definiert werden.

11.1 Sequenztabellen der Installationsarten

Je nach Installationsart unterscheiden sich die Sequenztabellen. Dies gilt für die drei Arten herkömmliche Installation, administrative Installation sowie angekündigte Installation, die durch die Top-Level-Aktionen *INSTALL*, *ADMIN* und *ADVERTISE* ausgelöst werden.

Es gibt eine Sequenztabelle, die die Darstellung der Benutzeroberfläche steuert. Diese wird auch als *Benutzeroberflächensequenz* oder *UI-Sequenz* bezeichnet. Weiterhin gibt es noch eine zweite Sequenztabelle, in der die eigentlichen Installationsaufgaben hinterlegt sind. Diese Tabelle wird auch als *Ausführungssequenz* bezeichnet.

Die einzigen Aktionen, die nicht in der Ausführungssequenz benutzt werden, sind die drei Top-Level-Aktionen, die die Installationsart definieren. Dies sind *INSTALL* für die herkömmliche Installation, *ADMIN* für das administrative Setup und *ADVERTISE* für die angekündigte Installation. Über diese Aktionen wird lediglich bestimmt, welche Sequenztabellen benutzt werden.

Über die Top-Level-Aktionen *INSTALL* oder *ADMIN* wird zunächst die Benutzeroberflächensequenz aufgerufen, und die darin enthaltenen Aktionen werden der Reihe nach abgearbeitet. Lediglich bei der angekündigten Installation über *ADVERTISE* erfolgt kein Aufruf der Benutzeroberflächensequenz. Über die Aktion *ExecuteAction* erfolgt die Befehlsübergabe bei allen drei Installationsarten von der Benutzeroberflächensequenz an die Ausführungssequenz.

In Abbildung 11.1 sehen Sie den Ablauf der drei verschiedenen Installationsarten und die Verwendung der zugehörigen Sequenztabellen.

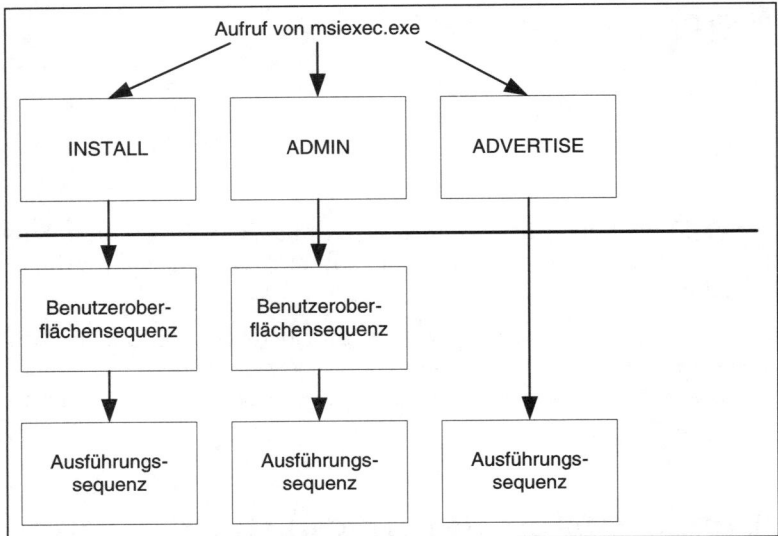

Abbildung 11.1: Installationsablauf und Nutzung der Sequenztabellen

11.1.1 Die herkömmliche Installation

Der Aufruf der herkömmlichen Installation erfolgt über den Befehl `msiexec /i`. Dadurch wird vom Windows Installer die Top-Level-Aktion *INSTALL* aufgerufen. Dadurch werden die Sequenztabellen der Benutzeroberfläche und der Ausführung abgearbeitet. Dabei werden die Sequenztabellen *InstallUISequence* sowie *InstallExecuteSequence* benutzt.

11.1.2 Die administrative Installation

Die administrative Installation wird über den Befehl `msiexec /a` aufgerufen. Der Windows Installer ruft damit die Top-Level-Aktion *ADMIN* auf. Dabei werden die beiden Sequenztabellen *AdminUISequence* sowie *AdminExecuteSequence* benutzt. Die Aktionen der Tabelle *AdminExecuteSequence* werden jedoch nur aufgerufen, wenn die Benutzeroberfläche vollständig (full) oder reduziert (reduced) angezeigt wird. Bei der Einstellung *Basic* oder wenn keine Benutzeroberfläche angezeigt wird (*None*) werden die Aktionen dieser Tabelle übersprungen.

11.1.3 Die angekündigte Installation

Eine angekündigte Installation wird über den Befehl `msiexec/jm` oder `msiexec/ju` aufgerufen, wodurch die Top-Level-Aktion *ADVERTISE* aufgerufen wird. Dabei wird lediglich die Sequenztabelle *AdvtExecuteSequence* benutzt. Die zweite Sequenztabelle *AdvtUISequence* wird vom Windows Installer auch in der Version 3.1 noch nicht verwendet. Sofern diese Tabelle in der Installationsdatenbank vorhanden ist, sollte sie in jedem Fall leer bleiben.

In der Tabelle *AdvtExecuteSequence* gibt es einige Einschränkungen bezüglich der gültigen Aktionen. Es können lediglich die folgenden Standardaktionen enthalten sein, benutzerdefinierte Aktionen können nicht verwendet werden:

▶ *CostFinalize*

▶ *CostInitialize*

▶ *CreateShortcuts*

▶ *InstallFinalize*

▶ *InstallInitialize*

▶ *InstallValidate*

▶ *MsiPublishAssemblies*

▶ *PublishComponents*

▶ *PublishFeatures*

▶ *PublishProduct*

▶ *RegisterClassInfo*

▶ *RegisterExtensionInfo*

▶ *RegisterMIMEInfo*

▶ *RegisterProgIdInfo*

11.2 Aufbau einer Sequenztabelle

Die Sequenztabellen sind alle in gleicher Weise aufgebaut. Sie besitzen die drei Spalten *Action*, *Condition* sowie *Sequence*.

In der Spalte *Action* ist der Name einer Standardaktion, Custom Action oder eines Dialogfelds enthalten, die oder das an der gewünschten Stelle aufgerufen wird. In die Spalte *Condition* kann optional eine Bedingung geschrieben werden. Diese Bedingung muss den Wert *True* zurückliefern, damit die Aktion ausgeführt oder das Dialogfeld angezeigt werden kann. In der Spalte *Sequence* wird die Reihenfolge der Ausführung festgelegt. Dazu werden Zahlen in aufsteigender Reihenfolge verwendet. Sinnvolle Schritte in dieser Tabelle sind z.B. Einhunderter- oder Fünfziger-Schritte, also 100, 200, 300 usw. oder 50, 100, 150 usw.

Die folgenden Werte haben eine feste Bedeutung und können nicht beliebig verwendet werden:

Sequenznummer	Beschreibung
0 oder Null	Die Aktion wird niemals ausgeführt.
-1	Die Aktion wird ausgeführt, wenn die Installation erfolgreich abgeschlossen wurde.
-2	Die Aktion wird ausgeführt, wenn die Installation durch den Benutzer abgebrochen wird.

Sequenznummer	Beschreibung
-3	Die Aktion wird ausgeführt, wenn ein Fehler während der Installation auftritt.
-4	Die Aktion wird ausgeführt, wenn eine Unterbrechung der Installation auftritt.
Weitere negative Zahl	Die Aktion wird niemals ausgeführt.
Positive Zahl	Die Aktionen werden in der angegebenen Reihenfolge ausgeführt.

Tabelle 11.1: Festgelegte Werte für Sequenznummern in allen Sequenztabellen

Die Werte -1, -2 und -3 müssen in der Sequenztabelle gesetzt sein, wenn bei der Installation die Benutzeroberfläche angezeigt wird.

In Abbildung 11.2 sehen Sie den Aufbau der Sequenztabelle *InstallUISequence* mit den Spalten *Action*, *Condition* und *Sequence*.

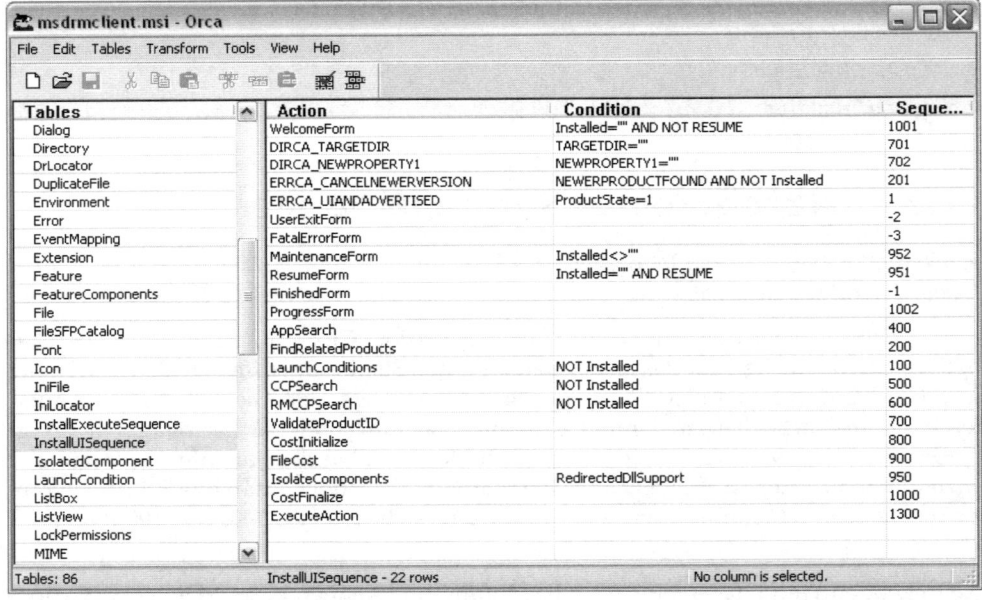

Abbildung 11.2: Die Tabelle InstallUISequence

11.3 Die Phasen der Installation

Bereits zu Beginn des Kapitels haben Sie gesehen, dass die Installation in die Benutzeroberflächensequenz und in die Ausführungssequenz eingeteilt wird. In diesem Kapitel erfahren Sie nun weitere Details dieser beiden Sequenzen sowie der Möglichkeiten zum Einsatz von Aktionen in diesen Phasen.

11.3.1 Die Benutzeroberflächensequenz

Die Benutzeroberflächensequenz wird in den beiden Tabellen *InstallUISequence* und *AdminUISequence* implementiert. In dieser Phase wird die Benutzeroberfläche angezeigt, damit der Benutzer die Optionen der Installation auswählen kann.

In dieser Phase können Sie Standardaktionen oder Custom Actions mit sofortiger Ausführung implementieren.

Während dieser Initialisierung werden zunächst die Voraussetzungen wie z.B. Hardware oder Betriebssystem geprüft oder der erforderliche Speicherplatz berechnet. Dabei wird entschieden, ob die Installation fortgesetzt werden kann. Ist diese Initialisierung beendet, wird dem Benutzer das erste Dialogfeld angezeigt. In diesem und den folgenden Dialogfeldern gibt der Benutzer die Informationen zur Installation an, z.B. seinen Benutzernamen, das Installationsziel oder die gewählten Produkte und Features. Sind sämtliche Informationen in den Dialogfeldern angegeben worden, wird die Ausführungssequenz über die Aktion *InstallExecute* als Unterprozedur gestartet.

Sobald die für die Ausführungssequenz definierten Aktionen abgearbeitet sind, wird wieder zur Benutzeroberflächensequenz gewechselt. Dort werden die noch ausstehenden Aktionen ausgeführt, die erst nach Ende der Aktion *InstallExecute* ausgeführt werden. Ist die Installation abgeschlossen, erhält der Benutzer das entsprechende Dialogfeld.

11.3.2 Die Ausführungssequenz

Während der Ausführungssequenz, die über die Aktion *InstallExecute* aufgerufen wird, wird die Installation selbst durchgeführt. Wird bei der Installation keine Benutzeroberfläche angezeigt, wird direkt die Ausführungssequenz vom Windows Installer aufgerufen.

Die in dieser Phase erforderlichen Aktionen werden in den Sequenztabellen *InstallExecuteSequence*, *AdminExecuteSequence* und *AdvtExecuteSequence* implementiert.

In der Initialisierungsphase der Ausführungssequenz werden dieselben Aktionen durchgeführt wie in der Initialisierungsphase der Benutzeroberflächensequenz. Dies liegt darin begründet, dass bei einer Installation ohne Anzeige der Benutzeroberfläche die Prüfungen der Hardware, des Speicherplatzes usw. zu diesem Zeitpunkt durchgeführt werden müssen.

Der nächste Teil der Ausführungssequenz wird zwischen den beiden Standardaktionen *InstallInitialize* und *InstallFinalize* ausgeführt. Dieser Vorgang ist in zwei Teile gegliedert. Zunächst werden vom Windows Installer sämtliche Standardaktionen und Custom Actions ausgelesen und in das Installationsskript geschrieben. An dieser Stelle können nur Standardaktionen und Custom Action mit sofortiger Ausführung benutzt werden.

Danach wird dieses Installationsskript abgearbeitet. Erst dabei werden die Änderungen am Zielcomputer vorgenommen. An dieser Position können Standardaktionen oder Custom Actions mit verzögerter Ausführung eingesetzt werden.

Zu jedem Schritt, der über das Installationsskript ausgeführt wird, wird parallel ein zweites Skript angelegt, nämlich das Rollback-Skript. Sofern die Installation nicht ordnungsgemäß beendet wird, werden alle bereits durchgeführten Schritte anhand des Rollback-Skripts wieder rückgängig gemacht. Nur in dieser Phase können die Commit Custom Actions eingesetzt werden.

Ist die Ausführungssequenz abgeschlossen, wird entweder wieder in die Benutzeroberflächensequenz gewechselt, um dem Benutzer den erfolgreichen Abschluss mitzuteilen, oder die Installation wird beendet. Hier sind lediglich Standardaktionen oder Custom Actions mit sofortiger Ausführung möglich.

12 Anpassen der Benutzeroberfläche

In diesem Kapitel geht es um Anpassungen an der Benutzeroberfläche, die während der Installation angezeigt wird, nicht jedoch um die Benutzeroberfläche der Applikation selbst. Bereits beim Erstellen der Benutzeroberfläche muss sich der Entwickler Gedanken über die Ansprüche des künftigen Benutzers machen. Ziel sollte weniger eine überfrachtete oder durchgestylte Benutzeroberfläche als vielmehr eine für den Benutzer intuitiv zu verwendende sein. Vorteilhaft wäre zudem eine Oberfläche, die bei der Installation vieler Applikationen nahezu identisch ist und so dem Benutzer schneller vertraut wird.

Bedenken Sie: Besitzt das Installationsprogramm Schwächen, wird schnell die gesamte Applikation mit diesem Stempel versehen, auch wenn dieses überhaupt nicht zutreffen mag. Eine Installationsoberfläche muss auch auf die Bedürfnisse eines wenig erfahrenen Benutzers ausgelegt sein. Als Standard für das Verständnis der Oberfläche kann der Entwickler nicht sein eigenes Wissen ansetzen. Hierbei müssen Sie einen Mittelweg finden, der dem wenig erfahrenen Benutzer genügend Informationen bietet, den erfahrenen Benutzer jedoch nicht langweilt oder das gesamte Installationsprogramm überfrachtet.

Die Benutzeroberfläche wird vielfach abgekürzt als UI bezeichnet. UI steht für das englische Wort User Interface.

12.1 Die Benutzeroberfläche über den Windows Installer steuern

Die Implementierung der Informationen in der Benutzeroberfläche wird über mehrere Tabellen des Windows Installer gesteuert. Hierbei geht es jedoch nicht um den grafischen und später für den Benutzer sichtbaren Teil des Installationsprogramms, sondern um den funktionellen Entwurf. Die Entwicklung der einzelnen Dialogfelder erfolgt über ein Programm wie z.B. *Microsoft Visual Studio*. Im *Windows Installer SDK* ist im Programm *Orca* der *Windows Installer Tabellen Editor* enthalten, mit dessen Hilfe die selbst erstellten Dialogfelder angezeigt und geprüft werden können.

Soll zum Erstellen der Benutzeroberfläche kein Programm wie *Visual Studio* verwendet werden, können Sie dazu auch *Orca* verwenden. Allerdings liegen zwischen dem Bedienkomfort dieser beiden Applikationen Welten. Dennoch sollte nicht übersehen werden, dass durch den Einsatz von *Orca* und der damit verbundenen notwendigen intensiven Beschäftigung mit der Funktionsweise und dem Zusammenspiel der Windows Installer-Tabellen das Grundverständnis für den Installer deutlich erhöht wird.

12.1.1 Anzeigeoptionen der Benutzeroberfläche

Insgesamt unterstützt der Windows Installer vier verschiedene Level zur Anzeige der Benutzeroberfläche. Diese reichen von keiner Oberfläche bis hin zur Anzeige aller Elemente wie auch Fehlermeldungen oder Fortschrittsbalken. Tabelle 12.1 zeigt die verschiedenen Stufen sowie die jeweils angezeigten Elemente. Der jeweilige Level wird entweder über die Eigenschaft *UILevel* definiert oder über die Funktion *MsiSetInternalUI*. Beim Einsatz der Befehlszeile kann auch über den Parameter / q das entsprechende Argument hinzugefügt werden.

Level	Beschreibung
None	Es wird keine Benutzeroberfläche angezeigt. Die Installation verläuft im Hintergrund (silent mode).
Basic	Es werden die standardmäßigen nicht modalen Dialogfelder zur Darstellung der Fortschrittsbalken angezeigt.
Reduced	Es werden sämtliche nicht modalen Dialogfelder sowie Dialogfelder für Fehlermeldungen angezeigt.
Full	Es werden sämtliche modalen und nicht modalen Dialogfelder angezeigt, die für die interne Benutzeroberfläche erstellt worden sind. Auch sämtliche Dialogfelder für Fehlermeldungen werden angezeigt.

Tabelle 12.1: Die verschiedenen Level zur Darstellung der Benutzeroberfläche

12.1.2 Verwendung der Windows Installer-Tabellen

Zur Erstellung der Benutzeroberfläche werden mehrere Installer-Tabellen verwendet. Für die Darstellung der Dialogfelder bei der Installation werden die Informationen in der Tabelle *Dialog* verwendet. Die Steuerelemente sind in der Tabelle *Controls* hinterlegt. Die Ereignisse und Beziehungen der einzelnen Steuerelemente sind in den Tabellen *ControlEvent* und *ControlCondition* hinterlegt. Abhängig vom Typ des Steuerelements werden möglicherweise noch weitere Tabellen für diese benutzt.

In den folgenden Kapiteln werden die Einzelheiten zum Erstellen von Dialogfeldern und zum Einsatz von Steuerelementen besprochen.

12.2 Dialogfeldeigenschaften

Für jedes Dialogfeld kann in der Tabelle *Dialog* in der Spalte *Attributes* das Aussehen und das Verhalten der Dialogfelder bestimmt werden. Dabei sind die in Tabelle 12.2 dargestellten Attribute möglich:

Wert Dezimal/ Hexadezimal	Name	Konstante	Beschreibung
1/0x00000001	Visible	*msidbDialogAttributes Visible*	Sichtbares Dialogfeld
2/0x00000002	Modal	*msidbDialogAttributes Modal*	Modale Anzeige des Dialogfelds. Der Installationsprozess ist unterbrochen, bis dieses Dialogfeld wieder geschlossen ist.
4/0x00000004	Minimize	*msidbDialogAttributes Minimize*	Minimierbares Dialogfeld. Ein modales Dialogfeld kann nicht minimiert werden. In diesem Fall wird das Attribut ignoriert.
8/0x00000008	SysModal	*msidbDialogAttributes SysModal*	Systemmodale Anzeige des Dialogfelds. Wird ein solches Fenster angezeigt, kann systemweit kein anderes Fenster in den Vordergrund gesetzt werden, bis dieses wieder geschlossen wurde.
16/0x00000010	KeepModeless	*msidbDialogAttribute KeepModeless*	Bei der Anzeige dieses Dialogfelds bleiben andere Dialogfelder erhalten. Ist das Attribut nicht gesetzt, werden alle nicht modalen Dialogfelder ausgeblendet.
32/0x00000020	TrackDiskSpace	*msidbDialogAttributes TrackDiskSpace*	Freier Speicherplatz wird vom Dialogfeld dynamisch ermittelt. Das Attribut wird nur für Dialogfelder eingesetzt, die über ein Steuerelement den verfügbaren Speicherplatz anzeigen können. Werden während der Anzeige auf dem Laufwerk Dateien gelöscht oder hinzugefügt, wird der neue verfügbare Platz durch Echtzeitkommunikation mit dem Installer sofort geändert dargestellt.

Wert Dezimal/ Hexadezimal	Name	Konstante	Beschreibung
64/0x00000040	UseCustom-Palette	*msidbDialogAttri butesUseCustom Paltette*	Eine benutzerdefinierte Farbpalette des ersten Steuerelements wird verwendet. Dies ist nur erforderlich, wenn in einem Dialogfeld Bilder enthalten sind, die eine andere Farbpalette als die Standardpalette des Installer verwenden.
128/0x00000080	RTLRO	*msidbDialogAttributes RTLRO*	Die Textdarstellung erfolgt in der Schreibweise von rechts nach links.
256/0x00000100	RightAligned	*msidbDialogAttributes RightAligned*	Der Dialogfeldtext ist rechtsbündig ausgerichtet.
512/0x00000200	LeftScroll	*msidbDialogAttributes LeftScroll*	An der linken Seite wird eine Bildlaufleiste angezeigt.
896/0x00000380	BiDi	*msidbDialogAttributes BiDi*	Es werden die Werte *RTLRO*, *RightAligned* und *LeftScroll* kombiniert. Diese Einstellung ist nur für Sprachen mit einer Schreibrichtung von rechts nach links wie z.B. Hebräisch sinnvoll.
65.536/ 0x00010000	Error	*msidbDialog AttributesError*	Dialogfeld zur Anzeige von Fehlermeldungen. Es können auch mehrere Fehlerdialoge festgelegt werden. Der zu benutzende Dialog wird in der Tabelle *Property* über die Eigenschaft *Error-Dialog* bestimmt.

Tabelle 12.2: Attribute für Darstellung und Verhalten von Dialogfeldern

12.3 Verwenden von Dialogfeldern

Während der Installation wird eine Reihe von Dialogfeldern benötigt. In der Regel beginnt der Installationsprozess mit einem Willkommens-Fenster, fragt dann die Lizenznummer und die zu installierenden Komponenten sowie das Installationsziel ab. Ist bereits eine vorherige Version der Applikation vorhanden, wird auch das Verhalten zum Überschreiben oder Beibehalten dieser Version abgefragt. Im letzten Fenster wird die

Installation abgeschlossen. Treten zwischendurch Fehler auf, so werden diese auch angezeigt. Auch für Fortschrittsbalken werden eigene Dialogfelder eingesetzt.

 Bedenken Sie jedoch, dass die Anzeige der Dialogfelder von der gewählten Anzeigeoption während der Installation abhängig ist.

Das erste Dialogfeld, also in aller Regel das Willkommensfenster, wird über eine Aktion in der Sequenztabelle *InstallUISequence* aufgerufen. Dieses Dialogfeld trägt den Namen *Welcome*. Auf jedem der weiteren Dialogfelder finden sich die Schaltflächen WEITER und ZURÜCK, im letzten Fenster die Schaltfläche FERTIG STELLEN. Jeder dieser Schaltflächen ist die zugehörige Ereignismethode hinterlegt.

12.3.1 Erstellen eines Dialogfeldes

Um ein selbst definiertes Dialogfenster zu erstellen, muss dieses zunächst einen Namen bekommen. Dieser muss eindeutig sein und wird in der Tabelle *Dialog* in der gleichnamigen Spalte eingetragen. Zusätzlich wird in dieser Tabelle die Größe des Dialogfelds angegeben. Sollen Steuerelemente verwendet werden, müssen Sie in der Tabelle *Control* in der Spalte *Dialog_* den Namen des Dialogfensters angeben, in dem das Steuerelement verwendet werden soll. Ist an das Steuerelement eine bestimmte Aktion gebunden, z.B. an eine Schaltfläche, so muss die Aktion in der Tabelle *ControlEvent* festgelegt werden. Alle Steuerelemente, deren Aktion in dieser Tabelle bestimmt werden, werden auch als aktive Steuerelemente bezeichnet. Handelt es sich um ein passives Steuerelement, das auf ein bestimmtes Ereignis reagieren soll, so werden diese in der Tabelle *EventMapping* festgelegt.

Um einen ersten genaueren Einblick in die Dialogfelder zu ermöglichen, befindet sich im Installer SDK die Beispieldatenbank *UISample.msi*. In dieser sind die am häufigsten benötigten Dialogfelder sowie Sequenztabellen enthalten. Diese Beispieltabelle kann nach Belieben modifiziert und dann in die eigentliche Installer-Datenbank importiert werden.

Auch zur Anzeige von Fehlermeldungen und anderen internen Meldungen wird ein Dialogfeld ausgegeben. Dazu wird über die Eigenschaft *ErrorDialog* ein Dialogfenster als Standarddialog für Fehlermeldungen festgelegt. Für dieses Dialogfeld müssen zudem bestimmte Steuerelemente definiert sein. So kann z.B. je nach Fehlertyp (Information, Warnung, Fehler) automatisch das korrekte Symbol angezeigt werden, wenn ein Steuerelement des Typs *Icon* mit dem Namen *ErrorIcon* vorhanden ist.

Damit der Windows Installer weiß, dass er ein bestimmtes Dialogfeld anzeigen soll, gibt es verschiedene Wege. So kann für Fehlermeldungen in der Tabelle *Property* das Dialogfenster bestimmt werden. Dies trifft bei Fehlerdialogen zu. Weiterhin gibt es einige Dialogfenster mit reservierten Namen, z.B. *FilesInUse* oder *FirstRun*. Dieses über den Namen definierte Fenster wird angezeigt, wenn die vom Installer benötigten Dateien gerade verwendet werden oder bei der ersten Installation die Benutzerdaten angefordert werden. Weitere Hinweise zu den Dialogfeldern mit reservierten Namen finden Sie im folgenden Kapitel. Die dritte Methode zum Abrufen der Dialogfelder ist die Kennzeichnung der

Dialogfelder in den *UISequence*-Tabellen. So werden über die Werte -1 das Fenster für den korrekten Abschluss der Installation, über -2 das Fenster für den Abbruch der Installation durch den Benutzer und über -3 das Fenster für den Installationsabbruch nach einem fatalen Fehler angezeigt.

Benutzerdefinierte Dialogfelder können entweder durch eine selbst definierte Ausführungssequenz oder durch ein Ereignis aufgerufen werden, das seinerseits das Dialogfeld aufruft.

12.3.2   Spezielle Dialogfeldnamen

Wie bereits erwähnt, gibt es einige spezielle Dialogfelder, die automatisch anhand ihres Namens vom Windows Installer aufgerufen werden. Deshalb sind diese Namen auch reserviert und dürfen nicht für ein benutzerdefiniertes Dialogfeld verwendet werden. Dabei handelt es sich im die Felder *FilesInUse* sowie *FirstRun*.

FilesInUse

Das Dialogfeld *FilesInUse* wird automatisch über die Aktion *InstallValidate* bereitgestellt und dem Benutzer angezeigt, wenn während der Installation festgestellt wird, dass zu entfernende oder zu ersetzende Dateien von einer anderen Applikation oder einem Prozess in Benutzung sind. So kann der Benutzer die betreffende Applikation oder den Prozess beenden und muss keinen Neustart des Systems durchführen, um die entsprechenden Dateien freizugeben.

In dem Dialogfeld muss eine Listbox enthalten sein, deren Wert für die Spalte *Property* auf *FileInUseProcess* gesetzt sein muss. Die Aktion *InstallValidate* überprüft den Status der zu ersetzenden oder überschreibenden Datei.

Ist eine Datei in Verwendung, wird der Installer-Tabelle *ListBox* temporär ein Eintrag mit den Werten gemäß Tabelle 12.3 hinzugefügt:

Spalte	Wert
Property	FileInUseProcess
Value	Name des Prozesses, der die Datei verwendet
Text	Name des Fensters, das vom Prozess ausgeführt wird

Tabelle 12.3: Inhalt der Tabelle ListBox

FirstRun

Das zweite Dialogfeld mit einem reservierten Namen lautet *FirstRun*. Dieses wird angezeigt, um den Benutzernamen, den Namen der Firma sowie die Lizenznummer der Applikation abzufragen.

12.3.3   Dialogfelder für Hinweise und Fehler

Außer den beiden eben beschriebenen Dialogfeldern sind weitere Dialogfelder erforderlich, die bei Fehlern oder Hinweisen ausgegeben werden. Diese Dialogfelder werden über bestimmte Sequenznummern in den Sequenztabellen *InstallUISequence* und *Admin-UISequence* bestimmt. Die in Tabelle 12.4 aufgeführten Ereignisse sind in beiden Tabellen denselben Sequenznummern zugeordnet.

Sequenz-nummer	Ereignis	Beschreibung
-1	Exit	Die Installation wurde fehlerfrei abgeschlossen.
-2	UserExit	Der Benutzer hat die Installation abgebrochen.
-3	FatalError	Ein schwer wiegender Fehler hat die Installation abgebrochen.
-4	Suspend	Die Installation wurde vorübergehend unterbrochen. Allerdings ist dieses Dialogfeld nicht zwingend erforderlich wie die drei übrigen und deshalb auch nicht in allen Installationspaketen enthalten.

Tabelle 12.4: Die Sequenznummern bestimmter Ereignisse

Zusätzlich benötigen Sie ein Dialogfeld, in dem die Fehlermeldung angegeben wird. Der Name kann beliebig gewählt werden. In der Tabelle *Property* muss dieses Dialogfeld jedoch die Eigenschaft *ErrorDialog* besitzen.

Exit

Das Dialogfeld *Exit* wird angezeigt, wenn die Installation fehlerfrei abgeschlossen wurde. Dieses Dialogfeld besitzt ein Textfeld mit einem Hinweis über den Installationsabschluss für den Benutzer sowie eine Schaltfläche zum Beenden des Dialogfeldes. Zusätzlich können noch weitere variable Texte für die Deinstallation oder Reparatur vorhanden sein. Diese werden über die entsprechende Bedingung automatisch angezeigt. Dieses Dialogfeld muss in den Tabellen *InstallUISequence* und *AdminUISequence* mit Werten gemäß Tabelle 12.5 definiert werden:

Spalte	Inhalt
Action	Der in der Tabelle *Dialog* angegebene Name des Dialogfeldes für Exit
Condition	Null
Sequence	-1

Tabelle 12.5: Werte für das Dialogfeld Exit

UserExit

Dieses Dialogfeld wird angezeigt, wenn die Installation vom Benutzer abgebrochen wurde, ohne dass ein Fehler aufgetreten ist. In diesem Dialogfeld befindet sich eine Schaltfläche zum Bestätigen des Installationsabbruchs. Dieses Dialogfeld muss in den Tabellen *InstallUISequence* und *AdminUISequence* mit Werten gemäß Tabelle 12.6 definiert werden:

Spalte	Inhalt
Action	Der in der Tabelle *Dialog* angegebene Name des Dialogfeldes für UserExit
Condition	Null
Sequence	-2

Tabelle 12.6: Werte für das Dialogfeld UserExit

FatalError

In diesem Dialogfeld befindet sich in der Regel eine Schaltfläche zum Abbruch der Installation sowie ein Textfeld mit einer kurzen Problembeschreibung. Das Dialogfeld muss in den Tabellen *InstallUISequence* und *AdminUISequence* mit Werten gemäß Tabelle 12.7 definiert werden:

Spalte	Inhalt
Action	Der in der Tabelle *Dialog* angegebene Name des Dialogfeldes für Fatal-Error
Condition	Null
Sequence	-3

Tabelle 12.7: Werte für das Dialogfeld FatalError

Error

Das Dialogfeld *Error* wird für die Anzeige von Fehlermeldungen benutzt. In der Installer-Datenbank können beliebig viele Dialogfelder für die Anzeige von Fehlermeldungen vorhanden sein. Das jeweils anzuwendende Dialogfeld wird in der Tabelle *Property* über die Eigenschaft *ErrorDialog* festgelegt.

Ist kein Dialogfeld zum Anzeigen der Fehlermeldungen definiert, werden keine Fehlermeldungen ausgegeben, sondern lediglich im Installationsprotokoll angezeigt.

Ein Dialogfeld zur Anzeige von Fehlermeldungen wird mit dem Attribut *msidbDialogAttributesError* gekennzeichnet. Weiterhin muss es über ein Feld vom Typ *Text* mit dem Namen *ErrorText* verfügen. Dieses ist in der Tabelle *Dialog* als erstes Steuerelement für den Fehlerdialog hinterlegt. Die Fehlermeldung basiert auf den Daten der Tabelle *Error*. Weiterhin müssen die in Tabelle 12.8 gezeigten sieben Schaltflächen im Dialogfeld enthalten sein. Für jede dieser Schaltflächen muss in der Tabelle *ControlEvent* das Ereignis *EndDialog* definiert worden sein. Das in der Spalte *Argument* angegebene Attribut muss jeweils an das Ereignis *EndDialog* übergeben werden.

Es werden nicht sämtliche sieben Schaltflächen im Dialogfeld angezeigt, sondern nur immer die für die Fehlermeldung relevanten.

Name	Typ	Argument	Beschreibung
A	PushButton	ErrorAbort	Schaltfläche INSTALLATION BEENDEN
C	PushButton	ErrorCancel	Schaltfläche ABBRECHEN
I	PushButton	ErrorIgnore	Schaltfläche WEITER ODER IGNORIEREN
N	PushButton	ErrorNo	Schaltfläche NEIN
O	PushButton	ErrorOk	Schaltfläche OK
R	PushButton	ErrorRetry	Schaltfläche WIEDERHOLEN
Y	PushButton	ErrorYes	Schaltfläche JA
ErrorText	Text		Beschreibt die Fehlermeldung
ErrorIcon	Icon		Optional. Es kann das zur Fehlermeldung gehörende Symbol angezeigt werden.

Tabelle 12.8: Die Elemente des Dialogfelds Error

Die Größe der Dialogfelds *Error* wird je nach Länge der Fehlermeldung automatisch angepasst. Müssen mehrere Schaltflächen angezeigt werden, berechnet der Windows Installer auch automatisch die Breite dieser Schaltflächen (X-Achse). Die Höhe bleibt unverändert.

Ist das Element *ErrorIcon* im Dialogfeld enthalten, werden die in Tabelle 12.9 aufgeführten Symbole je nach Art des Fehlers angezeigt. Weisen Sie dem Element ErrorIcon das Attribut *FixedSize* zu, so dass die Symbole nicht in ihrer Größe geändert oder verzerrt werden können.

Symbol	Wert	Beschreibung
Roter Kreis mit weißem Kreuz	IDI_ERROR	Schwer wiegender Fehler
Gelbes Dreieck mit schwarzem Ausrufezeichen	IDI_WARNING	Fehler und Warnung
Weißes Sprechblasensymbol mit blauem „i"	IDI_INFORMATION	Informationen und Hinweise

Tabelle 12.9: Die Symbole für ErrorIcon

12.3.4 Weitere Dialogfelder

Die in den folgenden Kapiteln vorgestellten Dialogfelder sind zwar für die Installation nicht zwingend erforderlich, werden jedoch in den meisten Installationsroutinen verwendet. Die Namen der jeweiligen Dialogfelder können frei gewählt werden, es sollte jedoch immer ein aussagekräftiger Name verwendet werden.

Browse

Über das Dialogfeld *Browse* kann der Benutzer das Zielverzeichnis für die Installation auswählen oder bei Bedarf ein neues Verzeichnis erstellen. In diesem Dialogfeld sind verschiedene Steuerelemente enthalten. Diese sind alle mit der Eigenschaft verknüpft, in der der gewählte Installationspfad enthalten ist. Im Feld zur Pfadauswahl (*PathEdit*) kann der Installationspfad manuell eingegeben werden. Über eine Combobox (*Directory-Combo*) können die auf dem System vorhandenen Laufwerke und Verzeichnisse aufgerufen werden. In der Verzeichnisliste (*DirectoryList*) werden die Unterverzeichnisse des aktuell gewählten Installationspfades angezeigt. Weiterhin sind die Schaltflächen ABBRE-CHEN und OK vorhanden.

Zusätzlich zu diesen verbindlichen können optional noch weitere Schaltflächen im Dialogfeld *Browse* vorhanden sein. Diese Schaltflächen lösen bestimmte Ereignisse aus. Sie werden über die Tabelle *ControlEvent* definiert.

Name der Schaltfläche	Ereignis
MARKIERTEN ORDNER ÖFFNEN	DirectoryListOpen
EINEN NEUEN ORDNER ERSTELLEN Der Standardname für diesen neuen Ordner wird in der Tabelle *UIText* unter *NewFolder* definiert.	DirectoryListNew
ZUM ÜBERGEORDNETEN VERZEICHNIS WECHSELN	DirectoryListUp

Tabelle 12.10: Optionale Schaltflächen im Dialogfeld Browse

Cancel

Über das Dialogfeld *Cancel* kann der Benutzer die Installation selbst vorzeitig beenden. Das Dialogfeld enthält ein Textfeld (*Text*) mit der Beschreibung sowie zwei Schaltflächen (PUSHBUTTON), über die der Benutzer den Installationsabbruch bestätigen oder zur Installation zurückkehren kann. Über beide Schaltflächen wird das in der Tabelle *ControlEvent* definierte Ereignis *EndDialog* ausgelöst. Wird die Installation abgebrochen, zeigt der Windows Installer das Dialogfeld *UserExit* an.

DiskCost

Dieses modale Dialogfeld wird angezeigt, damit der Benutzer eine Übersicht über den verfügbaren Speicherplatz (*VolumeCostList*) auf den einzelnen Laufwerken und den tatsächlichen Speicherplatzbedarf der Applikation erhält. Das Dialogfeld wird auch angezeigt, wenn über die Eigenschaft *OutOfDiskSpace* festgelegt wurde, wie viel Speicherplatz benötigt wird.

Sobald die Aktion *InstallValidate* ausgeführt wird, ermittelt der Windows Installer den Speicherbedarf für jede zu installierende Datei. Darin werden auch die je nach Dateisystem unterschiedlichen Clustergrößen, der Speicherplatz für Einträge in der Registry oder der temporäre Speicher für das Rollback berücksichtigt. Im Dialogfeld befindet sich lediglich eine Schaltfläche, um wieder zum vorherigen Dialogfeld zurückzuwechseln.

LicenseAgreement

In diesem modalen Dialogfeld wird dem Benutzer die Lizenzvereinbarung der Applikation angezeigt. Der Lizenztext wird in der Regel als *ScrollableText* angezeigt, damit der komplette Text angezeigt werden kann. Zusätzlich sind zwei Optionsfelder (*RadioButtonGroup*) zum Ablehnen und Zustimmen des Lizenzvertrags vorhanden.

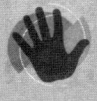 Aus lizenzrechtlichen Gründen muss zunächst immer die Option zum Ablehnen des Lizenzvertrages aktiviert sein. Damit ist sichergestellt, dass der Benutzer die Installation nicht fortsetzen kann, sondern zunächst eingreifen und dem Lizenzvertrag zustimmen muss, auch wenn damit nicht sichergestellt ist, dass er diesen wirklich gelesen hat.

Selection

Im Dialogfeld *Selection* kann der Benutzer die Features der Applikation auswählen, die er installieren möchte, sowie die Art der Installation bestimmen. Die Features werden in einer Baumstruktur (*SelectionTree*) angezeigt. Zuvor müssen die Aktionen *CostInitialize* sowie *CostFinalize* ausgeführt worden sein. Für die einzelnen Features wird der Name angezeigt, der in der Tabelle *Features* in der Spalte *Description* hinterlegt ist. Dies geschieht über das Ereignis *SelectionDescription*. Auch dieses Dialogfeld ist modal.

Weiterhin befindet sich in diesem Dialogfeld auch eine Schaltfläche zum Ändern des Installationspfades. Über diese wird das Ereignis *SelectionBrowse* aufgerufen, wodurch das Dialogfeld *Browse* angezeigt wird.

12.4 Verwenden von Steuerelementen

Nachdem Sie nun die Einzelheiten zur Verwendung von Dialogfeldern kennen gelernt haben, geht es in diesem Kapitel um den Einsatz von Steuerelementen in der Benutzeroberfläche der Dialogfelder.

Der Windows Installer benutzt sowohl standardmäßige Windows-Steuerelemente wie z.B. Schaltflächen (*PushButton*) oder Textfelder (*Edit*) als auch Installer-spezifische Steuerelemente wie Auswahlstrukturen (*SelectionTree*) oder Speicherplatzdarstellungen (*VolumeCostList*). Die Steuerelemente werden über die folgenden Tabellen definiert:

Tabelle	Zweck
Control	Das Steuerelement wird definiert, sein Typ bestimmt und einem Dialogfeld zugeordnet.
ControlCondition	Es werden Bedingungen für die Steuerelemente festgelegt. So kann in einem Textfeld der Anzeigetext unterschiedlich sein, je nachdem, ob die Installation, Deinstallation oder Reparatur durchgeführt wird.
ControlEvent	Es werden die durch das Steuerelement auszulösenden Ereignisse definiert. So ruft z.B. die Schaltfläche WEITER das nächste Dialogfeld auf.
EventMapping	In diese Tabelle werden die Steuerelemente eingetragen, die auf ein bestimmtes Ereignis reagieren sollen. Das beste Beispiel dafür ist die Fortschrittsanzeige. Der Installer versendet Meldungen, die in der Fortschrittsanzeige grafisch umgesetzt werden. Diese Tabelle bildet quasi das Gegenstück zur Tabelle *ControlEvent*.

Tabelle 12.11: Tabellen, in denen die Steuerelemente definiert werden

Für bestimmte Steuerelemente wie z.B. Optionsfelder (*RadioButtonGroup*) werden weitere Tabellen benutzt. In diesem Fall sind die Optionsfelder in der Tabelle *RadioButton* definiert.

12.4.1 Typen der Steuerelemente

Die vom Windows Installer verwendeten Steuerelemente lassen sich in zwei Gruppen einteilen. Eine Gruppe umfasst die Elemente, die nicht in der Tabelle *Property* mit einer Eigenschaft verknüpft sind. Hierbei handelt es sich um reine Darstellungsobjekte, die auch als statische oder passive Elemente bezeichnet werden. Die Steuerelemente der zweiten Gruppe sind mit einer Eigenschaft in der Tabelle *Property* verknüpft. Über diese Elemente kann eine Auswahl oder Eingabe vorgenommen werden. Diese Steuerelemente werden auch als aktive Elemente bezeichnet.

 Voraussetzung für die Verknüpfung eines aktiven Steuerelements mit einer Eigenschaft der Tabelle *Property* ist eine öffentliche Eigenschaft. Die Verknüpfung einer privaten Eigenschaft mit einem aktiven Element ist nicht möglich.

12.4.2 Vom Windows Installer unterstützte Steuerelemente

Tabelle 12.12 zeigt eine Übersicht der vom Windows Installer unterstützten Steuerelemente.

Name	A=Aktiv, P=Passiv	Beschreibung
Billboard	A	Ein Billboard zeigt Daten an, die auf Programm-Meldungen reagieren.
Bitmap	P	Zeigt eine statische Bitmap-Grafik
CheckBox	A	Kontrollkästchen, das aktiviert oder deaktiviert sein kann
ComboBox	A	Ein Kombinationsfeld mit einem editierbaren Feld. Es kann auch so konfiguriert sein, dass kein editierbares Feld dargestellt wird
DirectoryCombo	A	Dropdownliste, um ein Laufwerk oder ein Verzeichnis auszuwählen
DirectoryList	A	Listenfeld zur Ordnerauswahl
Edit	A	Eingabefeld für Zeichenfolgen und Zahlen
GroupBox	P	Eine Gruppe von Objekten wird über dieses Steuerelement grafisch hervorgehoben.
Icon	P	Zeigt eine statische Symbol-Grafik
Line	P	Anzeige einer horizontalen Linie
ListBox	A	Listenfeld-Steuerelement

Name	A=Aktiv, P=Passiv	Beschreibung
ListView	A	Erweitertes Listenfeld, in dem für jeden Listeneintrag zusätzliche Symbole dargestellt werden können.
MaskedEdit	A	Eingabefeld für maskierten Text
PathEdit	A	Anzeige des Pfad- oder Ordnernamens in einem Textfeld
ProgressBar	P	Fortschrittsanzeige zur Darstellung des Installationsverlaufs
PushButton	P	Eine Schaltfläche, auf der ein Symbol oder Text enthalten sein kann
RadioButtonGroup	A	Gruppe von Optionsschaltflächen
ScrollableText	P	Ein Textfeld mit Bildlaufleiste, so dass bis zum Textende heruntergescrollt werden kann
SelectionTree	A	In einer Baumstruktur werden die Features des Installer-Pakets angezeigt und können vom Benutzer zur Installation ausgewählt werden.
Text	P	Anzeige von statischem Text
VolumeCostList	P	Spezielles Listenfeld, in dem der Speicherbedarf sowie der auf den Laufwerken verfügbare Speicherplatz angezeigt wird.
VolumeSelectCombo	A	Spezielle Dropdownliste zur Laufwerksauswahl

Tabelle 12.12: Die vom Windows Installer unterstützten Steuerelemente

Eine detaillierte Übersicht über die Verwendung der einzelnen Steuerelemente finden Sie in den folgenden Kapiteln. Die Bedeutung und Verwendung der einzelnen Attribute wird in Kapitel 12.4.3 beschrieben.

Billboard

Über ein *Billboard* werden aufgrund von Steuerelement-Ereignissen aktualisierbare Daten angezeigt. In einem *Billboard* können weitere passive Steuerelemente wie *Text*, *Bitmap* oder *Icon* zum Anzeigen der Daten enthalten sein. Für ein *Billboard* müssen die folgenden Werte definiert werden:

Attribut	Beschreibung
BillboardName	Name des *Billboard*
Position	Position des *Billboard* im Dialogfeld
Visible	Das *Billboard* kann sichtbar oder unsichtbar sein.
Sunken	Das *Billboard* kann normal oder dreidimensional dargestellt werden.

Tabelle 12.13: Die Billboard-Attribute

Soll ein *Billboard* in mehreren Dialogfeldern gleichzeitig angezeigt werden, darf es sich nur um nicht modale Dialogfelder handeln und es muss das Attribut *KeepModeless* gesetzt sein.

Ein typisches Beispiel ist die grafische Darstellung während der Ausführung der Aktion *InstallFiles*. So können bei der Installation verschiedener Features unterschiedliche Bilder angezeigt werden. Dazu sind in mehreren Tabellen Eintragungen notwendig. In den folgenden Tabellen handelt es sich um Beispielwerte.

Erstellen Sie das Steuerelement *Billboard* auf dem Dialogfeld *ProgressForm*. In dem *Billboard* werden die anzuzeigenden Elemente gesammelt. In der Tabelle *Control* wird das *Billboard* mit folgenden Werten gesetzt:

Dialog_	Control	Type	X	Y	Width	Height	Attributes
ProgressForm	Billboard	Billboard	60	150	250	75	3

Tabelle 12.14: In der Tabelle Control wird das Billboard definiert

Um auf die Ereignisse der Aktionen reagieren zu können, erstellen Sie in der Tabelle *EventMapping* den Datensatz mit den folgenden Einstellungen:

Dialog_	Control_	Event	Attribute
ProgressForm	Billboard	SetProgress	Progress

Tabelle 12.15: Die Billboard-Einträge in der Tabelle EventMapping

In der Tabelle *Billboard* werden die *Billboards* selbst definiert sowie die Aktionen, auf die zu reagieren ist. Hier werden die *Billboards* auch den einzelnen Features zugeordnet. Möchten Sie mehrere *Billboards* mit derselben Aktion eines Feature verknüpfen, wird die Reihenfolge der Anzeige über die Spalte *Ordering* festgelegt.

Billboard	Feature_	Action	Ordering
BB1	Featurename1	InstallFiles	0
BB2	Featurename2	InstallFiles	1

Tabelle 12.16: Die Billboard-Einträge in der Tabelle Billboard

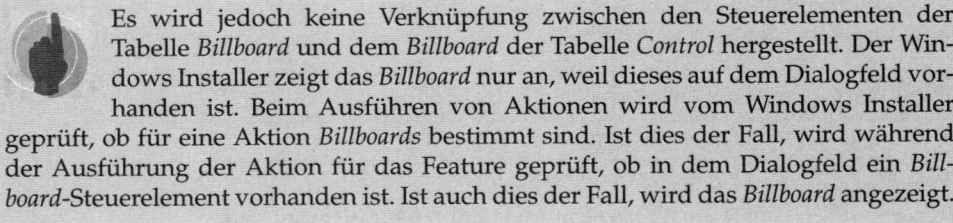

Es wird jedoch keine Verknüpfung zwischen den Steuerelementen der Tabelle *Billboard* und dem *Billboard* der Tabelle *Control* hergestellt. Der Windows Installer zeigt das *Billboard* nur an, weil dieses auf dem Dialogfeld vorhanden ist. Beim Ausführen von Aktionen wird vom Windows Installer geprüft, ob für eine Aktion *Billboards* bestimmt sind. Ist dies der Fall, wird während der Ausführung der Aktion für das Feature geprüft, ob in dem Dialogfeld ein *Billboard*-Steuerelement vorhanden ist. Ist auch dies der Fall, wird das *Billboard* angezeigt.

Als viertes und letztes werden in der Tabelle *BBControl* die passiven Elemente angegeben, die bei einer Aktion angezeigt werden sollen. Mit einem *Billboard* können mehrere passive Elemente verknüpft werden. Gültige Steuerelemente sind *Text*, *Bitmap* und *Icon*.

BillBoard_	BBControl	Type	X	Y	Width	Height	Attributes	Text
BB1	Bitmap	Bitmap	1	25	250	50	3	Name1
BB2	Bitmap	Bitmap	1	25	250	50	3	Name2

Tabelle 12.17: Die Billboard-Einträge in der Tabelle BBControl

Bitmap

Über dieses Steuerelement wird ein Bild vom Typ *Bitmap* statisch angezeigt. Für ein *Bitmap* müssen die folgenden Werte definiert werden:

Attribut	Beschreibung
Position	Position des *Bitmap* im Dialogfeld
Text	In der Tabelle *Binary* gespeicherter Name des *Bitmap*. Für ein geladenes *Bitmap* kann auch ein Handle geladen werden.
Visible	Das *Bitmap* kann sichtbar oder unsichtbar sein.
Sunken	Das *Bitmap* kann normal oder dreidimensional dargestellt werden.
FixedSize	Das *Bitmap* kann auf die Größe des Steuerelements skaliert, darauf zentriert oder der überstehende Rand abgeschnitten werden.

Tabelle 12.18: Die Bitmap-Attribute

CheckBox

Über eine *CheckBox* kann einer von zwei bestimmten Zuständen gewählt werden. Die *CheckBox* ist mit einer Eigenschaft verknüpft, die den Anfangswert bestimmt und danach den vom Benutzer gewählten Zustandswert. Ist die *CheckBox* nicht markiert, wird der Wert *Null* übergeben, der Wert der markierten *CheckBox* wird in der Tabelle *CheckBox* bestimmt. Für eine *CheckBox* müssen die folgenden Werte definiert werden:

Attribut	Beschreibung
IndirectPropertyName	Name der indirekt mit dem Steuerelement verknüpften Eigenschaft
Position	Position der *CheckBox* im Dialogfeld
PropertyName	Name der mit dem Steuerelement verknüpften Eigenschaft
PropertyValue	Aktueller in der *CheckBox* angezeigter Eigenschaftswert
Text	Text des Steuerelements. Es kann sich auch um eine in der Tabelle *Binary* definierte Abbildung handeln.
Visible	Die *CheckBox* kann sichtbar oder unsichtbar sein.
Enabled	Die *CheckBox* kann aktiviert werden oder nicht

Attribut	Beschreibung
Sunken	Die *CheckBox* kann normal oder dreidimensional dargestellt werden.
Indirect	Eine indirekte Eigenschaft (Attribut Indirect), für die *True* festgelegt wurde, wird zur Laufzeit vom Installer aufgelöst.
Integer	Bestimmt, ob die *CheckBox* mit einer Eigenschaft verknüpft werden soll, die den Typ *Integer* oder *String* besitzt.
RTLRO	Der Text des Steuerelements wird von rechts nach links angezeigt.
RightAligned	Der Text wird rechtsbündig ausgerichtet.
PushLike	Das Steuerelement wird als Schaltfläche (*PushButton*) dargestellt.

Tabelle 12.19: Die CheckBox-Attribute

ComboBox

Eine *ComboBox* ist eine Kombination aus Listenfeld und Eingabefeld. Aus einer ausklappbaren Liste kann der Benutzer bereits vordefinierte Werte auswählen und in ein Textfeld weitere Daten eingeben. Es ist auch möglich, dass nur die Werte aus der Liste gewählt werden können. Diese werden in der Tabelle *ComboBox* in der Spalte *Text* festgelegt. Nach der Auswahl des Elements wird der Wert der Spalte *Value* der diesem Wert zugeordneten Eigenschaft zugewiesen. Für eine *ComboBox* müssen die folgenden Werte definiert werden:

Attribut	Beschreibung
IndirectPropertyName	Name der indirekt mit dem Steuerelement verknüpften Eigenschaft
Position	Position der *ComboBox* im Dialogfeld
PropertyName	Name der mit dem Steuerelement verknüpften Eigenschaft
PropertyValue	Aktueller in der *ComboBox* angezeigter Eigenschaftswert
Text	Schriftart und –attribute werden in der Spalte *Text* der Tabelle *Control* über `{\style}` bestimmt. Dazu muss *style* in der Spalte *TextStyle* der Tabelle *TextStyle* definiert sein. Mit `{&style}` werden die Attribute auf die Standardschrift (*DefaultUIFont*) angewendet. Weiterhin können Sie die maximale Anzahl der Zeichen angeben, die in das Textfeld eingegeben werden können. Geben Sie dazu den Wert nach der Schriftartenspezifikation in geschweiften Klammern `{ }` an. Es muss sich dabei um eine positive Zahl handeln.
Visible	Die *ComboBox* kann sichtbar oder unsichtbar sein.
Enabled	Die *ComboBox* kann aktiviert werden oder nicht.
Sunken	Die *ComboBox* kann normal oder dreidimensional dargestellt werden.

Attribut	Beschreibung
Indirect	Eine indirekte Eigenschaft (Attribut Indirect), für die *True* festgelegt wurde, wird zur Laufzeit vom Installer aufgelöst.
Integer	Bestimmt, ob die *ComboBox* mit einer Eigenschaft verknüpft werden soll, die den Typ *Integer* oder *String* besitzt.
RTLRO	Der Text des Steuerelements wird von rechts nach links angezeigt.
RightAligned	Der Text wird rechtsbündig ausgerichtet.
LeftScroll	An der linken Seite des Steuerelements kann eine Bildlaufleiste angezeigt werden.
BiDi	Kombination der Attribute *RTLRO*, *RightAligned* und *LeftScrol*.
Sorted	Die Werte des Listenfelds können alphabetisch geordnet angezeigt werden.
ComboList	Bestimmt, ob das zusätzliche Textfeld verfügbar ist oder nicht
UsersLanguage	Bestimmt, ob die Schriftarten der Codepage der Installer-Datenbank oder der UI-Codepage des Benutzers verwendet werden sollen

Tabelle 12.20: Die ComboBox-Attribute

DirectoryCombo

Dieses Steuerelement wird zusammen mit den Steuerelementen *DirectoryList* und *PathE-dit* zur Angabe des Installationspfades eingesetzt. Im *DirectoryCombo* werden alphabetisch sortiert die Laufwerke und der aktuelle Pfad angezeigt. Die Laufwerke können über die folgenden Attribute definiert werden: *FixedVolume*, *RemovableVolume*, *CDROMVolume*, *FloppyVolume*, *RemoteVolume* und *RAMDiskVolume*. Die drei genannten Steuerelemente müssen mit derselben Eigenschaft verknüpft sein, nämlich dem vom Benutzer festlegbaren Installationspfad. Für ein *DirectoryCombo* müssen die folgenden Werte definiert werden:

Attribut	Beschreibung
IndirectPropertyName	Name der indirekt mit dem Steuerelement verknüpften Eigenschaft
Position	Position des *DirectoryCombo* im Dialogfeld
PropertyName	Name der mit dem Steuerelement verknüpften Eigenschaft
PropertyValue	Aktueller im *DirectoryCombo* angezeigter Eigenschaftswert
Text	Schriftart und –attribute werden in der Spalte *Text* der Tabelle *Control* über {\style} bestimmt. Dazu muss *style* in der Spalte *TextStyle* der Tabelle *TextStyle* definiert sein. Mit {&style} werden die Attribute auf die Standardschrift (*DefaultUIFont*) angewendet.
Visible	Das *DirectoryCombo* kann sichtbar oder unsichtbar sein.

Attribut	Beschreibung
Enabled	Das *DirectoryCombo* kann aktiviert werden oder nicht.
Sunken	Das *DirectoryCombo* kann normal oder dreidimensional dargestellt werden.
Indirect	Eine indirekte Eigenschaft (Attribut Indirect), für die *True* festgelegt wurde, wird zur Laufzeit vom Installer aufgelöst.
RTLRO	Der Text des Steuerelements wird von rechts nach links angezeigt.
RightAligned	Der Text wird rechtsbündig ausgerichtet.
LeftScroll	An der linken Seite des Steuerelements kann eine Bildlaufleiste angezeigt werden.
BiDi	Kombination der Attribute *RTLRO*, *RightAligned* und *LeftScroll*
RemovableVolume	Anzeige der Wechseldatenträger
FixedVolume	Anzeige der eingebauten Festplattenlaufwerke
RemoteVolume	Anzeige der Netzlaufwerke
CDROMVolume	Anzeige der CD/DVD-Laufwerke
RAMDiskVolume	Anzeige der RAM-Datenträger
FloppyVolume	Anzeige der Diskettenlaufwerke

Tabelle 12.21: Die DirectoryCombo-Attribute

DirectoryList

Dieses Steuerelement wird zusammen mit den Steuerelementen *DirectoryCombo* und *PathEdit* verwendet. Die *DirectoryList* zeigt alle Ordner des Laufwerks an, das unter *DirectoryCombo* gewählt wurde. Zudem füllt es auch automatisch den Wert des Elements *PathEdit* aus. *DirectoryList* stellt die Ergebnisse der folgenden Ereignisse dar:

Ereignis	Beschreibung
DirectoryListNew	Anlegen eines neuen Ordners und Markieren des Feldes zur Namenseingabe
IgnoreChange	Markieren eines Ordners, der dabei nicht geöffnet wird
DirectoryListUp	Wechsel zum übergeordneten Ordner
DirectoryListOpen	Auswahl und Hervorhebung eines Ordners

Tabelle 12.22: Die Ereignisse, auf die das Steuerelements DirectoryList reagiert

Bei der *DirectoryList* wird die Spalte *Text* der Tabelle *Control* nicht angezeigt. Für eine *DirectoryList* müssen die folgenden Werte definiert werden:

Attribut	Beschreibung
IndirectPropertyName	Name der indirekt mit dem Steuerelement verknüpften Eigenschaft
Position	Position der *DirectoryList* im Dialogfeld
PropertyName	Name der mit dem Steuerelement verknüpften Eigenschaft
PropertyValue	Aktueller in der *DirectoryList* angezeigter Eigenschaftswert
Text	Schriftart und –attribute werden in der Spalte *Text* der Tabelle *Control* über {\style} bestimmt. Dazu muss *style* in der Spalte *TextStyle* der Tabelle *TextStyle* definiert sein. Mit {&style} werden die Attribute auf die unter Standardschrift (*DefaultUIFont*) angewendet.
Visible	Die *DirectoryList* kann sichtbar oder unsichtbar sein.
Enabled	Die *DirectoryList* kann aktiviert werden oder nicht.
Sunken	Die *DirectoryList* kann normal oder dreidimensional dargestellt werden.
Indirect	Eine indirekte Eigenschaft (Attribut Indirect), für die *True* festgelegt wurde, wird zur Laufzeit vom Installer aufgelöst.
RTLRO	Der Text des Steuerelements wird von rechts nach links angezeigt.
RightAligned	Der Text wird rechtsbündig ausgerichtet.
LeftScroll	An der linken Seite des Steuerelements kann eine Bildlaufleiste angezeigt werden.
BiDi	Kombination der Attribute *RTLRO*, *RightAligned* und *LeftScroll*

Tabelle 12.23: Die DirectoryList-Attribute

Edit

Edit ist ein Eingabefeld. Dieses ist mit einer Eigenschaft des Typs *String* oder *Integer* verknüpft, die in der Tabelle *Control* in der Spalte *Property* bestimmt wird. Für *Edit* müssen die folgenden Werte definiert werden:

Attribut	Beschreibung
IndirectPropertyName	Name der indirekt mit dem Steuerelement verknüpften Eigenschaft
Position	Position des Eingabefelds im Dialogfeld
PropertyName	Name der mit dem Steuerelement verknüpften Eigenschaft
PropertyValue	Aktueller im Eingabefeld angezeigter Eigenschaftswert

Attribut	Beschreibung
Text	Schriftart und –attribute werden in der Spalte *Text* der Tabelle *Control* über `{\style}` bestimmt. Dazu muss *style* in der Spalte *TextStyle* der Tabelle *TextStyle* definiert sein. Mit `{&style}` werden die Attribute auf die Standardschrift (*DefaultUIFont*) angewendet. Weiterhin können Sie die maximale Anzahl der Zeichen angeben, die in das Eingabefeld eingegeben werden können. Geben Sie dazu den Wert nach der Schriftartenspezifikation in geschweiften Klammern `{ }` an. Es muss sich dabei um eine positive Zahl handeln.
Visible	Das Eingabefeld kann sichtbar oder unsichtbar sein.
Enabled	Das Eingabefeld kann aktiviert werden oder nicht.
Sunken	Das Eingabefeld kann normal oder dreidimensional dargestellt werden.
Indirect	Eine indirekte Eigenschaft (Attribut Indirect), für die *True* festgelegt wurde, wird zur Laufzeit vom Installer aufgelöst.
Integer	Bestimmt, ob *Edit* mit einer Eigenschaft verknüpft werden soll, die den Typ *Integer* oder *String* besitzt.
RTLRO	Der Text des Steuerelements wird von rechts nach links angezeigt.
RightAligned	Der Text wird rechtsbündig ausgerichtet.
LeftScroll	An der linken Seite des Steuerelements kann eine Bildlaufleiste angezeigt werden.
BiDi	Kombination der Attribute *RTLRO*, *RightAligned* und *LeftScroll*
MultiLine	Das Eingabefeld ist mehrzeilig und besitzt eine vertikale Bildlaufleiste
Password	Bestimmt, ob das Eingabefeld für Kennwörter verwendet werden soll. Um dabei die eingegebenen Zeichen durch * zu ersetzen, tragen Sie in der Tabelle *Control* in der Spalte *Attributes* den Wert 2.097.152 ein.

Tabelle 12.24: Die Edit-Attribute

GroupBox

Eine *GroupBox* ist ein Gruppenfeld, das mehrere Steuerelemente in einem Bereich zusammenfasst. Für eine *GroupBox* müssen die folgenden Werte definiert werden:

Attribut	Beschreibung
Position	Position der *GroupBox* im Dialogfeld
Text	Schriftart und –attribute werden in der Spalte *Text* der Tabelle *Control* über `{\style}` bestimmt. Dazu muss *style* in der Spalte *TextStyle* der Tabelle *TextStyle* definiert sein. Mit `{&style}` werden die Attribute auf die Standardschrift (DefaultUIFont) angewendet.
Visible	Die *GroupBox* kann sichtbar oder unsichtbar sein.

Attribut	Beschreibung
Sunken	Die *GroupBox* kann normal oder dreidimensional dargestellt werden.
RTLRO	Der Text des Steuerelements wird von rechts nach links angezeigt.
RightAligned	Der Text wird rechtsbündig ausgerichtet.

Tabelle 12.25: Die Group-Box-Attribute

Icon

Über dieses Steuerelement wird ein Icon (statisches Symbol) mit einem transparenten Hintergrund angezeigt. Für ein *Icon* müssen die folgenden Werte definiert werden:

Attribut	Beschreibung
Position	Position des *Icons* im Dialogfeld
Text	In der Tabelle *Binary* gespeicherter Name des *Icon*. Für ein geladenes *Icon* kann auch ein Handle geladen werden.
Visible	Das *Icon* kann sichtbar oder unsichtbar sein.
Sunken	Das *Icon* kann normal oder dreidimensional dargestellt werden.
FixedSize	Das *Icon* kann auf die Größe des Steuerelements skaliert, darauf zentriert oder der überstehende Rand abgeschnitten werden.
IconSize	Bestimmt die Icongröße. Es können die Werte *16x16*, *32x32*, *48x48* und *First Image* gewählt werden.

Tabelle 12.26: Die Icon-Attribute

Line

Das Steuerelement *Line* erstellt horizontale Linien, deren Länge und Breite Sie festlegen können. Für *Line* müssen die folgenden Werte definiert werden:

Attribut	Beschreibung
Position	Position der *Line* im Dialogfeld
Visible	Die *Line* kann sichtbar oder unsichtbar sein.
Sunken	Die *Line* kann normal oder dreidimensional dargestellt werden.

Tabelle 12.27: Die Line-Attribute

ListBox

Die *ListBox* ist ein Listenfeld, aus dem der Benutzer ein vordefiniertes Element auswählen kann. Die Werte für die *ListBox* werden in der gleichnamigen Tabelle definiert. In der Liste werden die in der Spalte *Text* bestimmten Werte angezeigt. Nach der Auswahl werden die in der Spalte *Value* bestimmten Werte der verknüpften Eigenschaft zugewiesen. Für eine *ListBox* müssen die folgenden Werte definiert werden:

Attribut	Beschreibung
IndirectPropertyName	Name der indirekt mit dem Steuerelement verknüpften Eigenschaft
Position	Position der *ListBox* im Dialogfeld
PropertyName	Name der mit dem Steuerelement verknüpften Eigenschaft
PropertyValue	Aktueller in der *ListBox* angezeigter Eigenschaftswert
Text	Schriftart und –attribute werden in der Spalte *Text* der Tabelle *Control* über `{\style}` bestimmt. Dazu muss *style* in der Spalte *TextStyle* der Tabelle *TextStyle* definiert sein. Mit `{&style}` werden die Attribute auf die Standardschrift (*DefaultUIFont*) angewendet.
Visible	Die *ListBox* kann sichtbar oder unsichtbar sein.
Enabled	Die *ListBox* kann aktiviert werden oder nicht.
Sunken	Die *ListBox* kann normal oder dreidimensional dargestellt werden.
Indirect	Eine indirekte Eigenschaft (Attribut Indirect), für die *True* festgelegt wurde, wird zur Laufzeit vom Installer aufgelöst.
Integer	Bestimmt, ob die *ListBox* mit einer Eigenschaft verknüpft werden soll, die den Typ *Integer* oder *String* besitzt.
RTLRO	Der Text des Steuerelements wird von rechts nach links angezeigt.
RightAligned	Der Text wird rechtsbündig ausgerichtet.
LeftScroll	An der linken Seite des Steuerelements kann eine Bildlaufleiste angezeigt werden.
BiDi	Kombination der Attribute *RTLRO*, *RightAligned* und *LeftScroll*
Sorted	Die Werte des Listenfelds können alphabetisch geordnet angezeigt werden.
UsersLanguage	Bestimmt, ob die Schriftarten der Codepage der Installer-Datenbank oder der UI-Codepage des Benutzers verwendet werden sollen.

Tabelle 12.28: Die ListBox-Attribute

ListView

Das Steuerelement *ListView* ist ein Listenfeld. Darin wird eine Spalte mit vordefinierten und diesen zugeordneten Symbolen angezeigt. Diese werden in der Tabelle *ListView* festgelegt. Es werden die Werte angezeigt, die in der Spalte *Text* hinterlegt sind. Nach der Auswahl werden die in der Spalte *Value* bestimmten Werte der verknüpften Eigenschaft zugewiesen. In der Spalte *_Binary* befindet sich ein Verweis auf die Tabelle *Binary*, in der das Symbol gespeichert ist. Der Inhalt der Spalte *Text* der Tabelle *Control* wird nicht angezeigt. Für eine *ListView* müssen die folgenden Werte definiert werden:

Attribut	Beschreibung
IndirectPropertyName	Name der indirekt mit dem Steuerelement verknüpften Eigenschaft
Position	Position der *ListView* im Dialogfeld
PropertyName	Name der mit dem Steuerelement verknüpften Eigenschaft
PropertyValue	Aktueller in der *ListView* angezeigter Eigenschaftswert
Text	Schriftart und –attribute werden in der Spalte *Text* der Tabelle *Control* über {\style} bestimmt. Dazu muss *style* in der Spalte *TextStyle* der Tabelle *TextStyle* definiert sein. Mit {&style} werden die Attribute auf die Standardschrift (*DefaultUIFont*) angewendet.
Visible	Die *ListView* kann sichtbar oder unsichtbar sein.
Enabled	Die *ListView* kann aktiviert werden oder nicht.
Sunken	Die *ListView* kann normal oder dreidimensional dargestellt werden.
Indirect	Eine indirekte Eigenschaft (Attribut Indirect), für die *True* festgelegt wurde, wird zur Laufzeit vom Installer aufgelöst.
Integer	Bestimmt, ob die *ListBox* mit einer Eigenschaft verknüpft werden soll, die den Typ *Integer* oder *String* besitzt.
RTLRO	Der Text des Steuerelements wird von rechts nach links angezeigt.
RightAligned	Der Text wird rechtsbündig ausgerichtet.
LeftScroll	An der linken Seite des Steuerelements kann eine Bildlaufleiste angezeigt werden.
BiDi	Kombination der Attribute *RTLRO*, *RightAligned* und *LeftScroll*
Sorted	Die Werte des Listenfelds können alphabetisch geordnet angezeigt werden.
FixedSize	Das Icon kann auf die Größe des Steuerelements skaliert, darauf zentriert oder der überstehende Rand abgeschnitten werden.
IconSize	Bestimmt die Icongröße. Es können die Werte *16x16*, *32x32*, *48x48* und *First Image* gewählt werden.

Tabelle 12.29: Die ListView-Attribute

MaskedEdit

MaskedEdit ist ein spezielles Eingabefeld, in dem die eingegebenen Zeichen maskiert werden können, z.B. bei der Eingabe einer Produkt-ID. Dabei wird die Eigenschaft *ProductID* vom Steuerelement erfasst, und die Maskierung der Zeichen erfolgt über die Eigenschaft *PIDTemplate*. Der Windows Installer verwendet die Aktion *ValidateProductID*, um den

Inhalt der Eigenschaft *ProductID* mit dem der Eigenschaft *PIDTemplate* zu vergleichen. Die Aktion wird ausgelöst, indem der Benutzer auf die Schaltfläche WEITER klickt. Die Daten werden nach bestimmten Algorithmen geprüft und danach wird die endgültige Produkt-ID gebildet.

Die Zeichen der Eigenschaft *PIDTemplate* haben folgende Bedeutung:

Zeichen	Beschreibung
<	Alle auf dieses Zeichen folgenden Zeichen sind sichtbar. Es darf nur einmal verwendet werden. Wurden definierte Werte vor diesem Zeichen angegeben, wird es bei der Validierung der Produkt-ID in das Zeichen – konvertiert. Lediglich der zwischen den Zeichen < > befindliche Teil ist sichtbar und nicht maskiert.
>	Alle ab dem Zeichen < und vor diesem stehenden Zeichen sind sichtbar. Es darf nur einmal verwendet werden. Wurden definierte Werte hinter diesem Zeichen angegeben, wird es bei der Validierung der Produkt-ID in das Zeichen – konvertiert.
#	Ziffer-Zeichen, das nicht in die Validierung einbezogen wird
%	Alternative zur Ziffer-Darstellung. Allerdings wird die so repräsentierte Ziffer in die Validierung einbezogen.
@	Platzhalter für eine Zufallszahl. Es kann nur im maskierten Teil verwendet werden.
?	Alphanumerisches Zeichen, das nicht in die Validierung einbezogen wird
^	Alternative zur Buchstaben-Darstellung. Allerdings wird der so repräsentierte Buchstabe in die Validierung einbezogen
-	Platzhalter für ein alphanumerisches Zeichen
`	Platzhalter für ein alphanumerisches Zeichen. Es handelt sich um das ASCII-Zeichen 96
=	Kennzeichnet den Abschluss des Eingabefelds. Es kann nur nach den Zeichen #, %, ^ oder ` verwendet werden. Dadurch wird das Eingabefeld getrennt und das vorangehende Maskierungszeichen wiederholt. In der GUI wird dieses Zeichen als – angezeigt.
Sonstige Zeichen	Statische Zeichenfolge

Tabelle 12.30: Unterstützte Zeichen für das Steuerelement MaskedEdit

Für *MaskedEdit* müssen die folgenden Werte definiert werden:

Attribut	Beschreibung
IndirectPropertyName	Name der indirekt mit dem Steuerelement verknüpften Eigenschaft
Position	Position von *MaskedEdit* im Dialogfeld
PropertyName	Name der mit dem Steuerelement verknüpften Eigenschaft

Attribut	Beschreibung
PropertyValue	Aktueller in *MaskedEdit* angezeigter Eigenschaftswert
Text	Schriftart und –attribute werden in der Spalte *Text* der Tabelle *Control* über {\style} bestimmt. Dazu muss *style* in der Spalte *TextStyle* der Tabelle *TextStyle* definiert sein. Mit {&style} werden die Attribute auf die Standardschrift (*DefaultUIFont*) angewendet.
Visible	*MaskedEdit* kann sichtbar oder unsichtbar sein.
Enabled	*MaskedEdit* kann aktiviert werden oder nicht
Sunken	*MaskedEdit* kann normal oder dreidimensional dargestellt werden.
Indirect	Eine indirekte Eigenschaft (Attribut Indirect), für die *True* festgelegt wurde, wird zur Laufzeit vom Installer aufgelöst.

Tabelle 12.31: Die MaskedEdit-Attribute

PathEdit

PathEdit wird zusammen mit den Steuerelementen *DirectoryCombo* und *DirectoryList* verwendet. *PathEdit* stellt den kompletten Pfad als Ergebnis der Auswahlen in *DirectoryCombo* und *DirectoryList* sowie die Eingabe des Benutzers dar. In das Eingabefeld kann die Pfadangabe auch als UNC-Pfad angegeben werden.

Für *PathEdit* müssen die folgenden Werte definiert werden:

Attribut	Beschreibung
IndirectPropertyName	Name der indirekt mit dem Steuerelement verknüpften Eigenschaft
Position	Position von *PathEdit* im Dialogfeld
PropertyName	Name der mit dem Steuerelement verknüpften Eigenschaft
PropertyValue	Aktueller in *PathEdit* angezeigter Eigenschaftswert
Text	Schriftart und –attribute werden in der Spalte *Text* der Tabelle *Control* über {\style} bestimmt. Dazu muss *style* in der Spalte *TextStyle* der Tabelle *TextStyle* definiert sein. Mit {&style} werden die Attribute auf die Standardschrift (*DefaultUIFont*) angewendet. Weiterhin können Sie die maximale Anzahl der Zeichen angeben, die in das Eingabefeld eingegeben werden können. Geben Sie dazu den Wert nach der Schriftartenspezifikation in geschweiften Klammern { } an. Es muss sich dabei um eine positive Zahl handeln.
Visible	*PathEdit* kann sichtbar oder unsichtbar sein.
Enabled	*PathEdit* kann aktiviert werden oder nicht.

Attribut	Beschreibung
Sunken	*PathEdit* kann normal oder dreidimensional dargestellt werden.
Indirect	Eine indirekte Eigenschaft (Attribut Indirect), für die *True* festgelegt wurde, wird zur Laufzeit vom Installer aufgelöst.
RTLRO	Der Text des Steuerelements wird von rechts nach links angezeigt.
RightAligned	Der Text wird rechtsbündig ausgerichtet.

Tabelle 12.32: Die PathEdit-Attribute

ProgressBar

ProgressBar ist die Fortschrittsanzeige der Installation. Diese wird als Balken angezeigt. Abhängig vom aktuellen Windows Installer-Ereignis wird die Anzeige dynamisch angepasst. Für eine *ProgressBar* müssen die folgenden Werte definiert werden:

Attribut	Beschreibung
Position	Position von *ProgressBar* im Dialogfeld
Progress	Das Attribut *Progress* wird durch das Ereignis *SetProgress* gesetzt. Es bestimmt, welcher Anteil des Fortschrittbalkens bereits ausgefüllt ist.
Text	Schriftart und –attribute werden in der Spalte *Text* der Tabelle *Control* über {\style} bestimmt. Dazu muss *style* in der Spalte *TextStyle* der Tabelle *TextStyle* definiert sein. Mit {&style} werden die Attribute auf die Standardschrift (DefaultUIFont) angewendet.
Visible	*PathEdit* kann sichtbar oder unsichtbar sein.
Sunken	*PathEdit* kann normal oder dreidimensional dargestellt werden.
RTLRO	Der Text des Steuerelements wird von rechts nach links angezeigt.
Progress95	Bestimmt, ob der Fortschrittsbalken als durchgehender blauer Balken wie unter Windows 95 oder durch eine Reihe blauer Rechtecke angezeigt werden soll

Tabelle 12.33: Die ProgressBar-Attribute

PushButton

Ein *PushButton* ist eine Schaltfläche in der Windows-GUI. Für einen *PushButton* müssen die folgenden Werte definiert werden:

Attribut	Beschreibung
Position	Position von *PushButton* im Dialogfeld
Text	Schriftart und –attribute werden in der Spalte *Text* der Tabelle *Control* über {\style} bestimmt. Dazu muss *style* in der Spalte *TextStyle* der Tabelle *TextStyle* definiert sein. Mit {&style} werden die Attribute auf die Standardschrift (*DefaultUIFont*) angewendet.

Attribut	Beschreibung
Visible	*PushButton* kann sichtbar oder unsichtbar sein.
Enabled	*PushButton* kann aktiviert werden oder nicht.
Sunken	*PushButton* kann normal oder dreidimensional dargestellt werden.
RTLRO	Der Text des Steuerelements wird von rechts nach links angezeigt.
Bitmap	Anstelle von Text wird ein Bitmap angezeigt. Dazu muss in der Spalte *Text* eine Referenz auf das Bitmap in der Tabelle *Binary* enthalten sein. Die Tastenkombination für eine Bitmap-Schaltfläche wird in der Spalte *Help* an erster Stelle eingegeben.
IconControl	Anstelle von Text wird ein Icon angezeigt. Dazu muss in der Spalte *Text* eine Referenz auf das Icon in der Tabelle *Binary* enthalten sein. Die Tastenkombination für eine Icon-Schaltfläche wird in der Spalte *Help* an erster Stelle eingegeben.
FixedSize	Das Icon kann auf die Größe des Steuerelements skaliert, darauf zentriert oder der überstehende Rand abgeschnitten werden.
IconSize	Bestimmt die Icongröße. Es können die Werte *16x16*, *32x32*, *48x48* und *First Image* gewählt werden.

Tabelle 12.34: Die PushButton-Attribute

RadioButtonGroup

In einer *RadioButtonGroup* werden mehrere Optionsschaltflächen zu einer Gruppe zusammengefasst. Aus dieser Gruppe kann jeweils nur eine Option ausgewählt werden. Dieses Steuerelement wird mit einer Eigenschaft verknüpft. In der Tabelle *RadioButton* werden die einzelnen Elemente der Anzeige festgelegt. In der Spalte *Property* muss auf dieselbe Eigenschaft verwiesen werden wie für das Steuerelement *RadioButtonGroup* selbst. In der Spalte *Text* wird die Beschreibung des Elements angegeben, in der Spalte *Value* der Wert, der nach Auswahl der gewünschten Option der mit der *RadioButton-Group* verknüpften Eigenschaft zugewiesen wird. Ein Anfangswert für das Steuerelement wird in der Tabelle *Property* zugewiesen. Für eine *RadioButtonGroup* müssen die folgenden Werte definiert werden:

Attribut	Beschreibung
IndirectPropertyName	Name der indirekt mit dem Steuerelement verknüpften Eigenschaft
Position	Position von *RadioButtonGroup* im Dialogfeld
PropertyName	Name der mit dem Steuerelement verknüpften Eigenschaft
PropertyValue	Aktueller unter *RadioButtonGroup* angezeigter Eigenschaftswert

Attribut	Beschreibung
Text	Schriftart und –attribute werden in der Spalte *Text* der Tabelle Control über {\style} bestimmt. Dazu muss *style* in der Spalte *TextStyle* der Tabelle *TextStyle* definiert sein. Mit {&style} werden die Attribute auf die Standardschrift (*DefaultUIFont*) angewendet. Weiterhin können Sie die maximale Anzahl der Zeichen angeben, die in das Eingabefeld eingegeben werden können. Geben Sie dazu den Wert nach der Schriftartenspezifikation in geschweiften Klammern { } an. Es muss sich dabei um eine positive Zahl handeln.
Visible	*RadioButtonGroup* kann sichtbar oder unsichtbar sein.
Enabled	*RadioButtonGroup* kann aktiviert werden oder nicht.
Sunken	*RadioButtonGroup* kann normal oder dreidimensional dargestellt werden.
Indirect	Eine indirekte Eigenschaft (Attribut Indirect), für die *True* festgelegt wurde, wird zur Laufzeit vom Installer aufgelöst.
Integer	Bestimmt, ob die *RadioButtonGroup* mit einer Eigenschaft verknüpft werden soll, die den Typ Integer oder String besitzt.
RTLRO	Der Text des Steuerelements wird von rechts nach links angezeigt.
RightAligned	Der Text wird rechtsbündig ausgerichtet.
PushLike	Das Steuerelement wird als Schaltfläche (*PushButton*) dargestellt.
Bitmap	Anstelle von Text wird ein Bitmap angezeigt. Dazu muss in der Spalte *Text* eine Referenz auf das Bitmap in der Tabelle *Binary* enthalten sein. Die Tastenkombination für eine Bitmap-Schaltfläche wird in der Spalte *Help* an erster Stelle eingegeben.
IconControl	Anstelle von Text wird ein Icon angezeigt. Dazu muss in der Spalte *Text* eine Referenz auf das Icon in der Tabelle *Binary* enthalten sein. Die Tastenkombination für eine Icon-Schaltfläche wird in der Spalte *Help* an erster Stelle eingegeben.
FixedSize	Das Icon kann auf die Größe des Steuerelements skaliert, darauf zentriert oder der überstehende Rand abgeschnitten werden.
IconSize	Bestimmt die Icongröße. Es können die Werte *16x16*, *32x32*, *48x48* und *First Image* gewählt werden.
HasBorder	Bestimmt, ob ein Rand und eine Beschriftung um das Steuerelement gesetzt werden.

Tabelle 12.35: Die RadioButtonGroup-Attribute

ScrollableText

Über dieses Steuerelement wird ein längerer Text, z.B. die Lizenzvereinbarung, angezeigt, der über eine Scroll-Leiste durchgeblättert werden kann. Bei einem Text im RTF-Format bleiben die Formatierungen darin enthalten. Für *ScrollableText* müssen die folgenden Werte definiert werden:

Attribut	Beschreibung
Position	Position von *ScrollableText* im Dialogfeld
Text	Bestimmt den vom Steuerelement angezeigten Text. Der Text wird in der Tabelle *Controls* in der Spalte *Text* eingegeben.
Visible	Das Steuerelement kann sichtbar oder unsichtbar sein.
Enabled	Das Steuerelement kann aktiviert werden oder nicht.
Sunken	Das Steuerelement kann normal oder dreidimensional dargestellt werden.
RTLRO	Der Text des Steuerelements wird von rechts nach links angezeigt.
RightAligned	Der Text wird rechtsbündig ausgerichtet.
LeftScroll	An der linken Seite des Steuerelements kann eine Bildlaufleiste angezeigt werden.
BiDi	Kombination der Attribute *RTLRO*, *RightAligned* und *LeftScroll*.

Tabelle 12.36: Die ScrollableText-Attribute

SelectionTree

Dieses Steuerelement ist spezifisch für den Windows Installer. In diesem Auswahlbaum kann der Benutzer die zu installierenden Features auswählen. Der *SelectionTree* ist mit der Eigenschaft verknüpft, die vom Benutzer im Dialogfeld Browse geändert werden kann. Sobald ein Eintrag im *SelectionTree* markiert ist, kann eines der folgenden Ereignisse ausgelöst werden:

Ereignis	Beschreibung
SelectionAction	Zeigt die Zeichenfolge des markierten Elements an, die in der Tabelle *UIText* hinterlegt ist
SelectionBrowse	Sobald der Benutzer auf ÄNDERN klickt, um ein anderes Zielverzeichnis zu wählen, wird dieses Ereignis ausgelöst.
SelectionDescription	Zeigt die Zeichenfolge des markierten Elements an, die in der Tabelle *Feature* hinterlegt ist
SelectionNoItems	Ist kein Eintrag markiert, soll eine Schaltfläche deaktiviert werden oder eine Beschreibung zurückgesetzt werden, wird dieses Ereignis ausgelöst.
SelectionPath	Gibt den Installationspfad des aktuell markierten Elements an.
SelectionPathOn	Zur Bestimmung, ob mit dem markierten Element ein Installationspfad verknüpft ist, wird ein Boolescher Wert ausgegeben.
SelectionSize	Gibt den Speicherbedarf des markierten Elements an.

Tabelle 12.37: Die Ereignisse, die bei einer Auswahl im SelectionTree ausgelöst werden können

Die eben beschriebenen Ereignisse beziehen sich auf Windows XP und frühere Betriebssysteme.

 Ab Windows Server 2003 können zusätzlich noch die Ereignisse *DoAction* sowie *SetProperty* ausgelöst werden. Über *DoAction* wird eine Custom Action ausgelöst, über *SetProperty* eine Eigenschaft auf einen neuen Wert gesetzt. Diese beiden Ereignisse werden jedoch nicht automatisch ausgelöst, sondern müssen in der Tabelle *ControlEvent* definiert werden.

Ab der Version 3.0 des Windows Installer veröffentlicht der *SelectionTree* ein Ereignis, das in der Tabelle *ControlEvent* aufgeführte Custom Actions ausführt. Dieses Ereignis wird ausgeführt, sobald sich die Featureauswahl ändert oder für das aktuelle Feature ein anderer Auswahlstatus gewählt ist. Die Custom Action wird jedes Mal ausgeführt, wenn das Ereignis veröffentlicht wird. Indem die in der folgenden Tabelle beschriebenen Werte für die Eigenschaften gesetzt werden, sendet *SelectionTree* die Informationen an die Custom Action. Sobald das Steuerelement geschlossen wird, werden all diese Eigenschaften gelöscht.

Eigenschaft	Beschreibung
MsiSelectionTreeSelectedFeature	Name des ausgewählten Features in der Spalte Feature der gleichnamigen Tabelle
MsiSelectionTreeSelectedAction	Installationsstatus des Features. Mögliche Werte sind *INSTALLSTATE_ABSENT*, *INSTALLSTATE_LOCAL*, *INSTALLSTATE_SOURCE* oder *INSTALLSTATE_ADVERTISED*
MsiSelectionTreeChildrenCount	Anzahl der direkten untergeordneten Features
MsiSelectionTreeInstallingChildrenCount	Anzahl der direkten untergeordneten Features des Status *INSTALLSTATE_LOCAL*, *INSTALLSTATE_SOURCE* oder *INSTALLSTATE_ ADVERTISED*
MsiSelectionTreeSelectedCost	Speicherplatzbedarf des gewählten Features
MsiSelectionTreeChildrenCost	Speicherplatzbedarf für die Installation der untergeordneten Features
MsiSelectionTreeSelectedPath	Installationspfad des gewählten Features (nur bei *INSTALLSTATE_LOCAL*)

Tabelle 12.38: Eigenschaften, deren Werte an die Custom Action gesendet werden

Für einen SelectionTree müssen die folgenden Werte definiert werden:

Attribut	Beschreibung
IndirectPropertyName	Name der indirekt mit dem Steuerelement verknüpften Eigenschaft
Position	Position des *SelectionTree* im Dialogfeld
PropertyName	Name der mit dem Steuerelement verknüpften Eigenschaft
PropertyValue	Aktueller unter *SelectionTree* angezeigter Eigenschaftswert

Attribut	Beschreibung
Text	Schriftart und –attribute werden in der Spalte *Text* der Tabelle *Control* über `{\style}` bestimmt. Dazu muss *style* in der Spalte *TextStyle* der Tabelle *TextStyle* definiert sein. Mit `{&style}` werden die Attribute auf die Standardschrift (*DefaultUIFont*) angewendet. Weiterhin können Sie die maximale Anzahl der Zeichen angeben, die in das Eingabefeld eingegeben werden können. Geben Sie dazu den Wert nach der Schriftartenspezifikation in geschweiften Klammern `{ }` an. Es muss sich dabei um eine positive Zahl handeln.
Visible	Das Steuerelement kann sichtbar oder unsichtbar sein.
Enabled	Das Steuerelement kann aktiviert werden oder nicht.
Sunken	Das Steuerelement kann normal oder dreidimensional dargestellt werden.
Indirect	Eine indirekte Eigenschaft (Attribut Indirect), für die *True* festgelegt wurde, wird zur Laufzeit vom Installer aufgelöst.
RTLRO	Der Text des Steuerelements wird von rechts nach links angezeigt.
RightAligned	Der Text wird rechtsbündig ausgerichtet.
LeftScroll	An der linken Seite des Steuerelements kann eine Bildlaufleiste angezeigt werden.
BiDi	Kombination der Attribute *RTLRO*, *RightAligned* und *LeftScroll*.

Tabelle 12.39: Die SelectionTree-Attribute

Für Anzeigeoptionen und Formatierung verwendet der *SelectionTree* zahlreiche Informationen der Tabelle *UIText*. Dieser formatierte Text wird im Kontextmenü verwendet, um die Symbole des *SelectionTree* zu beschreiben. Dabei kann über den Text eine Meldung aus mehreren Bausteinen zusammengesetzt werden. Diese zusammengesetzte Meldung kann als Argument an das auszulösende Ereignis angehängt werden. Es stehen die folgenden Zeichenfolgen zur Verfügung:

Zeichenfolge	Beschreibung
AbsentPath	Leere Zeichenfolge für den Installationspfad eines nicht zu installierendes Features
Bytes	Größe in Bytes
GB	Größe in Gigabyte
KB	Größe in Kilobyte
MB	Größe in Megabyte
MenuAbsent	Feature ist nicht verfügbar
MenuAllCD	Gesamtes Feature wird von der CD gestartet
MenuAllLocal	Gesamtes Feature wird lokal installiert
MenuAllNetwork	Gesamtes Feature wird vom Netzwerk gestartet
MenuCD	Installation zum Start von der CD

Zeichenfolge	Beschreibung
MenuLocal	Installation auf der Festplatte
MenuNetwork	Installation zum Start vom Netzwerk
SelAbsentAbsent	Feature wird nicht installiert
SelAbsentCD	Feature-Installation zum Start von der CD
SelAbsentLocal	Feature wird auf der Festplatte installiert
SelAbsentNetwork	Feature-Installation zum Start vom Netzwerk
SelCDAbsent	Feature wird vollständig entfernt und kann auch nicht von der CD gestartet werden
SelCDCD	Feature bleibt zum Start von der CD installiert
SelCDLocal	Feature war zum CD-Start installiert, wird nun lokal installiert
SelChildCostPos	Speicherplatzfreigabe des Features
SelChildCostNeg	Speicherplatzbelegung des Features
SelLocalAbsent	Feature wird vollständig entfernt
SelLocalCD	Feature wird von der Festplatte entfernt, kann aber von CD gestartet werden
SelLocalLocal	Feature bleibt auf der Festplatte installiert
SelLocalNetwork	Feature wird von der Festplatte entfernt, kann aber vom Netzwerk gestartet werden
SelNetworkAbsent	Feature wird vollständig entfernt und kann auch nicht vom Netzwerk gestartet werden
SelNetworkLocal	Feature war zum Netzwerkstart installiert, wird jetzt lokal installiert
SelNetworkNetwork	Feature bleibt für den Netzwerkstart installiert
SelParentCostNegNeg	Speicherplatzfreigabe des Features. Anzahl der gewählten Unterfeatures und deren Speicherplatzfreigabe
SelParentCostNegPos	Speicherplatzfreigabe des Features. Anzahl der gewählten Unterfeatures und deren Speicherplatzbedarf
SelParentCostPosNeg	Speicherplatzbedarf des Features. Anzahl der gewählten Unterfeatures und deren Speicherplatzfreigabe
SelParentCostPosPos	Speicherplatzbedarf des Features. Anzahl der gewählten Unterfeatures und deren Speicherplatzbedarf

Tabelle 12.40: Zeichenfolgen der Tabelle UIText

Die Informationen, auf die *SelectionTree* zurückgreift, werden während der Durchführung der Aktionen *CostInitialize* und *CostFinalize* bereitgestellt. Erst wenn diese beiden Aktionen abgeschlossen sind, kann ein auf *SelectionTree* vorhandenes Dialogfeld aufgerufen werden.

Text

Das Steuerelement *Text* wird auch als Bezeichnungsfeld bezeichnet. Es enthält einzeiligen, statischen Text. Soll mehrzeiliger Text angezeigt werden, müssen Sie mehrere Textfelder untereinander anordnen. Für die Textausgabe können Eigenschaften direkt in den Text eingefügt werden. Platzhalter wir z.B. [USERNAME] in der Spalte *Text* der Tabelle *Control* werden im laufenden Text aufgelöst. Für *Text* müssen die folgenden Werte definiert werden:

Attribut	Beschreibung
Position	Position des Textfelds im Dialogfeld
Text	Schriftart und –attribute werden in der Spalte *Text* der Tabelle *Control* über {\style} bestimmt. Dazu muss *style* in der Spalte *TextStyle* der Tabelle *TextStyle* definiert sein. Mit {&style} werden die Attribute auf die Standardschrift (*DefaultUIFont*) angewendet. Weiterhin können Sie die maximale Anzahl der Zeichen angeben, die in das Eingabefeld eingegeben werden können. Geben Sie dazu den Wert nach der Schriftartenspezifikation in geschweiften Klammern { } an. Es muss sich dabei um eine positive Zahl handeln.
TimeRemaining	Anzeige der verbleibenden Installationsdauer. Dazu muss das Ereignis *TimeRemaining* abonniert werden.
Visible	Das Steuerelement kann sichtbar oder unsichtbar sein.
Enabled	Das Steuerelement kann aktiviert werden oder nicht.
Sunken	Das Steuerelement kann normal oder dreidimensional dargestellt werden.
RTLRO	Der Text des Steuerelements wird von rechts nach links angezeigt.
RightAligned	Der Text wird rechtsbündig ausgerichtet.
Transparent	Der Texthintergrund kann transparent sein.
NoPrefix	Zur Anzeige des Unterstrichs für den Shortcut kann das Zeichen & verwendet werden.
NoWrap	Bestimmt, ob der Text einzeilig oder umgebrochen dargestellt werden soll.
UsersLanguage	Bestimmt, ob die Schriftarten der Codepage der Installer-Datenbank oder der UI-Codepage des Benutzers verwendet werden sollen.
FormatSize	Der Text wird als Ziffer ausgegeben, die eine Byte-Anzahl angibt.

Tabelle 12.41: Die Text-Attribute

VolumeCostList

Über dieses Steuerelement wird der Speicherbedarf auf den einzelnen Laufwerken angezeigt. Wird auf einem Laufwerk mehr Speicherplatz benötigt, als dort noch verfügbar ist, wird dieses Laufwerk hervorgehoben. Wie *SelectionTree* verwendet auch die *VolumeCostList* die Tabelle *UIText*. Dabei wird auf die folgenden Zeichenfolgen zurückgegriffen:

Zeichenfolge	Beschreibung
VolumeCostAvailable	Beschriftung für die Spalte des verfügbaren Speicherplatzes. Der Standardwert lautet *Verfügbar*.
VolumeCostDifference	Beschriftung für die Spalte der Differenz zwischen dem benötigten und verfügbaren Speicherplatz. Der Standardwert lautet *Differenz*.
VolumeCostRequired	Beschriftung für den benötigten Speicherplatz. Der Standardwert lautet *Erforderlich*.
VolumeCostSize	Beschriftung für die Spalte der Datenträgergröße. Der Standardwert lautet *Datenträgergröße*.
VolumeCostVolume	Beschriftung für die Spalte der Laufwerksbezeichnung. Der Standardwert lautet *Laufwerke*.
Bytes	Größe in Byte
KB	Größe in Kilobyte
MB	Größe in Megabyte
GB	Größe in Gigabyte

Tabelle 12.42: Zeichenfolgen der Tabelle UIText

Die Spaltenbreite für die Tabelle *VolumeCostList* kann angepasst werden. Dazu wird in die Spalte *Text* der Tabelle *Control* hinter die Definition der Schriftart die Spaltenbreite der maximal fünf Spalten als ganzzahliger Wert in geschweiften Klammern angegeben, z.B. in der Form {120}{0}{80}{80}{80}. Wird kein Wert, der Wert 0 oder ein negativer oder anderer ungültiger Wert angegeben, wird die Spalte ausgeblendet. Für eine *VolumeCost-List* müssen die folgenden Werte definiert werden:

Attribut	Beschreibung
Position	Position des Steuerelements im Dialogfeld
Text	Schriftart und –attribute werden in der Spalte *Text* der Tabelle *Control* über {\style} bestimmt. Dazu muss *style* in der Spalte *TextStyle* der Tabelle *TextStyle* definiert sein. Mit {&style} werden die Attribute auf die unter Standardschrift (*DefaultUIFont*) angewendet. Weiterhin können Sie die maximale Anzahl der Zeichen angeben, die in das Eingabefeld eingegeben werden können. Geben Sie dazu den Wert nach der Schriftartenspezifikation in geschweiften Klammern { } an. Es muss sich dabei um eine positive Zahl handeln.
Visible	Das Steuerelement kann sichtbar oder unsichtbar sein.
Enabled	Das Steuerelement kann aktiviert werden oder nicht.
Sunken	Das Steuerelement kann normal oder dreidimensional dargestellt werden.
RTLRO	Der Text des Steuerelements wird von rechts nach links angezeigt.

Attribut	Beschreibung
RightAligned	Der Text wird rechtsbündig ausgerichtet.
LeftScroll	An der linken Seite des Steuerelements kann eine Bildlaufleiste angezeigt werden.
BiDi	Kombination der Attribute *RTLRO*, *RightAligned* und *LeftScroll*
RemovableVolume	Anzeige der Wechseldatenträger
FixedVolume	Anzeige der eingebauten Festplattenlaufwerke
RemoteVolume	Anzeige der Netzlaufwerke
CDROMVolume	Anzeige der CD/DVD-Laufwerke
RAMDiskVolume	Anzeige der RAM-Datenträger
FloppyVolume	Anzeige der Diskettenlaufwerke
ControlShowRollbackCost	Die für Rollback und Backup benötigten Dateien können in die Speicherplatzberechnung mit einfließen.

Tabelle 12.43: Die VolumeCostList-Attribute

VolumeSelectCombo

Über dieses Steuerelement kann der Benutzer das Installationslaufwerk aus einer alphabetischen Liste auswählen. Für eine *VolumeSelectCombo* müssen die folgenden Werte definiert werden:

Attribut	Beschreibung
IndirectPropertyName	Name der indirekt mit dem Steuerelement verknüpften Eigenschaft
Position	Position des Steuerelements im Dialogfeld
PropertyName	Name der mit dem Steuerelement verknüpften Eigenschaft
PropertyValue	Aktueller unter *VolumeSelectCombo* angezeigter Eigenschaftswert
Text	Schriftart und –attribute werden in der Spalte *Text* der Tabelle *Control* über {\style} bestimmt. Dazu muss *style* in der Spalte *TextStyle* der Tabelle *TextStyle* definiert sein. Mit {&style} werden die Attribute auf die unter Standardschrift (*DefaultUIFont*) angewendet. Weiterhin können Sie die maximale Anzahl der Zeichen angeben, die in das Eingabefeld eingegeben werden können. Geben Sie dazu den Wert nach der Schriftartenspezifikation in geschweiften Klammern { } an. Es muss sich dabei um eine positive Zahl handeln.
Visible	Das Steuerelement kann sichtbar oder unsichtbar sein.
Enabled	Das Steuerelement kann aktiviert werden oder nicht.

Attribut	Beschreibung
Sunken	Das Steuerelement kann normal oder dreidimensional dargestellt werden.
Indirect	Eine indirekte Eigenschaft (Attribut Indirect), für die *True* festgelegt wurde, wird zur Laufzeit vom Installer aufgelöst.
RTLRO	Der Text des Steuerelements wird von rechts nach links angezeigt.
RightAligned	Der Text wird rechtsbündig ausgerichtet.
LeftScroll	An der linken Seite des Steuerelements kann eine Bildlaufleiste angezeigt werden.
BiDi	Kombination der Attribute *RTLRO*, *RightAligned* und *LeftScroll*
RemovableVolume	Anzeige der Wechseldatenträger
FixedVolume	Anzeige der eingebauten Festplattenlaufwerke
RemoteVolume	Anzeige der Netzlaufwerke
CDROMVolume	Anzeige der CD/DVD-Laufwerke
RAMDiskVolume	Anzeige der RAM-Datenträger
FloppyVolume	Anzeige der Diskettenlaufwerke

Tabelle 12.44: Die VolumeSelectCombo-Attribute

12.4.3 Die Attribute der Steuerelemente

Nachdem Sie im vergangenen Kapitel die für die einzelnen Steuerelemente verfügbaren Attribute kennen gelernt haben, sollen diese nun in ihrem Aufbau detailliert vorgestellt werden. Ein Attribut bestimmt die Darstellungsart der Steuerelemente und das Verhalten bei bestimmten Ereignissen. Die Attributdefinition der Steuerelemente kann auf drei verschiedene Arten umgesetzt werden:

1. In der Tabelle *ControlCondition* wird das Steuerelement abhängig von der ihm zugeordneten Eigenschaft aktiviert oder deaktiviert bzw. sichtbar oder unsichtbar gemacht. Über diese Tabelle kann auch das Standardsteuerelement geändert werden, das in der Tabelle *Dialog* definiert ist.

2. Das Attribut wird in der Tabelle *EventMapping* in der Spalte *Attribute* eingetragen, das Ereignis in der Spalte *Event* derselben Tabelle. So wird ein Steuerelement zum Ereignisempfänger.

3. Die Attribute werden in der Tabelle *Control* in der Spalte *Attribute* bestimmt. So werden die Attribute dem Steuerelement bereits beim Anlegen zugewiesen.

Es folgt die Beschreibung der einzelnen Attribute in alphabetischer Reihenfolge.

BiDi

Dieses Attribut ist eine Kombination der Attribute *RTLRO, RightAligned* sowie *LeftScroll*. Es wird für Sprachen wie beispielsweise Hebräisch eingesetzt, die von rechts nach links gelesen werden. Es wird folgendermaßen definiert:

Dezimal	Hexadezimal	Konstante
224	0x000000E0	msidbControlAttributesBiDi

Tabelle 12.45: Definition des Attributs BiDi

BillboardName

Das Attribut *BillboardName* gibt den Namen des angezeigten *Billboard* an oder zeigt das *Billboard* an. Es wird nur vom Steuerelement *Billboard* benutzt.

Bitmap

Anstelle von Text zeigt das Steuerelement ein Bitmap an. Ein Steuerelement kann nie gleichzeitig einen Text und ein Bitmap darstellen. In der Spalte *Text* der Tabelle *Control* muss sich ein Verweis auf einen Schlüssel der Tabelle *Binary* vorhanden sein. Das Attribut wird folgendermaßen definiert:

Dezimal	Hexadezimal	Konstante
262144	0x00040000	msidbControlAttributesBitmap

Tabelle 12.46: Definition des Attributs Bitmap

CDROMVolume

Das Steuerelement zeigt sämtliche CD-ROM- und DVD-ROM-Laufwerke an. Das Attribut wird folgendermaßen definiert:

Dezimal	Hexadezimal	Konstante
524288	0x00080000	msidbControlAttributesCDROMVolume

Tabelle 12.47: Definition des Attributs CDROMVolume

ComboList

Durch dieses Attribut wird ein statisches Textfeld anstelle des editierbaren Felds in der *ComboBox* verwendet. Der Benutzer muss einen Eintrag aus der Liste der *ComboBox* auswählen. Das Attribut wird folgendermaßen definiert:

Dezimal	Hexadezimal	Konstante
131072	0x00020000	msidbControlAttributesComboList

Tabelle 12.48: Definition des Attributs ComboList

ControlShowRollbackCost

Über dieses Attribut können in die Berechnung des Speicherbedarfs für die *VolumeCost-List* Dateien miteinbezogen werden. Dabei haben Sie folgende Möglichkeiten:

Verwenden dieses Attributs	Eigenschaftswert für PROMPTROLLBACKCOST	Dateien, die in die Berechnung einbezogen werden
Ja	P	Rollback-Dateien
Nein	P	Keine
Ja oder Nein	F	Rollback- und Backup-Dateien
Ja oder Nein	D oder DISABLEROLLBACK	Keine

Tabelle 12.49: Speicherplatzberechnung über das Attribut ControlShowRollbackCost

Das Attribute wird folgendermaßen definiert:

Dezimal	Hexadezimal	Konstante
4194304	0x00400000	msidbControlAttributesControlShowRollbackCost

Tabelle 12.50: Definition des Attributs ControlShowRollbackCost

Enabled

Dieses Attribut bestimmt, ob das Steuerelement bei der Initialisierung aktiviert oder deaktiviert wird. Einige Steuerelemente sind ausgeblendet, wenn sie deaktiviert sind. Über die Tabelle *ControlCondition* kann das Aktivieren oder Deaktivieren zur Laufzeit in Abhängigkeit von einer Bedingung gesetzt werden. Das Attribut wird folgendermaßen definiert:

Dezimal	Hexadezimal	Konstante
2	0x00000002	msidbControlAttributesEnabled

Tabelle 12.51: Definition des Attributes Enabled

FixedSize

Durch dieses Attribut wird die Größe eines Bildes nicht geändert. Es kann entweder auf dem Steuerelement zentriert werden, oder die überstehenden Ränder werden abgeschnitten. Wurden bei den Steuerelementen *CheckBox*, *PushButton* und *RadioButtonGroup* weder die Attribute *Bitmap* noch *Icon* zugewiesen, hat dieses Attribut keinen Einfluss. Dies gilt auch, falls bei den Steuerelementen *Icon* und *PushButton* das Attribut *IconSize* nicht gesetzt ist. Das Attribut wird folgendermaßen definiert:

Dezimal	Hexadezimal	Konstante
1048576	0x00100000	msidbControlAttributesFixedSize

Tabelle 12.52: Definition des Attributs FixedSize

FixedVolume

Es werden im Steuerelement sämtliche lokalen Festplattenlaufwerke angezeigt. Das Attribut wird folgendermaßen definiert:

Dezimal	Hexadezimal	Konstante
131072	0x00020000	msidbControlAttributesFixedVolume

Tabelle 12.53: Definition des Attributs FixedVolume

FloppyVolume

Es werden im Steuerelement sämtliche Diskettenlaufwerke angezeigt. Das Attribut wird folgendermaßen definiert:

Dezimal	Hexadezimal	Konstante
2097152	0x00200000	msidbControlAttributesFloppyVolume

Tabelle 12.54: Definition des Attributs FloppyVolume

FormatSize

Benutzt ein Steuerelement dieses Attribut zur Darstellung von statischem Text, versucht es, den Text automatisch in eine Zahl (Anzahl von Bytes) umzuwandeln. Zur Umrechnung des Speicherplatzes werden 512er-Einheiten benutzt. Der Text der Einheit ist in der Tabelle *UIText* hinterlegt.

Während der Laufzeit prüft der Installer den benötigten Speicher und schreibt den Wert in die Eigenschaft *PrimaryVolumeSpaceRequired*. Wird Speicherplatz von beispielsweise 15.360.000 Bytes benötigt, wird dieser Wert in die genannte Eigenschaft geschrieben. Dann wird dieser Wert durch 512 geteilt und im Steuerelement angezeigt. Das Ergebnis von 30.000 wird im Steuerelement formatiert und als Ergebnis von 15 MB dargestellt.

Originaler Zahlenwert	Einheit
< 20.480	KB
< 20.971.520	MB
< 10.737.418.240	GB

Tabelle 12.55: Die Formatierung der Werte

Das Attribut *FormatSize* wird folgendermaßen definiert:

Dezimal	Hexadezimal	Konstante
524288	0x00080000	msidbControlAttributesFormatSize

Tabelle 12.56: Definition des Attributs FormatSize

HasBorder

Wird dieses Attribut bei einer *RadioButtonGroup* verwendet, wird dieses Steuerelement von einem Rand eingeschlossen und der Text beginnt links oben innerhalb des Randes. Das Attribut wird folgendermaßen definiert:

Dezimal	Hexadezimal	Konstante
16777216	0x01000000	msidbControlAttributesHasBorder

Tabelle 12.57: Definition des Attributs HasBorder

Icon

Der Text des Steuerelements wird als ein Icon dargestellt. Ein Steuerelement kann nie gleichzeitig Text und ein Icon darstellen. Es muss in der Tabelle *Control* in der Spalte *Text* ein Verweis auf die Tabelle *Binary* vorliegen. Das Attribut wird folgendermaßen definiert:

Dezimal	Hexadezimal	Konstante
5242288	0x000800000	msidbControlAttributesIcon

Tabelle 12.58: Definition des Attributs Icon

IconSize

Besitzt ein Icon mehrere Bilder in unterschiedlichen Größen, wird über dieses Attribut bestimmt, welches beim Laden verwendet werden soll. Ist das Attribut nicht gesetzt, wird das erste Bild benutzt. Zusätzlich können Sie bestimmen, ob das Bild in der Größe 16x16, 32x32 oder48x48 Pixel angezeigt werden soll. Das Attribut wird folgendermaßen definiert:

Dezimal	Hexadezimal	Konstante
2097152	0x00200000	msidbControlAttributesIconSize16
4194304	0x00400000	msidbControlAttributesIconSize32
6291456	0x00600000	msidbControlAttributesIconSize48

Tabelle 12.59: Definition des Attributs IconSize

Indirect

Über dieses Attribut wird bestimmt, ob die Eigenschaft direkt oder indirekt geändert wird. Ist für die indirekte Eigenschaft *True* festgelegt, wird die Eigenschaft zur Laufzeit vom Installer aufgelöst. Anderenfalls wird die Eigenschaft nicht aufgelöst und gibt ihre Zeichenfolge an. Das Attribut wird folgendermaßen definiert:

Dezimal	Hexadezimal	Konstante
8	0x00000008	msidbControlAttributesIndirect

Tabelle 12.60: Definition des Attributs Indirect

IndirectPropertyName

Dieses Attribut bezeichnet die mit dem Steuerelement verknüpfte indirekte Eigenschaft. Dieser Name wird in der Tabelle *Control* in der Spalte *Property* bestimmt. Dieses Attribut wird wie *Indirect* von allen aktiven Steuerelementen benutzt.

Integer

Dieses Attribut wird benutzt, wenn die dem Steuerelement zugeordnete Eigenschaft einen ganzzahligen Wert (Integer) besitzen soll. Das Attribut wird folgendermaßen definiert:

Dezimal	Hexadezimal	Konstante
16	0x00000010	msidbControlAttributesInteger

Tabelle 12.61: Definition des Attributs Integer

LeftScroll

Über dieses Attribut wird am linken Fensterrand eine Bildlaufleiste angezeigt. Das Attribut wird folgendermaßen definiert:

Dezimal	Hexadezimal	Konstante
128	0x00000080	msidbControlAttributesLeftScroll

Tabelle 12.62: Definition des Attributs LeftScroll

MultiLine

Über dieses Attribut wird zur Texteingabe ein mehrzeiliges Steuerelement erstellt. Das Attribut wird folgendermaßen definiert:

Dezimal	Hexadezimal	Konstante
65536	0x00010000	msidbControlAttributesMultiLine

Tabelle 12.63: Definition des Attributs MultiLine

NoPrefix

Wird dieses Attribut für das Steuerelement *Text* verwendet, wird das Zeichen & direkt so dargestellt. Ist das Attribut nicht gesetzt, wird das Zeichen & benutzt, um das Zeichen unterstrichen zur Nutzung des Shortcuts darzustellen. Das Attribut wird folgendermaßen definiert:

Dezimal	Hexadezimal	Konstante
131072	0x20000	msidbControlAttributesNoPrefix

Tabelle 12.64: Definition des Attributs NoPrefix

NoWrap

Ist das Attribut im Steuerelement *Text* gesetzt, wird der Text auf einer Linie angezeigt. Ist der Text länger, wird dessen Ende automatisch mit der Zeichenfolge „…" am Ende gekennzeichnet. Das Attribut wird folgendermaßen definiert:

Dezimal	Hexadezimal	Konstante
262144	0x00040000	msidbControlAttributesNoWrap

Tabelle 12.65: Definition des Attributs NoWrap

Password

Ist dieses Attribut gesetzt, können im Steuerelement *Edit* die Zeichenfolgen maskiert, also nicht lesbar dargestellt werden. Die Zeichen werden durch * ersetzt. Ab der Version 2.0 des Windows Installer wird der Inhalt des Steuerelements aus Sicherheitsgründen aus dem Installationsprotokoll ausgeklammert. Das Attribut wird folgendermaßen definiert:

Dezimal	Hexadezimal	Konstante
2097152	0x00200000	msidbControlAttributesPasswordInput

Tabelle 12.66: Definition des Attributs Password

Position

Dieses Attribut bestimmt die vertikale und horizontale Position des Steuerelements im Dialogfeld. In der Tabelle *Control* werden zur Positionsangabe in die Spalten *X, Y, Width* und *Height* die Werte für den linken und oberen Rand sowie die Breite und Höhe angegeben. Die Maßangabe ist die von allen Steuerelementen benutzte Installer Unit.

Progress

Über dieses Attribut wird bestimmt, wie weit im Steuerelement *ProgressBar* der Indikator fortschreitet. Im Attribut sind zwei ganzzahlige Werte und eine Zeichenfolge enthalten. Der erste Zahlenwert beschreibt den aktuellen Fortschritt, der zweite die Maximalzahl für den Fortschritt. Ist kein Maximalwert gesetzt, wird der Standardwert 1.024 benutzt und beim Übersteigen automatisch korrigiert. Die Zeichenfolge gibt die aktuell vom Installer ausgeführte Aktion an.

Progress95

Die Fortschrittsanzeige wird im Windows 95-Stil angezeigt, d.h. als durchgehende blaue Linie und nicht in Form von blauen Rechtecken. Das Attribut wird folgendermaßen definiert:

Dezimal	Hexadezimal	Konstante
65536	0x00010000	msidbControlAttributesProgress95

Tabelle 12.67: Definition des Attributs Progress95

PropertyName

Dieses Attribut gibt den Namen der mit dem Steuerelement verknüpften Eigenschaft an. Es wird in der Tabelle *Control* in der Spalte *Property* definiert. Ist ein Steuerelement nicht aktiv, gibt das Attribut den Wert 0 zurück.

PropertyValue

Dieses Attribut bestimmt den aktuellen Wert der mit dem Steuerelement verknüpften Eigenschaft. Ist nicht das Attribut *Indirect* gesetzt, ist dies der Wert der unter *Property-Name* gesetzten Eigenschaft. Ist das Attribut *Indirect* gesetzt, handelt es sich um die unter *IndirectPropertyName* bestimmte Eigenschaft.

PushLike

Ist dieses Attribut gesetzt, können die Steuerelemente *CheckBox* und *RadioButtonGroup* in Form einer Schaltfläche dargestellt werden. Das Attribut wird folgendermaßen definiert:

Dezimal	Hexadezimal	Konstante
131072	0x00020000	msidbContolAtributesPushLike

Tabelle 12.68: Definition des Attributs PushLike

RAMDiskVolume

Es werden im Steuerelement sämtliche RAM-Laufwerke angezeigt. Das Attribut wird folgendermaßen definiert:

Dezimal	Hexadezimal	Konstante
1048567	0x00100000	msidbControlAttributesRAMDiskVolume

Tabelle 12.69: Definition des Attributs RAMDiskVolume

RemoteVolume

Es werden im Steuerelement sämtliche Netzlaufwerke angezeigt. Das Attribut wird folgendermaßen definiert:

Dezimal	Hexadezimal	Konstante
262144	0x00040000	msidbControlAttributesRemoteVolume

Tabelle 12.70: Definition des Attributs RemoteVolume

RemovableVolume

Es werden im Steuerelement sämtliche Wechseldatenträger angezeigt. Das Attribut wird folgendermaßen definiert:

Dezimal	Hexadezimal	Konstante
65536	0x00010000	msidbControlAttributesRemovableVolume

Tabelle 12.71: Definition des Attributs RemovableVolume

RightAligned

Über dieses Attribut wird der Text in einem Steuerelement rechtsbündig ausgerichtet. Das Attribut wird folgendermaßen definiert:

Dezimal	Hexadezimal	Konstante
64	0x00000040	msidbControlAttributesRightAligned

Tabelle 12.72: Definition des Attributs RightAligned

RTLRO

Über dieses Attribut wird der Text des Steuerelements von rechts nach links geschrieben. Das Attribut wird folgendermaßen definiert:

Dezimal	Hexadezimal	Konstante
32	0x00000020	msidbControlAttributesRTLRO

Tabelle 12.73: Definition des Attributs RTLRO

Sorted

Über dieses Attribut werden die Elemente des Steuerelements in einer festgelegten Reihenfolge angezeigt. Ist das Attribut nicht gesetzt, werden sie in alphabetischer Reihenfolge angezeigt. Das Attribut wird folgendermaßen definiert:

Dezimal	Hexadezimal	Konstante
65536	0x00010000	msidbControlAttributesSorted

Tabelle 12.74: Definition des Attributs Sorted

Sunken

Ist dieses Attribut gesetzt, wird das Steuerelement dreidimensional dargestellt. Allerdings ist bei einigen Elementen kein sichtbarer Effekt erkennbar. Das Attribut wird folgendermaßen definiert:

Dezimal	Hexadezimal	Konstante
4	0x00000004	msidbControlAttributsSunken

Tabelle 12.75: Definition des Attributs Sunken

Text

Dieses Attribut bestimmt den in dem Steuerelement dargestellten Inhalt. Um einen Hotkey für das Steuerelement zu bestimmen, wird das Zeichen & vor den gewünschten Buchstaben gesetzt.

TimeRemaining

Über dieses Attribut wird in Minuten und Sekunden die noch verbleibende Installationsdauer angezeigt. Dabei wird auf die Zeichenfolge der Tabelle *UIText* zurückgegriffen.

Transparent

Ist dieses Attribut gesetzt, wird der Hintergrund des Steuerelements *Text* transparent dargestellt, ist es nicht gesetzt, wird die Standardfarbe gesetzt. Das Attribut wird folgendermaßen definiert:

Dezimal	Hexadezimal	Konstante
65536	0x00010000	msidbControlAttributesTransparent

Tabelle 12.76: Definition des Attributs Transparent

UsersLanguage

Wenn dieses Attribut gesetzt ist, werden die Schriftzeichen entsprechend der Benutzer-Codepage dargestellt. Ist es nicht gesetzt, wird die Codepage der Windows Installer-Datenbank verwendet. Das Attribut wird folgendermaßen definiert:

Dezimal	Hexadezimal	Konstante
1048576	0x00100000	msidbControlAttributesUsersLanguage

Tabelle 12.77: Definition des Attributs UsersLanguage

Visible

Über dieses Attribut wird bestimmt, ob das Steuerelement sichtbar oder unsichtbar ist. Das Attribut wird folgendermaßen definiert:

Dezimal	Hexadezimal	Konstante
1	0x00000001	msidbControlAttributsVisible

Tabelle 12.78: Definition des Attributs Visible

12.4.4   Die Ereignisse der Steuerelemente

Der Windows Installer unterstützt eine Reihe von Ereignissen, die über die Steuerelemente ausgelöst werden können. Die Ereignisse werden in der Tabelle *ControlEvents* definiert. Meldungen auf die entsprechenden Ereignisse werden in der Tabelle *EventMapping* definiert.

Von einem Steuerelement können auch mehrere Ereignisse verwendet werden, beispielsweise von *SelectionTree*. Ist in diesem Steuerelement kein Element markiert, wird das entsprechende Ereignis *SelectionNoItems* gesendet. Ist ein Element markiert, wird das Ereignis *SelectionDescription* ausgelöst. Mit diesem Ereignis kann ein Steuerelement *Text* zur Beschreibung des Elements verknüpft werden. Ein Steuerelement kann also wie natürlich der Windows Installer selbst ein Ereignis auslösen, das von einem anderen Steuerelement empfangen werden kann. Dazu müssen sich die Steuerelemente jedoch in demselben Dialogfeld befinden.

Während der Installation werden bestimmte Ereignisse automatisch ausgelöst. Es werden die zugehörigen Meldungen an die Steuerelemente geschickt, die das Ereignis abonniert haben.

Über die Steuerelemente *PushButton* und *CheckBox* können auch benutzerdefinierte Ereignisse aufgerufen werden. Für diese muss in der Tabelle *ControlEvent* ein neuer Datensatz angelegt werden, in dem das auslösende Steuerelement und das zugehörige Dialogfeld bestimmt werden. Benutzerdefinierte Aktionen werden über das Ereignis *DoAction* aufgerufen. Ab der Windows Installer-Version des Windows Server 2003 können auch über *SelectionTree* Ereignisse zum Ausführen benutzerdefinierter Aktionen gesendet werden.

Folgend finden Sie eine Übersicht über die verschiedenen Ereignisse, deren Aktion und Verwendung.

ActionData

Beschreibung	Die Daten der aktuellen Aktion werden veröffentlicht. Diese Daten können über Text auf einem nicht modalen Dialogfeld angezeigt werden, wenn dieses Steuerelement in der Tabelle *EventMapping* registriert ist. Das Ereignis ist bei der Installation im Hintergrund nicht auslösbar.
Ausgelöst durch	Windows Installer
Aktion	Empfänger werden erst angezeigt, wenn der Installer Daten geliefert hat. Zu Aktionsbeginn ist der Empfänger unsichtbar.
Verwendung	Z.B. können während der Aktion *InstallFiles* der Dateiname, die Dateigröße sowie das Zielverzeichnis angezeigt werden.

Tabelle 12.79: Das Ereignis ActionData

 Für die Ereignisse *ActionData* und *ActionText* wird die Tabelle *ActionText* benutzt. Es besteht eine Verknüpfung zwischen der Spalte *Action* dieser Tabelle und der durchgeführten Aktion. Wird das Ereignis *ActionData* ausgeführt, wird der Inhalt der Spalte *Description* dieser Tabelle an den Installer übergeben, beim Ereignis *ActionText* der Inhalt der Spalte *Template*.

ActionText

Beschreibung	Der Name der aktuellen Aktion wird veröffentlicht. Diese Daten können über Text auf einem nicht modalen Dialogfeld angezeigt werden, wenn dieses Steuerelement in der Tabelle *EventMapping* registriert ist. Das Ereignis ist bei der Installation im Hintergrund nicht auslösbar.
Ausgelöst durch	Windows Installer

Aktion	Anzeige des Empfängers, nachdem der Installer Daten geliefert hat
Verwendung	Zu Empfang und Ausgabe des Namens der aktuellen Aktion muss das Attribut *Text* in der Spalte *Attribute* der Tabelle *EventMapping* benutzt werden.

Tabelle 12.80: Das Ereignis ActionText

AddLocal

Beschreibung	Das Ereignis wird über *PushButton* oder *SelectionTree* ausgelöst. Es muss in der Tabelle *ControlEvent* definiert sein. Es wird für alle oder gewählte Features die Installation veranlasst, ohne dass das aktuelle Dialogfeld verlassen werden muss. Dieses Ereignis benötigt die vollständige Installationsoberfläche.
Ausgelöst durch	Windows Installer
Argument	Zeichenfolge zur Definition des Features oder ALL für alle Features.

Tabelle 12.81: Das Ereignis AddLocal

AddSource

Beschreibung	Gewählte oder alle Features werden vom Quellmedium aus ausgeführt, ohne dass das aktuelle Dialogfeld verlassen wird. Das Ereignis wird über *PushButton* oder *SelectionTree* ausgelöst. Es muss in der Tabelle *ControlEvent* definiert sein und benötigt die vollständige Installationsoberfläche.
Ausgelöst durch	Windows Installer
Argument	Zeichenfolge zur Definition des Features oder ALL für alle Features

Tabelle 12.82: Das Ereignis AddSource

CheckExistingTargetPath

Beschreibung	Es wird die Beschreibbarkeit des übergebenen Pfades überprüft. Ist der Zielort nicht beschreibbar, werden keine weiteren Ereignisse dieses Steuerelements verfügbar. Das Ereignis wird über *PushButton* oder *SelectionTree* ausgelöst. Es muss in der Tabelle *ControlEvent* definiert sein. Dieses Ereignis benötigt die vollständige Installationsoberfläche
Ausgelöst durch	Windows Installer
Argument	Eigenschaft, die den zu prüfenden Pfad angibt. Bei einer indirekten Eigenschaft muss deren Name in eckige Klammern gesetzt sein.
Verwendung	*PushButton* im Dialogfeld *Browse*. Dort wird der Pfad geprüft, bevor eine Rückkehr zum vorherigen Dialogfeld möglich ist.

Tabelle 12.83: Das Ereignis CheckExistingTargetPath

CheckTargetPath

Beschreibung	Es wird die Gültigkeit des übergebenen Pfades überprüft. Ist der Zielort nicht gültig, werden keine weiteren Ereignisse dieses Steuerelements verfügbar. Das Ereignis wird über *PushButton* oder *Selection-Tree* ausgelöst. Es muss in der Tabelle *ControlEvent* definiert sein. Dieses Ereignis benötigt die vollständige Installationsoberfläche.
Ausgelöst durch	Windows Installer
Argument	Eigenschaft, die den zu prüfenden Pfad angibt. Bei einer indirekten Eigenschaft muss deren Name in eckige Klammern gesetzt sein.
Verwendung	*PushButton* im Dialogfeld *Browse*. Dort wird der Pfad geprüft, bevor eine Rückkehr zum vorherigen Dialogfeld möglich ist.

Tabelle 12.84: Das Ereignis CheckTargetPath

DirectoryListNew

Beschreibung	*Über DirectoryList* wird bekannt gegeben, dass ein neuer Ordner erstellt werden soll. Dieser wird erstellt und zur Bearbeitung markiert. Der Standardname dieses Ordners ist in der Tabelle *UIText* unter *NewFolder* angegeben. Wird kein Name für den Ordner angegeben, erhält dieser die Bezeichnung NEUER ORDNER. Ist der Ordner bereits vorhanden, wird er nicht neu angelegt, sondern nur zur Bearbeitung markiert. Das Ereignis wird über einen *Push-Button* ausgelöst. Es muss in der Tabelle *ControlEvent* definiert sein. Dieses Ereignis benötigt die vollständige Installationsoberfläche.
Veröffentlicht durch	*DirectoryList*
Verwendung	*PushButton* in demselben Dialogfeld wie *DirectoryList*. Dieser wird bekannt gegeben, dass ein neuer Ordner erstellt werden soll.

Tabelle 12.85: Das Ereignis DirectoryListNew

DirectoryListOpen

Beschreibung	Der unter *DirectoryList* markierte Ordner wird geöffnet. Das Ereignis wird über einen *PushButton* ausgelöst. Es muss in der Tabelle *ControlEvent* definiert sein. Dieses Ereignis benötigt die vollständige Installationsoberfläche.
Veröffentlicht durch	*DirectoryList*
Verwendung	Über einen *PushButton* im selben Dialogfeld wie *DirectoryList* kann in der Ordnerhierarchie nach unten navigiert werden.

Tabelle 12.86: Das Ereignis DirectoryListOpen

DirectoryListUp

Beschreibung	Der übergeordnete Ordner des unter *DirectoryList* markierten Ordners wird geöffnet. Ist dies das Stammverzeichnis, sind alle weiteren Steuerelemente des Dialogfelds, die *DirectoryListUp* benutzen, deaktiviert. Das Ereignis wird über einen *PushButton* ausgelöst. Es muss in der Tabelle *ControlEvent* definiert sein. Dieses Ereignis benötigt die vollständige Installationsoberfläche.
Veröffentlicht durch	*DirectoryList*
Verwendung	Über einen *PushButton* im selben Dialogfeld wie DirectoryList kann in der Ordnerhierarchie nach oben navigiert werden.

Tabelle 12.87: Das Ereignis DirectoryListUp

DoAction

Beschreibung	Das Ereignis wird über *PushButton*, *CheckBox* oder *SelectionTree* ausgelöst, um benutzerdefinierte Aktionen auszuführen. Es muss in der Tabelle *ControlEvent* definiert sein. Dieses Ereignis benötigt die vollständige Installationsoberfläche.
Ausgelöst durch	Windows Installer
Argument	Name der benutzerdefinierten Aktion

Tabelle 12.88: Das Ereignis DoAction

EnableRollback

Beschreibung	Das Ereignis wird über *PushButton* oder *SelectionTree* ausgelöst, um die Rollbackfunktion zu aktivieren oder deaktivieren. Es muss in der Tabelle *ControlEvent* definiert sein. Dieses Ereignis benötigt die vollständige Installationsoberfläche.
Ausgelöst durch	Windows Installer
Argument	Zur Aktivierung *True*, zur Deaktivierung *False*

Tabelle 12.89: Das Ereignis EnableRollback

EndDialog

Beschreibung	Das Ereignis wird über *PushButton* oder *SelectionTree* ausgelöst, um das aktuelle modale Dialogfeld zu schließen. Es muss in der Tabelle *ControlEvent* definiert sein. Dieses Ereignis benötigt die vollständige Installationsoberfläche.
Ausgelöst durch	Windows Installer

Argument	Je nach Argument werden verschiedene Aktionen durch den Installer veranlasst. Über *Exit* wird das Dialogfeld geschlossen und die Kontrolle wieder an den Installer übergeben (Wert *UserExit*). Das Argument kann nicht in modal aufgerufenen Dialogfeldern benutzt werden. Bei Verwendung der Argumente *Retry* und *Ignore* passiert dasselbe, die Übergabe erfolgt mit den Werten *Suspend* bei *Retry* bzw. *Finished* bei *Ignore*. Als viertes kann das Argument *Return* eingesetzt werden. Das Dialogfeld wird dabei ebenfalls geschlossen und sofern kein weiteres übergeordnetes Dialogfeld vorhanden ist, erfolgt die Kontrollübergabe an den Installer mit dem Wert *Success*.
Hinweis	Bei normalen Dialogfeldern können die vier eben genannten Argumente übergeben werden, bei Fehlerdialogen die Argumente *ErrorOK*, *ErrorCancel*, *ErrorAbort*, *ErrorRetry*, *ErrorIgnore*, *ErrorYes* oder *ErrorNo*.

Tabelle 12.90: Das Ereignis EndDialog

IgnoreChange

Beschreibung	Das Ereignis muss in der Tabelle *EventMapping* definiert sein. Es wird von *DirectoryList* ausgelöst, wenn ohne Öffnen der aktuelle Ordner gewechselt wird. Die vollständige Benutzeroberfläche ist notwendig.
Ausgelöst durch	*DirectoryList*
Verwendung	Synchronisation der Steuerelemente *DirectoryList* und *Directory-Combo*. Dieser Mechanismus ist bereits implementiert, so dass keine weiteren Schritte notwendig sind.

Tabelle 12.91: Das Ereignis IgnoreChange

NewDialog

Beschreibung	Das Ereignis wird über *PushButton* oder *SelectionTree* ausgelöst, um ein neues modales Dialogfeld zu öffnen. Es muss in der Tabelle *ControlEvent* definiert sein. Dieses Ereignis benötigt die vollständige Installationsoberfläche.
Ausgelöst durch	Windows Installer
Argument	Name des anzuzeigenden Dialogfeldes

Tabelle 12.92: Das Ereignis NewDialog

Reinstall

Beschreibung	Das Ereignis wird über *PushButton* oder *SelectionTree* ausgelöst, um die Reinstallation gewählter oder aller Features zu veranlassen, ohne dass das aktuelle Dialogfeld geschlossen wird. Es muss in der Tabelle *ControlEvent* definiert sein. Dieses Ereignis benötigt die vollständige Installationsoberfläche.
Ausgelöst durch	Windows Installer
Argument	Name des/der Features oder ALL für alle Features.

Tabelle 12.93: Das Ereignis Reinstall

ReinstallMode

Beschreibung	Das Ereignis wird über *PushButton* oder *SelectionTree* ausgelöst, um den Reinstallationsmodus zu bestimmen, ohne das aktuelle Dialogfeld zu schließen. Es muss in der Tabelle *ControlEvent* definiert sein. Dieses Ereignis benötigt die vollständige Installationsoberfläche.
Ausgelöst durch	Windows Installer
Argument	Eine der folgenden Zeichen bestimmt den Reinstallationsmodus: ▶ P = nur Reinstallation der fehlenden Dateien, ▶ O = Reinstallation bei fehlender oder versionsälterer Datei, ▶ E = Reinstallation fehlender oder versionsgleicher bzw. –kleinerer Dateien, ▶ D = Reinstallation fehlender Dateien oder von Dateien mit abweichender Versionsnummer, ▶ C = Reinstallation fehlender Dateien oder Dateien, deren Checksumme fehlerhaft ist gemäß des Attributs *msidbFileAttributesChecksum* in der Tabelle *File*, ▶ A = Reinstallation aller Dateien. Checksummen und Versionsnummern werden nicht beachtet. ▶ U = Wiederherstellen der benutzerbezogenen Registryeinträge unter HKEY_CURRENT_USER und HKEY_USERS ▶ M = Wiederherstellen der computerbezogenen Registryeinträge unter HKEY_LOCAL_MACHINE und HKEY_CLASSES_ROOT. Zusätzlich werden die Tabellen *Class*, *Verb*, *PublishComponents*, *ProgID*, *MIME*, *Icon*, *Extension* und *AppID* geschrieben sowie qualifizierte Komponenten reinstalliert. ▶ S = Reinstallation der Startmenüverknüpfungen ▶ V = Erneute Ausführung vom Originalmedium wird erzwungen

Tabelle 12.94: Das Ereignis ReinstallMode

Remove

Beschreibung	Das Ereignis wird über *PushButton*, *CheckBox* oder *SelectionTree* ausgelöst, um spezielle oder alle Features zu deinstallieren. Es muss in der Tabelle *ControlEvent* definiert sein. Dieses Ereignis benötigt die vollständige Installationsoberfläche
Ausgelöst durch	Windows Installer
Argument	Name des/der Features oder ALL für alle Features

Tabelle 12.95: Das Ereignis Remove

Reset

Beschreibung	Das Ereignis wird über *PushButton* oder *SelectionTree* ausgelöst, um alle Änderungen innerhalb des Dialogfelds sowie die Werte der verknüpften Eigenschaften rückgängig zu machen, es also zu reinitialisieren. Es muss in der Tabelle *ControlEvent* definiert sein. Dieses Ereignis benötigt die vollständige Installationsoberfläche.
Ausgelöst durch	Windows Installer
Verwendung	PushButton im Dialogfeld der zu wählenden Features, der sämtliche Änderungen zurücknimmt

Tabelle 12.96: Das Ereignis Reset

ScriptInProgress

Beschreibung	Während das Ausführungsskript generiert wird, werden vom Steuerelement *Text* dargestellte Informationen gesendet. Dazu muss das Steuerelement das Ereignis über die Tabelle *EventMapping* abonniert haben.
Ausgelöst durch	Windows Installer
Aktion beim Empfänger	Die in der Tabelle *UIText* unter *ScriptInProgress* festgelegte Zeichenfolge wird über das Steuerelement *Text* angezeigt.
Verwendung	Das Ausführungsskript wird vom Installer generiert, sobald die Installationsoptionen vom Benutzer festgelegt sind. Der Benutzer erhält die entsprechenden Meldungen im Dialogfeld Progress.

Tabelle 12.97: Das Ereignis ScriptInProgress

SelectionAction

Beschreibung	Von *SelectionTree* gesendetes Ereignis, das über den Installationsstatus der Features informiert. Es muss in der Tabelle *EventMapping* definiert sein und benötigt die vollständige Installationsoberfläche.
Veröffentlicht durch	*SelectionTree*

Tabelle 12.98: Das Ereignis SelectionAction

SelectionBrowse

Beschreibung	Es wird ein Dialogfeld zur Auswahl oder Änderung des Zielverzeichnisses angezeigt. Das Ereignis wird durch einen *PushButton* ausgelöst und muss in der Tabelle *ControlEvent* definiert sein. Ist das Feature bereits installiert, nicht konfigurierbar oder nicht für die lokale Installation ausgewählt, werden alle Steuerelemente, die dieses Ereignis abonniert haben, deaktiviert. Es ist die vollständige Installationsoberfläche erforderlich.
Veröffentlicht durch	*SelectionTree*
Argument	Name des anzuzeigenden Dialogfelds

Tabelle 12.99: Das Ereignis SelectionBrowse

SelectionDescription

Beschreibung	Es wird eine Beschreibung des gewählten Features gesendet. Das Ereignis muss in der *Tabelle* EventMapping definiert sein. Die vollständige Installationsoberfläche ist erforderlich.
Veröffentlicht durch	*SelectionTree*

Tabelle 12.100: Das Ereignis SelectionDescription

SelectionNoItems

Beschreibung	Dieses Ereignis informiert den Benutzer, dass kein Feature ausgewählt wurde. Das Ereignis muss in der Tabelle *EventMapping* definiert sein. Die vollständige Installationsoberfläche ist erforderlich.
Veröffentlicht durch	*SelectionTree*
Verwendung	Sind keine konfigurierbaren Features im Installationspaket enthalten, können über dieses Ereignis die Schaltflächen WEITER, ZURÜCKSETZEN und SPEICHERBEDARF deaktiviert werden.

Tabelle 12.101: Das Ereignis SelectionNoItems

SelectionPath

Beschreibung	Das Ereignis liefert die Information über das Installationsverzeichnis des Features. Wurde das Feature für die Ausführung vom Quellmedium bestimmt, wird der Pfad zu diesem Medium angezeigt. Soll das Feature nicht installiert werden, wird die Zeichenfolge unter *AbsentPath* aus der Tabelle *UIText* angezeigt. Das Ereignis muss in der Tabelle *EventMapping* definiert sein. Die vollständige Installationsoberfläche ist erforderlich.
Veröffentlicht durch	*SelectionTree*

Tabelle 12.102: Das Ereignis SelectionPath

SelectionPathOn

Beschreibung	Dem Benutzer wird ein Boolescher Wert mitgeteilt, der angibt, ob für das Feature ein Installationsverzeichnis gewählt werden kann. Das Ereignis muss in der Tabelle *EventMapping* definiert sein. Die vollständige Installationsoberfläche ist erforderlich.
Veröffentlicht durch	*SelectionTree*
Verwendung	Der Installationspfad des Features wird im Steuerelement *Text* dargestellt. Je nach Resultat dieses Ereignisses kann dieser sichtbar (aktiviert) oder unsichtbar (deaktiviert) angezeigt werden.

Tabelle 12.103: Das Ereignis SelectionPathOn

SelectionSize

Beschreibung	Dieses Ereignis liefert Informationen über die Installationsgröße des Features. Sind untergeordnete Features verfügbar, wird auch deren Speicherplatzbedarf eingerechnet. Das Ergebnis wird aus den folgenden Werten der Tabelle *UIText* zusammengesetzt: *SelChildCostPos*, *SelChildCostNeg*, *SelParentCostPosPos*, *SelParentCostPosNeg*, *SelParentCostNegPos* sowie *SelParentCostNegNeg*. Das Ereignis muss in der Tabelle *EventMapping* definiert sein. Die vollständige Installationsoberfläche ist erforderlich.
Veröffentlicht durch	*SelectionTree*

Tabelle 12.104: Das Ereignis SelectionSize

SetInstallLevel

Beschreibung	Das Ereignis wird durch *PushButton* oder *SelectionTree* ausgelöst, um den vom Argument übergebenen Wert des Installationslevels zu setzen. Das Ereignis muss in der Tabelle *ControlEvent* definiert sein. Die vollständige Installationsoberfläche ist erforderlich.
Ausgelöst durch	Windows Installer
Argument	Ganzzahliger Wert zur Angabe des Installationslevels
Verwendung	*PushButton* in einem modalen Dialogfeld, um den Installationslevel z.B. von *Benutzerdefiniert* auf *Vollständig* zu setzen.

Tabelle 12.105: Das Ereignis SetInstallLevel

SetProgress

Beschreibung	Dieses Ereignis gibt Informationen über den Installationsverlauf an. Die Steuerelemente *Progressbar* und *Billboard* können dieses Ereignis abonnieren. Das Ereignis muss in der Tabelle *EventMapping* definiert sein. Es kann nicht bei der Installation im Hintergrund verwendet werden.
Ausgelöst durch	Windows Installer

Tabelle 12.106: Das Ereignis SetProgress

SetProperty

Beschreibung	Die zu ändernde Eigenschaft muss in eckigen Klammern angegeben werden, der neue Eigenschaftswert wird als Argument übergeben. Dieses wird über die Methode *FormatText* formatiert und aufgelöst. Das Ereignis muss in der Tabelle *ControlEvent* definiert sein. Die vollständige Installationsoberfläche ist erforderlich. Es kann über *PushButton*, *CheckBox* oder *SelectionTree* ausgelöst werden.
Ausgelöst durch	Windows Installer
Argument	Neuer Eigenschaftswert oder Zeichenfolge { } für den Wert Null.
Verwendung	Über einen *PushButton* wird einer Eigenschaft ein anderer Wert zugewiesen.

Tabelle 12.107: Das Ereignis SetProperty

SetTargetPath

Beschreibung	Der übergebene Pfad wird überprüft und als Installationsverzeichnis gesetzt. Ist der Pfad ungültig oder nicht beschreibbar, sind keine weiteren Ereignisse des Steuerelements verfügbar. Das Ereignis muss in der Tabelle *ControlEvent* definiert sein. Die vollständige Installationsoberfläche ist erforderlich. Es kann über *PushButton*, *CheckBox* oder *SelectionTree* ausgelöst werden.
Ausgelöst durch	Windows Installer
Argument	Name der Eigenschaft des neuen Pfades. Bei einer indirekten Eigenschaft muss der Name in eckige Klammern gesetzt werden.
Verwendung	*PushButton* im Dialogfeld *Browse*, über den der angegebene Pfad geprüft wird, bevor zum Dialogfeld zurückgekehrt wird.

Tabelle 12.108: Das Ereignis SetTargetPath

SpawnDialog

Beschreibung	Das Ereignis wird durch *PushButton* oder *SelectionTree* ausgelöst, um vom aktuellen modalen Dialogfeld aus ein neues untergeordnetes Dialogfeld (Child-Dialog) anzuzeigen, wobei das aktuelle Dialogfeld nicht geschlossen wird. Das Ereignis muss in der Tabelle *ControlEvent* definiert sein. Die vollständige Installationsoberfläche ist erforderlich.
Ausgelöst durch	Windows Installer
Aktion	Name des anzuzeigenden Dialogfelds
Verwendung	*PushButton* in einem modalen Dialogfeld, dass z.B. das Dialogfeld SIND SIE SICHER, DASS SIE DIE INSTALLATION ABBRECHEN MÖCHTEN? aufruft.

Tabelle 12.109: Das Ereignis SpawnDialog

SpawnWaitDialog

Beschreibung	Ein Dialogfeld wird angezeigt, solange eine übergebene Bedingung den Wert *False* besitzt. Erst wenn diese auf *True* wechselt, wird das Dialogfeld geschlossen. Das Ereignis muss in der Tabelle *ControlEvent* definiert sein. Die vollständige Installationsoberfläche ist erforderlich. Es kann über *PushButton*, *CheckBox* oder *SelectionTree* ausgelöst werden.
Ausgelöst durch	Windows Installer
Argument	Name des anzuzeigenden Dialogfelds
Verwendung	Anzeige eines Informationsfensters während der Durchführung einer Hintergrundaktion, z.B. der Ermittlung des Speicherbedarfs

Tabelle 12.110: Das Ereignis SpawnWaitDialog

TimeRemaining

Beschreibung	Das Steuerelement *TimeRemaining* zeigt die verbleibende Installationsdauer an, sofern es dieses Ereignis abonniert hat. Es muss in der Tabelle *EventMapping* definiert sein und kann nicht bei der Installation im Hintergrund verwendet werden.
Ausgelöst durch	Windows Installer

Tabelle 12.111: Das Ereignis TimeRemaining

ValidateProductID

Beschreibung	Der Installer prüft die vom Benutzer eingegebene Produkt-ID. Das Ereignis kann durch *PushButton* oder *SelectionTree* ausgelöst werden und muss in der Tabelle *ControlEvent* definiert sein. Es ist die vollständige Installationsoberfläche erforderlich.
Ausgelöst durch	Windows Installer
Verwendung	*PushButton* zur Eingabe der Benutzerinformationen, so dass die Produkt-ID geprüft werden kann

Tabelle 12.112: Das Ereignis ValidateProductID

12.5 Überprüfen der Dialogfelder und Steuerelemente

Um das Design der Dialogfelder und Steuerelemente zu überprüfen, bevor die Installationsroutine produktiv eingesetzt wird, verwenden Sie das Tool *Orca*. Öffnen Sie das Installationspaket und wählen Sie dann das Menü TOOLS/DIALOG PREVIEW. Dort (siehe Abbildung 12.1) werden sämtliche Dialogfelder untereinander aufgelistet. Erweitern Sie ein Dialogfeld, so werden die auf diesem verwendeten Steuerelemente sowie die damit verknüpften Dialogfelder aufgelistet.

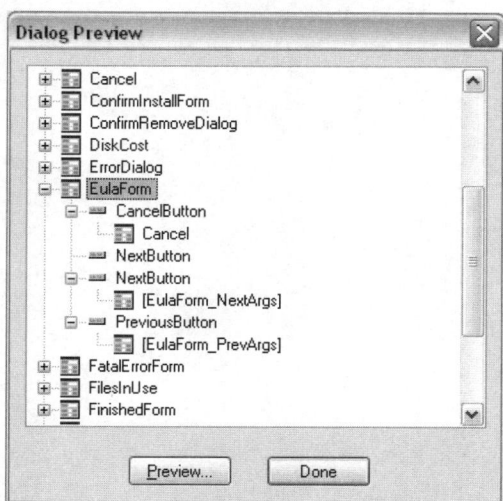

Abbildung 12.1: Vorschau der Dialogfelder in der Dialog Preview von Orca

Um ein Dialogfeld in Originalgröße zu betrachten (siehe Abbildung 12.2), markieren Sie dieses und klicken Sie auf PREVIEW. Über DONE wird die DIALOG PREVIEW wieder beendet.

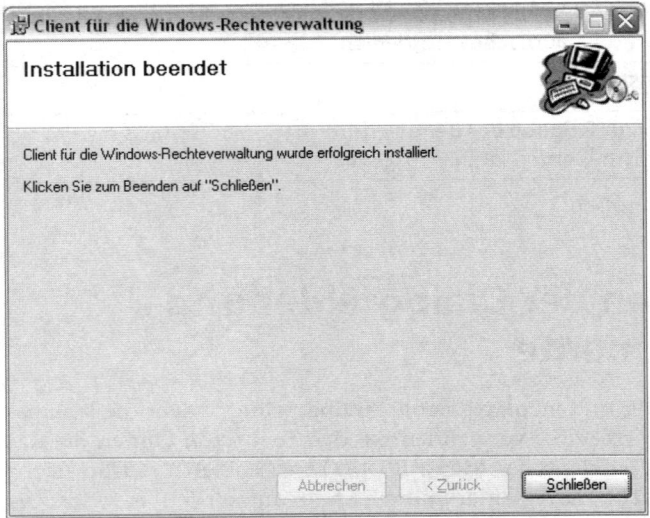

Abbildung 12.2: Anzeigen eines Dialogfeldes in der Originalgröße über die Dialog Preview

13 Mergemodule

Dieses Kapitel beschäftigt sich mit den Mergemodulen. Bei Mergemodulen handelt es sich um Komponenten des Windows Installer, die einmal erstellt und in diversen Windows Installer-Paketen gemeinsam genutzt werden können. Eine Mergemodul wird bei der Zusammenführung in die Windows Installer-Datenbank integriert und ändert bzw. ergänzt deren Inhalt.

Sie lernen in diesem Kapitel den Aufbau und die Inhalte von Mergemodulen und deren speziellen Tabellen kennen. Eine besondere Form sind die konfigurierbaren Mergemodule. Bei dieser Art von Modulen kann im Gegensatz zu den herkömmlichen Modulen ein Teil der Inhalte bei der Zusammenführung des Mergemoduls mit der Installer-Datenbank geändert werden. Als Letztes wird die Integration von Mergemodulen besprochen.

13.1   Was sind Mergemodule?

Bei Mergemodulen handelt es sich um Programmcode, der in mehrere Installationspakete aufgenommen wird. Dazu werden die entsprechenden Programmteile vorher zu einem Paket zusammengefasst und benutzen gemeinsam standardmäßige Komponenten-Definitionen wie z.B. gemeinsamen Code, gemeinsame Dateien oder Registry-Einträge. Diese gemeinsam genutzten Bestandteile sparen Zeit bei der Erstellung und Implementierung von Installationspaketen. Dabei werden zwei Datenbanken als eine einzelne Datenbank kombiniert, wobei in der Regel eher Informationen hinzugefügt als entfernt werden. Befinden sich in beiden Datenbanken dieselben Informationen, kommt es jedoch zu einem Konflikt.

Ein gutes Beispiel für Mergemodule sind Laufzeitdateien. Alle Dateien, *.dll*-Dateien und Registry-Einträge, die zu einer Laufzeitdatei gehören, können als Komponenten des Windows Installer in ein Mergemodul gesetzt werden. Sobald diese Laufzeitdatei von einem Anbieter, z.B. Microsoft, als Mergemodul bereitgestellt worden ist, kann ein Softwareentwickler dieses Mergemodul einsetzen und sicher sein, dass darin alle erforderlichen Komponenten enthalten sind.

Mergemodule können entweder direkt in das Windows Installer-Paket integriert sein oder separat als *.msm*-Datei vorliegen. Dabei handelt es sich um eine Variante der *.msi*-Datei, die ebenfalls über den Windows Installer installiert werden kann. Allerdings kann ein Mergemodul nicht separat installiert werden wie beispielsweise eine Patch-Datei. Es muss über ein Merge-Programm wie z.B. *Orca* oder *mergemod.dll* zur Installationsdatenbank hinzugefügt werden.

Sobald ein Mergemodul in die *.msi*-Datei der zugehörigen Applikation integriert wurde, sind alle Informationen und Ressourcen des Mergemoduls in die *.msi*-Datei integriert. Danach wird das Mergemodul selbst nicht mehr für die Installation dieser Informationen und Ressourcen benötigt. Das Mergemodul muss dann auch für den Benutzer nicht verfügbar sein.

Nicht nur aus der Sicht des Softwareentwicklers, sondern auch aus der Sicht des Administrators bringen die Mergemodule eine Reihe von Vorteilen.

Steht ein vom Hersteller erstelltes Mergemodul bereit, muss der Inhalt dieser Datei nicht mehr repaketiert werden. Vielmehr ist beim Einsatz des Mergemoduls auch sichergestellt, dass der Referenzzähler der bereitgestellten Komponenten korrekt ist, wenn vom Hersteller *.msi*-Dateien und repaketierte *.msi*-Dateien bereitgestellt werden, die dieselbe Version der Laufzeitdateien verwenden.

Aufgrund der möglichen Problematiken bei den Referenzzählern sollte der Administrator die Entwickler seines Unternehmens immer darauf hinweisen, dass diese die vom Hersteller bereitgestellten Mergemodule einsetzen mögen.

Auch für selbst geschriebene Software sollten Mergemodule verwendet werden, sofern dies erforderlich ist. Auch für repaketierte Software können Mergemodule erstellt werden.

13.1.1   Zusammenarbeit im Team

Mergemodule sind auch sinnvoll, wenn verschiedene Gruppen von Entwicklern an einer gemeinsamen großen Applikation arbeiten. Dabei wird die Applikation zunächst in verschiedene Teile aufgesplittet und am Ende wieder zusammengefügt. Dies ist der Fall, wenn die Datenbankinhalte für eine neue Komponente eines Produkts separat entwickelt werden und später in die Datenbank der übergeordneten Installation eingepflegt werden.

Bei der Entwicklung kann folgendermaßen vorgegangen werden:

▶ Verschiedene Gruppen von Entwicklern arbeiteten parallel an unterschiedlichen Komponenten einer umfangreichen Applikation.

▶ Jede Entwicklergruppe füllt die Installationsdatenbank mit den Installationsinformationen für ihre entwickelte Komponente, ohne dabei die anderen Komponenten im Auge behalten zu müssen.

▶ Sobald die Entwicklung einer Komponente abgeschlossen ist, wird diese in die Installationsdatenbank der gesamten Applikation eingefügt.

13.1.2   Regeln für den Einsatz von Mergemodulen

Für den Einsatz und die Erstellung von Mergemodulen sollten für Entwickler und Administratoren einige feste Regeln gelten. Ab der Version 2.0 des Windows Installer können in Mergemodule beispielsweise auch Aktionen integriert werden. Gerade in diesem Zusammenhang sollten die folgenden Punkte als Voraussetzung gelten:

▶ Informieren Sie sich über den Einsatz von Mergemodulen, bevor Sie diese in das Paketdesign der selbst geschriebenen Applikationen einbeziehen.

▶ Benutzen Sie keine konfigurierbaren Mergemodule-Features.

▶ Verwenden Sie auch keine Custom Actions oder Dialogfelder.

▶ Benutzen Sie Abhängigkeitsinformationen nur, wenn diese für alle möglichen Einsatzarten des Mergemoduls anwendbar sind.

▶ Bevor Sie ein eigenes Mergemodul erstellen, sollten Sie immer prüfen, ob nicht bereits vom Hersteller einer Komponente ein Mergemodul erstellt wurde. In diesem Fall sollte immer das vom Hersteller bereitgestellte Mergemodul verwendet werden.

▶ Setzen Sie nach Möglichkeit immer nur eine einzige Code-Komponente in das Mergemodul. Benötigt ein Mergemodul mehrere Code-Komponenten, stellen Sie sicher, dass die korrekten Code-Komponenten enthalten sind und die einzelnen Versionen untereinander stimmig sind.

▶ Fügen Sie in das Mergemodul nur die Registry-Einträge ein, die für die COM-Registrierung der Code-Dateien oder für die Funktionsfähigkeit des Codes notwendig sind.

13.2 Der Aufbau von Mergemodulen

Ein Mergemodul besitzt die dateiendung *.msm*. Es handelt sich auch hier um eine Windows Installer-Datenbank, allerdings ist diese einfacher strukturiert als eine herkömmliche Installer-Datenbank. Die Installation eines Mergemoduls kann nicht einzeln erfolgen wie die Installation einer *.msi*-Datei.

Ein Mergemodul besteht aus dem Summary Information Stream (siehe Kapitel 14), in dem das Mergemodul beschrieben wird, und aus der Paketdatei (*.cab*-Datei). Diese Paketdatei ist in dem Mergemodul gespeichert und enthält die Dateien, die das Mergemodul bereitstellt. In der Mergemodul-Datenbank sind die Installationseigenschaften erhalten.

13.2.1 Summary Information Stream

Der Summary Information Stream enthält die Beschreibung des Mergemoduls. Eine solche Beschreibung ist für sämtliche Windows Installer-Komponenten wie das Paket selbst, Transform Files oder auch Patch-Dateien verfügbar.

 Detailliertere Informationen zum Summary Information Stream finden Sie in Kapitel 14.2.

Im Summary Information Stream des Mergemoduls befinden sich die folgenden Einträge:

Eigenschaft	Beschreibung
Title	Merge Module
Subject	Beschreibung des Mergemoduls, der Produktname sollte enthalten sein
Author	Wert der Eigenschaft *Manufacturer*
Keywords	Dieser Eintrag wird für Applikationen benutzt, die nach Schlüsselwörtern suchen. Es sollte der Begriff *Merge Module* gesetzt werden.
Comments	Nähere Beschreibung des Mergemoduls und der in ihm enthaltenen Komponenten
Template	Von diesem Mergemodul unterstützte Betriebssysteme und Sprachen
Last Saved By	Betriebssysteme und Sprachen nach der Anwendung dieses Mergemoduls
Revision Number	Gibt die GUID des Mergemoduls an
Last Printed	Wert *Null*
Create Time/Date	Erstellzeitpunkt des Mergemoduls
Last Saved Time/Date	Beim Erstellen Wert *Null*, bei Änderungen die aktuelle Systemzeit
Page Count	Eigenschaftswert der minimal erforderlichen Windows Installer-Version. Für die Version 2.0 wird beispielsweise der Wert 200 gesetzt.
Word Count	Wert 0, weil die Quelldateien grundsätzlich im Mergemodul gespeichert sind
Character Count	Wert *Null*
Creating Application	Name der Anwendung, mit der das Mergemodul erstellt wurde
Security	Wert 2, dies bedeutet schreibgeschützt. Für Mergemodule empfohlener Wert
Codepage	Bestimmt die Codepage für die Anzeige des Summary Information Stream

Tabelle 13.1: Der Inhalt des Summary Information Stream eines Mergemoduls

13.2.2 Paketdatei

In der Paketdatei, die als *.cab*-Datei vorliegen muss, befinden sich die Ressourcen und Informationen, die dem Installer-Paket hinzugefügt werden sollen. Die Paketdatei muss den Namen *MergeModule.CABinet* tragen und in der Datenbanktabelle *_Streams* des Mergemoduls gespeichert sein.

13.2.3 Datenbank des Mergemoduls

Wie bereits erwähnt, verfügt auch ein Mergemodul über eine Datenbank, die aber gegen-über einem herkömmlichen Windows Installer-Paket deutlich reduzierter im Umfang ist. Eine derartige Datenbank kann beispielsweise über *Orca* erstellt werden. Benutzer Sie dazu die Beispieldatenbank *schema.msm*.

Soll ein Mergemodul erstellt werden, müssen in diesem die folgenden Tabellen enthalten sein:

▶ *Component*: identisch mit der Tabelle *Component* der Windows Installer-Datenbank

▶ *Directory*: identisch mit der Tabelle *Directory* der Windows Installer-Datenbank

▶ *FeatureComponents*: identisch mit der Tabelle *FeatureComponents* der Windows Instal-ler-Datenbank

▶ *File*: identisch mit der Tabelle *File* der Windows Installer-Datenbank

▶ *ModuleSignature*: Informationen zur Identifikation des Mergemoduls in der Windows Installer-Datenbank

▶ *ModuleComponents*: Komponentenliste des Mergemoduls

Ist ein Mergemodul bereits mit anderen Mergemodulen kombiniert, müssen die folgen-den Tabellen vorhanden sein:

▶ *ModuleDependency*: Liste der von diesem Mergemodul benötigten weiteren Merge-module

▶ *ModuleExclusion*: Liste der mit diesem Mergemodul nicht kompatiblen Mergemodule

Die folgenden Tabellen kommen lediglich in Mergemodulen vor. Diese Tabellen werden nicht in die Installations-Datenbank übertragen, die enthaltenen Informationen werden lediglich in vorhandene Tabellen übernommen.

▶ *ModuleAdminUISequence*: Übernahme in die Tabelle *AdminUISequence*

▶ *ModuleAdminExecuteSequence*: Übernahme in die Tabelle *AdminExecuteSequence*

▶ *ModuleAdvtUISequence*: Übernahme in die Tabelle *AdminUISequence*

▶ *ModuleAdvtExecuteSequence*: Übernahme in die Tabelle *AdvtExecuteSequence*

▶ *ModuleInstallUISequence:* Übernahme in die Tabelle *InstallUISequence*

▶ *ModuleInstallExecuteSequence:* Übernahme in die Tabelle *InstallExecuteSequence*

▶ *ModuleIgnoreTable:* Liste der Tabellen, die nicht in die Datenbank des Windows Instal-ler übernommen werden sollen

Für konfigurierbare Mergemodule müssen die folgenden Tabellen vorhanden sein. Auch diese Tabellen werden nicht in die Windows Installer-Datenbank übertragen.

 Konfigurierbare Mergemodule sind erst ab Windows Installer in der Ver-sion 2.0 verfügbar. Weiter Hinweise zu konfigurierbaren Mergemodulen finden Sie in Kapitel 13.3.

▷ *ModuleSubstitution*: In dieser Tabelle werden die konfigurierbaren Felder der Merge-modul-Datenbank bestimmt.

▷ *ModuleConfiguration*: In dieser Tabelle werden die konfigurierbaren Attribute der Mergemodul-Datenbank bestimmt.

Die folgenden Tabellen der Windows Installer-Datenbank dürfen in Mergemodulen nicht vorkommen. Alle hier nicht genannten Tabellen können vorkommen. Die Inhalte der Tabellen werden den Tabellen der Installer-Datenbank bei der Integration des Merge-moduls hinzugefügt.

▷ BBControl

▷ Billboard

▷ CCPSearch

▷ Error

▷ Feature

▷ LaunchCondition

▷ Media

▷ Patch

▷ Upgrade

13.2.4 ModuleSignature-Tabelle

In dieser Tabelle sind die Informationen zur Identifikation eines Mergemoduls enthalten. Sofern diese Tabelle noch nicht in der Windows Installer-Datenbank vorhanden ist, wird diese beim Zufügen des Mergemoduls ebenfalls zur Datenbank hinzugefügt. In dieser Tabelle befindet sich für jedes zugefügte Mergemodul ein Eintrag.

 Wie bereits in Kapitel 8 beschreibt auch hier die Spalte S/N, ob es sich bei einer Spalte um die Schlüsselspalte handelt oder ob der Wert *Null* gesetzt werden kann.

Die Tabelle besitzt folgenden Aufbau:

Spalte	Typ	Größe	S/N	Beschreibung
ModuleID	Identifier	S72	S	GUID zur eindeutigen Kennzeichnung des Mergemoduls
Language	Integer	I2	S	Ganzzahliger Wert, der die Sprache des Mergemoduls angibt
Version	Version	S32		Versionsnummer des Mergemoduls

Tabelle 13.2: Die Tabelle ModuleSignature

13.2.5   ModuleComponents-Tabelle

In dieser Tabelle sind sämtliche Komponenten des Mergemoduls aufgelistet.

Spalte	Typ	Größe	S/N	Beschreibung
Component	Identifier	S72	S	Wert zur Verknüpfung mit einem Datensatz der Tabelle *Component*
ModuleID	Identifier	S72	S	Wert zur Verknüpfung mit einem Datensatz der Tabelle *ModuleSignature*, Feld *ModuleID*
Language	Integer	I2	S	Wert zur Verknüpfung mit einem Datensatz der Tabelle *ModuleSignature*, Feld *Language*

Tabelle 13.3: Die Tabelle ModuleComponents

13.2.6   ModuleDependency-Tabelle

In dieser Tabelle sind die Mergemodule verzeichnet, die für die korrekte Ausführung des aktuellen Mergemoduls erforderlich sind.

Spalte	Typ	Größe	S/N	Beschreibung
ModuleID	Identifier	S72	S	Wert zur Verknüpfung mit einem Datensatz der Tabelle *ModuleSignature*, Feld *ModuleID*
ModuleLanguage	Integer	I2	S	Wert zur Verknüpfung mit einem Datensatz der Tabelle *ModuleSignature*, Feld *Language*
RequiredID	Identifier	S72	S	Identifikation des Mergemoduls, das von dem in der Spalte *ModuleID* angegebenen Modul benötigt wird
RequiredLanguage	Integer	I2	S	Zahlenwert zur Definition der notwendigen Sprache, die in der Spalte *RequiredID* definiert wurde
RequiredVersion	Version	S32	N	Wert zur Definition der notwendigen Version, die in der Spalte *RequiredID* definiert wurde

Tabelle 13.4: Die Tabelle ModuleDependency

13.2.7 ModuleExclusion-Tabelle

In dieser Tabelle sind alle Mergemodule aufgezählt, die mit der aktuellen Windows Installer-Datenbank nicht kompatibel sind.

Spalte	Typ	Größe	S/N	Beschreibung
ModuleID	Identifier	S72	S	Wert zur Verknüpfung mit einem Datensatz der Tabelle *Module-Signature*, Feld *ModuleID*
ModuleLanguage	Integer	I2	S	Wert zur Verknüpfung mit einem Datensatz der Tabelle *Module-Signature*, Feld *Language*
ExcludedID	Identifier	S72	S	Mergemodul, das zusammen mit dem in der Spalte *ModuleID* definierten nicht benutzt werden darf
ExcludedLanguage	Integer	I2	S	Zahlenwert zur Definition einer Sprache des Mergemoduls, das in der Spalte *ExcludedID* definiert wurde. Die gültigen Werte werden in der folgenden Tabelle gezeigt.
ExcludedMinVersion	Version	S32	N	Minimale Version des auszuschließenden Mergemoduls. Ist der Wert *Null* gesetzt, werden alle Versionen ausgeschlossen, die kleiner sind als in der Spalte *ExcludedMaxVersion* definiert. Ist dort auch der Wert *Null* gesetzt, werden auf Basis der Version keine Mergemodule ausgeschlossen.
ExcludedMaxVersion	Version	S32	N	Maximale Version des auszuschließenden Mergemoduls. Ist der Wert *Null* gesetzt, werden alle Versionen ausgeschlossen, die größer sind als in der Spalte *ExcludedMinVersion* definiert. Ist dort auch der Wert *Null* gesetzt, werden auf Basis der Version keine Mergemodule ausgeschlossen.

Tabelle 13.5: Die Tabelle ModuleExclusion

Für die Spalte *ExcludedLanguage* können die folgenden Wertetypen verwendet werden:

Wert der Spalte	Beschreibung
0	Es wird keine Sprache ausgeschlossen.
Positive Werte	Die definierte Sprache wird ausgeschlossen, z.B. schließt der Wert 1033 Mergemodule in der Sprache US-Englisch aus.
Negative Werte	Es werden alle Sprachen außer der hier definierten ausgeschlossen. So werden über den Wert -1033 alle Sprachen bis auf US-Englisch ausgeschlossen.

Tabelle 13.6: Gültige Werte für die Spalte ExcludedLanguage der Tabelle ModuleExclusion

13.2.8   ModuleAdminUISequence-Tabelle

Wird das Mergemodul in die Installer-Datenbank integriert, werden die Inhalte dieser Tabelle ausgelesen und, nachdem die Sequenznummer berechnet worden ist, in die Sequenztabelle *AdminUISequence* eingefügt.

Spalte	Typ	Größe	S/N	Beschreibung
Action	Identifier	S64	S	Name der Standardaktion, Custom Action oder eines Dialogfelds. Bei einer Standardaktion muss in den Spalten *BaseAction* und *After* der Wert *Null* gesetzt sein, bei einer Custom Action oder einem Dialogfeld muss eine Referenzierung auf die Modultabellen *CustomAction* oder *Dialog* gegeben sein.
Sequence	Integer	I2		Sequenznummer der Standardaktion. Bei einer Custom Action oder einem Dialogfeld muss der Wert *Null* gesetzt sein.
BaseAction	Identifier	S64	N	Name der Standardaktion, Custom Action oder eines Dialogfelds. Bei einer Custom Action oder einem Dialogfeld muss eine Referenzierung auf die Modultabellen *CustomAction* oder *Dialog* gegeben sein. Diese Spalte muss auch über das Feld *Action* auf einen Datensatz dieser Tabelle referenzieren. Alle Aktionen dieser Spalte müssen auch in der Spalte *Action* vorhanden sein.
After	Integer	I2	N	Ist der Wert 0 gesetzt, wird die Aktion vor der *BaseAction* ausgeführt, ist der Wert 1 gesetzt, wird die Aktion nach der *BaseAction* ausgeführt.
Condition	Condition	S255	N	Es kann eine Bedingung für die Ausführung der Aktion definiert werden. Steht hier der Wert *Null*, wird die Aktion immer ausgeführt.

Tabelle 13.7: Die Tabelle ModuleAdminUISequence

Die Struktur der Tabellen *ModuleAdminExecuteSequence*, *ModuleAdvtExecuteSequence*, *ModuleInstallUISequence* und *ModuleInstallExecuteSequence* entspricht der Tabelle *Module-AdminUISequence*. Wird das Merge-Modul in die Installer-Datenbank integriert, werden die Inhalte der jeweiligen Tabellen ausgelesen und, nachdem die Sequenznummer berechnet worden ist, folgendermaßen in die Sequenztabellen eingefügt:

▶ Inhalt der *ModuleAdminExecuteSequence*-Tabelle in die *AdminExecuteSequence*-Tabelle

▶ Inhalt der *ModuleAdvtExcuteSequence*-Tabelle in die *AdvtExecuteSequence*-Tabelle

▶ Inhalt der *ModuleInstallUISequence*-Tabelle in die *InstallUISequence*-Tabelle

▶ Inhalt der *ModuleInstallExecuteSequence*-Tabelle in die *InstallExecuteSequence*-Tabelle

13.2.9   ModuleAdvtUISequence-Tabelle

Diese Tabelle darf nicht benutzt werden, da die zugehörige Tabelle *AdvtUISequence* erst für künftige Versionen des Windows Installer vorgesehen ist und noch keine Bedeutung besitzt.

13.2.10   ModuleIgnoreTable-Tabelle

In dieser Tabelle sind die Tabellen enthalten, die nicht in die Installer-Datenbank integriert werden sollen. Ist eine dieser Tabellen bereits in der Installer-Datenbank vorhanden, werden an dieser Tabelle keine Änderungen durchgeführt.

Diese Tabelle hat die folgende Struktur:

Spalte	Typ	Größe	S/N	Beschreibung
Table	Identifier	S72	S	Name der Mergemodul-Tabelle, die nicht in die Installer-Datenbank integriert werden soll

Tabelle 13.8: Die Tabelle ModuleIgnoreTable

13.3   Konfigurierbare Mergemodule

Konfigurierbare Mergemodule sind das Gegenstück zu den bisher abgehandelten statischen Mergemodulen. Bei einem konfigurierbaren Mergemodul besteht die Möglichkeit, beim Integrieren des Mergemoduls in die Installer-Datenbank benutzerdefinierte Konfigurationen über Attribute zu bestimmen.

Um konfigurierbare Mergemodule einsetzen zu können, ist *mergemod.dll* in der Version 2.0 erforderlich. Sie können auch ein beliebiges Authoringtool wie z.B. *Orca* verwenden. Nach der Integration des Mergemoduls kann die Installation des Pakets mit jeder Installer-Version erfolgen.

In der Datei *mergemod.dll* ist die Funktion zur Integration des Mergemoduls enthalten. Ein Authoringtool verwendet die Datei, um die erforderlichen Prozesse für die Integration des Mergemoduls durchzuführen.

Der Einsatz eines konfigurierbaren Mergemoduls ist in zwei verschiedene Phasen einteilbar.

▶ Beim Erstellen des Mergemoduls wird vom Softwareentwickler festgelegt, welche Elemente des Mergemoduls konfigurierbar sein sollen und welche Möglichkeiten später der Benutzer für die Anpassung haben soll. Dazu werden Einträge in den Datenbanktabellen *ModuleConfiguration* und *ModuleSubstitution* vorgenommen. Um eine Kompatibilität mit älteren Versionen der *mergemod.dll* zu gewährleisten, sollten Sie die Namen dieser beiden Tabellen zur Tabelle *ModuleIgnoreTable* hinzufügen.

▶ Bei der Integration des Mergemoduls werden vom durchführenden Programm die konfigurierbaren Optionen bezogen und dem Benutzer zur Konfiguration angezeigt. Nimmt der Benutzer keine Änderungen vor, werden die Standardwerte der konfigurierbaren Optionen verwendet. Wurden Änderungen vorgenommen, werden diese in die Integration miteinbezogen.

13.3.1 Das Format CMSM

Beim Einsatz von konfigurierbaren Mergemodulen müssen bestimmte Zeichenfolgen verwendet werden, damit das Authoringtool diese erkennen und auswerten kann. Dazu wird das spezielle Format CMSM verwendet. Dabei sind die Zeichen ; und = als Steuerzeichen reserviert und dürfen nicht in einer Zeichenkette vorkommen. Soll hier dennoch eines dieser beiden Zeichen benutzt werden, so muss diesem das Zeichen \ vorangestellt werden. Soll das Zeichen \ benutzt werden, so muss auch diesem das Zeichen \ vorangestellt werden.

Dieses spezielle Format wird an verschiedenen Stellen in den Tabellen der konfigurierbaren Mergemodule benutzt. Diese sind:

▶ Tabelle *ModuleSubstitution*, Spalten *Row* und *Value*

▶ Tabelle *ModuleConfiguration*, Spalte *ContextData*, wenn als Formattyp *Bitfield* oder wenn in dieser Spalte als Formattyp *Text* und als genereller Wert *Enum* benutzt wird

▶ Tabelle *ModuleConfiguration*, Spalte *DefaultValue*, wenn als Formattyp *Key* benutzt wird

13.3.2 Die Tabellen der konfigurierbaren Mergemodule

Für ein konfigurierbares Mergemodul werden die konfigurierbaren Felder der Datenbank des Mergemoduls in der Tabelle *ModuleSubstitution* festgelegt. Über diese Datenbank wird auch die Formatierungsvorlage bereitgestellt. In der Tabelle *ModuleConfiguration* sind die vom Benutzer modifizierbaren Elemente enthalten.

13.3.3 Tabelle ModuleSubstitution

In dieser Tabelle werden die konfigurierbaren Felder bestimmt und die Formatierungsvorlage bereitgestellt. Diese Tabelle wird nicht in die Datenbank des Windows Installer
übernommen. Allerdings dürfen die folgenden Tabellen nicht in dieser Datenbank vorhanden sein, da in ihnen keine Felder editiert werden dürfen:

- *ModuleSubstitution*
- *ModuleConfiguration*
- *ModuleExclusion*
- *ModuleSignature*

Die Tabelle *ModuleSubstitution* besitzt den folgenden Aufbau. Sämtliche Änderungen
beruhen auf den Originalwerten der Datenbank des Mergemoduls.

Spalte	Typ	Größe	S/N	Beschreibung
Table	Identifier	S72	S	Name der in der Mergemodul-Datenbank modifizier-baren Tabelle
Row	Text	S0	S	Bestimmt den zu ändernden Datensatz eindeutig. Besteht der Primärschlüssel dazu aus mehreren Feldern, werden die Einträge durch ein ; voneinander getrennt dem Feld angefügt. Die Werte müssen im CMSM-Format angegeben werden.
Column	Identifier	S72	S	Bestimmt die Spalte des modifizierbaren Datensatzes.
Value	Text	S0	N	Bestimmt die Formatierungsregel für das in den drei vorherigen Spalten bestimmte Feld. Bei einer Zeichen-folge in der Form [=Wert1] werden alle Zeichen ein-schließlich der eckigen Klammern durch den für diese Zeichenfolge angegebenen Wert ersetzt. Die Zuwei-sung des über die Regel festgelegten neuen Werts erfolgt über das Authoringtool. Weitere Hinweise zu diesen Regeln finden Sie im Folgenden. Die Werte müssen im CMSM-Format angegeben werden.

Tabelle 13.9: Die Tabelle ModuleSubstitution

Für die Formatierungsregel in der Spalte *Value* gelten die folgenden Regeln:

- Es dürfen mehrere Platzhalter vorhanden sein. Diese Platzhalter dürfen sogar mehr-
  mals vorkommen.
- Die Platzhalter dürfen jedoch nicht ineinander verschachtelt werden. Folgendes Format ist damit ungültig: [=Wert1[=Wert2]]
- Erfolgt die Übergabe einer Zeichenfolge, wenn der Datentyp für dieses Feld als *Integer* bestimmt ist, wird eine Umwandlung der Zeichenfolge in einen ganzzahligen
  Wert versucht. Ist dies nicht möglich, schlägt die Integration des Mergemoduls fehl.
- Erfolgt die Übergabe eines ganzzahligen Werts, wenn der Datentyp für dieses Feld
  als Textdatentyp bestimmt ist, wird dieser Wert in dezimaler Darstellung in das Feld
  eingefügt.

▶ Ergibt die Formatierungsregel den Wert *Null*, der für diese Spalte jedoch nicht gültig ist, so schlägt die Integration des Mergemoduls fehl.

▶ Ergibt die Formatierungsregel die GUID {00000000-0000-0000-0000-000000000000} (Null-GUID), wird diese durch den Namen des entsprechenden Feature des Windows Installer ersetzt.

▶ Ist für die Spalte der Datentyp *Key* bestimmt und der Schlüssel setzt sich aus mehreren Spalten zusammen, muss der Index des Schlüsselfelds dem Platzhalter durch ein Semikolon getrennt angefügt werden, also z.B. [=Wert1;2].

13.3.4 Die Tabelle ModuleConfiguration

In dieser Tabelle werden die konfigurierbaren Attribute des Mergemoduls bestimmt, die durch den Benutzer geändert werden können. Die Tabelle besitzt die folgende Struktur:

Spalte	Typ	Größe	S/N	Beschreibung
Name	Identifier	S72	S	Name des editierbaren Elements. Dieser Wert muss in der Formatierungsvorlage (Tabelle *ModuleSubstitution*, Spalte *Value*) enthalten sein.
Format	Integer	I2		Format der zu ändernden Daten. Eine Übersicht über diese Formate finden Sie im folgenden Kapitel.
Type	Text	S72	N	Bestimmt den generellen Typ der Daten, beruhend auf der Spalte *Format*.
ContextData	Text	S0	N	Bestimmt den semantischen Zusammenhang der Daten, beruhend auf den Spalten *Format* und *Type*.
DefaultValue	Text	S0	N	Gibt den Standardwert an, der verwendet wird, wenn das Authoringtool keine konfigurierbaren Mergemodule unterstützt.
Attributes	Integer	I4	N	Es werden gemäß der folgenden Tabelle die Attribute für das konfigurierbare Element bestimmt.
DisplayName	Text	S72	N	Kurzbeschreibung des Elements, die in der Oberfläche des Authoringtools angezeigt wird
Description	Text	S0	N	Ausführliche Beschreibung des Elements
HelpLocation	Text	S0	N	Name einer Hilfedatei ohne die Dateiendung *.chm*
HelpKeyword	Text	S0	N	Schlüsselwort zur Definition des Hilfetexts in der Hilfedatei

Tabelle 13.10: Die Tabelle ModuleConfiguration

Für die Spalte *Attributes* der Tabelle *ModuleConfiguration* sind die folgenden Einträge möglich:

Dezimal wert	Attribut	Beschreibung
1	msmConfigurableOption-KeyNoOrphan	Das Attribut hat nur Auswirkungen bei dem Formattyp *Key*. Dieses Attribut ist nur für die Datensätze zutreffend, die über das Feld *DefaultValue* eine Mergemodul-Tabelle verwenden. Sofern die Attribute der Referenzen nicht übereinstimmen, werden sie entfernt.
2	msmConfigurableOption-NonNullable	Der Wert *Null* ist kein gültiger Wert für das Element. Dieses Attribut hat keine Wirkung bei den Formattypen *Integer* und *Bitfield*.

Tabelle 13.11: Gültige Werte der Spalte Attributes

Der Wert *Null* ist identisch mit dem Wert 0. Die Werte sind untereinander kombinierbar.

13.3.5 Die Formattypen und semantischen Informationstypen

In den Spalten *Format* und *Type* der Tabelle *ModuleConfiguration* muss ein Formattyp für das konfigurierbare Element bestimmt werden. Für einige dieser Formattypen sind in der Spalte *ContextData* weitere Informationen erforderlich. Die Informationen dieser Spalte werden als semantische Informationstypen bezeichnet.

Diese zusätzlichen Informationen sind erforderlich, um sicherzustellen, dass für die zahlreichen von der Installer-Datenbank bereitgestellten Datentypen eine Übereinstimmung vorhanden ist.

Zunächst muss in der Tabelle *ModuleConfiguration* in der Spalte *Format* einer der folgenden Werte festgelegt werden.

Wert	Datentyp
0	Text
1	Key
2	Integer
3	Bitfield

Tabelle 13.12: Werte der Spalte Format der Tabelle ModuleConfiguration

Diese Typen werden in den folgenden Absätzen näher vorgestellt.

Text

Ein konfigurierbares Element vom Typ *Text* kann für ein nicht binäres Datenbankfeld verwendet werden und durch eine Zeichenkette beliebiger Länge ersetzt werden. *Null*-Werte sind nicht gestattet.

Folgende Elemente sind möglich:

Format	Type	ContextData	Beschreibung
Text			Zeichenkette beliebiger Länge
Text	Enum	<Name1>=<Wert1>;<Name2>=<Wert2>	Unbestimmte Anzahl vordefinierter Werte, die zur Wahl stehen
Text	Formatted		Verwendung des Installer-Datentyps *Formatted*
Text	RTF		Zeichenfolge im RTF-Format (Rich Text)
Text	Identifier		Verwendung einer Zeichenfolge, die dem Installer-Datentyp *Identifier* entspricht

Tabelle 13.13: Elements des Formattyps Text

Key

Über konfigurierbare Elemente des Formattyps *Key* können Beziehungen zu vorhandenen Datenbanktabellen hergestellt werden. Diese Datensätze können über eine Liste ausgewählt werden.

Format	Type	ContextData	Beschreibung
Key	File	AssemblyContext	Referenz zu einem Win32- oder .NET-Assembly kann hergestellt werden
Key	Binary	Bitmap	Referenz auf die Tabelle *Binary* (alle Bitmap-Daten)
Key	Binary	Icon	Referenz auf die Tabelle *Binary* (nur *Icon*-Daten)
Key	Binary	EXE	Referenz auf die Tabelle *Binary* (nur 32-Bit-ausführbare Dateien)
Key	Binary	EXE64	Referenz auf die Tabelle Binary (nur 32-Bit- und 64-Bit-ausführbare Dateien)
Key	Icon	ShortcutIcon	Referenz auf die Tabelle *Icon*
Key	Dialog	DialogNext	Referenz auf die Tabelle *Dialog* (alle Dialogfelder)
Key	Dialog	DialogPrev	Referenz auf die Tabelle *Dialog* (alle Dialogfelder)

Format	Type	ContextData	Beschreibung
Key	Directory	IsolationDir	Referenz auf die Tabelle *Dialog* (Auswahl des Zielverzeichnisses)
Key	Directory	ShortcutLocation	Referenz auf die Tabelle *Dialog* (Auswahl des Zielverzeichnisses)
Key	Property		Referenz zur Tabelle *Property* (alle Eigenschaften)
Key	Property	Public	Referenz zur Tabelle *Property* (nur öffentliche Eigenschaften)
Key	Property	Private	Referenz zur Tabelle *Property* (nur private Eigenschaften)

Tabelle 13.14: Elemente des Formattyps Key

Integer

Konfigurierbare Elemente des Formattyps *Integer* werden zur Bereitstellung für Windows Installer-Datenbankfelder des Typs *Text* oder *Integer* verwendet. *Null*-Werte sind nicht gestattet.

Format	Type	ContextData	Beschreibung
Integer			Verwendung eines Ganzzahlen-Wertes

Tabelle 13.15: Element des Formattyps Integer

Bitfield

Über die konfigurierbaren Elemente des Formattyps *Bitfield* werden Windows Installer-Datenbankfelder des Typs *Integer* bereitgestellt. *Null*-Werte sind nicht gestattet.

Format	Type	ContextData	Beschreibung
Bitfield		<Bits>;<Name1>=<Wert1>;<Name2>=<Wert2>	In einer Spalte kann eine Teilmenge von Bits geändert werden.

Tabelle 13.16: Element des Formattyps Bitfield

13.4 Hinweise zum Erstellen von konfigurierbaren Mergemodulen

Nach der Übersicht über die Inhalte und Funktionen der konfigurierbaren Mergemodule erhalten Sie nun einige Hinweise für die Erstellung dieser Module.

▶ Für die Funktion der konfigurierbaren Mergemodule muss die *mergemod.dll* in der Version 2.0 vorhanden sein. Stellen Sie sicher, dass dies beim Benutzer der Fall ist. Anderenfalls werden nur die konfigurierten Standardwerte gesetzt.

▶ Dem Mergemodul muss die Tabelle *ModuleConfiguration* hinzugefügt werden. In dieser Tabelle wird für jedes konfigurierbare Element ein eigener Datensatz erstellt. Füllen Sie die Spalten *Format*, *Type*, *ContextData* und *DefaultValue* aus.

▶ Dem Mergemodul muss auch die Tabelle *ModuleSubstitution* hinzugefügt werden. Jeder Datensatz dieser Tabelle muss einem oder mehreren konfigurierbaren Elementen der Mergemodul-Datenbank entsprechen. Füllen Sie die Spalten *Table*, *Row* und *Column* aus und geben Sie in der Spalte *Value* eine Formatierungsregel an.

▶ Zur Validierungstabelle *_Validation* müssen Einträge hinzugefügt werden, so dass die Tabellen *ModuleSubstitution* und *ModuleConfiguration* in die Validierung miteinbezogen werden können.

▶ Um die Abwärtskompatibilität mit älteren Versionen der *mergemod.dll* sicherzustellen, tragen Sie die beiden Tabellen *ModuleSubstitution* und *ModuleConfiguration* in die Tabelle *ModuleIgnoreTable* ein.

13.5 Integrieren von Mergemodulen

Um ein Mergemodul in ein bestehendes Windows Installer-Paket zu integrieren, können Sie ein beliebiges Authoringtool verwenden, das diese Funktion bietet, oder auch wiederum auf *Orca* zurückgreifen. Im folgenden Beispiel wird *Orca* verwendet.

Wählen Sie dort das Menü TOOLS/MERGE MODULE oder wählen Sie die Tastenkombination [Strg] + [M]. Im Fenster MERGE MODULE (siehe Abbildung 13.1) können verschiedene Optionen für die Integration konfiguriert werden.

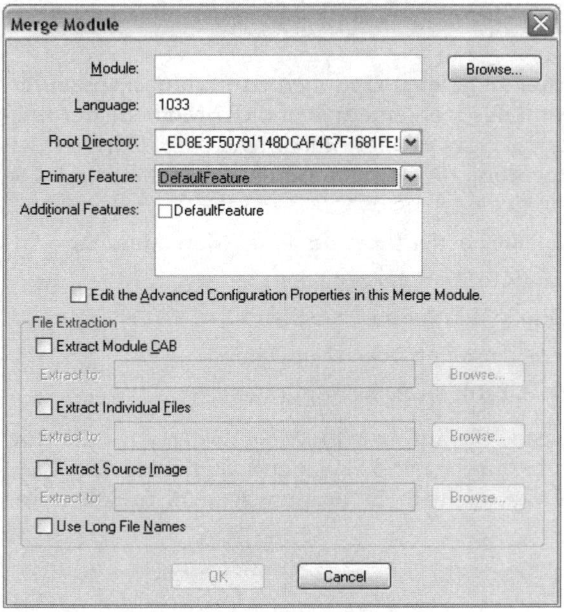

Abbildung 13.1: Integration eines Mergemoduls über Orca

Unter MODULE wählen Sie das zu integrierende Mergemodule aus. Unter LANGUAGE tragen Sie die Sprache ein, in der die Mergemodule geöffnet werden sollen. Das Installationsverzeichnis für das Mergemodul wird unter ROOT DIRECTORY festgelegt. Weiterhin müssen mindestens einem Feature des Windows Installer-Pakets die Komponenten des Mergemoduls bei der Integration zugeordnet werden. Wählen Sie das gewünschte Feature unter PRIMARY FEATURE aus. Sollen weitere Features gewählt werden, markieren Sie diese in der Liste ADDITIONAL FEATURES.

Die Checkbox EDIT THE ADVANCED CONFIGURATION PROPERTIES IN THIS MERGE MODULE sollte nur dann aktiviert werden, wenn es sich um ein konfigurierbares Mergemodul handelt.

Im Abschnitt FILE EXTRACTION stehen drei verschiedene Möglichkeiten zur Auswahl, wie das Mergemodul oder besser gesagt die in ihm enthaltenen Dateien in die Installer-Datenbank zu entpacken sind.

Soll die im Mergemodul enthaltene .*cab*-Datei entpackt werden, markieren Sie EXTRACT MODULE CAB und geben den gewünschten Dateinamen unter EXTRACT TO an. Sollen sämtliche Dateien des Mergemoduls entpackt und gemäß ihrer Ordnerstruktur angelegt werden, wählen Sie EXTRACT INDIVIDUAL FILES. Sollen die Dateien des Mergemoduls und der Installer-Datenbank entpackt werden, wählen Sie EXTRACT SOURCE IMAGE. Die Dateien werden dabei standardmäßig unter kurzen Dateinamen gespeichert. Sollen hingegen lange Dateinamen verwendet werden, markieren Sie USE LONG FILE NAMES.

> Wird für die Integration des Mergemoduls *Orca* verwendet, so beachten Sie, dass die enthaltene Paketdatei nicht importiert und auch die Tabelle *Media* nicht aktualisiert wird.

Am sinnvollsten ist es, die erste der drei genannten Optionen zum Entpacken zu verwenden. Nachdem Sie nach der Auswahl des Mergemoduls und der Methode der Integration auf OK geklickt haben, erhalten Sie das Fenster MERGE FAILURES. Dort werden alle Fehler aufgelistet, die bei der Integration des Mergemoduls aufgetreten sind. Die Fehler werden in die folgenden Kategorien eingeteilt:

▶ MERGE CONFLICTS: Allgemeine Probleme bei der Integration des Mergemoduls

▶ LANGUAGE ERRORS: Fehler in der Konfiguration der Sprachen

▶ SEQUENCE TABLE CONFLICTS: Konflikte in den Sequenztabellen

▶ FILE EXTRACTION PROBLEMS: Probleme beim Entpacken der Datei

▶ INVALID CONFIGURATION PARAMETERS: Fehlerhafte Konfiguration

Sind dort keine Fehler aufgetreten, klicken Sie auf ACCEPT. Mit CANCEL wird der Vorgang abgebrochen. Klicken Sie auf ACCEPT und es sind Fehler enthalten, kann dies dazu führen, dass das Windows Installer-Paket nicht mehr ordnungsgemäß funktionieren wird.

Nachdem die .*cab*-Datei entpackt worden ist, müssen Sie diese in der Tabelle *_Streams* des Windows Installer-Pakets speichern. Dazu wird der Tabelle *Cabs* ein Datensatz mit einem beliebigen Namen hinzugefügt und die .*cab*-Datei ausgewählt. Dadurch wird in der Tabelle *_Streams* die .*cab*-Datei unter dem gewählten Namen und der vorangestellten Zeichenfolge *Cabs.* gespeichert, also z.B. *Cabs.cabdatei.cab*.

Zusätzlich muss die Tabelle *Media* ergänzt werden. In der Spalte *Cabinet* muss der Datei-name stehen, wie er in der Tabelle *_Streams* angegeben ist. Um die Datei als interne Paketdatei zu kennzeichnen, muss dem Dateinamen das Zeichen # vorangestellt werden, also z.B. *#Cabs.cabdatei.cab*.

14 Bootstrapping und Summary Information Stream

Dieses Kapitel befasst sich mit den Themen Bootstrapping und Summary Information Stream. Unter Bootstrapping versteht man den Prüfmechanismus des Windows Installer, der kontrolliert, ob der Installer auf dem System des Benutzers in der erforderlichen Version vorhanden ist.

Der Summary Information Stream beinhaltet die Informationen, die der Benutzer erhält, wenn er auf das Kontextmenü EIGENSCHAFTEN eines Windows Installer-Pakets klickt. Da die Eigenschaften des Summary Information Stream kein spezielles Feature des Windows Installer sind, sondern der Summary Information Stream eine Grundlage aller Verbundobjekte ist, besitzen die Eigenschaften des Summary Information Stream teilweise andere Bedeutungen als die der Installer-Datenbank. Der Summary Information Stream kann außer für Installer-Pakete auch für Transform Files und Patch-Dateien verwendet werden.

14.1 Bootstrapping

Sobald eine Windows Installer-basierte Installation ausgeführt werden soll, besteht der erste Schritt in der Prüfung, ob der Windows Installer auf dem Computer vorhanden ist oder nicht. Auch die Version des Windows Installer wird dabei geprüft. Für diesen Prüfmechanismus wird eine Bootstrapp-Anwendung eingesetzt. Dabei werden die folgenden Schritte durchlaufen:

1. Mit Hilfe der Bootstrapp-Anwendung wird untersucht, ob auf dem Zielcomputer der Windows Installer vorhanden ist. Falls ja, wird zusätzlich die Version des Installer geprüft. Dies geschieht über die Funktion *DllGetVersion*. Wird dabei festgestellt, dass der Installer in der korrekten Version vorhanden ist, wird mit Schritt 5 fortgefahren.

2. Als Nächstes wird geprüft, welches Betriebssystem auf dem Computer installiert ist, damit der Windows Installer in der korrekten Variante installiert werden kann.

3. Wird als Betriebssystem ein Windows NT-basiertes Betriebssystem gefunden, wird die Unicode-Variante des Windows Installer installiert. Dabei handelt es sich um die Datei *instmsi.exe*.

4. Wird als Betriebssystem Windows 9x oder ME ermittelt, wird die ANSI-Variante des Windows Installer installiert. Dabei handelt es sich um die Datei *instmsiw.exe*.

5. Die Bootstrapp-Anwendung erstellt eine Befehlszeile, so dass die eigentliche Installation der Applikation gestartet werden kann.

Das Erstellen einer nach diesem Schema funktionierenden Bootstrapp-Anwendung wird von professionellen Authoringtools automatisch vorgenommen. Die beiden installierbaren Versionen des Windows Installer werden dabei in das Installationspaket der Applikation integriert. Die Bootstrapp-Anwendung trägt den Namen *setup.exe*.

14.1.1 Bootstrapping beim Internet Download

Ab der Version 2.0 des Windows Installer verfügt der Windows Installer über die Möglichkeit, eine Installation, Reparatur oder Neuinstallation eines Pakets auch über das Internet durchzuführen. Dabei werden auch digitale Signaturen für die Dateitypen *.msi*, *.mst* und *.msp* unterstützt. Sofern auch eine externe *.cab*-Datei zum Installationspaket gehört und diese digital signiert sind, werden die Signaturen als Bestandteil der Installation angesehen.

Im Windows Installer SDK befindet sich die ausführbare Datei des Bootstrapp-Programms (*setup.exe*) sowie ein Konfigurationsprogramm (*msistuff.exe*). Mit Hilfe des Programms *msistuff.exe* können die Ressourcen der *setup.exe* konfiguriert werden, so dass auch eine Web-Installation des Windows Installer-Pakets möglich wird.

Bei einer Installation über das Internet wird der Bootstrapper vom Webbrowser in den Cache geladen. Die Bootstrapping-Anwendung für einen Internet-Download muss die folgenden Punkte ausführen können:

▶ Prüfung und ggf. Aktualisierung des Windows Installer

▶ Download des Windows Installer-Pakets

▶ Prüfen der digitalen Signatur des Installer-Pakets. Sofern das Zertifikat mit der *setup.exe* identisch ist, wird die Installation automatisch gestartet. Ist dies nicht der Fall, wird dem Benutzer ein entsprechender Hinweis angezeigt.

▶ Bei der Installation wird die URL als Quellverzeichnis behandelt.

▶ Sofern erforderlich, wird ein Neustart des Computers durchgeführt.

Mit Hilfe von *msistuff.exe* können die folgenden Ressourcen angezeigt und bearbeitet werden:

Ressource	Beschreibung
ISETUPPROPNAME_BASEURL	URL-Lokation der *setup.exe*. Ist kein gültiger Wert angegeben, wird als Quelle automatisch ein Wechsellaufwerk gesetzt. Nur URL-basierte Installationen können über die Funktion *WinVerifyTrust* geprüft werden.
ISETUPPROPNAME_DATABASE	Name der *.msi*-Datei und relativer Pfad von der *setup.exe* aus gesehen dazu. Diese Ressource kann nur gesetzt werden, wenn *ISETUPPROPNAME_PATCH* nicht gesetzt ist. Es dürfen nicht beide Ressourcen zusammmen spezifiziert werden.
ISETUPPROPNAME_OPERATION	Durchzuführende Installationsart (*INSTALL*, *MINPATCH*, *MAJPATCH* oder *INSTALLUPD*)

Ressource	Beschreibung
ISETUPPROPNAME_PRODUCTNAME	Name des Produkts. Ist hier kein Wert gesetzt, wird die Anwendung standardmäßig als Produkt in der Benutzeroberfläche der Installation benannt.
ISETUPPROPNAME_MINIMUM_MSI	Minimal benötigte Version des Windows Installer. Ist diese nicht vorhanden, wird sie installiert. Der Wert muss mindestens 200 für die Version 2.0 betragen.
ISETUPPROPNAME_INSTLOCATION	URL-Lokation der ausführbaren Update-Dateien. Dieser Wert muss nicht gesetzt werden. Dann wird dieselbe Lokation wie die der *setup.exe* angenommen.
ISETUPPROPNAME_INSTMSIA	Name und relativer Pfad der ANSI-Version der *instmsi.exe* des Windows Installer. Dieser Wert muss gesetzt sein.
ISETUPPROPNAME_INSTMSIW	Name und relativer Pfad der Unicode-Version der *instmsi.exe* des Windows Installer. Dieser Wert muss gesetzt sein.
ISETUPPROPNAME_PATCH	Name und relativer Pfad der *.msp*-Datei. Dieser Wert muss gesetzt sein, wenn *ISETUPPROPNAME_DATABASE* nicht angegeben ist. Allerdings dürfen nicht beide Ressourcen zusammen spezifiziert werden.
ISETUPPROPNAME_PROPERTIES	Hier können Eigenschaften für die Kommandozeile angegeben werden (in der Form Eigenschaft = Wert). Die Angabe ist optional.

Tabelle 14.1: Über msistuff.exe änderbare Ressourcen

14.2 Der Summary Information Stream

Im Summary Information Stream sind alle Informationen zum *.msi*-Paket enthalten, die im Windows Explorer über das Kontextmenü EIGENSCHAFTEN (siehe Abbildung 14.1) aufgerufen werden können. Ob und inwieweit diese Informationen angegeben werden, liegt im Ermessen des Autors der Applikation.

Der Summary Information Stream ist kein Spezifikum des Windows Installer, sondern eine Objektgrundlage aller Verbundobjekte.

In der folgenden Tabelle sehen Sie eine Übersicht über die Eigenschaften, die im Summary Information Stream definiert werden können.

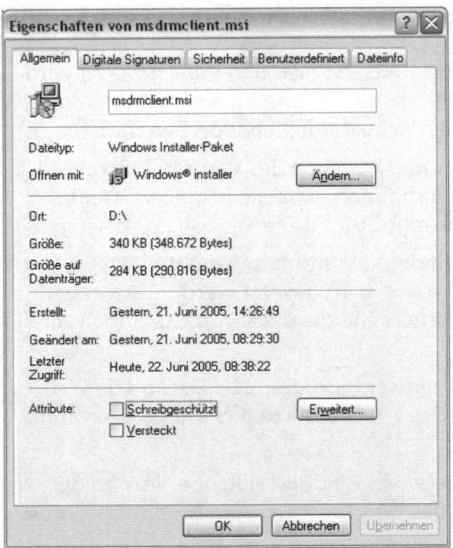

Abbildung 14.1: In den Eigenschaften werden die Inhalte des Summary Information Stream angezeigt

Eigenschaft	PID	Eigenschafts-ID
Author	PID_AUTHOR	4
Character Count	PID_CHARCOUNT	16
Codepage	PID_CODEPAGE	1
Comments	PID_COMMENTS	6
Create Time/Date	PID_CREATE_DTM	12
Creating Application	PID_APPNAME	18
Keywords	PID_KEYWORDS	5
Last Printed	PID_LASTPRINTED	11
Last Saved By	PID_LASTAUTHOR	8
Last Save Time/Date	PID_LASTSAVE_DTM	12
Page Count	PID_PAGECOUNT	14
Revision Number	PID_REVNUMBER	9
Security	PID_SECURITY	19
Subject	PID_SUBJECT	3
Template	PID_TEMPLATE	7
Title	PID_TITLE	2
Wordcount	PID_WORDCOUNT	15

Tabelle 14.2: Übersicht über die Eigenschaften des Summary Information Stream sowie die PIDs und Eigen-schafts-IDs

Diese Eigenschaften des Summary Information Stream haben die folgenden Bedeutungen:

▶ *Author*: Autor. Damit wird der Hersteller des Installationspakets bezeichnet. Standardmäßig wird der Eintrag der Installer-Eigenschaft *Manufacturer* übernommen.

▶ *Character Count*: Zeichenanzahl. Diese Eigenschaft wird nur bei Transform Files benutzt. Sie besteht aus zwei 16-Bit-Werten. Der erste Wert gibt die Flags zum Festlegen der Bedingungen an (*Transform Validation Flags*), unter denen das Transform File nur angewendet wird, der zweite die Flags zur Unterdrückung von Fehlern (*Transform Error Condition Flags*).

▶ *Codepage*: Über diese Eigenschaft wird die ANSI-Codepage für die Anzeige des Summary Information Stream bestimmt. Dabei werden die Zeichen in Unicode-Zeichen konvertiert. Es muss nicht dieselbe Codepage wie die der Windows Installer-Datenbank sein.

▶ *Comments*: Kommentar. Über diese Eigenschaft wird der Zweck des Installationspakets beschrieben, z.B. das Installationspaket installiert das Produkt xyz.

▶ *Create Time/Date*: In dieser Eigenschaft ist das Erstelldatum und die Uhrzeit des Installationspakets enthalten.

▶ *Creating Application*: Name der Anwendung, mit dem das Windows Installer-Paket erstellt worden ist.

▶ *Keywords*: Schlüsselwörter. Diese Schlüsselwörter können gesetzt werden, um z.B. über die Suchfunktion im Windows Explorer das Installationspaket anhand der definierten Begriffe zu finden.

▶ *Last Printed*: Bei einer normalen Installation entspricht dieser Wert dem von *Create Time/Date*. Nur bei einer administrativen Installation wird hier der Zeitpunkt gesetzt, zu dem das Installationsabbild erstellt wurde.

▶ *Last Saved By*: Bei einer nicht-administrativen Installation wird der Wert auf den Wert der Eigenschaft *LogonUser* gesetzt. Handelt es sich um die finale Version des Installationspakets, sollte der Wert auf *Null* gesetzt werden. Bei einem Transform File befinden sich in dieser Eigenschaft die Plattform-IDs und Language-IDs, die nach Anwendung des Transform Files in der Installer-Datenbank enthalten sein sollen.

▶ *Last Saved Time/Date*: In dieser Eigenschaft sind Zeit und Datum der letzten Änderung enthalten. Bei einer finalen Version des Installationspakets sollte der Wert auf *Null* gesetzt werden.

▶ *Word Count*: Diese Eigenschaft bestimmt die Art der Quelldateien. Es handelt sich um ein Bit-Feld, in dem die folgenden Werte möglich sind:

Bit	Wert	Beschreibung
0	0	Lange Dateinamen
	1	Kurze Dateinamen
1	0	Unkomprimierte Quelldateien
	2	Komprimierte Quelldateien

Bit	Wert	Beschreibung
2	0	Quelle ist das Originalmedium
	4	Quelle ist das Installationsabbild bei einer administrativen Installation

Tabelle 14.3: Bitwerte für die Eigenschaft Word Count

Ist kein Wert angegeben, wird der Standardwert 0 gesetzt. Die Kombination der Werte ergibt den eigentlichen Wert für die Eigenschaft *Word Count*. So bedeutet der Wert 3 die Kombination der Werte 0, 1 und 2, es handelt sich in diesem Fall also um kurze Dateinamen, komprimierte Quelldateien und das Originalmedium als Quelle.

Bei einem Patch-Paket wird über diese Eigenschaft das Modul, das zur Patch-Erstellung verwendet wurde, angegeben. In diesem Fall sind folgende Werte möglich:

Wert	Beschreibung
1	Standardwert, Verweis auf *MSPATCH* als benutzte Anwendung
2	Verwendung von kleineren optimierten Dateien. Dies ist ab der Version 1.2 des Windows Installer möglich.
3	Der Patch muss mit mindestens der Version 2.0 des Windows Installer angewendet werden.

Tabelle 14.4: Werte für die Eigenschaft Word Count bei einem Patch-Paket

▶ *Page Count*: Seitenzahl. In dieser Eigenschaft wird die minimal benötigte Version des Windows Installer zum Ausführen des Pakets angegeben, z.B. 200 für den Windows Installer 2.0. Auch bei einem Transform File gibt dieses Eigenschaft die Mindestversion des Installer an. Bei einem Patch muss der Wert *Null* gesetzt werden.

▶ *Revision Number*: Bei einem Installationspaket wird der *PackageCode* angegeben, der das Paket eindeutig identifiziert.

Bei einem Transform File gibt diese Eigenschaft die *ProductCodes* (GUID), die Versionen des alten und neuen Pakets sowie den *UpgradeCode* (GUID) an. Die Werte werden durch ein Semikolon voneinander getrennt, also z.B. Produktcode-original Produktversion-original; Produktcode neu Produktversion-neu; Upgrade Code.

Bei einem Patch gibt die Eigenschaft den *PatchCode* (GUID) an. Daran werden die *PatchCodes* veralteter Patches angefügt, die durch das Einspielen dieses Patches entfernt werden sollen. Zwischen die einzelnen *PatchCodes* wird kein Trennzeichen gesetzt.

▶ *Security*: Über diese Eigenschaft wird festgelegt, ob das Installer-Paket schreibgeschützt geöffnet werden soll. Dazu können die folgenden Werte gesetzt werden:

Wert	Beschreibung
0	Kein Schreibschutz
2	Schreibschutz empfohlen (Read-only recommended)
4	Schreibschutz erzwungen (Read-only enforced)

Tabelle 14.5: Werte für die Eigenschaft Security

Bei erzwungenem Schreibschutz können keine Änderungen am Summary Information Stream vorgenommen werden. Werden Änderungen an einem Paket mit empfohlenem Schreibschutz vorgenommen, erhält der Benutzer einen Hinweis mit der Frage, ob diese Änderungen gespeichert werden sollen. Bei Installer-Paketen sollte der Wert 2, bei Transform Files und Patch-Dateien der Wert 4 gesetzt werden.

► *Subject*: In dieser Eigenschaft ist der Name des Produkts enthalten, z.B. *Microsoft Office 2003 Professional*. In der Regel wird dafür der Wert der Installer-Eigenschaft *ProductName* verwendet.

► *Template*: In dieser Eigenschaft werden die vom Installationspaket unterstützten Plattformen und Sprachen festgelegt. Dabei wird die folgende Syntax verwendet: `[Platt form Property][,Plattform Property][,…];[Language ID][,Language ID] [,…]`.

Die folgenden Werte können für Plattform und Sprache verwendet werden:

► Alpha,Intel;1031

► Intel;Alpha;1031

► Alpha;1031

► Intel;1031

► Intel64;1031

► ;1031

► Alpha;1031,2046

► Intel;1031,2046

► Intel64;1031,2046

► Intel;0

 Die Alpha-Plattform wird ausschließlich vom Windows Installer 1.0, aber nicht mehr von höheren Versionen unterstützt.

Ist keine Plattform definiert, kann die Installation plattform-unabhängig durchgeführt werden. Ist für die aktuelle Plattform des Zielcomputers kein gültiger Eintrag vorhanden, kann die Installation nicht durchgeführt werden. Um eine sprachneutrale Installation zu ermöglichen, setzen Sie entweder gar keinen Wert oder den Wert 0 für die Sprache. Bei einer Windows Installer-Datenbank kann jeweils nur eine Sprache definiert werden. Lediglich bei Mergemodulen können mehrere Sprachen angegeben werden.

Auch bei Transform Files kann nur eine Sprache angegeben werden. Sofern keine Werte für die Sprache und Plattform angegeben sind, erfolgt keine Prüfung bei der Anwendung des Transform Files.

► *Title*: In dieser Eigenschaft wird der Typ des Installationspakets bestimmt. Für ein Installer-Paket sollte der Wert *Installation Database*, für ein Transform File der Wert *Transform* und für eine Patch-Datei der Wert *Patch* verwendet werden.

Die Informationen des Summary Information Stream können nicht nur für Installer-Pakete, sondern auch für Transform Files und Patch-Dateien gesetzt werden. In der folgenden Tabelle finden Sie eine Zuordnung der Eigenschaftsnamen des Summary Information Stream zu den jeweiligen Eigenschaften des Windows Installer. Erforderliche Eigenschaften sind mit (*) gekennzeichnet.

Eigenschaft	Installer-Paket	Transform File	Patch-Paket
Title	*Installation Database*	*Transform*	*Patch*
Subject	*ProductName*	Beschreibung des Transform Files	Beschreibung der Patch-Datei
Author	*Manufacturer*		
Keywords	Von Anwendungen benutzt, die nach Schlüsselwörtern suchen. Normalerweise wird der Begriff *Installer* gesetzt.		Liste der Patch-Quellen, durch Semikolon getrennt
Comments	Beschreibung, z.B. dieses Paket installiert/modifiziert/patcht das Produkt *<ProductName>*		
Template (*)	Unterstützte Plattformen und Sprachen	Kompatible Plattformen und eine Sprache. Ist keine Sprache gesetzt, gibt es keine Einschränkung.	Liste der *Product-Codes*, die diesen Patch verwenden können, durch Semikolon getrennt
Last Saved By	Bei administrativer Installation Name des Benutzers, der die Installation durchgeführt hat.	Unterstützte Plattformen und Sprachen	Liste der Transformationen in der Reihenfolge der Abarbeitung, durch Semikolon getrennt.
Revision Number (*)	*PackageCode*	GUIDs des *Product-Code*, Versionen der alten und neuen Version und des *UpgradeCode*	GUID des Patches. Es werden alle weiteren Patch-Codes hinzugefügt, die durch das Anwenden dieses Patches entfernt werden sollen. Enthält der Patch eine Sequenztabelle, werden keine an die GUID angehängten Patches entfernt.
Last Printed	Nur bei administrativer Installation Zeitpunkt der Speicherung	*Null*	
Create Time/Date	Datum und Uhrzeit der Erstellung		

Eigenschaft	Installer-Paket	Transform File	Patch-Paket
Last Saved Time/ Date	Bei der Erstellung *Null*. Bei jeder Änderung werden aktuelle Systemzeit und Datum gesetzt.		
Page Count (*)	Minimal erforderliche Version des Windows Installer		*Null*
Word Count (*)	Quelldateien-Typ. Es handelt sich um ein Bit-Feld.	*Null*	Wert zur Definition des Moduls, das den Patch erstellt hat.
Character Count	*Null*	Höherwertiger Bereich: *Transform Validation Flags*, Niederwertiger Bereich: *Transform Error Condition Flags*	*Null*
Creating Application	Name der Anwendung, die zur Erstellung der Installer-Datenbank/ der Transformation/des Patches verwendet wird		
Security	2 (Schreibschutz empfohlen)	4 (Schreibschutz erzwungen)	
Codepage	Zu verwendende Codepage für die Anzeige des Summary Information Stream		

Tabelle 14.6: Zuordnung der Eigenschaften des Summary Information Stream zu den Eigenschaften des Windows Installer

14.3 Benutzen des Summary Information Stream

Der Summary Information Stream kann über verschiedene Funktionen der Windows Installer-API aufgerufen werden.

Bedenken Sie immer, dass der Windows Installer unterschiedliche Typen von Datenbanken verwendet und einige der Eigenschaften der Datenbanken andere Bedeutungen bzw. Bezeichnungen haben als im Summary Information Stream.

Wenn eine Datenbank als Ausgabe einer anderen Datenbank geöffnet wird, handelt es sich beim Summary Information Stream um eine schreibgeschützte Kopie des Streams der originalen Datenbank. Um diesen Summary Information Stream bearbeiten zu können, muss die Datenbank zunächst geschlossen und wieder neu geöffnet werden.

▶ Ein Handle zum Summary Information Stream wird als Antwort auf den Aufruf der Funktion *MsiGetSummaryInformation* erhalten.

▶ Über den Aufruf der Funktion *MsiSummaryInfoGetProductCount* wird die Anzahl der vorhandenen Eigenschaften angezeigt.

▶ Über den Aufruf der Funktion *MsiSummaryInfoGetProperty* wird eine einzelne Eigenschaft des Summary Information Stream gezeigt.

▶ Über den Aufruf der Funktion *MsiSummaryInfoSetProperty* kann eine einzelne Eigenschaft gesetzt werden.

▶ Über den Aufruf der Funktion *MsiSummaryInfoPersist* wird die Eigenschaft des Summary Information Stream gespeichert.

15 Update und Patch

Dieses Kapitel beschäftigt sich mit der Aktualisierung eines Windows Installer-Pakets über Updates und Patches. Dazu werden die verschiedenen Typen von Updates und ihre Wirkungsweise beschrieben. Der zweite Teil dieses Kapitels beschäftigt sich mit Patches. Gerade beim Thema Patch haben sich mit der Version 3.0 des Windows Installer zahlreiche Neuerungen und Verbesserungen ergeben.

15.1 Updates

Bei einem Update können die Informationen innerhalb der *.msi*-Datei, die Dateien der Applikation selbst und/oder die Registry-Informationen geändert werden. Je nachdem, welche Änderungen am Produkt vorgenommen werden, entscheidet sich, welcher Typ des Updates durchgeführt werden soll. Die Änderungen können sich auf den Produktcode, die Produktversion und/oder den Paketcode beziehen. Dabei werden die folgenden Eigenschaften modifiziert:

▶ *ProductCode* für den Produktcode

▶ *ProductVersion* für die Produktversion

▶ *Revision Number Summary* für den Paketcode

Insgesamt gibt es drei verschiedene Typen von Upgrades. Diese unterscheiden sich danach, ob Änderungen an der Produktversion und/oder dem Produktcode vorgenommen werden. Der Paketcode identifiziert das Installationspaket und sollte deshalb bei jeder Form von Update geändert werden.

Tabelle 15.1 gibt eine Übersicht über die verschiedenen Typen der Updates und deren Änderungen.

Updatetyp	ProductCode	ProductVersion	Beschreibung
Small Update	Keine Änderung	Keine Änderung	Ein bis zwei Änderungen an der .msi-Datei oder den Applikations-Dateien, die keine Änderung der Produktversion rechtfertigen
Minor Upgrade	Keine Änderung	Änderung	Kleines Update, dessen Änderungen jedoch die Änderung der Produktversion rechtfertigen
Major Upgrade	Änderung	Änderung	Umfassendes Update, das die Änderung des Produktcodes und der Produktversion rechtfertigt

Tabelle 15.1: Übersicht über die verschiedenen Typen von Updates

Je nachdem, ob künftige Versionen der Applikation zwischen einer upgedateten und einer nicht upgedateten Version unterscheiden sollen, müssen Sie sich zwischen einem Small Update und einem Minor Upgrade entscheiden. Soll die Differenzierung zwischen den beiden Versionen möglich sein, müssen Sie ein Minor Upgrade statt eines Small Update einsetzen.

Alle drei Typen von Updates können sowohl als vollständiges Installationspaket als auch als Patch-Paket ausgeliefert werden. Bei der Auslieferung als Installationspaket führt der Benutzer eine erneute Installation des Produkts durch. Ein Patch-Paket enthält entweder eine komplette Datei oder nur die zu ändernden Bits einer Datei. Damit ist das Patch-Paket wesentlich kleiner als ein komplettes Installationspaket.

15.2 Small Updates

Ein Small Update führt an einer oder mehreren Dateien oder einem Registry-Schlüssel Änderungen durch. Diese Änderungen rechtfertigen jedoch nicht eine Änderung der Produktversion. Small Updates werden auch als *QFE-Updates* (Quick Fix Engineering) bezeichnet.

Da durch diese Änderungen die Informationen in der .*msi*-Datei modifiziert werden, muss der Paketcode des Pakets geändert werden. Dieser ist im Summary Information Stream unter der Eigenschaft *Revision Number* gespeichert. Der Produktcode ändert sich durch ein Small Update nie.

Für die Erstellung eines Small Update sollten bestimmte Regeln gelten, die das folgende Szenario verdeutlicht:

Sie erstellen ein Produkt *Applikation.msi* in der Version 1.0, nach einer Weile wird das Small Update *QFE1* bereitgestellt. Nach einer Weile wird das zweite Small Update, *QFE2*, bereitgestellt. Dieses Update ist auf *Applikation.msi 1.0* ausgerichtet und nicht auf *Applikation.msi 1.0 + QFE 1*. Durch die Installation von *QFE2* sollte *QFE1* entfernt werden.

15.2.1 Anwenden auf eine lokale Installation

Um das Small Update auf eine lokale Installation anzuwenden, können Sie die Installation über die Kommandozeile starten. Verwenden Sie dazu die folgende Befehlszeile:

```
Msiexec.exe /p Patch.msp REINSTALL=[Featureliste] REINSTALLMODE=omus ⏎
```

Es kann auch die Methode *MsiApplyPatch* oder *ApplyPatch* mit denselben Kommandozeilenargumenten aufgerufen werden.

Der Installer ändert alle gepatchten Komponenten, die zur lokalen Installation oder zur Ausführung vom Quellmedium markiert sind. Die Benutzer können diese Komponenten nicht direkt von der Installationsquelle ausführen, solange der Patch auf dem Computer des Benutzers installiert ist. Beim Patchen werden Transform Files zum Update der .*msi*-Datei oder zum Hinzufügen Patch-spezifischer Informationen zum Benutzerprofil hinzugefügt. Nach Anwendung des Patches verweist der Installer auf mindestens zwei Source-Listen zu externen Dateien: Zum einen auf die der Originalquelle und zum anderen auf die jedes angewendeten Patches.

15.2.2   Anwenden durch Neuinstallation

Ein Small Update kann auch durch die komplette oder teilweise Neuinstallation des Produkts angewendet werden. Um die Neuinstallation von der Kommandozeile aus durchzuführen, benutzen Sie folgenden Befehl:

```
Msiexec.exe /fvomus [Pfad zur aktualisierten .msi-Datei] [⏎]
```

oder

```
Msiexec.exe /i [Pfad zur aktualisierten .msi-Datei] REINSTALL=ALL,
REINSTALLMODE=vomus [⏎]
```

Dia aktualisierte *.msi*-Datei wird auf dem Computer des Benutzers gecacht. Er kann jedoch keine Neuinstallation über PROGRAMME HINZUFÜGEN/ENTFERNEN vornehmen, da die aktualisierte *.msi*-Datei nicht auf dem Computer vorhanden ist.

Um ein Small Update an die aktuellen Benutzer zu verteilen, rufen Sie die Funktion *MsiReinstallProduct* auf und spezifizieren Sie *REINSTALLMODE_PACKAGE, REINSTALLMODE_ FILEOLDERVERSION, REINSTALLMODE_MACHINEDATA, REINSTALLMODE_ USERDATA* und *REINSTALLMODE_SHORTCUT*. Hierbei handelt es sich um eine vollständige Reinstallation.

Teilweise Neuinstallation

Sie können auch nur eine teilweise Neuinstallation der betroffenen Features und Komponenten vornehmen. Dazu müssen Sie die Namen der vom Patch betroffenen Komponenten kennen. Benutzen Sie die folgende Befehlszeile:

```
Msiexec.exe /i [Pfad zur aktuellen .msi-Datei] REINSTALL=[Feature-Liste]
REINSTALLMODE=vomus [⏎]
```

Die aktualisierte *.msi*-Datei wird auf dem Computer des Benutzers gecacht.

15.2.3   Anwenden bei einer administrativen Installation

Ein Small Update kann auch auf das administrative Abbild angewendet werden, so dass alle Benutzer, die von dieser Quelle die Applikation installieren, automatisch auch die aktualisierte Version bekommen.

Das Small Update muss dazu in Form einer Patch-Datei vorliegen, z.B. *smallupdate.msp*. Verwenden Sie dann die folgende Befehlszeile:

```
Msiexec.exe [Pfad zur administrativen .msi-Datei] /p smallupdate.msp [⏎]
```

Wurde während der Installation die Option SHORTFILENAMES auf 1 gesetzt und wird ein Windows Installer bis zur Version 2.0 benutzt, muss SHORTFILENAMES auch bei der Anwendung des Updates gesetzt werden. Windows Installer ab der Version 2.0 erkennen automatisch, ob SHORTFILENAMES gesetzt wurde und setzen dementsprechend diese Eigenschaft.

Um die Änderung am administrativen Abbild auch den Benutzern zugänglich zu machen, die die Applikation bereits installiert haben, müssen diese wie oben beschrieben eine Neuinstallation des Produkts durchführen.

15.3   Minor Upgrades

Durch ein Minor Upgrade werden Änderungen an mehr Ressourcen als bei einem Small Update vorgenommen. Durch diese Änderungen ist zwar eine Änderung der Produktversion, jedoch nicht des Produktcode erforderlich. Über ein Minor Update können z.B. neue Features und Komponenten hinzugefügt werden, jedoch kann der Feature-Komponenten-Baum nicht neu organisiert werden. In einem Minor Upgrade können auch alle vorangegangenen einzelnen Small Updates zusammengefasst werden. Es kann sich dabei um ein Service Pack (SP) handeln.

Durch ein Minor Upgrade wird die Produktversion geändert. Sollen mehrere Patches angewendet werden, erzwingt der Windows Installer die korrekte Reihenfolge der Anwendung. So wird sichergestellt, dass z.B. zuerst das Upgrade von Version 2.0 auf 2.1 und erst danach von 2.1 auf 2.2 durchgeführt wird.

Die Anwendung eines Minor Upgrade erfolgt wie bei einem Small Update.

15.4   Major Upgrades

Durch ein Major Upgrade werden umfassende Änderungen an einem Produkt vorgenommen. Dabei wird nicht durch die Produktversion, sondern auch der Produktcode geändert. Dies geschieht über eine Änderung der Eigenschaft *ProductCode*. Normalerweise wird durch ein Major Upgrade eine frühere Version deinstalliert und eine neuere Version installiert. Dabei kann auch der Feature-Komponenten-Baum geändert werden.

Major Upgrades sind erst ab der Windows Installer Version 1.1 verfügbar. Während eines Major Upgrade sucht der Windows Installer auf dem Computer nach Applikationen, die sich auf das anstehende Upgrade beziehen. Wird eine passende Applikation entdeckt, wird deren Version aus der Registry ausgelesen. Anhand dieser Version wird entschieden, ob das Upgrade vorgenommen werden kann.

Um die Upgrade-Fähigkeiten des Installer vollständig nutzen zu können, sollte jedes Installationspaket über die Eigenschaft *UpgradeCode* und die Tabelle *Upgrade* verfügen. Jeder Eintrag in dieser Tabelle gibt Informationen über den Upgradecode, die Produktversion sowie die Sprache. Darüber werden durch die Aktion *FindRelatedProducts* die Produkte identifiziert, die von dem Upgrade betroffen sind. Wird ein passendes Produkt gefunden, wird dessen Produktcode in die Tabelle *Upgrade*, Spalte *ActionProperty* geschrieben. Über die Aktionen *RemoveExistingProducts* oder *MigrateFeatureStates* werden die unter *ActionList* aufgeführten Produkte entfernt oder migriert.

 Für die Prüfung der Produktversion verwendet der Windows Installer lediglich die ersten drei Felder der Produktversion. Ein möglicherweise vorhandenes viertes Feld wird ignoriert.

Das Major Upgrade kann entweder als vollständiges Installationspaket oder als Patch-Paket bereitgestellt werden.

15.5 Ändern des Produktcode

Der Produktcode entspricht der GUID des Produkts, durch die ein Produkt eindeutig identifiziert wird.

Durch ein Major Upgrade kann der Feature-Komponenten-Baum erweitert oder reduziert werden, jedoch muss die aktuelle Hierarchie der Features und Komponenten dabei nicht geändert werden. Soll ein übergeordnetes Feature entfernt werden, müssen auch alle dazugehörigen untergeordneten Features entfernt werden. Ab der Version 2.0 des Installer kann eine neue Komponente auch zu einem vorhandenen Feature hinzugefügt werden, in früheren Versionen erforderte ein neues Feature auch eine neue Komponente. Dabei musste der Produktcode geändert werden.

Beim Update muss nicht der Name der *.msi*-Datei geändert werden, es sollte nur der Paketcode modifiziert werden.

Über das Update können Dateien, Registry-Einstellungen oder Verknüpfungen hinzugefügt, geändert oder entfernt werden, die nicht von zwei oder mehr Features gemeinsam genutzt werden. Wird eine versionierte Datei geändert, muss die Versionsnummer in der Tabelle *File* erhöht werden. Werden Ressourcen entfernt, sollten die Tabellen *RemoveFile* und *RemoveRegistry* aktualisiert werden, so dass die nicht mehr benötigten Dateien usw. entfernt werden können.

Das Update einer Komponente, die von zwei oder mehr Features benutzt wird, muss abwärtskompatibel zu den sie benutzenden Features und Applikationen sein. Gemeinsam genutzte Dateien, Registry-Einträge und Verknüpfungen sollten nicht durch ein Upgrade hinzugefügt oder entfernt werden.

Änderungen am Produktcode müssen vorgenommen werden, wenn eine der folgenden Bedingungen erfüllt ist:

- ▶ Gleichzeitige Installationen der originalen und aktualisierten Produkte auf demselben Computer sind möglich.
- ▶ Der Name der *.msi*-Datei hat sich geändert.
- ▶ Der *ComponentCode* einer vorhandenen Komponente hat sich geändert.
- ▶ Eine Komponente wurde von einem vorhandenen Feature entfernt.
- ▶ Ein vorhandenes Feature wurde zum untergeordneten Feature eines vorhandenen Features.
- ▶ Ein vorhandenes untergeordnetes Feature wurde vom übergeordneten Feature entfernt.

Ein neues untergeordnetes Feature, das nur aus neuen Komponenten besteht, erfordert keine Änderung des Produktcode.

Ab der Version 2.0 des Installer müssen untergeordnete Features in Minor Upgrades nicht mehr über die Eigenschaft *ADDLOCAL* und die explizite Auflistung unter *REINSTALL* installiert werden, sondern über die Attribute *msidbFeatureAttributesFollowParent* und *msidbFeatureAttributesUIDisallowAbsent* in der Tabelle *Feature*. Sollen nur neue untergeordnete Features hinzugefügt werden, ist die Option REINSTALL=ALL überflüssig.

Ein neues untergeordnetes Feature kann für den Benutzer unsichtbar sein. Um den Installationsstatus dieses Features mit dem übergeordneten zu synchronisieren, müssen die Attribute *msidbFeatureAttributesFollowParent* und *msidbFeatureAttributesUIDisallow-Absent* für das untergeordnete Feature gesetzt werden.

15.6 Installation einer alten Version über eine neuere unterbinden

Ein Installer-Paket kann so eingerichtet werden, dass ein Major Upgrade nicht installiert wird, wenn bereits eine neuere Version installiert ist. Auf diese Weise wird ein Downgrade einer Applikation verhindert. Das folgend beschriebene Verfahren beruht auf der Aktion *FindRelatedProducts*. Diese Aktion wird nur während einer erstmaligen Installation, nicht aber während einer Neuinstallation (Maintenance) ausgeführt. Da Minor Upgrades über eine Neuinstallation angewendet werden, kann diese Aktion nicht prüfen, ob durch die Installation des Minor Upgrade möglicherweise ein Downgrade durchgeführt wird.

Um das Downgrade einer Applikation zu verhindern, sind die folgenden Schritte erforderlich.

1. Tragen Sie in die Tabelle *Upgrade*, Spalte *UpgradeCode* den Upgradecode für die Produkte ein, die für dieses Update gewählt werden können.
2. Setzen Sie in die Spalte *Attributes* das Attribut *msidbUpgradeAttributesOnlyDetect*.
3. Tragen Sie in die Spalte *VersionMin* die Version des Upgrades ein, die durch die Installation bereitgestellt wird. In die Spalte *VersionMax* wird kein Wert eingetragen.
4. Tragen Sie in die Spalte *ActionProperty* den Namen der Eigenschaft ein, die durch die Aktion *FindRelatedProducts* gesetzt wird.
5. Fügen Sie die Eigenschaft *SecureCustomProperties* sowie die in Schritt 4 angegebene Eigenschaft in die Tabelle *Property* ein.
6. Fügen Sie eine Custom Action des Typs 19 in die Tabelle *InstallExecuteSequence* nach der Aktion *FindRelatedProducts* ein. Tragen Sie diese Custom Action in die Tabelle *CustomAction* ein und geben Sie einen Text für die Spalte *Target* an. Es muss für die Custom Action kein zusätzlicher Code definiert werden.
7. Geben Sie den Namen der *ActionProperty* in der Spalte *Condition* der Tabelle *InstallExecuteSequence* an, die die Custom Action des Typs 19 enthält. Dies bewirkt, dass diese Custom Action nur ausgeführt wird, wenn die Tabelle *Upgrade* ermittelt, dass eine neuere Version bereits installiert ist.

15.7 Der Upgradecode

Der *UpgradeCode* wird in erster Linie für die Unterstützung von Major Upgrades verwendet, wenn auch Minor Upgrades und Small Updates den *UpgradeCode* für die Validierung verwenden. Während eines Major Upgrade werden über die Aktionen *FindRelatedProducts*, *MigrateFeatureStates* und *RemoveExistingProducts* vorherige Versionen des Produkts ermittelt, migriert und entfernt.

Die Aktion *FindRelatedProducts* sucht nach Produkten, wobei die Suchkriterien auf den Eigenschaften *ProductCode*, *ProductLanguage* und *ProductVersion* basieren. Diese Kriterien werden in der Tabelle *Upgrade* bestimmt. Der *UpgradeCode* eines einzelnen Produkts kann für verschiedene Versionen und Sprachen derselbe sein. Deshalb muss sich der *UpgradeCode* für verschiedene Versionen eines Produkts nie ändern. Allerdings sollten jedes einzelne Produkt und jede Produkt-Suite ihren eigenen *UpgradeCode* besitzen. Damit können über mehrere Spalten in der Tabelle *Upgrade* frühere Versionen der Suite oder der Produkte aktualisiert werden.

15.7.1   Anwenden auf eine lokale Installation

Ein Major Upgrade kann auf eine lokale Installation über die Kommandozeile angewendet werden. Verwenden Sie dazu den Parameter /p majorupgrade.msp. Es kann auch die Methode *ApplyPatch* oder *MsiApplyPatch* mit demselben Parameter verwendet werden.

Der Installer ändert alle gepatchten Komponenten, die zur lokalen Installation oder zur Ausführung vom Quellmedium markiert sind. Die Benutzer können diese Komponenten nicht direkt von der Installationsquelle ausführen, solange der Patch auf dem Computer des Benutzers installiert ist. Beim Patchen werden Transform Files zum Update der *.msi*-Datei oder zum Hinzufügen Patch-spezifischer Informationen zum Benutzerprofil hinzugefügt. Nach Anwendung des Patches verweist der Installer auf mindestens zwei Source-Listen zu externen Dateien: Zum einen auf die der Originalquelle und zum anderen auf die jedes angewendeten Patches.

15.7.2   Anwenden durch Neuinstallation

Ein Major Upgrade kann auch angewendet werden, indem ein neues Installationspaket für das upgedatete Produkt installiert wird. Da sich der ProductCode durch das Upgrade ändert, muss das Upgrade wie eine Neuinstallation behandelt werden. Die Installation erfolgt wie die Installation eines normalen Produkts.

An der Kommandozeile wird für *msiexec.exe* die Option /i verwendet. Soll das Upgrade für alle Benutzer installiert werden, rufen Sie die Funktion *MsiInstallProduct* auf und geben Sie den Pfad zur aktualisierten *.msi*-Datei an.

15.8   Patches

Nach der Erläuterung der verschiedenen Typen von Updates und Upgrades geht es nun um das Thema Patches. Neben einer Neuinstallation kann das Upgrade einer Applikation auch über einen Patch, also eine *.msp*-Datei, durchgeführt werden. Gegenüber einer Neuinstallation besitzt der Patch einige Vorteile:

► Während des Update durch einen Patch bleiben die benutzerdefinierten Einstellungen an der Applikation erhalten.

► Der Patch kann entweder die komplette Datei oder nur die geänderten Bits der Datei enthalten. Damit ist der Patch kleiner als das Paket für eine neue Installation.

In einer Patch-Datei sind die aktuellen Updates einer Applikation enthalten sowie eine Beschreibung, welche Versionen dieser Applikation den Patch installieren sollen. Die Patch-Datei enthält mindestens zwei Datenbank-Transformationen und kann im Cabinet-Datei-Datenstrom gespeicherte Patch-Dateien enthalten. Ein Transform File aktualisiert die Informationen in der Installationsdatenbank, das andere fügt die Informationen hinzu, die der Installer zum Patchen der Dateien verwendet. Die Patch-Datei selbst besitzt keine Datenbank wie die *.msi*-Datei. Ab der Version 3.0 des Windows Installer können zusätzlich Informationen über die Patch-Sequenz in Bezug auf andere Updates enthalten sein. Diese Informationen befinden sich in der Tabelle *MsiPatchSequence*. Zusätzliche Informationen werden ab dieser Version in der Tabelle *MsiPatchMetadata* bereitgestellt.

Ein Patch-Paket kann theoretisch auch auf eine administrative Installation angewendet werden, allerdings wird diese Methode nicht empfohlen. Die Benutzer sollten den Patch lieber lokal installieren, nachdem die Installation der Applikation vom administrativen Abbild erfolgt ist. Damit wird sichergestellt, dass die Benutzer, die die Applikation bereits vom Abbild aus installiert haben, diese nach der Anwendung des Patches neu installieren müssen. Solange diese Neuinstallation nicht erfolgt ist, steht z.B. die Reparaturfunktion nicht zur Verfügung.

Eine Patch-Datei kann mit einem Authoringtool oder auch mit Programmen wie *msimsp.exe* oder *patchwiz.dll* durchgeführt werden. Beide Dateien sind ein Bestandteil der *Platform SDK Components for Windows Installer Developers*.

Grundsätzlich besteht eine Patch-Datei aus den folgenden Komponenten:

▶ Summary Information Stream
▶ Cabinet File Stream

Im Summary Information Stream sind Informationen über die Identität und den Zweck des Patches enthalten. Der Cabinet File Stream enthält die Patch-Dateien selbst sowie optional weitere Dateien, die in der alten Version nicht enthalten sind.

15.8.1 Installation eines Patches aus dem Internet

Der Windows Installer kann auch eine gültige URL als Installations-Quelle verwenden. Um eine Patch-Datei zu installieren, die sich auf einem Internet-Server befindet, verwenden Sie die folgende Kommandozeile:

```
Msiexec.exe /p http://Webserver/Patch.msp ⏎
```

Aus Sicherheitsgründen sollten Sie zur Installation des Patches nicht auf den Link zum Patch unter der entsprechenden URL klicken.

15.8.2 Patchen von per Benutzer verwalteten Applikationen

Ab der Version 3.0 des Windows Installer können Sie Patches auch auf Applikationen anwenden, die in einem pro Benutzer verwalteten Kontext installiert worden sind. Per Benutzer installierte Applikationen, die über eine Softwareverteilungs-Applikation oder über Gruppenrichtlinien installiert worden sind, sind verwaltete Applikationen und benötigen bestimmte Berechtigungen für die Installation. So kann z.B. eine Ankündigung einer Installation mit erhöhten Berechtigungen durchgeführt werden, wenn für eine Installation im Benutzerkontext System-Berechtigungen erforderlich sind. So kann die Installation auch von einem Nicht-Administrator durchgeführt werden.

Dadurch erfolgt die Ankündigung für einen spezifizierten Benutzer. Führt der Benutzer die Installation durch, geschieht diese mit erhöhten Berechtigungen. Diese erhöhten Berechtigungen gelten auch für alle zukünftigen Neuinstallationen oder Reparaturen dieser Applikation. Dies bedeutet aber auch, dass nur Patch-Dateien aus vertrauenswürdigen Quellen für diese Applikation angewendet werden können. Es können keine Patches auf Applikationen angewendet werden, die im Benutzerkontext mit einer Windows Installer-Version vor der Version 3.0 installiert worden sind. Erst ab dieser Version können die Patches auf solche Installationen angewendet werden, nachdem der Patch für den Besitz von erhöhten Rechten registriert worden ist.

Diese Registrierung erfolgt über die Methoden *MsiSourceListAddSourceEx* oder *SourceListAddSource* des Patches mit erhöhten Berechtigungen. Danach kann der Patch entweder über die Kommandozeile (Option /p), die Methoden *ApplyPatch* oder *ApplyMultiplePatches* oder die Funktionen *MsiApplyPatch* bzw. *MsiApplyMultiplePatches* angewendet werden. Diese Registrierung kann vor der Installation der Applikation erfolgen und bleibt bis zum Entfernen der letzten Applikation erhalten, die diesen Patch verwendet. Die Patches für diese Applikationen können nur entfernt werden, indem die gesamte Applikation entfernt wird.

Eine Alternative zu dieser Methode stellt das LUA-Patching dar.

15.8.3   LUA-Patching

Die Abkürzung LUA-Patching steht für Least Privileged User Patching. Dieses ist eine neue Funktion des Windows Installer 3.0. Über das LUA-Patching können die Autoren von Windows Installer-Paketen digital signierte Patches identifizieren, die künftig auch von Benutzern ohne administrative Berechtigung angewendet werden können. Ein Nicht-Administrator kann einen Patch für eine Applikation anwenden, wenn die folgenden Punkte erfüllt sind:

▶ Die Applikation ist mit dem Windows Installer 3.0 unter Windows XP installiert worden.

▶ Die Installation wurde für den Computer, nicht für den Benutzer vorgenommen.

▶ Die Installation wurde von einem Wechselmedium wie einer CD oder DVD aus durchgeführt.

▶ Die Tabelle *MsiPatchCertificate* ist vorhanden und in der ursprünglichen *.msi*-Datei mit Werten angelegt.

▶ Die Patches sind digital mit einem Zertifikat signiert, das in der Tabelle *MsiPatchCertificate* enthalten ist.

▶ Die Patches können gegenüber der digitalen Signatur verglichen werden.

▶ LUA-Patching ist nicht über die Richtlinie *DisableLUAPatching* oder Setzen der Eigenschaft *MSIDISABLELUAPATCHING* deaktiviert.

▶ Ein von einem Nicht-Administrator über LUA angewendeter Patch kann von einem Nicht-Administrator wieder entfernt werden.

▶ Administratoren können unabhängig von der LUA-Einstellung der Applikation Patches auf per Computer-installierte Produkte anwenden.

Um zu bestimmen, ob das LUA-Patching aktiviert ist, können Sie entweder die Eigenschaft *INSTALLPROPERTY_AUTHORIZED_LUA_APP* über die Methode *MsiGetProductInfoEx* oder die Eigenschaft *AuthorizedLUAApp* über die Methode *ProductInfo* abfragen. Wird der Wert 1 ausgegeben, ist das LUA-Patching aktiviert. Um das LUA-Patching zu deaktivieren, wird die Richtlinie *DisableLUAPatching* auf 1 gesetzt. Soll nur für eine Applikation das LUA-Patching deaktiviert werden, muss während der ersten Installation die Eigenschaft *MSIDISABLELUAPATCHNG* auf 1 gesetzt werden.

15.8.4 Patchen bei der Erstinstallation

Eine einzelne *.msp*-Datei kann bei der ersten Installation einer Applikation automatisch angewendet werden. Dazu wird an der Kommandozeile die Eigenschaft *PATCH* gesetzt. Die Kommandozeile kann folgendermaßen aussehen:

```
Msiexec.exe /i installationspaket.msi PATCH=patch.msp ⏎
```

15.8.5 Patchen von angepassten Applikationen

Bei der Installation eines Patches und eines Transform Files zur Anpassung wird normalerweise zuerst der Patch installiert und danach das Transform File. Dadurch bleiben die Anpassungen erhalten und können nicht durch den Patch überschrieben werden. Bei der umgekehrten Installationsreihenfolge könnte eine Überschreibung stattfinden.

Angenommen, es würde zuerst ein Update installiert, das die Applikation von Version 1.1 auf 1.2 aktualisiert, und danach ein Transform File, das jedoch nur unter der Version 1.1 installiert werden kann. Damit könnten die Anpassungen nicht angewendet werden. Bedenken Sie, dass Sie bereits beim Erstellen des Transform Files darauf achten sollten, dass das Transform File mit allen notwendigen Versionen aufwärts- und abwärtskompatibel ist.

15.8.6 Patches und originale Installationsquellen

In einigen Fällen kann es nicht verhindert werden, dass bei der Installation eines Patches Zugriff auf die originale Installationsquelle erfolgen muss.

Der Zugriff auf die originale Installationsquelle kann beim Anwenden eines Patches in den folgenden Fällen erforderlich werden:

▶ In den Versionen vor 2.0 muss beim Patchen Zugriff auf die Originalquelle erfolgen.

▶ Der Patch bezieht sich auf ein Feature, das aktuell als zur Ausführung von der Quelle markiert ist. Dabei wird das Feature auf den Status „lokal installiert" gesetzt.

▶ Der Patch bezieht sich auf eine Komponente, bei der eine Datei fehlt oder beschädigt ist.

▶ Der Patch bezieht sich auf eine Komponente mit unversionierten Dateien und keinen Einträgen in der Tabelle *MsiFileHash*.

▶ Der Patch wurde an der Kommandozeile mit dem Parameter `REINSTALLMODE` amus oder `emus` angewendet. In diesem Fall werden die Dateien ohne Rücksicht auf die Dateiversion kopiert. Verwenden Sie besser die Option `omus`.

▶ Das gecachte Paket für das Produkt fehlt. Dieses wird jedoch für die Patch-Anwendung benötigt. Es befindet sich im Ordner %WINDIR%\INSTALLER.

▶ Im Paket befindet sich eine Custom Action, die auf die Originalquelle zugreifen will. Dies ist bei Custom Actions des Type 23 der Fall.

▶ Das Patch-Paket besteht aus Binär-Patches, die nicht mehr mit der aktuellen Version der Datei auf dem Computer übereinstimmen.

Um das Risiko zu minimieren, dass ein Zugriff auf die Originalquelle erfolgen muss, sollten Sie die folgenden Punkte beachten:

▶ Verwenden Sie nur Patches mit vollständigen Dateien. Diese sind zwar größer, allerdings müssen nicht für alle vorher veröffentlichten Versionen der Datei Binär-Patches erstellt werden. Dazu wird die Eigenschaft *IncludeWholeFilesOnly* in der *.pcp*-Datei auf 1 gesetzt.

▶ Keine Custom Action sollte auf die originale Installationsquelle zurückgreifen.

▶ Setzen Sie eine Bedingung, dass die Aktion *ResolveSource* nur ausgeführt wird, wenn es notwendig ist. Oder setzen Sie diese Aktion gar nicht.

▶ Füllen Sie die Tabelle *MsiFileHash* mit Werten für alle unversionierten Dateien. Verwenden Sie dazu das Programm *msifiler.exe*. Stellen Sie mit diesem Programm auch sicher, dass alle Dateien korrekte Versions- und Sprachinformationen besitzen.

15.8.7   Erstellen eines Patch-Pakets

Eine Patch-Datei kann durch das Erstellen einer *.pcp*-Datei erzeugt werden. Verwenden Sie dazu das Tool *msimsp.exe*.

Die neu erstellte *.msi*-Datei muss mit dem Layout der ursprünglichen *.msi*-Datei kompatibel sein, da die originalen Ressourcen nun über eine neue *.msi*-Datei installiert werden.

Zum Erstellen einer Patch-Datei benötigen Sie ein unkomprimiertes Setup-Image. Es dürfen dabei keine Dateien von einem Ordner in einen anderen oder von einer *.cab*-Datei in eine andere verschoben werden. Auch die Dateireihenfolge in einer *.cab*-Datei darf nicht geändert werden. Ferner dürfen in der Tabelle *File* nicht die Primärschlüssel zwischen den beiden *.msi*-Dateien geändert werden. Die Werte der Spalte *File* dieser Tabelle müssen auch in der Groß- und Kleinschreibung übereinstimmen.

15.8.8   Patch-Optimierung

Ab der Version 3.0 optimiert der Windows Installer das Anwenden von Patches, so dass dafür weniger Zeit erforderlich ist. Es werden jetzt lediglich noch die Teile der Installation geändert, die von dem Patch betroffen sind. In früheren Versionen wurde eine vollständige, zeitaufwändige Reparatur-Installation durchgeführt.

Sofern der Patch nur Änderungen an den folgend genannten Tabellen vornimmt, werden alle Aktionen, die mit den übrigen Tabellen verknüpft sind, übersprungen. Dies gilt auch, wenn diese Aktionen in den Sequenztabellen der originalen .msi-Datei vorhanden sind. Die folgenden Tabellen sind betroffen: *AdminExecuteSequence*, *AdminUISequence*, *Condition*, *CustomAction*, *File*, *FileSFPCatalog*, *InstallExecuteSequence*, *InstallUISequence*, *Media*, *MoveFile*, *MsiAssembly*, *MsiDigitalCertificate*, *MsiDigitalSignature*, *MsiFileHash*, *MsiPatchHeaders*, *Patch*, *PatchPackage*, *Property*, *Registry*, *SFPCatalog*, *TypeLib*, *_Columns*, *_Storages*, *_Streams*, *_Tables*, *_TransformView* und *_Validation*.

Soll die Optimierung der Patch-Funktion deaktiviert werden, aktivieren Sie die Richtlinie *DisableFlyWeightPatching*.

Ab der Version 3.1 des Windows Installer ist für die Patch-Optimierung erforderlich, dass für alle Patches in der Transaktion in der Tabelle *MsiPatchMetadata* die Eigenschaft *OptimizedInstallMode* auf den Wert 1 gesetzt ist.

15.9 Installation mehrerer Patches

Ab der Version 3.0 können mehrere Patches hintereinander in einer festgelegten Reihenfolge installiert werden. Dazu werden Einträge in die Tabelle *MsiPatchSequence* geschrieben. Unter früheren Versionen werden die Patches in der Reihenfolge installiert, wie sie für das Betriebssystem vorgesehen sind. Diese Reihenfolge verwendet der Windows Installer 3.0 auch, wenn sich keine Informationen in der Tabelle *MsiPatchSequence* befinden. Um die Informationen dieser Tabelle nutzen zu können, benutzt der Installer zwei Funktionen.

Über die Funktion *MsiDetermineApplicablePatches* wird bestimmt, welche Patches auf die Applikation angewendet werden sollen und in welcher Reihenfolge dies geschehen soll. Diese Funktion kann auch über ersetzte und veraltete Patches Auskunft geben. Es erfolgt jedoch keine Auskunft über auf dem System installierte Produkte und Patches, die nicht in dem entsprechenden Set angegeben sind.

Die Funktion *MsiDeterminePatchSequence* bestimmt die beste Reihenfolge zur Installation der Patches für ein installiertes Produkt. In diesem Fall wird Auskunft über bereits auf ein Produkt angewendete Patches gegeben. Dies gilt auch für ersetzte und veraltete Patches.

Befinden sich im Installer-Paket einige Patches, die Informationen in der Tabelle *MsiPatchSequence* besitzen und andere, die dort keine Einträge haben, so werden die Patches in der im folgenden Kapitel beschriebenen Reihenfolge installiert.

Wird ein bestimmter Patch nicht mehr benötigt, so kann dieser auch aus der Patch-Sequenz entfernt werden. Damit wird verhindert, dass dieser Patch noch angewendet wird. Dies ist nicht dasselbe wie das Entfernen eines Patches, der bereits auf eine Applikation angewendet wurde.

15.9.1 Patch-Sequenzen

Mit Hilfe der Informationen in der Tabelle *MsiPatchSequence* werden die Patches wie eben beschrieben in einer bestimmten Reihenfolge installiert. Damit diese Patch-Sequenzen funktionieren, müssen die folgenden Punkte erfüllt sein:

▶ In den *.msp*-Dateien müssen sich Informationen in der Tabelle *MsiPatchSequence* befinden.

▶ Es muss mindestens die Version 3.0 des Windows Installer benutzt werden.

Während nur einer Patch-Installation kann der Windows Installer mehrere Patches auf ein Produkt anwenden. Dabei ist es auch möglich, parallel Patches zu verwenden, die Sequenz-Informationen in der Tabelle *MsiPatchSequence* besitzen, und Patches, die dort keine Informationen haben. Die Patches ohne die entsprechenden Informationen werden in der Reihenfolge installiert, wie sie dem Betriebssystem bereitgestellt werden. Der Installer informiert über Patches, die keine Informationen in der Tabelle *MsiPatch-Sequence* besitzen, jedoch als ersetzt oder veraltet markiert sind. Bei der Installation mehrerer Patches wird die Installationsreihenfolge in folgender Weise bestimmt:

1. Bereits installierte Patches ohne Informationen in der Tabelle *MsiPatchSequence* werden in die Reihenfolge gesetzt, in der sie dem Betriebssystem bereitgestellt wurden. Der als erster bereitgestellte Patch befindet sich an erster Stelle der Sequenz.

2. Neue Patches ohne diese Tabellen-Informationen werden in die Sequenz gesetzt. Diese werden bei der aktuellen Installation in der Reihenfolge angewendet, wie sie dem Betriebssystem bereitgestellt werden. Sie werden in der Sequenz hinter die in Schritt 1 beschriebenen Patches gesetzt.

3. Veraltete Patches werden aus der Patch-Sequenz entfernt.

4. Der Installer arbeitet die Patch-Sequenz ab und prüft, welche Patches in der aktuellen Sequenz angewendet werden. Bei der Anwendung mehrerer Patches erfolgt bei jedem Patch eine Transformierung der ursprünglichen *.msi*-Datei. Ein Patch kann nur in einer bestimmten Sequenz angewendet werden, wenn dessen Datenbank-Transformation in der Lage ist, die Werte der Eigenschaften *ProductCode*, *Version*, *Language* und *UpgradeCode* als Ergebnis aller vorhergehenden Patches in die Datenbank zu schreiben. Sind dadurch bestimmte Patches nicht anwendbar, werden diese aus der Sequenz entfernt.

5. Es werden dann die Patches in der Sequenz platziert, die Informationen in der Tabelle *MsiPatchSequence* besitzen. Minor Upgrades mit entsprechenden Informationen werden in der Sequenz hinter die in den vergangenen Schritten beschriebenen Patches gesetzt. Die Reihenfolge ergibt sich von der niedrigsten zur höchsten Produktversion. Es werden die in dieser Sequenz nicht anwendbaren Minor Upgrades eliminiert.

6. Small Updates, die sich auf Minor Upgrades beziehen und die Tabelle *MsiPatch-Sequence* besitzen, werden der höchsten Version des Minor Upgrade zugewiesen.

7. Alle Small Updates, die bis hierhin nicht zugewiesen sind und Informationen in der Tabelle *MsiPatchSequence* besitzen, werden in die Sequenz vor das erste Minor Upgrade mit entsprechenden Tabelle-Informationen und hinter die *.msi*-Installationsdatenbank sowie alle Patches ohne die *MsiPatchSequence*-Tabelle gesetzt. Es werden dann alle Small Updates eliminiert, die in dieser Sequenz nicht anwendbar sind.

8. Als nächstes werden die ersetzten Patches aus der Sequenz entfernt. Wenn ein Patch einen anderen Patch ersetzt, der früher in der Sequenz vorkam, enthält der Patch alle Fixes der früheren Patches, so dass diese nicht länger erforderlich sind. Zur Eliminierung der ersetzten Patches werden die Informationen der Tabelle *MsiPatchSequence* verwendet.

9. Small Updates mit einer *MsiPatchSequence*-Tabelle werden in Produktversionen sequenziert, die zu den Sequenz-Informationen in der *MsiPatchSequence*-Tabelle passen. Damit wird die letzte Patch-Sequenz bestimmt.

15.9.2   Überflüssige Patches beseitigen

Ein nicht mehr benötigter Patch kann aus der Patch-Sequenz entfernt werden. Ein Patch kann einen anderen eliminieren, der vor ihm in der Patch-Sequenz vorkam und diesen durch seine eigenen Informationen ersetzen. Dabei müssen der ersetzte und der ersetzende Patch Informationen in der Tabelle *MsiPatchSequence* besitzen.

Haben die beiden Patches keine Tabelle *MsiPatchSequence* kann das Patch-Paket eine Liste der Patches angeben, die aus der Patch-Sequenz zu löschen sind. Dazu wird die Eigenschaft *RevisionNumber* des Summary Information Stream verwendet. Dies war auch die einzige Möglichkeit zum Entfernen von Patches in Windows Installer-Versionen vor 3.0.

Angenommen, auf eine Applikation sollen drei Patches angewendet werden (p1, p2 und p3). Keiner dieser Patches besitzt eine *MsiPatchSequence*-Tabelle. P2 kann nur angewendet werden, wenn p1 installiert ist. P3 besitzt alle Informationen des p1 und entfernt p1 ach aus der Patch-Sequenz. Dies bedeutet, dass auch p2 nach der Anwendung von p3 nicht mehr anwendbar ist, da dieser p1 erfordert. Sämtliche Informationen, die sich nur in p2 befinden, werden der Applikation nicht bereitgestellt.

15.10   Patches entfernen

Eine weitere Neuerung des Windows Installer 3.0 besteht darin, dass Patches erstellt werden können, die einzeln wieder deinstalliert werden können. Ist ein Patch nicht deinstallierbar, besteht die einzige Möglichkeit darin, die Applikation zunächst zu deinstallieren und danach neu zu installieren, wobei alle Patches bis auf den zu entfernenden wieder angewendet werden. Dies war die einzige Methode unter Windows Installer vor der Version 3.0.

Ob ein Patch deinstallierbar ist, hängt auch davon ab, wie der Patch erstellt wurde und welche Änderungen der Patch an der Applikation vornimmt. Ergibt sich daraus, dass der Patch nicht deinstallierbar ist, muss selbst in der Version 3.0 zunächst de komplette Deinstallation und anschließende Neuinstallation erfolgen.

Die Deinstallation eines Patches kann über die Kommandozeile oder über den Aufruf der Funktion *MsiRemovePatches* erfolgen. In der Eigenschaft *MSIPATCHREMOVE* sind alle Patches aufgelistet, die deinstalliert werden sollen. Der Installer prüft bei jedem dieser Patches, ob dieser auch tatsächlich deinstallierbar ist. Besitzt der Benutzer keine ausreichende Berechtigung zum Entfernen von Patches, so ist der Patch unbekannt für das Produkt und kann nicht entfernt werden. Die Deinstallation kann auch über eine Richtlinie unterbunden werden. In diesen beiden Fällen und wenn der Installer ermittelt, dass der Patch nicht deinstalliert werden kann, wird dem Benutzer eine Fehlermeldung angezeigt.

Ist der Patch deinstallierbar, wird er aus der entsprechenden Sequenz entfernt. Bedenken Sie immer, dass das Entfernen eines Patches aus einer Sequenz dazu führen kann, dass andere Patches, die als ersetzt oder veraltet markiert sind, aktiv werden können.

Die zum Entfernen gewählten Patches sind in der Eigenschaft *MsiPatchRemovalList* enthalten. Darin befinden sich die Patch-Code GUIDs der zu entfernenden Patches. Über eine Custom Action kann anhand der Eigenschaft *PatchProperty* oder den Aufruf von *MsiGetPatchInfoEx* ermittelt werden, ob der Installationsstatus des Patches *angewendet*, *veraltet* oder *ersetzt* lautet.

Nach der Deinstallation des Patches befindet sich die Applikation auf dem Stand, als wäre der Patch nie installiert worden.

15.10.1 Nicht deinstallierbare Patches

Es ist nicht in allen Fällen möglich, einen Patch wieder zu deinstallieren. Wenn mindestens einer der folgenden Punkte erfüllt ist, kann keine Deinstallation erfolgen:

▶ Der Patch wurde mit einer Version niedriger als 3.0 angewendet.

▶ Die Installation ist auf einem Computer durchgeführt, auf dem die Richtlinie *Disable-PatchUninstall* aktiviert ist. Durch diese computerbezogene Richtlinie kann auch ein Administrator keine Deinstallationen mehr vornehmen.

▶ Der Patch besitzt in der Datenbank nicht die Tabelle *MsiPatchMetadata*.

▶ In der Tabelle MsiPatchMetadata befinden sich nicht die folgenden Informationen: *Company*:{Null}, *Property*: Allowremoval, *Value*:1.

▶ Die Installation des Patches erfolgte in einem Benutzerkontext, für den der Benutzer zur Deinstallation nicht ausreichende Berechtigungen besitzt.

▶ Ein Major Upgrade, das als Patch installiert wurde, kann nicht entfernt werden. Deshalb sollte die Installation eines Major Upgrade immer besser als Neuinstallation über eine *.msi*-Datei erfolgen.

▶ Patches, die auf ein administratives Abbild angewendet wurden, können ebenfalls nicht deinstalliert werden. Allerdings wird das Anwenden von Patches auf das Abbild auch nicht empfohlen.

▶ Sofern ein Patch neue Inhalte zu einer der folgend genannten Tabellen hinzufügt, markiert der Windows Installer diesen Patch als nicht deinstallierbar. Die folgenden Tabellen sind betroffen: *BindImage, Class, ComPlus, CreateFolder, DuplicateFiles, Environment, Extension, Font, IniFile, IsolatedComponent, LockPermission, MIME, MoveFile, ODBCAttribute, ODBCDataSource, ODBCDriver, ODBCSourceAttribute, ODBCTranslator, ProgId, PublishComponent, RemoveIniFile, SelfReg, ServiceControl, ServiceInstall, TypeLib* und *Verb*.

15.10.2 Patches deinstallieren

Ab der Version 3.0 des Windows Installer können einige Patches von Applikationen deinstalliert werden. Dazu muss es sich um einen deinstallierbaren Patch handeln. Unter früheren Versionen muss zum Entfernen des Patches das gepatchte Produkt deinstalliert und ohne Anwendung des Patches neu installiert werden.

Beim Aufruf einer Patch-Deinstallation versucht der Windows Installer dessen Deinstallation vom ersten Produkt, das die Applikation erkennt, durchzuführen.

Deinstallation über die Kommandozeile

Ab der Version 3.0 können Sie die Standard-Kommandozeilenoptionen zur Deinstallation eines Patches verwenden. Dazu wird die Option `/uninstall` zusammen mit `/package` aufgerufen. Dies entspricht dem Einsatz der Eigenschaft *MSIPATCHREMOVE* unter der Option `/i`. Der Patch kann entweder mit seinem vollständigen Pfad oder der Patch-Code GUID angegeben werden.

Eine gültige Kommandozeile kann lauten:

```
Msiexe.exe /package {GUID-des-Pakets} /uninstall {GUID-des-Patches} /
passive ⏎
```

Deinstallation über Programme hinzufügen/entfernen

Ab Windows XP, Service Pack 2 können Patches auch über SYSTEMSTEUERUNG/SOFT-WARE unter PROGRAMME HINZUFÜGEN/ENTFERNEN deinstalliert werden.

16 Digitale Signatur

Wie Sie schon im Kapitel über das Bootstrapping beim Internet-Download gelesen haben, spielt dort die digitale Signatur des Installationspakets eine wichtige Rolle. Diese Zertifikate können ab der Version 2.0 eingesetzt werden, um fehlerhafte Ressourcen zu erkennen.

Wird eine Installation externer Ressourcen durchgeführt, wird das digitale Zertifikat dieser Ressourcen gegenüber dem im Windows Installer-Paket enthaltenen Paket-Zertifikat geprüft. Wird dabei ermittelt, dass diese beiden Zertifikate nicht übereinstimmen, erfolgt eine Fehlermeldung beim Zugriff auf die externe Ressource, so dass die Installation nicht fortgesetzt werden kann.

16.1 Erstellen eines Zertifikats

Mit jedem professionellen Authoringtool, wie z.B. *Microsoft Visual Studio*, ist es möglich, das Installationspaket digital zu signieren. Für die digitale Signatur sind ein privater und ein öffentlicher Schlüssel notwendig. Für ein fertiges Produkt benötigen Sie dazu ein gültiges Zertifikat von einer Zertifizierungsstelle wie beispielsweise *VeriSign*.

16.1.1 Makecert.exe

Um den Umgang mit Zertifikaten zu erlernen, können Sie zunächst mit Hilfe des *Certificate Creation Tools* zu Testzwecken Zertifikate erstellen. Dieses Programm ist ein Bestandteil des *Windows Platform SDK*, das Sie auf der Begleit-CD finden.

Dieses Programm wird über die Datei *makecert.exe* gestartet. Es erstellt ein X.509-Zertifikat sowie den zugehörigen privaten und öffentlichen Schlüssel. Für das Kommandozeilenprogramm *makecert.exe* stehen die folgenden Optionen und Parameter zur Verfügung:

Option	Parameter	Beschreibung
	{Zertifikatsdatei}	Name der .*CER*-Datei, in die das Zertifikat geschrieben wird
-n	{X.509-Name}	Zertifikatsname des Antragstellers. Dazu muss die Syntax des X.500-Standards eingehalten werden. Setzen Sie den Namen in doppelte Anführungszeichen und stellen diesem CN= voran, also z.B. "CN=Name".
-sk	{Schlüsselname}	Speicherort für den Schlüsselcontainer des privaten Schlüssels. Ist dieser nicht vorhanden, wird er erstellt.

Option	Parameter	Beschreibung
-sr	{Speicherort}	Speicherort für den Zertifikatsspeicher des Antragstellers. Der Standardwert lautet `currentuser`, es kann aber auch `localmachine` gesetzt werden.
-ss	{Zertifikatsspeicher}	Zertifikatsspeichername des Antragstellers
-#	{Seriennummer}	Seriennummer des Zertifikats. Standardmäßig wird diese von *makecert.exe* erstellt. Der Wert muss im Bereich zwischen 1 und 231-1 liegen.
-$	{Signierungsstelle}	Als Signierungsstelle muss `commercial` für die Zertifikate von kommerziellen und `individual` für die Zertifikate von individuellen Softwareherausgebern gesetzt werden.
-?		Zeigt die Liste dieser Basisoptionen für *makecert.exe* an.
-!		Zeigt die Liste erweiterter Optionen für *makecert.exe* an. Mit Hilfe dieser Optionen sind Sie beim Erstellen der Zertifikate noch flexibler.

Tabelle 16.1: Optionen und Parameter für makecert.exe

16.1.2 Cert2spc.exe

Mit Hilfe des Kommandozeilenprogramms *Software Publisher Certificate Test Tools* (*cert2spc.exe*) wird ein Softwareherausgeberzertifikat aus einem oder mehreren X.509-Zertifikaten (Software Publishers Certificate, SPC) erstellt. Dieses Softwareherausgeberzertifikat kann jedoch nur zu Testzwecken verwendet werden. *Cert2spc.exe* ist Bestandteil des *Windows Platform SDK*.

Für den produktiven Einsatz müssen Sie ein Softwareherausgeberzertifikat von einer Zertifizierungsstelle wie z.B. *VeriSign* beziehen.

Für dieses Programm wird die folgende Syntax verwendet:

```
Cert2spc.exe {cert1.cer}[…{certX.cer}]{SPC-Datei.spc} ⏎
```

Diese Argumente haben folgende Bedeutung:

Argument	Beschreibung
Cert1.cer	Name des X.509-Zertifikats, das in das Softwareherausgeberzertifikat eingebunden werden soll. Sollen mehrere X.509-Zertifikate eingebunden werden, geben Sie diese Namen an. Als Trennzeichen wird ein Leerzeichen verwendet.
SPC-Datei.spc	Name der SPC-Datei, in der die X.509-Zertifikate enthalten sind

Tabelle 16.2: Argumente für das Programm cert2spc.exe

16.1.3   Durchführung

Sie müssen zunächst mit Hilfe des Programms *makecert.exe* das Zertifikat und die private Schlüsseldatei erstellen. Dazu verwenden Sie die folgende Befehlszeile:

```
Makecert.exe -sv PrivaterSchlüssel.pvk -n "CN=Firmenname" -r
Zertifikat.cer ⏎
```

 Die Option –sv ist eine erweiterte Option des Programms *makecert.exe*. Darüber wird die private Schlüsseldatei des Antragstellers angegeben. Sofern die Datei noch nicht vorhanden ist, wird sie erstellt.

Danach wird über *cert2spc.exe* ein Softwareherausgeberzertifikat erstellt. Verwenden Sie dazu die folgende Befehlszeile:

```
Cert2spc.exe Zertifikat.cer SPC-Zertifikat.spc ⏎
```

Ist das SPC erstellt, wird dieses zusammen mit der Datei des privaten Schlüssels im Authoringtool in das Windows Installer-Projekt eingebunden.

16.2   Prüfen eines Zertifikats

Der Windows Installer ist nur in der Lage, die digitale Signatur einer externen Datei (*.cab*-Datei) zu überprüfen. Zur Prüfung werden die Tabellen *MsiDigitalSignature* und *MsiDigitalCertificate* der Windows Installer-Datenbank verwendet.

Sobald Quelldateien aus der externen Datei installiert werden, werden vom Windows Installer die folgenden drei Schritte ausgeführt:

1. Es wird geprüft, ob der Eintrag für die externe Paketdatei in der Tabelle *Media* auch in der Tabelle *MsiDigitalSignature* vorhanden ist.

2. Über die Windows Installer-Funktion *WinVerifyTrust* werden aus der externen Paketdatei das Zertifikat sowie die Hash-Informationen entpackt und geprüft. Dies geschieht, bevor die externe Paketdatei selbst geöffnet wird.

3. Sofern die Signatur der externen Paketdatei mit der im Windows Installer-Paket enthaltenen Signatur übereinstimmt, wird die Installation fortgesetzt. Stimmen die Signaturen nicht überein, wird die Installation abgebrochen. Der Benutzer erhält in diesem Fall eine entsprechende Meldung.

Für die digitale Signatur benötigen Sie ein Signaturzertifikat (*.spc*-Datei) zum Signieren der externen Paketdateien und eine private Schlüsseldatei (*.pvk*-Datei). Beim Einsatz eines professionellen Authoringtools wie *Microsoft Visual Studio* können diese Dateien direkt in das Projekt eingebunden werden. Wird das Projekt erstellt, wird die Paketdatei automatisch digital signiert.

Wird die Paketdatei mit *makecab.exe* erstellt, muss die digitale Signatur hinterher manuell erfolgen. Dazu steht das Programm *signtool.exe* zur Verfügung. *Makecab.exe* ist Bestandteil des *Package and Deployment Wizard (PDW)* von *Microsoft Visual Basic*, *signtool.exe* ist Bestandteil des *Windows Platform SDK*.

Danach müssen die Informationen der digital signierten externen Paketdatei in die Windows Installer-Datenbank geschrieben werden. Dazu verwenden Sie das Tool *Msicert.exe*, das ebenfalls ein Bestandteil des *Windows Platform SDK* ist. Weitere Informationen zum Gebrauch dieses Programms finden Sie in Kapitel 18. Dabei werden die benötigten Informationen in die jeweiligen Tabellen der Datenbank geschrieben.

Alternativ können die Inhalte in die Tabellen *MsiDigitalSignature* und *MsiDigitalCertificate* auch über eine Visual Basic-Subroutine eingefügt werden. Ein ausführliches Beispiel des VB-Codes finden Sie im *Windows Platform SDK* unter dem Eintrag AUTHORING A FULLY VERIFIED SIGNED INSTALLATION USING AUTOMATION.

16.3 Richtlinien

Um eine komplette Windows Installer-basierte Installation digital zu signieren, sind die folgenden Richtlinien zu beachten:

▶ Verwenden Sie entweder interne *.cab*-Dateien oder externe, digital signierte *.cab*-Dateien und füllen Sie die Tabellen *MsiDigitalSignature* und *MsiDigitalCertificate* ordnungsgemäß aus.

▶ Verwenden Sie nur Custom Actions, die entweder im Installationspaket gespeichert sind oder mit diesem installiert werden.

▶ Signieren Sie zum Schluss das Installationspaket.

17 Validierung

Um später beim Einsatz einer Windows Installer-basierten Applikation möglichst Fehler und Probleme zu vermeiden, muss bereits während der Entwicklung der Applikation darauf geachtet werden, dass Probleme möglichst vermieden werden.

Um den Entwickler zu unterstützen und im Installationspaket vorhandene Fehler rasch aufzuspüren, verfügt der Windows Installer über einen eigenen Validierungsmechanismus.

Bei der Validierung wird überprüft, ob das erstellte Paket auch tatsächlich konsistent, fehlerfrei und regelkonform gebaut wurde. Das Durchführen der Validierung sollte eine Pflichtaufgabe für den Ersteller des Installer-Pakets sein.

Der Windows Installer beherrscht drei verschiedene Arten der Validierung: die interne Validierung, die String-Pool-Validierung sowie die ICE-Validierung (Internal Consistency Evaluators). Die wichtigste Validierungsart ist dabei die ICE-Validierung.

17.1 Die interne Validierung

Die interne Validierung wird von sämtlichen Authoringtools automatisch während der Eingabe der Daten durchgeführt. Diese Form der Validierung ist mit der Syntaxprüfung in Softwareentwicklungstools vergleichbar.

Beim Anlegen einer Windows Installer-Datenbanktabelle müssen bestimmte Informationen wie der Name der Tabelle, der Primärschlüssel oder die Definition der Spalten und Datentypen angegeben werden. Im Zuge der internen Validierung wird die Grundstruktur der Tabellen geprüft. Dabei wird untersucht, ob die Datentypen korrekt verwendet werden und die Tabelle über einen Primärschlüssel verfügt. Zusätzlich werden auch die Attribute der Tabellenspalten analysiert. So wird geprüft, ob in allen Spalten Werte vorhanden sind, die keine Null-Spalten sind, ob die Verweise auf andere Tabellen korrekt sind, ob der Wert dem Datentyp entspricht und bei einem Zahlenwert dieser in einem gültigen Bereich liegt.

Die Validierungsmechanismen sind in der Tabelle _Validation definiert. Dort ist für jede Spalte der gesamten Windows Installer-Datenbank ein Datensatz zur Festlegung zusätzlicher Attribute vorhanden.

Je nach verwendetem Datentyp stehen unterschiedliche Validierungsmechanismen zur Verfügung. Tabelle 17.1 zeigt die Bedeutung der verschiedenen Mechanismen.

Spalte	Datentyp (I=Integer, S=String, B=Binary)	Beschreibung
Nullable	I, S, B	Bestimmt, ob Nullwerte erlaubt sind
MinValue	I, S	Bestimmt die Untergrenze des Wertes
Maxvalue	I, S	Bestimmt die Obergrenze des Wertes
Keytable	I, S	Bestimmt die zu referenzierende Tabelle
KeyColumn	I, S	Bestimmt die zu referenzierende Tabellenspalte
Category	S, B	Bestimmt die erweiterte Vorlage für den Datentyp
Set	I, S	Bestimmt eine Werteliste. Nur aus dieser sind die Werte gültig.

Tabelle 17.1: Die Mechanismen der Prüfung sind abhängig vom Datentyp

In der Regel sollten Authoringtools diese Validierungsmechanismen automatisch durchführen. Im Zweifelsfall prüfen Sie das Authoringtool dahingehend.

17.2   Die String-Pool-Validierung

Sämtliche Zeichenketten werden vom Windows Installer an einem zentralen Ort gespeichert, dem so genannten String-Pool. Zeichenketten wie „Weiter" oder „Zurück", die an zahlreichen Stellen des Installationsprozesses in der GUI angezeigt werden, werden nur einmal in diesem Pool gespeichert und können beliebig oft verwendet werden. Diese Form der Speicherung erhöht die Performance des Windows Installed.

Die String-Pool-Validierung umfasst zwei Prüfungen, nämlich die DBCS-Zeichenkettenprüfung und die Prüfung des Referenzzählers.

17.2.1   DBCS-Zeichenkettentest

Die erste Prüfung bezieht sich auf die DBCS-Zeichenkette. DBCS steht für Double Byte Character Set. Dabei werden die verwendeten Zeichenketten in Hinblick auf ungültige Zeichen gemäß der verwendeten Codepage geprüft. So dürfen beispielsweise keine erweiterten ASCII-Zeichen (ACSII-Code größer als 127) bei einer verwendeten Codepage 0 eingesetzt werden. Werden bei der Validierung ungültige Zeichen festgestellt, verwenden Sie entweder keine erweiterten ASCII-Zeichen oder verwenden eine andere Codepage. Um eine Codepage zu erstellen, führen Sie die folgenden Schritte aus:

1. Öffnen Sie einen Texteditor und geben dort nacheinander die folgenden Zeichen ein:

   ▷ Zwei Leerzeilen

   ▷ In der dritten Zeile die Nummer der Codepage, Tabulatorzeichen (⇥) sowie die Zeichenfolge _ForceCodepage

2. Speichern Sie die Textdatei unter dem Namen *codepage.idt* ab.

3. Importieren Sie diese Datei über *Orca* oder *msidb.exe*.

17.2.2 Prüfen des Referenzzählers

Jede Zeichenkette, die vom Windows Installer verwendet wird, wird wie bereits erwähnt nur einmal im String-Pool gespeichert. Dabei werden jeder Zeichenkette eine eindeutige ID und ein Zähler zugewiesen, der die Anzahl der Referenzen dieser Zeichenkette angibt. Diese Anzahl wird bei der String-Pool-Validierung mit der Anzahl der Zeichenketten verglichen. Weichen die Werte voneinander ab, wird eine Fehlermeldung ausgegeben.

Um dieses Problem zu beheben, öffnen Sie die Datenbank unter *Orca* und exportieren Sie sämtliche ihrer Tabellen (Menü TABLES/EXPORT TABLES). Erstellen Sie dann eine neue leere Datenbank und importieren Sie dort die Tabellen wieder (Menü TABLES/IMPORT TABLES). Der Export und der Import können auch über das Tool *msidb.exe* durchgeführt werden.

17.2.3 Ausführen der String-Pool-Validierung

Um die String-Pool-Validierung durchzuführen, verwenden Sie das Kommandozeilenprogramm *msiinfo.exe*. Dieses befindet sich im Lieferumfang des *Windows Installer SDK*. Um die Prüfung durchzuführen, verwenden Sie folgenden Befehl:

```
Msiinfo.exe Pfad-zur-msi-Datei /D  ⏎
```

Wird bei der Prüfung ein Fehler festgestellt, wird die ID der fehlerbehafteten Zeichenkette ausgegeben. Damit diese eindeutig identifiziert werden kann, muss über den folgenden Befehl der Inhalt des String-Pools angezeigt werden:

```
Msiinfo.exe Pfad-zur-msi-Datei /B /D  ⏎
```

17.3 Die ICE-Validierung

Die komplexeste Validierungsmethode ist die ICE-Validierung. ICE steht für Internal Consistency Evaluators. Als Grundlage dienen benutzerdefinierte Aktionen. Diese sind in einer speziellen Windows Installer-Datenbank mit der Dateiendung *.cub* abgelegt. Diese *.cub*-Datenbank kann mit jedem Authoringtool wie z.B. auch *Orca* geöffnet und bearbeitet werden. In der *.cub*-Validierungsdatenbank müssen die in Tabelle 17.2 aufgezählten Tabellen enthalten sein:

Tabelle	Zweck
Binary	In dieser Tabelle sind, wie auch in der Tabelle *Binary* des Windows Installer-Pakets, Bibliotheken, Anwendungen und Skripte zur Referenz von der Tabelle *CustomAction* enthalten.
CustomAction	Jeder Eintrag in dieser Tabelle entspricht einer in der Tabelle *Binary* enthaltenen Datei für die jeweilige CustomAction.
_ICESequence	Legt die Reihenfolge für die Validierung über die Custom Actions fest.
_Validation	Interne Validierungsinformationen der *.cub*-Datei
_Special	Optionale für die Validierung erforderliche Tabellen

Tabelle 17.2: Die Tabellen der .cub-Validierungsdatenbank

17.3.1   Durchführen der ICE-Validierung

Sehr bequem kann die ICE-Validierung über *Orca* ausgeführt werden. Hierzu sind folgende Schritte notwendig:

1. Öffnen Sie unter Orca die *.msi*-Datenbank und markieren Sie in dieser die zu überprüfende Tabelle.

2. Wählen Sie das Menü TOOLS/VALIDATE. Dort wählen Sie unter EVALUATION FILE die gewünschte Prüfmethode (siehe Kapitel 17.3.2) oder tragen unter ICES TO RUN die gewünschten ICE-Nummern im Format ICExx ein (siehe Abbildung 17.1) und klicken auf GO. Möchten Sie, dass nur Warnungen und Fehler angezeigt werden, deaktivieren Sie die Checkbox SHOW INFO-MESSAGES.

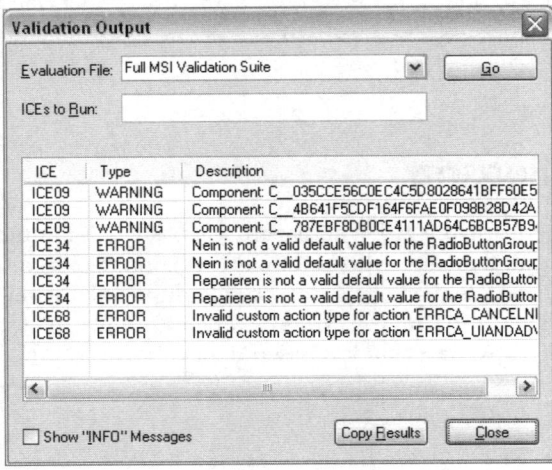

Abbildung 17.1: Die ICE-Validierung unter Orca

Insgesamt können die vier in Tabelle 17.3 dargestellten Ergebnisse bei der Validierung angezeigt werden:

Ergebnis	Inhalt
Information	Diese Ergebnisse geben nur Informationen zur gerade durchgeführten Aktion. Da es sich dabei um keine Fehler-, sondern nur Statusmeldungen handelt, können diese optional auch ausgeblendet werden.
Warnung	Es werden Probleme angezeigt, die möglicherweise zu Fehlern führen können. Prüfen Sie diese Einträge.
Fehler	Es handelt sich um Probleme oder Fehler in der Installer-Datenbank. Diese sollten unbedingt behoben werden.
Abbruch	Sind schwer wiegende Fehler in der Datenbank enthalten, kann dies zum Abbruch der Validierung führen.

Tabelle 17.3: Übersicht über die Ergebnisse der ICE-Validierung

3. Ist die Überprüfung abgeschlossen, können Sie die Ergebnisse über COPY RESULTS kopieren und in einem Editor weiterbenutzen.

4. Über CLOSE gelangen Sie wieder ins Hauptfenster von *Orca*. Dort sehen Sie im unteren Bereich die Fehler und Warnungen aufgelistet. Die Tabellen, in denen sich die Fehler befinden, sind mit einem roten Strich an der linken Seite markiert. Innerhalb der Tabellen sind die fehlerhaften Spalten rot hervorgehoben (siehe Abbildung 17.2).

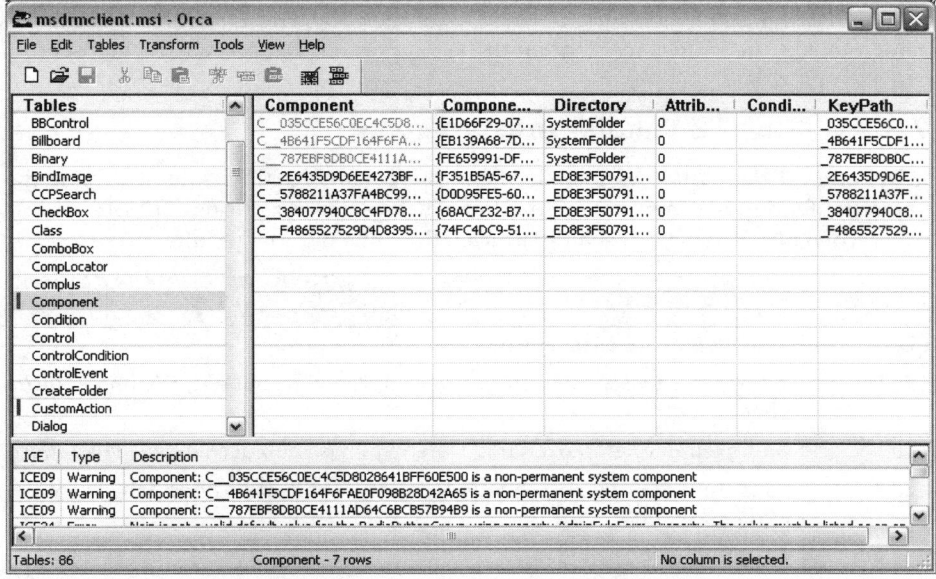

Abbildung 17.2: Orca hebt die fehlerbehafteten Stellen in den Tabellen der Installer-Datenbank hervor

Alternativ zu *Orca* kann für die ICE-Prüfung auch das Tool *msival2.exe* verwendet werden. Dieses Programm ist ebenfalls ein Bestandteil des Windows Installer SDK. Weitere Informationen zu diesem Programm finden Sie in Kapitel 18.

17.3.2 Die Validierungsdatenbanken

Bei der ICE-Validierung unter *Orca* wählen Sie unter EVALUATION FILE die gewünschte Prüfmethode aus. Diese vier Methoden haben folgende Bedeutung:

▶ FULL MSI VALIDATION SUITE: Bei dieser Validierung werden sämtliche ICE-Prüfmechanismen durchgeführt. Dies ist die Komplettprüfung, die grundsätzlich durchgeführt werden sollte. Diese Methode wird über die Datenbank *darice.cub* dargestellt.

▶ WINDOWS 2000 LOGO PROGRAM SUITE: Bei dieser Validierung werden die ICEs durchgeführt, die für das Windows 2000 Logo Requirement notwendig sind. Diese Methode wird durch die Datenbank *logo.cub* dargestellt.

▶ WINDOWS XP LOGO PROGRAM SUITE: Bei dieser Validierung werden die ICEs durchgeführt, die für das Windows XP Logo Requirement notwendig sind. Diese Methode wird durch die Datenbank *XPlogo.cub* dargestellt.

▶ MERGE MODULE VALIDATION SUITE: Über diesen Mechanismus werden Methoden zur Konsistenzprüfung der Merge Module angewendet. Die Methode wird durch die Datenbank *mergemod.cub* dargestellt.

Sobald einer dieser Prüfmechanismen aufgerufen wird, wird die Installer-Datenbank temporär kopiert und die jeweilige *.cub*-Datei importiert. Dann werden die in der Tabelle *_ICESequence* der *.cub*-Datei enthaltenen ICE-Validierungen durchgeführt und das Resultat mitgeteilt. Zum Schluss werden sämtliche temporären Dateien wieder gelöscht.

17.3.3 Die ICE-Validierungstypen

Die Version 3.1 des Windows Installer kennt insgesamt 98 ICE-Aktionen. Diese tragen eine fortlaufende Nummer sowie das Präfix ICE. Bei der Prüfung *Full MSI Validation Suite* werden alle in Tabelle 17.4 aufgeführten Prüfungen durchgeführt.

Nummer	Prüfungsinhalt
ICE01	Allgemeiner ICE-Mechanismus
ICE02	Referenzen zwischen Einträgen der Tabellen *Component*, *File* und *Registry* über Keypath
ICE03	Gültigkeit der Referenzen und Datentypen gemäß der Tabelle *_Validation*
ICE04	Konsistenzprüfung zwischen Tabelle *File*, Feld *Sequenz* und Tabelle *Media*, Feld *LastSequence*
ICE05	Ausgefüllte Pflichtfelder
ICE06	Fehlende Tabellen und Spalten gemäß der Tabelle *_Validation*
ICE07	Schriftarteninstallation in den entsprechenden Systemordner

Nummer	Prüfungsinhalt
ICE08	Prüfen der Tabelle *Component*, Spalte *ComponentId* auf doppelte Verwendung gleicher GUIDs
ICE09	Setzung des Flags *Permanent* für in den Systemordner zu kopierende Dateien
ICE10	Status der Features und untergeordneten Features für die Installation bei Bedarf
ICE11	GUID bei eingebetteten Installationen in der Tabelle *CustomAction*, Spalte *Source*
ICE12	Einordnung von Custom Actions des Typs 35 und 51 in die Sequenztabellen
ICE13	Nicht erlaubtes Einsetzen von Dialogfeldern in Ausführungssequenzen
ICE14	Nicht erlaubtes Einsetzen des Flags *msidbFeatureAttributesFollowParent* am Basisfeature
ICE15	Erforderliche Referenzen zwischen Einträgen der Tabellen *MIME* und *Extension*
ICE16	Eigenschaft *ProductName* darf maximal 63 Zeichen umfassen
ICE17	Eintragsabhängigkeiten der Tabelle *Control* mit anderen Steuerelementtabellen wie *PushButton* usw.
ICE18	Zielverzeichnis als Keypath, wenn dieser Null zeigt
ICE19	Tabellenverwendung bei der Installation bei Bedarf
ICE20	Vorhandensein der erforderlichen Dialogfelder in der Tabelle *Dialog*
ICE21	Komponentenzuordnung zu mindestens einem Feature
ICE22	Einträge der Tabelle *PublishComponent*, Spalten *Feature_* und *Component_*
ICE23	Tabulatorreihenfolge der Steuerelemente in den Dialogfeldern
ICE24	Einträge der Tabelle *Property*
ICE25	Abhängigkeiten und Unvereinbarkeiten unter Mergemodulen
ICE26	Erforderliche und unerlaubte Aktionen in Sequenztabellen
ICE27	Struktur und Anordnung in den Sequenztabellen
ICE28	Implementierung der Aktion *ForceReboot*
ICE29	Eindeutiger Datenstrom bei Kürzung auf 62 Zeichen
ICE30	Dateien mehrerer Komponenten, die nur einmal ins Zielverzeichnis kopiert werden sollen
ICE31	Schriftstile in der Tabelle *Control*, Spalte *Text*
ICE32	Prüfung von Primär- und Fremdschlüsseln auf gleiche Datentypen und Feldgrößen
ICE33	Unerlaubte Einträge in der Tabelle *Registry*, die in andere Tabellen gehören
ICE34	Standardwerte für *RadioButtonGroups*

Nummer	Prüfungsinhalt
ICE35	Unzulässige Dateiausführung vom Quellmedium, wenn die Datei in einer .*cab*-Datei enthalten ist
ICE36	Verwendung der Symbole aus der Tabelle *Icon*
ICE38	Registryeintrag unter HKEY_CURRENT_USER als KeyPath, wenn die Komponente im Profil des Benutzers gespeichert wird
ICE39	Eigenschaftswerte des Summary Information Streams
ICE40	Mehrere Prüfungen
ICE41	Komponenten und Zuordnungseinträge in den Tabellen *Extension* und *Class*
ICE42	Einträge der Tabelle *Class*, die auf eine ausführbare Datei verweisen
ICE43	Registryeintrag unter HKEY_CURRENT_USER als KeyPath für Dateiverknüpfungen
ICE44	Gültige Dialogfelder in der Tabelle *ControlEvent* bei den Ereignissen *NewDialog*, *SpawnDialog* und *SpawnWaitDialog*
ICE45	Unerlaubter Einsatz reservierter Flags
ICE46	Unerlaubter Einsatz von Eigenschaften, deren Name sich nur durch Groß-/Kleinschreibung unterscheidet
ICE47	Features, die unzulässigerweise mehr als 800 Komponenten unter Windows 9x oder mehr als 1.600 Komponenten unter Windows 2000/NT besitzen
ICE48	Unerlaubte hart codierte lokale Verzeichnisse in der Tabelle *Property*
ICE49	Einträge, die nicht den Typ REG_SZ besitzen, in der Tabelle *Registry*
ICE50	Symbolanzeige für Dateiverknüpfungen
ICE51	Einsatz von *FontTitle* bei TTF/TTC-Schriften
ICE52	Unzulässige private Eigenschaften in der Tabelle *AppSearch*
ICE53	Unerlaubte Gruppenrichtlinien-anlegende Einträge in der Tabelle *Registry*
ICE54	Einsatz von *CompanionFiles*
ICE55	Vorhandensein von *Permission* für Objekte der Tabelle *LockPermission*
ICE56	Stammverzeichnis in der Datenbank-Ordnerstruktur
ICE57	Unzulässiges gemeinsames Benutzen von Benutzer- und Computerdaten
ICE58	Maximale Eintragszahl von 80 in der Tabelle *Media*
ICE59	Referenzierung einer Komponente, die über das Feature der Verknüpfung installiert wird, durch die Dateiverknüpfung
ICE60	Sprachkennzeichnung der Objekte in der Tabelle *File*, die eine Version besitzen
ICE61	Existenz der *Upgrade*-Tabelle
ICE62	Prüfung der Tabelle *IsolatedComponent*
ICE63	Sequenzeinordnung der Aktion *RemoveExistingProducts*
ICE64	Ordnerbenutzung im Benutzerprofil

Nummer	Prüfungsinhalt
ICE65	Präfixeinträge in der Tabelle *Environment*
ICE66	Konsistenzprüfung der Tabellen und des Schemas der Datenbank
ICE67	Dateiverknüpfung und Zielobjekt müssen dieselbe Komponente nutzen
ICE68	Typeneinsatz bei Custom Actions
ICE69	Überkreuzte Referenzen bei Zeichenfolgen in der Form [$componentkey]
ICE70	Ganzzahlige Werte bei Registryeinträgen
ICE71	Eintrag DiskId=1 in der Tabelle *Media* vorhanden
ICE72	Custom Actions dürfen nur vom Typ 19, 35 oder 51 in der Tabelle *AdvtExecuteSequence* verwendet werden
ICE73	Ungültiger Einsatz von *ProductCodes* und *PackageCodes*
ICE74	Eigenschaftsimplementierung *FASTOEM* in der Tabelle *Property*
ICE75	Einordnen nach der Aktion *CostFinalize* von Custom Actions, die eine installierte Datei der Spalte *Source* referenzieren
ICE76	Katalogreferenzierung für den Windows-Dateischutz über Einträge in der Tabelle *BindImage*
ICE77	Einordnung von Custom Action zwischen den Aktionen *InstallInitilalize* und *InstallFinalize*, wenn das Flag *msidbCustomActionTypeInScript* gesetzt ist
ICE78	Einträge der Tabelle *AdvtUISequence*
ICE79	Feature- und Komponentenreferenzierung in der Spalte *Condition*
ICE80	Spezifikation von Custom Actions und 64-Bit-Komponenten
ICE81	Einträge in den Tabellen *MsiDigitalCertificate* und *MsiDigitalSignature*
ICE82	Einträge in der Tabelle *InstallExecuteSequence*
ICE83	Einträge in der Tabelle *MsiAssembly*
ICE84	Verwenden von Bedingungen bei erforderlichen Standardaktionen
ICE85	Verwendung der Tabelle *MoveFile*, Spalte *SourceName*
ICE86	Unerlaubter Einsatz in einer Bedingung der Eigenschaft *AdminUser*
ICE87	Unerlaubter Einsatz in der Tabelle *Registry* der Eigenschaften *ADDLOCAL*, *REMOVE* usw.
ICE88	Tabelle *IniFile*, Spalte *DirProperty*
ICE89	Inhalt der Tabelle *ProgId*, Spalte *Progid*_Parent
ICE90	Unzulässiges Festlegen eines Verzeichnisses für Dateiverknüpfungen als öffentliche Eigenschaft
ICE91	Installation einer Datei oder Verknüpfung in ein Benutzerprofil, obwohl die Eigenschaft *ALLUSERS* gesetzt ist
ICE92	Unerlaubter Einsatz permanenter Komponenten
ICE93	Unerlaubte Bezeichnungen von Custom Actions

Nummer	Prüfungsinhalt
ICE94	Ungültige Referenz auf eine Datei aus dem Global Assembly Cache durch eine Dateiverknüpfung
ICE95	Konsistenz der Tabellen *Control* und *BBControl*
ICE96	Aktionen *PublishFeatures* und *PublishProduct* in der Tabelle *AdvtExecuteSequence*
ICE97	Prüft, ob zwei Komponenten eine gemeinsam genutzte Komponente nicht in dasselbe Verzeichnis separieren
ICE98	Prüft Tabelle *ODBSDataSource*, Feld *Description* auf die ODBC-Datenquelle
ICE99	Neu im Windows Installer 3.1. Prüft, dass kein in die Tabelle *Directory* eingetragener Eigenschaftsname einem Namen entspricht, der für die Funktionsdurchführung des Windows Installer reserviert ist.

Tabelle 17.4: Übersicht über die ICE-Aktionen

Speziell zur Überprüfung der Mergemodule stehen außer den bereits eben erwähnten ICE-Aktionen noch weitere 13 Validierungstypen gemäß der Tabelle 17.5 zur Verfügung:

Nummer	Prüfungsinhalt
ICEM01	ICEM-Mechanismus
ICEM02	Unerlaubte Verwendung der Tabellen *ModuleDependency* und *ModuleExclusion*
ICEM03	Fehlende Aktionsdefinition als *BaseAction*
ICEM04	Einträge in Tabellen, in denen keine Einträge stehen dürfen
ICEM05	Ungültige Komponentenreferenzierung
ICEM06	Ungültige Feature-Referenzierung
ICEM07	Dateireihenfolge in der Tabelle *File* und im *MergeModule.CABinet*
ICEM08	Identische Einträge in den Tabellen *ModuleDependency* und *ModuleExclusion*
ICEM09	Verwendung vordefinierter Verzeichnisse
ICEM10	Unerlaubte Eigenschaftsimplementierung in der Tabelle *Property*
ICEM11	Fehlende Einträge in der Tabelle *ModuleIgnoreTable* für die beiden Tabellen *ModuleConfiguration* und *ModuleSubstitution*
ICEM12	Sequenznummerdefinition für Standard Actions und Einträge für Custom Actions in den Spalten *BaseAction* und *After*
ICEM14	Verwendung der Tabelle *ModuleSubstitution*, Spalte *Value*

Tabelle 17.5: Validierungstypen speziell für Mergemodule

18 Die Tools des Windows Installer SDK

Neben der ausführlichen Dokumentation zum Windows Installer beinhaltet das Windows Installer SDK auch verschiedene Tools, die die Arbeit mit dem Installer erleichtern und optimieren. Diese Tools befinden sich im Unterverzeichnis \BIN der SDK-Installation. Es handelt sich dabei um die folgenden ausführbaren Dateien:

Dateiname	Funktion
Msicert.exe	Ergänzt die Installer-Tabellen mit den notwendigen Informationen für digitale Signaturen
Msidb.exe	Import und Export-Funktion von Textdateien in die Installer-Datenbank
Msifiler.exe	Dateinamen aus einem bestimmten Verzeichnis werden in die Tabelle File geschrieben
Msiinfo.exe	Anzeige und Modifikation der Informationen des Summary Information Stream
Msimerg.exe	Zusammenführen von zwei Installer-Datenbanken
Msimsp.exe	Erzeugen von Patchdateien
Msitran.exe	Erstellen und Anwenden von Transform Files
Msival2.exe	Validierungstool für die Installer-Datenbank
Msizap.exe	Entfernen von Windows Installer-Informationen vom Computer nach einem Fehlschlag der Installation
Wilogutl.exe	Protokollanalysetool bei schwer wiegenden Installationsfehlern

Tabelle 18.1: Windows Installer-Tools des Windows Installer SDK

Bis auf *Msidb.exe* und *Wilogutl.exe* handelt es sich um Kommandozeilenprogramme. Diese beiden Programme können sowohl aus der GUI heraus als auch über die Kommandozeile aufgerufen werden.

 Das SDK kann direkt über das Internet aktualisiert werden. Gehen Sie dazu auf die Seite *http://www.microsoft.com/msdownload/platformsdk/sdkupdate*.

18.1 Msicert.exe

Ab der Version 2.0 des Windows Installer können digitale Signaturen zum Finden unzuverlässiger Ressourcen verwendet werden. Es muss eine digital signierte externe Paketdatei vorhanden sein, die in der Tabelle Media eingetragen ist. Mit Hilfe von *msicert.exe* können die Informationen der digitalen Signatur in die Tabellen *msiDigitalSignature* und *msiDigitalCertificate* eingefügt werden. Verwenden Sie dazu die folgende Syntax:

```
Msicert -d {Datenbank} -m {MediaID} -c {Cabinet} [-h] ⏎
```

Die Parameter haben folgende Bedeutung:

Parameter	Beschreibung
-d {Datenbank}	Name der zu aktualisierenden .*msi*-Datenbank
-m {MediaID}	Eintrag des Feldes *DiskID* der Tabelle *Media*. Dieser gibt die Paketdatei an.
-c {Cabinet}	Pfad zur digital signierten Paketdatei
-h	Optional kann ein Hash zur Tabelle *msiDigitalSignature* hinzugefügt werden.

Tabelle 18.2: Parameter von msicert.exe

18.2 Msidb.exe

Über *msidb.exe* können Textdateien mit der Dateierweiterung .*idt* in eine leere Windows Installer-Datenbank importiert und exportiert werden. Sie können dieses Programm über die GUI oder die Kommandozeile ausführen.

18.2.1 Ausführung über die GUI

Die ausführbare Datei *msidb.exe* befindet sich im Unterordner \BIN des SDK-Installationsverzeichnisses. Um eine neue Datenbank erstellen zu können, müssen Sie zunächst eine Datenbank mit der notwendigen Struktur erstellen. Dazu befindet sich im SDK die Beispieldatei *schema.msi*. Sie finden diese im Unterverzeichnis \samples\sysmgmt\ msi\database.

1. Kopieren Sie die *schema.msi* an einen beliebigen Ort und öffnen Sie diese Datenbank mit *msidb.exe*.

2. Wählen Sie dann den Ordner, in dem sich die .*idt*-Dateien für den Import befinden bzw. in den die Dateien exportiert werden sollen.

3. Als Letztes müssen Sie festlegen, ob Sie einen Import oder Export durchführen möchten (siehe Abbildung 18.1). Haben Sie EXPORT gewählt, werden die Datenbanktabellen angezeigt. Sie können einzelne Tabellen markieren oder über SELECT ALL sämtliche Tabellen. Haben Sie IMPORT gewählt, werden die idt-Dateien im gewählten Verzeichnis für den Import angezeigt. Bestätigen Sie die Auswahl mit OK.

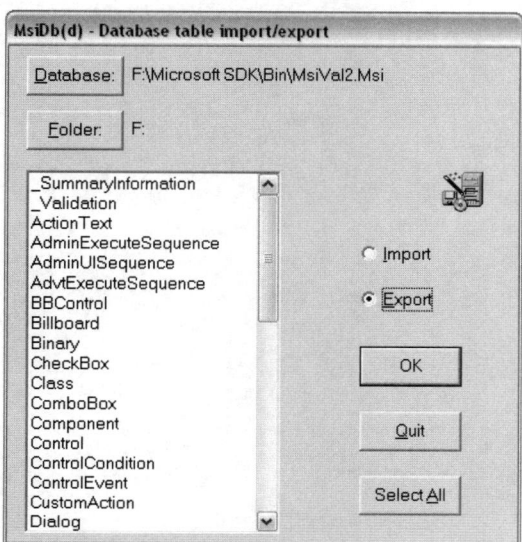

Abbildung 18.1: Auswahl der Import- oder Exportfunktion, der Datenbank und des Zielordners

Nachdem Sie eine Datenbank exportiert haben, wird die zugehörige *.idt*-Datei in das gewählte Verzeichnis geschrieben. Diese *.idt*-Datei kann mit einem beliebigen Texteditor geöffnet werden. Eine *.idt*-Datei kann auch selbst erstellt werden. Das folgende Kapitel beschreibt den Aufbau einer *.idt*-Datei.

18.2.2 Struktur einer .idt-Datei

Der Aufbau einer *.idt*-Datei ist verbindlich festgelegt. Anhand der Tabelle *Property* der Datei *orca.msi* wird dieser Aufbau näher beschrieben.

In der ersten Zeile befinden sich die Namen der Tabellenspalten. In unserem Beispiel besitzt die Tabelle zwei Spalten mit den Namen *Property* und *Value*. In der zweiten Zeile werden die Datentypen der Spalten angegeben, hier sind es die Typen s72 und i0. In der dritten Zeile wird der Name der Tabelle angegeben (*Property*) sowie der Name der Spalte mit dem Primärschlüssel, hier ebenfalls *Property*. Weiterhin müssen die Werte für *Manufacturer* (Microsoft Corporation), *ProductCode* ({63A68338-16A3-4763-8478-A45F91A61E7A}), *ProductLanguage* (1033), *ProductName* (Orca), *ProductVersion* (2.00.3790.0000) sowie *UpgradeCode* ({1AA03E10-2B19-11D2-B2EA-006097C99860}) angegeben werden (siehe Abbildung 18.2).

```
Property.idt - Editor                                          _ □ ✕
Datei  Bearbeiten  Format  Ansicht  ?
Property         value                                              ▲
s72     10
Property         Property
ALLUSERS         1
ARPHELPLINK      http://www.microsoft.com/management
BannerBitmap     bannrbmp
ButtonText_Back < &Back
ButtonText_Browse          Br&owse
ButtonText_Cancel          Cancel
ButtonText_Exit &Exit
ButtonText_Finish          &Finish
ButtonText_Ignore          &Ignore
ButtonText_Install         &Install
ButtonText_Next &Next >
ButtonText_No    &No
ButtonText_OK    OK
ButtonText_Remove          &Remove
ButtonText_Repair          &Repair
ButtonText_Reset           &Reset
ButtonText_Resume          &Resume
ButtonText_Retry           &Retry
ButtonText_Return          &Return
ButtonText_Yes  &Yes
CompleteSetupIcon          completi
ComponentDownload          ftp://anonymous@microsoft.com/components/
CustomSetupIcon custicon
DefaultUIFont    DlgFont8
DialogBitmap     dlgbmp
DlgTitleFont     {&DlgFontBold8}
ErrorDialog      ErrorDlg
ExclamationIcon exclamic
IAgree  No
InfoIcon         info
InstallerIcon    insticon
INSTALLLEVEL     3
InstallMode      Typical
Manufacturer     Microsoft Corporation
PIDKEY  111-1111111
PIDTemplate      12345<###-%%%%%%%>@@@@@
ProductCode      {63A68338-16A3-4763-8478-A45F91A61E7A}
ProductID        none
ProductLanguage 1033                                               ▼
```

Abbildung 18.2: Aufbau einer .idt-Datei am Beispiel der Tabelle Property der orca.msi

Grundsätzlich gilt: Jede Zeile in der *.idt*-Datei beschreibt einen neuen Datensatz, einzelne Felder der Tabelle werden durch das Tabulatorzeichen (🔁) getrennt. Um das korrekte Format zu erhalten, sollten Sie am besten zunächst eine leere Tabelle der Windows Installer-Datenbank exportieren und diese dann weiterbearbeiten. Danach wird die Tabelle über *msidb.exe* wieder importiert. Ist eine Tabelle bereits vorhanden, wird diese ohne weitere Nachfrage überschrieben.

Zum Bearbeiten der *.idt*-Dateien verwenden Sie am besten den Editor *Notepad*. Notepad behält durch einen Tabulator getrennte Werte bei und wandelt diese Trennzeichen nicht in Leerzeichen um. Eine sehr große Tabelle kann auch unter Microsoft Excel bearbeitet werden.

Befinden sich in der exportierten Tabelle Binärdaten, wird im Exportverzeichnis ein Unterordner mit dem Namen der Tabelle angelegt. Die Binärdateien bekommen die Dateiendung *.idb*. Exportieren Sie zum besseren Verständnis die Tabelle *Binary* der Datei *orca.msi*.

In den ersten drei Zeilen werden wieder die Namen der Tabellenspalten und die Datentypen sowie der Tabellenname und die Schlüsselspalte angegeben. In den folgenden Zeilen werden jeweils der Name der Binärdatei und die referenzierte Datei im *.idb*-Format angegeben. Diese Dateien befinden sich im Unterordner BINARY. Sie besitzen alle noch ihr eigentliches Binärformat. So kann beispielsweise die Datei *bannerbmp.idb* mit jedem Grafikprogramm geöffnet werden.

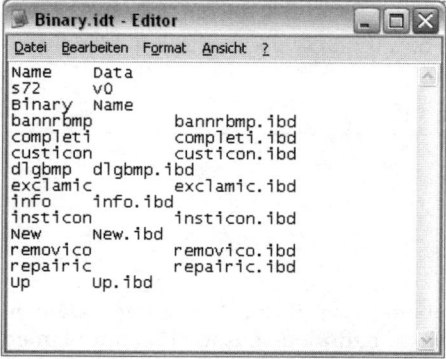

Abbildung 18.3: Aufbau einer .idb-Datei am Beispiel der Tabelle Binary der orca.msi

18.2.3   Ausführung über die Kommandozeile

Msidb.exe kann auch über die Kommandozeile ausgeführt werden. Sind alle Parameter korrekt gesetzt, wird die GUI des Programms nicht angezeigt. Verwenden Sie dazu die folgende Syntax:

```
Msidb.exe {Option} … {Option} … {Tabelle} … {Tabelle} ⏎
```

Es können die folgenden Optionen gesetzt werden:

Option	Beschreibung
-i	Import
-e	Export
-c	Erstellen einer neuen Datenbank, Importieren der *.idt*-Dateien und Überschreiben der vorhandenen Datenbank
- f {Ordner}	Gibt den Ordner der *.idt*-Dateien an
-d {Datenbank}	Vollständiger Pfad zur *.msi*-Datei
-m {Merge Modul}	Einpflegen der Daten aus dem angegebenen Merge Modul
-t {Transform}	Anwenden des angegebenen Transform Files
-j {Objektname}	Löschen des Objekts aus dem Speicherbereich *_Storages*
-k {Objektname}	Löschen des Objekts aus dem Speicherbereich *_Streams*
-x {Objektname}	Exportieren des Objekts aus dem Speicherbereich *_Streams* und Speichern als Datei

Option	Beschreibung
-w {Objektname}	Exportieren des Objekts aus dem Speicherbereich _Storages_ und Speichern als Datei
-a {Dateiname}	Hinzufügen einer Datei aus dem Speicherbereich _Streams_ als Objekt
-r {Objektname}	Hinzufügen eines Objekts aus dem Speicherbereich _Storages_
-s	Export der Tabellen im Format 8.3. Die Dateiendung _.idt_ wird automatisch gesetzt.
-?	Ruft die Programmhilfe auf

Tabelle 18.3: Optionen für msidb.exe

18.3   Msifiler.exe

Mit Hilfe des Programms *msifiler.exe* wird die Tabelle *File* mit den Namen von Dateien ausgefüllt, die sich in einem bestimmten Verzeichnis befinden. Zusätzlich zum Namen werden auch Versions- und Sprachinformationen übernommen. Ab der Windows Installer-Version 2.0 kann der Windows Installer für Dateien, die keine Versionsangabe besitzen, einen Hash hinzufügen, damit Versionsänderungen unterschieden werden können. Dazu wird die Tabelle *MsiFileHash* verwendet oder bei Bedarf angelegt und mit den vom Installer berechneten Werten gefüllt.

Msifiler.exe verwendet die folgende Syntax:

```
Msifiler.exe -d {Datenbank} [-v] [-h] [-s Alernativquelle] ⏎
```

Diese Parameter haben folgende Bedeutung:

Parameter	Beschreibung
-d	Pfad zur _.msi_-Datei
-v	Einschalten des Prüfmodus
-h	Für Dateien ohne Versionsinformationen werden Einträge in der Tabelle _msiFileHash_ erstellt.
-s	Gibt einen Alternativpfad zur _.msi_-Datei an

Tabelle 18.4: Parameter für msifiler.exe

18.4   Msiinfo.exe

Über *msiinfo.exe* können Informationen des Summary Information Stream angezeigt und bearbeitet werden. Das Programm verwendet die folgende Syntax:

```
Msiinfo.exe {Datenbank} [[/b] /d] {Optionen} {Daten} ⏎
```

Die Parameter und Optionen haben folgende Bedeutung (es können maximal 20 Optionen gesetzt werden):

Option	PropertyID	PID	Beschreibung
keine			Alle Informationen des Summary Information Streams werden angezeigt.
-i	PID_DICTIONARY	0	Reserviert
-c	PID_CODEPAGE	1	Setzen der Eigenschaft *CODEPAGE*
-t	PID_TITLE	2	Setzen der Eigenschaft *TITLE*
-j	PID_SUBJECT	3	Setzen der Eigenschaft *SUBJECT*
-a	PID_AUTHOR	4	Setzen der Eigenschaft *AUTHOR*
-k	PID_KEYWORDS	5	Setzen der Eigenschaft *KEYWORDS*
-o	PID_COMMENTS	6	Setzen der Eigenschaft *COMMENTS*
-p	PID_TEMPLATE	7	Setzen der Eigenschaft *TEMPLATE*
-l	PID_LASTAUTHOR	8	Setzen der Eigenschaft *LAST SAVED BY*
-v	PID_REVNUMBER	9	Setzen der Eigenschaft *REVISION NUMBER*
-e	PID_EDITTIME	10	Reserviert
-s	PID_LASTPRINTED	11	Setzen der Eigenschaft *Last Printed*. Datumsformat: yyyy/mm/dd hh:mm:ss
-r	PID_CREATE_DTM	12	Setzen der Eigenschaft *CREATE TIME*. Datumsformat: yyyy/mm/dd hh:mm:ss
-q	PID_LASTSAVE_DTM	13	Setzen der Eigenschaft *LAST SAVED TIME*. Datumsformat: yyyy/mm/dd hh:mm:ss
-g	PID_PAGECOUNT	14	Setzen der Eigenschaft *PAGE COUNT*
-w	PID_WORDCOUNT	15	Setzen der Eigenschaft *WORD COUNT*
-h	PID_CHARCOUNT	16	Setzen der Eigenschaft *CHARACTER COUNT*
	PID_THUMBNAIL	17	Reserviert
-n	PID_APPNAME	18	Setzen der Eigenschaft *CREATING APPLICATION*
-u	PID_SECURITY	19	Setzen der Eigenschaft *SECURITY*

Tabelle 18.5: Parameter für msiinfo.exe

18.5   Msimerg.exe

Über *msimerg.exe* können zwei Installer-Datenbanken zusammengeführt werden. Verwenden Sie dazu folgende Syntax:

```
Msimerg.exe {Basis-Datenbank} {Referenzierte Datenbank} ⏎
```

Sofern dabei Fehler auftreten, werden diese in die Tabelle *_MergeErrors* geschrieben.

18.6   Msimsp.exe

Msimsp.exe wird zum Erstellen einer Patchdatei verwendet. Die Patchdatei beinhaltet die Differenzen zwischen zwei oder mehr Installer-Paketen. Dazu sind die Basisdatenbank und Zieldatenbank sowie die *.pcp*-Datei (*Patch Creation Property File*) mit weiteren Informationen über die zu verwendenden Datenbanken und Einstellungen notwendig. Aus diesen drei Elementen erzeugt *msimsp.exe* eine Patchdatei. Verwenden Sie dazu die folgende Syntax:

```
Msimsp.exe -s {pcp-Datei} -p {msp-Datei} {Option} ⏎
```

Die Optionen und Parameter haben folgende Bedeutung:

Parameter	Beschreibung
-s {Pfad zur pcp-Datei}	Pfad zur vorhandenen *.pcp*-Datei
-p {Pfad zur msp-Datei}	Pfad, unter dem die Patchdatei gespeichert werden soll
-f {Temporärer Ordner}	Optionaler Pfad zu einem temporären Ordner
-l {Pfad zur Log-Datei}	Optionaler Pfad zur Protokolldatei
-d	Optional kann nach Erstellung des Patches ein Informationsfenster angezeigt werden.
-?	Ruft die Programmhilfe auf

Tabelle 18.6: Die Parameter für msimsp.exe

18.7   Msitran.exe

Msitran.exe wird zum Erstellen und Anwenden von Transform Files benutzt. Verwenden Sie die folgende Syntax zum Erstellen eines Transform Files:

```
Msitran.exe -g {Basisdatenbank} {Referenz-Datenbank} {Transform File}
[{Fehlerbehandlung/Überprüfung}] ⏎
```

Verwenden Sie folgende Syntax zum Anwenden eines Transform Files:

```
Msitran.exe -a {Transform File} {Datenbank} [{Fehlerbehandlung}] ⏎
```

Für die Fehlerbehandlung können bestimmte Fehlermeldungen unterdrückt werden. Geben Sie diese gemäß der folgenden Tabelle an:

Option	Unterdrückte Fehlermeldung bei
A	Hinzufügen einer Zeile, die bereits vorhanden ist
B	Entfernen einer Zeile, die nicht vorhanden ist
C	Hinzufügen einer Tabelle, die bereits vorhanden ist
D	Entfernen einer Tabelle, die nicht vorhanden ist
E	Ändern einer vorhandenen Zeile
F	Ändern der Codepage

Tabelle 18.7: Zu unterdrückende Fehlermeldungen bei msitran.exe

Auch für die Überprüfung können verschiedene Optionen als Bedingungen festgelegt werden. Diese Bedingungen müssen beim Anwenden des Transform Files erfüllt sein, damit dieses auch tatsächlich angewendet werden kann. Folgende Optionen sind verfügbar:

Option	Bedingung
G	Prüfung der Eigenschaft *UpgradeCode*
L	Prüfung der Sprache
P	Prüfung der Plattform
R	Prüfung des Produkts
S	Nur Prüfung der Major-Versionen
T	Nur Prüfung der Major- und Minor-Version
U	Prüfung der Major-, Minor- und Upgrade-Versionen
V	Anzuwendende Datenbankversion ist kleiner als Basisdatenbankversion
W	Anzuwendende Datenbankversion ist kleiner oder gleich Basisdatenbankversion
X	Anzuwendende Datenbankversion ist gleich Basisdatenbankversion
Y	Anzuwendende Datenbankversion ist größer oder gleich Basisdatenbankversion
Z	Anzuwendende Datenbankversion ist größer als Basisdatenbankversion

Tabelle 18.8: Bedingungen für das Anwenden des Transform Files

18.8 Msival2.exe

Msival2.exe ist ein Werkzeug zur Validierung, genauer gesagt zur ICE-Validierung. Verwenden Sie dazu die folgende Syntax:

```
Msival2.exe {Datenbank} {cub-Datei} [-f] [-l {Log-Datei}] [-i {ICE-Nummer}[:{ICE-Nummer}…]] ⏎
```

Die Parameter haben folgende Bedeutung:

Parameter	Beschreibung
{Datenbank}	Pfad zur überprüfenden *.msi*-Datei
{cub-Datei}	Pfad zur *.cub*-Datei
-f	Hinweismeldungen werden nicht angezeigt
-i {ICE-Nummer}	Es wird nur eine Prüfung der angegebenen ICEs durchgeführt.
-l {Log-Datei}	Ergebnisse werden in eine automatisch erstellte Protokolldatei geschrieben.

Tabelle 18.9: Parameter für msival2.exe

18.9 Msizap.exe

Ist die Installation einer Windows Installer-basierten Applikation fehlgeschlagen und können die Dateien nicht mehr über das Rollback entfernt werden, verwenden Sie das Tool *msizap.exe*, um die verbliebenen Dateien vom Computer zu löschen. Dies kann der Fall sein, wenn es während der Ausführung der Installation zu einem Systemabsturz gekommen ist.

 Alternativ zu *msizap.exe* können Sie auch das Programm *Windows Installer Clean Up* verwenden. Dieses wird in Kapitel 4.5 beschrieben.

Unter Windows NT, 2000, XP und 2003 müssen Sie zur Ausführung dieses Programms über administrative Berechtigungen verfügen. Verwenden Sie die folgende Syntax:

```
Msizap.exe T[WA!] {Produkt Code} ⏎
```

```
Msizap.exe T[WA!] <msi-Paket> ⏎
```

```
Msizap.exe *[WA!] ALLPRODUCTS ⏎
```

```
Msizap.exe PWSA?! ⏎
```

Die Parameter haben folgende Bedeutung:

Parameter	Beschreibung
*	Der Windows Installer-Dienst wird angehalten. Es werden alle Installer-Verzeichnisse und Registryeinträge sowie Rollback-Informationen gelöscht. Der Zähler für die *Shared dlls* wird wieder angepasst.
A	Für eine bestimmte Aktion wird die ACL (Access Control List) geändert.
P	Der Schlüssel In-Process wird gelöscht.
S	Die Rollback-Informationen werden gelöscht.
T	Sämtliche Informationen des in geschweiften Klammern angegebenen Produkt Codes werden gelöscht. Alternativ kann auch der Pfad zur *.msi*-Datei angegeben werden.
W	Die Installer-Informationen werden für alle Benutzer entfernt. Ist diese Option nicht gesetzt, werden nur die Informationen für den aktuellen Benutzer gelöscht.
!	An der Kommandozeile muss Yes eingegeben werden, um den Befehl auszuführen.
?	Anzeigen der Hilfedatei

Tabelle 18.10: Parameter vom msizap.exe

18.10   Wilogutl.exe

Mit Hilfe von *wilogutl.exe* können Protokolldateien der Windows Installer-Installation analysiert werden. Dieses Programm kann über die GUI und die Befehlszeile ausgeführt werden.

18.10.1   Ausführen über die GUI

Die ausführbare Datei befindet sich im Verzeichnis \BIN des SDK-Installationsverzeichnisses. Zunächst wählen Sie über die Schaltfläche [..] die zu untersuchende Protokolldatei aus. Diese muss im Format *.txt* oder *.log* vorliegen. Klicken Sie dann auf ANALYZE. Dort werden sämtliche Fehlermeldungen aufgelistet.

Um die Ergebnisse zu speichern, klicken Sie auf SAVE RESULTS. Dabei werden die folgenden vier Berichte erstellt:

Berichtsname	Inhalt
Logfilename_summary.txt	Zusammenfassung der Protokolldatei mit Informationen zum ersten auftretenden Fehler
Logfilename_errors.txt	Auflistung aller kritischen und nicht kritischen Fehler, deren Anzahl, Beschreibung sowie Problemlösung

Berichtsname	Inhalt
Logfilename_policies.txt	Auflistung der Systemrichtlinien sowie deren Werte nach Abschluss der Installation
Details-Logfilename.htm	Generierter *html*-Bericht, der eine Legende für die Farben in der Darstellung enthält

Tabelle 18.11: Berichte, die über wilogutl.exe erstellt werden können

18.10.2 Ausführen über die Kommandozeile

Zum Ausführen von *wilogutl.exe* an der Kommandozeile verwenden Sie die folgende Syntax:

```
Wilogutl.exe [/q] [/l <Protokolldatei>][o <Ordner>] ⏎
```

Die Parameter haben folgende Bedeutung:

Parameter	Beschreibung
Keine	Starten des Programms über die GUI
/q	Keine Anzeige der GUI und automatisches Erstellen der Berichte
/l	Name der zu prüfenden Protokolldatei
/o	Ordner, in dem die Berichte gespeichert werden sollen

Tabelle 18.12: Die Parameter für winlogutl.exe

Ist ein ungültiger Parameter verwendet worden, gibt *wilogutl.exe* eine der folgenden Fehlermeldungen aus:

Fehlermeldung	Bedeutung
1	Ungültiger Ausgabeordner
2	Ungültige Protokolldatei
3	Es wurde zwar /q gesetzt, jedoch keine Protokolldatei für /l.
4	Es wurde zwar /l gesetzt, jedoch nicht /q.

Tabelle 18.13: Fehlermeldungen von wilogutl.exe

18.11 Orca

Das wichtigste Werkzeug bei der Arbeit mit den Windows Installer-Tabellen ist *Orca*. Auch dieses befindet sich im Lieferumfang des Windows Installer SDK. Mit *Orca* können Tabellen betrachtet, erstellt und bearbeitet werden. Dies gilt auch für Merge Module (*.msm*-Dateien), Validierungsdatenbanken (*.cub*-Dateien) sowie Patches (*.pcp*-Dateien).

Um mit *Orca* arbeiten zu können, müssen Sie nach dem Programmstart zunächst die gewünschte *.msi*-Datei öffnen. Sie finden dann im linken Bereich unter TABLES sämtliche

Tabellen und im rechten Bereich die Inhalte der markierten Tabelle (siehe Abbildung 18.4).

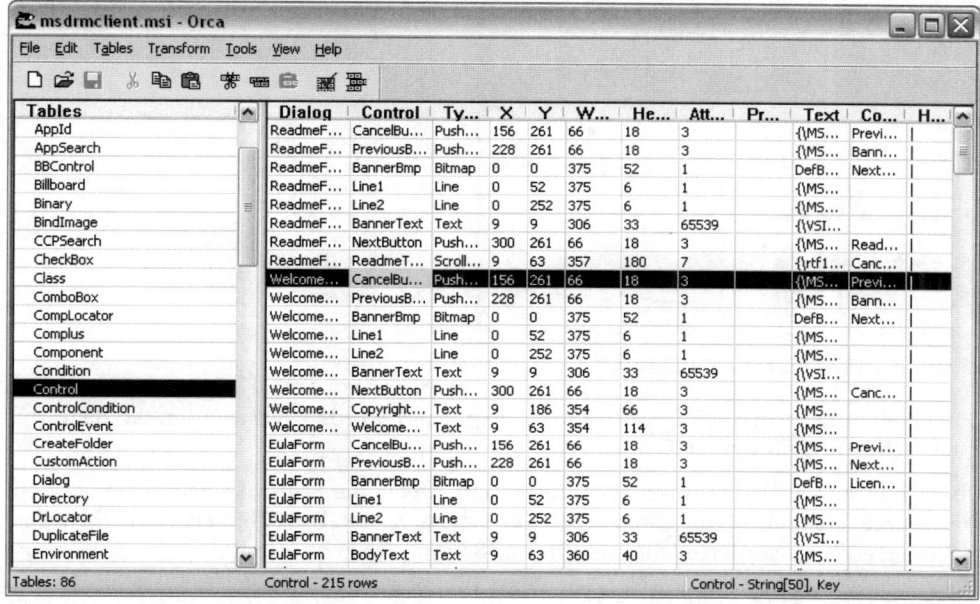

Abbildung 18.4: Der Tabellen-Editor Orca

Bevor Sie über *Orca* Änderungen an der Installationsdatenbank vornehmen, sollten Sie diese zuvor unbedingt sichern. Orca bietet *nicht* die Option, Änderungen rückgängig zu machen.

Um einen Wert in einer Tabelle zu ändern, klicken Sie in das entsprechende Feld und geben den neuen Wert ein. Soll eine neue Tabelle hinzugefügt werden, verwenden Sie das Menü TABLES/ADD TABLE. In dem dann folgenden Fenster können Sie die hinzuzufügenden Standardtabellen auswählen. Soll eine Tabelle gelöscht werden, markieren Sie diese und wählen Sie das Menü TABLES/DROP TABLE.

Weiterhin können über das Menü TABLES/ADD ROW auch neue Datensätze hinzugefügt werden. Im Fenster ADD ROW (siehe Abbildung 18.5) werden nur die Werte angezeigt, die für die gewählte Tabellenzeile verfügbar sind. Bei den Einträgen unter NAME, die mit einem Schlüsselsymbol gekennzeichnet sind, handelt es sich um die Primärindexe in der Tabelle. Tragen Sie unten in das Feld COLUMN den gewünschten Wert ein. Wurden alle Einträge vorgenommen, klicken Sie auf OK.

Um einen Datensatz zu löschen, muss die Zeile markiert werden. Wählen Sie dann das Menü TABLES/DROP ROW.

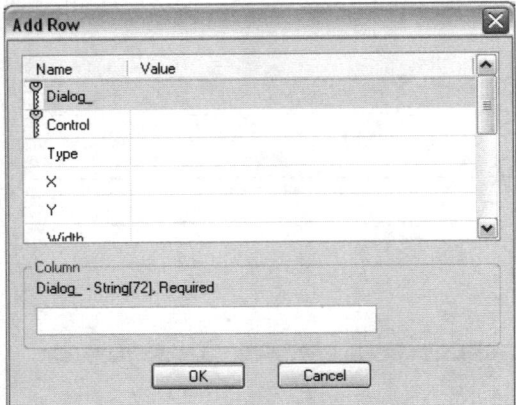

Abbildung 18.5: Hinzufügen einer neuen Zeile zu einer Tabelle

Die Tabellen können auch importiert und exportiert werden. Verwenden Sie dazu das entsprechende Menü unter TABLES.

Über *Orca* kann auch der Summary Information Stream der *msi*-Datei bearbeitet werden. Wählen Sie dazu das Menü VIEW/SUMMARY INFORMATION. Dort können sämtliche Informationen editiert werden (siehe Abbildung 18.6).

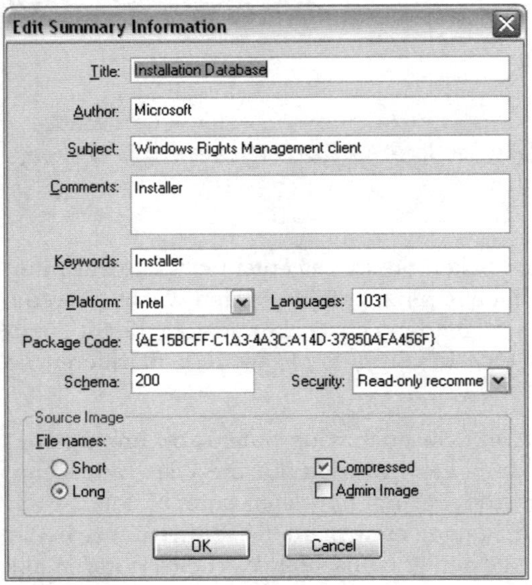

Abbildung 18.6: Bearbeiten des Summary Information Stream

Orca bietet auch die Möglichkeit, mit Transform Files zu arbeiten. Dafür steht das Menü TRANSFORM zur Verfügung. Über /NEW TRANSFORM wird ein neues Transform File erstellt. Nachdem Sie diesen Menüpunkt gewählt haben, nehmen Sie sämtliche Änderungen an den Tabellen vor. Weitere Einstellungen können unter /TRANSFORM PROPER-

TIES vorgenommen werden. Wählen Sie dann /GENERATE TRANSFORM, um die Datei zu erstellen oder /CLOSE TRANSFORM, um die Änderungen nicht zu übernehmen. Um die Änderungen zwischen dem Basispaket und dem Transform File zu sehen, wählen Sie /APPLY TRANSFORM. Dabei werden die Unterschiede in den Tabellen, Zeilen und Feldern grafisch hervorgehoben. Sind die Änderungen zufrieden stellend, können Sie über das Menü FILE/SAVE TRANSFORMED AS das Installer-Paket mit dem angewendeten Transform File speichern. Über das Menü TRANSFORMS/VIEW PATCH können analog zum Transform File die Änderungen eines Patches gegenüber dem Basispaket betrachtet werden.

Zusätzlich können Sie mit *Orca* die ICE-Validierung durchführen. Dieser Vorgang ist ausführlich in Kapitel 17.3.1 beschrieben. Auch eine Vorschau auf die verwendeten Dialogfelder und deren Steuerelemente ist über *Orca* möglich. Weitere Hinweise dazu finden Sie in Kapitel 12.5.

Orca kann auch über die Kommandozeile genutzt werden. Weitere Informationen dazu finden Sie in der Dokumentation des *Windows Installer SDK*.

19 Fehlercodes und Protokollierung

Dieses Kapitel gibt Ihnen eine Übersicht über die Fehlercodes des Windows Installer sowie eine Beschreibung des jeweiligen Problems. Zusätzlich sind auch die Fehlermeldungen zur Laufzeit des Windows Installer erläutert. Ein eigenes Kapitel ist dem Thema Protokollierung des Windows Installer gewidmet.

19.1 Fehlercodes des Windows Installer

Im Folgenden finden Sie eine Auflistung der Fehlercodes, die entweder durch die Windows Installer-Datei *instmsi.exe* oder durch den Aufruf des Installer über *msiexec.exe* verursacht werden können. Sie können dabei sowohl die Fehlermeldung selbst als auch lediglich den Fehlercode erhalten.

Fehlercode	Fehlermeldung	Beschreibung
0	ERROR_SUCCESS	Aktion wurde erfolgreich abgeschlossen. Keine Fehlermeldung
13	ERROR_INVALID_DATA	Die Daten sind ungültig.
87	ERROR_INVALID_PARAMETER	Einer der Parameter ist ungültig.
120	ERROR_CALL_NOT_IMPLE-MENTED	Eine Funktion ist für dieses Betriebssystem nicht verfügbar, Verfügbarkeit lediglich unter Windows 2000 und höher mit Windows Installer 2.0.
1259	ERROR_APPHELP_BLOCK	Sobald der Windows Installer feststellt, dass eine Applikation mit dem Betriebssystem inkompatibel ist, wird eine Dialogbox angezeigt, in der der Benutzer entscheiden kann, ob er dennoch versuchen möchte, die Applikation zu installieren. Entscheidet sich der Benutzer gegen die Installation, wird dieser Fehlercode ausgegeben. Dieser Fehlercode ist nur ab Windows Installer 2.0 und Windows XP verfügbar.
1601	ERROR_INSTALL_SERVICE_FAILURE	Kein Zugriff auf den Windows Installer-Dienst. Wenden Sie sich an das Supportpersonal, um sicherzustellen, dass der Windows Installer-Dienst korrekt registriert wurde.
1602	ERROR_INSTALL_USEREXIT	Die Installation wurde vom Benutzer abgebrochen.

Fehlercode	Fehlermeldung	Beschreibung
1603	ERROR_INSTALL_FAILURE	Schwer wiegender Fehler bei der Installation
1604	ERROR_INSTALL_SUSPEND	Installation angehalten, unvollständig
1605	ERROR_UNKNOWN_PRO-DUCT	Dieser Vorgang ist nur für Produkte gültig, die zur Zeit installiert sind.
1606	ERROR_UNKNOWN_FEATURE	Die Funktionskennung ist nicht registriert.
1607	ERROR_UNKNOWN_COMPO-NENT	Die Komponentenkennung ist nicht registriert.
1608	ERROR_UNKNOWN_PRO-PERTY	Unbekannte Eigenschaft
1609	ERROR_INVALID_HANDLE_STATE	Der Handle-Zustand ist ungültig.
1610	ERROR_BAD_CONFIGURA-TION	Die Konfigurationsdaten für dieses Produkt sind beschädigt. Wenden Sie sich an den Support.
1611	ERROR_INDEX_ABSENT	Der Kennzeichner der Komponente ist nicht verfügbar.
1612	ERROR_INSTALL_SOURCE_ABSENT	Die Installationsquelle für dieses Produkt ist nicht verfügbar. Stellen Sie sicher, dass die Quelle vorhanden ist und Sie Zugriff darauf haben.
1613	ERROR_INSTALL_PACKAGE_VERSION	Dieses Installationspaket kann durch den Windows Installationsdienst nicht installiert werden. Sie müssen zunächst ein Windows Service Pack mit einer neueren Version des Windows-Installationsdienstes installieren.
1614	ERROR_PRODUCT_UNINS-TALLED	Das Produkt wurde deinstalliert.
1615	ERROR_BAD_QUERY_SYNTAX	Die SQL-Abfragesyntax ist ungültig oder wird nicht unterstützt.
1616	ERROR_INVALID_FIELD	Das Eintragsfeld ist nicht vorhanden.
1618	ERROR_INSTALL_ALREADY_RUNNING	Es wird bereits anderweitig eine Installation ausgeführt. Beenden Sie den anderen Installationsvorgang, bevor Sie diese Installation fortsetzen.
1619	ERROR_INSTALL_PACKAGE_OPEN_FAILED	Dieses Installationspaket konnte nicht geöffnet werden. Stellen Sie sicher, dass das Paket vorhanden ist und Sie darauf zugreifen können, oder wenden Sie sich an den Hersteller der Anwendung, um sicherzustellen, dass es sich um ein gültiges Windows-Installationspaket handelt.

Fehlercode	Fehlermeldung	Beschreibung
1620	ERROR_INSTALL_PACKAGE_INVALID	Dieses Installationspaket konnte nicht geöffnet werden. Wenden Sie sich an den Hersteller der Anwendung, um sicherzustellen, dass es sich um ein gültiges Windows-Installationspaket handelt.
1621	ERROR_INSTALL_UI_FAILURE	Beim Starten der Benutzeroberfläche des Windows-Installationsdienstes ist ein Fehler aufgetreten. Wenden Sie sich an den Support.
1622	ERROR_INSTALL_LOG_FAILURE	Beim Öffnen der Datei des Installationsprotokolls ist ein Fehler aufgetreten. Stellen Sie sicher, dass das angegebene Protokoll vorhanden ist und Sie in die Datei schreiben können.
1623	ERROR_INSTALL_LANGUAGE_UNSUPPORTED	Die Sprache des Installationspakets wird von Ihrem System nicht unterstützt.
1624	ERROR_INSTALL_TRANSFORM_FAILURE	Fehler bei der Übernahme der Transformationspakete. Stellen Sie sicher, dass die Transformationspfade gültig sind.
1625	ERROR_INSTALL_PACKAGE_REJECTED	Systemrichtlinien verhindern diese Installation. Wenden Sie sich an den Systemadministrator.
1626	ERROR_FUNCTION_NOT_CALLED	Die Funktion konnte nicht ausgeführt werden.
1627	ERROR_FUNCTION_FAILED	Beim Ausführen der Funktion ist ein Fehler aufgetreten.
1628	ERROR_INVALID_TABLE	Eine ungültige oder unbekannte Tabelle wurde angegeben.
1629	ERROR_DATATYPE_MISMATCH	Die angegebenen Daten haben den falschen Typ.
1630	ERROR_UNSUPPORTED_TYPE	Daten mit diesem Typ werden nicht unterstützt.
1631	ERROR_CREATE_FAILED	Der Windows-Installationsdienst konnte nicht gestartet werden. Wenden Sie sich an den Support.
1632	ERROR_INSTALL_TEMP_UNWRITABLE	Der Ordner für temporäre Dateien ist entweder voll oder außerhalb des Zugriffs. Stellen Sie sicher, dass der Ordner für temporäre Dateien vorhanden ist und dass Sie Schreibzugriff darauf haben.

Fehlercode	Fehlermeldung	Beschreibung
1633	ERROR_INSTALL_PLATFORM_ UNSUPPORTED	Dieses Installationspaket wird von dieser Plattform nicht unterstützt. Wenden Sie sich an den Hersteller.
1634	ERROR_INSTALL_NOTUSED	Komponente auf diesem Computer nicht verwendet.
1635	ERROR_PATCH_PACKAGE_ OPEN_FAILED	Das Patchpaket konnte nicht geöffnet werden. Stellen Sie sicher, dass das Patchpaket vorhanden ist und Sie darauf zugreifen können, oder wenden Sie sich an den Hersteller, um sicherzustellen, dass es sich um ein gültiges Patchpaket für den Windows-Installationsdienst handelt.
1636	ERROR_PATCH_PACKAGE_ INVALID	Das Patchpaket konnte nicht geöffnet werden. Wenden Sie sich an den Hersteller der Anwendung, um sicherzustellen, dass es sich um ein gültiges Patchpaket für den Windows Installer-Dienst handelt.
1637	ERROR_PATCH_PACKAGE_ UNSUPPORTED	Dieses Patchpaket kann vom Windows-Installationsdienst nicht verarbeitet werden. Sie müssen zunächst ein Windows Servicepack mit einer neueren Version des Windows-Installationsdienstes installieren.
1638	ERROR_PRODUCT_VERSION	Eine andere Version des Produkts ist bereits installiert. Die Installation dieser Version kann nicht fortgesetzt werden. Verwenden Sie die Systemsteuerungsoption SOFTWARE, um die vorhandene Version dieses Produktes zu konfigurieren oder zu entfernen.
1639	ERROR_INVALID_ COMMAND_LINE	Ungültiges Befehlszeilenargument. Eine ausführliche Befehlszeilenhilfe finden Sie im SDK des Windows-Installationsprogramms.
1640	ERROR_INSTALL_REMOTE_ DISALLOWED	Installation über eine Terminal Server-Clientsitzung nicht zulässig für aktuellen Benutzer
1641	ERROR_SUCCESS_REBOOT_ INITIATED	Das Installationsprogamm hat einen Neustart durchgeführt. Dieser Fehlercode ist für Windows Installer 1.0 nicht verfügbar.

Fehlercode	Fehlermeldung	Beschreibung
1642	ERROR_PATCH_TARGET_NOT_FOUND	Der Update-Patch kann nicht vom Windows-Installationsdienst installiert werden, da das zu aktualisierende Programm nicht vorhanden ist oder eine andere Version des Programms mit dem Patch aktualisiert wird. Überprüfen Sie, ob das zu aktualisierende Programm vorhanden ist und das richtige Update-Patch verwendet wird. Dieser Fehlercode für Windows Installer 1.0 nicht verfügbar.
1643	ERROR_PATCH_PACKAGE_REJECTED	Das Patchpaket wird wegen einer Systemrichtlinie nicht zugelassen. Dieser Fehlercode ist nur ab Windows Installer 2.0 verfügbar.
1644	ERROR_INSTALL_TRANSFORM_REJECTED	Eine oder mehrere Anpassungen werden wegen einer Systemrichtlinie nicht zugelassen. Dieser Fehlercode ist nur ab Windows Installer 2.0 verfügbar.
1645	ERROR_INSTALL_REMOTE_PROHIBITED	Der Windows Installer verhindert eine Installation von einer Remote Desktop-Verbindung. Diese Fehlermeldung ist erst ab Windows Server 2003 implementiert.
3010	ERROR_SUCCESS_REBOOT_REQUIRED	Ein Neustart ist erforderlich, um die Installation abzuschließen. Dies betrifft keine Installationsvorgänge, bei denen die Aktion *ForceReboot* ausgeführt wird. Beachten Sie, dass diese Fehlermeldung erst in einer zukünftigen Version des Installationsprogramms verfügbar ist.

Tabelle 19.1: Übersicht über die Fehlercodes des Windows Installer

Mit der Version 3.0 des Windows Installer sind einige neue Fehlercodes hinzugekommen. Diese finden Sie in der folgenden Tabelle.

Fehlercode	Fehlermeldung	Beschreibung
1646	ERROR_PATCH_REMOVAL_UNSUPPORTED	Bei dem Patch-Paket handelt es sich nicht um ein entfernbares Patch-Paket.
1647	ERROR_UNKNOWN_PATCH	Der Patch wurde nicht auf das Produkt angewendet.
1648	ERROR_PATCH_NO_SEQUENCE	Für den Satz von Patches konnte keine gültige Sequenz gefunden werden.

Fehlercode	Fehlermeldung	Beschreibung
1649	ERROR_PATCH_REMOVAL_DISALLOWED	Die Entfernung des Patches wird über eine Richtlinieneinstellung verhindert.
1650	ERROR_INVALID_PATCH_XML	Die XML-Patch-Daten sind ungültig.
1651	ERROR_PATCH_MANAGED_ADVERTISED_PRODUCT	Ein Benutzer mit administrativer Berechtigung konnte keinen Patch für eine Pro-Benutzer oder Pro-Computer bezogene Applikation im angekündigten Zustand anwenden.

Tabelle 19.2: Neue Fehlermeldungen des Windows Installer 3.0

19.2 Protokollierung des Windows Installer

Dieses Kapitel beschäftigt sich mit der Protokollierung des Windows Installer. Zum einen verwendet der Windows Installer die Ereignisprotokollierung. Es gibt aber auch eine interne Protokollierung, bei der Einträge in eine bestimmte Protokolldatei vorgenommen werden. Die interne Protokollierung kann auch über die Kommandozeile gestartet und konfiguriert werden.

19.2.1 Ereignisprotokollierung

Die Ereignisprotokollierung unter Windows NT, 2000, XP und 2003 bietet eine zentrale, standardisierte Methode, um für das Betriebssystem sowie für Applikationen wichtige Software- und Hardware-Ereignisse aufzuzeichnen. Der Systemdienst Ereignisprotokoll fasst in einer Datei, dem Eventlog, Ereignisse verschiedener Quellen zusammen. Die Eventlogs können über die Ereignisanzeige betrachtet werden. Sie finden diese unter VERWALTUNG/EREIGNISANZEIGE.

Der Windows Installer schreibt bei den folgenden Ereignissen Einträge in das Ereignisprotokoll:

▶ Erfolg und Fehlschlag einer Installation, Deinstallation oder Reparatur

▶ Fehler, die während der Konfiguration der Applikation auftreten

▶ Entdecken beschädigter Konfigurationsdaten

▶ Informationen über fehlerhafte oder fehlende Komponenten, die eine Reparatur der Applikation erforderlich machen

In das Ereignisprotokoll können sämtliche Fehlercodes und/oder Fehlermeldungen geschrieben werden, die in Kapitel 19.1 beschrieben worden sind.

Unter Windows 9x steht keine Ereignisprotokollierung zur Verfügung. Dennoch werden auch hier die eben genannten Ereignisse protokolliert. Sie finden die Aufzeichnungen in der Datei *msievent.log*, die sich im Ordner `%Systemroot%\Temp` befindet.

Wurden viele Einträge in das Ereignisprotokoll geschrieben, ist es möglich, dass der Windows Installer Sie darüber informiert, dass das Ereignisprotokoll voll ist. Es können dann keine weiteren Einträge hinzugefügt werden. Löschen Sie entweder ältere Einträge aus diesem Protokoll oder weisen Sie diesem mehr Speicherplatz zu, um mehr Einträge aufnehmen zu können.

19.2.2 Interne Protokollierung

Der Windows Installer schreibt die Fehler und Ereignisse auch in seine interne Protokoll-datei. Um diese interne Protokollierung zu aktivieren, gibt es verschiedene Möglichkei-ten. Sie können entweder die Funktion *MsiEnableLog* oder die Methode *EnableLog* ver-wenden. Ferner kann an der Kommandozeile beim Aufruf von *msiexec.exe* die Option /l gesetzt werden, oder die interne Protokollierung wird über die Registry aktiviert.

19.2.3 Verwenden der Kommandozeilenoption /l

Verwenden Sie an der Kommandozeile beim Aufruf von *msiexec.exe* die Option /l, so können Sie zahlreiche Argumente zu dieser Option hinzufügen, über die gesteuert wird, welche Einträge in das Protokoll geschrieben werden sollen. Die einzelnen Argumente haben folgende Bedeutung:

Argument	Beschreibung
I	Statusmeldungen
W	Warnungen
E	Fehlermeldungen
A	Start von Aktionen
R	Aktionsspezifische Einträge
U	Benutzeranfragen
C	Anfängliche Argumente der Benutzeroberfläche
M	Informationen über zu wenig Speicher oder Abbruch aufgrund eines fatalen Fehlers
o	Meldungen bei zu wenig Speicherplatz
p	Terminal-Eigenschaften
v	Ausführlicher Ausgabemodus
+	Protokoll an eine vorhandene Datei anhängen
!	Neuschreiben jeder Zeile in der Protokolldatei
*	Protokollierung aller Optionen bis auf v. Soll auch diese Option einbezogen werden, muss das Argument /l*v lauten.

Tabelle 19.3: Gültige Argumente für die Wahl der Protokolleinträge

Um eine Protokolldatei zu erstellen, verwenden Sie an der Kommandozeile den folgenden Befehl:

```
Msiexec.exe /i installationspaket.msi /l* protokolldatei.log ⏎
```

Die Protokollierung kann auch bei der Installation im Hintergrund angewendet werden. Für die Protokolldatei kann auch ein Pfad spezifiziert werden.

```
Msiexec.exe /qn /l* c:\protokolldatei.log /i \\Server\Freigabe\instal-
lationspaket.msi ⏎
```

19.2.4   Aktivierung der Protokollierung über die Registry

Wird die Protokollierung über die Kommandozeile verwendet, müssen Sie die Argumente dazu bei jeder Installation erneut angeben. Soll die Protokollierung auf einem Computer hingegen generell aktiviert werden, ist es sinnvoller, diese Einstellung in der Registry vorzunehmen. Somit kann auch eine Installation bei Bedarf oder eine Reparatur protokolliert werden.

Navigieren Sie dazu zum Schlüssel `HKEY_LOCAL_MACHINE\SOFTWARE\Policies\Micro-soft\Windows\Installer`.

Fügen Sie dort einen Wert mit dem Namen `Logging` und dem Wert `icewarmup` hinzu. Möchten Sie hingegen eine Protokolldatei im ausführlichen Modus erhalten, setzen Sie den Wert auf `icewarmupv`.

Wurde die Protokollierung über eine Gruppenrichtlinie aktiviert, wird die Protokolldatei in das Verzeichnis \TEMP geschrieben. Es wird ein zufälliger Name in dem Format *msi*.LOG* verwendet.

19.2.5   Lesen der Protokolldatei

In Abbildung 19.1 sehen Sie einen Ausschnitt aus dem Inhalt einer Protokolldatei. Als Argument für die Protokollierung wurde /l*v gesetzt.

Wenn eine Aktion erfolgreich durchgeführt wurde, findet sich im Protokoll dazu der Eintrag

```
Action start
```

...

```
Action ended ... Return value 1
```

Sofern die ausführliche Protokollierung aktiviert ist, sind weitere Informationen zu der jeweiligen Aktion angegeben.

Kann eine Aktion erst beendet werden, wenn ein Neustart des Computers durchgeführt werden kann, findet sich der Eintrag `Return value 4`.

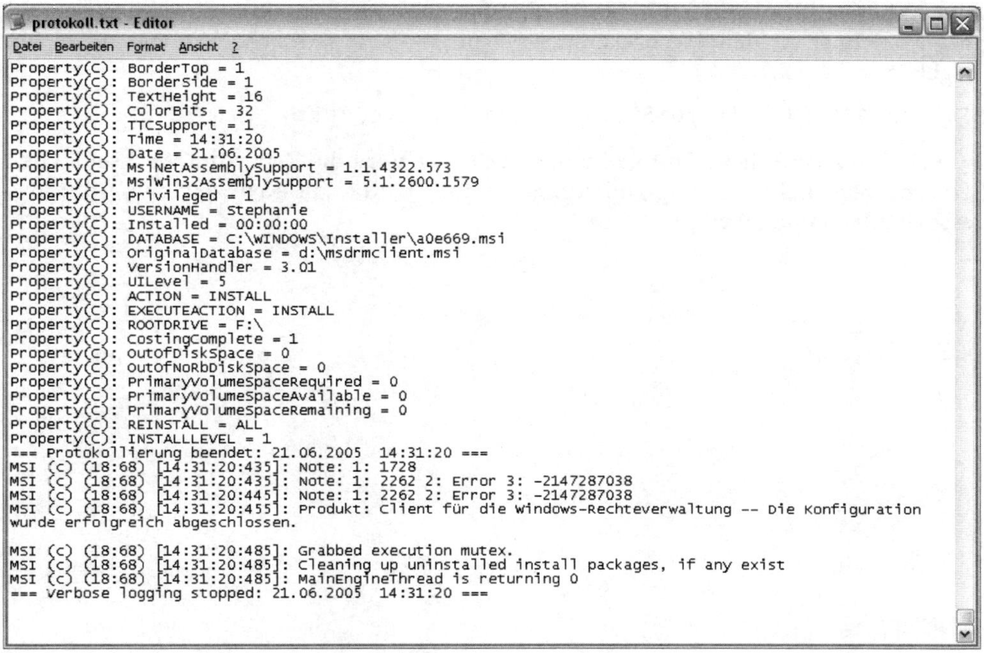

protokoll.txt - Editor

Datei Bearbeiten Format Ansicht ?

```
Property(C): BorderTop = 1
Property(C): BorderSide = 1
Property(C): TextHeight = 16
Property(C): ColorBits = 32
Property(C): TTCSupport = 1
Property(C): Time = 14:31:20
Property(C): Date = 21.06.2005
Property(C): MsiNetAssemblySupport = 1.1.4322.573
Property(C): MsiWin32AssemblySupport = 5.1.2600.1579
Property(C): Privileged = 1
Property(C): USERNAME = Stephanie
Property(C): Installed = 00:00:00
Property(C): DATABASE = C:\WINDOWS\Installer\a0e669.msi
Property(C): OriginalDatabase = d:\msdrmclient.msi
Property(C): VersionHandler = 3.01
Property(C): UILevel = 5
Property(C): ACTION = INSTALL
Property(C): EXECUTEACTION = INSTALL
Property(C): ROOTDRIVE = F:\
Property(C): CostingComplete = 1
Property(C): OutOfDiskSpace = 0
Property(C): OutOfNoRbDiskSpace = 0
Property(C): PrimaryVolumeSpaceRequired = 0
Property(C): PrimaryVolumeSpaceAvailable = 0
Property(C): PrimaryVolumeSpaceRemaining = 0
Property(C): REINSTALL = ALL
Property(C): INSTALLLEVEL = 1
=== Protokollierung beendet: 21.06.2005  14:31:20 ===
MSI (c) (18:68) [14:31:20:435]: Note: 1: 1728
MSI (c) (18:68) [14:31:20:435]: Note: 1: 2262 2: Error 3: -2147287038
MSI (c) (18:68) [14:31:20:445]: Note: 1: 2262 2: Error 3: -2147287038
MSI (c) (18:68) [14:31:20:455]: Produkt: Client für die Windows-Rechteverwaltung -- Die Konfiguration
wurde erfolgreich abgeschlossen.

MSI (c) (18:68) [14:31:20:485]: Grabbed execution mutex.
MSI (c) (18:68) [14:31:20:485]: Cleaning up uninstalled install packages, if any exist
MSI (c) (18:68) [14:31:20:485]: MainEngineThread is returning 0
=== Verbose logging stopped: 21.06.2005  14:31:20 ===
```

Abbildung 19.1: Ausschnitt aus einer Protokolldatei des Windows Installer

Die folgenden Werte können von Aktionen zurückgegeben werden:

- 0: Aktion wurde nicht aufgerufen, in der Regel existiert diese Aktion nicht.
- 1: Die Aktion wurde erfolgreich abgeschlossen.
- 2: Vorzeitiger Abbruch durch den Benutzer.
- 3: Ein unbehebbarer Fehler ist aufgetreten.
- 4: Die Sequenz wurde unterbrochen und wird zu einem späteren Zeitpunkt wieder aufgenommen.

Unter den Windows NT-basierten Betriebssystemen wird die Installation in zwei verschiedenen Prozessen ausgeführt. Im Clientprozess wird im Benutzerkontext die Benutzeroberfläche der Installation angezeigt. Der Serverprozess wird als Systemdienst ausgeführt. Über diesen wird die eigentliche Installation durchgeführt. Die Einträge beider Prozesse erfolgen in dieselbe Protokolldatei. Unter Windows 9x wird nur ein einziger Prozess ausgeführt, der die beiden eben genannten in sich vereint.

Ist für die Protokolldatei der ausführliche Modus aktiviert, findet sich die folgende Zeile, die das Starten des Serverprozesses anzeigt.

```
MSI (c) (18:68) [14:30:31:024]: Switching to server: TARGETDIR=
"C:\WINDOWS\System32\"
```

Alle Aktionen, die auf der Clientseite durchgeführt werden, sind mit dem Zusatz (c) gekennzeichnet. Ab dem Wechsel zum Serverprozess sind sämtliche Aktionen mit einem (s) gekennzeichnet, z.B.

```
MSI (s) (34:F4) [14:30:31:164]: Grabbed execution mutex.
```

Ist nicht die ausführliche Protokollierung aktiviert, wird die Zeile zum Wechsel an den Serverprozess nicht angezeigt, allerdings ist auch hierbei die Kennzeichnung der Prozesse durch (c) und (s) gegeben.

20 Bekannte Fehler der Windows Installer-Technologie

Dieses Kapitel beschäftigt sich mit bekannten oder auch weniger bekannten Fehlern der Windows Installer-Technologie. Die hier vorgestellten Probleme beziehen sich lediglich auf die Windows Installer Engine selbst. Weitere Probleme, die im Zusammenhang mit zusätzlichen Programmen wie z.B. *InstallShield* oder *DevStudio* auftreten, werden hier nicht weiter behandelt. Für diese Fälle sei auf die Dokumentation oder den Support der jeweiligen Hersteller verwiesen.

 Eine umfassende Übersicht über Probleme mit diesen Tools sowie auch weiteren Problemen, insbesondere mit den Windows Installer-Versionen 1.x und Problemen im Zusammenhang mit Mergemodulen, finden Sie auf der Seite *http://www.installsite.de*. Klicken Sie dort im Menü WINDOWS INSTALLER auf den Link *Bugs in Merge Modules and Windows Installer Engine*.

20.1 Bekannte Fehler der Windows Installer-Engine

Die im Folgenden beschriebenen Fehler beziehen sich direkt auf die Windows Installer Engine.

20.1.1 „INIT Error Failed to create MSI Engine" mit Orca unter Windows Server 2003

Unter Windows Server 2003 und installiertem *Plattform SDK* vom Februar 2003 kommt es bei der Validierung zu folgender Fehlermeldung: INIT ERROR FAILED TO CREATE MSI ENGINE. COULD NOT COMPLETE EVALUATION. Zudem erhalten Sie die Meldung INVALID INSTALLER PACKAGE FORMAT. Dieses Problem wurde erst mit der Verion 3.1 gefixt. Andere Lösungen werden von Microsoft nicht angeboten.

20.1.2 Die Methode OpenPackage ignoriert das Flag IGNOREMACHINESTATE

Die Methode *OpenPackage* verfügt über das Flag *IGNOREMACHINESTATE*. Wird dieses Flag gesetzt, wird eine Art gesicherte Sitzung gestartet, die den aktuellen Status des Computers ignoriert und ebenso keine Änderungen am Status des Computers durchführt. Wird die Funktion *OpenPackageEx* von einem C-basierten Programm aufgerufen, wird das Flag korrekt umgesetzt. Dies ist nicht der Fall, wenn die Methode von Visual Basic aus aufgerufen wird. Dies liegt darin begründet, dass der Typenbibliothek in der *msi.dll* ein zweiter Parameter fehlt. Um dieses Problem zu beheben, hat Microsoft bisher noch keine Lösung bereitgestellt. Es gibt jedoch eine gepatchte Version der *msi.dll* von Christophe Lapeyre (Sie finden diese auf der Begleit-CD). Nachdem Sie die alte *msi.dll* deregistriert haben, ersetzen Sie die Datei und registrieren die neue *msi.dll*.

20.1.3 Office-Probleme nach der Installation von Windows 2000 Service Pack 3

Nach der Installation des Windows 2000 Service Pack 3 kann bei der Installation oder dem Start eines Microsoft Office-Programms eine der folgenden Fehlermeldungen des Windows Installer erscheinen:

▶ Auf den Windows Installer-Dienst konnte nicht zugegriffen werden. Dies kann auftreten, wenn Windows im abgesicherten Modus ausgeführt wird oder wenn der Windows Installer nicht korrekt installiert wurde (Fehlercode 1719).

▶ Das Patchpaket konnte nicht geöffnet werden. Stellen Sie sicher, dass das Patchpaket vorhanden ist und Sie darauf zugreifen können, oder wenden Sie sich an den Hersteller, um sicherzustellen, dass es sich um ein gültiges Patchpaket für den Windows-Installationsdienst handelt (Fehlercode 1635).

 Das Problem tritt nur unter dem NTFS-Dateisystem auf. Bei der Installation des in Windows 2000 SP3 enthaltenen Windows Installer 2.0 werden die bestehenden Daten der Version 1.x nicht korrekt migriert.

Die Ursache für dieses Verhalten kann zwei verschiedene Gründe haben. Entweder ist der standardmäßige DCOM Impersonation-Level auf *Anonym* gesetzt oder das Benutzerkonto *SYSTEM* verfügt nicht über die Berechtigung *Vollzugriff* für den Ordner, auf den der Windows Installer versucht zuzugreifen.

Um das DCOM-Problem zu lösen, führen Sie folgende Schritte aus:

1. Geben Sie unter STARTMENÜ/AUSFÜHREN dcomcnfg ein.

2. Öffnen Sie KOMPONENTENDIENSTE/COMPUTER/ARBEITSPLATZ und wählen Sie aus dem Kontextmenü EIGENSCHAFTEN.

3. Auf der Registerkarte STANDARDEIGENSCHAFTEN (siehe Abbildung 20.1) wählen Sie unter STANDARDAUTHENTIFIZIERUNGSEBENE den Eintrag VERBINDEN und unter STANDARDIDENTITÄTSWECHSELEBENE den Eintrag VERBINDEN.

4. Geben Sie unter STARTMENÜ/AUSFÜHREN folgenden Befehl ein:
   `explorer /select, %windir%\system32\msisip.dll`
   oder wechseln Sie manuell ins Verzeichnis \SYSTEM32.

5. Benennen Sie dort die Datei *msisip.dll* in *msisip.old* um.

6. Installieren Sie den Windows Installer der Version 2.0 neu.

7. Starten Sie den Computer neu.

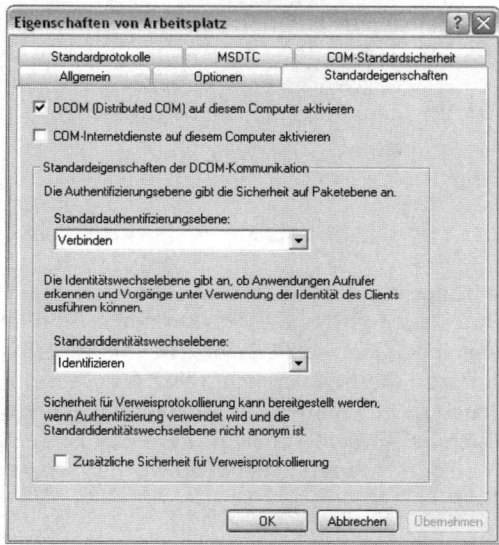

Abbildung 20.1: DCOM-Einstellungen

Um dem Konto *SYSTEM* die erforderlichen Berechtigungen zu geben, führen Sie folgende Schritte aus:

1. Öffnen Sie den Konetxmenüeintrag EIGENSCHAFTEN des Ordners.

2. Wechseln Sie auf die Registerkarte SICHERHEIT und markieren das Benutzerkonto *SYSTEM*.

3. Erteilen Sie dem Benutzer *System* die Berechtigung VOLLZUGRIFF.

Weitere Hinweise zu diesem Problem finden Sie im Microsoft Knowledgebase-Artikel Q324906.

20.1.4 Downloadprobleme von .msi-Paketen mit Netscape Communicator 4.77

Nachdem ein *.msi*-Paket mit dem Netscape Communicator der Version 4.77 downgeloadet wurde, kommt es beim Ausführen des Installationspakts zu der Fehlermeldung „Dieses Installationspaket konnte nicht geöffnet werden. Stellen Sie sicher, dass das Paket vorhanden ist und Sie darauf zugreifen können, oder wenden Sie sich an den Hersteller der Anwendung, um sicherzustellen, dass es sich um ein gültiges Windows-Installationspaket handelt" (Fehlercode 1619). Zusätzlich kann sich auch die Größe der *.msi*-Datei geringfügig erhöht haben.

Um dieses Problem zu lösen, führen Sie den Download entweder mit dem Internet Explorer durch oder Sie wählen beim Download mit dem Netscape Communicator anstatt der .*msi*-Datei ein .*zip*-Archiv o. Ä. oder ein selbst entpackendes Archiv, sofern diese Dateitypen angeboten werden.

20.1.5   Installation bricht mit einem Fehler in der sfc.dll ab

Dieses Phänomen tritt unter Windows NT bei der Installation eines .*msi*-Pakets oder beim Update des Installers auf. In der Ereignisanzeige der Applikation findet sich ein Eintrag, der sich auf die Datei %Systemroot%\System32\sfc.dll bezieht. Als Quelle ist MSIINSTALLER verzeichnet, die Fehlermeldung kann folgendermaßen aussehen:

```
Exception code: C0000005 ACCESS_VIOLATION

Module: C:\WINNT\System32\SFC.DLL

Function: 0x1006ff90
```

Diese Datei ist eine vom Windows Installer unter Windows 2000 und höher benutzte Systemdatei. Unter Windows NT ist diese Datei nicht vorhanden. Es kann aber von einer anderen Software eine Datei dieses Namens installiert worden sein, die nun möglicherweise vom Windows Installer-Dienst geladen zu werden versucht wird. Um dieses Problem zu beheben, sollten Sie die vorhandenen *sfc.dll* während des Installationsvorgangs umbenennen. Laut Microsoft handelt es sich bei diesem Problem um einen Fehler des Windows Installers 1.2. In der Version 2.0 soll dieses Problem behoben worden sein. Weitere Hinweise finden Sie im Microsoft KB-Artikel Q264652.

20.1.6   Der Windows Installer-Dienst kann nicht gestartet werden/Fehler 1631 oder 2755

Bei der Installation eines .*msi*-Pakets kann die folgende Fehlermeldung auftreten: „Der Windows Installer-Dienst konnte nicht gestartet werden". Als Fehlernummer ist entweder 1631 oder 2755 angegeben.

Dieses Problem tritt auf, wenn unter dem Registryschlüssel HKEY_LOCAL_MACHINE\SYSTEM\CurrentControlSet\Control\SessionManager\Environment ein oder mehrere leere Werte für Umgebungsvariablen vorhanden sind. Eine der Fehlermeldungen wird ausgegeben, sobald die Datei *userenv.dll* auf den Wert zuzugreifen versucht. Der Windows Installer wird dadurch beendet. Um das Problem zu beheben, löschen Sie sämliche leeren Werte im eben genannten Schlüssel und installieren das Programm danach erneut. Dieser Fehler tritt ausschließlich unter Windows NT 4.0 auf. Weitere Hinweise finden Sie im Microsoft KB-Artikel Q251274. Dort finden Sie auch eine funktionierende Version der *userenv.dll* zum Download.

20.1.7   Falsches Icon unter Programme hinzufügen/entfernen

Unter Windows 2000 befindet sich unter SYSTEMSTEUERUNG/SOFTWARE/PROGRAMME HINZUFÜGEN/ENTFERNEN das Icon des Windows Explorer anstelle des benutzerdefinierten Icons, das in der Eigenschaft *APRPRODUCTION* bestimmt wurde. Dies ist nur der Fall, wenn die Installation pro Benutzer und nicht pro Computer durchgeführt wurde. Um das Problem zu beheben, müssen Sie eine computerbezogene Installation mit dem Parameter ALLUSERS=1 durchführen. Dieses Problem bezieht sich auf den Windows Installer in den Versionen 1.0 und 1.1. Weitere Hinweise finden Sie im Microsoft KB-Artikel 258558.

20.1.8   Installation von einer URL über einen Proxy-Server schlägt fehl

Vom Windows Installer wird auch eine URL als gültige Installationsquelle angesehen. Bei der Installation wird die in der Installer Datenbank hinterlegte Installationsdatenbank von der URL downgeloadet und in einen lokalen Cache kopiert, bevor die Installation selbst gestartet wird. Zudem werden von der URL-Quelle auch die Cabinet-Dateien und weitere Dateien downgeloadet, die für die Auswahl des Benutzers geeignet sind. Dieser Vorgang schlägt jedoch fehl, wenn die Internet-Verbindung über einen Proxy-Server hergestellt wird.

Für dieses Problem stellt Microsoft keine Lösung bereit. Es wird geraten, die Dateien in das *.msi*-Paket zu integrieren, da der Windows Installer nicht als Internet-übergreifendes Verteilverfahren konzipiert war.

20.1.9   Für das Einspielen von Patch-Dateien ist die Installationsquelle erforderlich

Beim Einspielen von Patch-Dateien (*.msp*-Dateien) werden Sie aufgefordert, die originale Installations-CD einzulegen. Normalerweise sollte dies nicht der Fall sein, da die originale *.msi*-Datei auf der lokalen Festplatte gecacht ist. Hierbei handelt es sich um einen Fehler des Windows Installer 1.1. Weitere Hinweise finden Sie im Microsoft KB-Artikel Q268800.

20.1.10   Fehler 1328 beim Einspielen eines Patches

Sobald Sie mehr als zwei inkrementelle Patches installieren, erhalten Sie die Fehlermeldung. Bei inkrementellen Patches handelt es sich um Patches, die nicht den vorhergehenden Patch entfernen. Die Liste der zu ersetzenden Patches ist in der Eigenschaft *ListOf-PatchGUIDsToReplace* des Patch-Pakets definiert.

Diese Fehlermeldung kann ignoriert werden, so dass die Patch-Installation vollständig durchgeführt werden kann. Es kann ein externer UI-Handler eingesetzt werden (z.B. ein Bootstrapping-Programm, das den Patch aufruft, um diesen Fehlercode zu ignorieren).

Dieser Fehler bezieht sich auf den Windows Installer in der Version 1.2.

20.1.11 Eine Combo Box enthält keine Scrollbar

Enthält eine Combo-Box mehr Einträge als in die Drop-Down-Liste hineinpassen, wird normalerweise eine Scrollbar angezeigt. Dies gilt jedoch nicht für die Combo-Boxen des Windows Installers, die keine Scrollbars enthalten können. Sie können dieses Problem nur lösen, indem Sie die Drop-Down-Liste vergrößern, so dass alle Einträge hineinpassen. Dieses Problem bezieht sich auf den Windows Installer in den Versionen 1.1 und 1.2.

21 Installation von Hardware-Treibern via MSI – das Driver Install Frameworks 2.0 (DIFx)

Eine besondere Aufgabe für Hardware-Entwickler stellt die Entwicklung und Installation von Treibern für Windows dar. Um die Stabilität des Systems zu verbessern, hat Microsoft in den vergangenen Jahren verstärkt Anstrengungen unternommen, die Installation von Treibern und die Nutzung von Hardware-Ressourcen zu standardisieren. Dies begann mit der Einführung von Plug and Play unter Windows 95 und wurde kontinuierlich weiterentwickelt.

Grundsätzlich sind Hardware-Treiber im Maschinen- bzw. System-Kontext zu installieren. Um ein Installationspaket zu erzeugen, sind z.B. folgende Punkte zu beachten:

▶ Berechtigungskontext

▶ Windows-System-Dateischutz

▶ Installationsvoraussetzungen

▶ ggf. Deinstallation vorhandener älterer Treiber oder Konfigurationsprogramme

▶ Neustart-Szenarien

▶ Nutzung von Hardware-Resourcen (IO, DMA, etc.)

▶ ggf. Treiberzertifizierung

Um Windows-konforme Installationspakete zu erzeugen, stellt Microsoft das *Driver Install Frameworks (DIFx)* zur Verfügung. Man kann die *Driver Install Framework Tools* unter *http://www.microsoft.com/whdc/driver/install/DIFxtls.mspx* herunterladen.

Die *Driver Install Framework Tools* enthalten folgende Komponenten:

▶ Driver Package Installer (DPInst)

▶ Driver Installation Frameworks for Applications (DIFxApp)

▶ Driver Installation Frameworks Library (DIFxAPI)

Ab der Version 2.0 werden nicht nur Windows 2000 und XP, sondern auch schon das Nachfolgesystem (*Longhorn*) unterstützt. Die Installation enthält Code-Beispiele und eine Beispielinstallation sowie eine umfangreiche Dokumentation. Darüber hinaus finden Sie unter *http://www.microsoft.com/whdc/driver/install/default.mspx* alle wichtigen Infos, insbesondere auch ein FAQ.

Die Erstellung solcher Installationspakete ist natürlich sehr nah mit der Treiber-Entwicklung verbunden. Das Thema der Hardware-Architektur und der Trennung von Hardware-Zugriffsebene und Software-Verarbeitungebene würde den Rahmen dieses Buches deutlich sprengen.

Sobald ein Installationspaktet konform mit den Regeln im *Driver Install Framework* erstellt wurde, kann es mittels der Windows Installer-Methoden, die in diesem Buch beschrieben werden, angepasst bzw. parameterisiert werden, wie alle anderen Setups auch.

22 Ausblick: Die Microsoft ClickOnce-Technologie

Mit *ClickOnce* hat Microsoft erstmalig auf der Professional Developers Conference 2003 in Los Angeles eine neue Installationsmethode vorgestellt. Bei *ClickOnce* handelt es sich zur Zeit noch um einen reinen Codenamen, die endgültige Bezeichnung steht noch nicht fest.

Diese neue Microsoft *ClickOnce*-Technologie ist nicht Bestandteil des Windows Installers, sondern soll vielmehr die Lücke schließen zwischen reinen Webapplikationen, die im Browser ausgeführt werden, und den Applikationen, die über die Windows Installer-Technologie auf den Clients installiert sind. Das Ziel der neuen Technologie besteht darin, die Simplizität und Robustheit im Gebrauch der Webapplikationen auch auf herkömmliche Client-Applikationen zu übertragen. Die *ClickOnce*-Technologie ist also keineswegs als Ersatz oder gar Ablösung des Windows Installers konzipiert.

Momentan gibt es noch keine clientseitige Unterstützung für die *ClickOnce*-Technologie. Die native Unterstützung wird erst in die neue Windows-Version *Longhorn* implementiert werden. Allerdings können sich Entwickler bereits früher mit der neuen Technologie vertraut machen. Eine Unterstützung wird sowohl in der neuen Version des Microsoft Visual Studio (Codename *Whidbey*) als auch in der neuen Version des *InstallShield DevStudio* enthalten sein. Beide Programme sind im Laufe des Jahres 2004 auf den Markt gekommen. Ferner wird eine neue Version des *.NET Framework* benötigt. Diese befindet sich im Lieferumfang des *Longhorn-SDK* für *MSDN*-Abonnenten.

Eine ausführliche Abhandlung über das Thema finden Sie in dem Buch „Essential Click Once: A First Look at Deploying Windows Forms Applications with Click Once" von Mackenzie, das voraussichtlich im Addison-Wesley-Verlag im Oktober 2005 erscheinen wird.

Die folgende Tabelle zeigt Ihnen die wichtigsten Unterschiede zwischen ClickOnce und dem Windows Installer:

	ClickOnce	Windows Installer
Voraussetzungen für die Installation von Applikationen	*ClickOnce* benötigt auf der Zielmaschine *.NET Framework Runtime*-Version 1.1 oder höher. Man kann die altbekannte Version von *bootstrapper.exe* benutzen, um dies zu verifizieren. Wenn die zu verteilende Applikation weitere Runtime-Versionen, z.B. *MDAC* oder die *MSDE* auf dem Zielrechner voraussetzt, so sollten diese wiederum mit *bootstrapper.exe* installiert werden, da sie sich nicht mittels *ClickOnce* verteilen lassen.	Die Runtime-Version des Windows Installer muss auf dem Zielrechner installiert sein. Die aktuellen Windows-Versionen beinhalten den Windows Installer bereits. Anderenfalls kann der Windows-Installer auch mittels *bootstrapper.exe* installiert werden.

	ClickOnce	Windows Installer
Erforderliche Benutzereingaben	Typischerweise erfordert die Installation einer Anwendung via *ClickOnce* nur zwei Mausklicks: einen Klick auf einen Hyperlink, um die Installation zu starten, und einen Klick im Bestätigungsdialog. Der Rest der Benutzeroberfläche zeigt nur noch den Installationsfortschritt an. Es gibt keine Möglichkeit, Eingaben vom Benutzer zu verlangen. Jede Anpassung muss nach der Installation innerhalb der Anwendung vorgenommen werden, z.B. beim ersten Start.	Es gibt die Möglichkeit die Installation über einen Wizzard interaktiv zu gestalten und dem Benutzer zahlreiche Anpassungen der Installation zu erlauben. Ebenso kann ohne jedes Zutun des Benutzer *quiet* installiert werden. Komplexe, angepasste Installationen (z.B. Konfiguration von Datenquellen etc.) sind so möglich, ohne dass der Benutzer überfordert wird oder Administratoren die Installation übernehmen müssen.
Benutzer- und computerbezogene Installation	*ClickOnce*-Installationen sind immer nur für den aktuellen Benutzer möglich. Installationen im Maschinenkontext sind nicht möglich. Wenn mehrere Benutzer dieselbe Software installieren, gibt es mehrere Kopien der Applikationsdaten auf der Maschine.	Installationen in allen Berechtigungs-Kontexten sind möglich: per User, per AllUsers pro Maschine und im System-Kontext. Die Berechtigungen können innerhalb der Installation parameterisiert werden.
Installationsverzeichnis	Die Installation erfolgt immer in DOKUMENTE UND EINSTELLUNGEN\USER\ EIGENE DATEIEN\MEINE ANWENDUNGEN.	Beliebige Verzeichnisse können schon durch das Setup voreingestellt werden. Es kann dem Benutzer teilweise oder ganz während der Installation erlaubt werden, diese anzupassen.
Verknüpfungen	Eine Verknüpfung wird im Startmenü angelegt. Diese kann nicht angepasst werden. Verknüpfungen auf dem Desktop sind nicht möglich.	Beliebige Verknüpfungen sind möglich und können individuell angepasst werden.
Änderungen am Zielcomputer	Neben dem Kopieren der Dateien einer Applikation und dem Generieren der Startmenü-Einträge sind keine weiteren Eingriffe in den Zielrechner möglich.	Alle Veränderungen werden nur durch die Zugriffsrechte beschränkt, die der Administrator für den aktuellen Benutzer oder die Benutzergruppenzugehörigkeit festgelegt hat. Ein Rechte-Konzept sollte dies regeln.
Isolation von Applikationen	*ClickOnce*-Anwendungen werden isoliert voneinander und vom Betriebssystem installiert. Ein *ClickOnce*-Setup kann in der Regel keine Schäden am Zielrechner hervorrufen.	Das Ersetzen von System-Dateien und gemeinsam genutzten *.dll*-Dateien kann Probleme hervorrufen. Man muss alle Möglichkeiten des Betriebssystems und des Windows Installer kennen und ausnutzen, um Schäden (auch bei der Deinstallation) zu vermeiden (System-Wiederherstellungspunkte, Systemdatei-Schutz etc.).

	ClickOnce	Windows Installer
Installation von Updates	*ClickOnce*-Applikationen können automatisch erkennen, wenn neuere Versionen des Programmes zur Verfügung stehen, diese dann herunterladen und installieren. Es werden dabei nur veränderte Dateien heruntergeladen, aber immer nur ganze Dateien, nicht Teile von Dateien.	Durch zusätzliche Tools können vorhandene Updates gefunden werden (nicht Bestandteil des Windows-Installer). Patches können ganze Dateien oder auch nur Teile bzw. Patch-Kommandos enthalten. Ein Differenz-Verfahren auf Binärebene ist möglich und erlaubt deutlich kleinere Download-Größen.

Tabelle 22.1: Unterschiede zwischen ClickOnce und dem Windows Installer

Aus dieser Darstellung wird ersichtlich, dass beide Verfahren jeweils eine eigene Zielgruppe bedienen und sich nicht konkurrierend gegenüber stehen. *ClickOnce* steht für kleine, smarte Setups, die ohne großen Aufwand erstellt werden können. Erfüllen die Applikationen die Voraussetzungen (User-Kontext, nur ein festes Verzeichnis, keine Individualisierung vor dem ersten Start, keine Änderung an den System-Dateien und Einstellungen, kein unbeaufsichtigtes, parameterisiertes Setup), lassen sich Anwendungen leicht und sicher verteilen.

Für komplexe Applikationen, die Anpassungen erfordern oder individualisiert werden müssen, eignet sich der Windows-Installer. Dies beinhaltet keine Wertung. Beide Verfahren werden lange nebeneinander bestehen.

23 Installscript-Laufzeitdateien für die Installation verwenden

Zuweilen kann es bei der Installation eines *.msi*-Pakets, das über die Gruppenrichtlinie des Active Directory oder eine andere Methode der Softwareverteilung verteilt wird, die das *.msi*-Format unterstützen, zu Problemen kommen, wenn das *.msi*-Paket mit *Install-Shield* als *InstallScript MSI*-Projekt erstellt worden ist. In diesem Fall müssen Sie die *InstallShield Scripting Engine* (*isscript.msi*) separat installieren. Mit dem Setupprogramm sollte im Allgemeinen eine installierbare Version der Datei *isscript.msi* mitgeliefert werden. Ist dies nicht der Fall oder ist die mitgelieferte Version nicht kompatibel, kann eine entsprechende Version downgeloadet werden.

Wurde das Setup mit *InstallShield Developer* in der Version 7 erstellt, benutzen Sie die folgende Version:

http://www.installengine.com/isengine/isscript.msi

Wurde das Setup mit *InstallShield Developer* in der Version 8 erstellt, benutzen Sie die folgende Version:

http://www.installengine.com/cert03/isengine/isscript8.msi

Beide Dateien befinden sich auch auf der Begleit-CD im Ordner Tools.

Problematisch sind die folgenden *InstallShield*-Projekttypen:

▶ Sämtliche Versionen des *InstallShield AdminStudio*
▶ Sämtliche Versionen des *InstallShield Developer*
▶ *InstallShield DevStudio 9.x*

23.1 Vorbereitung eines betroffenen InstallShield-Projekts für die Verteilung

Einige Installationspakete haben ein skriptgesteuertes *.msi*-Setup erhalten. Ein Beispiel dafür ist *Corel Draw 11*. Soll eine Applikation mit einem solchen *InstallScript-msi*-Setup verteilt werden, muss zusammen mit dem eigentlichen *.msi*-Paket auch die *setup.exe* verteilt werden. Die *setup.exe* ruft die Datei *isscript.msi* auf. Diese installiert ihrerseits die *InstallScript Engine* auf dem Zielsystem, die erforderlich ist, um den InstallScript-Code ausführen zu können.

Im Folgenden wird aufgezeigt, wie ein *InstallScript-msi*-Setup ausgeführt werden kann, ohne dass dazu die *setup.exe* erforderlich ist. Dazu sind Modifikationen am Setup sowie am Zielsystem erforderlich.

1. Installieren Sie die passende *isscript.msi*. Dies kann je nach verwendeter Version des InstallShield die *isscript8.msi* oder *isscript.msi* sein. Die *isscript.msi* befindet sich in demselben Verzeichnis wie das *.msi*-Installationspaket. Diese *.msi*-Datei wird an die Zielsysteme verteilt, bevor das eigentliche *.msi*-Paket installiert wird.

2. Erstellen Sie mit einem beliebigen Programm ein Transform File. An dem Transform File werden die folgenden Änderungen vorgenommen:

   ▶ In die Tabelle *Property* fügen Sie die Eigenschaft *ISSETUPDRIVEN* hinzu und geben dieser den Wert 1.

   ▶ Zur Custom Action *OnCheckSilentInstall* in der *InstallExecuteSequence* fügen Sie eine Bedingung hinzu, die als *False* aufgelöst wird oder die Custom Action aus der Sequenz entfernt.

   ▶ Zusätzlich können Sie optionale Änderungen vornehmen, so dass z.B. die Seriennummer mitverteilt wird oder selbst definierte Verknüpfungen angelegt werden.

3. Nun können Sie das *.msi*-Paket zusammen mit dem Transform File an die Zielsysteme verteilen. Die Benutzeroberfläche für die Installation sollte dabei auf den Wert Basic gesetzt werden.

Weitere Informationen zu diesem Thema finden Sie in der Knowledgebase des *Install-Shield* im Artikel Q108166. Der Link dazu lautet *http://support.installshield.com/kb/view.asp?articleid=q108166*.

24 Windows Installer und 64-Bit-Plattformen

Ab der Version 2.0 unterstützt der Windows Installer sowohl 32-Bit-, als auch 64-Bit-Applikationen. Diese Applikationen spielen erst für einen Einsatz unter Windows XP und Windows Server eine Rolle, da diese die Installation von 64-Bit-Applikationen unterstützen. Da die 64-Bit-Technologie noch nicht so weit verbreitet ist wie der 32-Bit-Standard, gibt es auch noch nicht allzu viele native 64-Bit-Applikationen.

24.1 Definition der Pakete

Ein Installer-Paket für Windows XP oder Windows Server 2003 muss entweder als 32-Bit-Paket oder als 64-Bit-Paket definiert werden. Auf einem Computer, der ein 64-Bit-Betriebssystem verwendet, wird der Windows Installer-Dienst in einem 64-Bit-Prozess gehostet, so dass gleichermaßen 32-Bit- wie auch 64-Bit-Applikationen installiert werden können. Es können vom Windows Installer ab der Version 2.0 drei verschiedene Pakettypen auf einem 64-Bit-Betriebssystem installiert werden:

- ▶ 32-Bit-Pakete, in denen lediglich 32-Bit-Komponenten enthalten sind
- ▶ 64-Bit-Pakete, in denen einige 32-Bit-Komponenten enthalten sind
- ▶ 64-Bit-Pakete, in denen lediglich 64-Bit-Komponenten enthalten sind

 Umgekehrt ist es jedoch nicht möglich, auf einem 32-Bit-Betriebssystem 64-Bit-Applikationen zu installieren.

Bei der Verteilung können Sie entscheiden, ob 32-Bit-Applikationen für 64-Bit-Clients verfügbar sein sollen. Sie sollten eine Applikation in keinem Fall für 64-Bit-Clients bereitstellen, wenn die Applikation dort nicht in vollem Umfang oder gar nicht funktioniert. Deshalb ist ein Test der 32-Bit-Applikationen auf 64-Bit-Systemen unerlässlich.

 Bei der Verteilung derselben Applikation als 32-Bit- und 64-Bit-Version müssen die beiden Applikationspakete zwingend eine unterschiedliche Produkt-ID besitzen.

Für 64-Bit-Pakete stellt der Windows Installer zahlreiche neue Eigenschaften und Attribute zur Verfügung.

24.2   Aufbau eines 64-Bit-Pakets

Ein 64-Bit-Windows Installer-Paket besteht entweder vollständig oder zu Teilen aus 64-Bit-Komponenten. Ein 64-Bit-Paket muss die folgend genannten Bedingungen erfüllen:

▶ In der Eigenschaft *TemplateSummary* muss der Wert *Intel64* eingetragen werden. Dies ist jedoch nur dann nötig, wenn das Paket auch auf einem 64-Bit-Intel-Prozessor ausgeführt werden soll.

▶ Der Wert *x64* muss in die Eigenschaft *TemplateSummary* eingetragen werden, wenn das Paket auf einem x64-Prozessor ausgeführt werden soll.

▶ Die Eigenschaft *PageCountSummary* muss auf den Integer-Wert 200 gesetzt werden, da der Windows Installer erst ab der Version 2.0 für 64-Bit-Pakete geeignet ist.

▶ In der Tabelle *Component* muss in der Spalte *Attributes* das Attribut *msidbComponent-Attributes64bit* gesetzt werden.

A Neuerungen der einzelnen Windows Installer-Versionen

Dieses Kapitel beschreibt die jeweiligen Neuerungen der einzelnen Windows Installer-Versionen von 1.1. bis hin zur aktuellen Version 3.1 jeweils gegenüber ihren Vorgängern.

A.1 Neuerungen im Windows Installer 1.1

Gegenüber der ersten Windows Installer-Version enthält die Version 1.1 folgende Neuerungen:

Neue Funktionen

▶ *MsiEnumRelatedProducts*
▶ *MsiSetFeaturesAttributes*
▶ *MsiSourceListForceResolution*
▶ *MsiSourceListAddSource*
▶ *MsiSourceListClearAll*
▶ *MsiGetShortcutTarget*

Neue Tabellen

▶ *Complus*
▶ *Upgrade*
▶ *IsolatedComponent*

Neue Spalten in Tabellen

▶ *Description* in Tabelle *ServiceInstall*

Neue Standard Actions

▶ *RegisterComPlus*
▶ *UnregisterComPlus*
▶ *FindRelatedProducts*
▶ *MigrateFeatureStates*
▶ *RemoveExistingProducts*
▶ *IsolateComponents*

Neue Custom Actions

▶ *Nested Installations*

▶ Custom Actions Typ 7, 23 und 39

Neue Eigenschaften

▶ *AdminToolsFolder*

▶ *LocalDataAppFolder*

▶ *CommonDataAppFolder*

▶ *MyPicturesFolder*

▶ *OriginalDatabase*

▶ *REBOOTPROMPT*

▶ *RedirectedDLLSupport*

▶ *RemoteAdminTS*

▶ *ServicePackLevelMinor*

▶ *TRANSFORMSSECURE*

Neue Attribute

▶ *Password* (das Attribut erzeugt Texteingabefelder für Kennwörter)

Neue Systemrichtlinien

▶ *AllowLockdownBrowse*

▶ *AllowLockdownMedia*

▶ *AllowLockdownPath*

▶ *TransformsSecure*

▶ *DisableRollback*

▶ *EnableAdminTSRemote*

Neue Fehlercodes

▶ `ERROR_SUCCESS_REBOOT_INITIATED`

▶ `ERROR_SUCCESS_REBOOT_REQUIRED`

▶ `ERROR_PATCH_TARGET_NOT_FOUND`

▶ `ERROR_INSTALL_REMOTE_DISALLOWED`

A.2   Neuerungen im Windows Installer 1.2

Gegenüber der Windows Installer-Version 1.1 enthält die Version 1.2 folgende Neuerungen:

Neue Tabellen

▶ *FileSFPCatalog*

▶ *SFPCatalog*

Neue Standard Actions

▶ *InstallSFPCatalogFile*

Neue Eigenschaften

▶ *FASTOEM*

▶ *MEDIAPACKAGEPATH*

Der Windows-Dateischutz unter Windows ME wird vom Windows Installer 1.2 unterstützt, nicht jedoch von vorhergehenden Versionen.

A.3   Neuerungen im Windows Installer 2.0

Gegenüber der ersten Windows Installer-Version 1.2 enthält die Version 2.0 folgende Neuerungen.

Die Funktionen sowie die Datenbank-Funktionen der Version 2.0 unterstützen gleichermaßen 32-Bit- und 64-Bit-Anwendungen und Prozesse.

Neue Funktionen

▶ *MsiAdvertiseProduct*

▶ *MsiAdvertiseProductEx*

▶ *MsiAdvertiseScript*

▶ *MsiIsProductElevated*

▶ *MsiGetFileHash*

▶ *MsiGetFileSignatureInformation*

▶ *MsiGetProductInfoFromScript*

▶ *MsiOpenPackageEx*

▶ *MsiProvideAssembly*

▶ *MsiProcessAdvertiseScript*

Neue Datenbank-Funktionen

▶ *MsiEnumComponentCosts*

Neue Tabellen

▶ *MsiAssembly*
▶ *MsiAssemblyName*
▶ *MsiDigitalCertificate*
▶ *MsiDigitalSignature*
▶ *MsiFileHash*
▶ *MsiPatchHeaders*

Neue Spalten in Tabellen

▶ *StreamRef_* in Tabelle *Patch*

Neue Standard Actions

▶ *MsiPublishAssemblies*
▶ *MsiUnpublishAssemblies*

Neue Eigenschaften

▶ *CommonFiles64Folder*
▶ *Intel64*
▶ *MSICHECKCRCS*
▶ *MsiHiddenProperties*
▶ *MSINODISABLEMEDIA*
▶ *MsiNTProductType*
▶ *MsiNTSuiteBackOffice*
▶ *MsiNTSuiteDataCenter*
▶ *MsiNTSuiteEnterprise*
▶ *MsiNTSuiteSmallBusiness*
▶ *MsiNTSuiteSmallBusinessRestricted*
▶ *MsiNTSuitWebServer* (ab Windows Server 2003)
▶ *MsiNTSuitPersonal*
▶ *MsiNetAssemblySupport*
▶ *MsiWin32AssemblySupport*
▶ *ProgramFiles64Folder*
▶ *System64Folder*
▶ *UserSID*
▶ *UPGRADINGPRODUCTCODE*
▶ *VersionNT64*

Entfernte Eigenschaften

▶ *System16Folder*

Modifizierte Eigenschaften

▶ *SHORTFILENAMES*

▶ *SOURCELIST*

Neue Attribute

▶ *msidbComponentAttributes64bit*

▶ *msidbLocatorType64bit*

Neue Richtlinien

▶ *DisableUserInstalls*

Neue Fehlercodes

▶ `ERROR_PATCH_PACKAGE_REJECTED`

▶ `ERROR_INSTALL_TRANSFORM_REJECTED`

▶ `ERROR_APPHELP_BLOCK`

Neue ICE-Prüfmethoden

▶ ICE75, ICE77, ICE78, ICE79, ICE80, ICE81, ICE82, ICE83, ICE84, ICE85, ICE86, ICE87, ICE88, ICE89, ICE90, ICE91, ICE92, ICE93, ICE95

▶ ICEM11, ICEM12, ICEM14

Hinweise

Es können ab der Version 2.0 64-Bit-Installer-Pakete installiert werden. Um ein Paket als 64-Bit zu kennzeichnen, tragen Sie in die Eigenschaft *TemplateSummary* den Wert *Intel64* ein. Das Schema dieses Pakets muss 200 oder größer sein, d.h. der Wert der Eigenschaft *PageCountSummary* muss mindestens 200 sein. Wird ein Windows Installer in den Versionen 1.0, 1.1 oder 1.2 zur Installation des 64-Bit-Pakets aufgerufen, wird eine Fehlermeldung ausgegeben, die den Benutzer zur Aktualisierung des Windows Installer auffordert.

Für Custom Action-Skripte werden nun Debug-Informationen in die Installations-Protokolldatei geschrieben.

Zu einem bestehenden Feature kann über ein Update oder einen Patch eine Komponente ohne die erforderliche Änderung am *ProductCode* hinzugefügt werden.

Ferner sind keine Minor-Upgrades mehr erforderlich, um über die Eigenschaft *ADD-LOCAL* neue untergeordnete Features zu installieren. Stattdessen können die neuen untergeordneten Features über die Einträge *msidbFeatureAttributesFollowParent* und *msidbFeatureAttributesUIDisallowAbsent* in der Tabelle *Feature* geschrieben werden.

A.4 Neuerungen im Windows Installer des Windows Server 2003

Der Windows Installer des Windows Server 2003 beinhaltet zwar auch die Version 2.0 des Windows Installer, allerdings sind in der Version 2.0 des Windows Servers 2003 zahlreiche Änderungen gegenüber der „alten" Version 2.0 implementiert.

Geänderte Funktionen

▸ *MsiAdvertiseProductEx*
▸ *MsiApplyPatch*
▸ *MsiGetProductInfo*

Geänderte Eigenschaften des Automation-Objekts

▸ *ProductInfo*

Geänderte Methoden des Automation-Objekts

▸ *ApplyPatch*

Neue Eigenschaften

▸ *MSINEWINSTANCE*
▸ *MSIINSTANCEGUID*
▸ *MsiNTSuiteWebServer*

Neue Custom Actions

▸ *msidbCustomActionTypeTSAware*

Neue Flags

▸ *MSIADVERTISEOPTIONS_INSTANCE*

Entfernte Attribute von Steuerelementen

▸ *ImageHandle*

Geänderte Richtlinien

▸ *DisableMSI*
▸ *TransformsSecure*

Neue Befehlszeilenoptionen

▸ /c
▸ /n

Mit Erscheinen des Windows XP Service Pack 1 sowie des Windows Server 2003 steht ein Transform File zum Ändern des Produktcode bereit, über das die rationelle Installation mehrerer Instanzen einer Applikation von einem einzelnen Basispaket oder Patch aus ermöglicht wird.

Ab Windows Server 2003 kann der Windows Installer die Protokolle http, HTTPS sowie FILE benutzen. Die Protokolle FTP und GOPHER werden nicht unterstützt.

A.5 Neuerungen im Windows Installer 3.0

Gegenüber der Version 2.0 verfügt der Windows Installer 3.0 über die folgenden zahlreichen Änderungen und Erweiterungen.

Windows Installer 3.0 kann nur unter Windows Server 2003, Windows XP sowie Windows 2000 ab SP 3 ausgeführt werden

Neue Funktionen

- *MsiRemovePatches*
- *MsiDeterminePatchSequence*
- *MsiApplyMultiplePatches*
- *MsiEnumPatchesEx*
- *MsiGetPatchInfoEx*
- *MsiEnumProductsEx*
- *MsiGetProductInfoEx*
- *MsiQueryFeatureStateEx*
- *MsiQueryComponentState*
- *MsiExtractPatchXMLData*
- *MsiDetermineApplicablePatches*
- *MsiSourceListEnumSources*
- *MsiSourceListAddSourceEx*
- *MsiSourceListClearSource*
- *MsiSourceListClearAllEx*
- *MsiSourceListForceResolutionEx*
- *MsiSourceListGetInfo*
- *MsiSourceListSetInfo*

- *MsiSourceListEnumMediaDisks*
- *MsiSourceListAddMediaDisk*
- *MsiSourceListClearMediaDisk*

Neue Strukturen

- *MSIPATCHSEQUENCEINFO*

Neue Datenbanktabellen

- *MsiPatchCertificate*
- *MsiPatchSequence*
- *MsiPatchMetadata*

Neue Eigenschaften

- *MSIDISABLELUAPATCHING*
- *MSIENFORCEUPGRADECOMPONENTRULES*
- *MSIPATCHREMOVE*
- *MsiPatchRemovalList*
- *MsiUISourceResOnly*
- *MsiUIHideCancel*
- *MsiUIProgressOnly*

Neue Systemrichtlinien

- *DisableLUAPatching*
- *DisablePatchUninstall*
- *DisableFlyWeightPatching*
- *EnforceUpgradeComponentRules*
- *MaxPatchCacheSize*

Neue Fehlercodes

- `ERROR_PATCH_REMOVAL_UNSUPPORTED`
- `ERROR_UNKNOWN_PATCH`
- `ERROR_PATCH_NO_SEQUENCE`
- `ERROR_PATCH_REMOVAL_DISALLOWED`
- `ERROR_INVALID_PATCH_XML`
- `ERROR_PATCH_MANAGED_ADVERTISED_PRODUCT`

Hinweise

Pakete und Patches, die für den Windows Installer 2.0 erzeugt worden sind, können auch über den Windows Installer 3.0 installiert werden. Auch Patch-Pakete, die die neuen von der Version 3.0 verwendeten Tabellen enthalten, können über ältere Versionen des Windows Installer angewendet werden, allerdings ohne die Patch-Funktionalität des Windows Installer 3.0. Es ist jedoch auch möglich, die Pakete so zu erstellen, dass die Installation nur über den Windows Installer 3.0 und nicht durch frühere Versionen möglich ist.

Patch-Pakete, die für den Windows Installer 2.0 erstellt worden sind, können in der Eigenschaft *RevisionNumberSummary* eine Liste der veralteten Patches erhalten, die vom neuen Patch bei der Installation über die Version 3.0 entfernt werden können.

Patch-Pakete, die für den Windows Installer 3.0 erstellt worden sind, verwenden die neue Tabelle *MsiPatchSequence* für die Informationen mit den Patch-Sequenzen. Befindet sich diese Tabelle in dem Patch, wird die Liste der veralteten Patches automatisch vom Installer ignoriert.

In der Tabelle *MsiPatchMetadata* als entfernbar definierte und mit dem Windows Installer 3.0 installierte Patches können deinstalliert werden. Nach der Deinstallation befindet sich das Produkt wieder auf dem Status, als sei der Patch nie installiert worden. Die Deinstallation kann über die Kommandozeile oder den Aufruf der Funktion *MsiRemovePatches* erfolgen.

Die Patches können vom Windows Installer 3.0 in einer festen Reihenfolge angewendet werden. Dabei spielt die Reihenfolge keine Rolle, in der die Patches für das System vorgesehen sind. Die Reihenfolge kann in der neuen Patch-Sequenz-Tabelle bestimmt werden.

Die Patch-Installation mit Windows Installer 3.0 ist deutlich schneller als mit früheren Versionen, da beim Patchen nur die vom Patch betroffenen Dateien aktualisiert werden.

In nur einer Transaktion kann der Windows Installer 3.0 mehrere Patches installieren. Dabei werden auch Patches der Windows Installer Version 2.0 unterstützt. Die Deinstallation dieser gemeinsam installierten Patches ist jedoch auch separat möglich. Der Installer kann auch Informationen über veraltete oder ersetzte Patches ausgeben.

Für Benutzerkonten mit administrativer Berechtigung stellt die Version 3.0 neue Funktionen zur Abfrage und Inventarisierung von Produkten, Features, Komponenten und Patches zur Verfügung. Diese Benutzer können auch die Source-Listen für Netzwerk-, URL- und Medien-Quellen lesen, bearbeiten und ersetzen.

Ab Windows XP Service Pack 2 werden die Protokolle HTTP, HTTPS sowie FILE unterstützt. Dies gilt jedoch nicht für die Protokolle FTP und GOPHER.

Standard Installer-Kommandozeilenoptionen

Weiterhin werden auch neue Optionen an der Kommandozeile für *msiexec.exe* unterstützt. Diese neuen Optionen werden als *Standard Installer Kommandozeilenoptionen* bezeichnet, während die in Kapitel 4.7 genannten Optionen nur Kommandozeilenoptionen genannt werden.

Es stehen die folgenden neuen Optionen zur Verfügung:

Option	Parameter	Beschreibung	Äquivalent der Kommandozeilen optionen
/help	Keine	Anzeige der Hilfe und der Optionen als Schnellreferenz	Das Äquivalent der Kommandozeilen-optionen ist `msiexec.exe /?`.
/quiet	Keine	Die Installation wird ohne Anzeige der Benutzeroberfläche durchgeführt. Die Installation kann vom Benutzer auch nicht abgebrochen werden. Beispiele im Gebrauch sind `msiexec.exe /package applikation.msi /quiet` ⏎ oder `msiexec.exe /update patch.msp /quiet` ⏎ .	Das Äquivalent der Kommandozeilen-optionen ist `msiexec.exe /qn`.
/passive	keine	Bei der Anzeigeoption `/passive` wird dem Benutzer nur ein Fortschrittsbalken während der Installation angezeigt. Es erscheinen jedoch keine Fenster oder Meldungen. Die Installation kann auch nicht abgebrochen werden. Die Beispielsyntax lautet `msiexec.exe /package applika-tion.msi /passive` ⏎.	Das Äquivalent der Kommandozeilen-optionen ist `msiexec.exe /qb!`, **wobei** REBOOTPROMPT=S **gesetzt sein muss.**
/norestart	Keine	Nach einer Installation wird nie ein Neustart durchgeführt. Die Beispielsyntax lautet `msiexec.exe /package applikation.msi /norestart` ⏎ .	An der Kommandozeile ist REBOOT=ReallySup-press **gesetzt.**
/forcerestart	Keine	Nach jeder Installation wird ein Neustart durchgeführt. Die Beispielsyntax lautet `msiexec.exe /package applikation.msi /forcerestart` ⏎ .	An der Kommandozeile ist REBOOT=Force **gesetzt.**
/promptre-start	Keine	Der Benutzer wird über eine Meldung zum Neustart aufgefordert. Diese Option kann nicht zusammen mit `/quiet` verwendet werden.	An der Kommandozeile ist REBOOT-PROMPT= " " **gesetzt.**

Option	Parameter	Beschreibung	Äquivalent der Kommandozeilen optionen
/uninstall	Application.msi| ProductCode	Die Deinstallation wird durchgeführt.	Das Äquivalent der Kommandozeilenoptionen ist `msiexec.exe x/`.
/uninstall	/package <applika­tion.msi| ProductCoce> / uninstall <update1.mspP atchGUID1> [;update2.msp| PatchGUID2]	Die Deinstallation eines Patch-Pakets wird durchgeführt.	Das Äquivalent der Kommandozeilenoptionen ist `msiexec.exe /i`, wobei `MSIPATCH-REMOVE= Update1.msp` gesetzt sein muss.
/log	<Protokoll­datei>	Es werden Einträge in die angegebene Protokolldatei geschrieben. Der Pfad für die Protokolldatei muss bereits vorhanden sein. In der Protokolldatei werden die folgenden Informationen vermerkt: Statusmeldungen, Warnungen, alle Fehlermeldungen, Starten von Aktionen, Aktions-spezifische Aufzeichnungen, Benutzeranfragen, initiale Benutzeroberflächenparameter, Informationen über Abbrüche bei Fehlern oder mangelndem Speicher, Meldungen bei mangelnder Speicherkapazität sowie Terminal-Eigenschaften.	Das Äquivalent der Kommandozeilenoptionen ist `msiexec.exe /L*`.
/package	<applika­tion.msi| ProductCode>	Durchführen der Installation oder Konfiguration	Das Äquivalent der Kommandozeilenoptionen ist `msiexec.exe /i`.
/update	<update1.msp >[;update2.msp]	Die Installation eines oder mehrerer Patch-Dateien wird durchgeführt.	An der Kommandozeile ist `PATCH=[patch.msp] <;PatchGUID2>` gesetzt.

Tabelle A.1: Die neuen Kommandozeilenoptionen des Windows Installer 3.0

A.6 Neuerungen im Windows Installer 3.1

Gegenüber der Windows Installer-Version 3.0 verfügt der Windows Installer 3.1 nur über geringfügige Erweiterungen.

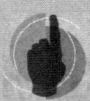 Windows Installer 3.1 kann wie schon die Version 3.0 nur unter Windows Server 2003, Windows XP sowie Windows 2000 ab SP 3 ausgeführt werden.

Neue Funktionen

▶ *MsiSetExternalUIRecord*

▶ *MsiNotifySidChange*

▶ *INSTALLUI_HANDLER_RECORD* (Prototyp Callback-Funktion)

Eigenschaften

▶ *Msix64*

Neue ICE-Prüfmethoden

▶ ICE99

B Links zum Thema Windows Installer

Im Folgenden finden Sie nach Kategorien geordnet nützliche und hilfreiche Links rund um den Windows Installer.

B.1 Allgemeine Links

Deutschsprachige Seite mit Informationen, Tipps und Tricks, Foren und Hilfe rund um das Thema Windows Installer. Auf dieser Seite finden Sie ebenfalls umfangreiche Linksammlungen zum Thema.

http://www.installsite.de/

Die Seite ist auch in englischer Sprache unter dem Link *http://www.installsite.org* verfügbar.

Microsoft-Produktseite zum Windows Installer:

http://msdn.microsoft.com/library/default.asp?url=/library/en-us/msi/setup/windows_installer_start_page.asp

B.2 Newsgroups

Microsoft bietet die folgenden Newsgroups zum Thema Windows Installer an:

In Deutscher Sprache:

- microsoft.public.de.german.entwickler.windows.installer
- microsoft.public.de.german.windows.msi

In englischer Sprache:

- microsoft.public.platformsdk.msi
- microsoft.public.win2000.msi
- microsoft.public.windows.msi

Auch unter den Google-Groups findet sich eine Newsgroup zum Thema:

http://groups.google.de/group/microsoft.public.de.german.entwickler.windows.installer?hl=de

B.3   Schwerpunkt für Administratoren

Übersicht über Produkte zur automatischen Softwareverteilung. Die meisten dieser Produkte erlauben auch die automatische Verteilung von Windows Installer-basierten Paketen:

http://www.appdeploy.com

http://www.doctordeploy.com/

Stichwortverzeichnis

Symbol
.adm-Datei 90
.cab-Datei 42
.cub.Datei 50
.dll-Datei 32
   Statuskontrolle 33
.idb-Datei 442
.idt-Datei 50, 441
.inf-Datei 42
.lst-Datei 42
.msi 22
.msi-Datei 38, 50
.msi-Paket 22, 37
.msm-Datei 50
.msp-Datei 45, 50
.mst-Datei 50, 79
.pcp-Datei 50
.stf-Datei 42
_Columns-Tabelle 242
_Storages-Tabelle 242
_Streams-Tabelle 242
_Tables-Tabelle 241
_Validation-Tabelle 242

Numerisch
32-Bit-Paket 479
64-Bit-Anwendung 483
64-Bit-Paket 479
64-Bit-Plattform 30, 479
64-Bit-Version 34

A
ACTION 257
ActionData 366
ActionText 366
ActionText-Tabelle 231
Active Directory 47, 49, 76, 117
ADDDEFAULT 72, 259
ADDLOCAL 72, 259
AddLocal 367
ADDSOURCE 260
AddSource 367
ADMIN 276, 315
AdminExecuteSequence 316
AdminExecuteSequence-Tabelle 214
Administrative Berechtigung 24
Administrative Installation 55, 67, 71, 132, 316
   Small Update 411

Administrativer Installationspunkt siehe AIP
Administrativer Kontext 32
Administratives Setup 24
AdminProperties 268
AdminToolsFolder 267
AdminUISequence 316
AdminUISequence-Tabelle 214
AdminUser 263
ADSSOURCE 72
ADVERTISE 72, 260, 276, 315
AdvtExecuteSequence 316
AdvtExecuteSequence-Tabelle 214
AdvtUISequence 316
AdvtUISequence-Tabelle 214
AFTERREBOOT 261
AIP 55, 132
Akquisitionsphase 52
Aktion
   benutzerdefiniert 302
   Standardaktion 275
Alles vom Arbeitsplatz starten 60
Alles vom Netzwerk starten 60
AllocateRegistrySpace 276
AllowLockdownBrowse 119
AllowLockdownMedia 119
AllowLockdownPatch 119
ALLUSERS 73, 257
Alpha 260
AlwaysInstallElevated 119, 128
Angekündigte Installation 316
Ankündigen 67
AnyPath 244
AppDataFolder 267
AppID-Tabelle 200
AppSearch 277
AppSearch-Tabelle 209
ARPAUTHORIZEDCDFPREFIX 257
ARPCOMMENTS 257
ARPCONTACT 257
ARPHELPLINK 266
ARPHELPTELEPHONE 266
ARPINSTALLLOCATION 257
ARPNOMODIFY 257
ARPNOREMOVE 257
ARPNOREPAIR 257
ARPPRODUCTION 257
ARPREADME 257
ARPSIZE 257
ARPSYSTEMCOMPONENT 257

ARPURLINFOABOUT 257
ARPURLUPDATEINFO 258
Auf dem Arbeitsplatz installieren 41
Ausführungsbedingung 273
Ausführungsphase 53
Ausführungssequenz 315, 319
Authoring-Programm 148
Automatischer Neustart 60
AVAILABLEFREEREG 258

B

Basisdateicache 127
BBControl-Tabelle 231
Bedingt öffentliche Eigenschaft 252
Bedingung 269
   Referenz 271
   Syntax 270
Bei der ersten Verwendung installieren 41, 60
Benutzerdefinierte Aktion 302
Benutzerinformation 76
Benutzerinstallation 125
Benutzerkontext 46
Benutzeroberfläche 70, 321
   Anzeige 322
Benutzeroberflächensequenz 315, 319
Berechtigung 60
BiDi 357
Billboard 333
BillboardName 357
Billboard-Tabelle 231
Binary 244
Binary-Tabelle 210
BindImage 277
BindImage-Tabelle 189
Bitfield 394
Bitmap 335, 357
Bootstrapping 399, 473
   Internet Download 400
BorderSide 260
BorderTop 260
Browse 329
Built-In-Aktion siehe Standardaktion

C

Cabinet 244
Cabinet File 38
Cabinet File Stream 113–114
Cabinet-Datei 42
Cancel 330
CaptionHeight 260
CCP_DRIVE 258
CCPSearch 277
CCPSearch-Tabelle 210
CDROMVolume 357

Cert2spc.exe 426
Certificate Creation Tool 425
Certified for Windows 2000 22, 77
Certified for Windows XP 22, 77
CheckBox 335
CheckBox-Tabelle 232
CheckExistingTargetPath 367
CheckTargetPath 368
CIW siehe Custom Installation Wizard
Class-Tabelle 198
Clean Up Utility 61
ClickOnce
   Vergleich zum Windows Installer 473
ClickOnce-Technologie 473
Client List 47
CLSID 39, 113
CMSM 389
ColorBits 260
ComboBox 336
ComboBox-Tabelle 232
ComboList 357
Commit Custom Action 304
CommonAppDataFolder 267
CommonFiles64Folder 267
CommonFilesFolder 267
COMPADDLOCAL 72, 260
COMPADDSOURCE 72, 260
COMPANYNAME 76, 268
CompLocator-Tabelle 208
ComPlus-Tabelle 181
Component Code 40
Component-Tabelle 177
ComputerName 263
Condition 244, 269
Condition-Tabelle 176
ControlCondition-Tabelle 228
ControlEvent-Tabelle 229
ControlShowRollbackCost 358
Control-Tabelle 224
Core Table 173
Core Table Group 38
CostFinalize 277
CostingComplete 261
CostInitialize 278
CreateFolders 278
CreateFolder-Tabelle 194
CreateShortcuts 278
Custom Action 302
   Ausführung 308
   Commit 304
   Einsatz 307
   mit sofortiger Ausführung 303
   mit verzögerter Ausführung 303
   Rollback 303
   Typ 304

Custom Installation Wizard 81, 91
Custom Maintenance Wizard 110
CustomAction-Tabelle 215
CustomSource 245

D

Date 259
Dateierweiterung 50, 138
Dateileiche 48
Datentyp 244
DBCS-Zeichenkettentest 430
DefaultDir 245
DefaultUIFont 258
Deferred Execution 303
Deinstallation 23, 47, 67
DeleteServices 278
DesktopFolder 267
DFS 76
Dialogfeld 324
    erstellen 325
    überprüfen 377
Dialogfeldeigenschaft 322
Dialogfeldname 326
Dialog-Tabelle 222
DIFx 471
Digitale Signatur 425, 440
DirectoryCombo 337
DirectoryList 338
DirectoryListNew 368
DirectoryListOpen 368
DirectoryListUp 369
Directory-Tabelle 178
DisableBrowse 119
DISABLEDVTSHORTCUTS 258
DisableFlyWeightPatching 119
DisableLUAPatching 119
DISABLEMEDIA 258
DisableMedia 128
DisableMSI 119
DisablePatch 119
DisablePatchUninstall 119
DISABLEROLLBACK 258
DisableRollback 119, 128, 279
DisableUserInstalls 119
DiskCost 330
DiskPrompt 266
Distributed File System siehe DFS
Dllcache 49
dll-Cache 32
DoAction 369
DoubleInteger 245
Driver Install Framework 471
DrLocator-Tabelle 209
DuplicateFiles 279
DuplicateFile-Tabelle 190

E

Edit 339
Eigenschaft 71, 251
    Auslesen über API-Aufruf 269
    bedingt öffentlich 252
    erforderliche 255
    Namenskonvention 254
    öffentliche 252
    privat 251
    Referenz 256
Eigenschaftswert 256
EnableAdminTSRemote 119
Enabled 358
EnableRollback 369
EnableUserControl 119
EndDialog 369
EnforceUpgradeComponentRules 119
Environment-Tabelle 201
Ereignisprotokollierung 460
Error 328
Error-Tabelle 211
EventMapping-Tabelle 229
EXECUTEACTION 258
ExecuteAction 279
EXECUTEMODE 258
Execution 53
Exit 327
Export 440
Extension-Tabelle 194

F

FASTOEM 258
FatalError 328
FavoritesFolder 267
Feature 23, 39, 41, 81
    der Installation 31
Feature Set Editor 59
FeatureComponents-Tabelle 176
Feature-Installation 72
Feature-Tabelle 174
Fehlercode 455
File Replication Service siehe FRS
File Table 184
File Table Group 38
FILEADDDEFAULT 72, 260
FILEADDLOCAL 72, 260
FILEADDSOURCE 72, 260
FileCost 280
Filename 245
FileSFPCatalog-Tabelle 192
FilesInUse 326
File-Tabelle 185
FindRelatedProducts 280
FirstRun 326

FixedSize 358
FixedVolume 359
FloppyVolume 359
FontsFolder 267
Font-Tabelle 187
ForceReboot 280
Format CMSM 389
FormatSize 359
Formatted 245
Formattyp
   Mergemodul 392
FRS 76

G

Gemeinsam genutzte Komponente 32
Globally Unique Identifier siehe GUID
GroupBox 340
Gruppenrichtlinie 23, 46, 51, 76, 117
   Softwareverteilung 130
   Transform File 90
GUID 40–41, 246

H

Hardware-Treiber 471
HasBorder 360
Hashregel 35

I

ICE-Validierung 431
ICE-Validierungstyp 434
Icon 341, 360
IconSize 360
Icon-Tabelle 192
Identifier 246
IgnoreChange 370
Immediate Execution 303
Import 440
Indirect 360
IndirectPropertyName 361
Information/Setup-File siehe .inf-Datei
IniFile-Tabelle 190
IniLocator-Tabelle 207
INSTALL 281, 315
InstallAdminPackage 281
Installation 51, 316
   administrativ 33
   bei Bedarf 22, 31
   eingebettet 306
   Feature 43
   mit erhöhten Rechten 121, 128
   netzwerkbasiert 33
   Produkt 43
   Small Update 410

Upgradecode 415
   von CD 55
Installation Procedure Group 38
Installation Procedure Tables 213
Installationsabbruch 468
Installationsablauf 23
Installationsart 55
Installationsformat 34
Installationsoption 134
   des einzelnen Features 59
Installationspaket 50
   bearbeiten und entfernen 140
Installationsquelle 45, 69, 74
Installed 261
Installer Database Table siehe .idt-Datei
InstallExecute 281
InstallExecuteAgain 281
InstallExecuteSequence 316
InstallExecuteSequence-Tabelle 214
InstallFiles 281
InstallFinalize 282
InstallInitialize 282
INSTALLLEVEL 258
InstallODBC 282
InstallScript MSI-Projekt 146
Installscript-Laufzeitdatei 477
InstallServices 282
InstallSFPCatalogFile 283
InstallShield Scripting Engine 477
InstallShield Tuner 6.0.1 for Adobe Acrobat
   112
InstallUISequence 316
InstallUISequence-Tabelle 213
InstallValidate 283
Integer 246, 361, 394
Intel 261
Intel64 261
IntelliMirror-Technologie 22
Internal Consistency Evaluator siehe ICE
Interne Protokollierung 461
Interne Validierung 429
Internetzonenregel 35
IsAdminPackage 266
IsolateComponents 283
IsolatedComponent-Tabelle 182
isscript.msi 477

K

Key 393
Keypath 40
Kommandozeilenoption
   Windows Installer 3.0 489
Komponente 39, 81
Komponentencode 40

L

Language 246
Laufzeitdatei Windows Installer 1.x 30
LaunchConditions 284
LaunchCondition-Tabelle 215
LeftScroll 361
LeftUnit 266
LicenseAgreement 330
LimitSystemRestoreCheckpointing 119
LIMITUI 258
Line 341
Link 493
ListBox 341
ListBox-Tabelle 233
Listing File siehe .lst-Datei
ListView 342
ListView-Tabelle 233
LocalAppDataFolder 267
Locator Table Group 38
Locator Tables 205
LockPermissions-Tabelle 220
LOGACTION 258
Logging 119
Logischer Operator 271
LogonUser 268
Lokale Installation 67
Lokales System 46
LowerCase 246
LUA-Patching 417

M

Maintenance Installation 58
Major Upgrade 409, 412
makecab.exe 428
Makecert.exe 425
Managed Software Installation siehe .msi-Datei
Managed Software Merge Module siehe .msm-Datei
Managed Software Patch siehe .msp-Datei
Managed Software Transform siehe .mst-Datei
Manufacturer 266
MaskedEdit 343
MaxPatchCacheSize 119
MEDIAPACKAGEPATH 258
MediaSourceDir 266
Media-Tabelle 188
Mergemodul 50, 379
    Aufbau 381
    Datenbank 383
    Einsatz 380
    Formattyp 392
    Hinweise 394

Integration 395
    konfigurierbar 388
Microsoft Office Resource Kit 81
MigrateFeatureStates 284
MIME-Tabelle 197
Minor Upgrade 409, 412
ModuleAdminExecuteSequence-Tabelle 388
ModuleAdminUISequence-Tabelle 387
ModuleAdvtUISequence-Tabelle 388
ModuleComponents-Tabelle 385
ModuleConfiguration-Tabelle 391
ModuleDependency-Tabelle 385
ModuleExclusion-Tabelle 386
ModuleIgnoreTable-Tabelle 388
ModuleSignature-Tabelle 384
ModuleSubstitution-Tabelle 390
MoveFiles 284
MoveFile-Tabelle 189
MS Office 2003 91
MsiAssemblyName-Tabelle 181
MsiAssembly-Tabelle 180
Msicert.exe 440
MSICHECKCRCS 261
Msidb.exe 440
MsiDigitalCertificate-Tabelle 221, 427
MsiDigitalSignature-Tabelle 222, 427
MSIDISABLELUAPATCHING 260
MSIENFORCEUPGRADECOMPONENTS 258
MSIEXEC.EXE 33
msiexec.exe 23, 51, 66
    Protokollierung 461
    Syntax 66
MsiFileHash-Tabelle 193
Msifiler.exe 444
MsiHiddenProperties 268
Msiinfo.exe 444
MSIINSTANCEGUID 266
Msimerg.exe 446
Msimsp.exe 446
MsiNetAssemblySupport 263
MSINEWINSTANCE 266
MSINODISABLEMEDIA 258
MsiNTProductType 263
MsiNTSuiteBackOffice 263
MsiNTSuiteDataCenter 263
MsiNTSuiteEnterprise 263
MsiNTSuitePersonal 263
MsiNTSuiteSmallBusiness 263
MsiNTSuiteSmallBusinessRestricted 263
MsiNTSuiteWebServer 263
MsiPatchCertificate-Tabelle 238
MsiPatchHeaders-Tabelle 237
MsiPatchMetadata-Tabelle 240
MsiPatchRemovalList 260

MSIPATCHREMOVE 260
MsiPatchSequence-Tabelle 239
MsiProgressOnly 261
MsiPublishAssemblies 285
MsiSourceResOnly 261
msistuff.exe 400
MsiTran.exe 113
Msitran.exe 81, 446
MsiUIHideChanel 261
MsiUnpublishAssemblies 285
Msival2.exe 448
MsiWin32AssemblySupport 263
Msix64 261
Msizap.exe 448
msizap.exe 63
MST File Viewer 109
MultiLine 361
MyPicturesFolder 267

N

Neuinstallation
    Small Update 411
    Upgradecode 415
Neustart 74, 312
NewDialog 370
Newsgroup 493
Nicht verfügbar 41, 60
Nngekündigte Installation 316
NOCOMPANYNAME 261
NoPrefix 361
NOUSERNAME 261
NoWrap 362

O

ODBCAttribute-Tabelle 234
ODBCDataSource-Tabelle 235
ODBCDriver-Tabelle 235
ODBCSourceAttribute-Tabelle 236
ODBC-Tabellen 234
ODBCTranslator-Tabelle 236
Öffentliche Eigenschaft 252
OLEAdvtSupport 263
Operator 272
Orca 81, 113, 321, 450
    Dialogfeld prüfen 377
    Validierung 434
OriginalDatabase 257
OutOfDiskSpace 262
OutOfNoRbDiskSpace 262

P

Paketdatei 382
Password 362

PATCH 260
Patch 45, 415
    angepasste Applikation 418
    Applikationen 416
    bei Erstinstallation 418
    Deinstallation 424
    entfernen 422
    erstellen 419
    Fehler 1328 469
    Installationsquelle 418
    LUA-Patching 417
    mehrere installieren 420
    nicht deinstallierbar 423
    überflüssige beseitigen 422
Patch Creation Properties File siehe .pcp-Datei
Patchdatei 33, 45, 50, 113, 469
    Probleme 115
PatchFiles 286
PATCHNEWPACKAGECODE 267
PATCHNEWSUMMARYCOMMENTS 267
PATCHNEWSUMMARYSUBJECT 267
Patch-Optimierung 419
PatchPackage-Tabelle 238
Patch-Sequenz 421
Patch-Tabelle 237
Patchverwendung nicht zulassen 122
Path 246
PathEdit 345
Paths 247
PersonalFolder 267
Pfadregel 35
PhysicalMemory 261
PIDKEY 76, 109, 268
PIDTemplate 266
Position 362
Preselected 262
PRIMARYFOLDER 258
PrimaryVolumePath 262
PrimaryVolumeSpaceAvailable 262
PrimaryVolumeSpaceRemaining 262
PrimaryVolumeSpaceRequired 262
Private Eigenschaft 251
Privileged 258
ProcessComponents 286
ProductCode 266
ProductID 268
ProductLanguage 262
ProductName 266
ProductState 266
ProductVersion 266
Produkt 40
Produktcode 413
ProgId-Tabelle 199
Program Information Tables 210

Program Installation Group 38
ProgramFiles64Folder 267
ProgramFilesFolder 267
ProgramMenuFolder 267
Progress 362
Progress95 362
ProgressBar 346
PROMPTROLLBACKCOST 258
Property 247, 251
   private 251
   public 252
   restricted public 252
PropertyName 363
Property-Tabelle 210
PropertyValue 363
Protokolldatei 462
Protokollierung 68, 124, 460
   aktivieren 462
   interne 461
PublishComponents 286
PublishComponent-Tabelle 180
PublishFeatures 286
PublishProduct 286
PushButton 346
PushLike 363

Q

QFE 46
Quelldatei 38
Quick Fix Engineering siehe QFE

R

RadioButtonGroup 347
RadioButton-Tabelle 234
RAMDiskVolume 363
Reauthoring 147
   von Applikationen 148
Reauthoring-Programme 169
REBOOT 74, 259
REBOOTPROMPT 75, 259
RedirectedDLLSupport 264
refcount 40
Reference Count 39
Referenzzähler 431
RegisterClassInfo 287
RegisterComPlus 287
RegisterExtensionInfo 287
RegisterFonts 288
RegisterMIMEInfo 288
RegisterProduct 288
RegisterProgIdInfo 288
RegisterTypeLibraries 289

RegisterUser 289
Registry Table Group 38
Registry Tables 194
Registry-Schlüssel 39
Registry-Tabelle 202
RegLocator-Tabelle 206
RegPath 247
REINSTALL 72, 260
Reinstall 371
REINSTALLMODE 72, 260
ReinstallMode 371
RemoteAdminTS 264
RemoteVolume 363
RemovableVolume 363
REMOVE 72, 260
Remove 372
RemoveDuplicateFiles 289
RemoveEnvironmentStrings 289
RemoveExistingProducts 290
RemoveFiles 290
RemoveFile-Tabelle 186
RemoveFolders 290
RemoveIniFile-Tabelle 191
RemoveIniValues 291
RemoveODBC 291
RemoveRegistry-Tabelle 204
RemoveRegistryValues 291
RemoveShortcuts 292
Repaketierung 147
   Dokumentation 153
   sollte nicht erfolgen 154
   von Applikationen 148
   Vorüberlegungen 150
Repaketierungsprogramm 168
Reparatur 69
ReplacedInUseFiles 262
ReserveCost-Tabelle 212
Reset 372
ResolveSource 292
Ressourcenstabilität 44
RESUME 262
Richtlinie
   der Benutzerkonfiguration 128
   der Computerkonfiguration 118
RightAligned 364
RMCCPSearch 292
Rollback 44, 54
Rollback Custom Action
   Rollback 303
RollbackDisabled 262
Rollback-Funktion 31
ROOTDRIVE 259
RTLRO 364

S

SafeForScripting 119
ScheduleReboot 292
Schlüsselpfad 40
Schreibrecht 46
ScreenX 261
ScreenY 261
ScriptInProgress 372
ScriptIt 170
ScrollableText 348
SearchOrder 128
Secure at Source Transform 84
Secure Full Path Transform 84
Selbstreparaturmechanismus 24, 32
Selection 331
SelectionAction 372
SelectionBrowse 373
SelectionDescription 373
SelectionNoItems 373
SelectionPath 373
SelectionPathOn 374
SelectionSize 374
SelectionTree 349
SelfRegModules 292
SelfReg-Tabelle 187
SelfUnregModules 293
SendToFolder 268
SEQUENCE 259, 293
Sequenz 315
Sequenztabelle 315
    Aufbau 317
ServiceControl-Tabelle 219
ServiceInstall-Tabelle 216
ServicePackLevel 264
ServicePackLevelMinor 264
SetInstallLevel 374
SetODBCFolders 293
SetProgress 375
SetProperty 375
SetTargetPath 375
Setup Information File siehe .stf-Datei
setup.exe 52
setup.inf 48
Setup-Programm 47
SFPCatalog-Tabelle 193
SharedWindows 264
ShellAdvtSupport 264
Shortcut 247
Shortcut-Tabelle 211
SHORTFILENAMES 259
Signature-Tabelle 205
signtool.exe 428
Silent Installation 48
Small Update 409–410

SMS 47, 144
SMS-Installer 162
    Repaketierungsassistent 163
    Skript-Editor 166
    Überwachung 165
Software Publisher Certificate Test Tool 426
Software Restriction Rule 35
Softwareeinschränkung 35
Softwareinstallation 143
Softwareverteilung 21, 117
    Planung 131
Sorted 364
SourceDir 257
SOURCELIST 74
SpawnDialog 376
SpawnWaitDialog 376
Standard Installer-Kommandozeilenoption 489
Standardaktion 275
    Meldungen 297
    Referenz 276
StartMenuFolder 268
StartServices 293
StartupFolder 268
Steuerelement 331
    Attribut 356
    Ereignis 365
    überprüfen 377
StopServices 294
String-Pool-Validierung 430
Sub-Feature 41
Summary Information Stream 113–114, 266, 381, 401
    Verwendung 407
Sunken 364
Supportinformation 64
System Table Group 38
System Tables 241
System16Folder 268
System64Folder 268
SystemFolder 268
SystemLanguageID 264
Systemordner 267
Systems Management Server 47, 144
Systemwiederherstellung 34, 126

T

TARGETDIR 71, 257
TempFolder 268
Template 247
TemplateFolder 268
TerminalServer 264
Text 247, 353, 364, 393
TextHeight 261

TextStyle-Tabelle 230
Time 259
Time/Date 248
TimeRemaining 365, 376
Transacted Installation 44
Transform
    Secure at Source 84
    Secure Full Path 84
Transform File 32, 38, 46, 50, 75, 79, 124
    anwenden 89
    dynamische Methode 90
    eingebettet 82
    embedded 82
    für MS Office 2003 91
    gesichert 83
    Gruppenrichtlinie 90
    nicht eingebettet 82
    secured 83
    statische Methode 89
    und Kommandozeilenoptionen 89
    unembedded 82
    ungesichert 84
    unsecured 84
Transform Substorage 113–114
TRANSFORMS 75, 85, 259
TRANSFORMSATSOURCE 83, 88, 259
TransformsAtSource 128
TRANSFORMSSECURE 83, 86, 259
TransformsSecure 119
Transparent 365
TTCSupport 264
TypeLib-Tabelle 196

U
UILevel 262
UI-Sequenz 315
UIText-Tabelle 230
Umgebung mit eingeschränkter
    Berechtigung 46
Undo-Möglichkeit 44
UnpublishComponents 294
UnpublishFeatures 294
UnregisterClassInfo 294
UnregisterComPlus 295
UnregisterExtensionInfo 295
UnregisterFonts 295
UnregisterMIMEInfo 295
UnregisterProgIdInfo 296
UnregisterTypeLibraries 296
Update 45, 409
Update by Reinstall 58
Updatekomponentenregel 127
UpdateStarted 262
Upgrade 409

Upgrade Code 45, 266, 414
Upgrade-Tabelle 182
UPGRADINGPRODUCTCODE 262
UpperCase 248
UserExit 327
UserLanguageID 268
USERNAME 76, 268
UserSID 268
UsersLanguage 365

V
ValidateProductID 377
ValidateProductId 296
Validierung 429
    ICE 431
    interne 429
    String-Pool 430
Validierungsdatenbank 434
Validierungsmodul 50
Verb-Tabelle 196
Vergleichsoperator 272
Verknüpfung 39
Veröffentlichen 132, 134–135
Version 248
    Installation alter Version unterbinden
        414
Version9x 264
VersionDatabase 264
VersionMsi 262
VersionNT 264
VersionNT64 264
Versionskonflikt 24
Versionskontrolle 31
VirtualMemory 261
Visible 365
VolumeCostList 353
VolumeSelectCombo 355
Vom Arbeitsplatz starten 60
Vom Netzwerk starten 60

W
WildCardFilename 248
Wilogutl.exe 449
Windows Installer
    deaktivieren 120
    des Windows Server 2003 486
    Neuerung 481
Windows Installer 1.1 481
Windows Installer 1.2 483
Windows Installer 1.x 26
Windows Installer 2.0 26, 29, 483
Windows Installer 3.0 28, 487
Windows Installer 3.1 28, 492
Windows Installer SDK 173, 439

Windows Installer-API 34, 42, 49
Windows Installer-Client 37
Windows Installer-Datenbank 173
Windows Installer-Dienst 37, 51
  kann nicht starten 468
Windows Installer-Engine
  Fehler 465
Windows Installer-Entwicklung 22
Windows Installer-Features 23
Windows Installer-Paket 37–38
Windows Installer-Richtlinie 118
Windows Installer-Skript 122
Windows Installer-Technologie 21
Windows Installer-Version 24
Windows Management Instrumentation
  siehe WMI
WindowsBuild 264
WindowsFolder 268
WindowsVolume 268

WinInstall 2000 155
WinInstall LE 2003 155
WMI 152
WriteEnvironmentStrings 296
WriteIniValues 297
WriteRegistryValues 297

X
X.509-Zertifikat 425

Z
Zap-Datei 171
Zertifikat 425
  prüfen 427
Zertifikatsregel 35
Zurücksetzen 121
  mit erhöhten Rechten 130
Zuweisen 132, 135